प्रभाष जोशी

प्रभाष जोशी का जन्म 15 जुलाई, 1937 को मध्य प्रदेश में सिहोर ज़िले के आष्टा गाँव में हुआ। शिक्षा इन्दौर के महाराजा शिवाजी राव मिडिल स्कूल और हाईस्कूल में हुई। होल्कर कॉलेज, गुजराती कॉलेज और क्रिश्चियन कॉलेज में गणित और विज्ञान पढ़े। देवास के सुनवानी महाकाल में ग्राम-सेवा और अध्यापन किया। पत्रकारिता को समाज परिवर्तन का माध्यम मानकर 1960 में 'नई दुनिया' में काम शुरू किया। राजेन्द्र माथुर, शरद जोशी और राहुल बारपुते के साथ काम किया। यहीं विनोबा की पहली नगर-यात्रा की रिपोर्टिंग की। 1966 में शरद जोशी के साथ भोपाल से 'मध्य प्रदेश' (दैनिक) निकाला। 1968 में दिल्ली आकर राष्ट्रीय गांधी समिति में प्रकाशन की ज़िम्मेदारी ली। 1972 में चम्बल और बुन्देलखंड के डाकुओं के समर्पण के लिए जयप्रकाश नारायण के साथ काम किया। अहिंसा के इस प्रयोग पर अनुपम मिश्र और श्रवण कुमार गर्ग के साथ पुस्तक लिखी—'चम्बल की बन्दूकें : गांधी के चरणों में'। 1974 में 'प्रजानीति' (साप्ताहिक) और 'आसपास' निकालीं जो इमरजेंसी में बन्द हो गईं। जनवरी, 1978 से अप्रैल, 1981 तक चंडीगढ़ में 'इंडियन एक्सप्रेस' का सम्पादन किया। फिर 'इंडियन एक्सप्रेस' (दिल्ली संस्करण) के दो साल तक सम्पादक रहे। 1983 में प्रभाष जोशी के सम्पादन में 'जनसत्ता' का प्रकाशन हुआ।

प्रभाष जी की प्रमुख कृतियाँ हैं—'मसि कागद', 'हिन्दू होने का धर्म', 'आगे अन्धी गली है', 'धन्न नरबदा मइया हो', 'जब तोप मुकाबिल हो', 'जीने के बहाने', 'खेल सिर्फ़ खेल नहीं है', 'लुटियन के टीले का भूगोल', '21वीं सदी : पहला दशक', 'प्रभाष-पर्व', 'कहने को बहुत कुछ था'।

5 नवम्बर, 2009 को दिल्ली में निधन।

विनोबा दर्शन

विनोबा के साथ उनतालीस दिन

प्रभाष जोशी

सम्पादन
मनोज कुमार मिश्र

संकलन
कमलेश सेन

राजकमल पेपरबैक्स

राजकमल पेपरबैक्स में
पहला संस्करण : 2023

राजकमल पेपरबैक्स : उत्कृष्ट साहित्य के जनसुलभ संस्करण

राजकमल प्रकाशन प्रा. लि.
1-बी, नेताजी सुभाष मार्ग, दरियागंज
नई दिल्ली-110 002
द्वारा प्रकाशित

शाखाएँ : अशोक राजपथ, साइंस कॉलेज के सामने, पटना-800 006
पहली मंजिल, दरबारी बिल्डिंग, महात्मा गांधी मार्ग, प्रयागराज-211 001
वेबसाइट : www.rajkamalprakashan.com
ई-मेल : info@rajkamalprakashan.com

बी.के. ऑफसेट
नवीन शाहदरा, दिल्ली-110 032
द्वारा मुद्रित

मूल्य : ₹499

VINOBA DARSHAN : VINOBA KE SAATH UNTALIS DIN
by Prabhash Joshi
Edited by Manoj Kumar Mishra

ISBN : 978-81-19159-69-7

विनोबा दर्शन

विनोबा के साथ उनतालीस दिन

क्रम

पुरोकथन

इस किताब की एक कहानी है। अपनी पढ़ाई बीच में छोड़कर प्रभाष जोशी जी सुनवानी महाकाल गाँव में रहने लगे थे। पाँच साल हो गए थे। वहाँ वे गांधीजी के प्रयोग में पूरे मन से रमे हुए थे। उन्हीं दिनों विनोबा जी की पदयात्रा इन्दौर पहुँचने वाली थी। *नई दुनिया* अखबार के नेतृत्वद्वय नरेन्द्र तिवारी और राहुल बारपुते के सामने बड़ा प्रश्न था कि कौन हो सकता है जो विनोबा जी की पदयात्रा को ढंग से रिपोर्ट करे। उनकी नजर युवा प्रभाष जोशी पर टिक गई, क्योंकि उनको पता था कि यह युवा गांधी प्रयोग में लगा है। उन्हें वहाँ से बुलाया गया। प्रभाष जी को भी यह नया काम अपने अनुकूल लगा। वे जो चाह रहे थे वह उन्हें दूसरी बार मिला। पहली बार तब ऐसा हुआ जब उन्होंने गांधी और विनोबा को पढ़ना शुरू किया। उन्होंने यह लिखा है कि 'जब गांधी और विनोबा को पढ़ने लगा तो यह समझकर मुझे अपार सन्तुष्टि मिलती कि उन्होंने वही लिखा है जो मैं चाह रहा था।'

इस किताब को बहुत पहले छपना चाहिए था। बहुत देर से ही सही, लेकिन सही समय पर *विनोबा के साथ उनतालीस दिन* उपलब्ध हो रहा है। यह किताब *विनोबा के साथ उनतालीस दिन* पत्रकार प्रभाष जोशी की रिपोर्टिंग का संकलन है। उनकी आरम्भिक पत्रकारिता का साक्ष्य है। आचार्य विनोबा भावे ने 1960 में इन्दौर के विभिन्न क्षेत्रों में यात्रा की थी। सर्वोदयी कार्यकर्ताओं, उस इलाके के नागरिकों के समक्ष भाषण किए थे। *नई दुनिया* ने प्रभाष जी को इस यात्रा की रिपोर्टिंग का दायित्व दिया था। उन्होंने इसे तत्परता और कुशलता से निभाया। यह किताब उसका प्रमाण है और परिणाम भी। वे हिन्दी पत्रकारिता के आकाश में चमकते सितारे हैं। उसकी पहली झलक इस किताब में है। इस लिहाज से यह किताब पत्रकारिता की पाठशाला की अनिवार्य पाठ सामग्री है। यह प्रभाष जी के निर्माण-काल की बानगी है। इसमें एक बनते हुए पत्रकार को देखा जा सकता है। उसके परिश्रम और समर्पण को समझा जा सकता है। जिन लोगों ने *कागद कारे* की बुलन्दी को पढ़ा है उन्हें यह बुनियाद भी पढ़नी चाहिए। *जनसत्ता* प्रभाष जी के पत्रकारिता जीवन की बुलन्दी है तो *विनोबा के साथ उनतालीस दिन* उनकी बुनियाद। पुस्तक के बनने की कहानी का उल्लेख मनोज कुमार मिश्र ने 'अपनी बात' में किया है।

इस पुस्तक में शामिल रिपोर्टिंग के दौरान प्रभाष जी नौजवान थे। युवा-काल में इनके सरोकार क्या थे; यह किताब बताती है। मैंने ऊपर कहा कि पत्रकारिता की आरम्भिक पाठशाला के प्रशिक्षुओं को इसे अनिवार्यतया पढ़नी चाहिए। आखिर क्यों? इससे पत्रकारिता का प्रशिक्षण ले रहे, लोगों को क्या लाभ होगा? इसी में इस पुस्तक

की सार्थकता है। इसके उत्तर में ही इसका महत्त्व छिपा है। यह पुस्तक बताती है कि रिपोर्टिंग कैसे करनी चाहिए। रिपोर्ट में किन बातों को दर्ज करना आवश्यक होता है। किसी पत्रकार के लेखन में कौन से तत्त्व हैं जो उसकी रिपोर्टिंग को दीर्घजीवी बनाने में सक्षम हैं। प्रभाष जी की विनोबा-यात्रा की रिपोर्टिंग बताती है कि वे गांधी-विनोबा-दर्शन में रचे-बसे थे। इसलिए इन रिपोर्टों से यात्रा से सम्बन्धित सूचनाओं के साथ इसकी वैचारिकता का पता चलता है। यात्रा के मर्म का भी। बिनोवा के भाषणों में अहिंसा-संस्कृति की स्थापना के सूत्र हैं। अपने समकाल की सभ्यता-समीक्षा भी। विचार के स्तर पर समर्थ पत्रकार ही इसे अपने लेखन में दर्ज कर सकता है। प्रभाष जी ने किया है। विनोबा जब भाषण करते हैं मानो अपने श्रोताओं का बौद्धिक प्रशिक्षण कर रहे हैं। इनके भाषण में भारतीय ज्ञान परम्परा की अनुगूँज सुनाई पड़ती है। कोई भी सतर्क पाठक इसे महसूस कर सकता है। ये भाषण अपनी परम्परा का विस्तार करते हैं। उसका परिष्कार करते हैं। उसका विकास भी करते हैं।

यह पत्रकारिता का धर्म है कि अपने समय की घटनाओं तक सीमित न रहे। प्रभाष जी ने इसे निभाया है। वे विनोबा के मन-मिजाज में गहरे उतरे हैं। उनकी वाणी को अपने लेखन में दर्ज किया है। विनोबा के मन में भारत-निर्माण का जो खाका था, उसे बताते-समझाते थे। लोगों को तैयार करते थे। ऐसा लगता है कि विनोबा की यहाँ 'व्यास' की भूमिका में है। प्रभाष जी उनके 'गणेश' की भूमिका में हैं। 'व्यास' की बातें लोगों तक नहीं पहुँचतीं अगर 'गणेश' नहीं होते। प्रभाष जी ने विनोबा के भाषणों में अभिव्यक्त सूत्रों और संकेतों को बहुत सुन्दर अक्षरों में उतारा है। विनोबा समाज-रचना की अपनी परिकल्पना बताते हैं। वे प्रेमयोग का मंत्र प्रस्तावित करते हैं। इसकी सैद्धान्तिकी समझाते हुए वे मातृ-शक्ति की श्रेष्ठता प्रतिपादित करते हैं। इस प्रतिपादन का आधार वे मनु से ग्रहण करते हैं। वे मनु महाराज के हवाले से बताते हैं कि दस उपाध्याय के बराबर एक आचार्य होते हैं। सौ आचार्य के बराबर एक पिता। एक हजार पिता से एक माता गौरव में श्रेष्ठ है। इस आधार पर वे यूरोप और भारत की विचार-दृष्टि में फर्क भी समझाते हैं। विनोबा के लिए मातृ-शक्ति का मतलब है—शान्ति-शक्ति, अहिंसा की ताकत। वे नए समाज निर्माण में शान्ति सेना और सर्वोदय-दर्शन की अनिवार्यता स्थापित करते हैं। इस कार्य में स्त्रियों को मार्गदर्शक की भूमिका देते हैं। और पुरुषों को इनके पीछे चलने का। इतिहास के उस दौर में, विचार की दुनिया में, वर्ग-संघर्ष का गौरवगान हो रहा था। विनोबा इसकी निरर्थकता प्रतिपादित करते हैं। वे संघर्ष के तत्त्वज्ञान के स्थान पर मंथन का महत्त्व स्थापित करते हैं। वे अहिंसा और शान्ति का महत्त्व स्थापित करने के लिए सूत्र देते हैं कि मंथन से नवनीत निकलता है और घर्षण से अग्नि। वे संघर्ष की तुलना में मंथन के तत्त्वज्ञान को उन्नत बताते हैं और वरेण्य भी। इसमें वे मानव-सभ्यता का विकास भी देखते हैं।

वर्ग-संघर्ष की निस्सारता रेखांकित करने का मतलब यह नहीं है कि वे गैरबराबरी के पक्ष में हैं। वे भी समता पर आधारित समाज-रचना के पक्षधर हैं। इसकी स्थापना के लिए वे हिंसा के स्थान पर करुणा का महत्त्व प्रतिपादित करते हैं। यही कारण है कि चीन और रूस के प्रयोगों की खतरनाक सीमाओं को स्पष्ट करते हैं। करुणा की प्रक्रिया

के जरिये समतामूलक समाज-रचना की परियोजना भले ही अधिक समय ले, परन्तु यह टिकाऊ होगी और मानव सभ्यता का श्रेष्ठता की तरफ बढ़ा अगला कदम भी होगा। चीन और रूस ने समता की स्थापना के लिए बड़े पैमाने पर हिंसा और क्रूरता की। पर समता नहीं आई। वहाँ विषमता कायम रही। विनोबा विरोधों में सामंजस्य प्रस्तावित करते हैं। वे विरोधों में संघर्ष नहीं देखते और न दिखाते हैं।

आचार्य विनोबा भावे ने 'जय जगत' का दर्शन प्रस्तुत किया था। वे इसे नारा नहीं, मंत्र मानते थे। इसके जरिये वे 'विश्व राष्ट्र' की परिकल्पना साकार करना चाहते थे। जय जगत और जय हिन्द में किसी किस्म का न विरोध देखते थे और न प्रतिस्पर्द्धा। अपने श्रोताओं को समझाने के लिए वे कहते थे कि "जय जगत के पेट से जय हिन्द आता है। जिस प्रकार लाख में हजार आते हैं, हजार में सौ आते हैं पर सौ में हजार और लाख नहीं आते हैं।"

इन्दौर में विनोबा ने सर्वोदय नगर स्थापित किया। इसमें सफाई को सबसे अधिक महत्त्व दिया। इनके सुझाव पर सफाई सप्ताह मनाया गया। इस सफाई कार्य की अगुआई अप्पा साहब पटवर्धन ने की। अप्पा साहब गांधीजी के शिष्य थे। सफाई कार्य में उनकी ख्याति थी। आचार्य विनोबा ने गांधीजी के सफाई अभियान को गति एवं आकार देने का पुनीत कार्य किया। वे चाहते थे कि इन्दौर के नागरिक और नगर निगम के कामगार दोनों मिलकर यह कार्य करें। उनकी इच्छा थी कि सभ्य समाज में सफाई जैसे पवित्र कार्य के प्रति जो नजरिया व्याप्त है, वह मिटे। लोग अपनी सफाई को पावन कर्तव्य समझें। उन दिनों इन्दौर की आबादी चार लाख थी। उन्होंने कहा कि यह आबादी समाज तब मानी जाएगी जब एक-दूसरे के प्रति परवाह हो, कद्र हो। बगैर इसके यह आबादी भीड़ या जमाव मानी जाएगी, समाज कतई नहीं। विनोबा समाज का दर्जा हासिल करने के लिए आवश्यक मानते थे कि सफाई का कार्य करने वाले मेहतरों को मुक्त किया जाए। उन्होंने पूरी स्पष्टता से कहा कि अंग्रेजों ने हमें मुक्त कर दिया, लेकिन जब तक हम अपने मेहतरों को, गुलामों को मुक्त नहीं करते, तब तक आजादी सच्ची नहीं हो सकती। भारतीय समाज में मौजूद इस आन्तरिक उपनिवेश के प्रति विनोबा सचेत थे। वे इसे दूर करना चाहते थे। सफाई के कार्य को अनिवार्य सेवा समझने वाले विनोबा भावे, इसको करने वाले के प्रति समाज के दृष्टिकोण को बदलना चाहते थे। आज जब इन्दौर की गणना भारत के साफ-सुथरे शहर में नम्बर एक पर होती है, तो कौन है, जो यह याद करता है कि इसकी चेतना विनोबा ने जगाई थी!

गांधी-दर्शन के अनुरूप ही आचार्य विनोबा बहादुरी की नई परिभाषा गढ़ रहे थे। यह बहादुरी की मौलिक कल्पना थी। यह लोगों को अभय का मंत्र देती थी। इसमें किसी से डरना नहीं था। किसी को डराना भी नहीं था। न किसी पर अन्याय करना, न अन्याय सहना। वे समझाते हैं कि बिल्ली का चूहे पर झपटना बहादुरी नहीं है। शेर का हिरण पर झपटना भी बहादुरी नहीं है। अपने से कमजोर को दबाना, उसके साथ अन्याय करना बहादुरी नहीं होती। अपने श्रोताओं को समझाने के लिए उन्होंने कहा कि जो बिल्ली चूहे पर झपटती है, वही कुत्ते से डरती भी है। इसी तरह जो शेर हिरण को डराता है, वह टॉर्च की रोशनी में डरता भी है।

विनोबा समाज की संरचना में मौजूद आर्थिक असमानता को समझाने के लिए नई व्याख्या पेश करते थे। वे ठीक ही मानते थे कि "शहर में वेतन कम-ज्यादा मिले यह शायद समझ में आ जाए, लेकिन हवा और आकाश कम मिले, यह बिलकुल समझ में नहीं आता।" 'सबै भूमि गोपाल की' मानने वाले विनोबा ने समझाया कि इनसान की पहली खुराक है आकाश और हवा। यह ईश्वर ने सबको बराबर दी है। अगर ऐसा नहीं होता तो ईश्वर हमारी एक नाक बनाता, प्रधानमंत्री की दो नाक बनाता और राष्ट्रपति की चार नाकें बनाता। मतलब साफ है। वे समझाना चाहते थे कि हवा और रोशनी पर सबका बराबर हक है। सबको इसकी समान आवश्यकता है। शहरों में सभ्यता के हाशिये पर जिन्दगी जी रहे लोगों की दुरवस्था, उनकी सँकरी गलियाँ, बेहद छोटे और हवा-रोशनी से वंचित घर उन्हें परेशान करते थे।

आचार्य विनोबा भावे समाज को जिस दिशा में ले जाना चाहते थे, उसके लिए सर्वोदय के कार्यकर्ताओं में काफी उम्मीदें थीं। नाउम्मीद वे समाज से भी नहीं थे। राज की तुलना में समाज पर उन्हें अत्यधिक विश्वास था। अपने सर्वोदय के साथियों को वे कहते थे कि आप सब दही के समान हैं। समाज को वे दूध के समान मानते थे। वे चाहते थे कि सारा समाज दही बने। थोड़ा सा जामन अपने से कई गुना अधिक दूध को दही बना देता है। वे इसी में सर्वोदय की सार्थकता देखते थे। साथ ही वे यह कहते थे कि थोड़ा सा दही अलग नहीं रह सकता, उसमें कीड़े पड़ जाते हैं। वह सड़ने लगता है। दिनोदिन खट्टा होने लगता है। इसलिए हमें अलग जमात नहीं बनानी है। सर्वोदय के लोगों का कर्तव्य है कि सबके साथ मिलकर कार्य करें। अपने परिवार का विस्तार करें।

39 दिनों की यात्रा में आचार्य विनोबा भावे ने करीब डेढ़ सौ भाषण किए। प्रभाष जी की अचूक दृष्टि इन सभी कार्यक्रमों पर कायम रही। इस दौरान सैकड़ों लोगों ने विनोबा से मुलाकातें कीं। इनमें जो भी विशिष्ट संवाद हुआ, प्रभाष जी ने कलमबद्ध किया। इस यात्रा में शामिल असाधारण लोगों से भी संवाद किया। ऐसे ही एक अमेरिकन व्यक्ति इस यात्रा में शामिल हुए। सेन फ्रांसिस्को के निवासी यूलिस एस. मिचेल। शान्ति संस्थाओं के कार्यकर्ता और अमेरिकी एसोसिएटेड चर्च प्रेस के प्रतिनिधि। विनोबा की यात्रा अमूमन प्रातःकाल में चार बजे आरम्भ होती थी। प्रभाष जी आधे घंटे पहले ही विनोबा के पड़ाव पर उपस्थित हो जाते थे। खास बात यह थी कि उनके हाथ में कोई नोटबुक नहीं होती थी। ज्यादातर रिपोर्टिंग उनकी अक्षरशः याद रखने की क्षमता पर आधारित थी। कभी-कभार उन्होंने अगर कुछ नोट किया तो वह अपनी हथेलियों पर किया। जिस दिन मिचेल आचार्य विनोबा भावे से मिले, उस दिन की रिपोर्टिंग बानगी के तौर पर देखी जा सकती है।

"आज सुबह चार बजे जब विनोबा जी पदयात्रा के लिए तुकोगंज सड़क पर निकले, तब आसमान पर पीले-मटमैले बादल छाए हुए थे और वातावरण में हल्की ठंडक थी। उनके साथ कोई बीस भाई-बहन चल रहे थे। आगे विनोबा, उनके साथ लालटेन लिये हुए दो भाई और पीछे दूसरे लोग। बाबा प्रार्थना बोलते जा रहे थे...ओम...पूर्णमदः... पूर्णस्य...। ओम श्री नारायण तू... और अन्त में ग्यारह व्रत अहिंसा, सत्य...भय वर्जनम्।

जब प्रार्थना समाप्त हुई तो यशवन्त क्लब के मोड़ के पास उनसे एक यूरोपीय सज्जन से मिलाया गया। वे सज्जन अपने श्वेत शरीर पर खादी के कुर्ता-धोती और सिर पर खादी की सफेद टोपी पहने हुए थे, आँखों पर चश्मा था। बगल में एक छोटा टेप रिकॉर्डर टँगा था, और दाहिने हाथ में उसका माइक था। उन्होंने बाबा से अंग्रेजी में बातचीत की कि मैं पाँच सप्ताह के लिए भारत आया हूँ। तीन सप्ताह हो चुके हैं, दो और यहाँ बिताऊँगा। मैंने गांधीजी की किताबें पढ़ी हैं, और मुझे लगता है आप उन्हीं का काम करना चाहते हैं। बाबा ने उनसे पूछा—"वे क्या करते हैं? उन्होंने बताया, वहाँ उनका छोटा-सा व्यापार है। इसके अतिरिक्त वे अपना अधिकतर समय शान्ति-संस्थानों में देते हैं और संसार के शान्ति चाहने वाले लोगों से मिलने निकले हैं।"

इस अनुच्छेद में उस दिन के यात्रारम्भ का एक-एक विवरण दर्ज है। आसमान में छाए बादलों के रंग से लेकर वातावरण की ठंडक भी। ऐसा चित्रण कि पूरा वातावरण जीवन्त हो जाए। सजीव भी। प्रभाष जी ने प्रत्येक दिन के दृश्यों का चित्रण किया है। वे भाषा-शैली से दृश्यों, बिम्बों की रचना करते हैं। ताकि पढ़ने वाले के मस्तिष्क में सहज ही चित्र उभर जाए। कलम से कैमरा का भी काम लेनेवाले प्रभाष जी के लेखन की विशिष्टता कोई भी सहृदय पाठक महसूस कर सकता है। इस दिन जो अमेरिकन सज्जन विनोबा से मिले, दो-तीन पंक्तियों में उनके व्यक्तित्व के अधिकतर आयाम उजागर हो गए हैं। चित्रण की यह शैली पाठक को विनोबा-मिचेल की आपसी मुलाकात-संवाद के प्रति उत्सुकता जगाने में सक्षम है। प्रभाष जी उनके संवाद के सार का रोचक वर्णन करते हैं। प्रभाष जी ने मिचेल का प्रश्न और बाबा के उत्तर को लिखा है। मिचेल ने पूछा था, "आप हिन्दुस्तानियों की नए प्रकाश के लिए आँख खोलना चाहते हैं या उनका आर्थिक विकास कर रहे हैं?"

बाबा ने कहा, "दोनों। लेकिन आर्थिक विकास गौण है। हिन्दुस्तान के लोगों में मानवता जाग्रत करना मेरा खास उद्देश्य है।" विदेशी भाई ने बात चलाई भूमि आन्दोलन की, भूमि वितरण की तो बाबा ने फिर कहा, "मेरा उद्देश्य तो शान्ति है और उस शान्ति की स्थापना के लिए मैं सत्य, अहिंसा और करुणा पर जोर देता हूँ। विदेशी भाई ने पूछा—संसार में सभी देशों में शान्ति चाहने वाले लोग हैं। इन लोगों को शान्ति का काम कैसे करना चाहिए? इस पर बाबा ने कहा—"जो जहाँ है वह वहीं अपना काम करे, अपने पिता से प्यार करे, उसकी सेवा करे लेकिन उसे संसार के पिताओं का प्रतिनिधि मानकर। इसी तरह माँ और भाई-बहन सबसे वह प्यार करे अपने परिवार का विस्तार करे। अपने को किसी देश का नहीं, विश्व का नागरिक समझें और इसके अनुसार अपने पड़ोसी को अपने जैसा ही प्यार करें।"

पत्रकारिता की यह प्रभाष-शैली है। गम्भीर और जटिल विषयों का सार कुछेक पंक्तियों में प्रस्तुत करने का हुनर। गोया दूध औटकर, उससे मलाई और मथकर मक्खन बनाया गया हो। विचार के मामले में भी ऐसा होता है। विस्तृत वार्तालाप का केन्द्रीय विचार समझकर लिख देना। ऐसा वही कर सकता है जिसमें विषय की स्पष्टता हो। उसकी बारीकियों की गहन समझ भी हो। इस समझ को अभिव्यक्त करने वाली भाषा से लैश प्रभाष जी अपनी पत्रकारिता के शुरुआती दिनों में पारंगत प्रतीत होते हैं।

इस बातचीत का वर्णन करते हुए प्रभाष जी लिखते हैं, "क्या देश-देश में बिखरे हुए शान्ति चाहने वालों का एक विश्वव्यापी सम्मेलन नहीं बुलाया जा सकता? विदेशी भाई का प्रश्न था।" "विश्वव्यापी नहीं रीजनल सम्मेलन हो तो चलेंगे और दो पड़ोसी और आपस में शत्रु देशों के बीच में हो। इनका आयोजन कौन करे? मेरे खयाल से शान्तिप्रिय लोग इस काम को अच्छी तरह कर सकते हैं।" यहाँ एक बात ध्यान देने योग्य है। प्रभाष जी ने मिचेल से मुलाकात का, आरम्भ में जहाँ उल्लेख किया था, उन्हें 'यूरोपीय सज्जन' कहकर सम्बोधित किया था। विनोबा भावे के साथ उनके संवाद की बातों के बारे में बताते हुए यह सम्बोधन बदल गया है। अब वे 'विदेशी भाई' कहकर सम्बोधित कर रहे हैं। 'यूरोपीय सज्जन' से 'विदेशी भाई' का यह रूपान्तरण गांधी-विनोबा दर्शन के अनुरूप है। इस धरती के सभी लोगों में आपसी सम्बन्ध की अवधारणा के अनुसार है।

आचार्य विनोबा भावे और मिचेल के परस्पर संवाद का सार पढ़ने के बाद पाठक के मन में इनके बारे में जानने की उत्सुकता स्वाभाविक है। इसलिए आगे प्रभाष जी इनका परिचय देते हैं और इनका साक्षात्कार प्रस्तुत करते हैं। यह है पाठक के मन की सम्भाव्य उत्सुकता को समझ लेना और उसका उचित निराकरण करना। प्रभाष जी ने मिचेल से पूछा है कि "ऐसी कौन-सी बात थी जिसने आपको विनोबा जी की ओर आकर्षित किया?" इस प्रश्न का उत्तर देते हुए मिचेल ने कहा, "मैं दुनिया के शान्ति चाहने वालों लोगों से मिलता हूँ। आपके उपराष्ट्रपति डॉ. राधाकृष्णन से मिल चुका हूँ और आज दिल्ली में नेहरू जी से मिलूँगा। विनोबा के बारे में मैंने सुना और मैं यहाँ चला आया।"

आप रूस और चेकोस्लोवाकिया से आ रहे हैं तो क्या आप बताएँगे कि रूस और अमेरिका में कहाँ के ज्यादा लोग शान्ति चाहते हैं? यह मेरा दूसरा प्रश्न था। मिचेल साहब ने बेधड़क उत्तर दिया रूस के लोग। अमेरिका में हम लोग दो दलों में बँटे हुए हैं। एक दल है जो शान्ति चाहता है और दूसरा किसी न किसी तरह विश्व में तनाव बनाए रखना चाहता है। इसके पश्चात प्रभाष जी लिखते हैं कि "विनोबा से अक्सर ही विदेशी यात्री मिलते-जुलते हैं और अपने देश में सर्वोदय का कार्य करते हैं। अमेरिका में सर्वोदय की क्या लोकप्रियता है, और लोग बाबा को किस नजर से देखते हैं? इस प्रश्न पर मिचेल थोड़े से गम्भीर हो गए। "वहाँ की आम जनता सस्ते मनोरंजन की खोज में रहती है, और जिन्दगी में हलचल चाहती है। फिर भी बहुत से लोग ऐसे हैं जो गम्भीरता से दिन-प्रतिदिन के सम्बन्धों पर विचार करते हैं, और संसार की विचारधाराओं से अपना सम्पर्क रखते हैं। फिर भी, गांधी, भूदान-आन्दोलन और विनोबा बहुत अधिक लोकप्रिय नहीं हैं। अब हम सब लोग शान्ति संस्थाओं के लिए विनोबा जी के सुझाव के अनुसार शान्ति सम्मेलन का आयोजन करेंगे।" इस साक्षात्कार में पूछे गए प्रश्नों के आलोक में प्रभाष जी के अन्तरराष्ट्रीय मुद्दों से सर्वविदित जानकारी का अन्दाजा लगाया जा सकता है। शान्ति और तनाव को केन्द्र में रखकर इन्होंने जो सवाल मिचेल से पूछे हैं, वे प्रभाष जी की रुचि के क्षेत्रों को भी बताते हैं।

आचार्य विनोबा भावे ने दंड-शक्ति की तुलना में प्रेम-शक्ति को वरेण्य बताया है। इसको समझाने के लिए राम-कृष्ण का उदाहरण देते हैं। लोग उनसे पूछते थे कि राम और कृष्ण सभी अवतार हिंसा से बचने में असफल हुए, फिर हम कैसे यह काम कर

पाएँगे? विनोबा की तीक्ष्ण मेधा इसकी व्याख्या करती है। वे जो कहते हैं, वह नई बात है। इतना ही नहीं है बल्कि उनकी बात साहसिक भी है। ऐसा विनोबा ही कह सकते थे। उन्होंने कहा कि ईश्वर के सारे अवतार असफल हुए हैं। *गीता* में लिखा है कि जब-जब धर्म की हानि होती है, तब-तब ईश्वर अवतार लेता है। अगर हम कहते हैं कि मैट्रिक में आठवीं बार लड़का बैठा तो इसका मतलब यह है कि वह सात बार फेल हुआ। वैसे ही भगवान फिर अवतार लेगा, इसका मतलब यह कि पिछली बार वह फेल हुआ। आज परिस्थितियाँ बदल गई हैं। राम और कृष्ण असफल हुए और उन्होंने हिंसा का उपयोग किया, इसलिए हम भी करें, यह हम कहेंगे तो हम पुराने जमाने के खँडहर होंगे। हम राम और कृष्ण के कन्धे पर खड़े हैं, इसलिए ज्यादा आगे देखते हैं। हम उनके शिष्य हैं। यदि शिष्य में गुरु के गुणों का पतन हो जाए तो गुरु बेकार ही कहलाएगा। विनोबा की बात पारे की तरह साफ है। वे स्वयं को जिस विरासत और जिस परम्परा का अंग मानते हैं, उसका विकास करना अपना धर्म समझते हैं। राम और कृष्ण से स्वयं को आगे का मानने में यही भाव है। विनोबा को मनुष्य में अगाध विश्वास है। कह सकते हैं कि मनुष्य समाज के बारे में उनकी एक कल्पना है। वे उसको साकार करना चाहते हैं।

इन्दौर यात्रा में आचार्य विनोबा भावे समाज के हर तबके के लोगों के पास जाते थे। सबसे संवाद करते थे। सबको अपनी बातें बताते थे। बिना किसी राग-द्वेष के। एक ऐसी घटना हुई जब उन्होंने अपना प्रवचन नहीं किया है। प्रभाष जी ने विनोबा के लिए हर बार भाषण शब्द का प्रयोग नहीं किया है। कहीं-कहीं प्रवचन का किया है। प्रवचन के प्रयोग से विनोबा सन्त परम्परा से जुड़ते हैं। नैतिक बल वाली परम्परा से जुड़ते हैं। विनोबा की यही पहचान भी है। वे गांधीजी के आध्यात्मिक उत्तराधिकारी थे। इस यात्रा के दौरान हुई एक अप्रिय घटना को भी प्रभाष जी ने दर्ज किया है। उसे भी रिपोर्ट किया है। यह सच्ची पत्रकारिता है। वे लिखते हैं—"ज्यों-ज्यों बाबा का कारवाँ बढ़ता गया, सड़कों के दाएँ-बाएँ खड़े लोग बाबा को प्रणाम करते रहे, पैर छूते रहे, नारे गुँजाते रहे और जय बोलते रहे। जगह-जगह सारे स्वागत द्वार भी बनाए गए थे। वहाँ की बहनों ने बाबा का स्वागत किया। श्रद्धा में कहीं कोई कमी नहीं। स्वागत की भीड़ भी काफी थी। मगर फिर भी एक अप्रिय घटना घट ही गई। सीमित कार्यक्रम के अनुसार बाबा नीलंकठ कॉलोनी व हरिजन कॉलोनी में घूमने वाले थे। पर ऐसा हुआ नहीं। इस पर यहाँ के कुछ गृहिणी कार्यकर्ताओं में बड़ा जोश और रोष उमड़ा। जूना रिसाला में जब प्रार्थना स्थल पर बाबा पहुँचे तो इन उत्साही कार्यकर्ताओं ने बड़ा हंगामा मचाया। बाबा के समझाने पर और यह कहने पर कि वे यहाँ से फिर नीलकंठ कॉलोनी और हरिजन कॉलोनी जाएँगे, तब वे लोग शान्त हुए। पर बाबा का मन दुखी हो गया था। और इस कारण उन्होंने आम सभा में भाषण नहीं दिया। काफी जनता को निराश लौटना पड़ा। आज की सर्वोदय मित्रों की सभा में भी बाबा थोड़ी देर से बोले। जूना रिसाला उर्दू स्कूल से निकलकर बाबा बाहर आए। जहाँ काफी भीड़ जमा थी। नीलकंठ कॉलोनी और हरिजन कॉलोनी के लोग बाबा को अपने-अपने मोहल्लों में ले गए। यह ठीक है कि बाबा के स्वागत की उन्होंने खूब तैयारियाँ की थीं। रंग-बिरंगी झंडियाँ लगाई थीं। उनमें बाबा के प्रति गहन श्रद्धा और भक्ति-भावना है मगर जो रास्ता उन्होंने अख्तियार किया था, वह

सर्वोदय के अनुकूल नहीं है। मन में रोष हो, गलत-सलत मान्यताएँ हों और दोषारोपण की वृत्ति हो तो सर्वोदय का काम होना मुश्किल है। यह सामान्य प्रतिक्रिया थी। सारी घटना के बाद कुछ आलोचक ऐसे थे जो दोषारोपण में रत थे किन्तु, सारी घटना का जो अन्तिम निष्कर्ष था, वह प्रिय नहीं था।" प्रभाष जी ने इस अप्रिय घटना की जैसी रिपोर्टिंग की है वह पत्रकारिता और सर्वोदय विचार दोनों के प्रति उनकी आस्था को जाहिर करता है। पत्रकारिता धर्म का पालन करते हुए इस अप्रिय घटना को नेपथ्य में नहीं रखा। साथ ही, यह भी कहा कि यह सर्वोदय के अनुकूल नहीं है।

जब विनोबा नीलकंठ कॉलोनी और हरिजन कॉलोनी गए, उसकी रिपोर्टिंग प्रभाष जी ने कैसे की है? यह देखना दो तरह से दिलचस्प है। एक कि वे पहली बार किसी राष्ट्रीय व्यक्तित्व की यात्रा का एक दैनिक अखबार के लिए विशेष रिपोर्टिंग कर रहे हैं। इसे दूसरी तरह से भी देख सकते हैं कि वे जो हैं उस यथार्थ को छिपाते नहीं हैं। यह दूसरी बात किसी भी पत्रकार के लिए एक बड़ी शिक्षा है। प्रभाष जी ने लिखा है, "आज सुबह पूर्व निर्धारित जूना रिसाले की आम सभा में सन्त विनोबा भावे ने प्रवचन नहीं दिया। इन्दौर में उनके पाँच दिन के कार्यक्रमों में अपने ढंग की यह पहली घटना है। जब वे आम सभा के मंच पर जाकर बैठे तब उनके सामने प्रवचन सुनने को लालायित काफी जनता बैठी थी मगर नीलकंठ कॉलोनी और हरिजन के कुछ असन्तुष्ट भाइयों ने हो-हल्ला किया, इससे बाबा को दुख हुआ। उन्होंने कहा कि जाहिर है उस रास्ते से हमको नहीं लाया गया। यह गलती हो सकती है, लेकिन इस कारण दूसरों पर आरोप करना गलत है। यह कहना कि जान-बूझकर मार्गदर्शकों ने ऐसा किया, गलत मनोवृत्ति है। किसी के मन की बात जानना तो अन्तर्यामी का काम है। भगवान का काम है। आपका यह दोषारोपण तो भगवान होने का दावा है। हम गलती महसूस करते हैं मगर चित्त में शान्ति नहीं तो घर में सर्वोदय पात्र मत रखो। हम चाहते हैं प्रेम और शान्ति की ताकत। अशान्ति के कार्यों में न लज्जत है, न इज्जत है। हमारे पास ज्यादा वक्त नहीं है। रास्ते में हमें देरी हो गई है। इसलिए हम यहाँ नहीं बोलेंगे। गुस्सा मत कीजिए। हमने आपका कोई अपराध नहीं किया है।" विनोबा किसी की नीयत पर सन्देह करना उचित नहीं मानते। जब तक मन में विचार के प्रति दृढ़ विश्वास न हो तो वे सर्वोदय पात्र रखना ठीक नहीं मानते। चित्त में शान्ति का अभाव प्रेम और शान्ति की स्थापना में बाधक है।

विनोबा ने यात्रा के दौरान व्यापारियों को भी सम्बोधित किया। उन्होंने व्यापारियों से कहा कि उन्हें पक्षमुक्त होकर कार्य करना चाहिए। उत्पादक और उपभोक्ता के बीच व्यापारी एक कड़ी है। इसलिए वह कड़ी जितनी ईमानदार, निष्पक्ष एवं निःस्वार्थ होगी, उतना ही समाज दृढ़ और विकासोन्मुख होगा। विनोबा ने पूरी स्पष्टता से कहा कि भारत के व्यापारी दब्बू हैं, निर्भीक नहीं। उन्होंने व्यापारियों के लिए रचनात्मक कार्यक्रम भी प्रस्तावित किया। एक, व्यापारी किसी भी राजनीतिक दल के बेजा दबाव को सहन न करें। दो, प्रत्येक व्यापारी संस्था में जहाँ दो या तीन भाई काम करते हों उनमें से एक भाई को सर्वोदय का कार्य सौंपा जाए। तीन, व्यापारी भाई स्वयं का दसवाँ भाग सर्वोदय को दें। चार, व्यापारी दूसरे भाइयों में सर्वोदय के विचार का प्रसार करें। विनोबा का आग्रह था कि व्यापारी ईमानदारी, करुणा और निष्पक्षता का व्रत लें और शेर तथा गाय

को एक साथ न खिलाएँ। विनोबा ने अन्य धर्म और संस्कृति से हिन्दू धर्म संस्कृति की तुलना करते हुए कहा कि किसी भी संस्कृति या धर्म ने व्यापारियों के मोक्ष के लिए उतना सरल मार्ग नहीं बताया जितना कि भारतीय संस्कृति बताती है। हिन्दू धर्म के अनुसार एक ब्राह्मण को यज्ञ, तप, जप तथा भगवद् चिन्तन करने से मोक्ष मिलता है वही मोक्ष व्यापारियों को ईमानदारी, शुद्ध हृदय से व्यापार करने पर मिल जाता है। समाज का हित साधते हुए व्यापारी लाखों-करोड़ों का धन्धा करता है तो भी वह मोक्ष प्राप्त कर सकता है।

विनोबा अपने प्रवचनों में नित्य नई व्याख्याएँ करते थे। इन व्याख्याओं की प्रेरणाभूमि क्या थी? वह भी समाज में प्रेम की स्थापना। संघर्ष के स्थान पर समन्वय और सामंजस्य। परन्तु एक बात बहुत महत्त्वपूर्ण है। विनोबा किसी भी ऐसी संरचना को स्वीकार नहीं करते हैं, जिसके आधार पर समाज या राष्ट्रों में भेदभाव विकसित होता हो। असमानता बलवती होती है, हिंसा की शक्ति मजबूत होती है। विनोबा समझाते हैं धर्म के बारे में। कर्म के बारे में। मर्म के बारे में। आत्मा के बारे में। परमात्मा के बारे में। जीव-जगत के बारे में। शासन व्यवस्था के बारे में। राज-काज के बारे में। समाज के बारे में। मतलब यह कि जीवन के हर क्षेत्र के बारे में। उनकी इस यात्रा में किसी से परहेज नहीं है। किसी विषय, मुद्दे या मसलों से परहेज नहीं।

विनोबा धर्म और समुदाय के बारे में समझाते हैं। धर्म वही है, जो सबको धारण करता है। अलग-अलग रहने पर धर्म नहीं बनता। धर्म तभी बनता है जब सब एक हो जाते हैं। तभी धर्म की जरूरत भी खड़ी होती है। धर्म है कि क्रोध नहीं आना चाहिए। लेकिन इसकी कसौटी क्या? गुस्सा करने के लिए भी सामने दूसरा मनुष्य चाहिए। इसी तरह परीक्षा के लिए भी समाज चाहिए। सहकार धर्म है, लेकिन क्या अकेले रहने से सहकार सधेगा? समाज होगा, तभी तो सहकार सधेगा और धर्म पहचाना जाएगा। संयम और प्रेम धर्म है। पर अगर अकेले रहते हैं तो प्रेम किस पर करेंगे? प्रेम धर्म तभी प्राप्त होगा, जब हम समाज में रहेंगे। इस तरह देखा जाए तो ध्यान में आएगा कि मानव के जितने भी धर्म हैं, सभी समुदाय पर आधारित हैं।

कोई चाहे तो कह सकता है कि विनोबा ने नई बातें नहीं कही हैं। उनसे पहले गांधी, नानक, बुद्ध जैसे लोगों ने ऐसी बातें कही हैं। *वेदों, उपनिषदों,* षड्दर्शनों ने भी ऐसी बातें कही हैं। यह बिलकुल सही है। विनोबा नए सन्दर्भों, नए बदलावों के परिप्रेक्ष्य में आर्ष-वचनों को व्याख्यायित करते हैं। उसे प्रासंगिकता और अर्थवत्ता भी प्रदान करते हैं।

विनोबा सियासत और मजहब के अतीत में किए श्रेष्ठ कार्यों का स्मरण कराते हैं। वर्तमान युग में इनके टूटने को अनिवार्य मानते हैं। विज्ञान और अध्यात्म ने सियासत और मजहब का स्थान ग्रहण किया है। इसे वे सकारात्मक मानते हैं। विनोबा बताते हैं कि अतीत में सियासत ने बाहरी एकता कायम की है और मजहब ने अन्दरूनी। अब ये दोनों तोड़ने का कार्य कर रहे हैं। इसलिए वे राजनीति और धर्म के बदले विज्ञान और तत्त्वज्ञान का उदय महत्त्वपूर्ण मानते हैं। इन दोनों शक्तियों के बीच सन्तुलन करने में साहित्यकार की भूमिका देखते हैं। उन्होंने साहित्यकारों से कहा था कि वे अपने में समरसता और तटस्थता दोनों रखें। वे कहते हैं कि साहित्यकार केवल विज्ञान के साथ होंगे तो सिर्फ सांसारिक बने रहेंगे। अगर केवल अध्यात्म के साथ रहेंगे तो तत्त्वज्ञानी

बनकर रह जाएँगे। साहित्यकारों का भविष्य उज्ज्वल देखने वाले विनोबा मानते थे कि विज्ञान और अध्यात्म की ताकतों के मध्य कड़ी या पुल का कार्य ही इनका सच्चा धर्म है।

विनोबा के साथ उनतालीस दिन में सर्वोदय-मूल्यों में रचे-बसे प्रभाष जोशी ने विनोबा के चिन्तन-दर्शन की गहराई दिखाई है और व्यापकता भी। इसमें विनोबा के व्यक्तित्व की सभी विशिष्टताएँ हैं। उनकी विचार-प्रक्रिया के तमाम आयाम हैं। प्रभाष जी ने विनोबा को जैसा देखा-समझा है, अपनी रिपोर्ट में उसे प्रस्तुत किया है। प्रभाष जी की इस रिपोर्टिंग में, पत्रकारिता लेखन की कई विधाओं—खबर, फीचर, साक्षात्कार, रिपोर्ताज आदि को देखा जा सकता है। विनोबा शास्त्रज्ञ थे, धर्मवेत्ता भी। उनका विपुल वाङ्मय है। जिन पाठकों की रुचि गांधी-दर्शन में हो, उन्हें *विनोबा के साथ उनतालीस दिन* अवश्य पढ़नी चाहिए। यह विनोबा के शब्द और कर्म का सार है। जिनकी रुचि न हो, उन्हें भी 'विनोबा-दर्शन' इसलिए अवश्य पढ़ना चाहिए जिससे यह जाना जा सके कि महात्मा गांधी का विख्यात अनुयायी किस सपने से यात्रा कर रहा था।

सत्य, प्रेम और करुणा का मंत्र देने वाले, अभिवादन के लिए 'जय जगत' का उद्घोष करने वाले विनोबा को गांधीजी में हिमालय की शान्ति और बंगाल की क्रान्ति का सुन्दर समन्वय दिखा था। इसे गांधीजी के निधन के बाद विनोबा ने स्वीकार किया। इसे *गांधी : जैसा देखा-समझा* में स्वयं विनोबा ने बताया है। विनोबा ने अपना जीवन इसी आस्था पर टिकाया। उनके व्यक्तित्व का निर्माण इसी नींव पर हुआ। इसे समझने का शील और विवेक प्रभाष जी में युवावस्था में ही था, यह असाधारण बात है। इस किताब को पढ़ते हुए यह अनुभव किया जा सकता है।

प्रभाष जी ने विनोबा के जीवन से जुड़े कई किस्सों का उल्लेख भी किया है। ये किस्से रोचक हैं। विनोबा सेवाग्राम आश्रम में रह रहे थे। उनको देखकर गांधीजी के शिष्य जमनालाल बजाज इन्हें 'मद्रासी कुली' समझते थे। ऐसा लगता है विनोबा ने अपनी उपस्थिति को गौण कर दिया था। अपनी साधना में इस कदर लीन थे कि अपनी विशिष्टता का जरा भी उन्होंने किसी को अहसास नहीं होने दिया। एक दिन बापू ने कहा, मेरी अनुपस्थिति में प्रार्थना और प्रवचन विनोबा करेंगे। जमनालाल जी को अचरज हुआ। जब इन्होंने विनोबा का धर्मग्रन्थों के वचनों पर प्रवचन सुना, इनकी असाधारणता को समझा। साधारण में छिपे सौन्दर्य को महसूस किया। जमनालाल जी के मन में विनोबा के प्रति श्रद्धा पैदा हुई। इसी तरह 1940 के व्यक्तिगत सत्याग्रह की घोषणा पर पंडित जवाहरलाल नेहरू की आकांक्षा थी कि गांधीजी उन्हें पहला सत्याग्रही बनाएँगे। लेकिन गांधीजी ने विनोबा को चुना।

विनोबा के व्यक्तित्व का रूपाकार चित्रण करने के लिए प्रभाष जी ने गांधी और विनोबा के पत्रों को उद्धृत किया है। गांधीजी विनोबा को लिखते हैं, "तुम्हारे लिए कौन-सा विशेषण काम में लाऊँ, यह मुझे नहीं सूझता। तुम्हारा प्रेम और तुम्हारा चरित्र मुझे मोह में डुबा देता है। तुम्हारी परीक्षा करने में मैं असमर्थ हूँ। तुमने जो अपनी परीक्षा की है, उसे मैं स्वीकार करता हूँ और तुम्हारे लिए पिता का पद ग्रहण करता हूँ। मेरे लोभ को तो तुमने लगभग पूरा ही किया है। मेरी मान्यता है कि सच्चा पुत्र वह है जो पिता ने जो कुछ किया हो उसमें वृद्धि करे। पिता सत्यवादी, दृढ़, दयावान हो तो स्वयं

अपने में ये गुण विशेषता से धारण करे। यह तुमने किया है, ऐसा दिखता है। तुमने यह मेरे प्रयत्नों से किया है, ऐसा मुझे नहीं मालूम होता। इस कारण तुमने मुझे जो पिता का पद दिया है उसे मैं तुम्हारे प्रेम को भेंट के रूप में स्वीकार करता हूँ। उस पद के योग्य बनने का प्रयत्न करूँगा और जब मैं हिरण्यकश्यप साबित होऊँ तो प्रह्लाद भक्त के समान मेरा सादर-निरादार करना।" गांधीजी के लिखे इस पत्र के शब्द-शब्द विनोबा की असाधारणता का अनुभव कराते हैं। यह दर्शन प्रभाष जी ने कराया है। यह प्रभाष शैली है। पत्रकारिता की प्रभाष शैली!

प्रभाष जी की साहित्य में गहरी रुचि थी। उनके निर्माण में साहित्यिक कृतियों और सर्वोदय-दर्शन की सबसे महत्त्वपूर्ण भूमिका है। 'विनोबा के साथ उनतालीस दिन' में इन दोनों को सहज ही देखा जा सकता है। इस पुस्तक में शामिल रिपोर्टिंग में कई जगह ऐसा वर्णन है, मानो साहित्यिक रचना हो। पाठक साहित्यिक कृति का आस्वाद महसूस कर सकते हैं। इनमें वे तत्त्व भी शामिल हैं जो किसी लेखन को पत्रकारिता के स्थान पर साहित्यिक रचना का दर्जा देने को प्रेरित करें। शीर्षक से लेकर अन्दर की लेखन शैली इसका प्रमाण है।

—रामबहादुर राय

अपनी बात

श्रेष्ठ पत्रकार, प्रभाष परम्परा न्यास के प्रबन्ध न्यासी और इन्दिरा गांधी राष्ट्रीय कला केन्द्र के अध्यक्ष पद्मश्री रामबहादुर राय ने मुझे अपने आवास पर संग्रह की गई स्वर्गीय प्रभाष जोशी की रचनाओं से जुड़ी अनेक फाइलें दीं और उनमें से मुझे अप्रकाशित लेख आदि का संग्रह तैयार करने की जिम्मेदारी दी। उसमें एक फाइल 1960 में आचार्य विनोबा भावे के इन्दौर प्रवास के दौरान *नई दुनिया* के *विनोबा के साथ उनतालीस दिन* नि:शुल्क परिशिष्ट की थी, जिसे उनके 39 दिन के इन्दौर प्रवास के दौरान जोशी जी ने तैयार करके प्रकाशित करवाया था। संयोग से उन परिशिष्टों या अखबारों की प्रति के बजाय उसकी फोटो कॉपी आदरणीय राय साहब को मिली थी। उन्होंने मुझे इन सभी को टाइप करवाकर सम्पादन करके प्रकाशित करवाने की जिम्मेदारी दी। मेवाड़ संस्थान के अध्यक्ष डॉ. अशोक कुमार गदिया ने अपने संस्थान के सहयोगी उमेश सिंह को टाइप करने की जिम्मेदारी दी, जिसे उन्होंने पूरी ईमानदारी और लगन से पूरा किया। वे टाइप करके मुझे एक-एक परिशिष्ट देते जाते, मैं उसे ठीक करके इस सिलसिले को आगे बढ़ाता जाता। यह क्रम आखिर तक जारी रहा। ठीक से न पढ़े जाने वाले कुछ वाक्यों को पढ़े जाने योग्य बनाने में जोशी जी के ज्येष्ठ पुत्र सन्दीप जोशी ने भी सहायता की।

विनोबा जी के कुल 39 दिन का इन्दौर प्रवास (इन्दौर में 32 दिन, कस्तूरबा ग्राम में छह दिन और पड़ोस के माचला में एक दिन) 24 जुलाई, 1960 से 1 सितम्बर, 1960 तक रहा। इस दौरान 37 परिशिष्ट प्रकाशित हुए। इसी बीच 7 अगस्त को रक्षाबन्धन और 15 अगस्त को स्वाधीनता दिवस का अवकाश रहा। जोशी जी ने अवकाश के दिन भी अन्य दिनों की तरह सवेरे तीन बजे से रात आठ बजे तक कार्यक्रमों की रिपोर्टिंग की और उसे अपने अखबार में लिखा। जब यह प्रवास हुआ तब जोशी जी की उम्र महज 23 साल थी। हम सभी को पता है कि जोशी जी ने विश्वविद्यालयों की बड़ी डिग्री नहीं ली थी। न ही तब पत्रकारिता का कोई पाठ्यक्रम होता था।

इस *विनोबा के साथ उनतालीस दिन* को पढ़ते ही जो बात सबसे पहले मन में आती है वह यह कि कोई आदमी यूँ ही जीनियस नहीं होता है। जोशी जी ने ही मुझे *जनसत्ता* में संवाददाता बनाया था और तीन दशक से ज्यादा समय तक मैंने *जनसत्ता* में विभिन्न जिम्मेदारियों का निर्वहन करते हुए संवाददाता का काम किया। मैं यह सोच भी नहीं सकता कि 23 साल का युवक, जिसने पत्रकारिता का कोई विधिवत लम्बा प्रशिक्षण न लिया हो, और जब आज के जमाने की तरह इलेक्ट्रॉनिक उपकरण भी नहीं थे, तब कोई इस तरह की बेहतरीन रिपोर्टिंग कर सकता है। हर रोज 14 से 15 घंटे फील्ड में रहना फिर

उसे लिखना और फिर उसे छपने लायक बनाने में उनका कितना समय और श्रम लगता होगा, इसकी केवल कल्पना ही करके घबराहट होने लगती है। हर परिशिष्ट में आज के कार्यक्रम की जानकारी के साथ-साथ कल होने वाले कार्यक्रमों की सूचना दी गई है।

विनोबा जी ने प्रवास के दौरान हर रोज पदयात्रा करने के अलावा करीब डेढ़ सौ भाषण दिए। हर रोज कई बैठकें कीं। उनसे मिलने जयप्रकाश नारायण से लेकर तब के मध्य भारत (मध्य प्रदेश) के मुख्यमंत्री कैलाशनाथ काटजू सहित अनेक नेता, विद्वान और देश के विभिन्न इलाकों से लोग आए। विनोबा जी का इन्दौर प्रवास बरसात में हुआ, वे लगातार बरसात में अपने तय कार्यक्रम के हिसाब से पदयात्रा या सभा करते थे। जोशी जी ने उस दौरान की एक-एक गतिविधि अपने अखबार में लिखी। विनोबा जी ने इन्दौर प्रवास के दौरान ही तिलक पुण्यतिथि, तुलसी जयन्ती, स्वाधीनता दिवस और जन्माष्टमी आदि पर्वों पर विशेष प्रवचन किए। उसी अनुरूप जोशी जी ने अपने अखबार में लिखा। मौसम, माहौल से लेकर हर जानकारी हर रोज के अखबार में है। इतना ही नहीं, पाठकों को अपनी बात समझाने के लिए आखिर में 'दिलचस्प निचोड़' कुछ शब्दों का लिखते थे। उन्होंने विनोबा जी के लिए दर्जन भर से ज्यादा सम्बोधन लिखे और रिपोर्ट में दोहराव को हर सम्भव प्रयास करके कम किया। अपनी रिपोर्टों में भी उन्होंने इसका उल्लेख किया है।

विनोबा जी बड़े विद्वान, महात्मा गांधी के आध्यात्मिक उत्तराधिकारी माने जाते हैं। वे अनेक भाषाओं के जानकार थे। उन्होंने अपने भाषण में कहा कि उन्हें भारत की ज्यादातर भाषाएँ आती हैं और उन्होंने कई विदेशी भाषाएँ भी कुछ ही दिनों के प्रवास में सीख ली थीं, लेकिन उन्होंने अपनी माँ के कहने पर अपनी मातृभाषा मराठी के अलावा संस्कृत भी अच्छी तरह सीखी थी। पुस्तक में उनके विद्वत्तापूर्ण अनेक भाषण पढ़ने को मिलते हैं। इससे बड़ी बात जो मेरी समझ में आई, वह यह थी कि 23 साल के प्रभाष जोशी ने तब ही गांधी, विनोबा आदि को भरपूर पढ़ लिया था और उनके बारे में अच्छी-खासी जानकारी प्राप्त कर ली थी। इन 37 परिशिष्टों को रोचक और ज्यादा उपयोगी बनाने के लिए विनोबा-गांधीजी से जुड़े अनेक प्रसंगों को जोशी जी ने लिखा है।

अपने इन्दौर प्रवास के दौरान विनोबा जी ने पहले सप्ताह में दो बातों पर जोर दिया—एक तो घर-घर में सर्वोदय पात्र रखा जाए और दूसरे इन्दौर शहर की सफाई हो। वे 10 हजार सर्वोदय पात्रों को बढ़ाकर 80 हजार करने पर जोर देते थे। सर्वोदय पात्र में समाज के लिए हर रोज कुछ अन्न-धन रखवाया जाता था। उसी तरह उन्होंने सिनेमा आदि के गन्दे पोस्टर हटाने का अभियान चलवाया। जोशी जी ने उनके स्वागत से लेकर विदाई तक के आयोजनों की उसी भाव से रिपोर्टिंग की है। स्वागत का वर्णन करते समय लगता है कि उसे पढ़कर चेहरा खिलने लगे और जब विदाई का वर्णन पर आते हैं तो पूरा वातावरण भावुक हो जाता है। उसी तरह बरसते पानी में विनोबा जी का भाषण देने से लेकर पदयात्रा करने का वर्णन करते हैं और हर खबर में छोटी से छोटी घटना का उल्लेख करते हैं।

आज की पत्रकारिता में कहने-सुनने से खबर लिखने की प्रवृत्ति ज्यादा हो गई है। जोशी जी ने लगातार मौके पर जाकर रिपोर्टिंग की है। कई जगह तो उन्होंने खोजी

पत्रकारिता करने का भी नमूना दिया है। विनोबा जी ने अपने इन्दौर प्रवास में जिन विषयों पर भाषण दिया है, उनमें अनेक विषय गूढ़ हैं, किसी परिपक्व व्यक्ति को ही उसकी बारीकियाँ समझ में आएँगी। लेकिन जोशी जी ने उन्हें विस्तार से समझकर लिखा है।

हम सभी को पता है कि विनोबा जी *भगवद्गीता* के बड़े ज्ञाता थे। *गीता रहस्य* पुस्तक *गीता* पर लिखी गई सबसे प्रसिद्ध पुस्तकों में एक मानी जाती है। प्रभाष जी ने 1938 में विनोबा जी से जुड़े वर्धा आश्रम के एक प्रसंग को लिखा है। उस आश्रम में रहने वाला एक मुसलमान कार्यकर्ता विनोबा जी के पास गया और उनसे कहा कि आप सभी को *गीता* सिखाते हैं, मुझे *कुरान* पढ़ाइए। वे तब अरबी नहीं जानते थे। उन्होंने कुरान के मराठी और अंग्रेजी अनुवाद की पढ़ाई की, उससे बाबा का समाधान न हुआ तो उन्होंने एक मुल्ला जी को बुलाकर *कुरान* समझने का प्रयास किया, लेकिन वे सन्तुष्ट नहीं हुए। बाबा ने अरबी का व्याकरण आदि मँगाकर अरबी सीखी। उसी दौरान आश्रम में मौलाना अबुल कलाम आजाद आए। गांधीजी ने मौलाना आजाद से कहा कि "विनोबा आजकल कुरान पढ़ रहे हैं, जरा इनका इम्तहान लो।"

मौलाना आजाद ने विनोबाजी से बात की और उनके कुरान पाठ के उच्चारण सुने तो पूछा कि आपको कुरान किसने पढ़ाई? विनोबा जी ने कहा—मुल्ला ने। यह सुनकर मौलाना आजाद बोल उठे—इतने अच्छे उच्चारण मुल्ला सिखा ही नहीं सकता है। इस पर विनोबाजी ने कहा कि उच्चारण तो मुझे व्याकरणाचार्य पाणिनि की देन है। उस समय से मौलाना आजाद ने बाबा को 'हाफिज कुरान' कहना शुरू कर दिया।

इस तरह के अनेक प्रसंग *विनोबा दर्शन* में प्रभाष जोशी ने उल्लेख करके एक श्रेष्ठ पत्रकार के गुणों को प्रकट किया है। इस पुस्तक को पढ़कर प्रभाष जी के प्रति मेरी अपनी श्रद्धा बेहिसाब बढ़ गई। वास्तव में इस पुस्तक में मेरा योगदान केवल नाममात्र का है। सब कुछ पत्रकारिता के शिखर पुरुष प्रभाष जोशी का है। मेरे जैसे तमाम पत्रकारों और पत्रकार बनने वालों के लिए तो यह पुस्तक *गीता, रामायण* जैसी है।

मैं यह पहले उल्लेख कर चुका हूँ कि पुस्तक *विनोबा के साथ उनतालीस दिन* अखबार की फोटो कॉपी से तैयार की गई है। लगभग 63 साल पुराने अखबार की फोटो कॉपी के कारण तमाम प्रयास के बावजूद कुछ हिस्से न पढ़े जा सके फिर भी पुस्तक अति पठनीय बनी है। पुस्तक के मार्गदर्शक रामबहादुर राय, मेवाड़ संस्थान के अध्यक्ष डॉ. अशोक कुमार गदिया और रमाशंकर कुशवाहा सहित सभी सहयोगियों का पुनः आभार। प्रभाष जोशी की हर पुस्तकों की तरह इस पुस्तक के प्रकाशन की जिम्मेदारी राजकमल प्रकाशन ने ली। प्रकाशन के प्रबन्ध निदेशक अशोक महेश्वरी का आभार। मुझे विश्वास है कि प्रभाष जी की अन्य पुस्तकों की तरह *विनोबा के साथ उनतालीस दिन* भी उनके प्रशंसकों और पाठकों को पसन्द आएगी। आप सभी के मार्गदर्शन और सुझाव की प्रतीक्षा रहेगी।

—मनोज कुमार मिश्र

विनोबा द्वारा प्रेम योग का नया मंत्र

सर्वोदय पात्र में विश्वशान्ति की मंशा निहित

आज सुबह नूतन हाई स्कूल प्रांगण में अपने अभियान की प्रथम सभा को सम्बोधित करते हुए आचार्य विनोबा भावे ने प्रेम योग का नया मंत्र देते हुए कहा जो भी काम हम करेंगे उसमें हमारा मूल मंत्र होगा—प्रेम योग।

स्त्रियों में मातृप्रेम और विश्व में शान्ति और अहिंसा के अधिक अमल में आने की महत्ता पर प्रकाश डालते हुए बाबा ने कहा—करीब पचास वर्ष हुए यूरोप में स्त्री-पुरुष की बराबरी का विचार आया और पत्नियों ने पतियों से, माताओं ने लड़कों से, कन्याओं ने पिताओं से और बहनों ने भाइयों से अधिकार के लिए लड़ना शुरू कर दिया। इस तरह वहाँ महिलाओं ने मतदान का हक हासिल किया। लेकिन हमारे यहाँ ऐसा कोई विचार नहीं आया। हमारे यहाँ स्त्री का दर्जा, आध्यात्मिक और सामाजिक दृष्टि से कभी नीचा नहीं समझा गया। हमारे यहाँ श्रुति की आज्ञा है—मातृदेवो भव। मनु महाराज ने तो इसका एक हिसाब ही पेश किया है। उन्होंने बताया दस उपाध्याय बराबर एक आचार्य, सौ आचार्य बराबर एक पिता और एक हजार पिता से एक माता गौरव में श्रेष्ठ है। यह है एक मूल्य हमारी समाज रचना का। हमारे यहाँ मातृ स्थान को सर्वोच्च माना गया है। मैं चाहता हूँ कि यह मातृ-शक्ति इन्दौर में जाग्रत हो। इन्दौर के जरिये यह भारत में फैले और फिर सारे विश्व में। मातृ शक्ति से मेरा मतलब है शान्ति, शक्ति अहिंसा की ताकत।

पहले मेरा भूदान का काम चला और फिर ग्रामदान का। इनमें स्त्रियों का काम बहुत ही कम था, क्योंकि जमीन के मालिक पुरुष होते हैं। वैसे स्त्रियों का सहयोग भी भूदान के काम में मिला है। कितनी ही बहनें मेरे साथ पैदल यात्रा में रही हैं। फिर भी उसमें मुख्य काम पुरुषों का ही रहा। मिल्कियत पुरुषों की होती है और दान पत्र भी पुरुषों के नाम ही होते हैं। जबसे मुझे शान्ति सेना का काम सूझा स्त्री शक्ति के उपयोग का मार्ग खुल गया और जिस तरह भक्ति से स्त्रियों का मुक्ति मार्ग खुल गया उसी तरह भूदान में शान्ति-सेना और सर्वोदय पात्र से स्त्रियों का मुक्ति मार्ग खुला। इस काम में आगे-आगे स्त्रियाँ रहेंगी और पीछे-पीछे पुरुष। मार्गदर्शन भी स्त्रियाँ ही करेंगी। दुनिया में एक नया तत्त्वज्ञान चला है संघर्ष का तत्त्वज्ञान। हमने उसे बहुत पढ़ा है और चिन्तन किया है। मैंने पाया हमें संघर्ष की नहीं, मन्थन की जरूरत है। मन्थन से नवनीत निकलता है और घर्षण से अग्नि।

हमने बुद्धि में सार संसार की परीक्षा की और संघर्ष से मन्थन के तत्त्वज्ञान को उन्नत पाया। एक राष्ट्रीय विचार सर्वोदय पात्र का है। हमारा यहाँ का सारा काम प्रेम योग से

चलेगा। इस समय हिन्दुस्तान को एकता की बड़ी जरूरत है। पाकिस्तान हिन्दुस्तान में जैसा प्रेम भाव होना चाहिए, वैसा नहीं है। देश में और भी कई मसले हैं। आप जानते हैं चीन से अब हमारा नया सम्पर्क हो रहा है। इसलिए हमें एकता—दिली एकता की जरूरत है। यह एकता कृति उक्ति में हो, केवल मानसिक विचार ही न हो। दुनिया को एक करने के लिए भारत में दिली एकता का दर्शन हो।

आपने इन्दौर में 10 हजार सर्वोदय पात्र रख दिए हैं। इसकी मुझे खुशी है और आप लोगों को धन्यवाद देना चाहता हूँ, गोवर्धन पर्वत में सबके हाथ लगे थे, भगवान की तो केवल एक उँगली थी। मैं चाहता हूँ अस्सी हजार सर्वोदय पात्र एक दिन में ही रख दिए जाएँ। अहिंसा में इशारे से काम होता है। भारत के राष्ट्रपति ने सर्वोदय पात्र रखा, दूसरे दिन भारत के हर घर में सर्वोदय पात्र हो जाना चाहिए था। मगर ऐसा नहीं होता। भारत क्या है? एक नई शक्ति है। यहाँ सत्ता की जबर्दस्ती से काम नहीं होना चाहिए। जब ऐसा होने लगेगा तो भारत को टेढ़ी नजर से देखने की ताकत नहीं रहेगी। भारत में एक इशारा हो और हर घर में सर्वोदय पात्र रख दिए जाएँ। जगत भर में शान्ति हो ऐसी भावना का निर्माण हमें करना है। सर्व सम्मति से दीवाली का दिन निश्चित किया जाता है, और फिर घर में दीये जलाए जाते हैं, इसी तरह सर्वोदय पात्र एक राष्ट्रीय विचार बने।

बाबा ने कहा, अब मैं विरोध नहीं सह सकता। यह विशेष असर मुझ पर भिंड-मुरैना के डाकू पीड़ित क्षेत्र में हुआ। मैंने आज यहाँ देखा महिलाएँ अपने बच्चों को भाव विभोर हो प्रमाण करवाती हैं। मैं पिछले नौ साल से ऐसे ही प्रेम के दृश्य देखता आ रहा हूँ तो ऐसे दृश्य देखने वाले पर और असर भी क्या होगा। अन्त में आपने कहा, यहाँ यह मेरा मांगलिक प्रवचन है। मैं आप लोगों को भक्ति भाव से प्रणाम करता हूँ। मंगल के सिवाय अमंगल मेरी वाणी में आए नहीं इसके आप लोग साक्षी हैं। अगर कभी मुझे गुस्सा आ जाए तो आप लोग मुझे सीधा कर दें। इन्दौर में हमें अविरोध से काम करना है। वहीं कोई गलती मुझसे हो जाए तो आप डाँटें। एक-दूसरे को सन्मार्ग में रखें। सबको प्रणाम। जय जगत।

'मैं और मेरा' रहा तो विश्व मिट जाएगा

हिंसा के बारे में बाबा ने कहा कि मुझे उससे कोई एतराज नहीं अगर वह अच्छे वाद और अच्छे आदमी के हाथ में ही रहे। लेकिन हिंसा इस तरह पतिव्रता नहीं है। आचार्य भावे का पूरा भाषण निम्नानुसार है—

आप तो एक महान नगरी के नागरिक हैं और नागरिकों को यह हक हासिल है कि दुनिया की परिस्थिति को निरखते रहें और देहात के भाइयों को मार्गदर्शन दें। आज अखबार का कोई भी पन्ना आप खोलते हैं तो पढ़ते हैं कि सर्वत्र दुनिया में कशमकश है, तंगी है। पन्द्रह साल पहले विज्ञान की खोज ने दुनिया को एक बड़ा धक्का दिया। हिरोशिमा पर जो बम गिरा उससे विश्व के हाथ में संहार की शक्ति आई। तलवार में, पिस्तौल में हनन शक्ति है, लेकिन संहार शक्ति नहीं। संहार और उत्पत्ति की शक्ति जो ईश्वर की शक्ति है, वह मनुष्य के हाथ में आ गई। अब हाइड्रोजन बम बना है, जो एटम बम से हजार गुना ताकतवर है।

सुव्यवस्थित नियोजित हिंसा से पूर्व में कुछ न कुछ लाभ मिल ही जाता था। इससे हिंसा का एक शास्त्र भी आत्मत्राण के लिए निकला। लेकिन जब हिंसा शक्ति संहार की शक्ति बन गई, तब उसका रूप बदल गया। अब हिंसा मनुष्य के हाथ में नहीं, मनुष्य उसके काबू में है। संहार के बाद हिंसा का उपयोग करने के लिए मनुष्य बचेगा ही नहीं। पुराने लोग शक्ति का उपयोग करते थे तो उसे वापिस भी खींच लेते थे। अश्वत्थामा के पास यह शक्ति नहीं थी, अर्जुन के पास थी। लेकिन हमारे पास वह शक्ति नहीं है।

सत्याग्रह की शक्ति की चर्चा करते हुए विनोबा भावे ने कहा कि आज प्रत्यक्ष में, आमने-सामने कोई दुश्मन रहा ही नहीं, इसलिए हृदय परिवर्तन का प्रश्न भी नहीं रहा। आजकल बटन दबाने से मिसाइल भेजी जा सकती हैं। तो आज हिंसा का रूप बदल गया है। अत: सत्याग्रह का भी रूप बदल देना होगा। जैसे वह घर बैठे आग लगा सकते हैं, वैसे ही हमें घर बैठे शान्ति स्थापित करने का शास्त्र रचना होगा।

आज मसले छोटे नहीं

इसके लिए मनुष्यों को अक्षोभ-चिन्तन की आदत डालनी होगी। अब छोटे मसले छोटे नहीं रहते जबकि पहले वे रहते थे। पहले दुनिया में बड़ी से बड़ी लड़ाई भी होती तो कई देशों को पता ही नहीं रहता। लेकिन आज दुनिया में खट से भी आवाज होती है तो सब जगह आवाज सुनाई देती है। अकबर के जमाने में जब इंग्लैंड से दूत आए, तब अकबर को मालूम पड़ा कि इंग्लैंड नाम का भी कोई देश दुनिया में है। आज हाईस्कूल का भी लड़का इंग्लैंड का नाम जानता है। यानी उसका दिमाग अकबर के दिमाग से भी बड़ा हो गया। आज हर मसला अन्तर्राष्ट्रीय हो गया है, चाहे वह गोवा का हो या कश्मीर का या चीन का। और आज दुनिया का कोई भी मसला अलग से हल भी नहीं होगा। क्या कोई भी मसला आज तक हल हुआ है, कोरिया का, अल्जीरिया का, जर्मनी का, हिन्द-चीन का? नए मसले जुड़ रहे हैं। मसले हल करने का एक तरीका हो सकता है विश्व युद्ध। लेकिन उससे इनसान का भी हल हो जाएगा।

दरअसल न तो यह रूस और अमेरिका की कशमकश है, न साम्यवाद और पूँजीवाद की कशमकश है, यह दिल और दिमाग की कशमकश है। हमारा दिमाग बड़ा बन गया है, लेकिन दिल छोटा रहा गया है। इनसान के दिल में और शेर के दिल में फर्क है। शेर को कभी किसी पर दया नहीं आई, लेकिन इनसान को शेर की दया होती है। यह दया ईश्वर की देन है। अपनी प्रतिभा के रूप में ईश्वर ने मनुष्य का निर्माण किया। मनुष्य बनाकर ही ईश्वर को आनन्द प्राप्त हुआ। शेर का दिमाग भी छोटा है, और दिल भी, इसलिए उसे सन्तोष है। हाँ उसे शिकार न मिले तो असन्तोष होगा। लेकिन वह थोड़े में सन्तोष कर लेता है। वह अल्पसन्तुष्ट है। भेड़-बकरी और रूस का किसान अल्पसन्तुष्ट है। लेकिन वेदान्त ने आत्म सन्तोष का उपदेश दिया है, अल्पसन्तोष का नहीं। विज्ञान की ऐतिहासिक अनिवार्यता ने आत्म सन्तोष की जरूरत फिर पैदा कर दी है।

हिमालय की इन्क्वारी भारत-चीन मनमुटाव की जड़

चीन का जिक्र करते हुए श्री विनोबा ने कहा कि हिमालय ने दोनों देशों को अलग रखा था। कुछ थोड़े-बहुत विद्यार्थी और व्यापारी आते-जाते थे। लेकिन अब हिमालय इनकार करता है अलग रखने से। समुद्र भी आज अलग नहीं रखता हमें, और भविष्य में आकाश भी नहीं रखेगा।

दिल बढ़ाना होगा

दिमाग को छोटा बनाने की अब कोई तरकीब ही नहीं रही। आदिवासियों की तरफ हम जाने से रहे। अत: लाज़मी तौर पर दिल को हमें बड़ा बनाना पड़ेगा। अब चीन सच्चे अर्थ में हमारा पड़ोसी बना है। इस मसले को किस तरह हल करना है, यह अक्षोभ चिन्तन से सोचना होगा। क्षोभ से हम हार खाएँगे, मार खाएँगे। विज्ञान के जमाने में क्षोभ को कोई जगह नहीं। अगर मसला हल नहीं हुआ तो युद्ध का मसाला बन जाएगा।

गांधीजी ने इसीलिए स्थितप्रज्ञ दर्शन पर यानी निर्णय-शक्ति पर बहुत जोर दिया था। आज हम पर जिम्मेदारी है कि बड़ी से बड़ी समस्या होती है और जल्द से जल्द निर्णय लेना होता है। अभी शिखर सम्मेलन टूटा और दो घंटे में प्रतिक्रिया व्यक्त की। यह काम प्रज्ञा के बिना नहीं होगा। आज के झगड़े देश-देश, मालिक-मजदूर के झगड़े नहीं हैं, दिल और दिमाग के झगड़े हैं। आज चीन और भारत छोटे-छोटे प्रान्त रह गए हैं और सीमा के झगड़े महज प्रान्तीय झगड़े हैं।

जैसे गुजरात में अभी तेल निकला। पहले का जमाना होता तो गुजरात कहता कि हमारा तेल है, किसी को नहीं देंगे। लेकिन आज वह सारे भारत का तेल है। यानी हमारा दिल देश व्यापी बन गया है। लेकिन जैसे-जैसे विज्ञान बढ़ेगा, गुजरात का तेल सारी दुनिया का होगा। हमें इस हेतु एक मंत्र मिल गया : जय जगत। यह दिल बड़ा बनाने का मंत्र है।

साम्य हो, लेकिन हिंसा से नहीं, करुणा से साम्य चाहिए

आज दुनिया को एक गुण की भूख है—साम्य के गुण की। राम और हनुमान के सम्बन्ध में हमें मालिक-सेवक भाव नजर आता है और राम और सीता के सम्बन्ध भी हमें सन्तोषजनक नहीं लगते। हम समत्व चाहते हैं। यह साम्य यदि हम छोटे दिल से लाए तो बहुत पीड़ा देगा। लेकिन बड़े दिल से लाए तो वह सुखद होगा। यों साम्य की आज दुनिया को बड़ी जरूरत है, लेकिन वह सही तरीके से आए।

चीन और रूस के प्रयोगों की चर्चा करते हुए बाबा ने कहा कि वहाँ समता नहीं आई, विषमता ही है। उनसे मत्सर की भावना बढ़ी, यानी अपने से ऊपर वाले को खींचना उससे असन्तुष्ट रहना। बाहर भी बैर बढ़ा और अब अमेरिका और रूस एक-दूसरे के सामने युद्ध के लिए खड़े हैं। आचार्य भावे ने कहा मुझसे पूछा जाता है कि क्या आप किसी हालत में हिंसा पसन्द नहीं करेंगे। जवाब में मैं कहूँगा कि ऐसे काल्पनिक प्रश्न में मुझे दिलचस्पी नहीं। आज हिंसा संहार की शक्ति बन चुकी है और संहार की शक्ति ऐसी पतिव्रता नहीं है कि हमेशा पति के साथ ही रहे, अच्छे वाद के साथ ही रहे। यदि

वह साम्यवाद के साथ है तो पूँजीवाद के हाथ में भी है। सीता यदि राम की ही रहे और रावण के हाथ न जाए तो कोई एतराज नहीं। यदि हिंसा ऐसा कह दे कि वह बुरे हाथों में नहीं जाएगी, अच्छे हाथों में रहेगी तो भी हमें एतराज नहीं। लेकिन ऐसा वह नहीं करती। आज की हालत में मनुष्य की हिंसा पर से श्रद्धा उठ गई है, लेकिन अहिंसा पर जमी नहीं।

करुणा का दरिया बहे

हिंसा के अलावा दूसरी प्रक्रिया है करुणा की प्रक्रिया। लखपति को क्या आई कि वह हजारपति की ओर करुणा करने के लिए दौड़े। सहस्रपति करुणा से प्रेरित होकर शतपति की ओर दौड़े और इस प्रकार होते-होते दसपति आठ आने पति के पास दौड़े। जैसे पानी नीचाई की खोज में दौड़े जाता है उसी तरह। हर दुखी मनुष्य जब अपने से ज्यादा दुखी मनुष्य की खोज में दौड़ेगा, तब विज्ञान के जमाने के लायक साम्य आएगा। करुणा का मतलब है करने की प्रेरणा जो आपको बैठने नहीं देती।

इन्दौर को सर्वोदय नगर बनाने की बात के सिलसिले में आचार्य भावे ने कहा कि हम एक छोटे से नगर को सर्वोदय नगर बनाते हुए विश्व मानव बनेंगे। आप पूछेंगे कि कहाँ हुआ यह? तो मैं कहूँगा यह हिन्दुस्तान में हुआ, भूदान में हुआ। बाबा ने समझाया कि उन्होंने गरीब से गरीब किसानों से जमीन क्यों ली? उन्होंने कहा कि जब तक उनकी करुणा अपने से गरीब लोगों की ओर नहीं बहेगी, तब तक ऊपर के लोगों की करुणा उनकी ओर नहीं आएगी। करुणा की नदी बहनी चाहिए चारों ओर। यह विज्ञान के जमाने की प्रक्रिया है।

मैं और मेरा नहीं चाहिए

विज्ञान कहता है कि मैं और मेरे का भेद मिटा दो। *वेदान्त* कहता था कि मैं और मेरा पकड़े रखोगे तो आध्यात्मिक कल्याण नहीं होगा, मानसिक अशान्ति होगी। कुछ लोगों ने सुना, कुछ ने नहीं। विज्ञान कहता है कि मैं और मेरा नहीं छोड़ोगे तो यही दुख पाओगे और मिट जाओगे। इसलिए हम और हमारा कहो। विज्ञान के जमाने के लायक हम तब बनेंगे जब गाँव कुटुम्ब बने, प्रान्त जिला बने, देश प्रान्त बने और समूचा विश्व देश बने।

डाकू ग्रस्त क्षेत्र में आचार्य भावे का हृदय परिवर्तन

भिंड-मुरैना की घटना मेरे लिए अद्भुत थी। मेरे में कोई ताकत नहीं दिखी कि उसका बागी पर जैसा कि उनको कहा जाता है, उन्हें डाकू भी कहा गया, असर हो। लेकिन भगवान जो चाहता है सो कराता है उसकी यह मिसाल है। कहा गया कि मैंने डाकुओं का हृदय परिवर्तन कर दिया। यह ठीक नहीं है बल्कि उनके आत्मसमर्पण का मुझ पर बहुत असर हुआ है और जो कुछ मैंने देखा उससे मेरा अपना हृदय परिवर्तन हुआ। भिंड की घटना के बाद मेरा हृदय एकदम नरम हो गया। मैं विरोध शब्द तक बर्दाश्त नहीं कर सकता—कहना चाहिए कि मेरी मानसिक हालत नाजुक हो गई है। यह विचार भूदान प्रणेता आचार्य भावे ने इन्दौर में अपनी प्रथम सभा में व्यक्त किए।

असम के झगड़े से वेदना

असम के झगड़ों के बारे में विनोबा ने कहा कि उनसे मुझे तीव्र वेदना हुई है। वहाँ बंगाली व असमी परस्पर दुश्मन बन गए हैं। अगर वहाँ शान्ति सेना होती तो शायद यह सब नहीं हो पाता। अगर वहाँ शान्ति स्थापित करने के लिए दो-चार व्यक्ति मर भी जाते तो मैं खुशी से नाचता।

कार्यकर्ता क्षेत्र का मोह त्याग कर जो क्षेत्र मिले उसमें कार्य करें

आज अपने निवास नूतन विद्यालय में प्रात:कालीन मांगलिक प्रवचन के बाद सन्त प्रवर विनोबा ने लगभग 200 सर्वोदयी कार्यकर्ताओं की एक बैठक को सम्बोधित करते हुए कहा कि कार्यकर्ता अपने क्षेत्र का मोह छोड़ें और जिसे जो क्षेत्र मिले उसमें अविरोध कार्य करें। अगर कार्य की गति में कोई बाधा आए तो मौन रहकर उसे मिटाने का प्रयत्न करें। सर्वोदय पात्र के बारे में बोलते हुए उन्होंने कहा कि वे किसी भी चीज को कर्मकांड नहीं बनाना चाहते, प्रेम की स्वतंत्रता से जितना कार्य हो सके, वही पूरी निष्ठा से हो। इस बैठक में यह निर्णय किया गया कि साबरमती आश्रम के प्रसिद्ध कार्यकर्ता अप्पा साहब पटवर्धन के नेतृत्व में सर्वोदय मंडल, हरिजन सेवक संघ और गांधीनिधि, इन्दौर की सफाई का कार्य उठाएगा और प्रत्येक कार्यकर्ता सुबह एक घंटा सफाई के कार्यक्रम में देगा।

राज्य के मंत्रियों की विनोबा से गुप्त मंत्रणाएँ

मध्याह्न आचार्य विनोबा भावे से राज्य के कई राजनीतिक नेताओं ने गुप्त मंत्रणाएँ कीं। सबसे पहले राज्य के मुख्यमंत्री कैलाशनाथ काटजू ने, उनके बाद प्रदेशाध्यक्ष श्री मूलचन्द्र देशलहरा तथा संसद सदस्य श्री सेठ गोविन्ददास ने, फिर राज्य के श्रममंत्री श्री द्रविड़ और मध्य प्रदेश इंटक के अध्यक्ष श्री रामसिंह भाई वर्मा ने, फिर वित्तमंत्री श्री गंगवाल ने तथा श्री देशलहरा ने फिर से उनसे मंत्रणाएँ कीं। अन्त में मंत्रणा करने वाले थे शिक्षा विभाग के उप-संचालक श्री जोशी। इन मंत्रणाओं में किन विषयों पर चर्चाएँ हुईं यह बताया नहीं जा सकता, क्योंकि इन मंत्रणाओं के समय विनोबा और मंत्रणाकार के अतिरिक्त और कोई व्यक्ति उपस्थित नहीं था।

सर्वोदय के सन्त का इन्दौर आगमन

24 जुलाई का सवेरा इन्दौर में सर्वोदय का सवेरा था। पौ फटने के कुछ समय बाद ही बीसवीं सदी के अन्तिम सन्त आचार्य विनोबा भावे ने इस नगर में प्रवेश किया, जिसकी रट वे पंढरपुर से श्रीनगर तक लगातार लगा रहे थे। आचार्य भावे के आगमन के साथ ही सर्वोदय का जंगम तीर्थ भी जैसे चातुर्मास मनाने के लिए इन्दौर में टिक गया। नौ वर्षों की अनवरत परिक्रमा के दौरान केवल आरम्भ के दो वर्ष ऐसे गुजरे, जब इस अनुभवहीन पद यात्री ने बरसात के महीनों में पड़ाव डाल दिए, एक तो परमधाम पवनार में और दूसरे काशी में। अब सात वर्ष बाद फिर यह मौका आया है जब कि आचार्य भावे किसी एक नगर को अपने कार्यक्रम की धुरी बनाएँगे।

आज रात को तीन बजे से ही शहर की सूनी और उनींदी सड़कों को नहलाना-धुलाना शुरू हो गया था। नगर निगम की पानी की मोटरों ने विनोबा के गुजरने के रास्ते पर काफी फिनाइल युक्त बरसात की। फिर निरभ्र और नीले आसमान की सहमति से हल्की प्रात:कालीन हवाओं ने उन्हें पोंछा और सुखाया। सर्वोदयी कार्यकर्ताओं ने सड़कों के दोनों किनारों पर गुलाल की रेखाएँ खींचीं और बीच-बीच में भी स्वागत के रंग बिखराए। विनोबा की अगवानी के लिए बने स्वागत द्वार जरूर कम थे लेकिन वे खुशबूदार थे और ज्यादातर पेड़-पत्तियों से बने थे। पीले भड़कीले गेंदे के फूलों के बजाय जुही-गुलाब के सुगन्धमय पुष्पों की रास्ते में छटा बहुतायत थी।

रात को चार बजे से ही कुछ इक्की-दुक्की टोलियाँ और इक्के-दुक्के नागरिक बाण गंगा की ओर जाने लगे थे, मानो उन्हें रेल का समय निभाना हो। राष्ट्रीय सेवादल के स्वयंसेवक वहाँ पहुँचे, सर्वोदयी टोली पहुँची, मजदूर सेवा दल के लोग पहुँचे। फिर आधे पौने घंटे बाद मोटरों का सिलसिला शुरू हुआ। नगर के अधिकारियों व नागरिकों की दस-बारह मोटरें। पाँच बजे तक बाण गंगा में नगर के अन्तिम द्वार पर लगभग पाँच सौ व्यक्ति इकट्ठे हो गए थे। रोशनी बढ़ते-बढ़ते यह संख्या भी बढ़ने लगी। तब शायद विनोबाजी अपनी पदयात्रा का आधा हिस्सा तय कर चुके होंगे। सवेरे उन्होंने बारोली (गोहद) से पदयात्रा आरम्भ करके साढ़े पाँच बजे इन्दौर में प्रवेश किया।

अजीब कारवाँ

विनोबा के काफिले में करीब पचास-साठ लोग थे। जब वे बारोली से रवाना हुए तो आसमान बिलकुल साफ था, मानो जुलाई नहीं मार्च का महीना हो। अरुण शिखा की बाँग के इस अँधेरे-उजाले प्रहर में बढ़ रहा उनका सर्वोदयी समूह मन पर एक विचित्र प्रभाव छोड़ता था। सबसे आगे थे विनोबा, तीन की कतार में बीच के आदमी। आजू-बाजू में थे जय-विजय, उनके निजी सहायक और अंग रक्षक। तीनों धरती के आदमी नहीं प्रतीत होते थे, क्योंकि उनका लिबास धरती के सभी आदमियों से भिन्न था। विनोबाजी शरीर पर आधी धोती पहने हुए थे और सिर पर हल्की हरी टोपी, क्रिकेट के खिलाड़ियों की तरह। लेकिन सबसे अजीब चीज थी उनके बदन से लिपटे हुए बोरिया बिस्तर। विनोबाजी अपना सामान स्वयं साथ लेकर चलते थे, इसलिए तैरने के समय काम आने वाले लाइफ बेल्ट की तरह या गोल और लम्बे तकियों की तरह वे इन सामान की खोलों को अपने बदन पर विकर्ण के आकार में बाँध लेते हैं। हरी टोपी के साथ ये नीले होल्डऑल बड़ी खूबसूरती से खिलते हैं। जैसे समुद्र के पेदे में जाने वाला गोताखोर या पहाड़ पर जाने वाले पर्वतारोही को विशेष उपकरणों की जरूरत होती है, वैसे ही लगता है विनोबाजी इन उपकरणों को लेकर किसी नए आयाम की यात्रा करने के लिए कमर कस कर चले जा रहे हों। जय-विजय का भी लिबास यही था, सिर्फ उनका सामान सफेद खोलों में था। उनके हाथों में दो लालटेन थीं।

सर्वोदय की फ्रंट लाइट की तरह, या उस यूनानी दार्शनिक की तरह जो सत्य की खोज करते दिन में लालटेन लेकर निकला था। इस त्रिमूर्ति के पीछे पूरा कारवाँ था।

उसकी गम्भीर फुसुफुसाहट और उससे भी गम्भीर उनका मौन सबेरे के झुटपुटे में हवा के साथ हिचकोले ले रहा था।

जगम तीर्थ का नगर प्रवेश

बाबा बीच में इन्दौर से साढ़े तीन मील दूर नरवल नामक ग्राम में रुके। वहाँ एक स्वागत द्वार था, एक माइक्रो फोन था, सौ-पचास गाँव वाले थे और पचास के करीब महिलाएँ थीं। इस गाँव की शायद सभी महिलाएँ तड़के से आकर एक झुंड में सड़क किनारे बैठ गईं। बाबा और उनका कारवाँ आया और रुका। माइक से कन्नी काटकर विनोबाजी बीच में गए और सबको इन्दौर आने का अनुरोध किया और यहाँ आने के लिए सबसे हाथ उठवाए।

जब विनोबाजी इन्दौर आए तब नगर निगम के द्वार पर सिर पर मंगल कलश धरे महिलाओं ने उनका स्वागत किया। उत्साहियों ने धरती पर गिरकर प्रणाम किए। कई जगह लोगों ने स्वागत में तालियाँ बजाईं और विनोबा ने भी तालियाँ बजाकर जवाब दिया। इस प्रथम द्वार पर नगर के मेयर, निगम के पार्षदगण, इन्दौर सम्भाग के आयुक्त, जिले के कलेक्टर, नगर कांग्रेस के अध्यक्ष, वरिष्ठ पुलिस अधिकारी, मध्य प्रदेश खादी ग्रामोद्योग के अध्यक्ष तथा सर्वोदयी नेतागण उपस्थित थे। साइकिलों पर भी कई लोगों ने विनोबा के जत्थे को आगे-पीछे से निहारा। बाबा के स्वागत को सभी ने राजनीति से परे रखा। उनके अभिनन्दन के लिए भी होमीदा जी, श्री प्रभाकर अड़सुले, सरदार शेर सिंह, श्री कान्तिलाल पटेल और कांग्रेस के अन्य नेतागण एक साथ मौजूद थे। इन्दौर के दोनों मंत्री श्री द्रविड़ और श्री गंगवाल तथा एक उपमंत्री श्री सज्जनसिंह विश्नार भीड़ में मौजूद थे। कांग्रेस के प्रदेशाध्यक्ष श्री मूलचन्द देशलहरा भी स्वागतार्थ आए थे। ठीक पौने सात बजे आचार्य भावे ने रास्ते पर रुककर अपना छाछ का नाश्ता किया। रास्ते में बाबा रुककर हाथ जोड़ नमस्कार करते जाते थे। तीसरी मंजिल के दर्शकों को भी उन्होंने मुँह ऊँचा करके प्रणाम किया।

नगर में उसी किस्म की खलबली आज रही जैसे गणेश विसर्जन या मुहर्रम के दिन या जवाहरलाल नेहरू के आगमन के दिन रहा करती है। आज आने वाला व्यक्ति कोई हाकिम नहीं था और न ही वह लोगों को कुछ देने आया है—सम्पत्ति या सन्तान या वरदान, पुराने महात्माओं की तरह। लेकिन आज की भीड़ में एक सात्विक उत्साह या नए विचारों को ग्रहण करने का ऐसा हृदय आज के जमाने में शायद हिन्दुस्तान में ही देखा जा सकता है, जब तुलसी, सूर, चैतन्य और तुकाराम का बाना ओढ़कर कोई सन्त बीसवीं शताब्दी के अनुकूल दर्शन पढ़ाए और भक्तिपूर्ण भीड़ अपनी ओर अकर्षित करे।

दोनों हाथ काम के लिए तैयार और दिल उदार रखें
इन्दौर के नागरिकों को आचार्य विनोबा भावे का प्रथम आह्वान

अब ग्राम-ग्राम भटककर भूदान का प्रेम जगाने वाले सन्त विनोबा भावे ने इस बार अपनी कार्यस्थली के रूप में इन्दौर नगर को चुना है। अपने कार्य के लिए उन्हें सबसे सरल

नगर इन्दौर ही लगा। क्यों? अपने कार्य में वे इन्दौर के नागरिकों से क्या चाहते हैं? कम से कम इन्दौर के नागरिकों के मन में यह प्रश्न उठना स्वाभाविक है। और यही प्रश्न आज स्वयं बाबा ने इन्दौर में अपनी सभा में उठाया और उसका उत्तर भी दिया।

इन्दौर को क्यों चुना, इसका जवाब विनोबाजी पहले भी दे चुके हैं। कुल छह शब्दों में उन्होंने अपना उत्तर समेट दिया है—मुझे इन्दौर से अकारण प्रेम है। वैसे और बातें भी वे इन्दौर के बारे में कह चुके हैं किन्तु आज की सभा में उन्होंने कुछ और विचार भी व्यक्त किए जो भावनाओं से ओत-प्रोत थे। बाबा ने कहा—लोग मुझसे पूछते हैं कि आपने सर्वोदय नगर के लिए इन्दौर को क्यों चुना—इसका उत्तर न तो मैं दे सका हूँ, और न अब मेरे पास है। इन्दौर भारत के बीच मध्य स्थान है। एक पवित्र रमणीय स्मरण इसके साथ जुड़ा है। मुझे अन्दर से एक प्रेरणा हुई शायद इन्दौर में भारत की सभ्यता का सर्वोच्च दर्शन हो सकता है, ऐसा मेरा अपना खयाल बना। भारतीय दर्शन का सर्वोच्च अंश महिलाएँ हैं। भारत के सभ्यता की मातृ-शक्ति इन्दौर में प्रकट हो सकती हैं, ऐसा मुझे लगा। अहिल्याबाई के समान महान शक्ति यहाँ हुई हैं जिसकी मिसाल दुनिया के इतिहास में बहुत ज्यादा नहीं होगी।

बाबा ने कहा, इन्दौर में मेरा बड़ा कार्यक्रम होगा और किस तरह वह सर्वोदय नगर बनेगा—यह सब धीरे-धीरे बढ़ता जाएगा। आपने इन्दौर वालों से आह्वान किया कि आप सब दोनों हाथ काम के लिए तैयार कर रखें और दिल उदार रखें। देश के लिए, नगर के लिए योगदान करें। परमात्मा ने चाहा तो यहाँ से रोशनी फैलेगी। हर एक काम करें, जितनी मदद कर सकते हैं करें, सहयोग दें और जिसकी जितनी मदद मिले हम लेकर चलें। आप सब भी ऐसी ही प्रवृत्ति रखें। जो भी काम हम करें उसमें किसी के दिल को जरा भी ठेस नहीं लगे। बाबा ने कहा—जो आज हमें सहयोग नहीं दे रहा है हम समझेंगे वह सहयोगी है ही—आज का नहीं कल का सहयोगी। इन्दौर का हमारा कार्यक्रम ऐसा हो जिसमें अधिक से अधिक का सहयोग मिले। क्योंकि मैं उसी को अच्छा कार्यक्रम मानता हूँ जिसमें सौ फीसदी लोग भाग लें फिर चाहे वह छोटा ही कार्यक्रम क्यों न हो। विनोबाजी ने इन्दौर निवासियों से दो माँगे तुरन्त कीं—एक तो नगर के सभी अस्सी हजार घरों में सर्वोदय पात्र हों और उसमें एक दिन से ज्यादा नहीं लगे। दूसरा यह कि काम करने वाले सेवक आएँ। अन्त में आपने कहा प्रथम आवश्यकता है नगर की सफाई—अप्पा साहब पटवर्धन आपके नगर में इस कार्य को कर रहे हैं—उन्हें आप सहयोग दीजिए और उनके साथ जुट जाइए।

(25 जुलाई, 1960)

इन्दौर में 80,000 सर्वोदय पात्र हो

अच्छे कार्यकर्ता ही इन पात्रों का बीमा हैं
बाबा द्वारा सर्वोदय पात्र की व्याख्या

आचार्य विनोबा भावे, जिन्होंने इन्दौर के 80,000 घरों में सर्वोदय पात्रों के रखे जाने की अपेक्षा प्रकट की है, ने आज के अपने विभिन्न कार्यक्रमों में सर्वोदय पात्र की महत्ता पर प्रकाश डाला। दोपहर में आयोजित कार्यकर्ताओं के वर्ग में आपने कहा कि सर्वोदय पात्र में डाले जाने वाले अनाज के बदले में अपने लिए या अपने क्षेत्र के लिए अगर कोई प्रत्यक्ष लाभ की अपेक्षा रखता है तो वह उसका गलत दृष्टिकोण होगा; क्योंकि उस हालत में वह दान नहीं, सौदा हो जाएगा। इसी वर्ग में बाबा ने कहा सर्वोदय पात्र का दुरुपयोग हो ही नहीं सकता, क्योंकि जहाँ कार्यकर्ता ठीक नहीं होंगे, वहाँ पर चलेगा ही नहीं और यही इसका इंश्योरेंस है।

कुछ प्रश्नों के उत्तर में बाबा ने समझाया कि सर्वोदय पात्र से जो आमदनी होगी, वह पूरी जहाँ की तहाँ खर्च हो या उसका एक अंश वहाँ खर्च हो उससे काम तो शान्ति सेना का ही होने वाला है। पात्र में आया धन और धान हमारे यहीं खर्च किया जाए, यह भावना सही नहीं है क्योंकि यह दान है, सौदा नहीं। इससे अप्रत्यक्ष लाभ चाहे हमें मिल जाए और मिलेगा ही, किन्तु प्रत्यक्ष लाभ लेने का विचार उचित नहीं है। इन्दौर में कितने सर्वोदय पात्र रखे गए हैं इसके बारे में सही रूप से तब पता चलेगा जब ये पात्र साल भर चलेंगे और प्रति दिन नियमित रूप से लोग अपने दान का अंश इनमें डालेंगे।

इसके पूर्व सुबह आयोजित एक सभा में बोलते हुए आपने कहा सर्वोदय पात्र में एक मुट्ठी अनाज डालने से बच्चे देशसेवक बनेंगे। उन्हें अभी से इसकी तालीम मिलेगी। मैं जब छोटा था और मैं माँ से खाना माँगता था तो वह कहती पहले पानी दो, फिर भोजन मिलेगा और आज जो कुछ मैं कर पा रहा हूँ सो मेरी माँ का प्रसाद है। माँ को तालीम देने नागरिक बनाने का अधिकार है। हमारी शान्ति सेना के पीछे बहनों की ताकत है बहनें ही शान्ति की प्रतिष्ठापना करेंगी इसलिए सर्वोदय पात्र में बहनों का ही काम है। मगर एक बार पात्र में अन्न डालना शुरू किया जाए, तो वह रुकना नहीं चाहिए। पात्र में अन्न निरन्तर डाला जाना चाहिए। सर्वोदय पात्र की तात्विक विवेचना करते हुए उन्होंने कहा—सर्वोदय पात्र में अनाज डालना यानी सर्वोदय को एक वोट देना है। इससे लोकमत प्रकट होता है। चुनाव होते हैं, और उनमें जिसका बहुमत होता है, वह विजयी

समझा जाता है, मगर सर्वोदय पात्र तो सभी पार्टी के घर रखे जा सकते हैं, अतः सारे वोट सर्वोदय के हुए। सरकार इसी तरह बदलेगी। आचार्य भावे अपनी सभा में बराबर सर्वोदय पात्र की चर्चा कर रहे हैं। आज इन बैठकों के अलावा एक और बैठक में भी बाबा ने सर्वोदय पात्र की चर्चा की।

वार्डों की सम्मिलित बैठक

आज सुबह पौने सात बजे इन्दौर के वार्ड नं. 4, 5, 6 और 7 के सर्वोदय मित्रों की बैठक में सन्त विनोबा ने कहा कि सर्वोदय पात्रों से हमें केवल अनाज या पैसा नहीं जुटाना है। अगर यही करना हो तो इसमें कोई समय नहीं लगता। सर्वोदय पात्र से जितना अनाज या पैसा बरसों में एकत्रित होगा वह अभी कुछ दिनों में ही मैं यहाँ के लखपतियों से ले सकता हूँ। लेकिन हमें यह नहीं करता है। सर्वोदय पात्र तो जनशक्ति का सूचक है। उसमें जो अनाज पड़ता यह जन सम्पत्ति है और यह जन सम्पत्ति प्राप्त करने के लिए कार्यकर्ताओं का विश्वास जीतना होगा। यही कार्यकर्ताओं की परख है।

इसके पूर्व विनोबाजी के समक्ष एक बहन ने एक प्रश्न रखा कि सर्वोदय पात्र के अनाज का मोहल्ले के लोगों को क्या उपयोग है। इस पर उन्होंने कहा सर्वोदय पात्र का उपयोग मोहल्ले के लिए नहीं हो। वह तो पानी है उसे बहने दीजिए। वहाँ का पानी वहीं नहीं रोक सकते। अगर रोकेंगे तो समुद्र कैसे बनेगा, नदी कैसे बहेगी? सर्वोदय पात्र का उपयोग मोहल्ले में ही हो तो छोटे दिल की बात है। अप्रत्यक्ष रूप से मोहल्ले का कोई लाभ होता हो तो हो, मगर यह दान की प्रवृत्ति के खिलाफ है कि उसका सदुपयोग मोहल्ले के लिए ही हो।

बाबा स्वयं मिलने गए

विनोबाजी के इन्दौर आगमन के बाद आज प्रथम अवसर था जब वे व्यक्ति विशेष से मिलने उसके निवास स्थान पर गए। ऐसे सौभाग्यशाली व्यक्ति हैं सरदार माधवराव विनायक किबे। उनकी उम्र 82 वर्ष की है और वे चल-फिर भी नहीं सकते। बाबा ने उन्हें कुछ पुरानी बातें याद दिलाईं और कुछ उनसे सुनीं। सरदार किबे ने बाबा को बताया कि वे स्वयं उनके साथ आना चाहते थे और पूज्य बापू के समय ही सब कुछ निश्चित हो गया था। किन्तु उसके बाद आन्दोलन चला, धर-पकड़ शुरू हो गई और जो बात बिलकुल निश्चित थी वह भी व्यावहारिक स्वरूप नहीं ले सकी।

इन्दौर की हवा ही सौम्य है!

कल नूतन विद्यालय मैदान में हुई समकालीन सार्वजनिक सभा से विनोबाजी अत्यधिक प्रभावित हुए हैं आज के प्रवचनों में इसका उन्होंने चार पाँच बार उल्लेख किया। सुबह छावनी स्थित जगन्नाथ की धर्मशाला में सर्वोदयी कार्यकर्ताओं को सम्बोधन करते समय वे बोले इन्दौर के लोग बहुत सौम्य हैं। कल की सभा में मैंने देखा। कितने लोग थे, पर जब मैंने कहा बैठ जाओ तो झटपट सब बैठ गए। मौन को कहा

तो इतनी चुप्पी कि कहीं कोई आवाज नहीं। कोई बच्चे तक की आवाज बीच में नहीं आई। इतने सौम्य हैं यहाँ के लोग। मैंने सोचा ऐसा क्यों तो मुझे लगा कि यहाँ कि तो हवा ही सौम्य है।

अभी मैं शक्ति का अन्दाज कर रहा हूँ

सर्वोदय नगर बनाने का लक्ष्य लेकर इन्दौर आए सर्वोदय के सन्त ने आज कहा कि मुझसे सब लोग पूछते हैं आपका कार्यक्रम क्या है? पर मैंने कार्यक्रम जाहिर नहीं किया। मैं नहीं चाहता कि ऐसा कार्यक्रम बन जाए जो बड़ा तो हो पर उस पर अमल न हो सके। वास्तव में मैं देख रहा हूँ कि क्या कार्यक्रम दिया जाए। कल यहाँ की सभा बहुत अच्छी थी।

दूसरे दिन की पद यात्रा

रात को चार बजे घंटी बजते ही विनोबाजी का काफिला शहर की ओर बढ़ चला। इस समय कोई बीस लोग थे। जब वे जेल रोड, महात्मा गांधी रोड, सिवांगंज, रेलवे क्रॉसिंग से होते हुए छोटी ग्वाल टोली तक आए तब तक सैकड़ों व्यक्ति आपकी इस यात्रा में आ चुके थे। मार्ग में अनेक घरों, ओटलों, और सड़कों के चौराहों पर लोगों ने आपका पलक-पाँवड़े बिछाकर स्वागत किया। आज की विशेषता यह रही कि आप की यात्रा व प्रवचन स्थल पर पुरुषों से महिलाओं ने अधिक संख्या में भाग लेकर तथा स्वागत करके नम्बर बढ़ा लिया। बाबा ने अपनी यात्रा में कुछ व्यक्तियों से मार्ग में चर्चाएँ कीं। इसमें विशिष्ट कान्तिलाल तथा शान्ता बहन पटेल थे। इस यात्रा में लक्ष्मणसिंह चौहान बाबा को नगर के स्थानों का परिचय करवाते जा रहे थे।

सर्वोदय का यह काफिला छोटी ग्वाल टोली के बाद महाराजा यशवन्तराव अस्पताल, रेसीडेंसी से होता हुआ, गांधी पार्क कॉलोनी में गया जहाँ की जनता ने व महिलाओं ने आप का भावभीना स्वागत किया। यहाँ से बाबा नौलखा बाग गए, जहाँ आपने सर्वोदय आश्रम के लिए प्रस्तावित जमीन का भी निरीक्षण किया। बाद में संयोगितागंज जाने वाली सड़क से होते हुए 6 बजे जगन्नाथ नारायण की धर्मशाला पहुँचे। प्रवचन व कार्यकर्ताओं के सम्बोधन के बाद बाबा मुराई मोहल्ला स्थित प्रो. बिल्लौरे के मकान में भी गए। वहाँ से सीधे संयोगितागंज मेन रोड से होते हुए ठीक साढ़े सात बजे सफेद कोठी पहुँच गए। प्रवचन सुनने के लिए राजस्थान के वित्तमंत्री श्री हरिभाऊ उपाध्याय, संसद सदस्य, राज्य के दो उपमंत्री विशिष्ट रूप से उपस्थित थे।

'जय जगत' नारा नहीं मंत्र

भूदान प्रवर्तक आचार्य भावे ने जय जगत की व्यवस्था मंच के रूप में की। आपने कहा जय जगत के पेट में जयहिन्द आता है। जिस प्रकार लाख में हजार आते हैं हजार में सौ आते हैं पर सौ में हजार और लाख नहीं आता है। हिन्द को एक करने का काम तो है ही लेकिन अब संसार को विश्व-राष्ट्र का रूप देना है। जय जगत नारा नहीं है—नारा तो दूसरे नारे की टक्कर में लगाया जाता है पर यह तो मंच है, जिसका आप मनन करें।

इन्दौर के बाद बाबा अज्ञात यात्रा करेंगे
विनोबाजी द्वारा अब सर्वोदय सम्मेलनों में सम्मिलित नहीं होने की इच्छा

भूदान प्रणेता आचार्य विनोबा भावे ने आज यहाँ घोषित किया कि इन्दौर के बाद की उनकी यात्रा फिर अज्ञात होगी और उसमें मेरी कोशिश यह रहेगी कि वह अधिक-से-अधिक अज्ञात हो। विनोबाजी ने कहा—वैसे तो मैंने पंजाब से ही अपनी अज्ञात-यात्रा शुरू कर दी थी, लेकिन चूँकि अपने एक पूर्व संकल्प के कारण गुझे इन्दौर आना था, इसलिए पिछले दिनों वह यात्रा कुछ बाधित हो गई है। अभी तक हमने गाँवों में काम किया, किन्तु हमने महसूस किया कि अब शहर में भी काम करना चाहिए। वहाँ कुछ होता है, तो ठीक ही है। किसी नगर में काम करने का खयाल था। इसी से जान-बूझकर इन्दौर को चुना। यहाँ जो काम हम करें, रोज शाम को उसका हिसाब होना चाहिए। देखना चाहिए कि काम किस तरह बढ़ रहा है, नए लोग मिल रहे हें कि नहीं, आदि। जब तक मैं यहाँ हूँ, मेरी जितनी और जैसी मदद आप लेना चाहें लें। काम के सवाल से शहर में प्रवेश कैसे करना, इसका कोई अनुभव मुझे हासिल नहीं, धन पाता नहीं, अब यहाँ उसे पाने की कोशिश चलेगी।

बाबा ने कहा—इन्दौर के बाद मैं अज्ञात-यात्रा करूँगा। कोशिश मेरी यही रहेगी कि मेरा कार्यक्रम अधिक से अधिक अज्ञात रहे। अब मेरी स्थिति पहले के समान नहीं रही है। लोगों को पता चल जाता है, फिर भी मेरी कोशिश अज्ञात रहने की रहेगी। मार्गदर्शन की कोई जिम्मेदारी मैं अपने ऊपर रखने वाला नहीं हूँ। देखना चाहता हूँ कि मेरे बिना भी आप सब सर्वोदय का काम कैसे चलाते हैं। पिछले सर्वोदय सम्मेलन में मैं नहीं गया फिर भी सम्मेलन हुआ और अच्छी तरह हुआ। मेरा विचार अब अगले सम्मेलनों में भी जाने का नहीं है।

'नए ब्लड' के नारे की जरूरत नहीं

आचार्य विनोबा भावे ने अपने कार्यकर्ता वर्ग को सम्बोधित करते हुए कहा—आज नए ब्लड की बात बार-बार कही जाती है—नए ब्लड को मौका मिलना चाहिए। यह बोलने की जरूरत नहीं है। ईश्वर ने व्यवस्था ही ऐसी की है कि उसे मौका मिलेगा। आपने यह भी स्पष्ट कर दिया कि यह अलग बात है कि मैं क्यों समझा रहा हूँ कुछ लोगों को कि वे पदों को छोड़ें।

विनोबाजी की उपस्थिति में नगर-सफाई सप्ताह मनेगा
तैयारी के लिए 6 दिन का समय

सन्त विनोबा की इन्दौर को सर्वोदय नगर बनाने की योजना में सबसे अधिक महत्त्व है सफाई को। आज तीन बजे इसी योजना को कार्यान्वित करने के लिए सफाई समिति की बैठक हुई और यह निर्णय किया गया कि 1 अगस्त से इन्दौर में सफाई सप्ताह मनाया जाए। इस सप्ताह की योजना बनाने के लिए इस बैठक में एक योजना समिति भी बनाई गई। सफाई कार्य, प्रसिद्ध कार्यकर्ता अप्पा साहब पटवर्धन के नेतृत्व में होगा। आज की इस सफाई समिति की बैठक में पूज्य विनोबाजी अप्पा साहब पटवर्धन के अतिरिक्त

मेयर शेरसिंह, पूर्व मेयर ईश्वर चन्द जैन, मध्य प्रदेश हरिजन सेवक संघ और गांधी निधि के संचालक श्री दाते, मध्य प्रदेश खादी ग्रामोद्योग के अध्यक्ष लक्ष्मणसिंह चौहान, नगराध्यक्ष कान्तिलाल पटेल, सुश्री हीराबाई बोर्डिया, श्रीमती चौहान, शिक्षा उपसंचालक श्री जोशी, श्री महेन्द्र त्रिवेदी तथा अन्य कई व्यक्ति उपस्थित थे।

बैठक का प्रारम्भ अप्पा साहब ने किया। उन्होंने सफाई की मौजूदा दूषित व्यवस्था को गिनाते हुए कहा कि अच्छा नहीं है जो औजार काम में लाए जाते वे पुराने और अनुपयुक्त हैं। अत: हम जो सफाई अब करना चाहते हैं, उनमें दोनों बातों का ध्यान रखते हुए नागरिकों का दिली सहयोग मिलना चाहिए। नागरिक और नगर निगम के कामगार दोनों मिलकर सफाई करें। सभ्य समाज में सफाई जैसे पवित्र कार्य के प्रति जो लक्ष्य पाया जाता है, वह मिटे और लोग अपनी सफाई को अपना पावन कर्तव्य समझें। हमें सफाई के लिए जनमानस तैयार करना है और इस तत्त्व से यह कार्य करना है कि बाबा के जाने के बाद भी यह चलता रहे और लोगों के मन की भावना उत्तरोत्तर बढ़ती जाए। अपनी इन बातों को कार्यान्विति देने के लिए उन्होंने एक योजना भी बताई तथा कहा कि एक सफाई सप्ताह बनाया जाए। जिसमें वार्ड की कमेटियाँ इस सफाई कार्य को देखें। एक समिति मूल्यांकन करने वालों की बनाई जाए और जिस वार्ड में काम अच्छा हो उसे प्रसिद्धि दी जाए।

अप्पा साहब पटवर्धन के सुझावों पर सर्व श्री मेयर शेरसिंह, ईश्वर चन्द जैन, लक्ष्मणसिंह चौहान, महेन्द्र त्रिवेदी, जोशी, दाते तथा अन्य कई महानुभावों ने चर्चा की। प्राय: सभी लोगों को अप्पा साहब के सुझाव मान्य थे। चर्चा के दौरान सफाई सप्ताह के लिए कुछ सुझाव भी रखे गए। जिसमें नए औजारों की प्रदर्शनी, कचरे के डिब्बे घर-घर देना आदि कई उपयोगी माने गए। चर्चा में यह तय किया गया कि यह सप्ताह किसी संस्था विशेष के नेतृत्व में नहीं मनेगा। सभी संस्थाएँ इसमें सहयोग देंगी और यह नागरिकों का सप्ताह होगा। उक्त सफाई सप्ताह पूरी भावना के साथ मनाया जा सके इसलिए पूर्ण तैयारी के लिए 6 दिन देकर सप्ताह 1 अगस्त से प्रारम्भ करने का निश्चय किया गया। ताकि इस बीच वातावरण तैयार हो सके और स्वयंसेवक बनाए जा सकें। सप्ताह की योजना बनाने के लिए योजना समिति के सातों सदस्य सम्भवत: कल विनोबा जी से प्रात:कालीन प्रवचन के बाद फिर मिलेगा।

नदी कैसे बनेगी

आज प्रात: छावनी की सभा में सर्वोदय पात्र का लाभ सबको मिले, इसकी चर्चा करते हुए कहा कि आपके मोहल्ले के सर्वोदय पात्र का लाभ सबको मिले, यदि मोहल्ले वाले चाहें कि मोहल्ले का पानी मोहल्ले में ही रहे तो फिर समुद्र और नदी कैसे रहेंगे।

विनोबा द्वारा बहादुरी की नई परिभाषा
न डरें न डराएँ, न गुलाम बनें न बनाएँ

आचार्य विनोबा ने आज गांधी हॉल के अन्दर अपनी सभा में कहा कि चार लाख के इस नगर के लोग यदि एक-दूसरे की परवाह न करें तो वे भीड़ या जमाव होंगे, समाज नहीं।

तब हम रेल के डिब्बे पर कसमकश कर रहे लोगों की तरह होंगे, जहाँ हिन्दुस्तान-चीन का दृश्य उपस्थित होता है।

सर्वोदय का काम निभाने की इन्दौर की पात्रता के बारे में विनोबा ने कहा कि कल मैंने आम सभा में एक थर्मामीटर लगाया। थर्मामीटर आधे मिनट में ताप बतला देता है, मैंने पाँच मिनट वाला लगाया। मैंने सभी को पाँच मिनट तक ईश्वर प्रार्थना में मौन रहने को कहा और सारे मैदान में लोग चुप रहे। जो खड़े थे वे बैठ गए। बच्चों ने भी शोर नहीं किया। इन्दौर सोलह आने खरा उतरा। विनोबा भावे ने कहा कि अगर चार लाख की नगरी में हम एक-दूसरे की परवाह न करें तो अजीब बात होगी। तब हम जमाव होंगे, समाज नहीं।

जमाव के बाबा ने कुछ और ठोस उदाहरण दिए। जैसे टिकटघर के सामने की भीड़, जहाँ धक्का-मुक्की करने वाले टिकट ले जाते हैं और कतार में खड़े रहने वाले को आखिर में मौका मिलता है। (यहाँ इन्होंने एक निजी किस्सा भी सुनाया, जब रेल आकर चली गई और कतार का पालन करने वाले विनोबा को तब खिड़की पर जाने का मौका मिला। टिकट बार ने उनसे कहा कि रेल चली गई है तो उन्होंने कहा कि रेल चली गई है तो मैं अपनी रेल का टिकट ले रहा हूँ)। एक-दूसरे की परवाह न करने वाली भीड़ का उन्होंने दूसरा उदाहरण दिया रेल के डिब्बों में चढ़ने की कसमकश का। रेल खड़ी होते ही हर डिब्बे में हिन्दुस्तान-चीन का मामला हो जाता है, फिर बाद में भले ही प्रेम हो जाए। उन्होंने कहा—मैं सोचता हूँ जब दो रेलों में पहला सम्पर्क होता है, तब ऐसी ही कसमकश होती है और फिर बाद में समय गुजरने पर रिश्ते सामान्य होने लगते हैं।

बाबा फिर इस मुद्दे पर आए कि समाज में एक-दूसरे की परवाह होनी चाहिए। अंग्रेजों ने हमें मुक्त कर दिया, लेकिन जब तक हम अपने गुलामों को, मेहतरों को मुक्त नहीं करते, तब तक आजादी सच्ची नहीं हो सकती। मेहतर अनिवार्य एक (इनेशियल सर्विसेज) में गिने जाते हैं। पाकिस्तान ने पंजाब से और सिन्ध से सारे हिन्दुओं को भगा दिया, लेकिन हिन्दू मेहतर को जाने से रोक दिया क्योंकि वे अनिवार्य सेवा में हैं। यह सेवा हम भी कर सकते हैं और यह उतनी बुरी नहीं है जितना शहर वाले समझते हैं। इसी सिलसिले में विनोबाजी ने अभय का सही मतलब समझाया कि न हम किसी की गुलामी न करें, न कराएँ, न अन्याय सहें, न करें। यही बहादुरी है। बिल्ली का चूहे पर और शेर का हिरण पर झपटना बहादुरी नहीं है। कानून और गाँव का गणित है। बिल्ली कुत्ते के सामने और शेर टार्च के सामने कितना डर जाता है।

बाबा ने कहा कि जानवर की उन्नति और अवनति की मर्यादाएँ हैं। जैसे शेर शाकाहारी नहीं बन सकता और गाय मांसाहारी नहीं। लेकिन मनुष्य जानवरों से भी खराब बन सकता है और ईश्वर के करीब भी पहुँच सकता है। बाबा का भाषण गांधी हॉल के बाहर खुले में होने वाला था। लेकिन बारिश हो रही थी जिसमें प्रसन्नता से भीगते हुए आचार्य भावे आए। पर भाषण अनिच्छा से उन्हें अन्दर करना पड़ा और आरम्भ के बीच-पच्चीस मिनट तक उन्होंने गदगद होकर आकाश की महिमा गाई, और कहा वर्षा में ईश्वर हजार हाथों से हमारा आलिंगन करता है। अगली सभा में जनता को भीगते रहने का उन्होंने निमंत्रण दिया।

उन्होंने बताया कि पानी, आकाश आदि हमारी संस्कृति से कितने गुँथे हुए हैं। पानी से गुरु शिष्य को स्नान कराता, तब वह स्नातक बनता था। कुम्भ का स्नान होता है, तब नेहरूजी ने (जो भीड़ को पसन्द करते हैं) इतनी भीड़ देखी, जितनी उन्होंने जीवन में नहीं देखी थी। उनकी मीटिंग से दस गुनी भीड़। यूरोप से तुलना करें तो एकाध हॉलैंड व बेल्जियम वहाँ आ गया था। फिर प्राचीन भारत में राजाओं का राज्याभिषेक भी नदियों के पानी से होता था। ईमानमयी ने अपने शिष्यों के पैर धोए थे मरने के पहले। नीचे के पानी में तो मिट्टी भी हो सकती है थोड़ी, लेकिन ऊपर बहने वाले पानी की बराबरी कौन गंगा-यमुना कर सकेगी, पानी को देखकर अपवित्र भावना हो ही नहीं सकती, उससे पुण्य कर्म की प्रेरणा मिलती है।

पानी के बाद बाबा ने आकाश की चर्चा की, और उसे खुराक नं. 1 बताया। उन्होंने कहा कि जब मैं जगन्नाथपुरी गया तब मेरे साथ एक फ्रेंच महिला थी, इसलिए मुझे आने नहीं दिया गया। गुरु नानक की संगत में ऐसा हुआ था, क्योंकि उन्हें भी इनकार किया गया था। इस इन्कारी के बाद नानक बाहर खड़े हो गए और कहा आसमान से बड़ा ईश्वर का कौन सा मकान हो सकता है, जहाँ सूर्य-चन्द्र आरती करते हैं। नानक ने एक आरती निजी थी जो सारे पंजाब में गाई जाती है। विनोबाजी ने यह आरती गाकर सुनाई।

पंढरपुर में हुए ईश्वर के साक्षात्कार को विनोबाजी ने वर्णनातीत बतलाया, जहाँ आलिंगन द्वारा ईश्वर से भेंट होती है। विनोबाजी ने कहा इसके बाद दर्शन की वासना नहीं रह गई। कृत्रिमता की वर्तमान आदतों का विनोबा ने मजाक उड़ाया। उन्होंने कहा कि हम मोती में छेद करते हैं और कान में भी, फिर इयर रिंग पहनते हैं। लेकिन जिस ईश्वर ने कान, नाक में दो छेद बनाए, वह कान के नीचे भी बना सकता था, अगर जरूरत होती तो। वैसे ही हम रंगीन कपड़े पहनने के बहुत शौकीन हैं लेकिन हमारे शरीर पर लाल-सफेद चट्टे पड़ जाएँ तो हम डॉक्टर के पास जाएँगे। विनोबाजी ने कहा मानव ईश्वर की प्रतिभा के रूप में बना है और मानव जीवन का एकमात्र सम्भव उद्देश्य है, जिसकी प्रतिभा है उसके दर्शन करना।

आज गांधी हॉल के सामने श्रावणी सोमवार मनाने कई महिलाएँ पहुँची थीं। वे भी बच्चों सहित भाषण सुनने आ गईं और हॉल की आधी चौड़ाई महिलाओं से भर गई। गांधी हॉल आधोपरान्त खचाखच भरा हुआ था। आचार्य विनोबा भावे ने आज अपनी सभा में इन्दौर की जनता से दो माँगें दोहराईं। एक तो यह कि नगर के सारे अस्सी हजार घरों में सर्वोदय पात्र रखे जाएँ, और दूसरे यह कि 1 अगस्त से तिलक पुण्यतिथि से शुरू होने वाले सफाई सप्ताह में बच्चा-बच्चा भाग ले। उन्होंने कहा कि इन्दौर की कायम सफाई की योजना मैं बाद में रखूँगा।

मैं तो औजार हूँ

आज मध्याह्न सफाई समिति की बैठक में चर्चाओं के बाद जब पूज्य विनोबा से मार्गदर्शन माँगा गया तो पहले तो वे कुछ क्षण चिन्तनशील मुद्रा में मौन बैठे रहे और फिर मुक्त हास्य बिखेरते हुए बोले—आप लोग मेरा उपयोग जैसा चाहें करें। आपके पास औजार है, और मैं भी आपके हाथ में एक औजार हूँ। वैसे सफाई कार्य में मैं माहिर हूँ।

हरेक का काम दिशा दिखाना नहीं : श्रद्धा से काम करें

जनता के समक्ष प्रेरणादायी बातें रखें, बूढ़े और जवानों को आचार्य भावे की सीख

हरेक के लिए आवश्यक नहीं कि वह दिशा तय करे। हरेक को श्रद्धा से काम करना चाहिए। अगर सभी दिशा दिखाने लग जाएँ और श्रद्धा से काम नहीं करें तो काम बनेगा नहीं। ये विचार आचार्य विनोबा भावे ने आज कार्यकर्ताओं के वर्ग में व्यक्त किए। विनोबाजी की नौ वर्षों की पदयात्रा में यह प्रथम अवसर है, जब उन्होंने एक महीने तक रोज कार्यकर्ताओं का वर्ग लेने का निश्चय किया है। आज वर्ग का दूसरा दिन था; इसमें भाषण शुरू करते हुए बाबा ने कहा हमें जनता के सामने ऐसी चीज रखनी चाहिए जिसमें उसे प्रेरणा मिले, उसका उत्साह बढ़े। किन्तु इसका यह मतलब नहीं कि बात अतिशयोक्तिपूर्ण हो। बहुत ही सोच-विचार के बाद चीज जनता के सामने रखी जानी चाहिए। आपस में बैठकर हम अपनी कमजोरियों और खामियों पर जरूर विचार करें।

बूढ़ों और जवानों की शक्ति और जिम्मेदारियों की चर्चा करते हुए बाबा ने कहा जहाँ बूढ़े और जवान अलग-अलग पढ़ें कि वहाँ जवान बिलकुल बेकार साबित होंगे क्योंकि उनके पल्ले ज्ञान और अनुभव है नहीं। बूढ़े तो अपने जीवन में कुछ कर चुके होते हैं। उनका उपयोग समाज को मिल चुका होता है किन्तु जवानों में जिन्हें अनुभव नहीं होता, केवल उत्साह रहता है। हम यहाँ जो नौजवान हैं, उनका प्रेम सम्पादन करें। जवानों को भी आदत होनी चाहिए कि हर बात में अपनी अड़ंगेबाजी नहीं चलाएँ। दो पीढ़ियों के बीच में आचार और विचार का भेद तो रहता ही है, पर पुरानी पीढ़ी के विचार अधिक परिपक्व होते हैं। जवानों का जोश और बूढ़ों का होश दोनों मिलकर काम करें तो काम बने। बाबा ने कार्यकर्ताओं को सलाह दी कि वे अविरोधयुक्त रवैये से कार्य करें।

सन्त विनोबा 28 जुलाई को मजदूर क्षेत्र में जाएँगे

भूदान प्रणेता आचार्य विनोबा भावे 20 जुलाई को प्रातः 4 बजे सफेद कोठी से प्रस्थान कर आरम्भ में श्रम शिविर पधारेंगे। तत्पश्चात् आप विभिन्न मजदूर मोहल्लों से होते हुए नन्दा नगर पहुँचेंगे। जहाँ प्रातः 7 बजे और संध्या को 5 बजे प्रार्थना सभाओं में प्रवचन करेंगे। उसी दिन सुबह 10 बजे के लगभग राष्ट्रीय मजदूर कांग्रेस से सम्बद्ध संस्थाओं के आगेवान, प्रतिनिधियों को सम्बोधित करेंगे। 3 बजे नन्दा नगर में ही महिला सभा में भाषण देंगे।

भाषण और गतिविधियों का दिलचस्प निचौड़

प्रातः 4 बजे वाली विनोबाजी की पदयात्रा के समय जब नगर परिचय कराया जा रहा था तब बाबा ने मनोरंजक मूड में श्री लक्ष्मण चौहान से कहा कि क्या यहाँ सभी चीजें दाईं ओर हैं। बाईं ओर कुछ नहीं। तब 40-50 कदम जाते ही श्री चौहान ने बाबा को बाईं ओर बड़ा अस्पताल बताया। जब यात्रा का यह काफिला किंग एडवर्ड अस्पताल

के चौराहे पर आया तो सम्ब विनोबा ने यहाँ स्थित लाल रंग के दोनों पेट्रोल पम्पों को देखकर कहा कि क्या ये हनुमानजी के मन्दिर हैं? क्योंकि ग्राम की शुरुआत हनुमानजी के मन्दिर से होती है।

गांधी पार्क कॉलोनी में जब बाबा श्री नारंग के मकान में स्थापित *रामायण* व तुलसी जयन्ती सप्ताह के प्रवचन स्थल पर गए। यहाँ आपने भगवान राम के फोटो को देखकर पूछा कि इसमें लक्ष्मण जी का फोटो नहीं है। प्रातः धर्मशाला की सभा में पूज्य विनोबा ने कहा कि यदि मैं लोकसभा का सदस्य होता तो मेरा इतना असर नहीं पड़ता। असर ग्राम से पैदा होता है और जब तक सत्तर हजार घरों में सर्वोदय पात्र नहीं रखे जाएँगे तब तक मैं चैन नहीं लूँगा।

कार्यकर्ताओं की सभा में उनकी बातों को कागज-पेंसिल से उतार रहे कार्यकर्ताओं को ऐसा करने से मना करते हुए बाबा ने कहा—आप लिखें नहीं, इसे अपने मन में उतारें और इसी के साथ बाबा ने एक उदाहरण दिया—मैं जब पढ़ता था तो मेरी कक्षा में अध्यापक कुछ लिखा रहे थे, मैं कुछ लिख नहीं रहा था, अध्यापक यह देख चुके थे, उन्होंने मुझसे पूछा तुमने क्या लिखा मैं सामने रखी वह कापी उठाई जिसमें कुछ लिखा नहीं था और पढ़ना शुरू कर दिया। अध्यापक ने कापी देखी और कहा—इसमें कुछ लिखा नहीं है मैंने कहा, लिखा है पर लिपि दूसरी है जो आपको समझ में नहीं आएगी।

बाबा ने कार्यकर्ताओं से कहा—जनता को समझाना ठीक उसी प्रकार है जैसे बच्चे को दूध पिलाना। होश और जोश का अन्तर बताते हुए बाबा ने कहा—जोश के साथ होश भी होना चाहिए, अगर कोई इंजन केवल जोश में बढ़ता ही जाए और खयाल नहीं करे कि आगे पुल टूटा हुआ है तो वह मिट जाएगा। जोश-प्राण का होता है व होश बुद्धि-शक्ति है। जिसे दुनिया बहादुरी समझती है, उसे बाबा ने गणित साबित कर दिया। उन्होंने कहा बिल्ली चूहे पर झपटती है और कुत्ते से डरती है, इसमें कानून और गाँव का गणित है। शेर हिरण पर झपटता है और टार्च की रोशनी से डरता है, क्योंकि उसे आश्चर्य होता है कि यह कौन सा औजार है जिसने मुझे एक क्षण में अन्धा बना दिया।

इसी तरह जर्मन को बहादुर समझ गया, जब उसने चटपट यूरोप के देशों को जीत लिया, लेकिन अमेरिका ने पाँच गुने विमान फ्रांस में उतारे तो उसने समर्पण शुरू कर दिया। अतः असली बहादुरी अभय में है। न किसी को डराना, न डरना न गुलाम बनाना, न बनना। अभय की तुलना विनोबाजी ने निर्भय से की, जिसका मतलब है कानून व व्यवस्था अर्थात लॉ एंड ऑर्डर। अमेरिका को दिए गए एक सन्देश का उन्होंने जिक्र किया। सन्देश यह था कि तुम हथियार और हथियारों के कारखाने खूब बढ़ाओ। उससे लोगों को काम मिलता है, लेकिन क्रिसमस के दिन उन्हें समुद्र में डुबा दो। इस तरह तुम स्वावलम्बी बनोगे। लेकिन होता यह है कि रूस के विमान अमेरिका के विमानों को खत्म करते हैं और अमेरिका के विमान रूस के विमानों को खत्म करते हैं। यह तो इन्दौर सरीखा हो गया जहाँ एक महिला अपने बच्चे को सामने वाली नाली में बिठाती है और सामने वाली महिला अपने बच्चे को उसकी नाली में बिठाती है।

बाबा जब गांधी हॉल में बोल रहे थे, तब बाहर वर्षा हो रही थी। विनोबाजी ने पानी और खुले आकाश की महत्ता बतलाते हुए ही अपनी सायंकालीन चर्चा आरम्भ की।

उन्होंने कहा कि आजकल डिग्री पाने के लिए छात्र को गाउन पहनने पड़ते हैं, जिनमें वह पसीने-पसीने हो जाता है। गाउन से पता नहीं लाभ क्या होता है, सिवाय इसके कि दर्जियों को काम मिल जाता है। किराये पर भी गाउन लाते हैं। यानी आदमी को नहीं, लिबास को डिग्री देते हैं। गर्मी पैदा करने वाले गाउनों की तुलना उन्होंने भारत की परम्परा से की। उन्होंने कहा कि यहाँ गुरु शिष्यों को स्नान कराता था और तब वह स्नातक होता था। पंडित को यहाँ निष्णात कहते हैं निष्णात यानी नहाया हुआ।

आचार्य भावे ने कहा कि शहर में वेतन कम ज्यादा मिले यह शायद समझ में आ जाए, लेकिन हवा और आकाश कम मिले, यह बिलकुल समझ में नहीं आता। इनसान की पहली खुराक है आकाश और हवा, वह ईश्वर ने सबको बराबर दी है। वर्ना वह हमारी एक नाक बनाता, प्रधानमंत्री की दो नाक बनाता और राष्ट्रपति की चार नाकें बनाता। बाबा ने कहा कि हमारी चीज हमेशा हमें अच्छी ही लगती है। 'सारे जहाँ से अच्छा हिन्दोस्तां हमारा' को तोड़कर उन्होंने कहा, "सारे जहाँ से अच्छा हिन्दोस्तां, क्योंकि हमारा।" लेकिन हमारा वह कहाँ है? हम भी बाहर से आए। लोकमान्य कहते थे हम उत्तर ध्रुव से आए हैं। बाबा ने इस प्रवृत्ति की भी मजाक उड़ाई कि लोग पूर्वजों के भी निवास स्थान के बारे में आप और अभिमान करते हैं। मुझसे जब लोगों ने पूछा कि हमारे पूर्वज कहाँ से आए तो मैंने कहा कि मैं उस वक्त नहीं था।

जाति-पाँति के बारे में विनोबा में नई ही रोशनी थी। उन्होंने कहा कि यह सह अस्तित्व का तरीका था। यहाँ मांसाहारी भी आए और शाकाहारी भी, अग्नि को पूजने वाले भी और सूर्य को पूजने वाले भी, रोज नहाने वाले भी और जुम्मे के जुम्मे नहाने वाले भी। भारत का मतलब बन गया भरण करने वाले, सबको आओ कहने वाला। कुल दुनिया में यही एक ऐसा देश है। बाबा ने यह भी सिद्ध किया कि भारत राजनीति में अगुवा है जबकि यूरोप आदिम हालत है। यूरोप में धर्म और संस्कृति एक है, फिर भी हर भाषा का एक अलग राष्ट्र है। जब यूरोप में फेडरेशन होगा तब पोल्पा के पानी से वेस्टमिंस्टर में अभिषेक होगा और टेक्स का पानी मास्को में चढ़ेगा, जैसे रामेश्वर का पानी बदरी-केदार में और काशी का पानी रामेश्वरम में चढ़ता है।

(26 जुलाई, 1960)

भाषा की विविधता में ही एकता निहित

कस्तूरबा ट्रस्ट में आचार्य विनोबा की दिलचस्पी

आज प्रातः आचार्य विनोबा भावे ने कस्तूरबा राष्ट्रीय स्मारक ट्रस्ट के कार्यालय मंत्री श्यामलालजी एवं मंत्राणी राजलक्ष्मी बहन से चर्चा की। आपने 25 अगस्त से 31 अगस्त तक का समय कस्तूरबा ट्रस्ट के कार्यकर्ताओं के लिए देने की स्वीकृति दी। स्मरण रहे आचार्य भावे समय-समय पर अपने सार्वजनिक भाषणों में सुझाव देते रहे हैं कि ट्रस्ट की सेविकाएँ ग्राम-ग्राम घूमकर कार्य करती हैं यह अच्छा है पर वे इन्दौर के समीप होकर इन्दौर में काम नहीं करती हैं।

उनका नियम है कि 2000 से कम आबादी वाले ग्रामों को वे कार्य क्षेत्र में लेते हैं। यदि इन्दौर को अपवाद स्वरूप भी जोड़ लें, क्योंकि इससे जिले के सारे ग्राम प्रभावित होते हैं और लाभ का क्षेत्र व्यापक बनेगा। हमारे प्रतिनिधि को ट्रस्ट की ओर से जानकारी प्राप्त हुई कि बाबा की मंत्रणा मान आजकल इन्दौर में अनेक सेविकाएँ कार्य कर रही हैं। आज की चर्चा में बाबा ने एक और सुझाव दिया कि समाज सेवा के कार्य में जुटे कस्तूरबा ट्रस्ट को हर प्रान्त के कार्यकर्ताओं में भारत की सब भाषाओं के दो-दो अच्छे कार्यकर्ता रखने चाहिए। भाषा की विविधता से सर्वोदय कार्य को लाभ प्राप्त तो होगा ही, साथ ही, एकता की भावना को विशेष बल मिलेगा।

सर्वोदय का विचार 'आपके लायक' अच्छा बने
इन्दौर सर्वोदय नगर है केवल उसे यह महसूस कराना है :
सुबह की गतिविधि

बिना शासन के अनुशासन की शक्ति धर्म वालों में दिखाई। पर हमारे यहाँ के लोग पारलौकिक अध्यात्म में पड़ गए। अब हमें व्यावहारिक अध्यात्म से बिना शासन से अनुशासन की शक्ति पैदा करनी होगी। ये प्रेरक विचार सन्त विनोबा ने आज सुबह गुजराती समाज के सभा भवन में सर्वोदय मित्रों को सम्बोधित करते हुए व्यक्त किए। आगे व्याख्या करते हुए विनोबाजी ने कहा—शास्त्रों में कहा गया है कि प्रति उत्कट पाप और पुण्य का फल यहीं मिलता है। पाप अगर छोटा हो तो उसकी सजा नरक में और इसी तरह छोटे पुण्य का पुरस्कार स्वर्ग में, लेकिन बड़े पाप और पुण्य का फल यहीं इसी दुनिया में मिलता है। इसलिए पारलौकिक अध्यात्म के बजाय ऐहिक अध्यात्म पर जोर दिया जाना चाहिए और लोगों को अपनी शक्ति से कुछ काम करके ऐसा वातावरण

तैयार करना चाहिए। सरकार के पास शक्ति होती है। वह टेक्स लगाती है और लोगों से कर वसूल करती है। लेकिन हमें तो करुणा का साम्राज्य स्थापित करना है और करुणा का साम्राज्य बनता है, प्रेम और विचार से।

सर्वोदय कार्यकर्ताओं को सम्बोधित करते हुए उन्होंने कहा कि सर्वोदय का विचार बहुत अच्छा है। अच्छा के बजाय वे ज्यादा जोर बहुत अच्छा पर डालते हैं। तो मैं उनसे पूछा हूँ—बहुत अच्छा है या आपके लायक अच्छा। मैं तो यही चाहता हूँ कि वह इतना अच्छा हो कि आपके लायक हो। आप सब मिलकर उस विचार के अनुसार काम कर सकें। अस्सी हजार सर्वोदय पात्र रखने से सारा इन्दौर एक विचार में बँध जाएगा। वहाँ करुणा का साम्राज्य स्थापित होगा और एक बार इन्दौर में यह हुआ कि वह सारे जमाने में फैल जाएगा। आज का जमाना विज्ञान का है—यह बहुत जल्दी प्रचार करता है। भिंड-मुरैना की डाकुओं वाली घटना सारे संसार में फैल गई। विदेशों के अखबारों में उसकी चर्चा रही। हजार साल पहले अगर यह सब होता तो वहीं का वहीं दब जाता। सच्चा और अच्छा काम अपने आप फैल जाएगा।

इन्दौर को सर्वोदय नगर बनाने का काम कैसे होगा इसकी तात्त्विक विवेचना भी आज विनोबाजी ने एक कहानी सुनाते हुए की—शेर का एक छोटा-सा पालतू बच्चा भेड़ों में रहता था। भेड़ों के साथ ही वह घूमता। एक दिन जब जंगल में भेड़ें चर रही थीं, तब एक शेर आया और एक भेड़ को उठा ले गया। जब शेर के बच्चे ने उस शेर को देखा तो उसे प्रतीति हुई कि मैं भेड़ नहीं, शेर हूँ और उसने भी एक भेड़ पर हमला कर दिया और इस तरह वह भी शेर बन गया। तो जब तक सोहम वह मैं हूँ की प्रतीति नहीं होगी तब तक रूप नहीं बदलेगा। इसमें तीन जुमले काम आते हैं—उसने देखा, वह बना और वह ही था। तो इन्दौर को अगर सोहम की प्रतीति हो जाए तो इन्दौर सर्वोदय नगर बन जाएगा। सर्वोदय नगर तो वह है ही—जैसे शेर का बच्चा शेर तो था ही लेकिन अपने शेर होने की उसे प्रतीति नहीं थी।

सर्वोदय मित्रों के लिए उन्होंने कहा कि वे दही के समान हैं और समाज दूध है, उन्हें सारे समाज को दही बनाना है। थोड़ा-सा दही अलग नहीं रह सकता, उसमें कीड़े पड़ जाते हैं और वह सड़ने लगता है। दिनोदिन खट्टा होने लगता है। हमें वैराग्य तो लेना है मगर खट्टा वैराग्य नहीं, मीठा वैराग्य। हमें अलग जमात नहीं बनानी है। सबमें मिलकर काम करना है। अपने परिवार का विस्तार करना है। इस बैठक के पश्चात विनोबाजी ने गुजराती कॉलेज के रीडिंग रूम का निरीक्षण किया और मैदान में आयोजित सभा में प्रवचन दिया। इस सभा में उपस्थित लगभग ढाई-तीन हजार भाई-बहनों से सन्त विनोबा ने कहा कि सर्वोदय का काम तो बारिश के समान है। (उस वक्त हल्की बूँदाबाँदी हो रही थी) बूँद-बूँद सब जगह गिरता है और सबको इसे करना चाहिए। अगर सब नहीं करेंगे तो यह सर्वोदय नहीं होगा। बाबा काम करेगा तो बाबा का उदय होगा, इन्दौर के लोग काम करेंगे तो इन्दौर का उदय होगा। थोड़ा-थोड़ा काम सबको करना पड़ेगा। व्यक्तिगत काम में अहंकार आता है, लेकिन सामूहिक कार्य में अहंकार का सवाल ही नहीं उठता। प्राय: सभी महान लोगों की परम्परा रही है। उन्होंने अकेले मुक्ति कभी नहीं माँगी। सबके साथ ही वे रहें। अत: इन्दौर का जो भी काम हो सब मिलकर करें।

विश्वशान्ति के लिए नेहरू की सराहना

अमेरिकन पत्रकार की बाबा से भेंट

आज सुबह चार बजे जब विनोबा जी पदयात्रा के लिए तुकोगंज सड़क पर निकले, तब आसमान पर पीले-मटमैले बादल छाए हुए थे और वातावरण में हल्की सी ठंडक थी। उनके साथ कोई बीस भाई-बहन चल रहे थे। आगे-आगे विनोबा, उनके साथ लालटेन लिये हुए दो भाई और पीछे दूसरे लोग। बाबा प्रार्थना बोलते जा रहे थे...ओम्...पूर्णपद... पूर्णस्य...। ओम् तागत श्री नारायण तू...और अन्त में ग्यारह व्रत अहिंसा, सत्य...भय वर्जनम्। जब प्रार्थना समाप्त हुई तो यशवन्त क्लब के मोड़ के पास उनसे एक यूरोपीय सज्जन से मिलाया गया। वे सज्जन अपने श्वेत शरीर पर खादी के कुर्ता-धोती और सिर पर खादी की सफेद टोपी पहने हुए थे, आँखों पर चश्मा था। बगल में एक छोटा टेप रिकॉर्डर टँगा था और दाहिने हाथ में उसका माइक था। उन्होंने बाबा से अंग्रेजी में बातचीत की कि मैं पाँच सप्ताह के लिए भारत आया हूँ। तीन सप्ताह हो चुके हैं, दो और यहाँ बिताऊँगा। मैंने गांधीजी की किताबें पढ़ी हैं, और मुझे लगता है आप उन्हीं का काम करना चाहते हैं। बाबा ने उनसे पूछा—वे क्या करते हैं? उन्होंने बताया वहाँ उनका छोटा-सा व्यापार है। इसके अतिरिक्त वे अपना अधिकतर समय शान्ति संस्थानों में देते हैं और संसार के शान्ति चाहने वाले लोगों से मिलने निकले हैं। उन्होंने बाबा से पूछा—आप नए प्रकाश के लिए हिन्दुतानियों की आँख खोलना चाहते हैं या उनका आर्थिक विकास कर रहे हैं?

बाबा ने कहा—दोनों। लेकिन आर्थिक विकास गौण है। हिन्दुस्तान के लोगों में मानवता जाग्रत करना मेरा खास उद्देश्य है। विदेशी भाई ने बात चलाई भूमि आन्दोलन की, भूमि वितरण की तो बाबा ने फिर कहा—मेरा खास उद्देश्य तो शान्ति है और इस शान्ति की स्थापना के लिए मैं सत्य, अहिंसा और करुणा पर जोर देता हूँ। विदेशी भाई ने पूछा—संसार में सभी देशों में शान्ति चाहने वाले लोग हैं। इन लोगों को शान्ति का काम कैसे करना चाहिए? इस पर बाबा ने कहा—जो जहाँ है वह वहीं अपना काम करे, अपने पिता से प्यार करे, उसकी सेवा करे लेकिन उसे संसार के पिताओं का प्रतिनिधि मानकर। इसी तरह माँ और भाई-बहन सबसे वह प्यार करे—अपने परिवार का विस्तार करे। अपने को किसी देश का नहीं, विश्व का नागरिक समझे और ईसा के अनुसार अपने पड़ोसी को अपने जैसा ही प्यार करे।

क्या देश-देश में बिखरे हुए-शान्ति चाहने वालों का एक विश्वव्यापी सम्मेलन नहीं बुलाया जा सकता? विदेशी भाई का प्रश्न था। विश्व व्यापी नहीं रिजनल सम्मेलन हो तो चलेंगे और वे दो पड़ोसी और आपस में शत्रु देशों के बीच में हों। इनका आयोजन कौन करे? मेरे खयाल से स्वकर्म लोग इस काम को अच्छी तरह कर सकते हैं। सन्त विनोबा ने अमेरिकी पत्रकार से निःशस्त्रीकरण, विश्वशान्ति के लिए नेहरू के प्रयत्न और भारत की भावना, सर्वोदय एवं आध्यात्मिक विकास आदि विषयों पर चर्चा की।

निःशस्त्रीकरण का समर्थन

सन्त विनोबा ने श्री मिचेल को उनके प्रश्न का उत्तर देते हुए कहा कि निःशस्त्रीकरण का मैं पूर्णतया समर्थक हूँ। इसके लिए मैं अपनी ओर से सभी यथासम्भवप्रयास करता हूँ।

आपने कहा कि निःशस्त्रीकरण के लिए दो बातों की आवश्यकता है। प्रथम असाधारण साहस एवं दृढ़ मान्यता और विश्वास। ये दोनों जब हो जाएँगे तब निःशस्त्रीकरण के विचार को और अधिक समर्थन दुनिया में मिलेगा।

नेहरू की सराहना

श्री मिचेल ने नेहरू द्वारा विश्वशान्ति एवं निःशस्त्रीकरण के लिए किए जा रहे प्रयासों के सम्बन्ध में चर्चा की तो सन्त विनोबा ने कहा कि आज विश्व के जो राजनीतिज्ञ हैं, उनमें मैं समझता हूँ कि नेहरू ही विश्वशान्ति एवं निःशस्त्रीकरण के लिए सबसे अधिक प्रयत्न कर रहे हैं। आपने कहा कि आज जिन परिस्थितियों में नेहरू हैं उनको देखते हुए उनके द्वारा विश्वशान्ति के लिए किए जा रहे प्रयास निश्चित ही सराहनीय हैं। जब सन्त से पूछा गया कि क्या भारत में निःशस्त्रीकरण के लिए पूर्णयता जन भावना बन चुकी है? इस प्रश्न का उत्तर देते हुए विनोबा ने कहा कि आज भारत में पिछली दासता के कारण एकदम निःशस्त्रीकरण के लिए दृढ़ मानस का अभाव है, किन्तु धीरे-धीरे वह बढ़ सकता है। सहकारी कृषि के सम्बन्ध में चर्चा करते हुए विनोबा से कहा कि क्या भारत का किसान सहकारी कृषि के लिए तैयार है? सन्त ने इस प्रश्न के उत्तर में बताया कि भारतीय किसान इस सम्बन्ध में प्रारम्भिक जानकारी से भी अनभिज्ञ है। इसलिए आज इस सम्बन्ध में कोई दृढ़ मत नहीं प्रकट किया जा सकता है।

नैतिक सहयोग

श्री मिचेल ने सन्त से पूछा कि आप अमेरिका से क्या सहायता चाहते हैं? विनोबा ने कहा कि हम अमेरिका से या किसी भी देश से भौतिक सहायता नहीं चाहते हैं। हम हमारी समस्याओं के लिए अमेरिकी मित्रों और अन्य देशों से नैतिक समर्थन चाहते हैं।

विनोबा का नेतृत्व

अन्त में श्री मिचेल ने कहा कि अमेरिका और विश्व के शान्ति प्रेमी लोगों ने आज आचार्य विनोबा को अपना आध्यात्मिक नेता मान लिया है।

जीवन परिचय : अप्पा साहब पटवर्धन

सीताराम पुरुषोत्तम अपनी उत्तमता के कारण आदर से 'अप्पा' कहलाने लगे और आज केवल महाराष्ट्र के ही नहीं, वरन् देश भर के रचनात्मक कार्यकर्ता उन्हें 'अप्पा पटवर्धन' के नाम से ही जानते हैं। वे आज इसलिए नहीं जाने जाते कि चालीस वर्ष पहले के एम.ए. पास कुलीन ब्राह्मण हैं वरन् लोग इसलिए उनको ज्यादा जानते हैं कि वे महाराष्ट्र के रत्नागिरी ग्राम में निष्ठापूर्वक भंगी-काम करते हैं, भंगी-काम के औजारों और उपकरणों में नित नूतन वैज्ञानिक शोध करते रहते हैं और हृदय से वे चाहते हैं कि देश भर में भंगी, काम को प्रतिष्ठा मिले और भंगी का काम सदा-सदा के लिए समाप्त हो जाए।

अप्पा साहब ने अपनी कलम से जो स्वयं का चित्र खींचा है वह उन्हीं के शब्दों में यहाँ दे रहे हैं—"नाम—अप्पा पटवर्धन (सीताराम पुरुषोत्तम), पता—पो. गोपुरी,

जिला—रत्नागिरी (महाराष्ट्र)। उम्र 66 साल, स्वास्थ्य अच्छा रहता है, लेकिन दुबला पतला, अशक्त हूँ। परिवार—महाराष्ट्र के कोंकण प्रदेश में बिलकुल छोटे देहात में ब्राह्मण कुटुम्ब में पैदा हुआ, ग्रामीण जीवन का आदी और प्रेमी हूँ। कुटुम्ब में हम 11 भाई-बहन रहे। पिताजी की माली हालत कष्टमय थी। लेकिन हम भाइयों ने छात्रवृत्तियों के और पुरस्कारों के सहारे उच्च शिक्षा हासिल की। शिक्षा—एम.ए. (बंबई) मराठी (मातृभाषा)। अंग्रेजी, संस्कृत, गुजराती, हिन्दी, कन्नड़ का अल्प परिचय। ग्रन्थावाचन—जवानी में रस्किन के 'अन टू दिस लास्ट' किताब का गहरा परिणाम हुआ। तिलक, सावरकर, गांधी, विनोबा खास-खास अवस्था में अध्ययन के विषय रहे हैं। टालस्टाय का भी बहुत प्रभाव रहा है। चर्मोद्योग और सफाई मेरे खास विषय हैं। खेल, व्यायाम—लड़कपन और जवानी में हर तरह के देशी-विदेशी खेल और व्यायाम साधन आजमाए। रस्किन के प्रभाव में आया, तब से उत्पादक श्रम ने उनकी जगह ले ली। उद्योगों की जानकारी—खेती और चर्मोद्योग का अल्प ज्ञान, खादी उद्योग का सामान्य ज्ञान, सफाई का कुछ खास ज्ञान। जीवन वृत्तान्त—1894 से 1919 तक शिक्षा, 19 से 21 तक सत्याग्रह आश्रम, साबरमती, 1922 से आज तक रत्नागिरी जिले में गांधीजी के विविध कामों में हिस्सा।

इन दिनों इन्दौर नगर की सफाई में वे जुटे हुए हैं। जिनका उल्लेख अपनी हर सभा में आचार्य भावे इन्दौर में कर रहे हैं। कृति शून्य विचार या अन्य श्रद्धायुक्त आचार, दोनों से परे वे अँगुलियों से कुशल कारीगर और मन से सच्चे कलाकार हैं। गोबर गैस प्लांट से जलती बिजली की बत्तियाँ तथा कृषि व ग्राम्य जीवन सम्बन्धी उनके विविध प्रयोगों को देखकर उनकी कला और कारीगरी के प्रति सहज ही श्रद्धा उत्पन्न होती है।

अमेरिकियों के मुकाबले अधिक रूसी शान्ति प्रिय बाबा से मिलने आए विदेशी पत्रकार से एक भेंट

आज प्रातःकाल चार बजे पदयात्रा में विनोबा जी से चर्चा करने वाले प्रमुख व्यक्ति थे सेन फ्रांसिस्को-अमेरिका के निवासी श्री यूलिस एस. मिचेल। ये अमेरिकन सज्जन वहाँ की कई शान्ति संस्थाओं के कार्यकर्ता हैं और अमेरिका की एसोसिएटेड चर्च प्रेस के प्रतिनिधि हैं। एक प्रश्न उठना अस्वाभाविक नहीं कि अमेरिका जैसे आधिभौतिक देश का यह निवासी खादी के लिबास में विनोबा से आखिर क्यों मिलने आया?

ऐसी कौन सी बात थी जिसने आपको विनोबाजी की ओर आकर्षित किया। इस प्रश्न का उत्तर देते हुए श्री मिचेल ने कहा मैं दुनिया के शान्ति चाहने वाले लोगों से मिलता हूँ। आपके उपराष्ट्रपति डॉ. राधाकृष्णन् से मिल चुका हूँ और आज दिल्ली में नेहरूजी से मिलूँगा। विनोबा के बारे में मैंने सुना और मैं यहाँ चला आया।

आप रूस और चेकोस्लोवाकिया से आ रहे हैं तो क्या आप बताएँगे कि रूस और अमेरिका में कहाँ के ज्यादा लोग शान्ति चाहते हैं? यह मेरा दूसरा प्रश्न था। मिचेल साहब ने बेधड़क उत्तर दिया—रूस के लोग। अमेरिका में हम लोग दो दलों में बँटे हुए हैं। एक दल है जो शान्ति चाहता है और दूसरा किसी न किसी तरह विश्व में तनाव बनाए रखना चाहता है। बात विश्व के तनाव की आई तो मैंने पूछा—पेरिस के शिखर शान्ति सम्मेलन की असफलता के लिए आप किसे दोषी मानती हैं? न नाइक को, न ख्रुश्नेव

को उनका उत्तर था। इसकी व्याख्या करते हुए उन्होंने कहा—अमेरिका में ऐसे लोग हैं जो आइजन को अगले चुनाव में राष्ट्रपति नहीं बनने देना चाहते हैं, उन्होंने कुछ ऐसी परिस्थितियाँ निर्मित की जो यू-2 की उड़ान और उसके गिराए जाने से गम्भीर हो गईं और उनका उद्‌देश्य-आइजन हावर की अलोकप्रियता ही हुई। क्या ख्रुश्चेव रूस में लोकप्रिय है? इसका उत्तर उन्होंने दिया, हाँ, वहाँ के लोगों का यह विश्वास है कि ख्रुश्चेव उनका योग्य नेता है और वह शान्ति के लिए पूरी तरह प्रयत्नशील है।

विनोबा से अक्सर ही विदेशी यात्री मिलते-जुलते हैं और अपने देश में सर्वोदय का कार्य करते हैं। अमेरिका में सर्वोदय की क्या लोकप्रियता है और लोग बाबा को किस नजर से देखते हैं। इस प्रश्न पर श्री मिचेल थोड़े से गम्भीर हो गए—वहाँ की आम जनता सस्ते मनोरंजन की खोज में रहती है, और जिन्दगी में हलचल चाहती है। फिर भी बहुत से लोग ऐसे हैं जो गम्भीरता से दिन-प्रतिदिन के सम्बन्धों पर विचार करते हैं और संसार की विचारधाराओं से अपना सम्पर्क रखते हैं। फिर भी गांधी, भूदान-आन्दोलन और विनोबा बहुत अधिक लोकप्रिय नहीं हैं। अब हम सब लोग शान्ति संस्थाओं के लिए विनोबाजी के सुझाव के अनुसार—शान्ति सम्मेलन का आयोजन करेंगे।

विनोबाजी का आज और कल का कार्यक्रम

सन्त विनोबा भावे की दैनिक पद यात्रा दिनांक 27 को नगर के मध्य एवं पश्चिमी क्षेत्र में होगी। नियमानुसार सुबह 4 बजे सफेद कोठी से राम प्याऊ, सिख मोहल्ला, ज्योति टाकीज, चिमनबाग चौराहा, सुभाष मार्ग, जिन्सी चौराहा, मल्हारगंज चौराहा, बड़ा गणपति, गणेशगंज, नया राजमोहल्ला होते हुए वैष्णव विद्यालय में प्रार्थना व सभा। सभा के पश्चात मालगंज चौराहा, मुकेरीपुरा, लोधीपुरा नं. 1, जवाहरमार्ग नं. 2, सियागंज, रेलवे क्रॉसिंग, रेलवे स्टेशन, मोटर स्टैंड से सफेद कोठी पहुँचेंगे।

कल का कार्यक्रम

28 तारीख को नियमानुसार 4 बजे सफेद कोठी से रेलवे ब्रिज, सिख मोहल्ला, गुरुद्वारा, काछी मोहल्ला, उषागंज, श्रम शिविर, भंडारी मिल से राजकुमार मिल चौराहा, शिवाजी नगर (भिंडी खो) मालवा मिल चौराहा, पाटनीपुरा, नेहरू नगर, नन्दा नगर पहुँचेंगे। नन्दा नगर में बाल मन्दिर में बाबा का पड़ाव दूसरे दिन सुबह तक रहेगा। दिन भर के विनोबाजी के कार्यक्रम इस प्रकार हैं—सुबह 7 बजे स्कूल मैदान में सभा, 11 बजे केटिंग भवन में प्रतिनिधि चर्चा, ढाई बजे महिला सभा, 5 बजे आम सभा।

स्काउट के सम्बन्ध में चर्चा

आज आचार्य विनोबा के पड़ाव पर प्रसिद्ध शिक्षा शास्त्री श्री तात्या बारपुते तथा मध्य प्रदेश स्काउट कमीशनर एवं मध्य प्रदेश लोक सेवा आयोग के भूतपूर्व सदस्य श्री पांडे ने आचार्य विनोबा से भेंट की तथा स्काउट के कार्यक्रम में उनके योगदान व विद्यार्थियों को राजनीति से अलग रखने सम्बन्धी मुद्‌दों पर चर्चाएँ हुईं।

जाति वाले से प्रेम हो गया

मत्सर मूलक सभ्यता तथा करुणा मूलक प्रेरणा की व्याख्या करते हुए बाबा ने कहा कि हमें करुणा मूलक सभ्यता लानी है इसीलिए सज्जनता को बढ़कर दुर्जनता को खत्म करना है। क्योंकि दुर्जनता की आड़ में ही सज्जनता रहती है। इस पर कहा गया कि काँटे से काँटा निकलता है। बाबा ने तुरंत कहा कि काँटा काँटे की जाति का है इसलिए प्रेम हो गया और निकल आया।

मुलाकात की बैठक में बाबा

आचार्य श्री विनोबा ने आज मुलाकाती बैठक में बताया कि सर्वोदय के कार्यक्रम को सफल बनाने के लिए महत्त्वपूर्ण दो बातें हैं। पहली है—कार्य के लिए समय देना एवं दूसरी—कार्यक्रम का समर्थन करना। आपने आगे कहा कि समय व समर्थन से जो वातावरण बनेगा तथा इसके पक्ष में जो प्रतिक्रिया होगी उससे इन्दौर सर्वोदयी नगर बन सकेगा। आचार्य विनोबा भावे ने अपने दैनिक कार्यक्रमों में 3 बजे से शाम को 4 बजे तक जो मुलाकात का समय रखा है उसी समय में इन्दौर के प्रसिद्ध कार्यकर्ता श्री कन्हैयालाल खादीवाला, बाबूलाल पाटोदी, लक्ष्मणसिंह चौहान, नगराध्यक्ष श्री कान्तिलाला पटेल, शंकरलाल चौधरी तथा श्री रामेश्वर दयाल तोतला उपस्थित थे।

सर्वोदय के कार्यक्रम तथा बाबा के पश्चात भी इन्दौर में सर्वोदय कार्य सुचारु रूप से चल सके, इस पर विभिन्न चर्चाएँ की गईं। इस चर्चा में चाही गई जानकारी एवं विभिन्न मुद्‌दों का विश्लेषण करते हुए बाबा ने कहा कि गन्दगी मिटाना सबसे पहला कार्य है। जब तक बाहर की गन्दगी जो कि दिखाई देती है वह दूर नहीं होती तब तक अन्य गन्दगियाँ भी दूर नहीं होंगी। इसीलिए साफ सफाई के कार्यक्रम को प्राथमिकता दी गई है। इसी चर्चा के दौरान सन्त प्रवर ने बताया कि सबसे पहला कार्य यह है कि सर्वोदय के कार्यों का समर्थन किया जाए तथा उन कार्यों को कार्यान्वित करने के लिए समय दिया जाए। इस तरह समर्थन व समय के द्वारा ही इन्दौर में वह वातावरण निर्माण होगा जो कि सर्वोदय की ओर ले जाएगा। आपने कार्यकर्ताओं से अपेक्षा की कि वे सहिष्णु व विशाल हृदय बनें।

युवक विभाग की सूचना

शहर कांग्रेस युवक विभाग की एक विज्ञप्ति में बतलाया गया है कि 28 जुलाई गुरुवार को दिन के पौने तीन बजे से सफेद कोठी पर आचार्य विनोबा भाव युवक कांग्रेस कार्यकर्ताओं से चर्चा करेंगे।

प्रातः 9 बजे से सफेद कोठी पर बैठकों का ताँता
सन्त प्रवर के आगामी कार्यक्रमों पर निर्णय

आज गुजराती समाज मैदान से आचार्य विनोबा भावे के अपने निवास स्थान सफेद कोठी पर पहुँचने के बाद अनेक बैठकों का ताँता लगा रहा। लगभग सभी में सन्त प्रवर के

आगामी कार्यक्रम पर विचार किया जाकर निर्णय लिया गया। सर्वप्रथम सर्वोदय के ही रचनात्मक कार्यकर्ताओं की बैठक हुई, जिसमें मध्य प्रदेश सर्वोदय मंडल के अध्यक्ष श्री दादाभाई नाईक एवं श्री देवेन्द्रभाई गुप्त ने कार्यकर्ताओं को नगर में ज्यादा से ज्यादा सर्वोदयी वातावरण बनाने की प्रेरणा दी। कार्यकर्ताओं से कहा गया कि विनोबाजी के यहाँ रहते हुए उनके स्वप्न को साकार कराने के प्रयत्न में जुट जाएँ। मोहल्ले-मोहल्ले घूमें, भाई-बहनों को समझाएँ इत्यादि।

ठीक साढ़े नौ बजे 1 अगस्त से मनाए जाने वाले नगर सफाई सप्ताह की योजना बनाने के लिए बनी समिति की बैठक प्रारम्भ हुई जिसमें बाबा के मार्गदर्शन के अनुसार यह तय किया गया कि इसमें काम करने वाले स्वयं प्रेरणा से काम करें व इसके लिए खुद अपने नाम लिखाएँ। स्वास्थ्य सप्ताह की अवधि तक समिति का एक कार्यालय सफेद कोठी पर खोल दिया गया है, जिसमें प्रातः नौ से ग्यारह तथा संध्या तीन से पाँच बजे तक भाई-बहन अपने नाम लिखा सकते हैं। इसके अतिरिक्त बाबा के दोनों समय के प्रवचन के बाद भी नाम लिखने की व्यवस्था की गई है। सप्ताह की तैयारी हेतु 28 तारीख को नगर के खिलाड़ियों की संस्थाओं की बैठक होगी। इसी प्रकार 29 को महिलाओं तथा 30 को शिक्षक, शिक्षिकाओं एवं छात्रों की बैठकें होंगी। 31 जुलाई को सभी तबकों की एक संयुक्त सभा सायं 4 बजे गांधी हॉल प्रांगण में होगी। जिसे विनोबाजी सम्बोधित करेंगे। यह कार्यक्रम श्री अप्पा साहब पटवर्धन तथा मेयर श्री सरदार शेरसिंह ने समिति के सदस्यों के साथ होने को बताया। जिस पर बाबा ने अपनी स्वीकृति दे दी।

तत्पश्चात कोठी की छत पर हुई एक बैठक में कार्यक्रमों के सम्बन्ध में यह निर्णय किया गया कि शहर से नगर के प्रत्येक तबके की भी इस बार बैठकें बुलाई जाएँ। शहर के प्रत्येक क्षेत्र के दुकानदार, व्यापारी वर्ग, लघु उद्योग संस्थापक, उद्योगपति एवं अभिभावकों को समय-समय पर सूचना दी जाए कि कौन-कौन से दिन किन-किन की बैठक है। यह भी पता चला कि...जयन्ती पर विनोबाजी नगर के समस्त साहित्यिकों की सभा में भाषण देंगे। इसका विस्तृत कार्यक्रम बनाया जा रहा है। यह भी तय किया गया कि अब भविष्य में सर्वोदय मित्रों की सभाएँ भी जनता के कार्यक्रमों के साथ ही होंगी।

मध्याह्न 11 बजे खुले मैदान में सर्वोदय मित्रों की एक बैठक हुई। बैठक में यह तय किया गया कि अब जहाँ-जहाँ बाबा जाएँगे वहाँ एक दिन पूर्व सभी कार्यकर्ता काम पर जाकर जनता को समझाएँ व सर्वोदय पात्र और अधिक संख्या में रखे जाएँ। मध्याह्न 11 बजे शारदा विद्यालय की पचास छात्राएँ बाबा से आशीर्वाद लेने आईं। जिनकी बातें सुनकर बाबा ने प्रातः उनके विद्यालय में जाने को कहा है। हमें साम्यता, करुणा से काम लेना है, मत्सरता से नहीं। इसलिए सज्जनता को बढ़ाकर ही काम को खत्म करना है।

यह क्या! बाबा तो नाच रहा है...ठुमक रहा है...सायंकालीन प्रार्थना सभा का आँखों देखा हाल

ओ...भाई—आओ प्यारे भाइयो ओ राम, ओ कृष्ण, ओ भरत—यहाँ आओ। ओ झाड़ के नीचे बैठे हुए पांडवों यहाँ आओ, मैं आपके दर्शन करना चाहता हूँ—ओ माई-सीता—आओ यहाँ आओ—एकत्र होकर एक साथ कीर्तन करें।

—यह कोई हाँका नहीं, आचार्य विनोबा भाव के सायंकालीन प्रवचन का प्रारम्भ है। यहाँ गांधी हॉल का प्रांगण है और यह बूँदाबाँद हो रही है। लोग कहीं झाड़ के नीचे, कहीं हॉल के बरामदे में, कहीं समाज सेवा के कार्यालय में बिखरे हुए हैं। कुछ बाबा के मंच के आसपास भी खड़े हैं। बाबा मंच पर खड़ा है। माथे पर हरी टोपी है, शरीर पर लिपटी हुई खादी की श्वेत धोती भींग रही है—और वह बड़ी ऊँची मीठी आवाज में तन्मय होकर पुकार रहा है—मेरे प्यारे भाइयो आओ—यहाँ एकत्र हो जाओ—वहाँ बरामदे में बैठे हुए लोगो—वहाँ झाड़ के नीचे खड़ी हुई बहनो-आओ। मैं दर्शनाभिलाषी हूँ। एकत्र रूप में आपके दर्शन करना चाहता हूँ। हम सब मिलकर यहाँ कीर्तन करेंगे। भजन गाएँगे आओ।

—जैसे सपेरे की पुंगी पर नागों के झुंड झूमते हुए चले आ रहे हों, लोग बाबा के सामने इकट्ठे हो रहे हैं। कुछ लोग बाबा के सामने बैठे हुए हैं, कुछ दूर तक खड़े हैं। बाबा को असमानता पसन्द नहीं। लेकिन अपने कृष्णों-रामों और श्रोताओं को गीली जमीन पर बैठने कैसे दे सकता, गीली जमीन पर बैठो मत सब खड़े हो जाओ। सो सबके सब खड़े हो गए। पानी गिर रहा है—रिमझिम-रिमझिम—पेड़ों की पत्तियाँ बोल रही हैं टप-टप और बाबा खड़ा है, मंच पर माइक के सामने कोई तीन हजार भाई-बहन उसके सामने खड़े हुए हैं। सब इकट्ठे हो गए—बाबा शुरू कर रहा है—उसकी पवित्र मीठी—सिहरनें पैदा करने वाली आवाज गूँज रही है—ओम् सह नाववतु। सह नौ भुनक्तु। सह वीर्यं करवाहै। तेजस्विनावधीतमस्तु। मा विद्विषावहै॥ ओम् शान्तिः शान्तिः शान्तिः।

सह अर्थात सब एकत्र होकर पराक्रम के साथ काम करें। हमारे मन में मत्सर भावना न हो, विद्वेष न हो। हम एक साथ अब भजन करेंगे, मैं पहले तुलसीदास की एक चौपाई गाऊँगा। फिर बारिश के बारे में एक वेद मंत्र। मैं आपकी तरफ देख रहा हूँ आप मेरी तरफ देखिए, बिलकुल मेरी तरफ, मेरी आँखों में। मैं पहले चौपाई बोलूँगा। धीरे-धीरे बोलूँगा मेरे बाद आप सब बोलेंगे—बिनु सत्संग...बाबा की संगीतमयी वाणी फूटी, सबने दोहराया—विवेक न होई। राम कृपा बिनु सुलभ न सोई॥

हाँ अब केवल बच्चियाँ मेरे साथ बोलेंगी—बिनु सत्संग..., अब बच्चे बोलेंगे...बिनु सत्संग..., अब पुरुष बोलेंगे—बिनु सत्संग..., अब महिलाएँ बोलेंगी—बिनु सत्संग..., अब मैं पूरी पंक्ति बोलूँगा सब एक साथ बोलेंगे—बिनु सत्संग विवेक न होई। बाबा गा रहा है। सब गा रहे हैं—बिनु सत्संग विवेक न होई। राम कृपा बिनु सुलभ न सोई॥ समा बँध गया है। किसी को खयाल नहीं पानी का! सामने बाबा खड़ा है। सबकी नजर उसकी तरफ लगी हुई है वह हाथ ऊँचे करके ठुमक रहा है तन्मय, लवलीन, मध्ययुग का चैतन्य महाप्रभु उतर आया। सच है! बिलकुल सच है—*बिनु सत्संग विवेक न होई। राम कृपा बिनु सुलभ न सोई॥* —बाबा चुप हो गया। सब चुप हो गए।

वह गूँजी! वह फिर गूँजी बाबा की पवित्रपूत संगीतमयी वाणी। यह वेद का मंत्र यह ऋषि गा रहा है। आसमान से भगवान की वृष्टि में भीगता हुआ गा रहा है—सुनो! यह वेद का मंत्र है। आसमान से हम पर वृष्टि। हमारा वेग कुंठित न हो। मन्दी गति न पड़े, ओ राही मन्दी गति न पड़े, बाबा फिर गा उठा! समझा रहा है—हमारे पाँव चलते रहें। हमारी इच्छा शक्ति 'विल पावर' बढ़े। इन्दौर के लोगों की, भारत के लोगों की,

विश्व के लोगों की इच्छा शक्ति विकसित हो। हजार गुनी बढ़े। इन्दौर का निवासी खूब काम करे। सर्वोदय पात्र के लिए करे, स्वच्छता सफाई के लिए करे, शान्ति सेना का काम बने, औरों को बनाए। न खुद अशान्त हो और न दूसरे को अशान्त होने दे। हम पर दिव्य वृष्टि करे।

अब पाँच मिनट तक भगवान से हमारी प्रार्थना भगवान हमें सत्य दें, हमारी इच्छा शक्ति बढ़ाएँ...मौन शुरू होता है—ओम्...शान्तिः...शान्तिः...। सन्नाटा छाया हुआ है। पवित्र सन्नाटा! सूना सन्नाटा मन्दिर की मौन की तरह सन्नाटा। मन्दिर की भाँति सन्नाटा। मन्दिर की पवित्र वेदी की तरह बाबा मंच पर खड़ा देख रहा है। भगवान का ध्यान वह और सब ध्यान कर रहे हैं। सबको प्रणाम...। जय जगत...। मौन समाप्त हुआ और खलबली मची। जैसे सामूहिक समाधि का ध्यान हो। लोग बिखर-बिखर ध्यान कर रहे हैं—मंच में ध्यान, वाणी में शक्ति...होता है। हम पता...गिरता रहा। नहीं ध्यान नहीं प्रेम बरस रहा था।

(27 जुलाई, 1960)

सर्वोदय पात्र से देश और जमाने के लायक लोग तैयार होंगे

आचार्य भावे द्वारा नए और पुराने के समन्वय की व्याख्या

"हमारी संस्कृति पुराने जमाने से चली आ रही है। उस संस्कृति का हमारे चित्त पर अन्दर से जो असर हुआ है, उसे कोई टाल नहीं सकता। लेकिन दिल हमारा पुराने संस्कारों से भरा होना चाहिए और दिमाग खुला होना चाहिए।" यह विचार व्यक्त करते हुए बाबा ने कहा जिनका दिमाग नए विचारों के लिए खुला है मगर दिल में पुराने संस्कार नहीं हैं वे जमाने के लायक हैं और जिनका दिमाग नए विचारों के लिए बन्द है, मगर दिल में पुराने संस्कार हैं वे देश के लायक हैं। पर ये दोनों एकांगी हैं। सर्वोदय के लिए ऐसे लोग चाहिए जिनका दिल पुराने संस्कारों से भरा हो, जिनका दिमाग नए विचारों के लिए खुला हो। सर्वोदय पात्र ऐसे लोग बना सकते हैं।" सर्वोदय पात्र की मानस निर्माण शक्ति की उक्त नई व्याख्या आज प्रातःकाल 7 बजे वैष्णव विद्यालय में हुई। सर्वोदय मित्रों की बैठक में आचार्य विनोबा ने की।

इन्दौर को सर्वोदय नगर बनाने के लिए बाबा ने लोगों को दो काम खास तौर पर करने के लिए कहा है। पहला—स्वच्छता और दूसरा—हर घर में सर्वोदय पात्र की स्थापना। इन्दौर में अस्सी हजार घर हैं। सबमें सर्वोदय पात्र रख दिए जाएँ तो उससे दुखियों की समस्या नहीं सुलझती, सर्वोदय पात्र में अन्न डालना तो लोक सम्मति प्रकट करना है। उक्त सर्वोदय-मित्रों की बैठक में विनोबा ने आज फिर अपनी बात और स्पष्ट करके रखी। उन्होंने कहा कि सर्वोदय पात्रों से जितना अन्न एक वर्ष में इकट्ठा होगा वह ज्यादा से ज्यादा दो लाख रुपये का होगा। तो दो लाख रुपये में क्या इन्दौर के दुखियों की मदद हो गई? नहीं हमें केवल दुखियों की मदद नहीं करनी है। इन्दौर में अरबों की सम्पत्ति है, मैं अगर चाहूँ तो इतना धन पाँच मिनट में इकट्ठा कर सकता हूँ, फिर यहाँ इतनी मेहनत करने की क्या जरूरत है। दुखियों की मदद के लिए सम्पत्ति दान है, वह भी माँगता हूँ मगर सर्वोदय पात्र से तो लोकमत प्रकट होता है, देश और जमाने के लायक लोग तैयार होते हैं।

मेरे पास बूढ़े लोग आते हैं और कहते हैं—हम मरना चाहते हैं। तो नया काम क्या हो रहा है हमारी समझ में नहीं आता। नए जवान क्या करेंगे कुछ समझ नहीं पड़ता। इन बूढ़े लोगों को शान्ति सेना विचार समझ नहीं आए, क्योंकि सेना से उन्हें युद्ध का ही आभास होता है। परन्तु ये लोग तो रोज एक मुट्ठी अनाज सर्वोदय पात्र में

डालेंगे, क्योंकि इनका दिल पुराने संस्कारों से भरा हुआ है। दूसरी तरफ जवान लोग हैं—उनका दिमाग नए विचारों के लिए खुला हुआ है, मगर दिल में पुराने संस्कार नहीं हैं, अतः वे लोग शान्ति के नए विचारों के प्रभाव में शान्ति सेना का काम पसन्द करेंगे। सर्वोदय पात्र इन दोनों को जोड़ेगा। सर्वोदय पात्र की आय शान्ति सेना के काम आएगी। इस तरह पुराने संस्कार और नई श्रद्धा जुड़ेगी। बाबा ने कहा—बाबा ने अकेले जमीन माँगनी शुरू कर दी, उसे जमीन मिली। क्यों मिली? क्योंकि लोगों ने उसे पहचाना कि यह हमारा सेवक है। भगवान ने उनके दिलों में मेरे प्रति श्रद्धा जगाई, विश्वास पैदा किया। तो अब कार्यकर्ता जनता का विश्वास पाकर सर्वोदय पात्रों की स्थापना करेंगे तो लोक सम्मति प्रकट होगी। कोई भी लोकशाही सरकार लोकमत को टाल नहीं सकती। जब लोकमत से सर्वोदय सरकार बनेगी तो मिल्कियत व्यक्ति की नहीं, समाज की होगी। सियासत (राजनीति) खत्म होगी। हम न सियासत में प्रवेश करेंगे न उसकी उपेक्षा करेंगे। पर सियासत से सत्ता केन्द्रित हो जाती है, एक आदमी के हाथ में चली जाती है। अब अयूब, पाकिस्तान को जाने कहाँ ले जाएगा और चाऊ एन लाई चीन का जाने क्या करेगा। हमारे देश का भी यही हॉल है। चन्द लोगों के हाथ में सत्ता है। जम्हूरियत का तो नाम भर है। एक मिसाल देखिए—गुजरात राज्य में गोवध जारी है और शराब बन्द है। उधर बिहार में गोकशी की मनाही है मगर शराब की नदी बहती है। अब बम्बई और बिहार के लोकमत में इतना अन्तर कैसे हो सकता है? ऐसी कितनी ही मिसालें हैं। तो यहाँ भी सत्ता मुखिया के हाथ में है। ऐसी सियासत को मिटाने का प्रयोग है सर्वोदय।

इसके पूर्व बीच विद्यालय के प्रांगण में लगभग चार-पाँच हजार भाई-बहन और छात्र-छात्राओं की सभा में बाबा ने सम्बोधन किया। सभा की व्यवस्था में हुई कुछ गड़बड़ियों पर ही चर्चा करते हुए बाबा ने कहा—इन्तजाम अच्छा होना चाहिए, अगर इन्तजाम करने वाले नाकाबिल होते हैं तो परिणाम बुरा निकलता है। पंजाब में रणजीतसिंह इन्तजाम करने में काबिल थे, इसलिए उनका राज्य अच्छा चला। इसी तरह मैसूर में हैदरअली का भी इन्तजाम अच्छा था। मगर जैसे-जैसे इन्तजाम बिगड़ता गया, देश की शक्ति क्षीण होती गई और हम अंग्रेजों के गुलाम हो गए। उनका इन्तजाम अच्छा था। डिसिप्लिन अच्छा था। वे समय के बड़े पाबन्द थे। इसलिए वे हम भारतीयों पर राज कर सके। यहाँ तो सभा में बैठने तक का अनुशासन नहीं है।

फिर विनोबाजी ने सभा व्यवस्थित की और कहा कि विष्णु भगवान के अनन्त रूप हैं और यहाँ मैं अनन्त रूप देख रहा हूँ। भगवान के दर्शन कर रहा हूँ। फिर उन्होंने सर्वोदय पात्र और शान्ति सेना की चर्चा की तथा सेवक के गुण बताए। उन्होंने कहा कि चार लाख लोगों में से 1,000 सेवक खड़े हो जाएँ और बाकी के लोग उन्हें सेवा में मदद दें तो इन्दौर सर्वोदय नगर आसानी से बन जाए। सभी पार्टी के लोग मतभेद भुलाकर सर्वोदय का काम करें तो सारे काम पूरे हो सकते हैं। फिर उन्होंने छात्र-छात्राओं से एक मंत्र बुलवाया।

बाबा का छह पौंड वजन बढ़ा

आचार्य विनोबाजी अल्सर की बीमारी से पीड़ित हैं। प्रसिद्ध चिकित्सक डॉ. मुखर्जी तथा प्राकृतिक चिकित्सक डॉ. पवार ने आपके स्वास्थ्य की जाँच की। जाँच व वजन आदि ले लेने के पश्चात जब उन्होंने बाबा से कहा गया कि उनका वजन 126 पौंड है तो उन्हें आश्चर्य हुआ तथा कहा छह पौंड वजन बढ़ गया। आपका ब्लड प्रेसर 110/70 है।

मैं जनता पर इस ढंग से टैक्स नहीं लगाऊँ

लोक मानव निर्माण की प्रक्रिया पर बोलते हुए विनोबाजी ने कहा—मैं बोझ नहीं बनाना चाहता हूँ। मैं तो चाहता हूँ कि आदमी के अन्दर से विचार प्रेरित हों। मेरे हाथ में अगर राज्य हो तो मैं टैक्स नहीं बिठाऊँ। फिर वह बजट लोगों के सामने उनकी टीका के लिए रख दूँ। एक माह बाद टीका के प्रकाश में बजट का सुधार करूँ। समझ लो कि बजट पाँच करोड़ का बैठे तो मैं कहूँ सरकार को पाँच करोड़ दान मिलना चाहिए। अगर निश्चित अवधि में पाँच करोड़ नहीं मिलते हैं और आधे ही मिलते हैं तो हर आइटम पर आठ-आठ आना खर्चा नहीं करूँ। वे ही आइटम लूँ जो महत्त्वपूर्ण होंगे। मेरा विश्वास है कि सरकार अगर ऐसा करे तो उसके लिए जनता के दिलों में श्रद्धा पैदा होगी। जब तक श्रद्धा और विश्वास नहीं होता कोई भी काम नहीं हो सकता। यह विचार आचार्य भावे ने आज सुबह वैष्णव हाई स्कूल की सभा में बोलते हुए कहे।

शान्ति सैनिक

सन्त श्री विनोबा भावे ने शान्ति सेना की चर्चा अपने भाषणों में कई बार की है। शान्ति सेना के सैनिक की निष्ठा और उसके कर्तव्य क्या होंगे? इसकी रूपरेखा इस प्रकार है—शान्ति सैनिक सत्य, अहिंसा, अपरिग्रह और शरीर श्रम में विश्वास रखेगा। शान्ति सैनिक किसी प्रकार की दलीय राजनीति, पार्टी पॉलिटिक्स में या सत्ता की राजनीति में भाग नहीं लेगा। शान्ति सैनिक बिना किसी कामना के समर्पण बुद्धि से कार्य करेगा। शान्ति सैनिक जाति, धर्म, पन्थ के संकुचित भेदों को जीवन में स्थान नहीं देगा। शान्ति सैनिक भूदान मूलक ग्रामोद्योग प्रधान अहिंसक क्रान्ति के लिए पूरा समय कार्य करेगा। शान्ति सैनिक शान्ति सेना के कार्य के लिए जब भी आशा होगी, जाएगा।

पूर्वजों से आगे जाना होगा

आज सुबह पाँच बजे शारदा कन्या विद्यालय में छात्राओं के बीच विनोबा ने कहा कि अगर हमें प्रगति करनी है तो पूर्वजों से आगे जाना होगा। हम उनके पीछे ही रहे तो प्रगति नहीं हो सकती। बाप की यह चाह होनी चाहिए कि उसका बेटा उससे आगे निकले और गुरु को शिष्य से पराजय की कामना करनी चाहिए। इसके पूर्व विनोबाजी से कहा गया था कि इन्दौर के कन्या विद्यालयों में पहले यह सबसे बड़ा विद्यालय था। बाबा ने आगे कहा कि यंत्र तेल खाने के लिए नहीं होता है। तेल तो यंत्र में काम चलाने के लिए डाला जाता है उसी तरह देह को खुराक देनी चाहिए तेल के समान और उससे काम लेना

चाहिए सेवा का। उक्त विद्यालय में बाबा अधिक देर नहीं बोले—यह कहकर कि आपको मक्खन दे रहा हूँ और छाछ दूसरी जगह परोसना, उन्होंने प्रवचन समाप्त कर दिया।

घोड़ा कैसा है

आज प्रार्थना सभा में आने के पश्चात राज्य के प्रसिद्ध चिकित्सक डॉ. मुखर्जी ने सन्त प्रवर की स्वास्थ्य सम्बन्धी जाँच की। वजन, रक्त चाप आदि देखने के पश्चात बाबा ने हँसते हुए डॉ. मुखर्जी एवं प्राकृतिक चिकित्सक डॉ. पँवार से पूछा घोड़ा (शरीर) कैसा है। डॉक्टर ने कहा मस्त एवं स्वस्थ है।

नगर के पश्चिमी क्षेत्र में बाबा की पदयात्रा : शानदार स्वागत

विनोबाजी की नियमितता और समय की पाबन्दी के बारे में उन्हीं द्वारा दिया गया एक उदाहरण देखिए। बाबा जब असम यात्रा पर थे जब एक सुबह, पदयात्रा पर निकलना असम्भव-सा लगा क्योंकि मूसलाधार पानी गिर रहा था। उनके साथी ने कहा—बाबा आज पानी बड़ी जोर का गिर रहा है, यात्रा पर नहीं चलें। "यह कैसे हो सकता है, बाबा बोले—अरे! इतना पानी गिर रहा है, बादल छाए हैं तो क्या सूरज अपने समय पर नहीं उगा होगा? अगर सूरज अपने समय पर उगता है, तो बाबा भी अपने समय पर चलेगा।" आज के इन्दौर के वातावरण को देखते हुए सामान्य व्यक्ति के मन में शंका हो सकती है कि क्या बाबा ठीक समय पर पदयात्रा पर निकले होंगे, लेकिन शंका की जरूरत नहीं है। ठीक चार बजे बाबा सफेद कोठी से निकल पड़े। उस समय आसमान पर बादल छाए हुए थे और नीचे सड़क पर पानी के डबरे भरे थे। ओवर-ब्रिज की मरक्यूरी की झालरों से सजे रास्ते पर बाबा का कारवाँ बढ़ा। गत दो दिनों की अपेक्षा आज उनके साथ भाई-बहन अधिक थे। पिछले दो दिनों उनकी पदयात्रा का रास्ता नगर के पूर्वी भाग की बिखरी आबादी में था, मगर आज उन्हें नगर के पश्चिमी क्षेत्र में जाना था जहाँ की आबादी घनी थी। ओवर-ब्रिज से उतरकर रामप्याऊ के दाहिनी ओर बाबा का दल सिख मोहल्ले में मुड़ा।

मुश्किल से चार बजकर 7 मिनट हुए होंगे मगर छिटपुट परिवार जाग गए थे। थोड़ी दूर पर एक दक्षिण भारतीय महिला ने उन्हें आगे बढ़कर सूत की माला अर्पित की। दूसरे लोगों ने बड़ी श्रद्धा से नमन किया। आगे राम मन्दिर आया। वहाँ से तीन-चार महिलाओं ने निकलकर बाबा का स्वागत किया। बाबा के कपाल पर कुमकुम लगाया, आरती की और माला पहनाने लगीं तो बाबा ने वे ताजे फूलों की माला अपने हाथों में ले ली और बड़े प्रेम से कहा—बस, अब तू कहती जा और मैं करता जाऊँ-महिला गदगद सी कृतकृत्य हो आई। बच्चे पाँव पड़ने लगे। चौहानजी ने उन्हें मना किया। कारवाँ बढ़ चला। चरैवेति...चरैवेति...बढ़ते जाओ, बढ़ते जाओ। चिमन बाग का चौराहा आ गया। सड़क तो काफी चौड़ी है मगर खराब बहुत है, जगह-जगह डबरों में पानी भरा है।

बाबा से एक नवयुवक, जो किसी मन्दिर के शायद कोई अधिकारी थे, मन्दिर के बारे में बातें करने लगे। कोई और भाई भी बीच-बीच में बोल रहे थे। वे बता रहे थे कि

मन्दिर के पैसे और चढ़ावे से वे सर्वोदय के कार्यक्रमों का आर्थिक पहलू सुलझा लेते हैं। काफिला बढ़ता गया। चौहान जी और खादीवाला बाबा को रास्तों और बसाहटों की जानकारी देते रहे। अरे क्या हुआ—सब लोग सड़क की दाहिनी ओर मुड़े—कोई कह रहा है कुसुम बहन हैं। चिकनी मिट्टी पर पाँव पड़ा और कुसुम बहन फिसल कर गिर गईं। सबने उन्हें उठने में मदद की, वे फुटपाथ पर खड़ी हो गईं, नहीं, चोट नहीं आई। आप लोग चलें, मगर बाबा अपने साथियों को पीछे नहीं छोड़ते। ऐसी बहन को जो गिर गई है भला कैसे छोड़ा जा सकता है। बाबा उसके पास पहुँचे। कुसुम बहन कुछ झेंप रही हैं। बाबा कहते हैं—माना कि जवान हो भई, पर हाथ पकड़कर चलना चाहिए। उससे गिरते नहीं।

कारवाँ फिर चल पड़ा। सुभाष मार्ग खत्म हो आया, जिन्सी के मोड़ पर अधेड़ खादीवाला जी बच्चे हो गए हैं—बाबा के सामने। हाथ के डंडे से बता रहे हैं—बाबा उस मकान में 1907 में मेरा जन्म हुआ है। काफी लोग जाग गए। रास्ते पर खड़े होकर बाबा को प्रणाम कर रहे थे। गैलरियों में भी बहन-भाई खड़े थे। बाबा ने सभी के अभिवादनों का उत्तर दिया। मल्हारगंज चौराहे पर काफी भीड़ थी। बच्चियों ने बाबा को टीके लगाए, आरती की। लोगों ने जय जगत का मंत्र गूँजाया। अब दल में और भी लोग मिल गए। बड़ा गणपति का मन्दिर आया तो कुछ भाइयों ने बाबा को दर्शन करने की बात कही, कुछ ने कहा आते वक्त कर लेंगे। दूर से शारदा कन्या विद्यालय की लड़कियाँ कतारों में खड़ी दिख रही हैं। एक छोटी बच्ची ने बाबा के माथे पर तिलक लगाकर दल का स्वागत किया। सब अन्दर के मैदान में पहुँचे। मंच गीला था मगर बाबा को बैठना नहीं था। माईक पकड़कर वे मंच पर खड़े हो गए। सारगर्भित पाँच मिनट का प्रवचन दिया और चल पड़े। अब भीड़ और भी बढ़ गई थी। सड़कों के दोनों ओर लोग जमा हो गए थे। बाबा गणपति की मूर्ति को देखकर बोले बड़ी ठोस विश्वसनीय मूर्ति है। देखो आश्वासन दे रहे हैं।

बाबा को थोड़ी देर पुजारी से बातें करनी पड़ीं, पर वे जल्दी ही चल दिए। वे राज मोहल्ले की तरफ मुड़े। भीड़ काफी हो गई थी। गैलरियों, ओढलों पर माँ-बहनें खड़ी बाबा को प्रणाम कर रही थीं। बच्चे, जवान, बूढ़े बाबा के साथ हो रहे थे। बाबा सबको रुक-रुककर प्रणाम करते गए। कई चौराहों पर इतनी भीड़ थी कि प्रथम दिन के स्वागत की याद ताजा हो गई। माँ-बहनों ने बाबा को जगह-जगह तिलक लगाए। चलते-चलते वे वैष्णव विद्यालय पहुँच गए। उफ गजब की भीड़ थी वहाँ। विद्यालय की लड़कियाँ सिर पर कलश रखे बाबा का स्वागत करने उमड़ पड़ीं। चारों ओर से फूलों की बौछार हो रही है। मुश्किल से बाबा आगे बढ़ पा रहे हैं।

वैष्णव विद्यालय में लगभग पौने दो घंटे ठहर कर बाबा फिर अपने निवास की तरफ चले दिए। बच्चों ने तालियाँ बजा-बजाकर उनका स्वागत किया। आज की यात्रा में एक विशेष बात थी कई मोहल्लों की सफाई, ऐसे मोहल्ले आज आदर्श बन गए थे जो हमेशा ही काफी गन्दे रहते थे। स्थान-स्थान पर रखे सर्वोदय पात्रों के पास दीये जलाए गए थे और कई जगह बन्दनवार बँधी थी।

राजस्व मंत्री भी विनोबाजी से मिले

आज प्रातः विनोबा भावे से मध्य प्रदेश के राजस्व मंत्री श्री भगवन्तराव मंडलोई मिले। दोनों की चर्चा 1940 के नागपुर के संस्करण से आरम्भ हुई। श्री मंडलोई ने चर्चा के बीच बताया कि जेल-जीवन जीवन का सर्वश्रेष्ठ समय था। आपने भूदान की गतिविधि की जानकारी भी सन्त को दी।

युद्ध निरोधी संस्था के प्रमुख श्री आरलो टाटम इन्दौर आएँगे

युद्ध निरोधी अन्तर्राष्ट्रीय संस्था के प्रमुख श्री आरलो टाटम इंग्लैंड से भारत आए हुए हैं और दसवें अन्तर्राष्ट्रीय युद्ध निरोधी सम्मेलन की तैयारी कर रहे हैं जो कि इसी वर्ष गांधी ग्राम (दक्षिण भारत) में होने वाला है। विश्वशान्ति के मसले पर चर्चा करने के लिए श्री आरलो टाटम पूज्य विनोबाजी से मिलने के लिए अगस्त आखिर में इन्दौर आ रहे हैं।

आर्य नायकम इन्दौर आईं

नई तलिम की विशेषज्ञ श्रीमती आशा देवी आर्य नायकम आज प्रातः इन्दौर आ गई तथा वे सफेद कोठी में ठहरी हैं।

इतने अवतार फेल हुए इसीलिए हम सफल होंगे
दंड शक्ति इस युग में बेकार हो गई गांधी हॉल प्रांगण की तीसरी सभा

गांधी हॉल के अहाते में आज विनोबाजी का तीसरा भाषण था। आज के भाषण में उन्होंने बताया कि स्वच्छता स्वयमेव एक क्रान्ति है, क्योंकि उससे हमारे मूल्य बदलते हैं। नगर के किसी जिज्ञासु ने विनोबाजी से कहा था कि स्वच्छता अपने आप में अच्छी चीज है, लेकिन उससे बुनियादी क्रान्ति नहीं होती। क्रान्ति होगी नगर निगम खत्म होने पर। बाबा ने आज उत्तर देते हुए कहा कि ये सब आखिरी आदर्श हैं। जैसे हिन्दू धर्म कहता है कि संन्यास लेने पर आदमी काम, क्रोध, मद, मोह आदि के साथ वेदों को भी छोड़ दे। यह हिन्दू धर्म की ही विशेषता है कि वह ग्रन्थमुक्ति का भी उपदेश देता है। इस्लाम कभी नहीं कहता कि कुरान अलग पटक दो और ईसाइयत नहीं कहती कि *बाइबल* मत पढ़ो। हमारे यहाँ *वेद* छोड़ने की बात कही गई है। लेकिन कब? आखिर में।

आचार्य भावे ने कहा कि निगम भी खत्म होगा और राज्य भी खत्म होगा, लेकिन आखिर में। यों अन्तिम मुक्ति में तो शरीर का भी अंश नहीं रहता है, लेकिन वह दूर की बात है। इसके पूर्व बाबा ने अपने भाषण के बीच कहा था कि यदि मुझे सरकार सौंपी गई और मैंने वह सँभाली भी (जो दोनों ही असम्भव हैं) तो मैं टैक्स समाप्त कर दूँगा और अपना बजट बनाकर दान माँगूँगा। यदि पर्याप्त दान मिला तो ही मैं देश को आजाद मानूँगा। लेकिन बाद की बातों की रोशनी में प्रतीत होता है कि बाबा इस आजादी को भी अन्तिम आदर्श मानते हैं और कम के लिए तैयार हैं। स्वच्छता को अपने आपमें एक क्रान्ति बतलाते हुए बाबा ने तीनों के उदाहरण दिए और कहा कि कनखल के गन्दे

पानी में मैंने स्नान नहीं किया क्योंकि मुझे अपनी सारी श्रद्धा बटोरकर भी जँचा ही नहीं कि इस गन्दे पानी में गोता लगाकर मुझे मुक्ति मिल जाएगी।

अपने पूरे भाषण में बाबा ने दंडशक्ति और प्रेमशक्ति की तुलना की और दंड व भय की अनुपयोगिता सिद्ध की। एक उदाहरण देते हुए उन्हों बताया कि लोग छोटी-छोटी बातें करते समय व्यापक प्रतिक्रिया को कैसे भूल जाते हैं। जैसे यदि लड़का स्कूल नहीं जाता तो मातृदेव और पितृदेव उसे पीटते हैं। अब मान लीजिए दूसरे दिन से लड़का स्कूल जाने लगता है। इसका मतलब यह हुआ कि हमने उसे नियमितता का गुण दिया और डरपोक होना भी सिखा दिया। उसे दो पैसे दिए और दो रुपये खींच लिये वह सीख गया कि जो शरीर को पीड़ा दे उससे डरो। उसकी देहासक्ति बढ़ गई। बाबा ने कहा कि हम निर्भयता और नियमितता को दो पलड़ों में रखें और अगर नियमितता ज्यादा वजनदार निकले, तब तो हमने बच्चे को पीटकर ठीक किया। लेकिन मैं कहता हूँ कि नियमितता उसने सीख ली, वह भी अनिश्चित है। माँ-बाप के मरने के बाद वह फिर जैसा का तैसा हो जाएगा।

इस घरेलू दृष्टान्त को एकाएक विश्व के व्यापक सन्दर्भ से जोड़ते हुए बाबा ने कहा—अब मैं आपको बताऊँ (चुप्पी)। आपने बच्चे को हिंसा शक्ति के वश में होने की तालीम दी है। यदि हमारे देश के लोग देह भय से डरेंगे तो हिन्दुस्तान अवश्य गुलाम होगा। आज नहीं तो बाद में गुलाम होगा और हम अपने बच्चों को गुलाम बनने की तालीम दे रहे हैं।

बाबा ने कहा कि कुछ लोग मुझसे कहते हैं कि हृदय परिवर्तन की यह कोशिश पाँच हजार साल से चल रही है। राम और कृष्ण सभी अवतार हिंसा से बचने में असफल हुए, फिर हम कैसे यह काम कर पाएँगे। बाबा ने मंजूर किया कि ईश्वर के सारे अवतार असफल हुए हैं। *गीता* में लिखा है कि जब-जब धर्म की हानि होती है, तब-तब ईश्वर अवतार लेता है। अब अगर हम कहते हैं कि मैट्रिक में आठवीं बार लड़का बैठा तो इसका मतलब यह कि वह सात बार फेल हुआ। वैसे ही भगवान फिर अवतार लेगा, इसका मतलब यह कि पिछली बार वह फेल हुआ। लेकिन आचार्य भावे ने कहा कि आज परिस्थितियाँ बदल गई हैं। राम और कृष्ण असफल हुए और उन्होंने हिंसा का उपयोग किया, इसलिए हम भी करें, यह हम कहेंगे तो हम पुराने जमाने के खँडहर होंगे। हम राम और कृष्ण के कन्धे पर खड़े हैं, इसलिए ज्यादा आगे देखते हैं। हममें उनसे ज्यादा बुद्धि है। हम उनके शिष्य हैं और यदि शिष्य में गुणों का पतन होता जाए तो गुरु बेकार ही कहलाएगा।

बाबा ने कहा कि आज दंड शक्ति बिलकुल आसुरी हो गई है, जबकि पहले उसका थोड़ा-बहुत उपयोग था। आज हिंसा के अंश भी हमारे पास नहीं हैं, गिने- चुने लोगों के पास हैं। तो जो हिंसा हमारे हाथ में नहीं है, उस पर हम विश्वास करें और अहिंसा पर न करें, यह वैसा ही है कि जो ज्वार हमारे पास है वह हम खाएँ नहीं, और जो गेहूँ नहीं है वह खाएँ, यानी फाँका करके मर जाएँ। बाबा ने इस बात की आलोचना की कि लोग अन्तिम विश्वास दंड शक्ति पर रखते हैं। पहले प्रेम से समझाते हैं, फिर डाँटते-डपटते हैं और कहते हैं आखिर में तमाचा मारना पड़ा। यानी पहले राम और कृष्ण आदि का

सहारा लिया और आखिर में चंडी की आराधना की। यह बहुत कम लोग कहते हैं कि पहले हमने तमाचा मारा और जब काम नहीं चला तो प्रेम से समझाया-बुझाया तथा अन्त में अपना बलिदान कर दिया।

इन सब बातों के सन्दर्भ में बाबा ने कहा कि इन्दौर को सर्वोदय नगर बनाने का काम दंड शक्ति के बल पर नहीं होना चाहिए और उन्होंने कहा कि इन्दौर दुनिया से अलग नहीं है, वह उससे जुड़ा है। आपने आत्मनिर्भर गाँवों की कल्पना की मजाक उड़ाई। उन्होंने कहा कि आपकी घड़ी और मेरा चश्मा बाहरी दुनिया से आए हैं। अनाज और कपड़ा भले ही हम पैदा करें, लेकिन दुनिया से कट कर हम रह नहीं सकते। उन्होंने एक चीनी कहानी सुनाई दार्शनिक लाओत्से की। कहानी एक्र आदर्श गाँव की है, जहाँ जरूरत की सारी चीजें पैदा होती थीं। गाँव वाले बिलकुल मस्त थे और उसे बाहर का भूगोल बिलकुल पता नहीं था। लेकिन वे केवल अन्दाज लगा पाते थे कि पास में गाँव होना चाहिए। अन्दाज वे लगाते थे गाँव के कुत्तों के भौंकने से। बाबा ने कहा कि वैसे गाँव अब नहीं हो सकते।

सर्वोदय का काम कौन चलाए? इसके बारे में विनोबा ने कहा कि यह काम नहीं करेगा, उसे इन्दौर के लोगों को ही करना होगा। द्रौपदी और गजेन्द्र ने पहले अपनी ओर से हर सम्भव प्रयत्न किए और अन्त में ही भगवान से अपील की। उन्होंने कहा कि स्वराज्य आन्दोलन के बाद पराधीनता की आदत-सी हो रही है। धन्धा वहीं रह गया है कि अच्छे काम के लिए सरकार की सराहना करें और गलत काम की निन्दा करें। लेकिन अपने को शान्त कर इस सभी को दोष दें और सभी हमें दोष लौटा दें तो दोष बढ़ता ही रहता है। इससे सारी शक्ति हममें जाग्रत नहीं होती। विनोबा ने कहा आजकल जो माँगकर सुखी बनाने का कार्य वैसे ही किया जाता है जैसे पहले पुरोहित दक्षिणा लेकर सुख दिलाने की जिम्मेदारी लेता था। बाबा के बारे में भी आप ऐसे सोचेंगे तो धोखा खाएँगे।

दिलचस्प निचोड़

आपने 2200 दिन बिगाड़े, लायक गुरु कौन? मक्खन और छाछ का बँटवारा, भगवान फेल कैसे हो रहा है। समय में अनियमितता, सार्वजनिक सभा में देरी होना या एकत्रित जन समूह का समय बेकार जाने से कितनी बड़ी हानि होती है, इसका गणित बाबा ने प्रात:कालीन प्रार्थना सभा में बताया तथा कहा कि आज बाईस सौ दिन बेकार गए हैं। आज की प्रात:कालीन पदयात्रा के समय जब राजमोहल्ला स्थित वैष्णव हाईस्कूल में प्रवचन हेतु पधारे तो ध्वनि विस्तारक यंत्र में खराबी हो गई, इससे आधा घंटे का समय नष्ट हुआ। यह समय उपस्थित 4-5 हजार व्यक्तियों का नष्ट हुआ। सम्मिलित रूप से यह बाईस सौ दिन का समय नष्ट हुआ है। आचार्य भावे ने कहा—हम राम और कृष्ण से बुद्धि में बड़े हैं, क्योंकि हम उनके कन्धों पर खड़े हैं और जो अधिक ऊँचा होता है वह ज्यादा दूर तक देख सकता है। आज की परिस्थितियाँ भी बदली हुई हैं अगर उन्होंने हिंसा की है तो जरूरी नहीं कि हम भी वह करें। इसी तारतम्य में गुरु, चेले की चर्चा करते हुए बाबा ने कहा—अच्छा गुरु वही है जिसका चेला उससे आगे निकले। अगर चेला आगे नहीं निकलता तो गुरु में एक लाख गुण हैं, उसके चेले में हजार, फिर उसके

चेले में सौ तो ऐसा गुरु लायक गुरु नहीं हो सकता। इसलिए अगर हम राम कृष्ण से बड़े नहीं हैं तो इसका मतलब तो होगा वे बेकार व्यक्ति थे।

प्रात: पाँच बजे शारदा कन्या विद्यालय में आचार्य भावे ने कहा कि यहाँ मैं आपको पौष्टिक मक्खन खिलाऊँगा जिसे ग्रहण करें और खिलवाएँ। पचनीय पतली खांड में वहाँ वैष्णव हाई स्कूल में परोसा था। मतलब यह है कि पाँच मिनट में सब सार सुन लो बाकी का समय मैं राज मोहल्ले में दूँगा। सर्वोदय मित्रों की बैठक में बाबा ने कहा जब तक मोरारजी देसाई बम्बई के मुख्यमंत्री रहे 'परिवार नियोजन' का काम वहाँ नहीं चला, पर जैसे ही वे गए हर जगह परिवार-नियोजन के पोस्टर लग गए। और तो और, प्राइमरी स्कूलों तक में परिवार नियोजन के पोस्टर हमने देखे। अब वहाँ उनकी क्या जरूरत थी। इनकी अक्ल का कुछ ठिकाना भी है। इसी बैठक में जब सत्ता की बात चली तो बाबा ने कहा-बिच्छू को हम हाथ से नहीं छूएँगे। हम तो उसे चिमटे से पकड़ेंगे। खादीवालाजी की तरफ मुड़कर बोले—क्यों भई, ठीक है न मेरा विचार। हॉल में कहकहे गूँज गए। सर्वोदय पात्र भूदान और शान्ति सैनिक की व्याख्या पुराने दिल व नए दिमाग से करते हुए बाबा ने कहा कि दान की वृत्ति हमारी पुरातन संस्कृति है—यह दिल है तथा शान्ति सैनिक की विचारधारा नए जमाने की है तथा नए दिमाग की। इसलिए दोनों का पारस्परिक सम्बन्ध देश के हित में है और आवश्यक है।

कल नौलखा बाग से गुजरते समय बाहर के एक कार्यकर्ता ने बाबा से यह शिकायत की कि कभी-कभी उसकी पत्नी नाराज होती है तो यह कहती है कि मैं पत्र लिखकर बाबा से शिकायत करूँगी। इस पर बाबा ने पूछा कि कितने बच्चे हैं तुम्हारे। उत्तर आया सात। बस, तुम अब यह कहना कि बाबा ने कहा है मैं बाहर 'सर्वोदय-सन्देश' फैलाने जा रहा हूँ। लेकिन तुम उसकी और बच्चों की फिकर भी रखना।

कार्यकर्ताओं की बैठक में जब आचार्य श्री ने कहा कि सर्वोदय कार्यकर्ताओं के पाँच नियमों में बीड़ी पीने पर रोक नहीं लगाई है। इतने में ही बोलते-बोलते आपने एक कार्यकर्ता से इशारा करते हुए पूछा कि क्यों बीड़ी छोड़ दी? इस पर उसने कहा कि नहीं बाबा। मनोरंजक स्तर में बाबा ने कहा कि देखो इस प्रकार के साधुवादी व्यक्ति ही शान्ति सैनिक हो सकते हैं। प्रात: बाबा के समक्ष जब आगरा के एक सज्जन ने एक प्रश्न उठाया कि आगरा में भूमिहीन जमीन लेना चाहते हैं तथा वहाँ के भूदान संयोजक ने पूछा है कि वे क्या करें? इस पर बाबा ने पूछा कि संयोजक का क्या मन्तव्य है। तो कहा गया कि वे तैयार हैं। बाबा बोले मैंने कल यहाँ एक बड़ा बोर्ड देखा जिस पर लिखा था—'मिया बीबी राजी फिर मुझे क्या एतराज हो सकता है।' आचार्य भावे ने कहा कि आजाद भारत में हरिजन पिंजरे में तोते के समान है। जब तक हम उन्हें मुक्त नहीं करते तब तक हम भी मुक्त (आजाद) हैं, ऐसा मैं नहीं मानता।

विनोबाजी ने कहा कि आप लोगों के दर्शन के लिए उपस्थित हुआ हूँ, आप लोगों के शुभ दर्शन होते हैं, यह परमानन्द है। ये भगवान की मूर्तियाँ हैं, वे इन आँखों में पक्का स्थिर हो गया है। रोज ही आनन्द भोग का भोग करते हुए यात्रा बड़े मजे में चल रही है। वर्षा की बूँदों का महत्त्व प्रतिपादित करते हुए सन्त ने आगे कहा कि वर्षा की एक बूँद कितनी छोटी होती है। नल के साथ वर्षा की तुलना हो नहीं सकती। बूँद-बूँद हर जगह

पड़ती है इसलिए वह नारायण स्वरूप है। राष्ट्र सन्त ने कहा—सर्वोदय तब होता है जब सब उसके लिए प्रयत्न करते हैं। सब सेवा करेंगे तब सर्वोदय होगा, बाबा के करने में कुछ होगा तो बाबा का उदय होगा।

कल प्रात:काल सर्वोदय मित्रों को विनोबा ने सर्वोदय मित्र का उदाहरण दिया। वे बोले, बचपन में मैं देखता कि माँ हमेशा घर का काम किया करती, लेकिन जब कोई बहन कहीं बीमार पड़ती तो वह उसके घर की रसोई बना आती। इस तरह एक माह में आठ-दस घर वह रसोई बना आती। वह पहले सात-आठ बजे तक घर की रसोई बनाती फिर दूसरे के घर रसोई बनाकर दस बजे लौटती। मेरी माँ और मेरे बीच बहुत प्रेम था। एक दिन मैंने कहा क्यों माँ तू पहले अपने घर की रसोई बनाती है और फिर दूसरे के घर की तो तू बड़ी स्वार्थी है। माँ बोली—तू मूर्ख है। उनके घर की रसोई पहले करूँगी तो वह खाने के समय तक ठंडी हो जाएगी। वे गर्म-गर्म खाएँ इसलिए बाद में जाती हूँ। यह है मेरी माँ-सच्ची सर्वोदय मित्र।

अपरिग्रह किसी पर लादा नहीं जा सकता। इसका अमल व्यक्ति पर छोड़ दें। धोती पहनने वाला परिग्रही कहा जाएगा जबकि सभी प्रकार के सुख भोगने वाले राजा जनक अपरिग्रही थे। साधु-संन्यासियों को हम अपरिग्रही कहते हैं। किन्तु साधु जब अपनी तुमड़ी से पानी पी रहा था तो उसने देखा कुत्ता व बाघ पानी पीकर चले गए। इस पर संन्यासी को लगा कि यह परिग्रही हैं इसलिए उसने तुमड़ी फेंक दी। दुर्जनता निगेटिव होती है तथा सद्गुणों की आड़ में रहती है। दुर्जन लोग अक्सर गुमराह होते हैं तथा वे किसी काम को अच्छा मानकर ही करते हैं। गोडसे ने *गीता* से प्रेरणा लेकर महात्मा गांधी का कत्ल किया था। जब-जब धर्म पर संकट आता है और अधर्म बढ़ता है तब-तब पृथ्वी पर भगवान का अवतार होता है। इस बात को विनोबाजी ने दूसरे ढंग से प्रस्तुत किया—बाबा ने कहा—हम कहते हैं लड़का आठवीं बार मैट्रिक की परीक्षा में बैठ रहा है। इसका मतलब क्या? मतलब यही है कि वह सात बार फेल हो चुका है। भगवान धर्म के उद्धार के लिए बार-बार अवतार लेता है इसका मतलब है अभी तक वह फेल होता रहा है। अभी तक पास नहीं हुआ है। बाबा के दर्शन की कितनी अभिलाषा बच्चों तक में है इसका एक उदाहरण आज देखने को मिला। प्रत: जब सन्त बड़े गनपति के दर्शन कर रहे थे उस समय तीन बालिकाएँ बड़े अफसोस के साथ चर्चा कर रही थीं। एक ने दूसरी पर आरोप लगाया—यहाँ कहाँ ले आई तू मुझे, बाबाजी का भाषण तो स्कूल में ही खत्म हो गया।

(28 जुलाई, 1960)

गांधी विचारधारा रखने वाले 'शान्ति सैनिक' बनें

अन्यथा नमक हरामी होगी नन्दानगर में कार्यकर्ताओं के बीच—'बाबा'

आज देश में विस्फोटक परिस्थिति है। शान्ति की सबसे बड़ी जरूरत है, और गांधीजी के रास्ते के बिना यह सम्भव भी नहीं है। ऐसे मौके पर गांधी विचारधारा रखने वाली संस्थाओं, समाज कार्यकर्ताओं, श्रमिकों, देश के हर युवक का फर्ज है कि वे शान्ति सैनिक बनें अन्यथा यह उनकी 'नमक हरामी' होगी। उक्त विचार आज राष्ट्र सन्त विनोबा ने नन्दानगर के बालोद्यान में मध्याह्न 12 बजे मजदूर संघ के आने वाले प्रतिनिधि तथा सर्वोदय कार्यकर्ताओं की बैठक में कहे।

आपने कहा कि इन्दौर में आने के कारणों में मेरा एक कारण यह भी जुड़ा हुआ है कि यहाँ का श्रमिक क्षेत्र का वातावरण सौम्य नीति पर चल रहा है। ढाई वर्ष हो गए हम शान्ति सेना की बात सोचते हैं। इसकी प्रेरणा मुझे कश्मीर से मिली। अभी कश्मीर में मुझे सेना के सामने बोलने का अवसर आया। आज भी दुनिया में हिंसा का बोलबाला क्यों है? इसलिए कि उपहास हो गया है। हिंसा पर लोग भी कुछ न कुछ शंका क्यों रखते हैं? किन्तु मेरी निगाह में यह सब बेकार है कि अमुक स्थान पर 'शीज फायर लाइन' बनी है। हमारे जो सैनिक वहाँ खड़े हुए हैं वे पूर्ण देशाभिमान से खड़े होकर कार्य कर रहे हैं।

अहिंसा से जीतना है

बाबा ने कहा कि आज 'संगठित हिंसा' शासन को फायदा लोगों को दबाकर दिला सकती है किन्तु हमें तो लोगों को अहिंसा से जीतना है। इस प्रकार की ताकत अहिंसा को भी स्थायी बनाए रख सकती है। गांधीजी ने भी यही रास्ता बताया था परन्तु चले बिना शान्ति किसी भी कीमत पर सम्भव नहीं है।

शान्ति सेना में न आना 'नमक हरामी'

सन्त प्रवर ने बताया कि देश की मौजूदा विस्फोटक परिस्थिति को दृष्टिगत रखते हुए हम अहिंसा में श्रद्धा रखें। अहिंसा ही हमारी अभिमुख प्रकृति हो। इसमें गुण की ही महिमा है, क्योंकि गुण के साथ-साथ हमें छोटे-छोटे कामों की भी जरूरत है। अहिंसा में सभी कोई भर्ती हो सकता है, जो लोग गांधीवादी विचारधारा से अपना सम्बन्ध रखते हैं उनके लिए तो अनिवार्य है कि वे शान्ति सैनिक बनें। यदि वे नहीं बनते तो 'नमक हराम' हैं। इसलिए कि खादी के सहारे वे जीते हैं। इसमें मेरा मतलब केवल

विचारधारा वालों से ही नहीं बल्कि उन संस्थाओं के कार्यकर्ता से भी है, यह तो पदवी दान है। इस कार्य में भारत्वष्ठान की भावना होनी चाहिए। मैं नई तालीम वालों से भी कहूँगा कि वे इस कार्य में आ जाएँ।

स्वराज्य की कसौटी

आचार्य भावे ने कल कहा अगर मुझे राज्य मिले (जो मिलेगा नहीं और मिले तो मैं लूँगा नहीं) तो मैं टेक्स नहीं लूँगा, दान माँगूँगा और अगर दान नहीं मिलता है, आवश्यकता पूरी नहीं होती है तो मैं समझूँगा स्वराज्य नहीं आया है, गुलामी है। यही मेरी स्वराज्य की कसौटी है।

सफाई सप्ताह के सम्बन्ध में कार्यकर्ताओं की बैठक

आज मध्याह्न साढ़े नौ बजे सर्वोदय कार्यकताओं की एक बैठक नन्दानगर स्थित बाल मन्दिर में हुई, जिसमें सुप्रसिद्ध सर्वोदयी नेता अप्पा साहेब पटवर्धन ने कहा कि कार्यकर्ताओं को एक अगस्त से मनाए जाने वाले सफाई सप्ताह कार्यक्रमों में जुट जाना चाहिए। आपने कहा कि इसके लिए कार्यकर्ताओं को वार्ड वाइज कार्यक्रम बनाना चाहिए कि अमुक वार्ड में कौन-कौन लोग जाएँगे। कार्यकर्ताओं ने अपने-अपने सुझाव भी दिए तथा कठिनाइयाँ भी रखीं। अप्पा साहब ने इसके लिए उचित उत्तर भी दिया तथा कहा कि हम काम करने जाएँ एवं जो भी कठिनाइयों का अनुभव होगा उसके भी हल करने की कोशिश की जाएगी। श्री दादाभाई नाईक एवं श्री देवेन्द्र भाई गुप्त भी इस बैठक में उपस्थित थे।

मजदूर क्षेत्र के चौराहे-चौराहे पर बाबा का स्वागत

काम की गति कभी रुकती नहीं। चार बजे बाबा अपने समय पर निकले। आज वे अपना सामान अपने कन्धों पर, जो दो मोटे-मोटे गोल नीले पट्टों में होता है, लिये थे। उनके अंग रक्षक जय-विजय भी अपना-अपना सामान लिये हुए थे, क्योंकि अपने चौबीस घंटों के मुकाम पर जा रहे थे। पिछले दिनों की अपेक्षा आज यात्रा में अधिक लोग साथ थे। इनमें कुछ खास लोगों के नाम निम्नानुसार हैं, सर्व श्री रामसिंह भाई, छगनलाल कटारिया, लक्ष्मणसिंह चौहान, गंगाराम तिवारी, कान्तिलाल पटेल, व्यंकट विष्णु द्रविड़ और श्री शंकरलाल चौधरी।

बादल तो आसमान पर आज भी थे, पर बरसात के आसार नहीं थे। ओवर ब्रिज पर जब बाबा का कारवाँ पहुँचा तो सनसनाती हवा के झोंके ने उसका स्वागत किया और उसी के साथ सबके तन-मन में ताजगी की लहर दौड़ गई। बाबा प्रार्थना बोलते जा रहे थे, उनके साथ कुछ और भाई-बहन भी बोल रहे थे। कारवाँ अपनी गति से बढ़ रहा था। कल की ही भाँति जब बाबा सिख मोहल्ले में मुड़े तो आज भी दर्शनार्थी उनका स्वागत करने खड़े थे। सिख मोहल्ले के चौराहे पर आम और अशोक के पत्तों से सुसज्जित द्वार बना था। उन्होंने जय-जगत का नारा लगाया। बहनों ने तिलक लगाकर बाबा का स्वागत

किया। घरों के बाहर बिजली के लट्टू जल रहे थे, कुछ लोग ओटलों पर खड़े हो बाबा को निहारने के प्रयत्नों में थे। बाबा सबके अभिवादन का उत्तर देते बढ़ते जा रहे थे।

हरिजन कॉलोनी में

सिख मोहल्ले से होकर बाबा हरिजन कॉलोनी की गली के मोड़ पर आए। सादा-सा, बन्दनवारों से सजे स्वागत द्वार पर स्वागत करने वालों का जमाव अच्छा-खासा था। महिलाओं ने तिलक लगाकर, फूल चढ़ाकर बाबा का स्वागत किया। एक व्यक्ति ने मुट्ठी भर अक्षत (चावल) सारे दल पर बिखेरे। हरिजन कॉलोनी में भी जहाँ-तहाँ गली के दोनों ओर दर्शनार्थी खड़े थे। बाबा अगल-बगल की झोंपड़ियों पर नजर फेरते जा रहे थे। वहाँ का वातावरण, वहाँ की गन्ध और वहाँ की झोंपड़ियों ने बाबा के मन पर क्या असर किया, यह तो बाबा और भगवान ही जानें, पर उनके एक सहयात्री को उनका चेहरा गौर से देखने पर यह लग सकता है कि बाबा को वह सब दुख पहुँचा रहा होगा। कॉलोनी से निकलकर दल जेल रोड पर आ गया।

श्रम शिविर का निरीक्षण

श्रम शिविर के मुख्य द्वार पर श्री रामसिंह भाई, गंगाराम तिवारी आदि मजदूर नेताओं ने उनको सूत की मालाएँ अर्पण कर स्वागत किया। रामसिंह भाई उन्हें श्रम शिविर के निर्माण, संचालन आदि की जानकारी दे रहे थे। सीमेंट का बना भारत का नक्शा उन्हें दिखाया गया। हिमालय पर बिजली लगी देख बाबा ने पूछा यह क्यों? उत्तर दिया गया तीर्थों पर बिजली के लट्टू लगाए गए हैं। बिजली के लट्टुओं से प्रकाशित श्रम शिविर के अन्दर बाबा को ले जाया गया। कार्यालय तथा वाचनालय के निरीक्षण के बाद बाबा ऊपर की मंजिल में गए। सभा भवन में गांधी जीवन चित्रावली और नेहरू जीवन चित्रावली देखकर बाबा के चेहरे पर प्रसन्नता के लक्षण फूट पड़े। निरीक्षण के पश्चात नीचे उतरने पर उन्हें जागरण और मजदूर सन्देश की प्रतियाँ भेंट की गईं।

भजन मंडली

भंडारी मिल के चौराहे पर एक भजन मंडली ने बाबा का स्वागत किया। एक आदमी ढोलक और उसके साथ दस-पन्द्रह व्यक्ति झाँझ बजा रहे थे। यह पहला मौका था, जब इन्दौर में बाबा के दल के आगे एक भजन मंडली इस तरह नाचती-गाती-बजाती चल रही थी।

स्नेहलतागंज में

वन्दनवारों से सजे स्नेहलतागंज के स्वागत द्वार पर भी भीड़ जमा थी। जैसे ही बाबा मुड़े सूत की मालाएँ लिये कुछ भाई उनका स्वागत करने और कुछ बच्चे उनके पैर छूने बढ़े। एक वृद्ध सज्जन ने बड़ी भक्ति से उन्हें एक सूत की माला अर्पित की। वे *सर्वे भवन्तु सुखनः* श्लोक बोल रहे थे—उन्होंने बाबा को हार्दिक आशीर्वाद दिए— जुग-जुग जियो।

स्नेहलतागंज की चौड़ी सड़क के दोनों ओर जय-जगत का मंत्र गूँज गया। मोहल्ला सुधार कमेटी की तरफ से भी यहाँ स्वागत द्वारा बनाया गया था।

राजकुमार मिल चौराहा

बाबा का दल स्नेहलतागंज से निकलकर रेलवे फाटक पार कर राजकुमार मिल चौराहे पर पहुँचा। चौराहे पर स्वागत द्वार और लोगों की भीड़ थी। स्वागत के लिए दोनों ओर कन्याएँ मंगल कलश लिये खड़ी थीं। एक स्त्री और एक बच्चे ने आगे बढ़कर बाबा के माथे पर तिलक लगाया, फूल-अक्षत चढ़ाए और वातावरण जय-जगत और सन्त विनोबा की जय के सामूहिक स्वर से गूँज उठा। आगे बढ़ने पर मिलों की ऊँची दीवारों के बीच अँधेरे रास्ते पर चलने में दल के लोगों को थोड़ी तकलीफ अवश्य हुई किन्तु जोश बढ़ रहा था। बाबा के साथ अब इतने लोग हो गए थे कि वह दल नहीं, जुलूस बन गया था।

भिंडी श्री में

भिंडी श्री (अब शिवाजी नगर) का स्वागत द्वार आज के समस्त स्वागत द्वारों से अधिक सजा-धजा था। उस पर बिजली की रंगीन झालरें लगी हुई थीं। द्वार पर बाबा का स्वागत मंगल कलश और सर्वोदय पात्र से किया गया। भिंडी श्री की छोटी-सी सँकरी गली में तिल रखने को भी जगह नहीं थी। हर झोंपड़ी के द्वार पर रंगोली के चौक पूरे गए थे, दीये जलाए गए थे और सर्वोदय पात्र रखे थे। दुकानों पर भी बिजली की सजावट काफी थी। चौराहे पर बाबा से कुछ मराठी में बोलने को कहा गया। मगर बाबा ने प्रारम्भ हिन्दी से किया और फिर मराठी में बोलने लगे। उन्होंने अपने छोटे से प्रवचन में कहा कि यह मराठी भाषियों की बस्ती है, ऐसा मुझे बताया गया है। मगर हिन्दी हमारी राष्ट्र भाषा है और उसे सीखना हमारा राष्ट्र धर्म है। उन्होंने मराठी भाषियों को सलाह दी कि वे हिन्दी सीखें और प्रान्त वालों से ऐसे घुल-मिल जाएँ जैसे दूध में शक्कर। उन्होंने भिंडी श्री के निवासियों और विशेषकर बहनों को स्वच्छता पर जोर देने की बात कही और सफाई सप्ताह में जमकर काम करने की प्रेरणा दी।

मालवा मिल चौराहा

भिंडी श्री की सँकरी गली में काफी कीचड़ था और जगह-जगह पानी के डबरे भरे थे। भिंडी श्री से निकलकर बाबा मालवा मिल चौराहे पर आए। यहाँ भी काफी लोग जमा थे। एकदम जोर से उठी 'जय-जगत' की आवाज दूर तक बाबा के यहाँ पहुँच जाने की सूचना दे रही थी। जुलूस पाटनीपुरा में घुसा। अशोक और आम के पत्तों के सादे स्वागत द्वार बने थे। श्रम कल्याण केन्द्र महिला-विभाग पाटनीपुरा में बाबा का बहनों ने तिलक लगाकर, फूल-अक्षत और मंगल कलश से स्वागत किया। रास्ते पर कीचड़ से कटकर रंगोली की डिजाइनें भी आकर्षक थीं। बाबा से बोलने को कहा तो उन्होंने एक-दो मिनट के प्रवचन में सर्वोदय कार्य और सफाई सप्ताह में योगदान देने की अपील की।

नेहरू नगर में

पाटनीपुरा के बाद बाबा निर्माण के दौर से गुजर रहे नेहरू नगर में पहुँचे। यहाँ भी अन्य स्थलों जैसा ही उनका स्वागत हुआ। बाबा ने श्रीकिशन बेरवा-मालवा मिल में एक श्रमिक के घर का अन्दर जाकर निरीक्षण किया। स्मरण रहे इस नगर का उद्घाटन भी नेहरूजी ने इसी घर से किया था। निरीक्षण के बाद बाबा का दल जय-जगत के मंत्र-स्वर में स्वर मिलाता हुआ नन्दा नगर के चौराहे पर पहुँचा।

नन्दा नगर में

चौराहे पर स्वागत द्वार सजाया गया था। सड़क के दोनों ओर लोग खड़े थे। उन्होंने जय-जगत और सन्त विनोबा की जय का उद्घोष किया। नन्दा नगर की सड़क के दोनों तरफ लगे केले के वृक्ष बहुत ही अच्छे लग रहे थे। जगह-जगह बने स्वागत द्वारों से निकलते हुए बाबा उस श्रमिक के घर पहुँचे जिसने बिजली से चलने वाला अम्बर चरखा बनाया है। वहाँ से निकलकर बाबा श्रम कल्याण एवं महिला विभाग, नन्दा नगर निरीक्षण करने गए। इसी समय सड़कों के आसपास कतार में भीड़ खड़ी थी। बाबा के निकलते ही 'जय-जगत' के मंत्र के साथ उन्होंने बाबा का अभिवादन किया।

रिसने के सिद्धान्त पर आधारित योजना लाभप्रद नहीं : मजदूरों में बाबा का प्रथम प्रवचन

आज प्रात:काल सात बजे श्रमिक बस्ती नन्दा नगर में लगभग हजार श्रोताओं के बीच प्रवचन देते हुए आचार्य विनोबा ने शासन की दस समृद्ध योजनाओं पर 'थ्योरी ऑफ परकोलेशन' (रिसने का सिद्धान्त) की दृष्टि से प्रकाश डाला। उन्होंने कहा सरकार मानती है कि ऊपर से पानी बरसेगा तो नीचे पहुँचेगा ही, पर हिन्दुस्तान में ऐसा नहीं हो रहा है। अपनी बात स्पष्ट करते हुए उन्होंने कहा—सर्वमान्य सिद्धान्त है कि पानी ऊपर से गिरता है तो जमीन में रिसता है। मगर हिन्दुस्तान में आधा पानी तो ऊपर से ही बह जाता है। थोड़ा-बहुत जमीन में जाता है तो नीचे चट्टान है, यह जातिभेद और ऊँच-नीच की चट्टान पानी को रोक लेती है। पानी स्वयमेव नीचे पहुँच जाए, हिन्दुस्तान में ऐसा नहीं होगा।

वे योजना आयोग से अपनी दो मुलाकातों का जिक्र कर रहे थे। उन्होंने कहा देश की उन्नति के लिए सरकार जो कोशिशें कर रही है उसमें करुणा का दर्शन नहीं है। उसमें समृद्धि दर्शन है। करुणा और समता अगर उसमें आ जाए तो ठीक है मगर उन्हें प्रधानता नहीं है। प्रधानता समृद्धि को है, उत्पादन वृद्धि को है। हम भी कहते हैं उत्पादन तो बढ़ना ही चाहिए, इसमें कोई शक नहीं पर उसे प्रधानता नहीं होना चाहिए। हमारा काम समता-मूलक और करुणा-मूलक होना चाहिए। इसके पूर्व अपने प्रवचन का प्रारम्भ करते हुए सन्त विनोबा ने श्रमिक बस्ती में अपने एक दिन के पड़ाव पर खुशी जाहिर की और वहाँ की व्यवस्था उन्होंने अच्छी बताई, पर आगे कहा कि कोई काम अच्छा है, यही सब कुछ नहीं होता वह सबके लिए समान है कि नहीं, यह महत्त्वपूर्ण है।

करुणा मूलक समत्व की विवेचना करते हुए उन्होंने कहा दुनिया में पहली बार गौतम बुद्ध ने स्पष्ट शब्दों में अपने शिष्यों से कहा कि बहुजन हिताय, बहुजन सुखाय का काम करने निकल जाएँ। उन्होंने अपने विहारों को नाम दिया मैत्री विहार। सबको समान भूमिका पर लाने का मार्ग है—मैत्री मार्ग। मित्रों की योग्यता और गुणों में फर्क हो सकता है। मगर वे एक-दूसरे के पूरक होते हैं। वे मित्र-परस्पर मित्र होते हैं। उनमें समानता होती है। बाप-बेटे के बीच यह नाता नहीं होता। इस मैत्री मार्ग का व्यापक आन्दोलन महात्मा गौतम बुद्ध ने चलाया। वेद में भी भगवान कहते हैं—सब लोग मित्र की नजर से मेरी तरफ देखें। मैं सब भूतों की तरफ मैत्री की नजर से देखूँ। वेद में हिन्दुस्तान में पहली बार सूर्य को मित्र कहा गया है। पारसियों ने भी सूर्य को मित्र माना है। पारसी संस्कृत से निकली है। सूर्य सबको समान प्यार करता है। वह सबके घरों में उजाला देता है। वह सबका मित्र है।

यूरोप के लोगों को सूर्य की धूप और भी अच्छी लगती है, मगर उन्होंने उसे मित्र नहीं कहा। महात्मा बुद्ध ने ही यह मैत्री मार्ग का व्यापक कार्यक्रम बनाया। उन्होंने कहा आज का युग समता का प्यासा है और समता आएगी ही, लेकिन वह मत्सर से नहीं, करुणा से आनी चाहिए। आज सभी तरफ से प्रश्न किया जाता है कि जनता में स्वप्रेरणा कैसे आए, मैं कहता हूँ दुनियाभर में यही हॉल है। सबने अपनी शक्ति सरकार को समर्पण कर दी है और सरकार को कह दिया है कि हमारा सब कुछ आप ही करो। उसे भगवान की जगह दे दी है। मगर कैसी भी सरकार हो वह भगवान की जगह नहीं ले सकती। भगवान सबको बराबरी की नजर से देखता है, लेकिन सरकार सबको बराबर नहीं देखती, विकास योजनाएँ, वहाँ शुरू हो जाती हैं—जहाँ का प्रतिनिधि ताकतवर होता है। विकास योजना का उसे नक्शा बताया जाता है तो लगता है कि जैसे देश में चेचक हो गया है। जगह-जगह पर फोड़े हो गए हैं। असमानता बढ़ रही है और ऐसी स्थिति में अगर भारत उत्पादन बढ़ाने में ही लगा रहा तो वह वही करेगा जो अमेरिका कर रहा है।

अन्त में उन्होंने मेहतर के काम को अपना ही काम बताया और जनता से अपील की कि लोग 1 अगस्त से शुरू होने वाले सफाई सप्ताह में डटकर काम करें और इन्दौर को स्वच्छ बनाएँ। आपने कहा *गीता* में लिखा है कि धर्मो रक्षति रक्षित: मतलब धर्म आपका रक्षण करता है और यदि धर्म का आप रक्षण नहीं करते तो कुछ नहीं हो सकता। इसमें परस्पर भावना के साथ शान्ति वीर जागेगा तभी सब कुछ होगा। मजदूर भी शान्ति सैनिक हो व मजदूर संघ को न इजाजत दे। यही नहीं प्रत्येक संस्था व समाज एक बनकर इस ओर कदम उठाएँ। मेरा तो कम्युनिटी ब्लॉक वालों से कहना है कि वे शान्ति सैनिक हों, यह उनका भी है। इसके पूर्व राष्ट्रीय मजदूर कांग्रेस के अध्यक्ष श्री रामसिंह भाई ने नगर के मजदूर संगठन के सम्बन्ध में जानकारी देते हुए कहा कि मजदूर आन्दोलन के सम्बन्ध में गांधीवाद का कोई प्रमाण कहीं मिलता है तो वह इन्दौर में।

स्त्री शक्ति जागी तो सर्वोदय का दो-तिहाई कार्य पूरा
राज्य में इन्दौर का महिला समाज सर्वाधिक सुशिक्षित
इन्दौर में सर्वोदय कार्य सफल होगा बाबा की आशा

आज शाम को तीन बजे आचार्य विनोबा ने इन्दौर में पहली मर्तबा महिला सभा को सम्बोधित किया। शान्ति सेना व सर्वोदय-पात्र की व्याख्या करते हुए कहा कि अगर इस कार्य में महिला शक्ति मेरा साथ दे तो मेरा दो-तिहाई कार्य पूरा हो जाता है। यह सभा आचार्य विनोबा भावे के पड़ाव नन्दा नगर में आयोजित की गई थी। स्त्रियों की विभिन्न जिम्मेदारियों की चर्चा करते हुए आपने कहा कि महिलाओं में नैतिक शक्ति अधिक रहती है तथा जिस कार्य को वे करने की ठान लेती हैं उस कार्य को पूरी तरह निभाती भी हैं। इसलिए इस कार्य में मैं स्त्री शक्ति का प्रयोग इन्दौर में करना चाहता हूँ तथा मुझे विश्वास है कि यह कार्य सफल होगा।

आचार्य विनोबा ने महिलाओं को सम्बोधित करते हुए कहा कि इन्दौर में आने के पश्चात बहनों की सभा में पहली बार बोल रहा हूँ। प्रथम दिन सार्वजनिक सभा में बोला था, उस दिन भी महिलाएँ काफी तादाद में थीं। स्त्रियों की इस उपस्थिति को देखकर मुझे प्रसन्नता होती है और कार्य में उत्साह मालूम पड़ता है। मैंने कई बार कहा है कि स्त्री शक्ति पर मैंने एक ग्रन्थ लिखा है। बहनें उस किताब को पढ़ें तथा समझें। इन्दौर में महिला समाज शिक्षित है, महिलाओं का इतना बड़ा शिक्षित समाज मध्य प्रदेश में इन्दौर के अलावा और कहीं नहीं है। भारत में भी कम ही स्थानों पर शिक्षित समाज है। इसलिए इन्दौर की महिला शक्ति से हमने बहुत बड़ी अपेक्षा की है। मुझे मालूम है घर पर महिलाओं को बहुत कार्य करने पड़ते हैं। उनका पहला काम है बच्चों को सुशिक्षित बनाना, भोजन बनाना तथा अतिथि सत्कार करना आदि। किन्तु यह महिलाओं की तीन जिम्मेदारियों में से एक है। पुरुषों ने घर के बाहर का कार्य जितना अच्छा सम्हाला है उनसे अच्छा कार्य महिलाओं ने घर के अन्दर का सम्हाला है। महिलाओं का यह भी कार्य है कि वे अपनी संस्कृति, अपने धर्म की पूरी रक्षा करें। धर्म व समाज को शुद्ध रूप से बनाए रखने की जिम्मेदारी महिलाओं की ही मानी गई है। लोकमान्य तिलक ने भी कहा है कि 'निश्चय ही स्त्रियों ने धर्म को बचाए रखने में पुरुषों की अपेक्षा ज्यादा कार्य किया है।' ऊपर स्त्रियों की दो जिम्मेदारी बताई गई हैं तथा अब तीसरी है पुरुषों के कार्य में योग देना। कृषि, कताई, बुनाई आदि कार्यों में स्त्रियाँ पुरुषों के कार्य में मदद देती हैं।

अब मैं अपेक्षा करता हूँ कि महिलाएँ पुरुषों द्वारा बिगाड़े गए कार्यों को ठीक करें—मैं चाहता हूँ महिलाएँ इस जिम्मेदारी को उठा लें। हम रोज अखबारों में छोटी-छोटी लड़ाइयों के समाचार पढ़ते हैं। छोटी-छोटी लड़ाइयाँ तो चलती रहती हैं, ऐसी स्थिति को पुरुष नहीं सुधार कर सके हैं, इसलिए मैं स्त्रियों से अपेक्षा करूँगा कि स्त्रियाँ हिंसा की वृति को रोकने में मदद करें। शान्ति का कार्य स्त्रियाँ अच्छी तरह कर सकती हैं क्योंकि शान्ति-सेना का कार्य अपने स्थान पर रहकर किया जा सकता है। जहाँ भी दंगा-फसाद का मौका हो वहाँ बीच में स्त्रियाँ हिम्मत करके जाएँ और दंगा रोकें—यही कार्य स्त्रियों को करना चाहिए।

सर्वोदय पात्र खास चीज है जब तक हम खाते रहेंगे तब तक समाज के लिए देते रहेंगे। घर की हर गृहिणी करुणा की मुद्रा में अपने छोटे बच्चे से एक मुट्ठी अन्न सर्वोदय पात्र में डलवाए। यही शान्ति सेना की ताकत है तथा यह उनकी सम्मति भी है कि जिस घर में सर्वोदय पात्र है उस घर में लड़ाई, झगड़ा, दंगा-फसाद तथा हिंसा की वृत्ति नहीं होगी। जब सभी घरों में सर्वोदय पात्र रहेंगे तो अहिंसा के प्रति सभी की सम्मति मिलेगी और इस प्रकार शान्ति सेना की आवश्यकता भी नहीं रहेगी; ऐसी परिस्थिति बन जाएगी। यही कार्य हम महिलाओं से करवाना चाहते हैं।

जब स्त्री शक्ति इस कार्य में जुट जाएगी तो निश्चय ही कार्य सफल होगा तब मैं समझ लूँगा कि मेरा दो-तिहाई कार्य हो गया। सफाई मुहिम की चर्चा करते हुए बाबा ने कहा कि अभी इन्दौर में एक सप्ताह तक सफाई कार्यक्रम चलेगा जिसमें बच्चे, बूढ़े, महिला आदि सभी सहयोग दें। मैं चाहता हूँ महिला भी इस कार्य में सहयोग दें। इन्दौर में वार्ड, मुहल्ले, आंगन, पाखाने, गटरें आदि साफ स्वच्छ रहें। सारा नगर इस कार्य में जुट जाए। आचार्य भावे के प्रवचन के पश्चात महादेवी ताई ने महिलाओं को सम्बोधित किया तथा बाबा के कार्यों पर, उनकी पदयात्रा पर प्रकाश डालते हुए महिलाओं को सतत रूप से सर्वोदय का कार्य करने की प्रेरणा दी एवं उन्हें आगे आने के लिए आह्वान किया। आपने महिलाओं से आग्रह किया कि वे बाबा द्वारा लिखित स्त्री शक्ति अवश्य पढ़ें।

परहित बस जिन्ह के मन माहीं, तिन्ह कहुँ जग दुर्लभ कछु नाहीं।

आज दोपहर को निकली उजली धूप के बाद लगभग चार बजे आसमान स्याह पड़ गया और अँधेरा घिरने लगा। भारी बरसात की निश्चितता श्रोताओं के मन में निराशा पैदा करने लगी। लोगों को सहज ही यह विश्वास हो चला कि आज सायंकालीन प्रार्थना सभा नहीं होगी। बाबा ने कई बार दोहराया है कि एक बार निश्चित कर लिया, सो कर लिया। वह बदला नहीं जा सकता। पाँच बजने में पाँच मिनट बचे कि बाबा ने अपने उघाड़े बदन पर एक सफेद धोती लपेटी। बाबा मंच पर जाकर खड़े हो गए। गिरते पानी में प्रवचन देना उनके लिए सहज बात है। पहले भी कई बार बरसते पानी में बोले हैं। 26 जुलाई को गांधी हॉल प्रांगण में भी उन्होंने गिरते पानी में भजन गाए थे, नाचे थे। आज भी उन्होंने मंच पर खड़े होकर लोगों को पास बुलाया। उनके एकत्र रूप में दर्शन करने की चाह जाहिर की। फिर कहा हम सब मिलकर भगवान से प्रार्थना करेंगे।

इसके बाद उन्होंने बच्चों को मंच पर बुला लिया और कहा हम तुलसीदास का एक भजन सुनाएँगे। तुलसीदास का भारत पर बहुत उपकार है। *परहित बस जिन्ह के मन माहीं, तिन्ह कहुँ जग दुर्लभ कछु नाहीं।* एक-दो मिनट बाद जोरों से पानी आ गया। पर बाबा और भी तन्मय होकर गाने लगे, नाचने लगे और तालियाँ बजाने लगे। सब लोग उनका साथ दे रहे थे। करीब एक डेढ़-हजार भाई-बहन उनके साथ गा रहे थे। बरसात में भींगने का आनन्द ले रहे थे। दस मिनट के बाद बाबा ने पाँच मिनट का मौन करवाया। मौन के बाद उन्होंने सभी लोगों को धन्यवाद दिया।

इन्दौर में शराब बन्दी हेतु बाबा सत्याग्रह के पक्ष में बशर्ते इन्दौर के लोग सहमत हों

आज नन्दानगर में महिला सभा को सम्बोधित करते हुए बाबा ने कहा कि नगर में शराबबन्दी होनी चाहिए। अगर शासकीय स्तर पर यह कार्य नहीं होता तो इसके लिए सत्याग्रह होना चाहिए। आप इस कार्य के लिए सम्मति दे दो, इन्दौर में भी सत्याग्रह हो सकता है। आचार्य भावे यहाँ आयोजित महिलाओं की सभा में स्त्री शक्ति तथा स्वच्छता आन्दोलन पर बोल रहे थे। आपने कहा कि महिलाओं के पास महान नैतिक शक्ति है इसलिए वे बड़ी से बड़ी बुराई का सामना कर सकती हैं। काशी में शराब बन्दी कार्य की चर्चा करते हुए बाबा ने कहा कि काशी के धार्मिक स्थल पर शराब बिक्री को मेरी सांस्कृतिक वृत्ति सहन नहीं कर सकी इसलिए मैंने वहाँ शराबबन्दी के लिए सत्याग्रह करने की ठानी किन्तु उत्तर प्रदेश के मुख्यमंत्री ने मुझे आश्वासन दिया कि वे शासकीय स्तर पर शराबबन्दी का कार्य करेंगे। इसी आधार पर मैं इन्दौर में भी शराबबन्दी चाहता हूँ। मैं सभी कार्य साथ-साथ करना नहीं चाहता। एक के बाद एक कार्य करना चाहता हूँ। किन्तु शराबबन्दी के कार्य में आपकी सम्मति हो तो यहाँ सत्याग्रह भी हो सकता है।

मृत्यु का क्लेश कभी नहीं होता है, क्लेश होता है जीवन का। जीवन के दोषों के फलस्वरूप ही मनुष्य कष्ट देखता है। मरने वाला तो आनन्द से चला जाता है।

दिलचस्प निचोड़ विनोबा के बोल; और कार्यक्रमों के उभरे हुए अंश

मध्याह्न की कार्यकर्ताओं की बैठक में राष्ट्र सन्त ने राष्ट्रीय मजदूर कांग्रेस के नेताओं से मनोरंजक रूप में कहा कि आपने मुझे नन्दानगर में मकान बताया कि अमुक कोठरी इसकी अमुक कोठरी इसकी, किन्तु आपने ऐसी कोई कोठरी नहीं बताई कि अमुक कोठरी 'हवा' की है। आज दोपहर बाबा ने कहा कि कुछ लोगों का कहना है कि मैं अनेक काम हाथ में ले लेता हूँ, एक काम पूरा नहीं करता। मैं ऐसा मानता हूँ कि एक काम के पूरा हो जाने पर उस पर यश का सिक्का लग जाता है। मैं अपयशी होना चाहता हूँ। शान्ति सेना के बिना मेरे सब काम असफल हो सकते हैं। सन्त प्रवर ने आज अपने भाषण के दौरान कहा कि आजकल देश में हिन्दू देवताओं की कैसी विडम्बना है इसका उदाहरण नागपुर में हुए भाषावार प्रान्त के झगड़े से मिलता है। वहाँ एक चंडिका बनाई गई फिर उसे निकाला गया व विसर्जन किया गया। क्या यह धर्म है। आपने बताया कि देवता शास्त्र है यदि आप गणपति बनाएँ और सिगरेट पीना बताएँ तो क्या इसे धर्म कहा जा सकता है? अजीब ढोंग है।

आज बाबा उस समय विस्मित होकर श्री रामसिंह भाई की ओर देखते रह गए जब उन्होंने मध्याह्न की बैठक में यह कहा कि द्रविड़-सा हमारे बलिदान के बकरे हैं। बाबा ने 1948 में द्रविड़ साहब को मंत्रिमंडल से इस्तीफा नहीं देने की सलाह दी थी। इसी तारतम्य में रामसिंह भाई ने यह भी कहा कि मैं भी रिटायर्ड होने की सोच रहा हूँ। नन्दानगर स्थित बालोद्यान के फव्वारे वाले कुंड का निरीक्षण करते समय बाबा ने कहा कि इन

जानवरों जिनके मुँह से फव्वारे निकलते हैं उनके मुँह बन्द करो। बगीचे में बने भारत के एक नक्शे को देखकर जिसमें प्रान्त भी बने थे बाबा ने कहा गुजरात व महाराष्ट्र को अलग-अलग किया जाए। उस नक्शे में अभी तक ये प्रान्त विभाजित नहीं किए गए हैं।

वैष्णव विद्यालय के प्रांगण में अपने प्रात:कालीन प्रवचन में सन्त प्रवर आचार्य विनोबा भावे ने भवन की दूसरी मंजिल, पहली मंजिल तथा मैदान में खड़े हुए लोगों को फर्स्ट क्लास, सेकेंड क्लास तथा थर्ड क्लास वाले लोगों के नाम से सम्बोधित किया। आपने लाउडस्पीकर से पूछा—क्या फर्स्ट क्लास वालों को मेरी आवाज पहुँच रही है, नहीं तो हाथ उठाएँ। सभी ने बाबा को हाथ उठाकर अपनी सहमति दी।

भगवान ने हम सबको बुद्धि दी है। कुछ व्यक्तिगत बुद्धि कुछ सामूहिक बुद्धि और बाकी बुद्धि भगवान ने अपने पास रख ली है। व्यक्तिगत बुद्धि जेब में रखे हुए पैसों के समान है, सामूहिक बुद्धि ट्रंक में रखे हुए पैसों के समान है और भगवान के पास जो बुद्धि है वह बैंक में रखे पैसों के समान है। जेब की बुद्धि कर्म है, सामूहिक बुद्धि ज्ञान है और भगवान के पास जमा बुद्धि भक्ति है। जब हमारी जेब और ट्रंक की बुद्धि खत्म हो जाए, बाहरी कर्म और ज्ञान का उपयोग हम कर चुकें, तब भगवान से बुद्धि माँगनी चाहिए। हिन्दुस्तान में कर्म और ज्ञान तो रहा नहीं, भक्ति रही है बस! लेकिन जब तक जेब और ट्रंक के पैसे का उपयोग न हो जाए, भगवान बैंक से पैसा कैसे दे। यह परिभाषा बाबा द्वारा प्रस्तुत की गई है।

हमारी सफाई का काम हम भंगी से करवाते हैं। सफाई की वस्तुओं की इंडस्ट्री खुलती है। तो लोग स्नान कराने की इंडस्ट्री और दाँत घिसने की इंडस्ट्री क्यों नहीं खोलते। इससे बेकारी की समस्या हल होगी। सिर्फ दाँत घिसने में 80 लाख लोगों को काम मिलेगा। लेकिन हम इतने ऊँचे नहीं कि हमारे दाँत भी दूसरे घिसें। बाबा ने कहा कि हिन्दुस्तान में सुग्रीव वृत्ति का प्रचार बहुत ज्यादा है, लक्ष्मण वृत्ति का कम। लक्ष्मण वृत्ति का विश्लेषण करते हुए बाबा ने कहा कि सीता की खोज में जब रामचन्द्रजी अरण्य वन में गए तथा वहाँ सुग्रीव से कहा कि वे सीता की खोज के लिए बड़ी सेना तैयार करें। उन दिनों चार माह बारिश के दिन थे अत: सुग्रीव इस बात को भूल गए इसलिए सेना की तैयारी के सम्बन्ध में जानकारी हेतु लक्ष्मण को भेजा तथा लक्ष्मण ने तैयारी का तकादा किया। इसलिए सर्वोदय के कार्य के लिए हमें लक्ष्मण वृत्ति की आवश्यकता है। किन्तु लक्ष्मण कहाँ से आएँ। महिला लक्ष्मण मिल जाए तो अच्छा है। तकादा करने वाले लक्ष्मण स्त्रियाँ हों तो सर्वोदय का तकादा प्रेम से होगा। सर्वोदय पात्र घर में लोग ले जाते हैं अन्यथा नहीं। उसमें बहनें अपने छोटे बच्चे से एक मुट्ठी अनाज डलवाएँ। अगर बच्चा न हो तो गृहिणी खुद अनाज डालें।

(29 जुलाई, 1960)

और कारवाँ चलता रहा...

विनोबाजी का नन्दा नगर श्रमिक बस्ती का एक दिवसीय पड़ाव आज सुबह चार बजे समाप्त हुआ। नन्दा नगर से निकलते वक्त बाबा काफी प्रसन्नचित्त और उत्साहित लग रहे थे। उनके साथ अन्य लोगों के अतिरिक्त सर्व श्री गंगाराम तिवारी, लक्ष्मणसिंह चौहान, कान्तिलाल पटेल आदि थे।

परदेशीपुरा में शानदार स्वागत

नन्दानगर से निकलकर बाबा के दल ने परदेशीपुरा में प्रवेश किया। वहाँ आम और अशोक के पत्तों का स्वागत द्वार बना था और बिजलियाँ लगाई गई थीं, महिलाओं ने कलश और फूल-मालाओं से बाबा का स्वागत किया। बाबा से जब कुछ बोलने को कहा गया तो उन्होंने एक दो मिनट में सर्वोदय पात्र, सफाई-सप्ताह, शान्ति सेना आदि के बारे में लोगों को समझाया और आगे बढ़ गए। परदेशीपुरा की अन्दर की सड़कों पर भी स्वागत द्वार बने थे। जगह-जगह पर लोग जमा थे। बहनें आरती की थाली लिये आगे बढ़ती थीं और बाबा उनमें से फूल उठा लेते थे। आज उन्होंने कुमकुम लगाने की मनाही कर दी थी। एक चौराहे पर एक वृद्धा माँ थाली लेकर आगे बढ़ी और बाबा के सामने थाली कर दी, बाबा ने उसमें रखा एक रुपये का नोट उठा लिया और अपने अंगरक्षक को दे दिया। परदेशीपुरा में घूमते-घूमते बाबा ने दो-तीन चौराहों पर एक-एक दो-दो मिनट प्रवचन भी दिया। मोहल्ले के प्रायः सभी लोग जाग गए थे। कुछ घरों के आगे दीये और मोमबत्तियाँ भी जलाई गई थीं। जगह-जगह एकत्रित लोगों ने बार-बार जय-जगत का मंत्र गुंजाया। बाबा द्वारा सम्बोधित नारा भी आज लगाया गया। सदा धन और धरती प्रेम से बँटेगी। एक-दो ओटलों के सामने बिजली की रोशनी की गई थी। लोगों की चहल-पहल और उत्साह देखकर यह समझना मुश्किल था कि अभी साढ़े चार बजे होंगे।

विदेशी की बातचीत

परदेशीपुरा के जन संकुल क्षेत्र से निकलकर बाबा जब कुलकर्णी के भट्ठे पर आए तो बातचीत करने आए लोगों से उन्हें मिलाया गया। सबसे पहले स्विट्जरलैंड से राबर्ट नामक एक नवयुवक उनसे मिले। वह एक सादा-सा खादी का आधा कुर्ता व नेकर पहने थे। पाँवों में पजामा था। बाबा से उनकी कोई खास बातचीत नहीं हुई। साधारण से परिचय के बाद बाबा ने उनसे पूछा—तुम्हें कितनी भाषाएँ आती हैं। उन्होंने बताया—जर्मन, फ्रेंच

और इंग्लिश। वे स्विट्जरलैंड के एक साधारण से 23 वर्षीय नवयुवक थे। वहाँ की हायर सेकेंडरी तक पढ़ाई के बाद ऐक्टिंग कर अपनी रोजी चलाते थे। भारत में पिछले पाँच साल रह रहे थे और सर्वोदय विचार का अध्ययन करना चाहते थे।

रावर्ट के बाद बिहार के कार्यकर्ता विष्णुदत्तजी को उनसे मिलाया गया। बाबा जिस वार्ड में आज जाने वाले थे, वही विष्णुदत्तजी का कार्य क्षेत्र भी है। सर्वोदय पात्र की स्थापना सम्बन्धी कुछ बातें उनकी बाबा से हुईं। स्वदेशी मिल के पास वाले रेलवे क्रॉसिंग का दरवाजा बन्द देखकर कुछ लोगों ने कहा रेल निकल जाए फिर चलेंगे। पर बाबा को समय नष्ट करना अच्छा नहीं लगता, वे छोटे दरवाजे से निकल आए उनके पीछे-पीछे और लोग भी निकल आए। रास्ते में मिलों की जानकारी लेते हुए बाबा ने श्री गंगाराम तिवारी से मिलों की संख्या पूछी और कहा कि बारह साल पहले वे हुकुमचन्द्रजी से मिले थे।

भंडारी मिल की सड़क से होते हुए बाबा का दल उस चौराहे पर आ गया, जहाँ एक रास्ता अहिल्याश्रम को, एक जेल रोड को और एक मिल एरिया को जाता है। यहाँ बाबा ने बड़ी उत्सुकता से पूछा वह अहिल्याश्रम कहाँ है। चौहानजी ने उन्हें बताया कि हम अब उसी तरफ चल रहे हैं।

कुछ विचार

बाबा नागपुर के एक नवयुवक जगदीश से बात कर रहे थे। हम तो स्क्रू कसते ही जाएँगे इतना कसेंगे कि वह टूटे नहीं। एक जगह टोपी ठीक करते हुए बाबा ने अपने अंगरक्षक से कहा यह टोपी बड़ी काम की है, अगर फाँसी पर भी जाना हो तो यह सिर पर रहेगी। पुल पार कर लेने के बाद पावर हाउस की सीमेंट की विशालकाय टंकियों की ओर इशारा कर चौहान साहब ने बाबा से कहा बाबा ये पावर हाउस है। बाबा ने कहा, हूँ। फिर बोले अब इन्दौर को पावर हाउस बनाना चाहिए। यहाँ से दूर तक प्रकाश जाना चाहिए।

अहिल्याश्रम की छात्राओं में

दूर से अहिल्याश्रम में कोई चहल-पहल दिखाई नहीं दे रही थी, इसलिए बाबा ने पूछा यह क्या, अहिल्याश्रम में कोई नहीं है। लेकिन थोड़ी दूर ही चलने पर सड़क के दोनों ओर खड़ी अहिल्याश्रम की छात्राएँ दिखाई दीं। एक बालिका और (शायद) छात्रालय की व्यवस्थापिका ने उनका स्वागत किया। सूत की मालाएँ लेकर बाबा ने बड़े प्यार से छात्राओं से 'जय-जगत' बुलवाया। दाएँ-बाएँ फिर-फिर कर उन्होंने छात्राओं के अभिवादनों का उत्तर दिया।

मंत्र का विकास

अब प्रकाश हो गया था और बाएँ हाथ की ओर इंडस्ट्रियल इस्टेट साफ दिख रही थी। यहाँ फिर एक वृद्ध सज्जन को बाबा से मिलाया गया। उनके पुत्र भी भूदान में कहीं काम कर रहे थे। उन्होंने बताया कि इन्दौर में सर्वोदय कार्य करने के लिए वे यहाँ आए हैं। वैसे रतलाम के पास गांधी निधि की तरफ से ग्राम सेवक हैं। जब तक बाबा यहाँ

हैं, सब काम करेंगे—फिर कुछ नहीं—आप सबने यही तय किया है क्यों? बाबा ने एक बार बीच में कहा—फिर उन वृद्ध सज्जन से पूछा आपकी उम्र क्या है? सज्जन ने बताया-पचपन वर्ष। तो बचपन की उम्र है। इस उम्र में तो मैंने भूदान शुरू किया था। बातें चल रही थीं, तभी प्राय: सूनी सड़क पर तीन लड़के दिखाई दिए। बाबा के नजदीक आकर वे कुछ दबी आवाज में बोले, बोलो भगत जय-जगत। बाबा ने उधर देखा और उन्हें कुछ अच्छा-सा लगा। बच्चों की तरफ हाथ फैलाकर उन्होंने जोर से कहा—बोलो भगत जय जगत। बाबा का आशीष पाकर बच्चों में और उत्साह आया और वे काफी देर तक मंत्र का यह विकसित रूप गुंजाते रहे और बाद में तो कई जगह यह दोहराया गया।

लक्ष्मी नगर नए पुल के पास एक माँ शुभ्र वस्त्रों में अपनी बच्ची को लेकर आई और बड़ी श्रद्धा से उससे बाबा के पाँव पड़वाए। बाबा ने बड़े प्रेम से उससे जय जगत बुलवाया। गाडरबाड़ा के नागरिकों की तरफ से स्वागत द्वार बनाया गया था और वहाँ काफी लोग जमा थे। कुछ बहनों ने बाबा की आरती की। कुमकुम बाबा ने नहीं लगाने दिया। फूल और मालाएँ अपने हाथ में ले ली। तीन-चार कन्याएँ मंगल कलश लिये भी खड़ी थीं। बोलो भगत-जय जगत बड़े जोरों से गुंजाया गया। बाबा का दल किला रोड पर बढ़ चला।

बाबा ने फूल चढ़ाए

किले के सामने एक भक्त पिता अपने चार-पाँच वर्षीय पुत्र से बाबा को फूल चढ़वाना चाहते थे, पर बच्चा लोगों को देखकर डर रहा था, रो रहा था जब बाबा का दल बिलकुल पास आ गया तो उन भक्त पिता ने अपने पुत्र से जोर से कहा—बाबा को फूल चढ़ा, बाबा को फूल चढ़ा और वे अपने बच्चे को उठाकर सड़क पर आ गए। बाबा ने उनके हाथ से पीले कनेर के फूल ले लिये और उस बच्चे के सिर पर चढ़ा दिए। पूजा बालकृष्ण की पूजा। भक्त पिता गदगद हो गए।

किला रोड चौराहा

किला रोड चौराहे पर बहुत से भाई-बहन और बच्चे बाबा का स्वागत करने खड़े थे। जब बाबा एन चौराहे पर पहुँचे तो कितने ही भक्तों ने उनके पैर पकड़े। अंगरक्षकों ने कितनों को ही उठाया पर लोग नहीं माने। विशेषकर सिन्धी बहनों ने बाबा के बार-बार पैर छुए। यहाँ बाबा को सूत माला, फूल माला, कुछ पत्र आदि दिए गए, आरती भी की गई।

एक अप्रिय घटना

ज्यों-ज्यों बाबा का कारवाँ बढ़ता गया—सड़कों के दाएँ-बाएँ खड़े लोग बाबा को प्रणाम करते रहे, पैर छूते रहे, नारे गुंजाते रहे और जय बोलते रहे। जगह-जगह सादे स्वागत द्वार भी बनाए गए थे, वहाँ की बहनों ने बाबा का स्वागत किया। श्रद्धा में कहीं कोई कमी नहीं, स्वागत की भीड़ भी काफी थी मगर फिर भी एक अप्रिय घटना घट ही गई। सीमित कार्यक्रम के अनुसार बाबा नीलकंठ कॉलोनी व हरिजन कॉलोनी में घूमने वाले थे पर ऐसा हुआ नहीं। इस पर यहाँ की कुछ गृहिणी कार्यकर्ताओं में बड़ा-जोश और रोष

उमड़ा। जूना रिसाला में जब प्रार्थना स्थल पर बाबा पहुँचे तो इन उत्साही कार्यकर्ताओं ने बड़ा हंगामा मचाया। बाबा के समझाने पर और यह कहने पर कि वे यहाँ से फिर नीलकंठ कॉलोनी और हरिजन कॉलोनी जाएँगे तब वे लोग शान्त हुए। पर बाबा का मन दुख गया था और इस कारण उन्होंने आमसभा में भाषण नहीं दिया। काफी जनता को निराश लौटना पड़ा। आज की सर्वोदय मित्रों की सभा में भी बाबा थोड़ी देर ही बोले। जूना रिसाला उर्दू स्कूल से निकल कर बाबा बाहर आए जहाँ काफी भीड़ जमा थी। नीलकंठ कॉलोनी और हरिजन कॉलोनी के लोग बाबा को अपने-अपने मोहल्लों में ले गए। यह ठीक है कि वहाँ बाबा के स्वागत की उन्होंने खूब तैयारियाँ की थीं। स्वागत द्वार बनाए थे। रंगोली की डिजाइनें रास्तों पर बनाई थीं। रंग-बिरंगी झंडियाँ लगाई थीं, उनमें बाबा के प्रति गहन श्रद्धा और भक्ति भावना है मगर जो रास्ता उन्होंने अख्तियार किया था, वह सर्वोदय के अनुकूल नहीं है। मन में रोष हो, गलत-सलत मान्यताएँ हों और दोषारोपण की वृत्ति हो तो सर्वोदय का काम होना मुश्किल है। यह सामान्य प्रतिक्रिया थी इस घटना के बाद कुछ आलोचक ऐसे थे जो दोषारोपण में रत थे किन्तु सारी घटना जो अन्तिम निष्कर्ष था वह प्रिय नहीं था।

गुस्सा मत कीजिए : हमने आपका अपराध नहीं किया है

आज सुबह पूर्व निर्धारित जूना रिसाले की आम सभा में सन्त विनोबा भावे ने प्रवचन नहीं दिया। इन्दौर में उनके पाँच दिन के कार्यक्रमों में अपने ढंग की यह पहली घटना है। जब वे आम सभा के मंच पर जाकर बैठे तब उनके सामने प्रवचन सुनने को लालायित काफी जनता बैठी थी मगर नीलकंठ कॉलोनी और हरिजन कॉलोनी के कुछ असन्तुष्ट भाइयों ने हो हल्ला किया, इससे बाबा को दुख हुआ। उन्होंने कहा कि जाहिर है रास्ते में हमको नहीं लाया गया। यह गलती हो सकती है, लेकिन इस कारण दूसरों पर आरोप करना गलत है। यों कहना कि जानबूझकर मार्गदर्शकों ने ऐसा किया, गलत मनोवृत्ति है। किसी के मन की बात जानना तो अन्तर्यामी का काम है, भगवान का काम है। आपका यह दोषारोपण तो भगवान होने का दावा है। हम गलती महसूस करते हैं मगर चित्त में शान्ति नहीं तो घर में सर्वोदय पात्र मत रखो। हम चाहते हैं प्रेम और शान्ति की ताकत। अशान्ति के कामों में न लज्जत है, न इज्जत है। हमारे पास ज्यादा वक्त नहीं है। रास्ते में हमें देरी हो गई है। इसलिए हम यहाँ नहीं बोलेंगे। गुस्सा मत कीजिए। हमने आपका कोई अपराध नहीं किया है।

अब से बाबा नगर में अज्ञात यात्रा करेंगे

आचार्य विनोबा भावे ने आज सुबह जूना रिसाला उर्दू स्कूल में हुई सर्वोदय मित्रों की बैठक में यह घोषणा की है कि आगे से नगर में उनकी प्रात:कालीन पदयात्रा अज्ञात यात्रा रहेगी। केवल स्थल ही जाहिर किया जाएगा और निश्चित रास्ता ज्ञापित नहीं किया जाएगा। ऐसा समझा जाता है कि यह निर्णय उन्हें आज सुबह रूट सम्बन्धी हुई कुछ गड़बड़ी के कारण करना पड़ा है। सर्वोदय मित्रों की इस बैठक में वार्ड नं. 27-28 के लगभग 50 कार्यकर्तागण उपस्थित थे। 6.45 पर बाबा ने यहाँ नाश्ता किया। जब

वे नाश्ता कर रहे थे तब दो बच्चियाँ *गीता* के 15वें अध्याय का पाठ कर रही थीं। जब काफी कार्यकर्ता इकट्ठे हो गए तो, दोनों वार्डों के संयोजकों ने अपनी रिपोर्ट पढ़ी और सभा में अप्रिय घटना के लिए खेद प्रकट करते हुए बाबा से क्षमा माँगी। उर्दू स्कूल की तरफ से बाबा को सूत की माला अर्पित की गई।

बाद में बाबा ने अपना प्रवचन शुरू किया। उनकी आवाज काफी मन्दी थी और सुबह वाला उत्साह उनके चेहरे पर दिखाई नहीं देता था। उन्होंने अपने संक्षिप्त से प्रवचन में कल के नन्दानगर के पड़ाव की खुशी जाहिर की। बरसते पानी में हुई सायंकालीन प्रार्थना सभा में बहनों की उपस्थिति पर उन्होंने अत्यधिक प्रसन्नता जाहिर की। फिर आज की मार्ग सम्बन्धी गड़बड़ी का जिक्र करते हुए उन्होंने कहा—हम लोगों से गलती हो गई। पर कल से हमारी यात्रा अज्ञात होगी। जिससे रास्ते में भीड़ भी नहीं होगी और हम लोगों से चर्चा कर सकेंगे। जिससे भी हमारी मिलने की इच्छा होगी, उससे हम मिल सकेंगे। बस स्थल और समय का अन्दाज रखेंगे। रास्ते का कोई बन्धन नहीं मानेंगे।

आगे उन्होंने कहा मैं देख रहा हूँ कि अभी काम की दृष्टि लोगों में नहीं आई है। कुछ भी हो पर हमारी मैत्री में फर्क नहीं आना चाहिए। हम हिन्दुस्तानियों के जीवन में नियमितता नहीं है। अभी यहाँ काम हो रहा है, मैं गया कि हवा चली जाएगी। सार्वजनिक जीवन में भी अनियमितता है। कार्यकर्तागण कोई काम उठाते हैं और फिर कोई सांसारिक कार्य में उलझकर कार्य बन्द कर देते हैं। ऐसा नहीं होना चाहिए। कार्यकर्ताओं ने कसम खानी चाहिए कि वे बराबर काम करते रहेंगे। सर्वोदय मित्र को केवल सर्वोदय पात्र रखने और उसका धान्य संग्रह का कार्य ही नहीं करना चाहिए उन घरों की सेवा भी करनी चाहिए।

सन्त विनोबा ने आगे कहा इस देश में अभी श्रद्धाओं की जरूरत है। पूरा समय देने वाले सर्वोदय मित्रों की जरूरत है। इन मित्रों को सतत जगाने का कार्य (जो लक्ष्मण का था) करना चाहिए। उन्होंने यह सलाह भी दी कि सर्वोदय पात्र के काम में होनहार गरीब विद्यार्थियों को लिया जाए। वे एक-दो घंटे काम करें और हम उनकी फीस में मदद करें। इससे उनको तालीम मिलेगी। यह बहुत बड़ी बात है। हमारे यहाँ बालकृष्ण की सेवा बहुत बड़ी सेवा मानी गई है। विद्या के क्षेत्र में काम करने वाले इन विद्यार्थियों को अगर हम हमारे काम में लेंगे तो हमारा सम्बन्ध बालकृष्ण से जुड़ेगा।

व्यापारी अपने स्वयं का दसवाँ भाग सर्वोदय को दें
बाबा द्वारा व्यापारियों को उद्बोधन

आज सफेद कोठी में आचार्य विनोबा भावे ने व्यापारियों से चर्चा करते हुए कहा कि व्यापारियों को पक्ष मुक्त होकर अपना कार्य करना चाहिए। आपने कहा कि उत्पादक और उपभोक्ता के बीच व्यापारी एक कड़ी है, अतएव वह कड़ी जितनी ईमानदार, निष्पक्ष एवं निःस्वार्थी होगी, उतना ही समाज दृढ़ और विकासोन्मुख होगा। सन्त ने कहा कि भारत के व्यापारी दब्बू हैं, निर्भीक नहीं हैं आपने कहा कि विदेश के लखपति की तुलना में भारत का लखपति सादा है। विनोबा ने व्यापारियों के समक्ष रचनात्मक कार्यक्रम प्रस्तुत करते हुए कहा कि व्यापारियों को निम्न बातों को ध्यान में रखना चाहिए—(1) व्यापारी किसी भी राजनीतिक दल के बेजा दबाव को सहन न करें। (2) प्रत्येक व्यापारिक

संस्था में जहाँ दो या तीन भाई काम करते हों उनमें से एक भाई को सर्वोदय का कार्य सौंपा जाए। (3) व्यापारी भाई अपने स्वयं का दसवाँ भाग सर्वोदय को दें। (4) व्यापारी दूसरे भाइयों में सर्वोदय के विचार का प्रसार करें। सन्त ने कहा कि व्यापारी ईमानदारी, करुणा और निष्पक्षता का व्रत लें और शेर तथा गाय को एक साथ खिलाने का काम नहीं करें। बाद में प्रश्नों के उत्तर दिए।

गल्ला व्यापारियों में

आचार्य विनोबा भावे ने इन्दौर के गल्ला व्यापारियों को सम्बोधित करते हुए आज मुलाकाती बैठक में कहा कि प्रत्येक व्यापारी उनके घर के सदस्यों में से मुझे भी एक सदस्य समझ ले तथा घर के प्रत्येक व्यक्ति पर सालाना जितना खर्च आता है उतनी राशि मुझे सर्वोदय कार्य के लिए देंगे। व्यापारी वर्गों से आचार्य भावे ने कहा कि किसी भी संस्कृति या धर्म ने व्यापारियों के मोक्ष के लिए उतना सरल मार्ग नहीं बताया जितना कि भारतीय संस्कृति ने। आपने आगे कहा कि हिन्दू धर्म के अनुसार एक ब्राह्मण को यज्ञ, जप, तप तथा भगवद् चिन्तन करने से जो मोक्ष मिलता है वहीं मोक्ष व्यापारियों को ईमानदारीपूर्ण व शुद्ध हृदय से व्यापार करने पर मिल जाता है। समाज का हित साधते हुए व्यापारी लाखों-करोड़ों का धन्धा करता है तो भी वह मोक्ष प्राप्त कर सकता है।

सर्वोदयी विचार की व्याख्या करते हुए कहा कि व्यापारी वर्ग अपने धन्धों में सभ्यतापूर्वक शुद्धि लाते हुए कार्य करें। इस प्रकार शुद्धि लाने के अन्तःकरण में जो प्रसन्नता होगी वही वास्तविक आनन्द होगा। सम्पत्ति हेतु व्यापारियों को प्रेरक ढंग से समझाते हुए तथा प्रेरणास्पद शब्दों में अपेक्षा करते हुए बाबा ने कहा कि किसी व्यापारी बन्धु के घर में सात व्यक्ति हैं तो मुझे आठवाँ समझें, किसी के यहाँ पाँच हैं तो मुझे परिवार का छठा व्यक्ति समझें। इस तरह कुटुम्ब के सदस्य के नाते आप मुझे उतनी रकम दें जितनी कि आप एक वर्ष में कुटुम्ब के एक सदस्य पर खर्च करते हैं। इस तरह जितनी राशि प्राप्त होगी वह इन्दौर में तथा सर्वोदय के कार्य के लिए भारत में अन्य जगह खर्च की जाएगी।

सेवानिवृत्त शासकीय सेवकों को सम्बोधन

सेवानिवृत्त शासकीय सेवकों को सम्बोधित करते हुए सन्त विनोबा भावे ने कहा कि आपने-अपने जीवन में शासकीय सेवा काल में अच्छे व सफल कार्य किए हैं, किन्तु वे सकाम कार्य थे। अब आपको स्वयं के भरण-पोषण के लिए इतनी रकम शासन देता है, इसलिए वानप्रस्थ आश्रम में आने के पश्चात आप सांसारिक चिन्तन तथा विषय वासना को छोड़ दें तथा लोगों की सेवा करें। आपकी यही सेवा निष्काम सेवा कही जाएगी। वानप्रस्थ आश्रम की महत्ता बताते हुए बाबा ने कहा कि अक्सर बड़े-बड़े महान कार्य वानप्रस्थ आश्रम में ही होते हैं। 1923 से 1947 तक महात्मा गांधी वानप्रस्थ आश्रम में थे तथा इस काल में उन्होंने तेजस्वी कार्य किए। अन्त में बाबा ने कहा कि इन्दौर में सैनिक तथा नागरिक विभाग के लगभग दो हजार सेवानिवृत्त शासकीय सेवक हैं इस संख्या में से लगभग 500 व्यक्ति भी तैयार हो गए तो इन्दौर में सर्वोदय का मकान कार्य हो सकेगा।

धर्म और समुदाय

धर्म वही है जो सबको धारण करता है। अलग-अलग रहने पर धर्म नहीं बनता। धर्म तभी बनता है जब सब एक हो जाते हैं। तभी धर्म की जरूरत भी खड़ी होती है। धर्म है कि क्रोध नहीं आना चाहिए। लेकिन इसकी कसौटी क्या? गुस्सा करने के लिए भी सामने दूसरा मनुष्य चाहिए। इसी तरह परीक्षा के लिए भी समाज चाहिए। सहकार धर्म है, लेकिन क्या अकेले रहने से सहकार सधेगा? समाज होगा, तभी तो सहकार सधेगा और धर्म पहचाना जाएगा। सत्य और प्रेम धर्म है। पर अगर अकेले रहते हैं तो प्रेम किस पर करेंगे? प्रेम धर्म तभी प्राप्त होगा, ज़ब हम समाज में रहेंगे। इस तरह देखा ज़ाए तो ध्यान में आएगा कि मानव के जितने भी धर्म हैं, सभी समुदाय पर आधारित हैं।

बाबा की यात्रा वाले क्षेत्र में अपराध स्थिति सुधरी डाकू ग्रस्त क्षेत्र की शान्ति समिति के सदस्य से चर्चा

भिंड-मुरैना के डाकू ग्रस्त क्षेत्र में बनाई गई शान्ति समिति के सदस्य श्री लक्ष्मीचन्द्र जैन ने बताया कि आत्म समर्पित डाकुओं के लिए विशेष कोर्ट नहीं बनने तथा मुकदमों का निर्णय शीघ्र नहीं होने से विश्वासनीय वातावरण नहीं बना। साथ में यह भी स्वीकार किया गया कि शान्ति समिति ने अभी तक कोई सामूहिक कार्यक्रम नहीं बनाया है। किन्तु फिर भी जिस क्षेत्र में बाबा गए थे वहाँ की अपराध स्थिति में सुधार है। डाकू ग्रस्त क्षेत्रों में सन्त विनोबा की पदयात्रा के पश्चात् वहाँ की वर्तमान स्थिति पर पूछे प्रश्नों में बताया कि जिस-जिस में बाबा ने पड़ाव डाला उन क्षेत्र की अपराध स्थिति में सुधार हुआ है। श्री जैन ने कहा कि रछेड़, अम्बाह, पोटसा, नगरा, कमेय, कदौरा, सुरपुरा आदि क्षेत्रों में डाकेजनी की घटनाओं में काफी कमी आई है।

इस क्षेत्र में अहिंसा का वातावरण फैलाने तथा डाकुओं में विश्वास जाग्रत करने के लिए डाकू परिवार के पुनर्वास का कार्य चल रहा है। उनकी जमीन परिवार वालों को पुनः दिलाने के प्रयत्न किए जा रहे हैं। डाकू परिवार वालों में विश्वास जम गया है तथा आपसी विरोधी प्रवृत्ति, जिसकी वजह से वे डाकू बने थे, शान्त हो गई है। अर्थात डाकू के परिवारों व अन्य परिवारों की दुश्मनी घट रही है। श्री लक्ष्मीचन्द जी ने आगे बताया कि जिन डाकुओं ने सन्त विनोबा के सम्मुख आत्मसमर्पण किया है उनके मुकदमे विशेष अदालत में नहीं चलाने से यहाँ के वातावरण पर एकतरफा प्रभाव पड़ा है। फिलहाल अलग-अलग कोटों में अलग-अलग मुकदमे चल रहे हैं। मुकदमे एक साथ नहीं चलने से सुविधा महसूस नहीं की जा रही है। मुकदमों का निर्णय शीघ्र नहीं हो रहा है। इन सभी बातों की यहाँ विशेष चर्चा है।

पूछे गए प्रश्न के उत्तर में श्री जैन ने कहा कि यहाँ शान्ति समिति की स्थापना से लोगों में विश्वास जमा है तथा इसके कार्यों से आत्म समर्पित डाकुओं के परिवार वालों में तथा डाकू जिनके विरोधी थे उनमें आपसी विश्वास धीरे-धीरे बढ़ रहा है। किन्तु शान्ति समिति का कार्य सामूहिक रूप से अभी तक नहीं चला है इसलिए उसका कार्यक्षेत्र व्यापक नहीं बना है। एक अन्य जानकारी में बताया गया है कि मेजर जनरल श्री यदुनाथ सिंह

अगस्त माह में आने वाले हैं तथा उनके मार्गदर्शन में एक विस्तृत योजना बनाई जाएगी और फिर शान्ति समिति के सामूहिक प्रयत्न इस क्रिया में होंगे।

इन्दौर में अभी तक बारह हजार सर्वोदय पात्रों की स्थापना 31 जुलाई को सर्वोदय मित्रों का प्रथम सम्मेलन

सर्वोदयी मित्र श्री यशवन्तराय भाईजी से प्राप्त जानकारी में बताया गया है कि अब तक नगर में कुल बारह हजार सर्वोदय पात्रों की स्थापना की जा चुकी है तथा इस कार्य में तेजी लाने के लिए सर्वोदयी मित्रों का प्रथम सम्मेलन 31 जुलाई को प्रात: 9 बजे आयोजित किया जा रहा है। श्री भाईजी ने बताया कि इस कार्य के लिए 26 वार्ड संयोजक हैं जो कि अपना कार्य तत्परतापूर्वक कर रहे हैं। इन वार्ड संयोजकों की सहायता के लिए मोहल्ला संयोजक तथा सर्वोदयी मित्र हैं। इस कार्य हेतु लगभग 250 सर्वोदय मित्र वार्ड संयोजकों की सहायता कर रहे हैं। सर्वोदय पात्रों के सम्बन्ध में प्राप्त जानकारी में बताया गया है कि अभी तक सर्वाधिक सर्वोदय पात्र वार्ड नं. 1, 2 व 3 में रखे गए हैं। इन तीनों वार्डों में तीन हजार सर्वोदय पात्र हैं, इनके अतिरिक्त वार्ड नं. 14 में एक हजार एक सौ पाँच, वार्ड 16 में छह सौ, वार्ड 27 में पाँच सौ, 29 में आठ सौ तथा वार्ड नं. 34 में पाँच सौ सर्वोदय पात्र रखे गए हैं। इन संख्याओं के अनुसार आचार्य विनोबा के नगर प्रवेश के पश्चात इन्दौर में दो हजार सर्वोदय पात्र अधिक रखे गए हैं।

सर्वोदय की मुहिम को अधिक सक्रिय बनाने के लिए 31 तारीख को प्रात: 9 बजे नगर के सर्वोदय मित्रों का प्रथम सम्मेलन आयोजित किया जा रहा है, जिसमें आगामी योजना पर विचार किया जाएगा तथा घर पर सर्वोदय पात्र रखने हेतु सक्रिय प्रयत्न किए जाएँगे। इस सम्मेलन में विनोबाजी का प्रवचन होगा एवं मार्गदर्शन भी देंगे। श्री भाईजी द्वारा दी गई एक जानकारी के अनुसार 4 हजार पात्रों का संग्रह हो चुका है जिसमें से 750 रुपये का अनाज व रकम प्राप्त हुआ है।

75,296 बीघा भूमि वितरित, 9419 परिवारों को लाभ मिला मध्य भारत भूदान यज्ञ परिषद की बैठक

आज साढ़े चार बजे के बाद सफेद कोठी में आचार्य विनोबा और मध्य प्रदेश के राजस्व मंत्री श्री भगवन्तराय मंडलोई की उपस्थिति में मध्य भारत भूदान यज्ञ परिषद की बैठक हुई। इस बैठक में मध्य भारत क्षेत्र में हरिजन, आदिवासी व अन्य परिवारों को जो भूदान में प्राप्त भूमि वितरित की गई है उसकी रिपोर्ट पेश की गई। रिपोर्ट के अनुसार कुल 9419 परिवारों में 75,296 प्रति दो बीघा कुल 1635.31 एकड़ भूमि वितरित की गई। जिलेवार विवरण निम्नानुसार है—

ग्वालियर जिले में 8 हरिजन परिवारों को 30 बीघा, 1 आदिवासी परिवार को 8 बीघा और अन्य 6 परिवारों को 49 बीघा जमीन वितरित की गई। इस प्रकार उक्त जिले में कुछ 15 परिवारों में 87 बीघा जमीन वितरित की गई। भिंड जिले में 3 हरिजन परिवारों को 6 बीघा प्रति परिवार, 2 आदिवासी परिवारों को 3 बीघा प्रति परिवार और अन्य 3 परिवारों को 7 बीघा प्रति परिवार जमीन वितरित की गई। इस प्रकार कुल 8

परिवारों को 17 बीघा दो बीघा प्रति परिवार भूमि वितरित की गई। मुरैना जिले में 767 हरिजन परिवारों को 6,322 बीघा, 896 आदिवासी परिवारों को 11,085 बीघा तथा 890 अन्य परिवारों को 8,103 बीघा भूमि वितरित की गई। इस तरह कुल 2,546 परिवारों को 25,511 बीघा भूमि वितरित की गई। शिवपुरी जिले मं 274 हरिजन परिवारों को 4,047 बीघा, 317 आदिवासी परिवारों को 2,874 बीघा तथा 171 अन्य परिवारों को 3,122 बीघा भूमि वितरित की गई। इस प्रकार कुल 770 परिवारों को 10,033 बीघा भूमि वितरित की गई।

गुना जिले में 809 हरिजन परिवारों को 7,141 बीघा, 927 आदिवासी परिवारों को 9,429 बीघा तथा 1,772 अन्य परिवारों को 16,972 बीघा भूमि वितरित की गई। इस तरह उक्त जिले में 3504 परिवारों में 33,544 बीघा भूमि वितरित की गई। विदिशा जिले में 17 हरिजन परिवारों में 126 बीघा भूमि, 6 आदिवासी परिवारों को 38 बीघा तथा 96 अन्य परिवारों को 96 बीघा 1 बीघा प्रति परिवार भूमि वितरित की गई। राजगढ़ जिले में 144 हरिजन परिवारों को 202 बीघा, 23 आदिवासी परिवारों को 501 बीघा तथा 108 अन्य परिवारों को 145 बीघा भूमि वितरित की गई। इस प्रकार इस जिले में कुल 275 परिवारों को 206.32 एकड़ भूमि वितरित की गई। शाजापुर जिले में 67 हरिजन परिवारों को 275 बीघा 4 बीघा प्रति परिवार, 17 आदिवासी परिवारों को 50 बीघा तथा 54 अन्य परिवारों को 218 बीघा भूमि वितरित की गई। इस जिले में कुल 138 परिवारों को 41.67 एकड़ भूमि वितरित की गई।

इन्दौर जिले में 33 हरिजन परिवारों को 43.49 एकड़, 23 आदिवासी परिवारों को 40.88 एकड़ तथा 13 अन्य परिवारों को 29.19 एकड़ भूमि वितरित की गई। इस तरह कुल 69 परिवारों को 113.56 एकड़ भूमि वितरित की गई। रतलाम जिले में 207 हरिजन परिवारों में 34.83 बीघा, 127 आदिवासी परिवारों को 442 बीघा तथा 173 अन्य परिवारों को 66.14 बीघा भूमि वितरित की गई। इस तरह कुल 507 परिवारों में 1,452 बीघा भूमि वितरित की गई। उज्जैन जिले में 68 परिवारों में 112 बीघा, 2 आदिवासी परिवारों में 4.27 एकड़ तथा 23 अन्य परिवारों को 39 बीघा भूमि वितरित की गई। इस तरह कुल 93 परिवारों में 153 बीघा भूमि वितरित की गई। मन्दसौर जिले में 373 हरिजन परिवारों में 836 बीघा, 225 आदिवासी परिवारों में 433 बीघा तथा 400 अन्य परिवारों में 818 बीघा भूमि वितरित की गई। इस तरह इस जिले में कुल 998 परिवारों में 2,087 बीघा भूमि वितरित की गई। देवास जिले के 56 हरिजन परिवारों को 39 बीघा, 36 आदिवासी परिवारों को 185.65 एकड़ तथा अन्य परिवारों को 27 बीघा भूमि वितरित की गई। इस तरह इस जिले में कुल परिवारों में 66 बीघा भूमि वितरित की गई। धार जिले में 31 हरिजन परिवारों को 161 बीघा, 69 आदिवासी परिवारों को 367 बीघा तथा 15 अन्य परिवारों को 43 बीघा भूमि वितरित की गई। इस तरह इस जिले में कुल 115 परिवारों में 572 बीघा भूमि वितरित की गई।

झाबुआ जिले में 4 हरिजन परिवारों को 31 बीघा आदिवासी परिवारों को 27.87 एकड़ तथा अन्य परिवारों को 9 बीघा भूमि वितरित की गई। इस प्रकार इस जिले में कुल परिवारों में 554 बीघा भूमि वितरित की गई। निमाड़ जिले में 34 हरिजन परिवारों

को 134.13 बीघा, 78 आदिवासी परिवारों को 3.94 एकड़ तथा अन्य परिवारों को 113.44 एकड़ भूमि वितरित की गई। इस तरह इस जिले में कुल 137 परिवारों में 548.51 एकड़ भूमि वितरित की गई।

आज सफेद कोठी पर सर्वोदय मित्र श्री डोनाल्ड ग्रूम ने अध्यापकों को सम्बोधित करते हुए कहा कि सर्वोदय विचारधारा में एक क्रान्ति है। इस विचारधारा से करुणा मूलक क्रान्ति आएगी। उपस्थित शिक्षक वर्ग में शिक्षा विभाग के उप-संचालक श्री बी.के. जोशी भी थे। श्री डोनाल्ड ग्रूम ने सर्वोदय की विचारधारा को समझाते हुए कहा कि सर्वोदय पात्र व सफाई आन्दोलन इसकी बुनियादी बातें हैं, इस बुनियादी बातों को जनता तक पहुँचाने के लिए सर्वोदय मित्रों की आवश्यकता है। अध्यापकगण यह कार्य अच्छी तरह कर सकते हैं। विनोबाजी चाहते हैं कि अधिक से अधिक व्यक्ति तैयार हों जो सर्वोदय कार्य के लिए रोज एक घंटा या इससे अधिक समय दे सकें। इस प्रकार समय देने से परिवर्तन आएगा और सर्वोदय कार्य सफल होगा। सफाई आन्दोलन पर बोलते हुए आपने कहा कि वह मूलभूत सिद्धान्त है तथा गन्दगी मिटाने की आदत कपड़े में तथा सम्बन्धों में डालें। श्री ग्रूम के सम्बोधन के पश्चात् श्री दादाभाई नाईक ने भी विस्तृत रूप से सर्वोदय के सिद्धान्त प्रणाली तथा अध्यापकों से हो रही अपेक्षा पर विस्तृत प्रकाश डाला।

बाबा कार्यकर्ताओं से

सायं पाँच बजे कार्यक्रम को सम्बोधित करते हुए बाबा ने कहा कि शान्ति सेना का निर्माण उसी प्रकार करना चाहिए, जिस तरह एक फौजी का होता है। अपने शान्ति सेना को हर मंडल के कार्य की समझ होनी चाहिए, जिससे बिना किसी सुझाव के बाबा के आचार-विचार व्यक्त किए जा सकें। इस मंडल की रचना के लिए बाबा ने यह भी कहा कि लोग इनके काम और व्यवस्था के प्रति सहानुभूति रखें और संस्थाएँ जैसे वार्ड सफाई श्रम संघ इत्यादि इसमें मदद करें।

(30 जुलाई, 1960)

मूल्य बदलना वास्तविक क्रान्ति

दया दासी नहीं, रानी के रूप में हो
गोवर्धन चौक की आमसभा में आचार्य भावे

आज प्रात:काल लगभग सवा पाँच बजे म.तु. क्लाथ मार्केट के गोवर्धन चौक में उपस्थित विशेषकर व्यापारी वर्ग के विशाल जन समुदाय को सम्बोधित करते हुए, सन्त प्रवर विनोबा ने कहा कि व्यापारी लोग प्राय: हॉस्पिटल, कॉलेज और गौशालाएँ बनाने के लिए दान देते हैं। इससे समाज व्यवस्था के मूल्य नहीं बदलते हैं। अगर हमें क्रान्ति करनी है तो समाज के मूल्य बदलने होंगे। अपनी मान्यताओं और निष्ठाओं में मूलभूत परिवर्तन करने होंगे। दया आप लोगों में है पर दया का रूप रानी का होना चाहिए, दासी का नहीं।

अपने प्रवचन के प्रारम्भ में बाबा ने उपस्थित जन समुदाय के उत्साह और उनके चेहरे पर झलकती ताजगी की प्रशंसा की। उन्होंने कहा—इस रिमझिम गिरते पानी में आप लोग बैठे हैं। आपको बारिश की कोई परवाह नहीं है। आप लोग के इस मंगल दर्शन से मैं आनन्दित हो रहा हूँ। इन्दौर में हमारे प्रवेश के दिन शाम की सभा में हमने कहा था कि हम सब मिलकर इन्दौर को आदर्श नगर, सर्वोदय नगर बनाएँगे। वैसे सर्वोदय शब्द काफी चलता है। एक सर्वोदय होटल भी हमने देखा है। हमने उस होटल के मालिक से पूछा कि इसका नाम सर्वोदय क्यों रखा तो उसने बताया इसमें सबको प्रवेश है। यह एक छोटी-सी चीज है। सर्वोदय का मायने है सबका भला। लेकिन असली सर्वोदय में मूल्य बदलने हैं।

कल एक भाई ने हमसे कहा कि क्रान्ति जब होती है तो उसमें हजारों लोग भाग लेते हैं। सौ हजारों लोगों ने तो कत्ल भी किए हैं और लाखों ने गाँव जलाए हैं तो जिसमें हजारों लोग काम करें वह क्रान्ति नहीं। क्रान्ति वह है जिसमें दिल बदलता है, मूल्य बदलते हैं। एक उदाहरण देते हुए आपने बताया कि जब हमारे यहाँ कोई मर जाता है तो हम उसे जलाते हैं और उसकी अस्थियाँ नदी में प्रवाहित करते हैं। यह एक गलत बात है। राख गढ़ में डाली जानी चाहिए और उसमें एक पौधा लगाना चाहिए। हमारा पंच-भूतों का शरीर है, वह पंचभूतों में मिल जाएगा। मिट्टी की बनी हड्डियाँ पानी में क्यों डाली जाएँ? पर यह एक रूढ़ि बन गई है। कुछ लोग मुर्दों को दफन करते हैं, दिल्ली तो कब्रिस्तान ही बन गया है। मरे हुए लोगों ने इतनी जमीन घेर ली है कि नए लोगों को जगह ही नहीं है। यूरोप के कुछ लोगों की वादी मेरे पास आई है, जो अपने मुर्दों को जलाएँगे दफनाएँगे नहीं, फिर आप जलाने के बाद अस्थियों को पानी में क्यों

डालें? जैसे-जैसे वक्त बदलता है, हमें पुराने मूल्य बदलने पड़ते हैं। इस तरह क्रान्ति की कसौटी है मूल्यों का बदलना।

सोमदेव की कहानी सुनाते हुए सन्त विनोबा ने कहा कि जब तक भगवान ने उसके द्वारा सैवेंद्र में रखा हुआ दूध नहीं पी लिया, वे भक्ति से नहीं टूटे। आप हम रोज भगवान के आगे भोग लगाते हैं, थाली रखते हैं। अगर भगवान खा लें तो हम कहेंगे भगवान हैं या भूत है। हम भगवान को समर्पण तो करते हैं लेकिन कृष्णार्पण की भावना हममें नहीं आती। सर्वोदय पात्र में एक मुट्ठी अनाज डालना शान्ति के विचार को वोट देना है। व्यापारियों का यह काम है कि वे अपना एक हिस्सा शान्ति सेना में दें। आज व्यापारी लोग कॉलेज बनाने के लिए धन देते हैं लेकिन कॉलेज तो बेकारी का कारखाना होता है। हॉस्पिटल के लिए दान देते हैं। अस्पताल बनते हैं और रोगी बढ़ते हैं। वहाँ तो रोगियों को सिर्फ भर्ती किया जाता है, न वहाँ दया है, न वहाँ सेवा होती है। एक तरफ तो व्यापारी लोग ऐसे दान देते हैं दूसरी तरफ बीमारी के कारण बढ़ाते हैं। आटे की मिल चलाई लोगों को बासी आटा मिला। तेल की मिल चलाई, शुद्ध तेल मिलना बन्द हुआ। डालडा बेचा और गाय-बैल को खत्म किया एक तरफ गो संवर्धन के कामों में पैसा दिया, बेकार ढोरों के लिए पिंजरा पोल खोला दूसरी तरफ उनके खिलाफ काम किया।

अमेरिका में लोग ट्रैक्टर, ट्रक चलाते हैं। पर वे अक्ल वाले हैं क्योंकि गाय बैल को खाते हैं। अगर हमको भी ट्रैक्टर और ट्रक से काम लेना है तो गाय-बैल को खाना चाहिए। पर हम ऐसा नहीं करते, कर नहीं सकते, हमारी संस्कृति हमें रोकती है। दया हममें है मगर दया रानी होनी चाहिए, दासी नहीं। लड़ाई में डॉक्टरों की टोली घायलों की सेवा करने जाती है। उसमें दया, सेवा, करुणा होती है, मगर यह टोली लड़ाई नहीं बन्द कर सकती। हम आज की सारी बुराइयाँ रखकर उनमें कुछ गुण मिला देते हैं। जैसे किसी को चाबुक मारते जाएँ और तेल लगाते जाएँ। गाड़ी चलाने वाला बैल को मारता है कि वह जल्दी दौड़ेगा। लोगों को इससे दुख होता है कि बैल का चमड़ा खराब हो जाएगा तो उसकी कीमत कम हो जाएगी। उन लोगों को बैल पर दया है इसलिए नाराज नहीं होते।

इसलिए बुद्धि से अधिकार को हराना शान्ति है ऐसी शान्ति भले दस लोग करें तो भी वह क्रान्ति होगी। कपड़े के व्यापारी तरह-तरह के दान करते हैं। पर उनके दान का कोई मतलब नहीं निकलता। वे बुनियादी काम नहीं करते। उन्हें मुझे अपने घर का ग्यारहवाँ सदस्य समझना चाहिए और समाज के नाम पर अपनी सेवाएँ कृष्णार्पण करनी चाहिए। महाजन के नाते 1 अगस्त से सफाई सप्ताह में भाग लेना चाहिए। निर्भय और निष्पक्ष सेवा करनी चाहिए। यह व्यापारियों से मेरी माँग है। प्रेम की माँग। उन्होंने शान्ति सेना की बात चलाते हुए कहा कि हमने शहर के लिए 10 हजार आदमियों पर एक शान्ति सैनिक, रखने की बात सोची है तो 4 लाख के इस शहर में 40 सेवक पूरा समय देने वाले आगे आने चाहिए। यहाँ 37 वार्ड हैं। 1 वार्ड में 1 सेवक निकलना चाहिए। आज पदयात्रा में दो बहनों ने हमें समय दान दिया। दो-तीन घंटे वे सर्वोदय का काम करेंगी। यह बड़ी अच्छी बात है। बहनें कुमकुम लगाती हैं, फूल चढ़ाती हैं यह तो प्रेम का प्रदर्शन है। हमें प्रेम का प्रदर्शन नहीं, दर्शन होना चाहिए। तीन हजार मनुष्य तो आंशिक समय देने वाले होने चाहिए और 40 पूरा समय देने वाले।

बाइबिल और शेक्सपियर बराबर तुलसीदास

गांधी हॉल के प्रांगण में प्रवचन देते हुए सन्त विनोबा ने कहा कि जेल में मुझे कुमारप्पा ने कहा हिन्दी सिखाइए। मैंने तुलसीदास की *रामायण* से उन्हें हिन्दी सिखाना शुरू की। पहले दिन ही तुलसीदास के बारे में बताते हुए मैंने उन्हें कहा बाइबिल और शेक्सपियर को इकट्ठा कर दो तो तुलसीदास बनता है। इस तरह बाइबिल शेक्सपियर बराबर तुलसीदास।

मुझे अपने घर में जगह दो

आज सुबह सफेद कोठी लौटते वक्त विनोबा जी बोहरा बाखल स्थित बोहरा मस्जिद में गए। वहाँ उपस्थित जन समुदाय को सम्बोधित करते हुए उन्होंने कहा कि आज हमें इन्दौर आए छह दिन हो गए। अलग-अलग जगह हम गए। हमने देखा लोगों में उत्साह है। लेकिन इस उत्साह का उपयोग नहीं हो रहा है। बोहरा समाज हिन्दू-मुसलमानों को जोड़ता है। इस समाज की ताकत हमको मिलनी चाहिए। हिन्दुस्तान में सब एक हैं। सभी कौमें अगर एक-दूसरे से अपने को अलग मानेंगी तो इसमें हानि है। जब-जब सा रे ग म प सप्त स्वर इकट्ठे होते हैं, तो संगीत बनता है। हम सब एकता की भावना से इन्दौर को सर्वोदय नगर बनाएँगे। बोहरा समाज सर्वोदय के काम में हमें अपनी अक्ल और सम्पत्ति दें। मुझे अपने घर का आदमी समझकर रिश्तेदार समझकर घर में जगह दें। मैं उनके व्यापार में नहीं, घर में दखल रखना चाहता हूँ। प्रवचन के समय मस्जिद की बालकनियों पर बोहरा समाज की महिलाएँ और बच्चे काफी तादाद में उपस्थित थे।

सर्वोदय के लिए 25 रुपये मासिक प्रदान करने की प्रतिज्ञा

आज प्रातः पदयात्रा के समय सन्त विनोबा भावे जब म.भा. खाई संघ के उपाध्यक्ष श्री शंकरलाल चौधरी के रामलक्ष्मण बाजार स्थित निवास की ओर से निकले, उस समय श्री चौधरी ने यह प्रतिज्ञा ली कि वे सर्वोदय कार्य के लिए 25 रुपये मासिक प्रदान करते रहेंगे।

'अरुण शिखा धुनि' के अँधेरे उजेले प्रहर में

बाबा का पूर्व निर्धारित मार्ग पर पदयात्रा पर निकलने का आज अन्तिम दिन था। ठीक चार बजे वे अपने दल के साथ सफेद कोठी से निकले। आज बाबा ने शरीर पर खादी की शुभ्र धवल धोती ओढ़ रखी थी। सफेद कोठी से हाईकोर्ट तक प्रार्थना चलती रही, फिर उनसे एक नवयुवक राजेन्द्र को मिलाया गया। ये नवयुवक पहले की पदयात्रा में बाबा से चर्चा कर चुका था। वे बाबा का हाथ पकड़कर चलते रहे और एक-दूसरे साथी उनके बारे में बाबा को बतलाते रहे। पर बाबा आज कुछ गम्भीर और वचन में बहुत ही स्पष्ट थे। उन्होंने सारा कार्य विस्तार से सुनकर कहा—महन्त बनाने से नहीं बनता है, कृति से बनता है। उक्त नवयुवक शायद कहीं के महन्त हैं उनका मन्दिर है और जमीन है। अपनी जमीन में से कुछ जमीन उन्होंने भूदान में भी दी है। और आगे के कार्य के लिए वे बाबा से मार्गदर्शन लेने आए थे। पर ऐसा लगता था कि बाबा अब

ज्यादा बात में नहीं पड़ना चाहते, उन्होंने स्पष्ट कहा आँख निकाल कर बातें नहीं काम करो। काम करो।

रास्ते का वातावरण आज बाबा के अनुकूल ही था। सड़कें प्रायः सूनसान थीं। स्वागत के लिए एकत्रित लोगों की भीड़ बाबा को पसन्द थी नहीं। वे अपनी पदयात्रा का समय चर्चाओं में लगाना चाहते हैं। वे गम्भीर मन ही मन कुछ सोचते से चलते जा रहे थे। रास्ते में उन्हें भवनों, विद्यालयों और उद्यानों की आनकारी मिलती जा रही थी। बाबा रोज की भाँति कोई जुमला या फिकरा नहीं कस रहे थे—सुनकर सिर्फ हूँ कर देते थे। कृष्णपुरा के पुल पर जिन सज्जन को उनसे मिलाया गया, उनका नाम था डॉक्टर बनर्जी। जैसे ही उनका नाम पुकारा गया एक लम्बे से स्थूलकाय सज्जन, जो खादी का कुर्ता-धोती पहने हुए थे, हड़बड़ाए से बाबा के पास आए। उनकी बातें कुछ इतनी अधिक उलझी हुई और अस्पष्ट थीं कि उनका बाबा से मिलने और बोलने का क्या उद्देश्य है वह समझना मुश्किल हो रहा था। सब्जी मार्केट की तरफ मुड़ने पर चौहानजी ने उन्हें छवियों और वीर सावरकर मार्केट के बारे में बताया। वे सज्जन चुप हो गए। साथ चलते रहे। टोलाफेट मार्केट रोड पर उन्होंने अपनी बात फिर चलाई।

कार्यकर्ताओं में उत्साह और धीरज दोनों आवश्यक

उत्साह साधना का विषय

क्लाथ मर्चेंट्स एसोसिएशन के सुसज्जित हॉल में आज सुबह 6 बजे सर्वोदय मित्रों की बैठक में बोलते हुए सन्त विनोबा ने कहा कि हमारे शरीर में 98^0 उष्णता होती है, अगर सूर्य नारायण भी 98^0 रहे तो हम भी ठंडे पड़ जाएँ। सूर्य जब हजारों डिग्री की गर्मी रखते हैं, तब हम 98^0 रहते हैं। तो कार्यकर्ता जब खूब उत्साही रहेगा, तब औरों को उत्साहित रख सकेगा। आज की इस बैठक में बाबा ने उत्साह की विस्तृत चर्चा की, लेकिन कहा कि उत्साह के साथ धीरज भी होना चाहिए। *गीता* का उल्लेख करते हुए बाबा ने कहा पक्षी दो पंखों से धीरज और उत्साह के साथ उड़ता है।

लेकिन बाबा सभा भवन में बैठे कुछ थके-से दिख रहे थे और उनके चेहरे पर उत्साह नहीं दिखता था। उन्होंने कहा भी ऐसा होना चाहिए कि दिन भर उत्साह बना रहे। लेकिन दिन में थोड़ा समय ऐसा आता है जब उत्साह की कमी हो जाती है। उत्साह एक साधना का विषय है। फिर अपनी बात को एक उदाहरण पर बदलते हुए उन्होंने कहा हमने कहीं पर तरुणोत्साही मंडल देखा, हमने कहा तरुणों में तो उत्साह होता ही है। तरुण धीर मंडल होना चाहिए और वृद्धों में उत्साह नहीं होता इसलिए उनका मंडल वृद्ध उत्साही मंडल होना चाहिए। अभी यहाँ एक भाई ने सर्वोदय पात्र के बारे में एक सवाल पूछा। सर्वोदय पात्र अभी रखे गए हैं मेरे जाने के बाद बन्द हो जाएँगे। सर्वोदय पात्र रखना आसान है मगर उनका बन्द पड़ना और भी आसान है। कार्यकर्ता सुस्त रहेंगे तो लोग भी मस्त रहेंगे। जैसी भक्ति वैसा फल। सर्वोदय पात्र बराबर रखे जाएँ। उनका संग्रह हो इसकी उतनी चिन्ता मुझे नहीं, जितनी कि कार्यकर्ता निरुत्साही होकर काम छोड़ दें, इसकी है। फिर उन्होंने कार्यकर्ता के उत्साह और सूर्य की गर्मी की तुलना करते हुए कहा कि जब सूर्य हजारों डिग्री गर्मी रखता है तब हममें 98^0

उष्णता होती है। अगर कार्यकर्ताओं में उत्साह कम होगा तो लोगों में उत्साह कम होना सहज ही है।

फिर सर्वोदय पात्र में अनाज की जगह पैसा डालने का प्रश्न उठाकर उन्होंने कहा हमें कोई हर्ज नहीं, पर हम छोटे से छोटा सिक्का चाहते हैं—एक नया पैसा। सर्वोदय पात्र से धन संग्रह की हमारी योजना नहीं है। उसके लिए तो सम्पत्तिदान है। सर्वोदय पात्र तो शान्ति की प्रतिज्ञा है। आप सर्वोदय पात्र में कुछ भी डालिए। पात्र की आय हम सामान्य कार्यों में खर्च करना नहीं चाहते। छठा हिस्सा तो सर्व सेवा संघ के पास चला जाएगा, अखिल भारतीय आयोजनों के लिए, बाकी जो बचेगा वह शान्ति सेना के काम लगे, जिससे ताकत पैदा होगी। मोटे तौर पर एक श्रोता के दिमाग में उनकी बातें सुनकर इतना ही स्पष्ट होता था कि वे धार के आस पास कहीं डॉक्टर हैं—मिशनरी की प्रतियोगिता से परेशान हैं। उनका अपना खुद का अस्पताल वहीं था, जिसे वे अब सार्वजनिक बनाना चाहते हैं ताकि देश और जाति की सेवा कर सकें। इस काम में उन्होंने अपनी पत्नी के गहने अपना रेडियो, फर्नीचर आदि सब लगा दिए हैं और अब वे बाबा की सेवा में मार्गदर्शन के लिए आए हैं।

राजबाड़ा चौक पर कुछ होटलों में बिजलियाँ जल रही थीं और 20-25 लोग बाबा के दर्शनार्थ खड़े थे। आगे बढ़ने पर बाबा को गोपाल मन्दिर और अहिल्या माता के पुराने अन्नक्षेत्र के बारे में जानकारी दी गई। सर्राफे के चौराहे पर आज का पहला स्वागत द्वार दिखा। अशोक और आम के पत्तों का बना सादा स्वागत द्वार जिस पर बिजली के दो लट्टू लटक रहे थे। द्वार पर बाबा का स्वागत हुआ पर वे एक क्षण भी नहीं रुके उसी गति से चलते रहे। बड़े सर्राफे में सेब की दुकान पर उनका स्वागत किया गया। छोटे सर्राफे में मुड़ने पर गोली सड़क देखकर बाबा ने पूछा—क्या इधर बारिश हुई? इस पर किसी वहीं के निवासी ने बताया कि रात से सड़कों की धुलाई की गई है। बाबा आगे बढ़ते गए बजाजखाना चौक में किसी चम्बल के कार्यकर्ता को उनसे मिलाया गया, पर वे एकान्त में चर्चा करना चाहते थे। बाबा ने पूछा कोई खानगी बात है? उत्तर मिला—हाँ।

बाबा आगे बढ़ चले। आगे बढ़ने पर वार्ड की तरफ से पार्षद श्री जगन्नाथ सेठिया ने फूल माला से बाबा का स्वागत किया। आगे दो-तीन महिलाओं और एक युवक ने उनके पैरों पर ढेर सी गुलाब की ताजा-ताजा पंखुड़ियाँ बिखेर दीं। बाबा का दल उदापुर में घुसा—यहाँ छतरपुर के एक कार्यकर्ता से उनसे काफी देर तक बुनियादी शिक्षा, डाकू समस्या आदि पर चर्चा हुई। इस बीच बाबा को रंग महल, काँच महल, टी.बी. क्लिनिक आदि की जानकारी दी गई। चर्चाएँ चल रही थीं, जगह-जगह फूल मालाओं और सूत मालाओं से बाबा का स्वागत हो रहा था। घूमते-घामते बाबा का दल गौराकुंड से होता हुआ म.तु. क्लाथ मार्केट पहुँचा। गोवर्धन चौक पर बाबा ने प्रवचन दिया। उपस्थित जनता का अनुशासन उल्लेखनीय रहा। वहाँ से बाबा क्लाथ मर्चेंट एसोसिएशन के हॉल में सर्वोदय मित्रों की बैठक में गए। वहाँ भी प्रवचन दिया और नाश्ता किया।

वहाँ से निकलकर बाबा मारोठा बाजार से बोहरा बाखल की मस्जिद में गए। दस-पन्द्रह मिनट बोले। फिर भीड़ के साथ निकलकर वापस बजाजखाना चौक पर आए।

अब पानी काफी जोर से गिरने लगा था। बाबा भींग गए थे और उनका दल भी भींग रहा था। पर मस्जिद के प्रवचन के बाद बाबा काफी प्रफुल्लित हो गए थे। उन्होंने बच्चों को फूल लुटाए और जय जगत बुलवाया। कसेरा बाजार में बाबा का जोरदार स्वागत किया गया, वहाँ से निकलकर बाबा *नई दुनिया* से होते हुए मच्छी बाजार गए और जूनी इन्दौर होते हुए सफेद कोठी पहुँच गए।

राजनीति व धर्म के बदले विज्ञान और तत्त्वज्ञान का उदय
साहित्यिक दो नई शक्तियों के बीच पुल बनें

आज सफेद कोठी में दिन के 3 बजे साहित्यकारों को सम्बोधित करते हुए आचार्य श्री विनोबा भावे ने कहा कि दुनिया में सियासत तथा मजहब की दो ताकतों ने भूतकाल में बहुत बड़ा कार्य किया था। वे आज टूट रही हैं तथा उनका टूटना अनिवार्य भी है। अब विज्ञान व अध्यात्म की दो ताकतें टूटती हुई ताकतों की जगह ले रही हैं। सम्बोधन के दरम्यान आचार्य भावे ने कहा कि साहित्यकारों को चाहिए कि वे अपने में समरसता व तटस्थता दोनों रखें अगर वे इन दोनों में से एक ही पहलू रखेंगे तो वे केवल या तो सांसारिक बने रहेंगे या तत्त्वज्ञानी। आचार्य भावे ने कहा कि साहित्यकार आध्यात्मिक ताकतों के मध्य कड़ी या पुल का कार्य करते हैं इसलिए साहित्यकार एक तीसरी बड़ी ताकत हैं जिसका भविष्य काफी उज्ज्वल है तथा उनके कार्य के लिए क्षेत्र भी काफी विस्तृत है। विज्ञान की सहायता से ज्ञात क्षेत्र में वृद्धि हो रही है तथा उससे साहित्य में चमत्कार कम होने की आशंका को निर्मूल बताते हुए आपने कहा कि विज्ञान जैसे अज्ञात क्षेत्र में भी विस्तृत होता जाएगा।

आचार्य श्री विनोबा जी ने अपना भाषण प्रारम्भ करते हुए कहा—बड़ी खुशी की बात है कि मुझे आज साहित्यकारों से मिलने का अवसर प्राप्त हुआ है। अभी साहित्यकारों का स्थान ऊँचा है किन्तु भविष्य में भी उनका विशेष स्थान रहेगा। दुनिया में बहुत सी ताकतें पहले से कार्य करती आई हैं। उनमें से दो ताकतें टूटेंगी—टूटने वाली है तथा टूट रही हैं। इन ताकतों ने अपना दिमाग पुराने जमाने का ही रखा है। नुकसान के साथ ही साथ लाभ भी—किन्तु अब वे टूट रही हैं। वे दो ताकतें हैं—सियासत तथा मजहब। पूर्व में इन ताकतों से लाभ हुआ है किन्तु अब इनका टूटना अनिवार्य है। पूर्व में इस सियासत ने एक-दूसरे को जोड़ने का कार्य किया; लोगों को एकत्रित करने में इसने मदद दी तथा इसी की बदौलत कौमें उठीं किन्तु अब इसकी जगह विज्ञान ने ले ली है तथा वह आगे आ गया है। विज्ञान ने विगत बारह वर्षों में काफी तरक्की की जितनी की पिछले बारह हजार वर्षों में भी नहीं की जा सकी। विज्ञान की वजह से दुनिया अब छोटी हो गई तथा हर देश को एक-दूसरे के पास में ला दिया है। अब शहर व देहात विज्ञान के आधार पर खड़े हैं। इसलिए सियासत नहीं चलेगी। विज्ञान की वजह से आज मानव जीवन का ढाँचा ही बदल गया है। सर्वत्र आवागमन बढ़ने के साथ ही साथ व्यक्तियों का दिल व रुचि भी बढ़ गई है। अब समस्या छोटी रही ही नहीं—वह सभी की समस्या बन गई है। असम की समस्या सारे भारत की समस्या बन गई है। पुराने जमाने में ऐसा नहीं होता था—समाचार एक-दूसरे तक नहीं पहुँचते थे। आज एक जानकारी दूर तक पहुँच जाती

है। आज असम केवल भारत की समस्या है लेकिन चन्द दिनों बाद आप देखेंगे कि समूची दुनिया असम के सम्बन्ध में चिन्तित होगी, इसलिए सियासत जो पूर्व में जोड़ने वाली थी वह अब टूटने वाली है। इस सियासी ताकत ने भारत को इकट्ठा करने में मदद दी इसके लिए हम इसके शुक्रगुजार हैं। अभी हम जय हिन्द का नारा लगाते हैं; इसका मतलब हम हिन्द का भला चाहते हैं। जय जगत के मंत्र में जय हिन्द आ जाता है। जगत के भले में हिन्द का भला है। मुझे खुशी है कि बारह साल के बच्चे भी जय जगत बोलने लगे हैं। यह छोटी घटना नहीं है। जय-हिन्द जब दुनिया से अलग करने का काम करेगा। जय जगत को स्थान देकर अगर वह हट जाए तो दुनिया का, हिन्दुस्तान का भला होगा। अगर हम सियासत को खत्म नहीं करेंगे तथा सियासत के टिके रहने का प्रयत्न करेंगे तो वह मानव के साथ खत्म हो जाएगी। दुनिया खत्म हो जाएगी। किन्तु अभी दिखता है कि दुनिया खत्म नहीं होगी।

सियासत ने बाहरी एकता कायम की है तो मजहब ने अन्दरूनी तरीके से लोगों को एकत्रित करने का कार्य किया है, किन्तु अब वह तोड़ने का कार्य कर रहा है। भगवान के नाम से ही लोग अलग-अलग हो जाते हैं। इस तरह मजहब तोड़ने का कार्य करता है। मजहब की जगह अब अध्यात्म विचार ने ले ली है। अब ईश्वर एक नहीं होकर सर्वव्यापी है। वह ब्रह्मप्रकाश है। इस तरह दुनिया में दो पुरानी ताकतें टूट रही हैं तथा उसकी जगह दो ताकतें ले रही हैं। एक है विज्ञान तथा दूसरी अध्यात्म विचार की ताकत। यही अध्यात्म विचार *वेदान्त* है।

स्वामी विवेकानन्द ने अमेरिका में *वेदान्त* का प्रचार किया इसीलिए वे वहाँ सफल हुए। वेदान्त पहले भी था किन्तु मजहब ने इसे दबा दिया था। अद्वैत वाद अगर भारत में व्यापक होता तो यहाँ मजहबी झगड़े ही नहीं होते। मजहब झगड़े करना सिखाता है इसी ओर इशारा करके इकबाल ने कहा—'मजहब नहीं सिखाता, आपस में बैर करना।' किन्तु ऐसा कोई नहीं कहता "मजहब है सिखाता; आपस में प्यार करना।" किन्तु *वेदान्त* प्यार करना सिखाता है वह कहता है सब एक हैं, मानव मात्र समान है। आज यही विचारधारा आगे आ रही है। इन दो ताकतों के बाद तीसरी ताकत है साहित्यकारों की। यह ताकत विज्ञान व आध्यात्मिकता के बीच की कड़ी है। यह ताकत पुल का कार्य करती है। भूतकाल में भी वह ताकत उज्ज्वल थी तथा भविष्य भी उसका उज्ज्वल बल्कि और अधिक उज्ज्वल है। भूतकाल में वाल्मीकि, कबीर, तुलसी, विक्टर ह्यूगों आदि महान साहित्यकार हुए हैं। आज *रामायण* से अनुभूति होती है वह धीरे-धीरे बढ़ने वाली है तथा साहित्यकारों को विशाल क्षेत्र मिलेगा। कुछ लोग यह सोचते हैं कि जैसे-जैसे विज्ञान बढ़ेगा चमत्कृति कम हो जाएगी किन्तु यह सोचना गलत है क्योंकि ज्ञात क्षेत्र जितना बढ़ेगा अज्ञात क्षेत्र उतना ही विस्तृत होता जाएगा।

साहित्यकारों के पास कल्पना के परों पर उड़ने की शक्ति है, यह शक्ति तो कोई छीन ही नहीं सकता है। वृषभ के सींग तो सभी ने देखे हैं किन्तु खरगोश (शशक) के सींग तो साहित्यकारों ने ही देखे हैं। इसके साथ यह भी बात है कि साहित्यकारों को सियासी तथा मजहबी खयालातों में नहीं पड़ना चाहिए। अगर कोई इसमें पड़ा तो समझना चाहिए कि उसने मजहब को पूरी तरह समझा नहीं है। आज समाज में पदासीन व्यक्ति

हैं किन्तु समाज बनाने में कोई हिस्सा नहीं है। उनकी खबरें समाचार पत्रों, साहित्य में छपती हैं। किन्तु ऐसे पत्रों की जिन्दगी एक ही दिन की है।

अपने भाषण में आचार्य विनोबा ने आगे कहा कि साहित्यकारों को चाहिए कि वे अपने को महान समझें। उनमें तन्मयता तथा तटस्थता दोनों होनी चाहिए अगर केवल तन्मय बन गए तो वे विज्ञान या वेदान्ती बन जाएँगे तथा केवल तटस्थ बन गए तो उनकी वाणी नहीं रहेगी। इसलिए साहित्यकारों का थर्मामीटर स्वयं ज्वर से पीड़ित नहीं है इसलिए वह ज्वर का अंश सही-सही बता सकता है। अत: साहित्यकारों में समरसता होनी चाहिए किन्तु ग्रस्तता, मोह नहीं होना चाहिए। उनमें निर्लिप्तता होनी चाहिए। अन्त में बाबा ने कहा कि सर्वोदय कार्य के लिए साहित्यकारों से यही अपेक्षा करता हूँ कि वे नए जमाने में बढ़ती हुई नई ताकतों को समझें और उसी के अनुरूप साधना करें। सबको प्रणाम, जय जगत। प्रारम्भ में श्री मध्य भारत हिन्दी साहित्य समिति के प्रधानमंत्री श्री कमला शंकर मिश्र ने बाबा का स्वागत किया।

साइंस के धक्के से भौतिक जगत का नृसिंह रूप प्रगट होगा तुलसी का प्रभाव अकबर से अधिक स्थायी

आचार्य विनोबा भावे ने आज तुलसी जयन्ती पर कहा कि विज्ञान आज भौतिकता के स्तम्भ पर लात मार रहा है क्योंकि इसे उम्मीद है कि चेतन का नरसिंह रूप प्रकट होगा। आपने कहा कि विज्ञान अध्यात्म का विरोधी नहीं है, उसने तो अध्यात्म को और भी जरूरी बना दिया है। जैसे मोटर में वेग बढ़ाने वाला यंत्र जरूरी होता है और दिशा बदलने वाला भी, वैसे ही आज की दुनिया में भी दोनों जरूरी हैं। विज्ञान वेगवर्धक है तथा अध्यात्म दिशा-दर्शक। इस सिलसिले में उन्होंने कहा कि आज दुनिया में जितनी आध्यात्मिकता है उतनी पहले कभी नहीं थी।

आचार्य भावे ने कहा कि अध्यात्म इतना कीमती है, इसीलिए भारत को अपनी संस्कृति सहेजकर रखनी चाहिए। दुनिया के सभी देश भारत के सामाजिक व राजनीतिक प्रयोगों को, शान्ति से मसले हल करने के उसके प्रयत्नों को दिलचस्पी से देख रहे हैं, ताकि उन्हें भारत से शान्ति की कुंजी मिल जाए। बाबा ने इतिहास की उस आदत की निन्दा की जिसके अनुसार राजाओं के नाम को ही महत्त्व दिया जाता है। उन्होंने कहा कि अकबर दुनिया के बहुत अच्छे शासकों में से था और मैं उसे सलाम करता हूँ। लेकिन तुलसीदास ने उस समय समाज का जो वर्णन किया है, उससे लगता है कि समाज उस समय बहुत पतित, गिरा हुआ, निराश तथा कुंठित था। इसका रहस्य क्या है?

इसका महत्त्व बताते हुए विनोबा जी ने कहा कि राजशक्ति चाहे जितनी अच्छी हो, लेकिन वह जनता के मन को नहीं छूती। आज अकबर का ही कितना प्रभाव बच रह गया है? जवाहरलाल भी महान राजकर्ता हैं, लेकिन अकबर की कोटि में ही उनकी गिनती होगी। दस-बारह साल के उनके राज में काफी डेम बने हैं और थोड़ी बहुत दौलत भी बढ़ी होगी। लेकिन उससे क्या होता है? स्वयं भगवान राम के राज्य में ऐसे व्यक्ति निकले जो सीता के चरित्र पर सन्देह करने लगे। इस प्रकार बाबा ने सिद्ध किया कि सरकार या राज्यसत्ता जनता में क्रान्ति नहीं लाती। अगर वह लाती होती तो

गौतम बुद्ध के पास तो राज था, वह उन्होंने क्यों छोड़ा? वे कोई बेवकूफ नहीं थे। विनोबाजी ने कहा कि भारत के इतिहास की जो वाचन नामावली है, उसमें तुलसी, तुकाराम, नामदेव, नानक, शंकर आदि के नाम आने चाहिए, बादशाहों के नाम नहीं। यह कहने के बजाय कि तुलसीदास अकबर के जमाने में हुए, हमें यह कहना चाहिए कि तुलसीदास के जमाने में अकबर हुआ। लेकिन हमारा दृष्टिकोण गलत रहता है। पंडित नेहरू ने जो दुनिया का इतिहास लिखा है, उसमें बाबर के नाम पर पाँच पेज हैं, जबकि *तुलसी रामायण* पर केवल दो लाइनें ही हैं।

बाबर ने कहा कि राजाओं को मालूम था कि यों हमारा नाम बचेगा नहीं इसलिए उन्होंने उसे इतिहास की किताब में लिखवा लिया। वर्ना भारत की जनता तो एक राजा राम का नाम जानती है, बाकी सबको वह भूल गई और महावीर महाराष्ट्र में ज्ञानेश्वर, दक्षिण में रामानुज ही लोगों की जबान पर हैं। कश्मीर में एक नाथ सन्त योगिनी थी जिसका नाम था ललद्यद।

तुलसीदास की प्रशंसा करते हुए विनोबाजी ने कहा कि उनकी रचनाओं का महत्त्व बाइबिल और शेक्सपियर के कुल महत्त्व के बराबर है। तुलसी ने हिन्दी का एकमात्र धर्म ग्रन्थ लिखा। धर्मग्रन्थ केवल तत्त्वज्ञान नहीं होता, कहानी किस्सों का समूह नहीं होता, देवताओं का चमत्कार नहीं होता, वह इन सबका लोकभोग्य रसायन होता है। ऐसा ग्रन्थ तुलसी ने लिखा। जनता के लिए यह पहला ग्रन्थ था, क्योंकि संस्कृत पुरानी भाषा बन चुकी थी। तुलसी की दो और विशेषता बतलाते हुए विनोबा ने कहा कि वे साहित्यकार के अलावा और भी कुछ थे। जैसे गांधीजी ने अपने आपको दरिद्रनारायण का प्रतिनिधि बताया, वैसे ही तुलसीदास ने स्वयं को पतितों का शिरोमणि बतलाया। उन्होंने सरल भाषा में लिखा, आश्रम को आसरम कहा और याज्ञवल्क्य को जागबलिक।

बाबा ने यह सिद्ध किया कि आज की दुनिया विज्ञान और अध्यात्म के मिलन की ओर बढ़ रही है। आज विज्ञान को भी संशय हो गया है कि सर्वत्र एक चेतन शक्ति विद्यमान है। निश्चयपूर्वक नास्तिक तो वह कभी था नहीं, अब तो आस्तिकता का संशय हो रहा है। बाबा ने यह भी कहा कि जितना विज्ञान बढ़ेगा, उतनी अध्यात्म की जरूरत भी बढ़ेगी। मोटरगाड़ी जितनी रफ्तार से जाएगी, उतना ही सक्षम उसके स्टीयरिंग और ब्रेक होने चाहिए। बैलगाड़ी हाँकने के लिए ऐसी सक्षम चीजें नहीं चाहिए, जबकि रेल व मोटर के लिए यह जरूरी हैं।

बाबा ने यह भी बताया कि पुराने जमाने में अध्यात्म को विज्ञान पर नहीं उठाया जाता था। तुलसीदास को इतना तंग किया गया कि उन्हें घाट-घाट घूमना पड़ा था। आखिर वे टूटे-फूटे और फिर अस्सी घाट में आकर टिके। शंकराचार्य का बहिष्कार कर दिया क्योंकि उन्होंने ब्रह्मचर्य अवस्था में ही संन्यास ले लिया था। जब उनकी माँ की मृत्यु हुई तो कोई उनकी लाश उठवाने नहीं गया। शंकराचार्य ने एक तलवार लेकर अपनी माँ के तीन टुकड़े किए। सभी को उन्होंने अलग-अलग जलाया और आज भी उनकी याद में केरल के ब्राह्मण मुर्दे के शरीर पर कटने का निशान लगा देते हैं। बाबा ने कहा कि पुराणों के अनुसार मरने के बाद व्यक्ति को स्वर्ग व नरक मिलता था। नया अध्यात्म इसलिए भी जरूरी है कि हमें यहीं स्वर्ग व नरक मिलता है।

दिलचस्प निचोड़

आज सुबह गोवर्धन चौक में प्रवचन देते हुए सन्त विनोबा ने बताया नागपुर में एक बीड़ी का व्यापारी है। मेरा मित्र है। वह नागपुर विभाग से तो बीड़ी की पत्तियाँ लाता है। गुजरात से तम्बाकू लाता है और कलकत्ता में बीड़ी बेचता है। नागपुर से कलकत्ता तक उसका बीड़ी का व्यापार फैला हुआ है। पर वह चाहता है कि उसका बच्चा बीड़ी नहीं पिए। वह उसे अच्छी तालीम देना चाहता है। अब बताइए तात्पर्य यह कि वह दुनिया भर को बीड़ी पिलाता है, मगर चाहता है कि उसका लड़का बीड़ी न पिए। बाबा ने जिस तरह स्वच्छ इन्दौर का नारा यहाँ दिया है, काशी में जब वे ठहरे तो वहाँ 'स्वच्छ काशी' का नारा दिया था। पर आज प्रातःकाल उन्होंने एक सभा में बताया कि उन्होंने गंगा में स्नान नहीं किया सारी दूर की नालियाँ गंगा में मिला दी गई हैं, और उसका पानी बेहद गन्दा हो गया है। लोग कहते हैं—'गंगा नहाने से मुक्ति मिलती है।' बाबा ने कहा—तो वह मुक्ति मछलियों को भी मिलती होगी। मगर मुझे इतनी सस्ती मुक्ति नहीं चाहिए।

प्रवचन समाप्त करने के पहले सन्त विनोबा ने एक महत्त्वपूर्ण बात और कही। उन्होंने नागरिक की दिनचर्या बताते हुए स्पष्ट किया कि दिन भर का कार्यक्रम चार प्रकार का होना चाहिए। (1) बड़ी फजर उठकर अच्छे काम के लिए संकल्प करना (2) दिनभर साधना करना (3) शाम को अपना किया-धरा भगवान को समर्पण करना और (4) रात को समाधि लगाना। सोना भी समाधि लगाना होता है। इस तरह हम 9 बजे सोएँ 4 बजे उठें तो बहुत से बेकार के कामों से बच जाएँ। यह बड़ा आसान कार्यक्रम है। साहित्यकारों से बाबा ने कहा कि वे समरस तथा तटस्थ रहें। समरसता के साथ ही साथ निर्लिप्तता की तुलना थर्मामीटर से करते हुए कहा कि थर्मामीटर बुखार का सही माप बताता है—इसका कारण यह है कि उसमें बुखारिता नहीं है। बाबा ने पारलौकिक सुख की व्याख्या करते हुए कहा कि वे नगद धर्म में विश्वास करते हैं। जो अच्छा काम अभी किया उसका फल भी तत्काल मिलना चाहिए। कोई कहे कि आप गुड़ आज खा लो किन्तु उसका मीठा स्वाद आठ दिन बाद मिलेगा तो इस पर कौन विश्वास करेगा। सर्वोदय का सिद्धान्त भी नगद धर्म पर आधारित है।

(31 जुलाई, 1960)

अघोषित मार्गों से बाबा की प्रथम पदयात्रा

बाबा को इन्दौर में आए आज आठ दिन हो रहे हैं। अब तक उनकी सुबह की पदयात्रा का मार्ग तय रहता था। मगर अब उनके निश्चयानुसार पदयात्रा अज्ञात यात्रा रहेगी। रास्ता नहीं केवल स्थान जाहिर किया जाएगा। नगर में उनकी अज्ञात यात्रा का आज प्रथम दिन था। चार बजे बाबा का दल जब सफेद कोठी से निकला तो हल्की बारिश हो रही थी। आसमान पर बादल थे, जिनकी परछाइयाँ रास्ते पर भरे पानी के डबरों में दिखाई देती थीं। प्रार्थना चल रही थी, बाबा का दल भी चल रहा था। रीगल टाकीज के सामने से होते हुए बाबा नेहरू पार्क पहुँचे। वहाँ उन्होंने स्वीमिंग पूल का निरीक्षण किया और पार्क के एक-दो चक्कर लगाए। घने बीहड़ों में घूमने वाले एक विलक्षण पदयात्री को वहाँ क्या अनुभूति हो रही होगी? कौन जाने।

पार्क से निकलने के बाद लोगों की बाबा से, चर्चाओं का दौर शुरू हुआ। सबसे पहले रायल वाच कम्पनी के श्री वर्मा को उनसे मिलाया गया। उन्होंने बाबा से सर्वोदय पात्र में डाले जाने वाले अन्न को बेचे जाने के सम्बन्ध में चर्चा की। फिर इन्दौर के भावी सर्वोदय नगर में ऐसे लोगों का एक संगठन बनाने के सम्बन्ध में, जो न्यायिक प्रकरणों को कोर्ट के बिना आपसी समझौते से सुलझा सके-चर्चा की। चर्चा के दौरान पदयात्रा माल गोदाम होकर निकल गई और पत्थर गोदाम रोड का प्रारम्भ हो गया। श्री वर्मा के बाद बाबा से इन्दौर नगर निगम के भूतपूर्व उपमेयर श्री बाबूभाई देसाई ने चर्चा की। उन्होंने बाबा से स्वायत्त शासन संस्थाओं को पक्षमुक्त रखने पर राय ली। उनका कहना था कि स्वायत्त शासन संस्थाओं में पार्टियाँ होने के कारण जनहित का कोई प्रस्ताव पेश किया जाए तो सिर्फ विरोध के लिए विरोध करने के इरादे से विरोधी उसका विरोध करते हैं और अगर कोई सुझाव जनहित का न भी हो तो भी पार्टी के लोग उसका समर्थन करते हैं। इससे जनहित का काम बराबर नहीं होता। इसलिए स्वायत्त शासन संस्थाएँ पक्ष मुक्त होनी चाहिए।

बाबा ने (जैसा कि उनका जाहिर सिद्धान्त है) उक्त संस्थाओं को मुक्त रखने की ही बात कही। सुपर गोदाम से होता हुआ उनका दल नयापुरा से जेल रोड पहुँचा और वहाँ से गलियों में होता हुआ नगर निगम की तरफ मुड़ा। इस बीच प्रसिद्ध सर्वोदयी कार्यकर्ता काशीनाथ जी त्रिवेदी के साथ उन्होंने चर्चा की। नगर निगम सड़क पर एक स्थान पर आम के पत्तों की झालरें लगा स्वागत द्वार बनाया गया था, पर सभा स्थल पर लोगों की उपस्थिति प्राय: नहीं के बराबर थी। साढ़े पाँच बजे जब बाबा गीले मंच पर प्रवचन देने के लिए पहुँचे तब वहाँ उनके दल के अतिरिक्त मुश्किल से आठ-दस लोग और

थे। कुछ लोगों की आवाज आ रही थी कि बाबा समय से बहुत पहले आ गए हैं। हमें तो सभा का समय साढ़े छह बजे का बताया गया था और अभी तो सिर्फ साढ़ पाँच बजे हैं। बाबा ने कहा कि यह बात गलत है—हमारा तो यहाँ साढ़े पाँच बजे आने का ही तय हुआ था, फिर यह अव्यवस्था क्यों? मगर इन सब बातों का उत्तर देने वाला वहाँ कोई नहीं था। बाबा ऐसी अनियमितता और अव्यवस्था तथा दोषारोपण पसन्द नहीं करते। वे सबको प्रमाण—जय जगत कहकर कुर्सी से उठ खड़े हुए। लोगें में हलचल मची। पर बाबा का निश्चय अटल होता है। वे चल दिए और पीछे-पीछे उनका दल चल दिया। अब लोग जाग गए थे और बाहर ओटलों और खिड़कियों से बाबा का अभिवादन कर रहे थे। पानी रिमझिम-रिमझिम बरस रहा था। बाबा नगर निगम के पीछे सरस्वती महिला शिक्षण सदन में पहुँचे। वहाँ द्वार पर सदन की छात्राओं और अध्यापिकाओं ने उनका स्वागत किया और सूत मालाएँ अर्पित कीं। बाबा ने यहाँ दस-पन्द्रह मिनट प्रवचन दिया, शिक्षण सदन का निरीक्षण किया और जेल रोड चौराहे के पास महाराष्ट्र ब्राह्मण सभा भवन की ओर चल दिए। वहाँ वार्ड नं. 14-15 के सर्वोदय मित्रों में बाबा ने करीब आधा घंटा का प्रवचन दिया। वहाँ से निकलकर जेल रोड पर डॉ. देशपांडे के घर गए। अब उनका दल बढ़ता जा रहा था। कोई चार-पाँच मिनट बाद डॉ. देशपांडे के घर से बाबा उतर आए और गली में से होते हुए वापस नगर निगम के सामने से निकले। जगह-जगह पर बाबा का लोगों द्वारा अभिवादन किया जा रहा था। महात्मा गांधी मार्ग पर चलते हुए बाबा खातीपुरा सड़क पर आए यहाँ भी लोगों ने बाबा का स्वागत किया। वे लाल गली से निकल कर महाराजा टाकीज के सामने से होते हुए फिर महात्मा गांधी मार्ग पर आ गए और ब्रिज पार कर अपने निवास सफेद कोठी पहुँच गए।

सभी सफाई में जुटिए

आज बाबा ने भारत सेवक समाज को इन्दौर शाखा के मंत्री को दी गई भेंट में अपेक्षा की कि भारत सेवक समाज, हरिजन सेवक संघ आदि सब मिलकर इन्दौर में सर्वोदय के सफाई कार्यक्रम में लगें। इस अवसर पर आपने सेवक समाज द्वारा आयोजित किए जाने वाले अध्यापक व छात्रों के सफाई कार्यक्रम की सराहना की। सफाई कार्यक्रम के सम्बन्ध में दादाभाई नाईक ने भी एक अपील प्रसारित करते हुए प्रकट किया कि सन्त विनोबाजी की प्रेरणा से इन्दौर नगरपालिका निगम की सहायता से और इन्दौर की अनेकानेक संस्थाओं के और सज्जन नागरिकों के दिली सहयोग के भरोसे इन्दौर नगर में आगामी 1 अगस्त से 7 अगस्त तक 'स्वच्छ इन्दौर सप्ताह' मनाया जा रहा है। पूरे सप्ताह भर प्रति दिन सुबह 7 से 8 या 8 से 9 बजे तक एक घंटा या पूरा दो घंटा सफाई काम में हिस्सा लें। अपील में संस्थाओं से अनुरोध किया गया कि वे अपनी मार्फत स्वयंसेवकों के नाम और काम के समय नोट कर उनकी संकलित फेहरिस्त पहुँचा दें।

महिलाओं की आमसभा

आज दोपहर को तीन बजे गांधी हॉल में महिलाओं की एक सभा आयोजित की गई है। आचार्य भावे इसमें महिलाओं को सम्बोधित करेंगे।

सर्वोदय का विचार सबके हृदय में
हिंसा और युद्ध की बात सोचने वालों का दिमाग पुराना
वार्ड 14 व 15 के सर्वोदय मित्रों में 'बाबा'

आज सुबह सवा छह बजे वार्ड नं. 14 और 15 के सर्वोदय मित्रों की महाराष्ट्र ब्राह्मण सभा भवन में आयोजित बैठक में प्रवचन देते हुए सन्त विनोबा ने कहा कि संसार में ऐसा कोई महापुरुष आज तक नहीं हुआ, जिसको कुल के कुल लोगों का समर्थन प्राप्त हुआ हो तो हम किस बल पर यह आशा करें कि कुल के कुल घरों से सर्वोदय को वोट मिलेगा? मगर हम ऐसी आशा अवश्य करते हैं। वे ऐसे पूर्ण समर्थन की आशा क्यों करते हैं? इसका स्पष्टीकरण करते हुए विनोबा जी ने कहा कि आज परिस्थितियाँ बिलकुल बदल गई हैं। इस समय दुनिया त्राहिमाम्-त्राहिमाम् कर रही है और अपने आप वह एक होकर बिना हिंसा और लड़ाई के जीना चाहती है। जो नैतिक दबाव बुद्ध, ईसा और शंकराचार्य को मदद नहीं कर सका वह आज हमारी मदद में है। इसलिए हम कहते हैं कि जो आशा दूसरे महापुरुष नहीं कर सके, वह हम कर सकते हैं। वे नाकाम हुए पर हम कामयाब हो सकते हैं। विज्ञान बढ़ा इसलिए आध्यात्मिकता की ताकत बढ़ी है।

अपने प्रवचन का प्रारम्भ करते हुए उन्होंने तुलसीदास जी की *विनय पत्रिका* में वर्णित भगवान और भगवान के भक्तों की महिमा का उल्लेख करते हुए कहा कि कुछ लोग अपने लोगों का भला चाहते हैं। मगर भगवान के चरण सेवक सबका भला चाहते हैं। आप लोगों में सर्वोदय के लिए प्रेम और आदर है, मगर शंका फिर भी होती है कि बाबा कांग्रेस वालों के साथ रहता है तो उनका भला करने ही यहाँ आया होगा। लेकिन ऐसा नहीं होना चाहिए। मैं भारतीय हूँ तो बाहर के विदेशों के लोगों को मेरे बारे में शंका होगी। जवानों को शंका होगी कि बाबा वृद्ध है। स्त्रियों को शंका होगी कि बाबा पुरुष है। हरिजनों को शंका होगी कि बाबा ब्राह्मण है। लोग सोचते हैं बाबा आखिरकार आदमी ही है। कितना ही करो तो क्या उसका खून जोर नहीं मारेगा? बच्चा मुझे देखकर डरता है, क्योंकि दाढ़ी वाला उसने देखा नहीं। न उसके बाप को दाढ़ी है, न माँ को। अगर उन्हें भी दाढ़ी होती तो 'लॉ ऑफ एसोसिएशन' (सहचर्य का सिद्धान्त) के अनुसार वह बच्चा मुझे भी प्यार करता और डरता नहीं। एक उदाहरण देते हुए उन्होंने अपने कथन का उद्देश्य व्यक्त किया कि जब सुखदेव जाने लगे तो उनके पिताजी व्यास जी को मोह हुआ। उन्होंने पूछा कहाँ जा रहा है। सुखदेव ने कोई जवाब नहीं दिया। उनकी तरफ से पेड़ों ने जवाब दिया, क्योंकि जड़ चेतन सबके हृदय में वे बैठे हुए थे। उसी तरह सर्वोदय का विचार भी सबके हृदय में है, पर वह धीरे-धीरे समझ में आएगा।

सर्वोदय पात्र उनका एक चिह्न है। हिंसा और युद्ध की बात सोचने वालों को बाबा ने आज पुराने विभाग के लोगों की संज्ञा दी और कहा कि वे सभी मध्ययुग में ही रहते हैं। उन्हें मालूम नहीं कि संहार शक्ति का अवतार हुआ है और एक बम सारी दुनिया को खत्म कर सकता है। जब मैं कश्मीर गया था तब वहाँ के लोगों को कहता था कि कश्मीर का मामला राजनीति से हल नहीं होगा बल्कि आध्यामिकता से हल होगा। वहाँ के लोगों ने यह कबूल किया कि आप ठीक कहते हैं। कश्मीर का मामला हिन्दुस्तान

का नहीं, सारे संसार का है चीन, रूस, अमेरिका, पाकिस्तान सब उसमें रुचि लेते हैं। आज 'जैसा के साथ तैसा' का सिद्धान्त नहीं चल सकता। इसलिए प्रेम और शान्ति से जो संकल्प करेंगे, वह जरूर सफल होगा। मैं तो भगवान की मर्जी पर सब काम छोड़ता हूँ। अगर मैं सफल हुआ तो भगवान की धन्यता गाऊँगा। और असफल हुआ तो भी भगवान की धन्यता मानूँगा। मेरी आपसे यही प्रार्थना है कि अन्त में सन्त विनोबा ने कहा कि भेदभाव को भुलाना मुश्किल जरूर है मगर उसे मिटाना होगा। क्योंकि सारी दुनिया अभेद की ओर जा रही है।

रोशनी के लिए दिल का दरवाजा खोलो

सुबह होते ही सूरज उग आता है जो नहीं जागना चाहते वे सोए रहते हैं। सूरज उनको झटका मारकर नहीं जगाता। वह सेवक है। बाहर दरवाजे पर खड़ा रहेगा। कहीं कोई छेद या दरार में से आने की कोशिश करेगा। मगर जैसे ही आप दरवाजा खोलेंगे, आपका घर उजाले से भर जाएगा। उक्त आशय के विचार आज सुबह पौने छह बजे महाराजा शिवाजीराव उच्चतर माध्यमिक विद्यालय के सामने की ओर स्थित सरस्वती महिला शिक्षण सदन में आचार्य भावे ने व्यक्त किए। उक्त संस्था के द्वार पर ही छात्राओं और अध्यापिकाओं ने बाबा का स्वागत किया और सूत मालाएँ अर्पित कीं। छात्राओं ने स्वागत गान भी गाए। समक्ष बैठी हुई छात्राओं और अन्य महिलाओं को सम्बोधित करते हुए उन्होंने कहा कि हम अब इन्दौर के लिए मेहमान नहीं रह गए। हमें यहाँ आए एक हफ्ता हुआ। अतिथि उसे कहते हैं जो एक दिन से ज्यादा नहीं रहता। जो ज्यादा दिन ठहरता है वह घर का आदमी हो जाता है। एक हफ्ते में हम जहाँ भी गए और जो कुछ हमने देखा उससे हमें विश्वास हो गया कि यहाँ प्रेम है। लोगों में सर्वोदय के लिए आदर है और अहिल्याबाई जैसी अद्वितीय राज्यवर्ती यहाँ हुई हैं तो उसका असर बहनों पर है।

आगे उन्होंने कहा कि लोगों के मन में शंका है। वे पार्टियों से तंग आ गए हैं। वे सोचते हैं बाबा तो कांग्रेस वालों से घिरे रहते हैं। उन्हें इसमें शंका है कि बाबा पक्षमुक्त रहना चाहता है। अगर शंका नहीं होगी तो पूरा इन्दौर जाग गया होगा। सूरज उग आता है पर जो जागना नहीं चाहते उन्हें वह झकझोर कर नहीं जगाता। वह सेवक है। द्वार पर खड़ा रहेगा। जैसे ही आप द्वार खोलोगे वह घर में प्रवेश कर जाएगा। मेरे पास तो जो भी आएगा मैं सबको अपनाऊँगा। कांग्रेस वाला हो चाहे कोई भी हो। मगर शंका रखकर कोई भी आगे नहीं जा सकता। सभी पार्टी के लोग अपने हैं, ऐसी भावना होनी चाहिए। आप लोग अगर शंका करते हैं तो बाबा को लॉक आउट करते हैं। किसी ने किसी को अपनी तरफ खींचा तो अपनों ने उसे दूर को ढकेलना? शंका से धर्म कार्य नहीं होगा।

सर्वोदय मित्रों का प्रथम सम्मेलन सम्पन्न
विश्वास के साथ योजनाबद्ध कार्य करने का संकल्प

आज प्रात: साढ़े नौ बजे नगर के सर्वोदय मित्रों का प्रथम सम्मेलन गांधी हॉल में हुआ। इस सम्मेलन में सर्वोदय पात्र के संयोजक, वार्ड संयोजक, मोहल्ला संयोजक तथा

सहायकगणों ने भाग लिया। सम्मेलन में विश्वास के साथ योजनाबद्ध कार्य करने का संकल्प किया गया। इस सम्मेलन को सम्बोधित करते हुए भी यशवन्तराव भाई जी ने कहा कि इन्दौर में 8, 9, 10, 13 तथा 20 से 26 तक के वार्डों में अभी तक कोई संयोजक नियुक्त नहीं किए गए हैं यद्यपि स्वप्रेरणा से कतिपय मित्र इन वार्डों में कार्य कर रहे हैं। आपने बताया कि अभी तक कुल 28 वार्ड संयोजक बने हैं। ये वार्ड संयोजक, मोहल्ला संयोजक तथा सहायकों की सहायता से मोहल्ले के प्रत्येक परिवार से सम्पर्क साधकर सर्वोदय पात्रों की स्थापना करते हैं। आपने यह भी कहा कि इन 28 वार्ड संयोजकों की सहायता के लिए अभी तक लगभग 326 सर्वोदय मित्र बने हैं तथा और भी बन रहे हैं।

श्री भाईजी ने कहा कि बाबा के आगमन तथा उनकी तैयारी में मित्रगण संलग्न रहे इस वजह से सर्वोदय पात्रों की स्थापना के कार्यों में आंकड़ों की वृद्धि नहीं हुई है, किन्तु अब यह कार्य जोरों से तथा योजनाबद्ध रूप से प्रारम्भ होगा। आपने यह भी आशा व्यक्त की कि अगले सप्ताह तक इस कार्य में काफी प्रगति हो जाएगी। श्री भाईजी के सम्बोधन के पश्चात सर्वोदयी श्री तात्या साहब ने कार्य तथा समय का महत्त्व बताकर प्रभावकारी ढंग से कहा कि 'हमें प्रत्येक दिन के घंटे व मिनटों का सदुपयोग कर इस कार्य को करना है। एक-एक मिनट हमारे लिए मूल्यवान है। बाबा के आगमन से सर्वोदय का जो वातावरण निर्मित हो गया है उसका पूरा लाभ उठाकर हमें सर्वोदय कार्य को आगे बढ़ाना है। आपने सर्वोदय मित्रों को भी आह्वान किया कि वे मोहल्लों को परिवार में विभाजित कर कार्य करें तथा निश्चित अवधि में घर-घर सर्वोदय पात्र स्थापित करने का संकल्प करें।

इसके पश्चात वार्ड संयोजकों द्वारा अपने-अपने वार्ड में किए गए कार्यों का उल्लेख किया गया। इन उल्लेखों के अनुसार वार्ड नं. एक, दो व तीन में कुल 3,149 सर्वोदय पात्र स्थापित किए गए, वार्ड नं. 4 में 302, पाँच में 301, छह में 109, सात में 112। वार्ड नं. 14 में 1,018 पात्र तथा 15 में 300, 16 में 250, वार्ड नं. 27 में 470, 31 में 204, 34 में 502 तथा वार्ड नं. 35 में 265 सर्वोदय पात्र रखे गए। रिपोर्ट में वार्ड संयोजकों द्वारा दी गई जानकारी के अनुसार भी इन्दौर में सर्वोदय पात्र का वातावरण अच्छा बन गया है।

महाकौशल क्षेत्र में 1,18,951 एकड़ भूदान में प्राप्त

मध्य प्रदेश भूदान यज्ञ मंडल, महाकौशल कार्यालय द्वारा प्रकाशित एक प्रेस विज्ञप्ति में कहा गया है कि जून 60 अन्त तक 1,18,951 एकड़ भूमि 47,995 दाताओं द्वारा विनोबाजी द्वारा प्रेरित भूदान आन्दोलन में मिल चुकी है। प्राप्त भूमि में से 55,772 एकड़ भूमि 16,809 भूमिहीन परिवारों में वितरित की जा चुकी है। 1043 एकड़ भूमि वितरण अयोग्य होने से निरस्त कर दी गई। वितरण का काम अभी चल रहा है।

बाल संगठन की दिलचस्पी

बाल विकास परिषद की एक विज्ञप्ति में बताया गया है कि आचार्य विनोबाजी ने चिमनबाग में हुई आमसभा में कहा कि 'मुझसे पूछा गया है कि इन्दौर को सर्वोदय नगर बनाने में

बच्चे क्या सहयोग दे सकते हैं, तो मैं बताऊँगा नन्हों-मुन्हों को समझाऊँगा कि वे क्या करें, नगर में सर्वोदय की विचारधारा प्रत्येक विद्यार्थी बच्चे को समझनी चाहिए।' स्मरण रहे बाल विकास परिषद ने श्री दादाभाई नाईक को एक पत्र भेज बाबा से इस सम्बन्ध में मार्गदर्शन देने की प्रार्थना की है।

सर्वोदय पात्र समाज की अव्यवस्था मिटाने का माध्यम आचार्य भावे द्वारा कई पहलुओं पर प्रकाश

आचार्य विनोबा भावे ने कहा कि आज विभिन्न राजनीतिक पार्टियाँ सर्वोदय सिद्धान्त को स्वीकार करती हैं तथा नवयुवक भी इस ओर अधिक मात्रा में आकर्षित होते हैं। शान्ति सेना की आवश्यकता पर बल देते हुए आपने कहा कि शान्ति सैनिक ग्राम-ग्राम में शान्ति स्थापित करेगा। आपने कहा कि बन्दूकें बाँटने से शान्ति नहीं होती—उससे तो अहिंसा और अशान्ति बढ़ेगी। सर्वोदय पात्रों की स्थापना से समाज में व्याप्त अव्यवस्था तथा अशान्ति को दूर करना है। आचार्य विनोबा भावे ने आज सर्वोदय सिद्धान्त, सर्वोदय पात्र, शान्ति सेना, सफाई सप्ताह आदि विषयों पर विस्तृत रूप से प्रकाश डाला।

आप यहाँ सर्वोदय मित्रों द्वारा पूछे गए लिखित प्रश्नों का उत्तर दे रहे थे। आपने कहा कि सर्वोदय पात्रों के साथ बहुत से सिद्धान्त सम्बद्ध हैं। इसमें बच्चों की शिक्षा नई तालीम, अहिंसा के सिद्धान्त, शान्ति सैनिक आदि शामिल हैं किन्तु मुख्य रूप से सर्वोदय पात्र से शान्ति सेना की सम्मति है। क्योंकि जनता की सम्मति एक आवश्यक बात है। आज राष्ट्र की फौज शस्त्रों के आधार पर नहीं वरन जनता की सम्मति के आधार पर कार्य करती है। किन्तु हमें जो कार्य करना है वह हिंसा व फौजी ताकत के आधार पर नहीं करना है। समाज में व्याप्त अशान्ति को हम अहिंसा के द्वारा शान्ति की सहायता से दूर कर सकते हैं। इसलिए शान्ति सेना के पक्ष में सर्वोदय पात्रों के द्वारा जनता की सम्मति प्राप्त होती है।

आजकल नवयुवकों को समाजवाद व साम्यवाद जितना आकर्षित करता है, उतना सर्वोदय आकर्षित नहीं करता। इस पर बोलते हुए आचार्य भावे ने कहा यह सोचना गलत है कि नवयुवक सर्वोदय की ओर आकृष्ट नहीं हो रहे हैं। आज सभी जगह पाठ्य पुस्तकों तथा धर्मग्रन्थों को छोड़कर सर्वोदय ही ज्यादा बिक रहा है। मैंने कॉलेजों व विश्वविद्यालयों में भी भाषण दिए वहाँ भी नवयुवकों ने सर्वोदय की विचारधारा को पसन्द किया है। बाबा ने आगे कहा कि अहिंसा के सिद्धान्त को कांग्रेस समाजवादी आदि सभी पार्टियाँ स्वीकार करती हैं तथा आजकल तो साम्यवादी भी अहिंसा में विश्वास करने लगे हैं। कांग्रेस व प्रजा समाजवादी नेता मानते हैं। सर्वोदय के सिद्धान्तों को स्वीकार करते हैं। किन्तु वे सर्वोदय के स्थान पर समाजवाद इसलिए बोलते हैं कि वह शब्द ज्यादा प्रचलित है तथा उससे लोगों को कल्पना आती है। अतः यह कहना गलत है कि नवयुवक सर्वोदय के प्रति आकर्षित नहीं हैं। बाबा ने आगे बताया कि आंध्र, गुजरात, वर्धा तथा पंजाब में सर्वोदय का काफी कार्य हुआ है और जनता अधिक से अधिक मात्रा में सर्वोदय पात्र की स्थापना कर रही है।

शान्ति सैनिक एवं सैनिक शिक्षा पर बोलते हुए सर्वोदयी सन्त ने कहा कि आज शासन स्कूलों व कॉलेजों में विद्यार्थियों को सैनिक शिक्षण दे रहा है। यह शिक्षण अनुशासन की

शिक्षा के लिए दे रहा है। इसलिए शासन के इस कार्य से मुझे विरोध नहीं है। अगर यह शिक्षण अनिवार्य कर दिया जाए तो मैं इनका विरोध करूँगा। किन्तु सैनिक शिक्षण तथा शान्ति सेना का कार्य अलग-अलग है। क्योंकि शान्ति सैनिक तो ग्राम-ग्राम, शहर-शहर में कार्य करेगा तथा शान्ति की स्थापना करेगा। किन्तु शासन अगर सैनिक शिक्षण से प्रशिक्षित लोगों को बन्दूकें दे देगा तो हिंसा में ही वृद्धि होगी। शासकीय कर्मचारियों से की जा रही अपेक्षा तथा गरीबी-अमीरी के भेदभाव को दूर करने सम्बन्धी प्रश्नों के उत्तर देते हुए बाबा ने कहा कर्मचारी अपना शासकीय कार्य नियमित रूप से ईमानदारी से करते रहें तथा शेष समय में वे सर्वोदय का कार्य करें। सर्वोदय का जो भी कार्य उन्हें पसन्द हो, वे करें। अगर कोई कार्य शासन की नीति के विरोध में हो तो शासकीय कर्मचारियों को छूट है कि वे ऐसे विरोधी कार्य में भाग न लें।

अमीर-गरीब का भेद

गरीबी-अमीरी के भेद को मिटाने का कार्य सभी राजनीतिक पार्टियों ने अपने हाथ में लिया है। शासनारूढ़ पार्टी जो कि करोड़ों-अरबों रुपये खर्च करती है वह भी इस कार्य को अभी तक नहीं कर पाई है फिर एक मुट्ठी अनाज लेने वाले से यह अपेक्षा किस तरह की जा सकती है। यह समस्या तो सामूहिक रूप से हल होगी। ग्रामदान, भूमिदान, ग्राम्य उद्योग, हस्त उद्योग, श्रम आदि के विकास से ही यह समस्या हल होगी। इसका दूसरा तरीका करुणा मूलक क्रान्ति है—करुणा ऊपर से नीचे की ओर बहे तभी अमीर-गरीब का प्रश्न हल हो सकेगा।

गृहस्थ सफाई में सहयोग दें
सफाई करने से देहाशक्ति क्या होती है

आज शाम पहली बार अपने निवास पर ही सफेद कोठी के लॉन में प्रसन्न मुद्रा में प्रवचन देते हुए सन्त विनोबा ने कहा कि कल से इन्दौर में सफाई-सप्ताह शुरू हो रहा है। इसमें पूरे समय के कार्यकर्ताओं के काम की कसौटी 'विस्मरण' रहेगी और गृहस्थों के काम की कसौटी 'स्मरण' रहेगी। सार्वजनिक काम करना जिनका धन्धा है उनके दिनभर के काम के बराबर गृहस्थ के एक घंटे का काम होगा। स्मरण और विस्मरण की व्याख्या करते हुए बाबा ने एक पौराणिक कहानी सुनाई। एक बार नारद ने भगवान से सवाल पूछा—मुझसे भी बढ़कर कोई भक्त है क्या तुम्हारा? प्रश्न तो नारद ने पूछा, पर उनकी यही अपेक्षा थी कि उत्तर 'नहीं' में मिलेगा। क्योंकि नारद भगवान के प्रथम पंक्ति के भक्त माने जाते थे। पर भगवान ने उनसे कहा कि पानी से लबालब भरा एक पात्र लेकर ग्राम भर की परिक्रमा करके आओ और देखो यह ध्यान रहे कि पानी की एक बूँद भी नहीं छलक पाए। जब नारद परिक्रमा लगाकर लौटे तो भगवान ने पूछा कि इस परिक्रमा में तुमने मेरा नाम कितनी बार स्मरण किया? नारद ने कहा—दो काम एक साथ नहीं कर सकता। बूँद न छलके इस प्रयत्न में मैंने एक बार भी आपका नाम स्मरण नहीं किया।

तो नारद का गर्व-भंग करते हुए भगवान ने कहा—जो गृहस्थ तरह-तरह का बोझ उठाते हुए भजन करते होंगे वे कितने बड़े भक्त होंगे? इसलिए तुम्हारी भक्ति की कसौटी

है—विस्मरण (यानी यह कि तुम मेरा नाम कितनी बार भूलते हो?) मगर गृहस्थों की कसौटी रहेगी 'स्मरण'। फिर हँसते हुए आचार्य विनोबा ने कहा—बाबा अपने मन में सोचता है कि सार्वजनिक काम करना उसका धन्धा है। क्योंकि बाबा को कोई चिन्ता नहीं। उसे घर-बार का तो काम-काज कुछ करना ही नहीं पड़ता। अब अगर वह एक घंटा भी बेकार करता है दोषी है। मगर गृहस्थ अगर सार्वजनिक कार्य के लिए एक घंटा निकाले तो वह बहुत ऊँचा कार्यकर्ता होगा।

आज के प्रवचन में उन्होंने स्वच्छता की विस्तृत विवेचना की। उन्होंने कहा पहले लोग इसे 'शुचिता' कहते थे। सूत्रकार पतंजलि ने शूचित्य पर काफी विचार किया है। उन्होंने शूचित्य के बारे में एक सूत्र भी लिखा है। जिसकी मुख्य बात है—स्वांग जुगुप्सा—यानी स्वच्छता से अपनी देह के प्रति रुचि कम होती है। शरीर का व्रत है गन्दगी करने का। जब हम हमारे शरीर की सफाई करते हैं तो हमें पता चलता है कि यह कितना गन्दा है और फिर इसमें हमारी आसक्ति कम हो जाती है। आगे उन्होंने कहा कि स्वच्छता सम्बन्धी एक श्लोक मैंने बनाया था वह है 'प्रभाते मल दर्शनम्' अर्थात सुबह उठकर अपने मल का दर्शन करो। इससे आरोग्य, वैराग्य और ऐश्वर्य बढ़ेगा। हमसे शरीर का प्यार छूटता नहीं। मैंने देखा है कि असाध्य से असाध्य रोगियों में जीने की इच्छा होती है। उनमें स्वांग जुगुप्सा होती है। शूचित्य भावना नहीं होती। स्वच्छता की उपासना करने से देहासक्ति कम होगी।

देहासक्ति के सन्दर्भ में उदाहरण देते हुए विनोबाजी ने कहा—आजकल, गाल अच्छे दिखें इसलिए उस पर तरह-तरह के लेप लगाए जाते हैं। मगर इस तरह अपना नकली अच्छा दिखना अपने किस काम का? वह तो लोगों के काम का है। उन्होंने अनैतिक सौम्य की आलोचना करते हुए कहा कि सौन्दर्य तो आन्तरिक होता है। स्वच्छता भी बाहरी नहीं—भीतर की और बाहर की दोनों होनी चाहिए। अन्त में उन्होंने कहा कि पतंजलि के सूत्र का एक परिणाम मैंने आज बताया है। स्वांग जुगुप्सा। मैं सात दिनों में सात परिणाम बताऊँगा।

धर्म नहीं पन्थ

31 जुलाई को विनोबा दर्शन के परिशिष्ट दो के शीर्षक राजनीति व धर्म के बदले पन्थ और तत्त्वज्ञान का उदय में संशोधन सुझाया गया है। संशोधन में धर्म शब्द का उल्लेख करते हुए कहा गया है कि इसके स्थान पर पन्थ होना चाहिए।

सफाई, सर्वादय मन्दिर की नींव

स्थानीय गाधी हॉल में सफाई समिति के कार्यकर्ताओं को सम्बोधित करते हुए बाबा ने कहा कि इन्दौर में एक अगस्त से सफाई सप्ताह प्रारम्भ होने वाला है। मुझे आशा है कि यह कार्य यहाँ सफल होगा। सर्वोदय के मन्दिर की बुनियाद हम सफाई कार्यक्रम से बना रहे हैं। सफाई कार्यक्रम की महत्ता बताते हुए आचार्य भावे ने कहा कि भारत में सफाई विषयक खयाल ज्यादा रखा जाता था। अंग्रेजों के आने के साथ-साथ हम अपनी अच्छी बातें भूल गए हैं तथा बुरी बातें पकड़ ली है। हमारे यहाँ नदी में थूकना तक मना

है किन्तु आज उसमें गन्दगी डाली जाती हैं, सफाई योजना एक बुनियादी बात है जब मनुष्य की साफ स्वच्छ रहने की आदत पड़ेगी तो दूसरा कार्य भी करने की ओर अग्रसर होंगे। अभी सफाई का कार्य एक सप्ताह का है—एक सप्ताह तो केवल प्रतीक के रूप में है एक सप्ताह तक कार्य करने के पश्चात सफाई की आदत पड़ेगी।

सफाई आन्दोलन के सम्बन्ध में अप्पा साहब पटवर्धन के कार्यों का उल्लेख करते हुए बाबा ने कहा कि अप्पा साहब जेल में थे, वैसे जेल में ब्राह्मण जाति भेद नहीं था, फिर भी मैला साफ करने का काम हरिजन कैदी ही करते थे। अप्पा साहब इसके विरोध में आवाज उठाए, अपने लिए भंगी काम की माँग की। किन्तु उन्हें इस काम के लिए अनुमति नहीं मिली। पर अप्पा ने उपवास तो नहीं पर वे कम खाने लगे। जब गांधीजी को इसकी खबर लगी तो उन्होंने लिखा कि अप्पा कम खाएँ यह कठिन काम है, उपवास सरल है क्योंकि उपवास में काम नहीं करना पड़ता। इस प्रकरण में गांधीजी के बीच में पड़ने के कारण अप्पा साहब को जेल में भंगी का कार्य मिल गया।

नाक कौन-सी अच्छी-मोटी, तीखी या चपटी?

नाम नक्शों की सुधराई और बाह्य सौन्दर्य की व्यर्थता पर उन्मुक्त हास्य बिखेरते हुए सन्त विनोबा ने आज सफेद कोठी के लॉन में उपस्थित श्रोताओं को बताया कि सुकरात की नाक बहुत भद्दी थी। इस बारे में उनसे कहा गया तो उन्होंने कहा—नाक वह अच्छी जिससे साँस अच्छी ली जा सके। बाबा ने आगे कहा कि हम लोग ऐसी सुती हुई तीखी नाक को सौन्दर्य का प्रतीक मानते हैं, जो दोनों आँखों के बीच में दीवार-सी खड़ी रहे। मगर चीनियों को यह पसन्द नहीं। वे कहते हैं कि एक भाई (एक आँख) दूसरे (दूसरी आँख) को न देख सके वह भी क्या नाक इसलिए वे चपटी नाक को सौन्दर्य का प्रतीक मानते हैं। बाबा से लोग अक्सर प्रश्न पूछते रहते हैं पर बाबा की प्रश्न पूछने में क्या राय है? सुनिए। सेवा के बाद नम्रता से प्रश्न पूछने का अधिकार मिलता है। ऐसी हालत में जो प्रश्न पूछा जाता है, उसके उत्तर से समाधान मिलता है। मगर आज कल तो प्रश्न शूट करना है। शर सन्धान करना है और प्रश्न करने वाले हमलावर होते हैं। एकान्त में सहज भाव से जहाँ प्रश्नोत्तर होता है, वहाँ अपदा नहीं, अन्तर्यामी बोलता है।

आचार्य भावे ने आज सर्वोदय मित्रों के सम्मुख कहा कि राष्ट्रपति ने एक डाकू की फाँसी की सजा माफ कर दी है किन्तु डाकू क्षेत्र में पुलिस वाले एक से ज्यादा डाकुओं को माफ करते हैं। जो डाकू मुखबिर बन जाते हैं उनके गुनाह माफ कर दिए जाते हैं। समाचार पत्रों में व्याप्त राजनीति की चर्चा करते हुए आचार्य भावे ने कहा कि यहाँ कोई भी राजनीतिक घटना या हिंसा की घटना घटित होगी तो उसका व्यापक प्रचार किया जाएगा। आपने कहा कि भारत के राष्ट्रपति ने अपना चौथाई वेतन काट दिया तो उसे व्यापक प्रचार नहीं मिला।

जगतगुरु शंकराचार्य ने संन्यास लेते समय अपनी माँ को वचन दिया था कि वे संन्यास के बाद भी एक बार उससे मिलने आएँगे। कुछ वर्षों बाद जब वे माँ से मिलने पहुँचे तो उसकी मृत्यु का समय आ गया था। शंकराचार्य ने वहीं एक श्लोक बनाया और माँ से बुलवाया। माँ को भगवान के दर्शन हुए और फिर वह मर गई। अब लाश

को उठाकर शमशान तक ले जाने का प्रश्न उठा। शंकराचार्य ने ब्रह्मचर्य से संन्यास लेने का महापातक किया था। उस समय के लोग इसे बहुत बुरा मानते थे और इस कारण लोगों ने उनका सामाजिक बहिष्कार कर रखा था। उनकी अपनी नम्बूदरी (ब्राह्मण) जाति का एक भी मनुष्य लाश उठाने नहीं आया। अब लाश को शमशान में ले जाना एक समस्या बन गई। इसलिए शंकराचार्य ने एक तलवार ली और अपनी माँ की लाश के तीन टुकड़े किए और एक-एक कर जला आए। यह समाज की हठ और महापुरुषों की सहनशक्ति की मिसाल है।

उक्त उदाहरण आज सन्त विनोबा ने दिया जब कि वे बता रहे थे कि पुराने जमाने में अध्यात्म की कोई ज्यादा कद्र नहीं होती थी। अब भले ही नम्बूदरी ब्राह्मण शंकराचार्य के प्रति आदर जताने के लिए लाशों पर तीन लाल निशान बना देते हों। जनता के मार्गदर्शक सन्त महापुरुष होते हैं या राजा-महाराजा इसका स्पष्टीकरण करते हुए सन्त विनोबा ने आज गांधी हॉल के प्रांगण में बताया कि जिस तरह आज हम अकबर को बादशाह मानते हैं उसी तरह आने वाली पीढ़ियाँ जवाहरलाल नेहरू को बादशाह अकबर जैसे एक महान राज्यकर्ता के रूप में जानेंगी। मैं अपने आपको ज्ञानी समझता हूँ, लेकिन जब मैं कश्मीर पहुँचा तो वहाँ का श्रेष्ठ नाम मुझे याद नहीं था। आज से पाँच-साढ़े पाँच सौ साल पहले वहाँ एक ललद्यद नाम की योगिनी हो गई थी। वह कश्मीर में जहाँ बर्फ गिरती है वहाँ नग्न रहती थी। उसने भजन लिखे हैं। आप वहाँ जाइए तो हिन्दू-मुसलमान दोनों आपके सामने ललद्यद का नाम रखेंगे। एक मुसलमानों की मीटिंग में मैं बोल रहा था। मैंने कहा कश्मीर में बस दो नाम हैं—एक अल्ला और दूसरा ललद्यद।

आज सायंकाल हिन्दी साहित्य समिति द्वारा आयोजित तुलसी जयन्ती के उपलक्ष्य में गांधी हॉल के प्रांगण में प्रवचन देते हुए आचार्य विनोबा गदगद हो गए और तुलसीदास के कलियुग के वर्णन की व्याख्या करते हुए जब अन्त में उन्होंने कहा कि ऐसे कलियुग के पतितों का प्रतिनिधि तुलसीदास ने अपने को माना है। इतने झुक गए थे वे समाज को उठाने के लिए। अपने को नीच समझने वाला महात्मा बुद्ध के बाद हिन्दुस्तान में दूसरा पुरुष नहीं हुआ। आजकल हर कार्य पर गाने तथा गीत के प्रचलन की ओर इंगित करते हुए बाबा ने साहित्यकारों से विनोद रूप में कहा सर्वोदय कार्य में सहयोग देने हेतु वे साहित्यकारों को यह नहीं कहेंगे कि सफाई कार्य पर कोई गीत बनाएँ।

(1 अगस्त, 1960)

इन्दौर-देवास मार्ग पर बाबा की यात्रा

मुख आवरित है सत्य का उस पात्र से
जो हेममय है विश्व पोषक है प्रभो।
मुझ सत्य धर्मा के लिए यह आवरण
तू दूर कर जिससे कि दर्शन कर सकूँ...

यह *ईशावास्योपनिषद्* की प्रार्थना के उस अंश का अनुवाद है जिसकी आत्मानुभूति सफेद कोठी के बाबा के कमरे में आज सुबह चार बजे उपस्थित भाई-बहनों को हुई होगी। आज प्रार्थना बाबा ने अपने कमरे में ही की और लगभग सवा चार बजे वे अपनी पदयात्रा पर निकले। उस वक्त आसमान में धौले धौले बादल पश्चिम से पूर्व की ओर तेजी से भाग रहे थे। हवा कुछ तेज थी और उसमें हल्की सी ठंडक थी, जो अनायास ही मानस में ताजगी बिखेर देती थी। तुकोगंज रोड साफ और सूखी थी। जो दृश्य ऊपर था, वही नीचे था। अगर आसमान से कोई देखता तो तुकागंज की चौड़ी साफ-सुथरी सड़क पर अपनी सामान्य गति से बढ़ता हुआ बाबा का दल धौला-धौला मन्थर गति से चलता हुआ बादल का टुकड़ा लगता था और रास्ते की बिजलियाँ, बाबा के आस-पास के कैंडिल, बीच-बीच में चमक जाने वाले तारों जैसे लगते थे।

दल पूर्व की ओर बढ़ रहा था। बाबा ने बड़े प्यार से साथ चल रहे तोतलाजी से उनका जीवनचरित्र सुनाने को कहा। अब तक की पदयात्राओं में यह एकदम नई बात। बाबा अब कार्यकर्ताओं के बिलकुल नजदीक आ जाना चाहते हैं। वे अपने मन मानस पर प्रत्येक कार्यकर्ता का 'कैरियर' स्पष्ट कर लेना चाहते हैं। तोतलाजी पहले कुछ सकुचाए। फिर मन्दी विनम्र आवाज में उन्होंने बताना शुरू किया। बाबा ने टोका-पूर्वजों के बारे में वह सब नहीं जानते थे, जिसकी बाबा की दरकार थी। फिर भी उन्होंने संक्षेप में बताया कि उनके पूर्वज राजस्थान में नहीं रहते थे। व्यापार था। फिर इधर आ गए। यहाँ भी व्यापार चलता रहा। फिर तोतलाजी अपने जीवन चरित्र पर आ गए। जन्म का संवत् आदि उन्होंने बताया। शिक्षा के बारे में जानकारी दी। अपने सार्वजनिक जीवन का आरम्भ कब हुआ यह भी बताया। अपने राजनीतिक जीवन का वर्णन जरा मस्के लेकर किया। फिर विनम्रता से बाबा के पूछने पर अपने चुनाव के अनुभव सुनाए। पर बाबा को इतने से ही सन्तोष नहीं। वे एक पर एक प्रश्न पूछते जा रहे थे। उनकी उत्सुकता कितनी स्वाभाविक लग रही थी। उन्होंने तोतलाजी से व्यक्तिगत जीवन के बारे में पूछा। तोतलाजी ने बताया कि घर-गृहस्थी का भार उन पर पड़ा ही नहीं। पिताजी हैं, वे सब

सँभालते थे। वे कभी भी उनसे रुष्ट नहीं होते थे। फिर उनके वृद्ध हो जाने के बाद उन्होंने घर का भार सँभाल लिया। माली हालत के बारे में भी बाबा ने उनसे पूछा था।

इस बीच विनोबाजी पलासिया पाइंट पर तिलक की मूर्ति देखने रुके और उसके बारे में उन्होंने लोगों से पूछा भी था। तोतलाजी के बाद नम्बर आया श्री फूलचन्द गंगराड़े का। यह देवास की ओर जाने वाली बांबे-आगरा रोड थी। होल्कर कॉलेज इन्दौर के गणित विभाग के अध्यक्ष गंगराड़ेजी एक परम्परावादी दार्शनिक की वेशभूषा और मुद्रा में बाबा के साथ चलने लगे। बाबा ने उनसे भी जीवन-चरित्र सुनाने को कहा। गंगराड़ेजी की गंगा बह निकली। 1905 में जन्म पढ़ने की तरफ कोई खास लक्ष्य नहीं। पर क्या करें—पहला-दूसरा नम्बर आते गए। 20 की उम्र में मैट्रिक किया। होल्कर कॉलेज से बी.एससी. किया, उन्होंने विषय भी बताए। नागपुर से एम.एससी. किया और गणित के प्रोफेसर हुए। शुरू से ही कम आय पाने का लक्ष्य था, मगर क्या करें ग्रेड में जो तनख्वाह मिलती है उसे लेना पड़ता है। बाबा ने बाल बच्चों के बारे में पूछा तो गंगराड़ेजी ने बताया बस लड़के-लड़कियाँ। फिर लड़के-लड़कियों की शिक्षा और कैरियर बताया। वह प्रथम आया, वह द्वितीय आई उसे स्कॉलरशिप मिली।

बाबा ने बीच में हँसी का फुहारा छोड़ा—आपके खानदान को तो अव्वल आने का चस्का ही लग गया। पर प्रोफेसर साहब बेअसर कहते गए। बाबा ने फिर हास्य की सुर्री छोड़ी—आप गणित के प्रोफेसर होकर फिलॉसफी की तरफ क्यों मुड़े? गंगराड़ेजी ने इसका लम्बा-चौड़ा स्पष्टीकरण दिया। 1950 में बीमार होने का उल्लेख किया, फिर उसके बाद सिर्फ मट्ठे के पानी मट्ठे के आहार पर रहने की लम्बी कहानी सुनाई। कहा कि कई दिनों वे सिर्फ 30 तोले मूँग और सेर भर दही पर रहे। फिर मूँग बन्द कर दिया क्योंकि फसल अच्छी नहीं हुई थी। बाबा ने कहा—आपको तो सिर्फ 30 तोले मूँग लगता था। बोले—नहीं फिर मैंने चने खाना शुरू कर दिया। चने? बाबा ने चिकोटी काटी—अच्छा। वह आपको पौष्टिक लगे क्या? उसे घोड़े खाते हैं। सारा बल उछाकर हँस दिया। लेकिन प्रोफेसर साहब अप्रभावित से कहते गए कि वे कुछ दिन पत्तियों पर भी रहे और उनका यह दावा है कि आदमी पंचतत्त्वों के उपयोग से संसार की दुख चिन्ता से मुक्ति पा सकता है। फिर उन्होंने घोषणा की, कि उन्हें विश्वास हो चला है कि इस तरह वे 150 साल तक जी सकते हैं। बाबा ने उनके पंचभूतों के उपयोग वाले विचार की सराहना की। फिर बीच में पूछा—आपका छोटा लड़का कितना बड़ा है?

उन्होंने बताया—दो वर्ष का। बाबा से पहले वे उल्लेख कर चुके थे कि वे जल्दी ही रिटायर होने वाले हैं। बाबा ने पूछा—फिर वह बच्चा 20 का हो जाए, तब तक तो आप सेवा के लिए नहीं निकलेंगे। उन्होंने कोई 'हाँ' के अर्थ का उत्तर दिया। चार-पाँच पीढ़ियों तक अपने बने रहने का उल्लेख किया। बाबा ने कहा—हाँ तब तक आप तो जीवित रहेंगे और बच्चे बेटे मरते रहेंगे। हँस-हँसकर सहयात्रियों के पेट में बल पड़ गए। पंचतत्त्वों की तात्विक विवेचना से सभी यात्री ऊब चले थे। समय भी काफी हो गया था—सूबा पाँच और दल काफी दूर (करीब 4 मील) तक निकल आया था। बाबा से जब सीतारामजी को मिलाया गया तो सहयात्रियों को जैसे प्राण मिला। बाबा ने ग्राम दान सम्बन्धी बातें उन भाई को बताई। नए नाके के पास ही एक किनारे बाबा बैठ गए।

उनके साथ सब बैठ गए। वहाँ पहले पाँच मिनट मौन रखा फिर बाबा ने एक सुन्दर सा छोटा-सा प्रवचन दिया। मजाके की ओर करीब सवा छह बजे दल वहाँ से लौटा। रास्ते में फिर सीतारामजी ने उनसे चर्चा की। उनके बाद प्राकृतिक चिकित्सक डॉ. पँवार ने उनके चिकित्सा सम्बन्धी चर्चा की। बीच में एक जगह बाबा ने नाश्ता किया। फिर बातें करते पचासिया पाइंट पर पहुँचे।

जीवन में त्याग का महत्त्व अधिक
भोग की तरफ बढ़ रहे देशवासियों को आचार्य भावे की फटकार

पलासिया पाइंट पर तिलक मूर्ति के पास स्वतंत्रता के अग्रदूत लोकमान्य तिलक की पुण्यतिथि पर आयोजित आमसभा में प्रवचन देते हुए सन्त विनोबा ने स्पष्ट कहा कि शक्ति त्याग से पैदा होती है। परतंत्रता के समय राजनीति के क्षेत्र में त्याग करना पड़ता था, इसलिए उसमें शक्ति थी। पर अब राजनीति का क्षेत्र भोग का क्षेत्र हो गया है। क्योंकि उसमें त्याग नहीं करना पड़ता। लोकमान्य तिलक ने भी अपने जमाने में राजनीति को आपद्धर्म के नाते स्वीकार किया था और स्वतंत्रता के बाद गणित के अध्यापक बनने की इच्छा प्रकट की थी। आज सुबह साढ़े सात बजे बाबा जब अपनी पदयात्रा से पलासिया पाइंट पर आए तो पहले उन्होंने लोकमान्य तिलक की मूर्ति पर फूल-माला चढ़ाई और फिर मंच पर प्रवचन देने को लौटे। आज वे और दिनों से अधिक उत्साहित और प्रफुल्लित थे और आज का उनका प्रवचन इन्दौर में दिए गए प्रवचनों में सबसे तेज था।

भारत की गुलामी की जंजीरों में बँधी जनता को 'स्वतंत्रता हमारा जन्मसिद्ध अधिकार है' का सन्देश देने वाले लोकमान्य तिलक का नाम आदर से स्मरण करते हुए विनोबाजी ने कहा कि यह भारत की बहुत बड़ी विशेषता रही कि परतंत्रता के उस जमाने में इसकी मिट्टी ने ऐसी विभूतियाँ पैदा कीं, जो अपने-अपने क्षेत्र में अद्वितीय थीं। रामकृष्ण परमहंस, महात्मा गांधी, अरविन्द, रवीन्द्र नाथ ठाकुर आदि के नाम गिनाते हुए उन्होंने कहा कि भारत माता ने इन अद्वितीयों का समूह ऐसे नाजुक वक्त में पैदा किया, जबकि देश अंग्रेजों की गिरफ्त में था। ऐसे वक्त में अपने-अपने क्षेत्र में इतनी अद्वितीय विभूतियाँ कम देखने को मिलती हैं। भारत माता ने पराधीनता में भी प्रतिभा प्रकट की और देशों में पराधीनता में लोग दब गए या उन्होंने बगावतें कीं। पर भारत की पराधीनता के वक्त दो अनोखे दृश्य देखने को मिले। न तो यहाँ के लोगों ने बगावतें कीं। (छिटपुट कीं पर वे नगण्य हैं) न डर जाना पसन्द किया। उन्होंने 'आत्म संशोधन का रास्ता अपनाया।' यहाँ के लोगों ने सोचा कि देश गुलाम है, अवनत स्थिति में है तो जरूर ही इसके मानव और शरीर में दोष होना चाहिए। पश्चिम की संस्कृति के प्रकाश में यहाँ के नेताओं ने सुधार का कार्य प्रारम्भ किया। नेताओं ने तरह-तरह के सुधार की शुरुआत की। समाज रचना के बारे में भी सोचा गया। रामकृष्ण परमहंस ने तो सब धर्मों की साधना की। सभी क्षेत्रों में सुधार के कार्य हुए। परतंत्रता के समय ऐसी चेतना केवल हिन्दुस्तान में ही दिखाई दी और दूसरे रास्ते छोड़कर देश ने आत्म संशोधन का रास्ता अपनाया। जब मैं इस बारे में सोचता हूँ तो मुझे लगता है कि देश की प्रकृति में कितना सत्त्व भरा है। एक नया दर्शन मिलता है। परतंत्रता के इतिहास (आत्म संशोधन) अद्वितीय है। विनोबाजी बोलते

वक्त ऐसी सात्विक उत्तेजना में थे कि उनके पाँव तेजी से हिल रहे थे। (वे मंच पर पाँव लटका कर बैठे थे) और उनके हाथ बड़े वजन से मंच पर पड़ रहे थे।

भारत की दूसरी अद्वितीयता का उल्लेख करते हुए उन्होंने कहा और भारत ने मुक्ति पाने का तरीका भी बिलकुल नया अपनाया। यहाँ की संस्कृति महात्मा गांधी के रूप में प्रकट हुई। वे अगर नहीं भी होते तो भी उनकी जगह दूसरा भी कोई यही रास्ता अपनाता। फिर उन्होंने लोकमान्य तिलक का उल्लेख करते हुए कहा कि राजनीति तो मेरा 'आपद्धर्म' है। स्वतंत्रता के बाद मै गणित का अध्यापक बनना चाहूँगा। तो प्यारे भाइयो! हम अभी तक यही समझे हुए हैं कि राजनीति में ताकत है। राजनीति में ताकत है नहीं—थी। परतंत्रता में वह जरूरी थी। अब आज स्वाधीनता के बाद लोक नीति जरूरी है। स्वराज्य प्राप्ति के बाद महात्मा गांधी नोआखाली में क्यों गए? वे शासन अपने हाथ में लेकर दिल्ली में क्यों नहीं बैठ गए? इसलिए कि वे लोकनीति को महत्त्व देते थे। कांग्रेस ने अपने इतिहास में स्वतंत्रता के बाद क्या किया? जब त्याग करना आवश्यक हो जाता है तो ताकत पैदा होती है। पहले कांग्रेस की सदस्यता त्याग की प्रतीक थी।

राजनीति में भी पहले त्याग करना पड़ता था, इसलिए उसमें ताकत थी। पर अब वह त्याग का नहीं भोग का क्षेत्र हो गया, इसलिए उसमें ताकत नहीं रही। बाबा ने एक उदाहरण देते हुए कहा कि तमिलनाडु में एक मणिका बाँचकर ही गए हैं। वे पहले एक राज्य के प्रधानमंत्री थे पर उन्होंने अपने पद से त्याग पत्र देकर भक्ति का मार्ग अपनाया था। अगर राज्य सत्ता से क्रान्ति हो सकती है तो उन्होंने राज्य क्यों छोड़ा? महात्मा बुद्ध के नाम में राज्य आता, पर वे उससे विमुख क्यों हुए। लेकिन आज हमारे यहाँ त्याग की कीमत नहीं रह गई है। राजेन्द्र बाबू (राष्ट्रपति) ने अपनी तनख्वाह कम की। एक दो अखबारों ने उसकी प्रसंशा की, मगर बाकी के अखबार मौन रहे। यह ठीक नहीं है। त्याग की मिसाल घर-घर पहुँचाई जानी चाहिए। उनकी प्रशंसा की जानी चाहिए। हमारा समाज त्याग के प्रति उदासीन हो गया है। पर हिमालय कहता है कि वह भारत को उदासीन नहीं रहने देगा। चीन और भारत के बीच बॉर्डर समस्या उठ खड़ी हुई है। हिन्दुस्तानी चिल्लाते हैं हम डटकर मुकाबला करेंगे यानी हमें एक होने के लिए आपत्ति की जरूरत है। उसके पहले भोग विलास में लगे रहेंगे। अपने जीवन को नरम बनाएँगे। फिर बचत के लिए सेना बढ़ाएँगे। इस तरह क्या हम टिक सकते हैं? मेरी तो यही कोशिश है कि चीन और भारत के प्रेम सम्बन्ध बनें। पर हमें यह नरम जीवन त्यागना होगा। अन्त में उन्होंने जीवन के लिए एक नया समीकरण प्रस्तुत किया जिसका मतलब जीवन में त्याग की यात्रा? और भोग की यात्रा?

अनपेक्षित जोश के साथ सफाई प्रारम्भ

आज सुबह पंचम की फेल में इन्दौर के नागरिकों का 'सफाई सप्ताह' इतने उत्साह से शुरू हुआ कि उसके संयोजकों की अपेक्षाएँ छोटी पड़ गईं। उस गन्दी बस्ती को 800 हाथों ने विविध साधनों से साफ किया। सफाई के प्रति इन्दौर के नागरिकों की यह पहल एक नए शिक्षित नागरिक का द्वार खोलती है। आज के इस सफाई सप्ताह के प्रारम्भ होने का निश्चय छह दिन पूर्व ही कर लिया गया था और ये छह दिन उसकी

पूर्व तैयारियों में लगे। बाबा जब पलासिया पाइंट से प्रवचन देकर लौटे तो वे बहुत ही उत्साहित थे। उनके चेहरे पर प्यारी सी तेजस्विनी मुस्कान थी। यह कहना गलत नहीं होगा कि 'सफाई-सप्ताह' का प्रारम्भ उनके द्वारा होना कार्यकर्ताओं का प्रेरणा स्रोत था।

रेस कोर्स रोड के चौराहे वाले बर्मा सेल के पेट्रोल पम्प पर सब एकत्रित थे। इस सफाई सप्ताह के नेता अप्पा साहब पटवर्धन ने कार्यकर्ताओं की लिस्ट देखी और दस-दस की टोली बनाने को कहा। देखते-देखते टोलियाँ बन गईं। कार्यकर्ताओं को सफाई के साधन लेने की बड़ी उतावली थी। कोई बाँस की सींकों की झाड़ू बड़े उत्साह से उठा रहा था। किसी ने लम्बी हाथ झाड़ू को कपड़ा समझकर फहराना शुरू कर दिया था और कोई नाली साफ करने का पतरा लगा बाँस यों उछाल रहा था, जैसे कोई गढ़ जीतने जा रहा योद्धा अपना बल्लम हवा में चमकाता हो। बहनें पीछे नहीं रह सकतीं। मातृशक्ति स्त्री-शक्ति का नया जागरण होना चाहिए। कमर पर हाथ से टोकरियाँ थामे—धोती कसे वे चल पड़ीं। किसी के हाथ में टीन के दो टुकड़े भी थे। पर हाथ इतने और औजार कम। हाथों पर पहनने के दस्ताने भी हैं। काले-काले रबड़ के दस्ताने। शौचालयों की सफाई उन हाथों से होगी जो ये दस्ताने पहनेंगे। दस्ताने भी सब बँट गए। दूर से देखने पर सफाई के साधन लिये जाती हुई नागरिकों और कार्यकर्ताओं की टोलियाँ ऐसी लगती थीं जैसे 'पंचम की फेल' गन्दगी के गढ़ को फतह करने के लिए कोई सेना जा रही हो।

देखते-देखते कार्यकर्ताओं ने पंचम की फेल को घेर लिया। अब चले वे सेनापति नंगे बदन पर खादी की सफेद-झक धोती। हाथों में काले दस्ताने। सिर पर हरी टोपी-विनोबा। विनोबा जी की जय। जय जगत...।

बच्चों ने बाबा को घेर लिया था। वे एक अजीब से उल्लास भरे आश्चर्य से चकित थे। उनका दल बाबा को घेरकर चल रहा था। बाबा की चाल! बाबा की मुस्कान। बाबा का हाथ हिलाने का अन्दाज। बाबा की नजर उफ! जाने क्या होगा। ऐसा लगता था जैसे कोई ज्योतिपुंज चला जा रहा हो। किसी अँधेरे गढ़ में उजाला करने, बाबा के साथ महादेवी ताई थीं, कुसुम बहन थीं, पन्ना बहन थीं, एक अंगरक्षक था, गंगाराम तिवारी थे, दीपचन्द जैन थे। अप्पा साहब पटवर्धन और हाँ एक अनजान सा नवयुवक भी था। पंचम की फेल की स्कूल के सामने वाली टीन की टट्टियों की तरफ बाबा का दल बढ़ा जा रहा था। कुछ लोग बच्चों को रोक रहे थे पर बच्चे आखिर बच्चे होते हैं और सरक कर निकल जाने में वे कभी फच्चे नहीं होते। वे बाबा के साथ ही गए। टट्टियों के बाहर नगर निगम के दो अधिकारी खड़े थे। बाबा ने हाथों के दस्ताने ठीक किए और उनके साथ सफाई में जुट गए, अप्पा साहब पटवर्धन, गंगाराम तिवारी, इन्दौर की टोली में सम्मिलित वह अनजाना सा युवक (लखनऊ का कृपाशंकर), कुसुम बहन, पन्ना बहन। बाहर खड़े बच्चों और बूढ़ों को आश्चर्य हो रहा है—उन्हें घृणा नहीं, हो रही। नहीं बिलकुल नहीं। वे बाबा के दल को टट्टियों की सफाई में लगा देखकर एक प्रकार के आश्चर्य से पुलकित हैं।

लो टट्टियों की सफाई पूरी हो गई। बाबा ने (बाबा के दल ने) दस्ताने निकालकर नल पर हाथ-पैर धोए। बाबा फिर चल पड़े। वे रहे दादा भाई नाईक पतरा लगे बाँस से नाली साफ कर रहे हैं। वे रहे देवेन्द्र भाई कमर कसे। वे रहे लक्ष्मणसिंह चौहान हाथ में

झाड़ू। वे रहे हमारे श्रममंत्री द्रविड़ साहब, वे रहे कान्तिलाल पटेल और कल्याणमल जी बापना भी आए हैं। वाह! पानी की बाल्टी है हाथ में। वे रही जेकब बहन और निर्मलारानी पोत्वार सफाई हो रही है और इनके साथ में कितने जाने अनजाने लोग है। इन्हें कपड़े खराब होने का आज कोई दुख नहीं। पार्षद सेठियाजी का कुर्ता गन्दा हो गया है। रामानन्द दुबे की बनियान खराब हो रही है और उस बहन का दुपट्टा (माफ कीजिए नाम नहीं मालूम) नीचे कीचड़ में रुल रहा है। कोई झाड़ू लगा रहा था, कोई कचरा इकट्ठा कर रहा था। कोई फिनाइल छिटक रहा था। कोई बहन घर के बाहर पड़ा मैला अपने हाथों के पतरे से उठा रही थी। कितने हाथ लगे थे सफाई में। कितने मन लगे मैल धोने में। अजीब दृश्य था।

सम्पत्ति दान के संकल्प

विनोबाजी के आह्वान पर इन्दौर के प्रसिद्ध वकील श्री कृष्णाजी चितले, राज्य विधान सभा के सदस्य रामेश्वर दयाल जी तोतला, नगर निगम के पार्षद श्री बाबू भाई देसाई ने क्रमशः माहवार का सम्पत्तिदान घोषित किया है।

पेंशनर, व्यापारियों और विद्यार्थियों में बाबा

सन्त विनोबा भावे पेंशनर सज्जनों से 3 अगस्त को 3 बजे और व्यापारी भाइयों से 4 अगस्त को सुबह 11 बजे सफेद कोठी पर चर्चा करेंगे। 5 अगस्त को सुबह टाउन हॉल में विद्यार्थियों से चर्चा करेंगे।

एक जरूरी निवेदन

(पिछले सवा नौ सालों से परछाईं की तरह विनोबाजी की अखंड यात्रा में उनके साथ रहने वाली और उनके मिशन को सफल बनाने की उत्कट भावना रखने वाली श्रीमती महादेवी ताई ने इन्दौर नगर की स्वच्छता के नाम नीचे लिखा एक जरूरी निवेदन प्रसारित किया है। आशा है, इन्दौर की जाग्रत जनता इस पर अवश्य ध्यान देगी—सम्पादक।)

विनोबाजी आजकल इन्दौर में हैं। इन्दौर में उनके विचारों की गंगा अविरल बहने लगी है। उनके विचार मुख्यतः शान्त क्रान्ति के विचार हैं। इन विचारों को समझने और इन पर अमल करने की आज खास जरूरत है। इन्दौर से ही मध्य प्रदेश सर्वोदय मंडल के मुख पत्र के रूप में *भूमि क्रान्ति* नाम का एक साप्ताहिक विचार-पत्र हर शुक्रवार को निकलता है। इस पत्र में मुख्यतः विनोबाजी के क्रान्तिकारी विचारों और कार्यक्रमों की ही चर्चा रहती है। सर्वोदय के नित नए विचार इसमें छपते रहते हैं। अखबारों की तरह एक निगाह डालकर उसमें शामिल करने जैसी चीज यह नहीं है। यह हर तरह संग्रहणीय, पठनीय है। विनोबाजी और इन्दौर नगर के हर वार्ड और हर मुहल्ले में पदयात्रा कर रहे हैं। महीने-सवा महीने तक यहाँ उनकी यह यात्रा चलेगी। वे जगह-जगह जनता का दर्शन करते हैं और उसके सामने सर्वोदय का सर्व कल्याणकारी विचार रखते हैं। रोज हजारों लोग उनकी बात बड़े ध्यान से, प्रेम से और उत्साह से सुनते हैं।

आज देश की और दुनिया की जैसी डावाँडोल हालत है, उसमें सर्वोदय का विचार ही एक तारक विचार सिद्ध हो रहा है। जरूरत इस बात की है कि हम सब उसे समझें, अपनाएँ और जीवन में उतारें। आज इन्दौर की जनता में विनोबाजी के लिए जो अपार प्रेम और उत्साह दिख रहा है, उसका कोई ठोस नतीजा निकलना ही चाहिए। बड़े सबेरे चार बजे से विनोबाजी बरसते पानी में भी नगर यात्रा के लिए चल पड़ते हैं और नगर के बूढ़े-बच्चे, जवान, स्त्री-पुरुष सभी बड़े भक्तिभाव से उनका स्वागत करते हैं, उन्हें सुनते हैं और उनके पीछे-पीछे पानी में भींगते चलते हैं। यह सब बहुत अद्‌भुत है और भक्ति का प्रवाह उमड़ा है, वह प्राण जीवी नहीं, पानी के बुलबुले की तरह दूसरे ही क्षण समाप्त न हो जाए, इसके लिए इस विचार को पक्की बैठक देने की बहुत जरूरत है। जब तक विचार स्पष्ट और दृढ़ न हो, हम कुछ नहीं कर सकते। इसीलिए मैं इन्दौर के अपने भाई-बहनों से विनती करती हूँ कि वे अपने विचारों को स्पष्ट और दृढ़ करने के लिए सर्वोदय के विचार-पत्रों को अपनाएँ। चूँकि *भूमि-क्रान्ति* इन्दौर से ही निकलती है, इसलिए उसे अपनाना आप सबके लिए सहज है, आवश्यक है और धर्मरूप है। *भूदान यज्ञ* (हिन्दी), *भूदान* (अंग्रेजी), *भूदान-तहरीक* (उर्दू), *ग्रामराज* आदि दूसरे भी पत्र हैं, जो अपनाने योग्य हैं। घर-घर में इनको होना चाहिए और ये ध्यानपूर्वक पढ़े जाने चाहिए। इनके अलावा सर्वोदय के विचारों को गहराई से समझने के लिए विनोबाजी की लिखी कुछ किताबें भी खासतौर पर पढ़ी जानी चाहिए। इसमें कुछ ये हैं—*गीता प्रवचन, लोकनीति, व्यापारियों से, जय जगत्, शान्ति सेना, सर्वोदय पात्र, शिक्षण विचार, ग्राम दान, स्त्री शक्ति* आदि। इसी तरह बच्चों और कम पढ़े-लिखे लोगों के वाचन-भवन के लिए *सर्वोदय की सुनो कहानी* के पाँच भाग और *सन्त विनोबा* छह भाग बहुत ही काम के हैं। सरल, सरस और सुबोध शैली में लिखी गई और मोटे अक्षरों में चित्रों के साथ छपी ये पुस्तकें घर-घर में पढ़ी जानी चाहिए।

इन्दौर में यह सारा साहित्य बीच स्थानों में मिलता है। इन्दौर निवासियों से मेरी आग्रह भरी विनती है कि वे इसे प्रेम से अपनाएँ और इस तरह विनोबाजी के मिशन की महानता को समझकर उसे सफल बनाने में योगदान दें। इन्दौर में सर्वोदय के साहित्य की प्राप्ति के स्थान—विनोबा-निवास, सफेद कोठी, तुकोगंज मेनरोड, इन्दौर, मध्य भारत खादी संघ, खादी भंडार, महात्मा गांधी मार्ग, इन्दौर नगर और *भूमि क्रान्ति* कार्यालय, 5 गांधी भवन, यशवन्त रोड, इन्दौर।

विनीत,
महादेवी वर्मा

महिलाएँ शान्ति सैनिक बनें
समाज में स्त्री शक्ति के महत्त्व पर बाबा का प्रवचन

आज गांधी हॉल में आचार्य श्री विनोबा ने महिला सभा को सम्बोधित करते हुए कहा कि हिंसा की प्रतिष्ठा रहने के कारण आज तक पुरुषों का दर्जा ऊँचा रहा किन्तु अब जब अहिंसा की पुकार होने लगी है इसलिए महिलाएँ समाज की बिगड़ी हुई स्थिति सँभालें और शान्ति सैनिक बनकर समाज में शान्ति व अहिंसा की स्थापना करें। बाबा ने

आगे कहा कि आजकल की पढ़ी-लिखी महिलाओं में वीरता व साहस नहीं होता इसका मुख्य कारण भगवान में श्रद्धा का अभाव है। भाषण प्रारम्भ करते हुए बाबा ने कहा कि 24 जुलाई को पहली सार्वजनिक सभा में मैंने महिलाओं को सम्बोधित किया था उस समय महिलाओं की उपस्थिति अधिक थी। मेरा विश्वास है कि स्त्री शक्ति जाग्रत होगी तथा स्त्रियाँ शान्ति सैनिक बनकर घर-घर शान्ति व पराक्रम का सन्देश सुनाएँगी। आज इन्दौर में हम अहिल्याबाई का नाम लेते हैं किन्तु अब इन्दौर के महिला क्षेत्र में दूसरे नाम भी आएँगे जिनके कार्यों की प्रशंसा सर्वत्र की जाएगी।

आचार्य श्री विनोबा ने कहा कि आज स्त्री शक्ति जाग्रत करने की अत्यन्त आवश्यकता है। यह आवश्यकता इसलिए महसूस हुई है कि पुरुषों ने समाज की व्यवस्था बिगाड़ दी है अब स्त्रियों को ही यह व्यवस्था सुधारनी है। पर स्त्रियों का उत्थान तब तक नहीं हो सकता है जब तक कि वे स्वयं ऊपर नहीं उठतीं। भारत सहित किसी भी देश में महान साहित्यकार के रूप में स्त्रियों ने नाम नहीं कमाया है। रामकृष्ण, बुद्ध, ईसा मसीह आदि पुरुष के नाम पर समाज की रचना हुई है किन्तु कोई भी महिला ऐसी नहीं हुई है जिसके नाम से समाज की रचना हुई हो। कहीं भी ऐसी स्त्री नहीं हुई जिसका अनुशासन पुरुषों ने माना हो। हालाँकि अहिल्या, लक्ष्मीबाई, चाँदबीबी, जॉन ऑफ आर्क आदि वीर महिला हुईं, इसी तरह मीरा, ललद्यद आदि भक्त महिला हुई हैं। योगिनी, तपस्विनी भी हैं। किन्तु अपने नाम से उन्होंने समाज की रचना नहीं की। अपना अनुशासन चलाने वाली महिला न तो भारत में हुई है, न दुनिया में। इसका मुख्य कारण हिंसा की प्रतिष्ठा है। जब भी कभी रक्षा की बात आई तो पुरुष ने स्त्री, बच्चों आदि की रक्षा का भार अपने ऊपर ले लिया और इस तरह पुरुष पहले दर्जे में आ गया। क्योंकि रक्षण व पालन करने वाली स्त्री संहार का कार्य कैसे करेगी? इसी वजह से स्त्रियों को आगे आने का मौका नहीं मिला। अगर कहीं स्त्री शक्ति की गुण गाथा गाई जाती है तो वह आत्महत्या के लिए। जब मुसलमानों ने देश पर आक्रमण किया तो पुरुषों की आसक्ति कम करने के लिए ताकि वे वापस मोह से रणक्षेत्र छोड़कर घर न आएँ और मुसलमान कुछ बिगाड़ न लें इसलिए महिलाओं ने आत्महत्या कर ली। स्त्रियों में रक्षा का भार पुरुषों पर ही छोड़ दिया, इसीलिए आज यह स्थिति आई है। जब सिंहनी अपने बच्चों की रक्षा वीरता व साहस से करती है तो महिलाएँ क्यों नहीं करतीं।

इसलिए जब तक हिंसा रहेगी तब तक पुरुष का दर्जा ऊँचा ही रहेगा। किन्तु हिंसा पर से विश्व की बड़ी ताकतों का विश्वास उठता जा रहा है। अमेरिका व रूस भी अब शान्ति की बात करते हैं। जब से शान्ति सेना की बात निकली है तब से स्त्रियों के लिए महान कार्य क्षेत्र मिल गया है। स्त्रियाँ शान्ति सैनिक बनें तथा जहाँ भी झगड़ा फसाद मचे वहाँ हिम्मत से जाएँ और शान्ति स्थापित करें। इस कार्य में महिलाओं को मार भी पड़े तो वह सहन करें। महिलाएँ जब इस तरह हिम्मत दिखाएँगी तो ही वे आगे आएँगी और समाज में अपना दर्जा ऊँचा बना सकेंगी। सेवा कार्य महिलाएँ अपने घर में रहकर भी कर सकेंगी वे घर-घर जाएँ—स्नेह परिचय प्राप्त करें तथा शान्ति स्थापित करें।

यह कार्य करने के लिए उनमें ताकत की जरूरत है वह ताकत भक्ति, भगवान में श्रद्धा तथा ब्रह्म विद्या से आएगी। बाबा ने आगे कहा कि आजकल मैं देखता हूँ कि जो

महिलाएँ पढ़ी-लिखी हैं उनमें भक्ति का अभाव है। इस अभाव के कारण ही उनमें शक्ति नहीं है। महिलाओं को मार्गदर्शन देते हुए बाबा ने कहा कि वे सर्वोदय मित्र बनें तथा साप्ताहिक रूप से सभी महिलाएँ एक जगह एकत्रित हों और सत्संग करें। *गीता* व अन्य ग्रन्थ पढ़ें तथा आपस में चर्चाएँ करें। इससे उनमें शक्ति जाग्रत होगी और कार्य करने की प्रेरणा मिलेगी। आशान्वित होकर बाबा ने कहा कि जिस तरह एक अहिल्याबाई ने इन्दौर का नाम रोशन किया है, उसी तरह आप भी ऐसी सेवा करके बताएँ ताकि इस युग में भी आप अहिल्या के रूप में सामने आएँ और दूर तक आपके कार्य की प्रशंसा होने लगे।

संसर्ग रहित समाज रचना करें
आचार्य भावे द्वारा पतंजलि के दूसरे सूत्र की व्याख्या

आज सफेद कोठी के उद्यान में शाम को पाँच बजे रिमझिम बरसते पानी में आचार्य विनोबा ने सायंकालीन प्रार्थना सभा में पतंजलि के सूत्र पर प्रवचन दिया। अपने प्रवचन में आपने मुख्य रूप से संसर्ग की व्याख्या करते हुए संसर्ग रहित समाज रचना पर बल दिया। पतंजलि के सूत्र पर आज दूसरे दिन व्याख्यान करते हुए आचार्य ने सफाई के महत्त्व पर प्रभावपूर्ण ढंग से प्रकाश डाला। कल के प्रवचन में आपने 'स्वांग जुगुप्सा' का विश्लेषण किया था। आज उन्होंने 'परैरससर्ग:' का विश्लेषण किया। आचार्य भावे ने कहा पतंजलि ने दो हजार-बाईसों वर्ष पूर्व 195 सूत्र लिखे थे। आज तक उसकी प्रतिष्ठा चली आ रही है। संस्कृत के शब्दों का उन्होंने बड़ी बारीकी से उपयोग किया है। भारत को पुरातन काल से जो विभिन्न देने (उपहार) मिली हैं उनमें से पतंजलि की देन का वर्णन करना भी आवश्यक हो जाता है। पतंजलि जी के सूत्रों का नाम तो लेना ही पड़ता है, क्योंकि उन्होंने मुख्य रूप से मानस शास्त्र का वर्णन किया है। आज मानस शास्त्र काफी विकसित हो गया है। वर्तमान मानस शास्त्र में मन की विभिन्न पद्धतियों का विश्लेषण हुआ है किन्तु मन के विरोध का विश्लेषण आज के मानस शास्त्री नहीं कर पाए हैं। श्री पतंजलि ने निरोध प्रवृत्ति या मन से कैसे अलग रहना है, इसका विषद वर्णन किया है। यह उनकी दुनिया के लिए देन है तथा उन्होंने स्वच्छता का शास्त्र बनाया।

पतंजलि ने अपने सूत्रों में प्रचलित शब्दों का उपयोग तो किया है लेकिन नए-नए शब्दों का भी उपयोग किया है। 'परैरसंसर्ग:'। यानी दूसरों के साथ संसर्ग छोड़ो। यहाँ पतंजलि ने संसर्ग शब्द का उपयोग किया है। उन्होंने संसर्ग के लिए इनकार किया है सम्पर्क के लिए नहीं—संसर्ग आक्रामक न हो जिससे कि शरीर को किसी प्रकार की तकलीफ पहुँचे। संसर्ग का मतलब है जुड़े हुए रहें, पर कटे रहें अगर संसर्ग ज्यादा होगा तो अस्वच्छता पैदा होगी। देह का संसर्ग—इसमें स्वच्छता का विचार करना चाहिए। अगर यूरोपीय पद्धति से अभिवादन करेंगे तो हाथ मिलाएँगे। इससे देह का संसर्ग होगा तथा अस्वच्छता फैलेगी।

भारतीय पद्धति से हाथ जोड़ेंगे तो संसर्ग नहीं होगा। यह प्रथा मर्यादाशील है। हाथ मिलाने की प्रथा कोई खराब नहीं है—वहाँ की परम्परा ही चली आ रही है। यह तो मैंने सहज भावना से उदाहरण दिया है। दूसरा उदाहरण लीजिए—स्वागत करने के लिए हम फूलों का हार पहनाते हैं। हार में सभी फूल स्वतंत्र हैं। एक डोरे से उन्हें एक कर दिया

गया है। फूल अलग-अलग भी हैं और इकट्ठे भी हैं। अब दूसरी वस्तु गुलदस्ता फूलों का गुच्छा है—इससे स्वागत करने की परम्परा यूरोपीय है। इसमें सब फूल इकट्ठे कर दिए हैं और बाँध दिए हैं। इनमें फूलों को जकड़ दिया गया है—इसलिए यह संसर्ग है। संसर्ग व सम्पर्क में फर्क है। आप सम्पर्क करें, किन्तु संसर्ग नहीं।

अब आम प्रकार के संसर्ग की बात लीजिए। एक व्यक्ति पानी में डूब रहा है। डूबने से बचाने के लिए उसे पानी से निकालने में संसर्ग। किन्तु इसे संसर्ग नहीं कहेंगे वह तो तारक है। इसी तरह बीमार की सेवा में लगे रहने के कार्य को भी हम संसर्ग नहीं कहेंगे। वह तो अच्छा कार्य कर रहा है। संसर्ग की व्याख्या करते हुए बाबा ने कहा कि लोग अक्सर बच्चों का चुम्बन करते हैं—इनसे क्या लाभ होता है, समझ में नहीं आता। माँ ने बच्चे का चुम्बन किया, फिर घर के किसी दूसरे व्यक्ति ने बच्चे का चुम्बन की बौछारें कीं। इसके बाद उसका पिता आया, उसने भी चुम्बन किए। इससे बच्चे की परेशानी के अलावा और कोई लाभ नहीं होता। बच्चे के गाल पर फुंसियाँ आदि उठ आती हैं, यह संसर्ग है।

असंसर्ग (अस्पर्श) का लाभ पश्चिम वालों ने काफी समझा है। वहाँ रोटी (ब्रेड) बनाने का कार्य इस तरह चलता है कि गेहूँ की पिसाई, आटे को गुँधना, रोटी बनाना, उसकी सिंकाई, फिर उसे बंडल में बाँधकर छाप लगाना इन सभी कार्य में कहीं भी हाथों का स्पर्श नहीं होता। उन रोटियों पर 'हाथों का स्पर्श नहीं हुआ' लिखा रहता है। इसीलिए स्वच्छता-सफाई के लिए असंसर्ग आवश्यक है। बाबा ने कहा मैला साफ करने का कार्य हम मनुष्य से करवाते हैं यह बड़े दुख की बात है। मैंने सुना है कि यहाँ इन्दौर में पूर्व में हरिजनों की सात दिनों तक हड़ताल हुई थी। तब यहाँ की जनता ने, मंत्रियों ने, नेताओं ने सफाई का कार्य किया था। किन्तु केवल उन्होंने कार्य किया, अक्ल नहीं लगाई। सात दिन तक सफाई का काम करने के बाद भी मनुष्य द्वारा मैला साफ करने की प्रणाली में परिवर्तन करने के लिए कोई अक्ल नहीं लगाई। इसलिए उन्होंने जो कार्य किया वह पुण्य का कार्य नहीं किया। हमें समाज की रचना को संसर्ग रहित करना होगा।

(2 अगस्त, 1960)

आज सह-चित्त आवश्यक

ईश्वर ने मनुष्य को वाणी दी है, भाषा नहीं
रामबाग में सन्त प्रवर का मार्मिक उद्‍बोधन

प्रात:कालीन प्रवचन में सन्त प्रवर विनोबा जी ने नगर की समस्त मराठी-भाषी जनता को आह्वान किया कि वे 'दूध की शक्कर' बनें। अपनी बात को स्पष्ट करते हुए आपने कहा कि जिस प्रकार हम दूध में शक्कर मिलाने पर भी उसे दूध ही कहते हैं परन्तु असल में उसमें स्वाद शक्कर का हुआ करता है, ठीक उसी प्रकार आप सेवा करें और तब ही आपके हाथों से स्वच्छ-सुन्दर धर्म का उदय होगा। इस अवसर पर आपने 'सह-चित्त' सूत्र का मार्मिक विश्लेषण किया। रामबाग में नरहरि गुरु वैदिकाश्रम के तत्वावधान में आयोजित इस समारोह में विनोबाजी ने अपने नगरीय भ्रमण में पहली बार मराठी में प्रवचन किया। सर्वप्रथम वेदमूर्ति नेने शास्त्री ने वेद मंत्रों के उद्‍बोधों के साथ बाबा का हार्दिक स्वागत किया। वैदिकाश्रम के मंत्री श्री कालिम्बे ने नगरीय मराठी संस्थाएँ तथा उनके बहुविध कार्यों का संक्षिप्त परिचय देते हुए कहा कि इन कतिपय संस्थाओं के अतिरिक्त इन्दौर के लिए तात्या साहब सरवटे, सरदार माधवराव किबे तथा श्रममंत्री श्री द्रविड़ महाराष्ट्रियनों की चलती बोलती संस्थाएँ हैं। *गीता* के कुछ अंशों के सस्वर पाठ के पश्चात पूज्य विनोबाजी का प्रवचन प्रारम्भ हुआ।

सन्त प्रवर ने कहा कि मातृभाषा में बोलने का प्रसंग मुझे आज डेढ़ वर्ष बाद आ रहा है। मातृभाषा मधुर है क्योंकि मातृ देवता मधुर हैं और जब पास पड़ोस में अन्य भाषा बोली जाती हो तब इसकी मधुरता विशेष प्रतीत होती है। आपकी अपनी भाषा के सम्बन्ध में चिन्ता है परन्तु मुझे इसका कोई डर नहीं है। ज्ञानदेव की यह भाषा है, यह अथक है, इसके लिए व्यवस्था हो या न हो, इसका बोलबाला सुनिश्चित है। अहिल्या देवी साहजी हुईं जिसने सत्ता और सेवा का समन्वय किया—दोनों को एक रूप किया। परन्तु आज हमारा हृदय संकुचित हो गया है। उस जमाने में अहिल्याबाई ने विशाल हृदय के साथ देश की सेवा की। आज हम सत्ता की बात छोड़ दें और सेवा में लग जाएँ। मराठी-भाषियों के सम्बन्ध में जनता के मुँह से यह उद्‍गार निकलने चाहिए कि "मराठी भाषिक सेवा करना जानते हैं, उन्हें मेवा नहीं चाहिए—नाम नहीं चाहिए।" आप दूध की शक्कर बनें, नाम दूध का ही हो परन्तु उसका स्वाद शक्कर का हो—उसकी मिठास शक्कर की हो। यदि ऐसा किया तो ही आपके हाथों स्वच्छ-सुन्दर धर्म का उदय होगा। सत्य एक ही है। उसे विविध नाम दिए गए हैं। वस्तु एक ही है, केवल भाषा का झगड़ा है। मनुष्य को ईश्वर ने भाषा नहीं दी है—वाणी दी है। आप भाषा का प्रेम रखें

परन्तु अभिमान नहीं। आप अच्छी हिन्दी सीखें। मराठी में आप बोलते ही हैं। आप हिन्दी सीखेंगे। दो भाषाओं का ज्ञान होगा, शक्ति बढ़ेगी। आपने शक्कर-सा बनना चाहिए।

पूज्य विनोबाजी ने आगे कहा आप सबको 'सह-चित्त' होना चाहिए। यह सही है कि 'पिंडे-पिंडे भर्तैर भिन्न:' परन्तु फिर भी यदि हमारा सह-चित्त बना तो ही भारत का पार लगेगा। दुनिया बनी रहेगी। सह-जीवन का, सह-अस्तित्व का जो प्रयास आज दुनिया में चल रहा है वह योग्य दिशा की ओर पहलू है। आज रूस और अमेरिका भी यह भाषा बोलने लगे हैं। बालक जब बोलने लगता है, तब आशा की जाती है कि वह उसके अनुसार आगे बनेगा भी। और इसीलिए मैं इसे बहुत अच्छा प्रारम्भ समझता हूँ। अब इसमें वृद्धि होने की आवश्यकता है। हमने अपने देश में पुराने जमाने में बहुअस्तित्व का प्रयोग किया, इसीलिए जातियों का निर्माण हुआ। परन्तु आज की हमारी आवश्यकता सह-चित्त की है। यह कोई नई माँग नहीं है। 10 हजार वर्ष पूर्व वेदों में यह माँग की गई है। बाबा ने कहा, आज हमें दो बातों की नितान्त आवश्यकता है। पहली बात यह कि तत्त्वत: हम सब एक हैं इस भावना का हममें निष्ठापूर्वक प्रादुर्भाव होना चाहिए। हमने मूलत: इस बात को अपने आपमें पूर्णत: समा लेना चाहिए। इसे मैं अद्वैतवाद कहता हूँ और दूसरी बात हमारा कोई समान कार्यक्रम होना चाहिए। एक ऐसा कार्यक्रम कि जिसके प्रति किसी का भी मतभेद नहीं है। यह कार्यक्रम हमारे आचरण के लिए बनना चाहिए कि जिसके अनुसार हम काम में लग जाएँ। यही मेरा प्रयास है।

ज्ञानेश्वर महाराज ने हमें अद्वैतवाद सिखाया है। द्वैतवाद बहुत ऊँची बात है। उसकी भूमिका बहुत ऊँची है। वह स्वामी-सेवक वाद है। उसमें कोई तीसरा नहीं। परन्तु अद्वैतवाद यानी समतावाद। काहे की सेवा? हम सब समान हैं यह सिखलाने वाला यह वाद है। समूचे भारत में मैं घूमता हूँ, मुझे कई लोग मिलते हैं—उनमें वहाँ महाराष्ट्रियन अवश्यमेव मिलते हैं। यही अद्वैतवाद ज्ञानेश्वर ने हमें सिखलाया है। बाबा ने अपनी अश्रुलित और साथ ही मर्मस्पर्शी वाणी में आगे कहा जब मैं इसका प्रचार करता हूँ तो लोगों का संशय स्थान बन जाता हूँ। आप मेरा हृदय चीर कर देखें, मुझे क्या चाहिए? मुझे सह-चित्त की आस है, मुझे सह-चित्त चाहिए। मैं द्वैतवाद में था यहाँ के कार्यकर्ता सोशलिस्ट थे, लोग कहने लगे अब सोशलिस्ट बाबा को हृदय कर जाएँगे। महाराष्ट्र में कांग्रेस और जौनपुर में जनसंघ वाले मुझे हजम करेंगे ऐसा कहा गया। मैं सब का संशय स्थान बनता हूँ।

आज की दुनिया में शारीरिक ताकत से काम नहीं चल सकता। उसका जोर उत्पादन में चल सकता है। परन्तु आज के युग में शारीरिक शक्ति सही शक्ति नहीं है। जब प्रलय हुआ था, तब मार्कंडेय तैरता रहा, क्योंकि उसको रफत थी वही देर तक जीवित रहा। तो जब भी इस प्रकार का प्रलय होगा ऐसा कोई मार्कंडेय ही दुनिया का नेतृत्व करेगा। आज की शक्ति प्रेम की शक्ति है। हम अपना आचरण प्रेममय बनाएँ। इसी शक्ति से हम जगत को जीत सकते हैं। हम इस प्रेम की शक्ति से जगत को जीतें। ज्ञानेश्वर, तुकाराम जहाँ जन्मे वहाँ के हम बाशिन्दे हैं। ज्ञानदेव ने या लोकमान्य ने अपनी *ज्ञानेश्वरी* या *गीता रहस्य* किसी व्यक्ति विशेष को समर्पित नहीं की है। ज्ञानेश्वर विश्मात्मा थे उन्होंने *ज्ञानेश्वरी* विश्व को समर्पित की। लोकमान्य ने *गीता रहस्य* जनता को समर्पित की। और यही हमारी शक्ति है। संस्कृत में हर भाषा को अनेक वचन में उच्चारित किया जाता है

परन्तु महाराष्ट्र के लिए एक वचन ही प्रयोग किया जाता है। 'महाराष्ट्राते।' हम इसी शक्ति से दुनिया का महाराष्ट्र बना सकते हैं। सारा विश्व मेरा है, इस भावना को जगाइए।

आप अपनी छिटपुट शिकायतें त्याग दें। यह देह भोग के लिए नहीं है। आप उसे त्यागमय बनाएँ। मानव में एक भाग भोग और दो भाग त्याग इस प्रकार का उसका जीवन बनना चाहिए। जब आप यह समझने लगेंगे कि मनुष्य जन्म ही एक अवतार है तब ही आपके द्वारा बहुत बड़ी सेवा हो सकेगी। —जय जगत।

रामबाग की वर्षा से मिली हुई सड़क पर हल्की-हल्की फवारें जैसी बौछार में विनोबाजी की यह अमृत-तुल्य वाणी द्वारा अमृत-पान करने के लिए पुरुषों की बराबरी में महिलाएँ भी उसी संख्या में उपस्थित थीं। अबालवृद्ध, स्त्री, पुरुषों का यह जमाव दो हजार के लगभग था जो विनोबाजी के प्रवचन को दत्त चित्त हो एकाग्रता तथा तन्मयतापूर्वक ग्रहण करता प्रतीत हो रहा था।

सफाई सप्ताह के दूसरे दिन बाबा रामबाग में नाली सफाई का कार्यक्रम

आज सुबह सवा सात बजे के बाद सन्त विनोबा ने रामबाग रोड पर एवर फ्रेश बेकरी के पास नाली की सफाई की। कल उन्होंने घोषणा की थी कि आगे से वे जिस किसी वार्ड में पदयात्रा पर जाएँगे, वहाँ सफाई करेंगे। आज बाबा के साथ अप्पा साहब पटवर्धन दोनों अंग रक्षकों एवं तीनों बहनों के अतिरिक्त एक-दो और कार्यकर्ताओं ने सफाई की। नरहरि गुरु वैदिकाश्रम द्वारा आयोजित आम-सभा में प्रवचन देने के बाद बाबा रामबाग की गलियों से निकलते सुभाष मार्ग पर पहुँचे और वहाँ से फिर एवर फ्रेश बेकरी और पोस्ट ऑफिस के बीच वाली सड़क पर जाकर खड़े हो गए। उन्होंने अपने शरीर पर ओढ़ा हुआ वस्त्र निकाला और धोती ठीक से लपेटी। अप्पा साहब पटवर्धन के हाथों में नाली से गारा और रेती निकालने के पतरे थे, दीपचन्द जी के हाथ में टोकनी थी, कुसुम बहन और दूसरी दोनों बहनों के हाथों में झाड़ू थी। बाबा ने बाँस में लगी सींकों की एक झाड़ू से नाली की सफाई शुरू की। आगे-आगे पतरों से नाली का गारा और रेती निकाली गई, फिर बाबा ने खड़े-खड़े नाली में झाड़ू रगड़ा। पीछे-पीछे बहनों ने नालियों में झाड़ू लगाई। एक कोने से दूसरे कोने तक नाली साफ की गई। फिर वहाँ उपस्थित नगर निगम के कर्मचारी (शायद निरीक्षक) ने तीन-चार नगर निगम के कामगारों को फिनाइल की बाल्टियाँ और पम्प लिये बुलाया। साफ नाली पर फिलाइल छिड़का गया। बाबा के दल ने पास ही लगे नल पर हाथ-पैर धोए। उन्हें सफाई करते देख आसपास की कुछ गृहिणियाँ आश्चर्य चकित थीं और गैलरियों में खड़े भाइयों के चेहरे भाव शून्य थे। शायद वे इस बूढ़े अद्वितीय नंगे फकीर को इस तरह सफाई करते देख अपने आपको कोस रहे थे।

सफाई सप्ताह के दूसरे दिन कार्य सन्तोषजनक

आज सायंकाल प्रसिद्ध जनसेवक अप्पा साहब पटवर्धन, जिनके नेतृत्व में 'सफाई सप्ताह' मनाया जा रहा है बताया कि आज सुबह विभिन्न वार्डों में सफाई का कार्यक्रम सन्तोषजनक रहा। किन्हीं-किन्हीं वार्डों में सफाई बहुत ही अच्छी हुई, कहीं कार्यकर्ताओं के बीच निगम

के दो हाजरी केन्द्र होने के कारण कुछ गलतफहमी रही और सारे कार्यकर्ता काम नहीं कर सके। आज शाम भी सफेद कोठी पर नए कार्यकर्ताओं के नाम लिखे गए। पहले से सफाई में अपना नाम देने वाले भाई भी वहाँ उपस्थित थे और अपने कार्यक्रम का विवरण सुना रहे थे। बहनों में भी सफाई के प्रति पर्याप्त रुचि देखी गई।

आज बाबा की पदयात्रा में खानगी चर्चाओं का दौर

आज भी प्रार्थना बाबा के निवास पर ही हुई। सवा चार बजे वे सफेद कोठी से निकले और बाएँ घूमकर नॉर्थ तुकोगंज सड़क पर बढ़े। आज बारीक-बारीक फुहारें गिर रही थीं और वातावरण में हल्की सी धूप थी। जिस तरह कल बाबा ने मुलाकातियों से उनके जीवन चरित्र पूछकर इन्दौर की पदयात्रा के कार्यक्रमों में एक नई बात जोड़ी है। उसकी तरह आज उन्होंने खानगी बातें करने का समय दिया था। खाबुआ कोठी के पास से खानगी बातें शुरू हुईं। जसवन्त भाई बाबा से कुछ ऊँचे स्वर में (जो निश्चित ही व्यक्तिगत बातों की सीमा तक कहीं रुक सकता था) बातें करने लगे। उनके साथ उनकी पत्नी भी थीं, पदयात्रियों का दल तीन छोटे दलों में बँट गया था। सबसे आगे हाथ में कैंडिल लिये दीपचन्दजी, तोतलाजी और चौधरीजी व चौहानजी थे। बीच के दल में बाबा, उनके अंगरक्षक, जसवन्त भाई, उनकी पत्नी, बाबा के साथ रहने वाली तीनों बहनें और दादाभाई नाईक। बाकी के सभी पदयात्री तीसरे दल में थे। बीच-बीच में तीनों दलों का फासला कम हो जाता था। तीसरा दल रुककर फासला बनाए रखता था—क्योंकि व्यक्तिगत बातें नहीं सुननी चाहिए, सभ्यता का तकाजा है। बाबा का निर्णय है। तीनों दल अपनी-अपनी चर्चाओं में लगे बढ़े जा रहे थे। संयोगितागंज से होते हुए बाबा छावनी चौराहे पहुँचे। और वहाँ से सीधे नौलखा रोड पर बढ़ चले। रास्ते में रात को गश्त लगाने वाले तीन-चार पुलिस वालों ने बाबा का अभिवादन किया पर बाबा अपनी चर्चाओं में मशगूल थे। बीच-बीच में जसवन्त भाई का ऊँचा स्वर सुनाई दे जाता था। स्वर सदा अर्धदान होता है। लेकिन एक स्वर के कई अर्थ लगाए जा सकते हैं। इसलिए अच्छा यही है कि कोई अर्थ ही नहीं लगाया जाए। बम्बई-आगरा रोड पर पहुँचने के बाद सहयोगियों को यह स्पष्ट हो गया कि बाबा आज सर्वोदयी कार्यकर्ता लक्ष्मीचन्द जैन के घर जाएँगे। होल्कर कॉलेज के पास के क्वार्टरों के कम्पाउंड में बाबा का दल घुसा। फिर बाबा लक्ष्मीचन्द के घर में गए। वहाँ कुर्सी पर बैठे और उनके परिवार के सदस्यों से घरेलू बिलकुल आत्मीय ढंग में बातचीत की। उन्होंने विशेषकर लक्ष्मीचन्दजी की माता की सराहना की।

वहाँ से निकलकर फिर सब लोग बम्बई-आगरा रोड पर लौट चले। अब जसवन्त भाई की खानगी बातें समाप्त हो चुकी थीं। वे शान्ति सेना के संगठन के बारे में बाबा से जोरों से चर्चा कर रहे थे। बाबा और जसवन्त भाई में हुई सार्वजनिक चर्चा भी उल्लेखनीय नहीं कही जा सकती। नौलखा सड़क से सीधे बाबा का दल जूनी इन्दौर की तरफ बढ़ा। रेलवे क्रॉसिंग पार कर कुमावत मन्दिर के पास से होते हुए कटकपुरा से बाबा चन्द्रभागा रोड पर पहुँचे। वहाँ चौराहे पर उनसे चौधरीजी ने कहा कि पास ही काशीनाथ त्रिवेदी रहते हैं। बाबा बोले—चलो रास्ते में जितने भी तीर्थ स्थान हैं, मिलते चलें सबके दर्शन

करूँगा। बाबा का दल जमींदार की चाल में काशीनाथजी के घर पहुँच गया। बाबा ने बड़े प्रेम से परिवार के सारे सदस्यों का परिचय प्राप्त किया। मकान का किराया पूछा। जमींदार साहब को राजाजी का प्रिय पुत्र मानकर उनके बम्बई नहीं जाने की बात भी वहाँ उन्होंने दा साहब (काशीनाथजी) से पूछी। चन्द्रभागा के चौराहे पर गैलरियों से लोगों ने बाबा का स्वागत किया। चन्द्रभागा पुल से गौतमपुरा और सब्जी मार्केट पार कर बाबा तिलक पथ पर बढ़ चले। सभा का समय छह बजे तय था, लेकिन नरहरि गुरु वैदिकाश्रम पर पहुँचते-पहुँचते बाबा को साढ़े छह बज गए। ग्राम सभा में महाराष्ट्रियन नर-नारी लगभग समान संख्या में उपस्थित थे। यहाँ बाबा ने लगभग आधे घंटे मराठी में भाषण दिया। फिर रामबाग की गलियों में घूमते हुए एक जगह सफाई की। सुभाष मार्ग से होते हुए जेल रोड पहुँचे और जेल रोड से महात्मा गांधी रोड। अब पौने आठ का वक्त हो रहा था और लोग-बाग जगह-जगह बाबा को प्रणाम कर रहे थे। ओवर ब्रिज से उतरकर बाबा सफेद कोठी चले गए।

3 अगस्त का कार्यक्रम

रानीपुरा के पुरानी कोतवाली भवन के सामने आमसभा प्रातःकालीन छह बजे। समस्त फेशनर्स की बैठक दिन में 3 बजे सफेद कोठी में। प्रार्थना सभा शाम को साढ़े तीन बजे सफेद कोठी में।

संस्थाओं के कार्यक्रम

कम्युनिस्ट पार्टी के साथियों से बातचीत साढ़े ग्याहर बजे, प्रजा समाजवादी साथियों से बातचीत 12 बजे, जनसंघ के कार्यकर्ताओं से बातचीत साढ़े चार बजे, इन्दौर नगर सर्वोदय क्षेत्र के कार्यकर्ताओं से बात पाँच बजे।

कर्महीन चर्चाएँ निष्क्रियता की पोषक

आज सायंकाल पाँच बजे कार्यकर्ताओं के बीच सन्त विनोबा ने कहा कि तत्त्वज्ञान पर चर्चा करने का कार्यकर्ताओं का विशेष अधिकार है। उदाहरण देते हुए उन्होंने स्पष्ट किया कि वैसे बादाम खाने के लिए सब स्वतंत्र हैं, लेकिन जो नित्य व्यायाम करता है, उसको बादाम खाने का विशेषाधिकार है, क्योंकि वह उसे अच्छी तरह पचा सकता है। निष्काम कर्म व्यायाम के समान है, ब्रह्मविद्या की बादाम उसी से पच सकती है।

पत्रकारों से मुलाकात में समय अधिक लग जाने के कारण पौने पाँच बजे से शुरू होने वाला कार्यकर्ता वर्ग आज पाँच बजे बाद शुरू हुआ। सफेद कोठी वाला बाबा का कमरा कार्यकर्ताओं से भरा था और प्रायः सभी मुख्य सर्वोदयी कार्यकर्ता वहाँ उपस्थित थे। उनके सामने कर्महीन तत्त्वज्ञान-चर्चा को बेकार बताते हुए विनोबाजी ने कहा कि बेकार की जमात आए और सुन-सुनाकर चली जाए इससे कुछ नहीं होता। थोड़ा मनोरंजन भले हो, मन को शान्ति भले मिले पर इससे जीवन में तेजस्विता नहीं आती।

उन्होंने कार्यकर्ताओं को सलाह दी कि वे पठनीय और मननीय पुस्तकों का अध्ययन करें और फिर कर्म करते वक्त अगर कोई प्रश्न उठे तो उसे सहज भाव से पूछें। आगे उन्होंने कहा कि उन्हें कार्यकर्ताओं और विद्यार्थियों के प्रश्नों के उत्तर देना बहुत अच्छा लगता है। अपनी पिछली कुछ पुस्तकों के नाम गिनाते हुए उन्होंने कहा कि काम करने वाले जिज्ञासु प्रश्नकर्ताओं के कारण मुझे काफी कुछ बोलना पड़ा है और इसमें मैंने स्फूर्ति का अनुभव किया है। अन्त में सन्त विनोबा ने कार्यकर्ताओं को पुनः सलाह दी कि वे अध्ययन करें, आत्म परीक्षण करें, कर्म करें और फिर आपस में चर्चा करें इससे कार्य में गति आएगी और नई स्फूर्ति पैदा होगी।

शुद्ध आहार से हमारा चित्त शुद्ध होता है!
नर देह सर्वोत्तम तीर्थ क्षेत्र

आज शाम साढ़े पाँच बजे बाद सफेद कोठी के गीले लॉन में उपस्थित भाई-बहनों के बीच बाबा ने सफाई प्रवचन माला का तीसरा प्रवचन दिया। सूत्रकार पतंजलि के पहले सूत्र के दो परिणाम बता देने के बाद बाबा ने आज तीसरे सूत्र की व्याख्या आहार शुद्धाः सत्व शुद्धिः से की। पिछले दो प्रवचनों में पतंजलि के 'शुचित्व' (सफाई) सम्बन्धी सूत्र के बाह्य अर्थों की चर्चा करते हुए उन्होंने आगे कहा कि आज मैं दूसरे सूत्र में सफाई के आन्तरिक गुणों की व्याख्या करूँगा। सफाई कब पूर्ण होती है? और उसकी आन्तरिक कसौटी क्या है, इसका उल्लेख करते हुए सन्त विनोबा ने कहा, आहार शुद्धोः सत्वः शुद्धि—जब आहार शुद्ध होगा तभी सत्वः की शुद्धि होगी। इस सम्बन्ध में महात्मा ईसा का एक कथन है। उनसे पूछा गया था कि आप अपने गुरु के समान स्वच्छ निर्मल खुराक क्यों नहीं लेते, इसका उत्तर ईसा ने दिया था कि मुँह के अन्दर जो वस्तु चली जाती है, उसका इतना महत्त्व नहीं होता जितना कि मुँह से बाहर निकलने वाली बातों का। ईसा का मतलब था—वाणी की पवित्रता का। विनोबाजी ने कहा हम मानते हैं यह ठीक है। लेकिन इसके ठीक होने के बावजूद आहार शुद्धि की बाढ़ अपनी जगह पर पूरी तरह अटल और महत्त्वपूर्ण है। मनु महाराज की एक निरुक्ति का स्पष्टीकरण करते हुए उन्होंने आगे कहा कि हिन्दुस्तान में मांसाहार के परित्याग का प्रयोग किया गया था। मनु महाराज ने कहा है कि मांस को मांस क्यों कहते हैं? जिसको आज मैं खा रहा हूँ वह मुझे फिर खाने वाला है—मांस का यह अर्थ मनु महाराज ने अक्षर चिन्तन से निकाला था। उन्होंने कहा पुराने हिन्दुस्तान में आहार शुद्धि पर खूब बल दिया गया था। स्वच्छ निर्मल आहार से मन निर्मल होता है। पहले शराब पीने और मांस खाने को महापातक माना गया है और तो और, शराब के साथ सहयोग करना भी पातक बताया गया है।

फिर मनु के एक और शुचित्व सम्बधी सूत्र—यः अर्थ शुचिः सः शुचिः का महत्त्व बतलाते हुए विनोबाजी ने कहा कि सात्विक पद्धति से की गई कमाई से किया गया सात्विक आहार सत्व की शुद्धि करता है। अन्त में उन्होंने कहा कि देह सर्वोत्तम तीर्थ क्षेत्र है। इसकी सफाई करनी चाहिए और इसके आन्तरिक गुण सत्व शुद्धि पर बल देना चाहिए।

सत्ता का केन्द्रीकरण कल्याणकारी राज के प्रतिकूल
नेहरूजी गांधीजी के सच्चे उत्तराधिकारी
इन्दौर में पत्रकारों के साथ बाबा की प्रथम मुलाकात

इन्दौर आगमन के बाद संवाददाताओं को दी गई अपनी प्रथम मुलाकात में आचार्य भावे ने कहा कि पत्रकारों को केवल अच्छे डाकिए का ही कार्य नहीं करना है। चर्चा में कल्याणकारी राज्य में सर्वोदय की आवश्यकता पर बाबा ने विस्तृत प्रकाश डाला। सर्वोदय की कल्पना तथा उसके चित्र का वर्णन करते हुए आचार्य भावे ने कहा कि सर्वोदयी विचारधारा में मनुष्य सर्वप्रथम दूसरों के सुख की अपेक्षा करे तथा अन्त में अपने सुख की। यही सर्वोदय का मूलभूत विचार है शहर में अनेक तबकों के लोग रहते हैं मजदूर, मेहतर, दबी हुई जातियाँ, मालिक, व्यापारी, वकील, वैद्य, शिक्षक-शिक्षार्थी आदि रहते हैं। भिन्न-भिन्न भाषा बोलने वाले लोग भी शहर में रहते हैं। कुल मिलाकर छोटी-सी दुनिया शहर में रहती है। इन्दौर में मैंने पहले दिन के व्याख्यान में कहा था कि जो अपने से ज्यादा दुखी है उसके लिए कुछ न कुछ करना चाहिए। इसी कार्य से सर्वोदय फैलेगा। आजकल जो सबसे नीचे हैं। उन्होंने भी मैला ढोने का कार्य स्त्रियों पर डाल दिया है—इस जगह काम के दर्जे बन गए हैं। पुरुष मैला नहीं उठाएगा। मैला स्त्रियाँ उठाएँगी—इसी तरह शोषण होता है। किन्तु यह कार्य जानबूझकर महिलाओं से नहीं करवा रहे हैं। कुछ अन्याय कर रहे हैं इसका उनको भान ही नहीं है। हम भी मैला ढोने के लिये गए थे। हाथ में रबर के दस्ताने पहन लिये थे। मैला दोनों हाथ से उठाकर अन्दर भरते थे। यह काम मैंने किया। वर्षों तक किया—किन्तु इस तरह का नहीं किया। आज हरिजन जो काम करते हैं उनको भान ही नहीं है कि वे कैसा काम कर रहे हैं। अगर वेतन बढ़ा दिया जाए तो वे यह कार्य करते रहेंगे। किन्तु अब जाग्रति आ रही है। वेतन बढ़ने से भी वे अब इस परिस्थिति में कार्य नहीं करेंगे। मैं मानता हूँ सफाई बुनियादी चीज है। ग्राम-ग्राम में सफाई का कार्य होना चाहिए। नागरिकों को ऊपर उठाने का कार्य किया जाना चाहिए। मैंने नन्दा नगर की प्रार्थना सभा में कहा था तथा तृतीय योजना के सम्बन्ध में योजना आयोग के प्रति मैंने राय जाहिर की थी। योजना में उत्पादन बढ़ाने पर जोर दिया गया है। उत्पादन बढ़ाने से मजदूरों को कार्य मिलेगा और वे ऊँचे उठेंगे। किन्तु यह बुनियादी बात नहीं है—इससे समाज करुणा की दृष्टि से समत्व की ओर नहीं बढ़ेगा क्योंकि पीड़ितों की ओर ध्यान दिया ही नहीं गया है। हमारे शरीर के अवयव हैं। जो अच्छा कार्य करते हैं उससे सुख अनुभव नहीं होता किन्तु जो अवयव खराब हैं उससे दुख होता है। इसलिए दुखी की ओर ध्यान देना आवश्यक हो जाता है। योजना में पीड़ितों की ओर ध्यान नहीं दिया गया है।

दूसरी बात समाज को दुख से मुक्त करने के लिए बेचैनी। दुखी का दुख दूर करने के लिए सुखी व्यक्ति में बेचैनी होना चाहिए। यही सर्वोदय का बहुत बड़ा काम होगा आज कई ऐसी गन्दी हालत में रह रहे हैं। जिस हालत में जंगल का जानवर भी रहना पसन्द नहीं करेगा। नौकर वर्ग के वेतन का नया फॉर्मूला बताते हुए आचार्य भावे ने कहा कि कर्मचारियों के वेतन का एक हिस्सा अनाज के रूप में दिया जाना चाहिए। हर

कर्मचारी को दो मन अनाज तथा वेतन दिया जाए। इसके लिए वर्तमान में जो वेतन उन्हें दिया जा रहा है उसमें कमी की जा सकती है। कर्मचारियों को शासन से माँग करनी चाहिए कि शासन उन्हें अनाज के रूप में वेतन दे। फिर अनाज के भाव की ओर ध्यान नहीं दिया जाएगा। चाहे भाव गिरे या बढ़े। कर्मचारियों को तो निश्चित प्रमाप में अनाज व वेतन की रकम मिलेगी। जब अनाज के भावों में गिरावट आएगी तो कर्मचारी यह अनुभव करेंगे कि उन्हें तो समूचा वेतन नगद ही मिलना चाहिए। किन्तु नहीं ऐसा नहीं होगा क्योंकि अनाज की मात्रा तो निर्धारित ही रहेगी चाहे भाव बढ़े या घटे। बाबा ने कहा भारत की आज की जो अर्थ व्यवस्था है उसमें वस्तुओं के भावों के घटने की सम्भावना बहुत कम है। इस प्रकार के वेतन मान के निर्धारण से मध्य वर्ग को काफी राहत मिलेगी।

सर्वोदय की रूपरेखा का विश्लेषण करते हुए बाबा ने कहा गाँवों में शराब खोरी भी बन्द होनी चाहिए। स्वयं के व्यसन को छोड़ने का संकल्प लेकर दूसरों के व्यसन छुड़वाने चाहिए। इस तरह जनमत तैयार किया जाएगा। फिर एक के बाद एक चीज सुलझेगी। सर्वोदय पात्र स्वप्रेरित कर है। यह बात (सर्वोदय पात्र) चल पड़ी तो सामूहिक इच्छा शक्ति बनेगी जो कि सर्वोदय का प्रतिनिधित्व करेगी। ऐसी व्यवस्था में कोई भी राजनीतिक शासन कायम हो वह जनता (सर्वोदय) की आवाज को दबा नहीं सकेगा। सर्वोदय के कार्य को टाला नहीं जा सकेगा। इस तरह सर्वोदय प्रशासन के जरिये ही कार्य करेगा।

मुझे एक सदस्य मानें

बाबा ने पूछे गए प्रश्न का विस्तारपूर्वक उत्तर देते हुए कहा कि पूँजीपति महात्मा गांधी के ट्रस्टशिप का सिद्धान्त कबूल करें। ट्रस्टी समझकर पूँजी का उपयोग करें। मैं चाहता हूँ हर शख्स मुझे अपने घर में स्थान दें। अगर घर में पाँच व्यक्ति हों तो मुझे छठा समझें। घर के छह सदस्य हों तो मुझे सातवाँ सदस्य समझें। इस तरह घर के एक व्यक्ति पर वर्ष में जितना खर्च किया जाता है उतनी रकम मुझे दें। थोड़े बहुत लोगों ने रकम मुझे दी। किन्तु बहुत थोड़े व्यक्तियों ने दी है इसलिए मैं उसका प्रचार नहीं कर रहा हूँ। सर्वोदय से कैसा स्वर्ग बनेगा इसकी चर्चा मैं नहीं करना चाहता हूँ। स्वर्ग का वर्णन तो *रामायण, महाभारत* तथा *पुराणों* में किया गया है। उस वर्णन को मैं कबूल करता हूँ। किन्तु स्वर्ग तक पहुँचने के लिए सीढ़ी कहाँ है, वही मैं ढूँढ़ रहा हूँ। हमें यह कार्य प्यार से करना है। हजारों लोगों ने उत्साह के साथ सफाई का कार्य किया। अच्छी बात है। समाज में प्रेम व स्नेह बढ़ाने के लिए जो भी कार्य हो उसे करना चहिए। प्रेम व स्नेह बढ़ाने के लिए जो उपाय जिसे सूझे उसे वह करना चाहिए। भाषाएँ सीखनी चाहिए भाषा के माध्यम से एक-दूसरे में अधिक स्नेह उत्पन्न होता है।

सफलता कितनी मिली

इस पर से जब बाबा से पूछा गया कि सर्वोदय कार्य में सफलता कितनी मिली। इसका उत्तर देते हुए बाबा ने कहा कि यह तो आप स्वयं नाप सकते हैं। आप पत्रकार हैं—किन्तु पत्रकार के साथ-साथ आप नागरिक भी हैं। नागरिक की हैसियत से सर्वोदय कार्य का

आप पर जितना असर पड़ा है उससे आप समझ सकते हैं। आपको मैं परिणाम मापने का थर्मामीटर मानता हूँ।

सर्वोदय की क्या जरूरत

प्रश्न— जब कल्याणकारी राज्य की स्थापना की जा रही है सर्वोदय की क्या जरूरत है?

उत्तर— कल्याणकारी राज्य नहीं चल रहा है इसीलिए जनता सर्वोदय की ओर आकृष्ट हो रही है। जनता अधिक से अधिक सर्वोदय पात्र रख रही है। कोई शिकायत नहीं करता कि कल्याणकारी राज्य है इसलिए हम सर्वोदय नहीं चाहते। सर्वोदय पात्र नहीं रखते। आज तो जनता खुशी से सर्वोदय पात्र में कर दे रही है। किसी को यह शिकायत नहीं है कि सर्वोदय किसी प्रकार का अवैधानिक समानान्तर शासन चल रहा है। या टैक्स ले रहा है। मतलब साफ है जनता की अपेक्षाएँ कुछ और हैं। आज कल्याणकारी राज्य नहीं है। जब किसी के हाथ में सत्ता केन्द्रित रहती है तब तक कल्याणकारी राज्य नहीं बन सकता है।

कांग्रेस गांधीवादी नहीं

प्रश्न— कांग्रेस गांधीजी का नाम लेती है किन्तु शासन गांधीवादी है भी और नहीं भी है।

उत्तर— जब गांधीजी ने सच्चाई तथा अहिंसा का प्रस्ताव रखा तो कांग्रेस ने उसे नहीं माना तथा शान्ति को वास्तविक नीति सम्बन्धी प्रस्ताव माना। वास्तविक नीति का मतलब यह है कि जहाँ हिंसा की आवश्यकता पड़े वहाँ हिंसा का उपयोग किया जाए। आपने आगे कहा कि कांग्रेसी सरकार गांधीवादी नीति का दावा नहीं करती। वह तो गांधीजी के प्रति प्रश्न रखती है। आज सभी पार्टियाँ समाजवादी, प्रजा समाजवादी, प्रजातंत्र दल गांधीजी के प्रति प्रश्न रखते हैं। कम्युनिस्ट पार्टी नहीं रखती यह उनकी सच्चाई है। और सभी पार्टियाँ गांधी के प्रति प्रश्न रखती हैं किन्तु आदर के साथ कार्य नहीं कर पाई तो समाज को दोष कैसे दें। यह तो उनका दोष है।

श्री नेहरू गांधी नहीं

प्रश्न— श्री नेहरू गांधीजी के उत्तराधिकारी हैं किन्तु दो वर्ष पूर्व उन्होंने कहा था कि वे गांधीवादी नहीं हैं।

उत्तर— ठीक कहा है। गांधीजी के सिद्धान्त से उनके जो मतभेद थे, वे उन्होंने जाहिर किए हैं, दबाए नहीं हैं। उनकी आत्मकथा देखिए उसमें उन्होंने गांधी की नीति के प्रति अपने मतभेद स्पष्ट रूप से जाहिर किए। गांधीजी के कुछ सिद्धान्तों को वे मानते हैं—वे बुनियादी सिद्धान्त हैं जैसे कौमियत का प्रश्न अन्तर्राष्ट्रीय राजनीति में शान्ति व अहिंसा थी। इन नीतियों में वे असल और खरे उतरे हैं। इसलिए वे प्रशंसा के पात्र हैं। इस कार्य के लिए उन्होंने सार्वजनिक सभाओं में उनकी प्रशंसा भी की है। जब मैं पंजाब में था तब उनकी विदेश नीति के देश में काफी चर्चाएँ थीं। उस परिस्थिति में मैंने बोलना आवश्यक समझा और उनकी नीति के सम्बन्ध में ही दो सार्वजनिक सभाओं में बोला।

जिन बातों में नेहरू गांधीजी की विचारधारा से मतभेद मानते हैं, वे कार्य जब नेहरूजी ने अपनी नीति से करने की कोशिश की तो उसमें सफल नहीं हुए। अन्त में नगा प्रदेश बनाने की घोषणा के सम्बन्ध में यह कहते हुए कि अच्छा है जिससे बात बने वह अच्छा ही है। बाबा के साथ इन्दौर के पत्रकारों की पहली मुलाकात समाप्त हुई।

दिलचस्प निचोड़ : सर्वोदयी रचना में पाँच लाख अखबार

पत्रकारों की मुलाकात में आज जब बाबा से एक संवाददाता ने यह पूछा कि सर्वोदय की रचना में अखबार का क्या स्थान होगा? इसका उत्तर देते हुए बाबा ने कहा सर्वोदय की कल्पना में गाँव-गाँव में अखबार होंगे। पाँच लाख अखबार निकलेंगे और फिर आप लोगों को सुविधा रहेगी गाँव की छोटी से छोटी खबर मिलेगी अपने अखबारों के लिए। सर्वोदय के कार्यक्रम में नवयुवकों के लिए क्या कार्यक्रम हैं? उन्हें तो एडवेंचर चाहिए। इस प्रश्न के उत्तर में आज बाबा ने कहा—नवयुवकों के लिए ही तो यह काम है नए समाज की रचना। एडवेंचर इस कार्य में है ही बाबा ने कहा और बताया कल जब मैं शौचालय साफ करने गया तो अपना सारा साहस मुझे इकट्ठा करना पड़ा। इतना साहस कि जितना मुझे कश्मीर के हजारों फुट की चढ़ाई में नहीं लगा था।

धर्म की परिभाषा करते हुए आज बाबा ने कहा—जो धर्म होता है वह सबका होता है, यह धर्म कुछ का नहीं है। स्वच्छता पर अपने दूसरे भाषण में आचार्य भावे ने सम्पर्क और संसर्ग का फर्क बतलाया और कहा कि अनिष्ट व आक्रामक सम्पर्क ही संसर्ग है। जैसे चुम्बन की आदत संसर्ग है। उन्होंने कहा कि जब आम को हम बहुत पसन्द करते हैं तो उसे चूसने लगते हैं। इससे हमने सीखा कि जो बहुत प्रिय हो, उसे खाया जाए। अब माँ अपने बच्चों को खा तो नहीं सकती बिल्लियों की तरह, इसलिए वस्तु खाने का अभिनय करती है। चुम्बन का मतलब खाने का अभिनय।

सर्वोदय की कल्पना में हर व्यक्ति अपने परिवार में हिस्सा समाज का माने यह समझाते हुए बाबा ने प्रश्न किया कि *महाभारत* का युद्ध क्यों हुआ और उत्तर दिया इसीलिए पांडवों ने अपने को पाँच माना और छठे को मान्यता नहीं दी। छठा था कर्ण जिसका युद्ध कराने में बड़ा हाथ था। एक पत्रकार ने पूछा कि बाबा आप भी कह रहे हैं कि परिवार में पाँच सदस्य हों तो छठा मुझे मानो तो कहीं कर्ण आप तो नहीं बनेंगे? बाबा ने मुस्कराते हुए उत्तर दिया कर्ण ने अपना हिस्सा नहीं माँगा था, मैं तो माँग रहा हूँ।

(3 अगस्त, 1960)

आज प्रथम बार साढ़े पाँच बजे पदयात्रा का प्रारम्भ

आज चार बजे बाबा पदयात्रा पर नहीं निकले। ठीक चार बजे बाबा के कमरे में प्रार्थना शुरू हुई। पहले *ईशावास्योपनिषद* के श्लोक, भगवान के नाम और अन्त में ग्यारह व्रत वाली प्रार्थना हुई और जैसा कि रोज का दस्तूर है पदयात्रा पर चलने के लिए बाबा के साथ के दो-तीन व्यक्तियों को छोड़कर सब बाहर निकल आए। एक, दो, तीन, चार और पाँच मिनट बाद लोगों को खबर मिली कि आज बाबा अभी पदयात्रा पर नहीं निकलेंगे। साढ़े पाँच बजे निकलेंगे। लोगों में तरह-तरह की चर्चाएँ चलने लगीं। कोई कह रहा था—बाबा शायद फिर से सो जाएँगे। कोई विश्वस्त स्वर में कह रहा था—बाबा पत्र सुन रहे हैं। उनके पास बहुत सारी डाक आती है। पर वे पत्र लिखवा रहे थे।

बाबा के साथ पदयात्रा पर जाने वाले भाई-बहन विशाल सफेद कोठी में बिखर गए। छोटे-छोटे दल बनाकर आपस में सामान्य वार्ताएँ करने लगे। धीरे-धीरे समय बीतता गया। अँधेरा छँटने लगा। हल्के-हल्के बादल सारे आसमान पर छा गए। लगभग सवा पाँच बजे पश्चिम से रानीपुरा में होने वाले बाबा के प्रवचन की ताँगे से लाउडस्पीकर पर दी जाने वाली सूचना सुनाई दी। नगर से जिन्दगी की सुगबुगाहट होने लगी। ठीक साढ़े पाँच बजे बाबा कमरे से बाहर निकले। गांधी मूर्ति तक वे मन्दी आवाज में कोई श्लोक बोलते रहे और दल जब नॉर्थ तुकोगंज सड़क पर बढ़ निकला तो प्रसिद्ध सर्वोदयी कार्यकर्ता देवेन्द्र भाई ने बाबा से बातचीत शुरू की। इस वक्त हल्की बारिश हो रही थी। आगे-आगे दीपचन्दजी, चौधरीजी और कान्तिलाल पटेल चल रहे थे और पीछे बाबा देवेन्द्र भाई की बातें सुनते हुए अपने दल के साथ आगे बढ़ रहे थे।

देवेन्द्र भाई की बातें मोटे तौर पर ये थीं कि जब गाँवों में बिजली पहुँच जाए तो बिजली की शक्ति द्वारा शोषण नहीं किया जाए। उनका कहना था कि बिजली द्वारा प्राप्त एक हार्स पावर शक्ति बैल द्वारा एक हार्स पावर शक्ति से सस्ती होती है। तो ऐसा नियमन किया जाना चाहिए कि बिजली की शक्ति का उपयोग वहीं किया जाए जहाँ बैल शक्ति काम नहीं आती हो। इससे गाय-बैल का अस्तित्व बना रहेगा। बाबा ने यह तो माना की बिजली की जगह गाँवों में बैल का ही उपयोग किया जाए, पर उन्होंने नियमन वाली बात नहीं मानी। बाबा का कहना था कि न्याय अगर नहीं माना जाए तो दंड-शक्ति का उपयोग होता है। लेकिन हमें तो करुणा से काम लेना है। प्रेम से अगर यह विचार हमने लोगों के मन में उतार दिया कि वे गाय-बैल का उपयोग करें—और प्रेम और करुणा से करें—तो ही काम चल सकता है।

चर्चा काफी सूक्ष्म थी और देर तक चली। अब बाबा का दल आर्यदत्त जुगरान उद्यान के पास से छोटी ग्वालटोली सड़क से निकलता रेलवे क्रॉसिंग पार कर सियागंज सड़क पर आ गया था। दूर से ही रानीपुरा पुरानी कोतवाली के आसपास एकत्रित लोग दिखाई दे रहे थे। लाउडस्पीकर पर लोगों को बाबा के आगमन की दी जाने वाली सूचना साफ सुनाई पड़ रही थी। चर्चाएँ अपने आप समाप्त हो गई। बच्चों की बढ़ती आती टोलियों को अगल-बगल हटाने के लिए चार पाँच कार्यकर्ता आगे बढ़े। फिर भी बाबा के आसपास बच्चों का झुंड घिर आया। बीच-बीच में लोग आकर बाबा के पाँव छूने लगे। चौराहे पर दल का स्वागत किया गया। सेठ मोतीलाल जी ने उन्हें सूत की माला पहनाई और दूसरे लोगों ने ढेर-सी गुलाब के फूलों की पंखुड़ियाँ बाबा के चरणों में चढ़ाई और पुष्प वर्षा की। चौराहे पर काफी लोग जमा थे।

लगभग छह बजकर दस मिनट पर बाबा ने प्रवचन देना शुरू किया। सुनने वाले भाई-बहन ज्यादातर खड़े ही थे, क्योंकि नीचे गीला था। प्रवचन के बीच पास के पीपल पर बैठे हुए पक्षियों का कलरव सुनाई पड़ रहा था। मगर यह सब प्रातःकाल की बेला में बाबा के प्रवचन के बैक ग्राउंड के रूप में अच्छा लग रहा था। यहाँ बाबा लगभग 30 मिनट बोले। बीच में हल्की सी बारिश भी होती रही। सभा के बाद बाबा रानीपुरा होते हुए खातीपुरा में मुड़े और वहाँ से महाराजा टॉकीज के सामने वाले बालोद्यान में पहुँचे। एक बालिका ने वहाँ आरती उतारकर बाबा का स्वागत किया। बच्चों ने विनोबा की जय जयकार की। वाचनालय भवन में बाबा ने वार्ड नं. 12, 13 के सर्वोदय मित्रों के बीच प्रवचन दिया।

सफाई

बालोद्यान के सामने महाराजा टॉकीज के बगल वाली गली में आज बाबा के दल ने सफाई की। आज उनके साथ सफाई में अप्पा साहब पटवर्धन, कान्तिलाल पटेल, दीपचन्द जैन, जयदेव भाई, कुसुम बहन और उनके अंगरक्षक थे। कोठी के आसपास पड़ा ढेर सा कचरा कोठी में डाला गया। नाली साफ की गई और गली की झाड़ू लगाई गई। आज नगर निगम के एक अधिकारी एक पानी की कोठी और दो कामगारों के साथ वहाँ उपस्थित थे। सफाई करने के बाद गली में सड़क पर पानी डाला गया। किसी के नल पर बाबा के दल ने हाथ-पैर धोए। बाबा को हाथ धोने के लिए साबुन दिया गया पर उन्होंने नहीं लिया और सादे पानी से हाथ धो लिये। फिर महात्मा गांधी रोड पर बाबा का दल बढ़ चला। बाबा अपने अंगरक्षकों से धीरे-धीरे बातें करते जा रहे थे। उनके साथ-साथ बच्चे चल रहे थे। वे बीच-बीच में हमारा मंत्र जय-जगत और विनोबा की जय के नारे लगा रहे थे। छह बजने के पहले ही बाबा सफेद कोठी पर पहुँच गए।

मद्रासी कुली

श्री जमनालाल बजाज ने बापू के आश्रम में जब विनोबाजी को देखा तो उन्होंने समझा कि सम्भवतः वे मद्रासी कुली हैं। श्री बजाज ने वही अपनी धारणा विनोबाजी के सम्बन्ध में बना रखी थी। विनोबाजी का वास्तविक स्वरूप उनके सामने तब आया जब कि

महात्मा गांधी बीमार पड़े। महात्मा गांधी नियमानुसार प्रार्थना सभा करते थे तथा प्रवचन भी करते थे। जब वे बीमार पड़े। (यह घटना 1932 की है) तो बापू ने कहा कि आज की प्रार्थना सभा विनोबा सँभालेंगे। यह सुनकर श्री बजाज को काफी आश्चर्य हुआ। जब उन्होंने प्रार्थना सभा में विनोबाजी का प्रवचन सुना तो बाबा का अध्ययन व प्रतिभा देखकर दंग रह गए।

सर्वोदय-पात्र विहीन घर शोभा नहीं देता
नागरिक अपनी दौलत का दुरुपयोग न करें

रानीपुरा पुरानी कोतवाली के चौराहे पर आयोजित आमसभा में आज सुबह सन्त विनोबा ने उपस्थित नर-नारियों को कहा कि इन्दौर सर्वोदय नगर तभी बन सकता है, जबकि आप लोग छोटी-छोटी बातों (मसलन सफाई, सामान्य नागरिक कर्तव्यों का पालन आदि) पर ध्यान दें। सर्वोदय का विचार समझें और समझाएँ। समझाने पर सब लोग समझ सकते हैं, मनुष्य नहीं समझेगा तो गधा समझेगा क्या? बाबा का यह प्रवचन मोटे तौर पर सर्वोदय-नगर के नक्शे का बाह्य अंकन था। उन्होंने सर्वोदय पात्र, नगर सफाई, मजदूरों-नौकरों का वेतन, सामान्य आचार-विचार आदि को बड़ी सरलता से लोगों के सामने रखा। सर्वोदय पात्र के बारे में बोलते हुए उन्होंने कहा कि जिस घर में सर्वोदय पात्र नहीं वह घर शोभा नहीं देता। वह घर शून्य घर है। अभी तक इन्दौर में 12,000 पात्र रखे जा चुके हैं। मगर इन्दौर में 80,000 घर हैं और सर्वोदय पात्र सब घरों में पहुँचना चाहिए। यह तो लोक सम्मति है। कार्यकर्ताओं ने इसे अपना काम समझकर उठा लेना चाहिए और शीघ्रता से इसे पूरा कर डालना चाहिए। जिस तरह दीवाली का दिन निश्चित हो जाने पर सब घरों में दीये जलाए जाते हैं उसी तरह सर्वोदय पात्र रखे जाने चाहिए।

फिर सफाई पर बोलते हुए सन्त विनोबा ने कहा कि हम लोगों ने सफाई का काम भंगियों को सौंप दिया है। अगर गन्दगी चन्द लोग ही करते तो सफाई का काम भी चन्द लोगों को सौंपा जा सकता था। मगर गन्दगी सब करते हैं, इसलिए सफाई भी सबको करनी चाहिए। हमारा काम दूसरे करें यह ठीक नहीं है। नागरिकों को यह काम उठाना चाहिए। सफाई सप्ताह में एक घर से एक आदमी सफाई के लिए जरूर जाना चाहिए। नौकरों और मजदूरों के वेतन सम्बन्धी अपने विचार को दुहराते हुए उन्होंने इस बात पर जोर डाला कि नौकरों के परिवार का आवश्यक अनाज-वेतन के रूप में दिया जाना चाहिए। भाव के घट-बढ़ का उस पर असर नहीं पड़ना चाहिए। अभी मध्य वर्ग अनाज की समस्या से परेशान रहता है। इस वर्ग के लोगों का दिल काम में नहीं लगता। खाने की चीजें तो मिलनी ही चाहिए, एक बार दूसरी आवश्यक वस्तुएँ नहीं मिले तो वह निभा सकता है। मगर खाद्यान्न के बिना नहीं निभा सकता। इसलिए मालिकों को वेतन का एक अंश अनाज के रूप में देना चाहिए। महिलाओं को शहर का सर्वे करना चाहिए और जो जितना सहयोग दे सके, लेना चाहिए।

बाबा ने गुलाब के फूलों की पंखुड़ियाँ नष्ट किए जाने की आलोचना की। (उन पर गुलाब की पंखुड़ियों की वृष्टि-सी की गई थी) उन्होंने कहा यह मुझे पसन्द नहीं इससे मुझे वेदना होती है। फूलों को इस तरह टुकड़े करना सौन्दर्य भावना के खिलाफ है। इसी

विचार पर आगे सोचते हुए उन्होंने स्पष्ट कहा कि हम हिन्दुस्तानी बहुत सी वस्तुओं को अनावश्यक समझकर फेंक देते हैं। यह ठीक नहीं है। इससे दौलत का दुरुपयोग होता है। क्षण-क्षण का उपयोग करने वाला ज्ञानी और कण-कण का उपयोग करने वाला धनी बनता है। हमें ऐसी आदत डालनी चाहिए कि हम किसी भी वस्तु को बेकार नहीं जाने दें। यह सर्वोदय के खिलाफ है। सर्वोदय नगर में सब बातों का खयाल रखना चाहिए। सफाई करने पर आपको मालूम पड़ेगा कि हम हमारे आहार और आचार-विचार में कितने लापरवाह हैं। मगर अच्छी आदतें डाली जा सकती हैं और विचार समझाए जा सकते हैं। मनुष्य अगर नहीं समझेगा तो क्या गधा समझेगा? उन्होंने आगे कहा कि थाली में खाद्य पदार्थ छोड़ना अच्छा नहीं है। एक रतन खाने और एक तोला छोड़ने पर 40 खेतों में से एक खेत आपने बर्बाद किया, 40 बैलों में से 1 बैल की मेहनत मारी गई आदि आदि। दूसरी गलती हम लोग यह करते हैं कि जूठन हरिजनों को दे देते हैं यह महा पातक है। हम लोग जरा सावधान रहें तो बाहर से अनाज मँगाने की जरूरत ही नहीं पड़े। अन्त में उन्होंने नागरिकों को आपस में प्रेम और करुणा के सम्बन्ध बनाने की सलाह दी और बताया कि दुखियों की सहायता भगवान की पूजा है।

जमाने को सख्य भाव की जरूरत
बहुगुणी कार्यक्रम से नेतागिरी खत्म होगी

नरहरि कोठारी बालोद्यान के वाचनालय में आज सुबह वार्ड नं. 12 और 13 के सर्वोदय मित्रों के बीच प्रवचन देते हुए सन्त विनोबा ने कहा कि आज जमाने को दास्य-भाव की जरूरत नहीं है। युग को साख्य भाव की भूख है। इसलिए सबने मिलकर नेतृत्व की भावना छोड़कर साख्य भाव के आपसी सहयोग से समुचित कार्य करना चाहिए। किसी एक गुण से सम्पन्न व्यक्ति से आज काम नहीं चलेगा। हमे बहुगुण सम्पन्न व्यक्तियों की आवश्यकता है। आचार्य विनोबा के प्रवचन के पूर्व वार्डों का परिचय देने में शायद कोई गलत बात कर दी गई थी, जिसका निराकरण करते हुए एक सर्वोदय मित्र ने कहा था कि राजनीतिक पार्टी का और नेतृत्व का खयाल छोड़कर अगर काम किया जाए तो इन वार्डों में काफी काम हो सकता है। विनोबाजी ने उस भाई की इन दोनों बातों को महत्त्वपूर्ण बतलाते हुए इनकी विस्तृत विवेचना की।

उन्होंने कहा कि आज तो राजनीति का मतलब ही उखाड़-पछाड़ हो गया है। पहले जो कुल देश के बारे में सोचता था उसे राजनीतिज्ञ कहते थे। मगर अब पार्टियाँ और उनके नेता आपस में द्वेष फैलाते हैं। उन्होंने असम का उदाहरण देते हुए कहा कि मेरे पास एक पत्र आया है, जिसमें असम के बारे में लिखा गया है कि वहाँ के झगड़ों में राजनीतिक पार्टियों का योग है। वहाँ विभिन्न कौमों में नौकरियों का झगड़ा चलता था, जिसका राजनीतिक पार्टियों ने दुरुपयोग किया। यह सब मध्यकाल का कार्यक्रम है और स्वराज्य चलाने का नहीं, खोने का लक्षण है। इससे किसी भी समाज की ताकत नहीं बढ़ती। आज जितने भी संगठन हैं, सब तोड़ने वाले हैं। कोई मालिक विरुद्ध मजदूर है, कोई अफसर विरुद्ध नौकर है, कोई शिक्षक विरुद्ध विद्यार्थी है, कोई व्यापारी विरुद्ध ग्राहक है, ऐसे हैं हमारे संगठन। इन संगठनों से समाज को तोड़ने

का काम सफलता से किया जाता है आज देश में एकता नहीं। हिन्दू-मुसलमानों को एक करने के प्रयत्न गांधीजी ने किए—मगर वह एकता पूरी नहीं हो पाई। हिन्दुओं के दिलों में शंका है और मुसलमानों के दिलों में मायूसी है। मुसलमान हिन्दुस्तान में पस्त-हिम्मत हो गए हैं।

देश में चारों तरफ कौम वार भावना पनप रही है। स्वराज्य प्राप्ति के लिए पहले सब लोग एक हो गए थे, मगर अब ऐसा कोई ध्येय नहीं रहा। सब लोग बँट रहे हैं। इन्दौर में इस किस्म के झगड़े कम हैं। सर्वोदय लोगों को जोड़ता है, वह जाति, पन्थ, पक्ष निरपेक्ष है। फिर विनोबा जी ने कहा कि किसी भी मनुष्य विशेष को महत्त्व नहीं देना चाहिए। इस जमाने में साख्य भाव की भूख है—दास्य भक्ति की अब जरूरत नहीं। कल मेजर जनरल यदुनाथ सिंह की मृत्यु का समाचार पाकर मेरे दिल को धक्का लगा। मुझे सदमा हुआ। भिंड-मुरैना में कुल मेहनत उनकी ही थी। उनके इस तरह चले जाने पर मुझे यह महसूस हुआ कि हमारी शक्ति कम हो गई है, जबकि मुझे लगना चाहिए था कि उनकी आत्मा हमें और सहयोग देगी। पर अब हमें नेता का आवश्यकता छोड़कर सहयोग की भावना से काम करना चाहिए।

बाबा ने कहा अगर वे नहीं होते तो भिंड-मुरैना का काम हरगिज नहीं हो सकता था। मनुष्य में गुण भी होते हैं और दोष भी। मत्सर मनुष्य की सबसे बड़ी कमजोरी है। वह बड़े-बड़े महापुरुषों तक में होती है। पर हमें धीरे-धीरे इससे मुक्ति लेकर गुणों का उपयोग करना चाहिए। कोई अनेक गुणों वाला काम उठाना चाहिए। एक गुण वाले काम में एक ही व्यक्ति का महत्त्व हो जाता है। दस-बीस गुण वाला काम व्यापक होता है। जिन्होंने काम के टुकड़े बनाए वे मुझे अच्छे नहीं लगते? एक काम में एक ही गुण की आवश्यकता होती है तो दूसरा छोटा बन जाता है। इसलिए मैं कहता हूँ कि ग्राम स्वराज्य का काम हाथ में लें। वह अनेक भिन्न गुणों का कार्यक्रम है और उसमें क्या प्रमुख है कह नहीं सकते। आचार्य विनोबा ने *रामायण* और *महाभारत* का उदाहरण देते हुए कहा कि वाल्मीकि को *रामायण* लिखते वक्त यह सन्देह हो गया था कि राम का चरित्र महान है या सीता का चरित्र, फिर भी *रामायण* में मुख्य पात्र राम ही हैं। मगर *महाभारत* में तो अपने-अपने क्षेत्र में इतने अद्वितीय योद्धा व्यास मुनि ने रखे हैं कि कौन सबसे अधिक महत्त्वपूर्ण हैं यह कहा ही नहीं जा सकता। गजानन्द को गणेश इसलिए भी कहा जाता है कि वे गुणेय हैं।

इसलिए जिस कार्य में एक गुण का महत्त्व अधिक नहीं होगा, उसका पैमाना बड़ा होगा और उसमें नेतृत्व की भावना नहीं पनपेगी। फिर उन्होंने हाथ में घड़ी उठाते हुए कहा कि इस घड़ी की रचना ऐसी है कि कौन-सा पुर्जा महत्त्वपूर्ण है और कौन-सा नहीं, यह नहीं कहा जा सकता। एक पुर्जा भी टूट जाए तो घड़ी बन्द हो जाती है। इन्दौर को सर्वोदय नगर बनाने के लिए अनेक गुणी लोगों की जरूरत है। जहाँ बहुविध काम होता है वहाँ पार्टी-वार्टी खत्म हो जाती है। मुझे यह देखकर प्रसन्नता होती है कि नए जवानों में पार्टी के प्रति आकर्षण नहीं है। बूढ़े, पुराने लोग पार्टी से चिपके रहना चाहते हैं। उनको ऐसा विश्वास हो गया है कि उनमें वे गुण ही नहीं हैं, जिससे कि वे समाज में प्रवेश कर सकें। अन्त में उन्होंने कहा कि सर्वोदय मित्रों की बैठक एकान्त में रखी

जाए तो अच्छा रहे, शान्ति से बातें करने का मौका मिलना चाहिए। शान्ति होती है तो विचार भी स्फूर्त होते हैं। हमारा समय निकल रहा है।

50 बीघा भूमि दान

उज्जैन जिला स्थित कालुहेड़ा राजपरिवार के सदस्यों की ओर से आचार्य विनोबाजी को भूदान आन्दोलन में 50 बीघा भूमि दान दिया है।

पार्टीविहीन राज्य से ही देश का उत्थान होगा : आचार्य विनोबा भावे का मत

आज सायंकाल जनसंघ के कार्यकर्ताओं को सम्बोधित करते हुए आचार्य श्री विनोबा भावे ने कहा कि देश में उत्थान के लिए पार्टीबाजी नहीं होना चाहिए तथा दलगत राजनीति के ऊपर उठकर ही कार्य किया जाना चाहिए। आचार्य श्री भावे ने जनसंघ के सदस्यों को सम्बोधित करते हुए कहा कि पार्टीबाजी की हालत में हिन्दुस्तान आगे नहीं बढ़ेगा। आज देश में विभिन्न भाषाएँ, फिरके आदि हैं उसमें पार्टीबाजी और अधिक भिन्नता लाएगी तथा एकता में वृद्धि नहीं कर सकेगी। मैंने हमेशा पार्टी विहीन राज्य की पहल की है तथा विचार प्रस्तुत किया है कि चुनाव के पश्चात जन प्रतिनिधि चुनकर सदन में जाएँ तो वे पार्टी से ऊपर उठकर कार्य करें तथा पार्टी व्हीप प्रणाली तोड़ दी जाए। जब कोई भी बिल प्रस्तुत करना हो उस समय शासनारूढ़ दल बिल बनाए तो प्रस्तुत करने के पूर्व विभिन्न पार्टियों के नेताओं के सम्मुख उसे रखे तथा आवश्यक संशोधन के उपरान्त सदन में बिल रखे जो कि सर्वानुमति से पारित होगा। अगर कोई सीट खाली हो जाए तो उपचुनाव न करवाया जाए, जिस दल का प्रतिनिधि पूर्व में चुनकर आया था उसी दल को प्रतिनिधित्व दिया जाए। तीसरी मुख्य बात यह भी है कि चुनाव में विभिन्न दलों के मुखियाओं के विरुद्ध कोई भी उम्मीदवार खड़ा नहीं किया जाए। इस तरह दलगत नीति से परे कार्य होगा तभी हित हो सकेगा।

इसके उपरान्त चीन के आक्रमण सम्बन्धी प्रश्न का उत्तर देते हुए बाबा ने कहा कि फ्रांस व जर्मनी की सीमा के सम्बन्ध में विश्व ने दो विश्वयुद्ध देख हैं अगर भारत चीन के सीमा विवाद को हिंसा से सुलझाया जाए तो उसके लिए भयंकर विश्वयुद्ध होगा। अगर हिंसा का प्रयोग नहीं करते हुए भाषा द्वारा हिंसा का प्रभाव डालेंगे तो यह मसला प्रलयकाल तक चलता रहेगा तथा दुनिया को जलाता रहेगा। इसी झगड़े को लेकर सैनिक बनाने की तैयारी में लगे रहे तो देश में गरीबी बढ़ती जाएगी। इससे देश स्वावलम्बी नहीं बनेगा तथा अन्दर व बाहर असन्तोष फैलता रहेगा। इसलिए अगर शान्ति सैनिक बनाए जाएँ तो देश स्वावलम्बी बनेगा। इसलिए लड़ाई की भाषा को छोड़कर हमें शान्ति की भाषा बोलनी चाहिए। तीन हजार वर्गमील पर अपना हक रखते हुए शान्ति की चर्चा करनी चाहिए। चीनी आक्रमण को रूसी आक्रमण कहने का विरोध करते हुए आचार्य विनोबा भावे ने कहा कि इस तरह बोलने से हम रूस को भी दुश्मन बनाएँगे जो कि अभी दोस्त बना हुआ है तथा बना रहना चाहता है। दुश्मनों की संख्या बढ़ाना तो बुद्धिमानी की बात नहीं है।

जब आपसे पूछा गया कि मिस्त्र ने स्वेज नहर का राष्ट्रीयकरण करते समय युद्ध मोल लिया तो हम ही युद्ध मोल लेने से क्यों डरते हैं? आचार्य भावे ने कहा कि मिस्त्र एक छोटा-सा देश है। उसकी गणना बड़े देशों में नहीं होती। राजा की बड़ी ताकतें समझती हैं कि वे जब चाहेंगी मिस्त्र को दबा सकेंगी इसलिए उस वक्त पर विश्वयुद्ध नहीं हुआ। किन्तु यहाँ तो भारत व चीन दोनों बड़ी ताकत हैं तथा दोनों देशों की कुल जनसंख्या 100 करोड़ का प्रश्न है। इसलिए जब भी कभी हम लड़ाई की बात करते हैं तो विश्वयुद्ध की आशंका रहती है। सर्वोदय के सिद्धान्तों व उसे कार्यरूप में परिणीत करने के ढंग की चर्चा करते हुए सन्त श्री विनोबाजी ने कहा कि जनसंघ की कुछ नीतियों से मेरे विचार मिलते हैं। गोहत्या के प्रश्न पर आपने कहा कि यह बन्द होनी चाहिए। प्रान्तीय शासन के हाथ में यह मसला है तथा कहीं-कहीं गोहत्या पर रोक भी लगी है। पूछे गए एक प्रश्न के उत्तर में बाबा ने कहा कि आजकल राजाजी जिस ढंग से बोलते हैं, वह ठीक नहीं है।

कम्युनिस्ट और प्रजा समाजवादी बाबा से मिले

आज मध्याह्न सन्त प्रवर आचार्य विनोबा भावे से नगर की कम्युनिस्ट एवं प्रजा समाजवादी पार्टी के प्रतिनिधियों ने सफेद कोठी पर अलग-अलग समय में चर्चाएँ कीं। कम्युनिस्ट प्रतिनिधियों की ओर से विधायक श्री होमीदाजी ने आचार्य श्री की शासकीय एवं अर्ध शासकीय कर्मचारियों को तनख्वाह के साथ-साथ ढाई मन अनाज देने की बात का समर्थन किया। श्री दाजी द्वारा यह पूछा जाने पर कि सर्वोदय नगर की आपकी योजना क्या है तथा किस रूप में इस दिशा की ओर प्रयत्न किया जाए? विनोबाजी ने कहा कि इसका प्रथम चरण है जमीन की मुक्ति। इस कार्य में हमें काफी सफलता मिली है। यहाँ तक कि मुझे आन्ध्र एवं केरल के लोगों ने भी काफी सहयोग दिया। इसी बीच श्री दाजी ने मध्य प्रदेश भूमि सीलिंग बिल के सम्बन्ध में कुछ जानकारी दी कि मध्य प्रदेश में भूमि बेची जाएगी तथा उससे भूमिहीनों की भूमि प्राप्त होने के मकसद की पूर्ति नहीं हो सकेगी। एक अन्य प्रश्न पर चर्चा करते हुए श्री दाजी ने आज एक राष्ट्रमंच की आवश्यकता बताई।

इसके बाद प्रजा समाजवादी कार्यकर्ताओं की ओर से श्री नरेन्द्र पाटोदी ने बाबा का ध्यान इस ओर आकर्षित किया कि स्थानीय कार्यों के लिए स्वायत्त शासन संस्थाओं के चुनाव नॉन पार्टी लेवल पर किया जाए। बाबा ने इस बात को स्वीकार कर कहा कि सभी दलों को इस ओर पहल करनी चाहिए। जब एक कार्यकर्ता ने काफी गहन विषय पर प्रश्न पूछना प्रारम्भ किया तो बाबा ने उन्हें दावत दी कि वे प्रातः पदयात्रा के वक्त आएँ व उनसे चर्चा करें। जो तकलीफ सहर्ष स्वीकार की जाती है उसे तप कहते हैं जबकि जो तकलीफें जबरन बाँटी जाती हैं, उसे ताप कहते हैं।

4 अगस्त का कार्यक्रम

सिन्धी कॉलोनी के आजाद चौक में प्रवचन सुबह छह बजे। सिन्धी कॉलोनी के सर्वोदय मित्रों की बैठक श्री थापरदास के मकान में साढ़े छह बजे। सफेद कोठी में रोटेरियंस

से बातचीत तीन से साढ़े तीन बजे तक समस्त व्यापारियों की सभा टाउन हॉल में साढ़े तीन बजे से। कॉलेजों तथा हायर सेकंडरी स्कूलों के विद्यार्थियों को सम्बोधन दिन में साढ़े चार बजे से टाउन हॉल के मैदान में। प्रार्थना प्रवचन सफेद कोठी में शाम को साढ़े पाँच बजे।

5 अगस्त का कार्यक्रम

वार्ड नं. 34 तथा 35 की संयुक्त सभा सुबह छह बजे। पश्चात सर्वोदय मित्रों की बैठक। 10 से 11 बजे तक तीसरी से आठवीं कक्षा तक के विद्यार्थियों को सम्बोधन स्थान गांधी हॉल के मैदान में। 3 से साढ़े तीन बजे तक गांधी निधि और भूदान बोर्ड की बैठक सफेद कोठी में। साढ़े तीन से 4 बजे तक शहर कांग्रेस कार्यकर्ताओं से बातचीत सफेद कोठी में। साढ़े चार से 5 बजे तक हायर सेकंडरी स्कूल्स एवं कॉलेजों के प्रोफेसरों की बैठक स्थान सफेद कोठी। साढ़े पाँच बजे से प्रार्थना सभा सफेद कोठी में।

सेवानिवृत्त शासकीय कर्मचारी निष्काम भाव से सेवा करें : देहासक्ति, विषयासक्ति व गृहासक्ति का त्याग कर शास्त्रानुसार जीवन बिताएँ

आज आचार्य विनोबा भावे ने सफेद कोठी में सेवानिवृत्त शासकीय कर्मचारियों को सम्बोधित करते हुए कहा कि वे देहासक्ति, गृहासक्ति, विषयासक्ति को त्याग कर निष्काम सेवा में जुट जाएँ। इससे उनके नीरस जीवन में उत्साह आएगा। आपने कहा कि जिन वर्गों से मैं सर्वोदय के कार्यों के लिए अपेक्षाएँ रखता हूँ उसमें वानप्रस्थी या पेंशनर्स का नाम भी दूसरे नम्बर पर है। सेवानिवृत्त शासकीय कर्मचारियों को सम्बोधित करते हुए आचार्य श्री विनोबा भावे ने कहा कि वानप्रस्थों में नैतिक शक्ति तथा पेंशनरों में सांसारिक वृत्ति रहती है। मैं इन दोनों लोगों को एकत्रित कर उठाने का प्रयत्न कर रहा हूँ। वानप्रस्थ की व्याख्या के अन्तर्गत उसे देहासक्ति, गृहासक्ति तथा विषय-वासना को छोड़कर निष्काम कर्म की ओर प्रवृत्त होना चाहिए। आपने कहा कि वानप्रस्थ अवस्था में मनुष्य की बुद्धि अधिक परिपक्व रहती है। एक फल की मिसाल को लेकर बताया कि फल कच्चा रहता है तो ऊपर से सख्त तथा बीज नरम रहता है, जब उसमें पक्वता आती है तो फल कुछ ढीला हो जाता है तथा बीज सख्त होता है। फल रखा हुआ सड़ जाए तो उसका छिलका सड़-गल जाएगा तथा बीज और अधिक सख्त बनेगा तथा उससे दूसरा वृक्ष भी रोपा जाएगा। अगर प्रकृति के नियम के अनुसार चलें तो मनुष्य की भी गति ऐसी ही रहेगी। जवानी में उसका शरीर काफी मजबूत रहेगा तथा बुद्धि कमजोर रहेगी, प्रौढ़ा अवस्था में शरीर ढीला होगा तथा बुद्धि अच्छी होगी, बुढ़ापे में शरीर थक जाएगा तथा बुद्धि और बढ़ेगी किन्तु आज क्या वजह है कि वृद्धावस्था में बुद्धि ढीली होती जाती है। इसका कारण विषय-वासना तथा सांसारिक चिन्तन है। इसलिए मनुष्य को चाहिए कि वानप्रस्थ आश्रम में वह लोक सेवा करें, निष्काम कार्य करें।

अपने स्वयं के अनुभवों को बताते हुए बाबा कहते हैं कि बचपन में मेरी स्मरण शक्ति औसत विद्यार्थियों से कुछ अच्छी थी। उस समय श्लोक कंठस्थ करने में मुझे कठिनाई होती थी किन्तु आज सहज ही श्लोक कंठस्थ हो जाते हैं। पहले किसी पुस्तक

को पढ़ने तथा उसके विचार ग्रहण करने में जो समय लगता था आज उस कार्य में उससे थोड़ा समय लगता है। पहले मुझे कोई विचार नहीं सूझते थे किन्तु आज सहज ही विचार सूझ जाते हैं। इसी तरह अभी मैं पंजाब में पीर पंजाब पर साढ़े तेरह हजार फुट ऊपर चढ़ा। मेरे सरीखे वृद्धों ने ऊपर चढ़ने से इनकार किया, किन्तु मैंने हिम्मत की। दो व्यक्तियों की सहायता से ऊपर चढ़ा। बाढ़ से रास्ते बन्द हो गए थे, हालाँकि वहाँ रास्ते तो थे ही नहीं फिर भी मैं चढ़ा। सात घंटे में चढ़ाई तय की तथा बीच-बीच में बैठता था। कुल चढ़ाई में 40 मर्तबा बैठा। किन्तु फिर भी कमजोरी के विशेष लक्षण नहीं पाता। खैर यह सब होता है जब जिन्दगी शास्त्र के अनुसार बढ़े तथा गृहशक्ति व विषयासक्ति को कम करें। बुढ़ापे का जीवन शुष्क होता है किन्तु लोक सेवा से उत्साह बढ़ता है।

अन्त में मैं आपसे कहना चाहता हूँ कि शासन आपको पेंशन देता है, पेंशन पर्याप्त तो नहीं होगी किन्तु उससे आपका या आपकी पत्नी का खर्चा तो निकल ही जाता होगा। आपके इस जीवन में उत्साह लाने के लिए आप विषयासक्ति छोड़ निष्काम कर्म में लग जाएँ। आपमें से कोई अध्यापक हो वह पढ़ाई का कार्य करे। जहाँ आश्रम बनेगा वहाँ पढ़ाई होगी। कोई वकील हो तो ऐसा वातावरण बनाए कि लोग कोर्ट में जाएँ ही नहीं तथा आप झगड़ों को शान्ति व सुलह के साथ निपटा दें। सर्वोदय पात्र का कार्य है उसमें लग जावें सहयोग दें तथा जवानों को मार्गदर्शन दें।

बाबा द्वारा 'सौमनस्य' की व्याख्या : सफाई सप्ताह का चौथा प्रवचन

आज सायंकालीन प्रार्थना सभा में आचार्य विनोबा भावे ने कहा कि सामाजिक व नैतिक दृष्टि से सौमनस्य का पालन करना चाहिए। सौमनस्यता का मतलब प्रसन्नता या चित्त की स्वच्छता व निर्मलता, मिलनसारिता तथा आदर होता है। आपने कहा कि गुणों के प्रकाश के लिए दुर्गुण आवश्यक है। शुचिता का विचार *गीता* में ब्राह्मणों के लक्षणों में बताया गया है। उसके अलावा वैदिक सम्मत्ति में भी सामाजिक, दैनिक व नैतिक लक्षणों का विवेचन है। सत्व शुद्धि का विश्लेषण किया गया था। पतंजलि ने सौमनस्य शब्द का उपयोग किया है। यह *वेद* का शब्द है। पतंजलि ने नए शब्दों का प्रयोग किया है। किन्तु जहाँ तक हो सका वहाँ तक उन्होंने वेदों में आए हुए शब्दों का भी उपयोग किया है। सुमन: से सौमनस्य शब्द बना है।

सौमनस्य के दो अर्थ होते हैं तदनुसार विचार की दो शाखाएँ हैं। पहला अर्थ होता है प्रसन्नता। पानी की भी प्रसन्नता की मिसाल दी गई है। पानी के अन्तस्तल में क्या है यह बाहर से अच्छी तरह देख सकते हैं। अगर पानी में का टुकड़ा अन्तरल में पड़ा हो तो भी उसे बाहर से देख सकते हैं। चित्त की प्रसन्नता यह सत्व बुद्धि का परिणाम है। जब रजो गुण, तमो गुण क्षीण होते हैं। आहार शुद्धि से जीवन धुल जाता है तथा समाधान होता है तभी स्वच्छता व निर्मलता आती है। उस स्तर पर प्राप्तत्य नहीं रहता। जब समाधान नहीं होता तो अप्रसन्नता रहेगी। *गीता* में इसका उल्लेख करते हुए कहा गया है जब मनुष्य ब्रह्म निष्ठा में लीन रहता है तब वह प्रसन्न रहता है।

सौमनस्य के दूसरे अर्थ के अनुसार व्यक्ति-व्यक्ति के व्यवहार में मिलनसारिता हो—मेल हो। किसी के चित्त में दूरी भाव न हो, उसको सौमनस्य कहते हैं। दूरी भाव

होगा तो उसे दौरमनस्य कहेंगे। दौरमनस्य के परिणाम स्वरूप दुख प्रगट होता है। जहाँ अनादर व असमानता है, वहाँ दुख होता है। इन दिनों इन भेदों के अनेक प्रभाव हुए हैं। विचार के आधार पर पार्टियाँ बन गई हैं तथा भिन्नता आ गई है। यह सब होते हुए भी व्यवहार में कटुता के भाव न आए तथा अन्तर्मन का प्रेम बना रहे। यही सौमनस्य का सामाजिक अर्थ है। इसका मतलब यही है कि मन में आदर है। जहाँ आदर घटता है वहाँ मतभेद कार्य करता है। सफाई सप्ताह के अन्तर्गत पतंजलि के सूत्र की व्याख्या का आज चौथा प्रवचन था। आज के प्रवचन में विनोबाजी ने सौमनस्य पर विषद प्रकाश डालते हुए उसके विभिन्न अर्थ समझाए। आज पार्टी बाजी के कारण व्यर्थ ही कटुता बढ़ाते है। अगर कोई किसी पन्थ विशेष से मिलता हो, उसके साथ बैठता हो तो उससे मिलना-जुलना छोड़ देते हैं। इसका प्रभाव दूसरे व्यक्ति के चित्त पर पड़ता है तथा व्यवहार से उसके चित्त को बन्द कर दिया है तो प्रचार हेतु आपके विचार उसमें कैसे प्रवेश करेंगे।

आज जनसंघ वाले आए थे, वे बहुत ही प्रसन्नता से बोले। उनका कहना है कि निगम पंचायत आदि में राजनीतिक पक्ष दाखिल नहीं। मैंने कहा पिछले नौ साल से मैं भी यही कह रहा हूँ। मैंने तो इसकी मिसाल जूतों से दी है जिस प्रकार हम मन्दिर में जाते हैं तब जूते बाहर ही रख देते हैं। इसी प्रकार नगरपालिका, पंचायत आदि लोकोपयोगी संस्थाओं के मन्दिर में सियासी जूते बाहर ही रखने चाहिए। नैतिक विचारकों ने माना है कि सामाजिक दृष्टि से सबसे अधिक बात आदर की है। आज मानव का मानव के साथ आदर नहीं रहा। भगवान ने कहा कि पशु-पक्षी, वनस्पति आदि के रूप में मनुष्य मेरा आदर करता है, किन्तु मनुष्य के रूप में नहीं। सौमनस्य का मतलब आदर होता है। जो मनुष्य जीवित रहता है इसका मतलब यही है कि कोई न कोई उसके गुण का आदर करते हैं। जिस प्रतिष्ठा के लिए वह जीवित रहता है, हमें उसे पहचानना चाहिए। मनुष्य में गुण के साथ दुर्गुण भी रहते हैं। हम फल खाते हैं तब उसके छिलके को फेंक देते हैं। इसलिए मनुष्य के दुर्गुणों की ओर ध्यान नहीं देना चाहिए। दुर्गुण तो गुणों के बचाव के लिए रहते हैं। दृढ़ निश्चय एक गुण है किन्तु इस गुण का कवच हठीलापन है, जो गुण के साथ छाया रहता है और वही गुण के प्रकाश के लिए आवश्यक है। कृतत्व मनुष्य है तो उसमें अहंकार होगा। अहंकार है तो रहे, हमें उससे क्या। उसके कार्यों के प्रति हमें आदर व्यक्त करना चाहिए।

धान के ऊपर छिलका रहता है। हम छिलका निकालकर फेंक देते हैं। अगर छिलका न हो तो धान सड़ जाएगा। इसी तरह सफेद चित्र बनाने के लिए भी हमें काले या अन्य रंगों की पृष्ठभूमि बनानी पड़ेगी। इसलिए गुण के प्रकाश के लिए दोषों की जरूरत है। इस तरह हर मनुष्य आदरणीय होगा। इसलिए सौमनस्य का गुण जरूरी है। इसे सबमनसाई भी कह सकते हैं। *ऋग्वेद* में इसका वर्णन अत्यधिक आता है। ज्ञानदेव महाराज ने लिखा है कि भूमि पर चलते समय कीड़ा दिखाई दे तो पाँव अहिस्ता-अहिस्ता रखें नहीं तो स्वामी (कीड़ा ईश्वरीरय स्वरूप) की नींद खुल जाएगी।

लोकमानस चाहिए

आज मध्याह्न आचार्य विनोबा भावे ने कहा कि यदि लोक मानस तैयार हो जाए तो मेरा सर्वोदय का सिद्धान्त दो दिन में पूर्ण हो सकता है, नहीं तो दो लाख वर्ष ही लग सकते हैं। एक अन्य प्रश्न पर बाबा ने कहा कि श्री जयप्रकाश नारायण को हटाने व उन्हें राजनीति में दखल करने के सम्बन्ध में उनसे कुछ नहीं कह सकता क्योंकि श्री नारायण ने यह कभी नहीं कहा कि मैं राजनीति विचाराधारा में दखल नहीं दूँगा बल्कि उन्होंने यह कहा कि सत्ता में दलगत राजनीति में मेरा विश्वास नहीं है।

(4 अगस्त, 1960)

कर्मचारियों को सरकार के प्रति वफादार रहना था

आज की यात्रा में कर्मचारी नेता से चर्चा

ठीक चार बजे बाबा के कमरे की बिजली बुझा दी गई। अँधेरे में *ईशावास्योपनिषद* का समवेत स्वर गूँजने लगा। साफ-साफ उच्चारण। प्राणों को स्फूर्ति देने वाला राग। प्रार्थना में बैठा हुआ मनुष्य भूल जाता है कि वह कहाँ बैठा है? वह एक पवित्र विस्मृति में डूब जाता है उसे आसपास के पवित्र अन्धकार में अपने अन्दर का प्रकाश जागता हुआ दिखता है। ओम शान्तिः शान्तिः...प्रार्थना समाप्त हुई। लोग बाहर निकल आए। बाबा के कमरे में बाबा और उनके अंगरक्षक बच गए। सवा चार बजे बाबा जय-विजय के हाथ पकड़े बाहर निकले। पूर्वी दरवाजे से बाबा का दल तुकोगंज सड़क पर आगे बढ़ा। और दिनों की अपेक्षा आज दल में कम लोग थे।

आज बाबा से मिलने वाले पहले व्यक्ति थे—मधुकर घोलय—वे किसी राज्य कर्मचारी यूनियन के मंत्री हैं, उन्होंने बाबा के वेतन का अंश अनाज के रूप में देने के विचार पर बातचीत शुरू की। उन्हें यह शंका थी कि बाबा के विचार के अनुसार अगर वेतन का एक अंश अनाज के रूप में दिया जाए और बाजार में अगर अनाज की कीमत बढ़ जाए, वेतन में से अनाज की बढ़ी हुई कीमत काट ली जाएगी। बाबा ने उनसे कहा कि बात ऐसी नहीं है। अनाज के भाव बाजार में चाहे जो हों, उनका वेतन काटा नहीं जाएगा। जैसे एक परिवार को दो मन अनाज देने का निश्चय किया गया। अब अगर इस अनाज की कीमत 40 रुपये हो और कर्मचारी को 60 रुपये ऊपर से दिए जाते हों, तो अनाज का भाव चाहे बढ़े चाहे घटे, उसे 60 रुपये बराबर मिलते जाएँगे। श्री घोलय का समाधान हो गया। फिर उन्होंने दूसरा प्रश्न रखा कि जिस तरह डाकुओं की क्षमादान करने की बात सरकार सोचती है, क्या उसी तरह गए साल दिसम्बर में राज्य कर्मचारियों की हड़ताल में डिसमिस और सस्पेंड किए गए कर्मचारियों को क्षमादान नहीं दिया जा सकता। इस पर बाबा ने कहा कि सरकार पर दबाव अवश्य डाला जा सकता है और वह अदालत के जरिये हो सकता है? इस पर घोलय ने कहा कि यूनियन ने जबलपुर में एक कर्मचारी भाई के सम्बन्ध में न्यायालय में अर्जी दी और वह अर्जी मंजूर ही नहीं की गई। धीरे-धीरे बात हड़ताल पर आ गई। बाबा का दल नाग मन्दिर होता हुआ बड़े अस्पताल के पीछे वाली सड़क पर चलने लगा। बाबा ने कहा कि हड़ताल नहीं की जानी चाहिए। कर्मचारियों से हड़ताल का हक छीने जाने के सम्बन्ध में संसद में प्रस्ताव रखा जाएगा, ऐसी भी राय बाबा ने प्रकट की। अन्त में उन्होंने कहा कि अभी हॉल ही

हुई केन्द्रीय कर्मचारियों की हड़ताल जब सरकार द्वारा अवैध घोषित कर दी गई तो कर्मचारियों को सरकार के प्रति वफादार रहना था।

उन्होंने अपने संगठन के प्रति वफादार रहकर सरकार के प्रति बेवफाई की। मैं अगर राज्य चलाऊँ तो ऐसे संगठन नहीं बनाने दूँ। राजनीतिक पार्टियाँ ऐसे संगठनों का दुरुपयोग करती हैं। श्री घोलय ने चर्चा आगे बढ़ाते हुए कहा कि आपके वेतन वाले विचार पर हम लोगों ने आपस में चर्चा की थी। वह काफी लोगों को पसन्द आया है इस पर बाबा ने यह कहकर कि अगर वह विचार आप लोगों को पसन्द आया है तो आपने सरकार को उसको अमल में लाने के लिए कहना चाहिए मैं तो एक तटस्थ विचारक हूँ। चर्चा समाप्त कर दी। दल अब अँधेरी बाम्बे-आगरा रोड पर चल रहा था। मेडिकल कॉलेज के पास बाबा से पार्षद सेठिया जी ने बातें शुरू कीं। उन्होंने नगर निगम को पक्षमुक्त रखने की बात कही। बाबा ने कहा कि कल कुछ लोग मेरे पास आकर लिख गए हैं कि वे निगम में पार्टीबाजी नहीं चाहते। सेठिया जी ने कहा कि कांग्रेस वाले तो इस बारे में पार्टी के उच्चाधिकारियों से चर्चा करके निर्णय करेंगे। इस पर बाबा ने कहा कि आप दूसरों को तो तैयार करिए-कांग्रेस से मैं निबट लूँगा। सेठियाजी से उनकी बातचीत स्टेट बैंक तक चलती रही। फिर बाबा ने जोर से पूछा कोई और है? जब चर्चा करने वाला कोई और नहीं निकला तो बाबा ने हँसकर अच्युत भाई से कहा छह में से दो मिलने वाले आ गए। 33 प्रतिशत नम्बर मिल गए। चलो हम पास हो गए। इसके बाद कोई चर्चा करने वाला न होने के कारण बाबा अपने अंगरक्षकों से बातें करते चलने लगे। बम्बई-आगरा रोड पर अँधेरा था और जगह-जगह पानी के डबरे भरे थे। लोग आपस में विभिन्न प्रकार की चर्चा करते चल रहे थे। बाबा ने शरीर पर ओढ़ा हुआ वस्त्र निकाल दिया।

जब होल्कर कॉलेज के पास बाबा पहुँचे तो धीरे-धीरे उजाला हो गया था। बाबा आसपास देखते धीरे-धीरे सामान्य गति से चल रहे थे। चन्दर कुआँ चौराहे पर पहुँचने पर दीपचन्दजी ने उन्हें कस्तूरबा धाम जाने वाला रास्ता बताया। अब काफी उजाला हो गया था और सिन्धी कॉलोनी में गूँजने वाली लाउडस्पीकर की आवाज मनों से टकरा रही थी। सिन्धी कॉलोनी की सड़क पर बाबा की अच्युत भाई से दोस्ती निभाने के गुण पर चर्चा चलती रही। बाबा के दल को दूर से आता देख कुछ सिन्धी भाई और बच्चे आगे बढ़े चल आए और उन्होंने मार्ग में ही बाबा का स्वागत किया—जय जगत का मंत्र गुँजाया। गुमटियों के पास चौराहे पर काफी लोग जमा थे। बल्लियों के स्वागत द्वार को बन्दरवारों से सजाया गया था। उस पर एक लाल कपड़े पर सन्त विनोबा रोड लिखा हुआ था। हार पहनाकर बाबा का स्वागत किया गया।

बाब ने बोर्ड से कपड़ा हटाकर सिन्धी कॉलोनी के नए नाम—सन्त कँवरराम सिन्धी कॉलोनी के नाम की तख्ती का अनावरण किया। सिन्धी कॉलोनी के अन्दर चौक में सभा का आयोजन किया गया था। बाबा ने यहाँ लगभग आधा घंटा प्रवचन दिया। सभा में लगभग 500 सिन्धी नर-नारी उपस्थित थे। सभा के बाद बाबा सेठ थावर दास के घर सर्वोदय मित्रों की बैठक में गए। वहाँ बाबा ने 5-10 मिनट का छोटा-सा प्रवचन दिया। फिर एक गली की नाली साफ की। जयदेव भाई और अप्पा साहब उनके साथ थे। कीचड़ भरी सड़कों वाली कॉलोनी से निकलकर बाबा डामर रोड पर आ गए।

रेलवे क्रॉसिंग पार कर उनका दल गोधा कॉलोनी के पास से होता हुआ हिन्दी माध्यमिक स्कूल नं. 3 के सामने पहुँचा। यहाँ बच्चों ने उन्हें घेर लिया। विनोबा की जय और जय जगत की आवाजें लगाईं। अब लोग जाग गए थे और जगह-जगह खड़े होकर बाबा का अभिवादन कर रहे थे। बाबा उदापुरा में पुराने कार्यकर्ता सरवटे साहब के घर गए। घर के सदस्यों को उनसे मिलवाया गया। बाबा ने सभी से बड़ी आत्मीयता से बातें कीं। लगभग दस मिनट ठहर कर बाबा चन्द्रभागा रोड पर आ गए। ताम्बे परिवार ने उन्हें अपने घर बुलाया। बाबा एक-दो मिनट बाहर दालान में कुर्सी पर बैठे और फिर जय जगत कहकर चल दिए। चन्द्रभागा से बाबा व्यासफला की ओर चढ़े। जूनी इन्दौर के लोग अपने-अपने घरों के सामने खड़े बाबा से प्रणाम कर रहे थे। व्यासफला से शनि गली और रावजी बाजार होते हुए बाबा हाथीपाला पहुँचे, वहाँ से स्टेशन और फिल्म कॉलोनी से निकलकर सफेद कोठी पहुँच गए।

जब बाबा ने कुरान पढ़ी

जब 1938 में बाबा वर्धा आश्रम में थे तब वहाँ एक मुसलमान बन्धु रहते थे। उन्होंने बाबा से कहा कि आप सभी को *गीता* सिखाते हैं मुझे तो *कुरान* पढ़ाइए। बाबा अरबी भाषा जानते नहीं थे। इसलिए वे *कुरान* का मराठी व अंग्रेजी अनुवाद लाए और उसे पढ़ा किन्तु उससे बाबा को समाधान नहीं हुआ। फिर उन्होंने एक मुल्ला जी को बुलाया जो केवल कुरान पढ़ना जानते थे। उसकी सहायता से बाबा ने कई मर्तबा कुरान पढ़ी व उसे समझने का प्रयत्न किया। अरबी व अंग्रेजी की सहायता से तर्जुमा करने लगे। *कुरान का* व्याकरण तैयार किया। इतनी तैयारी कर लेने के पश्चात उन्होंने अरबी व्याकरण मँगाकर पढ़ा। एक बार जब बाबा गांधीजी के पास बैठे थे, उस समय वहाँ मौलाना अबुल कलाम आजाद आए थे। गांधीजी ने मौलाना आजाद से कहा "विनोबा आजकल कुरान पढ़ रहे हैं जरा इनका इम्तहान लो।" मौलाना आजाद ने बाबा से कहा कि वे *कुरान* का पाठ करें विनोबाजी के उच्चारण सुनकर मौलाना आजाद ने पूछा आपको कुरान किसने पढ़ाई। विनोबाजी ने कहा—मुल्ला ने। यह सुनकर मौलाना जी एकदम बोल उठे—इतने अच्छे उच्चारण मुल्ला सिखा ही नहीं सकता है। इस पर विनोबा ने कहा कि उच्चारण तो मुझे व्याकरणाचार्य पाणिनी की देन है। उसी समय मौलाना आजाद ने आपको हाफिज कुरान कहा तथा बाबा हाफिर *कुरान* माने जाने लगे।

इन्दौर में चालीस शान्ति सैनिक बनाए जाएँगे श्री देवेन्द्र भाई द्वारा योजना पर प्रकाश

सर्वोदयी कार्यकर्ता श्री देवेन्द्र भाई ने बताया कि इन्दौर में चालीस शान्ति सैनिक बनाए जाएँगे। एक प्रश्न के उत्तर में आपने कहा कि सर्वोदय आश्रम स्थापित करने के लिए नौलखा में 8-9 एकड़ भूमि प्राप्त की जा रही है। जहाँ 25 हजार की लागत से निर्माण कार्य किए जाएँगे तथा गांधी साहित्य का एक वृहत ग्रन्थालय भी बनाया जाएगा। सर्वोदय कार्यक्रम को अधिक विकसित बनाने तथा घर-घर इसका प्रचार करने के सम्बन्ध में विस्तृत विवरण बताते हुए श्री देवेन्द्र भाई ने बताया कि हमारा प्रयत्न इन्दौर में 40

शान्ति सैनिक बनाने का है। 4 लाख की जनसंख्या वाले इन्दौर शहर में प्रत्येक दस हजार व्यक्तियों के पीछे एक शान्ति सैनिक होना जरूरी है। आपने कहा कि इन्दौर में 40 शान्ति सैनिक बन ही जाएँगे। प्रत्येक सैनिक को एक-एक वार्ड सौंपा जाएगा जहाँ कि वह सर्वोदय मित्रों व सहायकों की सहायता से मोहल्ले मोहल्ले में सर्वोदय पात्रों की स्थापना तथा अन्य कार्य करेगा व परिवारों से सम्पर्क साध स्नेह सम्पादन करेगा।

यह पूछे जाने पर कि क्या सर्वोदय मित्रों का निर्वाह सर्वोदय पात्र से संग्रहीत रकम से ही होगा? आपने कहा वह जरूरी नहीं अगर आवश्यक हुआ तो केन्द्रीय चन्दा, सम्पत्ति दान आदि से प्राप्त रकम भी उन पर खर्च की जा सकती है। शान्ति सैनिक केवल स्थान विशेष के लिए ही नहीं हैं वह तो विश्व मित्र भी हैं। जहाँ भी कहीं अशान्ति हो और जरूरत महसूस की जाए तो उसे वहाँ शान्ति स्थापित करने के लिए जाना होगा। कश्मीर या चेकोस्लाविया दोनों उसके लिए समान हैं। वह वहाँ कार्य करने के लिए तत्पर रहेगा। सहायक शान्ति सैनिक वह होगा जो किसी एक ही स्थान पर कार्य करेगा। जो व्यक्ति केवल इन्दौर में ही शान्ति सेना का कार्य करने के लिए तत्पर रहेंगे उन्हें सहायक शान्ति सैनिक बनाया जाएगा। शान्ति सैनिकों की व्याख्या करते हुए आपने कहा कि ये सैनिक सर्वोदय कार्य के लिए पूर्ण समय देंगे तथा शान्तिमय वातावरण बनाना ही इनका एक मात्र कार्य रहेगा। शान्ति सैनिक जात-पाँत-दल-पार्टीबाजी आदि से संवाद न रखते हुए शोधहीन कार्य करेंगे। शान्ति सैनिक कोई जिम्मेदार पद भी ग्रहण नहीं कर सकता है।

सर्वोदय कार्य के लिए इन्दौर में आश्रम आदि स्थापित करने सम्बन्धी प्रश्न का उत्तर देते हुए सर्वोदयी कार्यकर्ता ने कहा कि इन्दौर में नौलखा बाग के पास 8-9 एकड़ भूमि आश्रम हेतु प्राप्त करने के प्रयत्न जारी हैं और यह भूमि मिलने की उम्मीद भी है। इस भूमि पर कुछ दूरी कुटी तथा दयनीय हालत में मकान बने हुए हैं। इन्हीं भवनों की मरम्मत करके उन्हें आश्रम का रूप दिया जाएगा। वहाँ आवास गृह के साथ प्रशिक्षण शाखा तथा गांधी साहित्य सम्बन्धी ग्रन्थालय होगा। आपने बताया कि यह लगभग 25 हजार की योजना है। इसी जगह सर्वोदय की विचारधारा को व्यापक बनाने के लिए समय-समय पर विद्यार्थियों, सेवानिवृत्त शासकीय कर्मचारी तथा सर्वोदय मित्रों के प्रशिक्षण शिविर चलेंगे। श्री देवेन्द्र भाई ने आगे बताया कि बाबा सेवानिवृत्त शासकीय कर्मचारी तथा वानप्रस्थ आश्रमी, व्यापारी, विद्यार्थी एवं सार्वजनिक कार्यकर्ता आदि वर्गों से अपेक्षा करते हैं कि वे अधिक से अधिक संख्या में सर्वोदय के कार्यक्रमों में भाग लें। बाबा के आगमन से इन्दौर में सर्वोदय का वातावरण भी बन गया है तथा अधिक से अधिक जनमत सर्वोदय की ओर झुक रहा है।

सिन्धी कौम पानी में कंकर के समान अलग न रहे
आचार्य श्री विनोबा भावे द्वारा सिन्धियों की पुरुषार्थ वृत्ति की प्रशंसा

आज सुबह सवा छह बजे सन्त कँवरराम सिन्धी कॉलोनी में उपस्थित सिन्धी भाई-बहनों को सम्बन्धित करते हुए आचार्य विनोबा भावे ने कहा कि सिन्धी कौम बड़ी पुरुषार्थी है। वह पाकिस्तान से उखड़कर हिन्दुस्तान आई और सिन्धी भाई जगह-जगह जम गए। उन्होंने सबका प्रेम पाया। अब उन्हें खयाल रखना चाहिए कि उन्हें हिन्दुस्तान और विश्व

के सच्चे नागरिक बनना है। उनकी तरफ से ऐसी सेवा होनी चाहिए कि लोग उनकी तारीफ करें। प्रवचन के पूर्व बाबा ने कॉलोनी के नए नाम सन्त कँवरराम सिन्धी कॉलोनी की तख्ती का अनावरण किया था, इसी सिलसिले में प्रवचन शुरू होने के पहले उन्हें सन्त कँवरराम की जीवनी पढ़कर सुनाई गई और एक पत्र दिया जिसमें कुछ शिकायत नगर निगम के विरुद्ध की गई थी।

बाबा ने अपने प्रवचन के प्रारम्भ में सिन्धी भाइयों के पुरुषार्थ, बुद्धि और लगन की प्रशंसा की और कहा कि विभाजन के समय मुझे आप लोगों की सेवा करने का अवसर मिला था। तब कवि दुखायल जी मुझे इधर-उधर ले जाते थे। समय कम मिल पाने के कारण मैं सेवा तो अधिक नहीं कर सका, पर मेरी हमदर्दी जरूर आप लोगों के साथ थी। बड़े हर्ष की बात है कि दस लाख सिन्धी लोगों में मेरे *गीता* प्रवचन की 25 हजार प्रतियाँ खप गईं। मैंने *गीता* प्रवचन के सिन्धी संस्करण की प्रस्तावना में लिखा था कि मैं सिन्धियों की सेवा नहीं कर पाया तो अब *गीता* से सेवा करूँगा। उस मसय के असम के गवर्नर जयरामदास दौलतराम ने *गीता* प्रवचन पढ़कर मुझे लिखा कि आपने सिन्धी की बड़ी सेवा की है। तो आप लोग मुझे अपनाइए। मुझसे कौटुम्बिक नाता जोड़िए। (तालियाँ)।

आपने हमारे सामने शिकायतें पेश कीं ये छोटे-छोटे मसले हैं। इनसे भी बढ़कर एक मसला है। नगर निगम खुद भी सबसे बड़ा मसला है। जहाँ-जहाँ नगर निगम है, वहाँ-वहाँ राजनीति ने उसमें प्रवेश करके मसले पैदा किए हैं। हम चाहते हैं कि यह मसला हल हो जाए। हमें लगता है कि इन्दौर में हो जाएगा। कुछ राजनीतिक पार्टी के लोग कल हमसे मिलने आए थे वे मान गए कि नगर निगम पक्ष मुक्त होना चाहिए। जहाँ पक्ष होते हैं वहाँ बहुमत की पूछ होती है। सारा दारोमदार चुनाव पर हो जाता है। वहाँ लोग सच्चे दुख दूर करने के बजाय अपना कंट्रोल करते, अपनी ताकत आजमाया करते हैं। यह निगमों का दुरुपयोग है। कम से कम ग्राम पंचायत, जिला परिषद और नगर निगम के कारोबार में पार्टीबाजी नहीं होनी चाहिए। उन्हें सेवा के मन्दिर मानना चाहिए और सच्ची सेवा भावना से वहाँ जाना चाहिए। मेरा सुझाव है कि नागरिकों को यह विचार करना चाहिए कि नगर निगम में प्रवेश करने के पहले सियासती जूते बाहर निकाल कर आएँ। मुझे लगता है कि इन्दौर में लोक मानस तैयार है और वहाँ यह मसला हल हो सकता है।

फिर सिन्धी भाइयों को उन्होंने कहा कि आप लोगों को यहाँ घुल-मिल जाना है। आपको पानी में कंकर के समान अपना रूप अलग नहीं रखना है बल्कि पानी में नमक जैसा या शक्कर जैसा घुल-मिल जाना है। आप लोगों को यहाँ के समाज से एक रूप होकर इसकी सेवा करनी चाहिए जो दूसरों की सेवा करता है, वह सन्त हो जाता है। महापुरुषों के नाम पर रोड और कॉलोनी का नाम रखकर आप लोग अपनी सौदा करने की कुशलता का परिचय दे रहे हैं। मगर काम चाहे जो करो और सड़कों और कॉलोनियों के नाम सुभाष मार्ग, महात्मा गांधी मार्ग, सन्त कँवरराम कॉलोनी आदि रखकर उनके ऋण से मुक्त नहीं हो सकते। कुछ काम भी उनके समान करने पड़ेंगे। महापुरुषों के नाम पर रोड, कॉलोनी के नाम आप लोग रखते हैं। ज्यादा महापुरुष अगर पैदा हो गए तो नाम बदलेंगे क्या? महापुरुषों के नाम स्मरण के लिए ऐसा करना ठगबाजी है, ऐसा मत करो।

फिर उन्होंने पूछा कि यहाँ कितने घर हैं? उत्तर मिला 602। बाबा ने कहा यहाँ 602 तो सर्वोदय पात्र रखे जाने चाहिए और 602 ही *गीता* प्रवचन की प्रतियाँ बिकनी चाहिए। इसके अलावा मुझे आप लोगों में से 5 सेवक मिलने चाहिए और उसका सारा इन्तजाम आपको समाज में उठा लेना चाहिए। छोटी-छोटी कौमें ज्यादा काम करती हैं, वे टीम होती हैं। बड़ी कौम फैली हुई होती हैं और उनकी शक्ति छितरी हुई होती है। एक बार मैंने एक भाई से पूछा कि कितने बाल बच्चे हैं? वह बोला—हैं सात-आठ बच्चे। मैंने कहा ठीक से हिसाब लगाकर बताओ कि सात हैं या आठ। वह भाई बच्चों का भी हिसाब बराबर नहीं लगा पाता था। मगर मैंने आपसे पूछा वहाँ कितने घर हैं। आप लोगों ने पट बता दिया—602 घर। एकदम बराबर आँकड़ा। यह है छोटी कौम का फायदा। इसलिए वहाँ से मुझे सर्वोदय के काम के लिए 5 भाई मिलने चाहिए।

संस्कारों का कीचड़ धोने के बाद ही एकाग्रता सम्भव सफाई सप्ताह का पाँचवाँ प्रवचन

आचार्य श्री विनोबा भावे ने आज कहा कि अन्त:करण की निर्मलता और शुद्धता से ही एकाग्रता आती है। जिसके चित्त पर अनेक संस्कारों का कीचड़ है उसमें एकाग्रता आ ही नहीं सकती। सफाई सप्ताह के अन्तर्गत सन्त श्री विनोबा भावे का आज पाँचवाँ भाषण था। आज के भाषण में आपने अत:करण की शुचिता पर विषद रूप से प्रकाश डालते हुए कहा कि संस्कारों के कीचड़ को धोने के लिए ज्ञान की एक किरण भी काफी है। ज्ञान की किरण चित्त में प्रवेश करे इसलिए आवश्यक है कि चित्त के द्वार हमेशा खुले रहें। प्रवचन प्रारम्भ करते हुए आचार्य विनोबा भावे ने कहा कि शुचिता पर हम चार दिन से पतंजलि के सूत्रों का वर्णन कर रहे हैं। आज व्याख्यान माला का पाँचवाँ दिन है। पिछले दिनों सत्वशुद्धि: तथा सौमनस्य पर प्रकाश डाला गया है। आज प्रसन्नता के साथ ही साथ एकाग्रता पर चर्चा करेंगे।

अहिकाये:

अहिकाये का अर्थ एकाग्रता होता है। यह सोचने की बात है कि शुचिता में शास्त्रकार एकाग्रता की चर्चा कर रहा है। जहाँ स्वच्छता होती है वहाँ एकाग्रता आ ही जाती है। जैसे स्वच्छ हरी घास या निर्मल स्वच्छ नदी के किनारे आप बैठते हैं तो स्वाभाविक रूप से आपके चित्त में एकाग्रता आ ही जाती है। एकाग्रता के लिए कैसा स्थान हो इसका वर्णन शास्त्रों में मिलता है। अनुभवों के आधार पर भी बताया गया है कि नदी किनारा, नदियों के संगम स्थल, पहाड़ों की टेढ़ी-मेढ़ी राहें आदि एकाग्रता के लिए उपयुक्त स्थल हैं। किन्तु यह तो स्थूल स्वच्छता तथा स्थूल अनुभव है।

संस्कार के प्रभाव से अनेकाग्रता

बाबा ने कहा कि जिसका चित्त प्रसन्न रहता है उसकी बुद्धि शीघ्र ही स्थिर हो जाती है। उसे एकाग्र होने में किसी तरह की कठिनाई नहीं होती। कठिनाई उसे होती है जिसका

चित्त विविध संस्कारों से मलिन हो जाता है। संस्कार दर्शन, स्पर्श, संगति, वाचन, पठन आदि से उत्पन्न होते हैं। उपरोक्त बातों से जन्म-संस्कार मन पर मलिन असर छोड़ते हैं फलत: चित्त एकाग्र नहीं होने पाता।

स्मृति से चित्त में अस्थिरता

संस्कारों का असर स्मृति के रूप में सर्वत्र विद्यमान रहता है। निद्रा की अवस्था में संस्कार के असर स्वप्न रूप में रहते हैं। स्मृति जागरूक अवस्था का स्वप्न है। इस तरह से स्मृति निद्रा तथा जाग्रत दोनों अवस्था में विद्यमान रहती है। इन्हीं स्मृतियों के कारण चित्त इधर से उधर दौड़ता है और एकाग्रता नहीं होने पाती। संस्कारों के असर का विवेचन करते हुए आचार्य भावे ने कहा कि जिसके चित्त में संस्कार कम होंगे, मलिनता कम होगी, एकाग्रता ज्यादा होगी। इस सम्बन्ध में बालक के चित्त का विश्लेषण करते हुए कहा कि बचपन में बालक पर संस्कार बहुत कम होते हैं इसलिए उसमें एकाग्रता भी अधिक रहती है यह सम्भव है कि चित्त कमजोर होने के कारण एकाग्रता अधिक लम्बे समय तक नहीं रहे।

अवस्था व एकाग्रता का सम्बन्ध

सन्त प्रवर ने कहा कि अवस्था कम होगी तो एकाग्रता भी अधिक समय तक नहीं हो सकती है। इसी आधार पर शिक्षण शास्त्रकारों ने समय का विभाजन किया है। कम उम्र वाले बालक एक घटिका (24 मिनट) तक एकाग्रता रख सकते है। अत: उनका पढ़ाई का मुहूर्त चौबीस या तीस मिनट में विभाजित किया जाता है। बड़ी अवस्था वाले विद्यार्थी दो घटिका तक एकाग्रता रख सकते हैं तथा अधिक उम्र वाले एक प्रहर (तीन घंटे) एकाग्रता रख सकते हैं। बाबा ने आगे कहा कि प्रसन्न चित्त में एकाग्रता का अभाव रह ही नहीं सकता है। जिनके चित्त में मलिनता नहीं रहती उसमें स्वाभाविक रूप से एकाग्रता रहती है।

संस्कारों को धोएँ

एकाग्रता का विवेचन करते हुए आचार्य भावे ने कहा कि शुचिता हेतु संस्कार के कीचड़ को धोना चाहिए। व्यास महाराज के सम्बन्ध में बताया गया है कि समाधि लेने में उन्हें छह वर्ष लगे यह समय संस्कारों के कीचड़ को एक-एक कर धोने में लगा। कीचड़ धुल जाने के पश्चात ही उनमें एकाग्रता आई। कीचड़ कैसे धुलते हैं इस पर प्रकाश डालते हुए सन्त प्रवर ने कहा कि चित्त के संस्कारों के कीचड़ को धोने के दो तरीके हैं—एक लम्बे समय तक मन को स्थिर कर प्रमान रूप होकर तथा दूसरा आलोक प्रकाश से। *रामायण* के एक दोहे का उद्धरण करते हुए आचार्य श्री भावे ने कहा कि तुलसीदासजी के 'बिगरी जनम अनेक को, सुधरै अबहीं आजु।' इसके अनुसार जब भी कभी अन्त:आलोक (ज्ञान) की एक भी किरण चित्त के द्वार से प्रवेश कर जाए तो समस्त कीचड़ एकदम धुल जाएगा। यह ज्ञान की किरण बच्चे के मुख से भी आ सकती है। वह भी कभी ज्ञान की बात कह सकता है। बाबा ने कहा इसी दृष्टिकोण से वे कहते

रहे हैं कि चित्त के द्वार हमेशा खुले रखें, न मालूम कब ज्ञान की किरण अन्दर प्रवेश कर जाए। ज्ञान की किरण भी सूरज की किरण के समान है। सूरज की किरणें कभी धक्का देकर अन्दर नहीं आतीं। जब आप दरवाजा खोलेंगे तभी अन्दर आकर स्वागत करेंगी।

विज्ञान के युग में विश्व व्यापक लोकनीति आवश्यक रोटरी क्लब में बाबा का प्रथम सम्बोधन

आचार्य विनोबा भावे ने आज कहा कि इस वैज्ञानिक युग में हमें सियासत को तोड़कर विश्व व्यापक लोक नीति अपनानी चाहिए। इसके बगैर विश्व टिक नहीं सकेगा। आपने रोटेरियंस को सलाह दी कि वे प्रेम भाव बढ़ाएँ। सफेद कोठी पर इन्दौर रोटरी क्लब के सम्मुख सम्बोधन करते हुए आचार्य भावे ने कहा रोटरी क्लब का नाम मैंने बहुत सुना था। रोटरी क्लब के लोग बीच-बीच में मिलते भी थे और चर्चा भी हुई किन्तु उनके सम्मुख बोलने का यह पहला मौका है। रोटरी क्लब बड़े-बड़े शहरों में रहते हैं, मैं शहरों में रहा नहीं। विद्याध्ययन के लिए बड़ौदा गया था। उस समय मेरी अवस्था छोटी थी, शिक्षा के बाद गांधीजी के आश्रम में रहा और फिर जवानी में मैंने स्वयं आश्रम चलाया फलस्वरूप इस जीवन में भी क्लब से सम्बन्ध होने का मौका नहीं आया।

गांधीजी की तालीम तथा स्वयं के अनुभव से अब अन्तः और बाह्य का भेद मिट गया है। इस अवस्था में भूदान का कार्य हाथ में ले लेने के कारण अब गाँव-गाँव घूम रहा हूँ। बीच में शहर भी आते हैं किन्तु मुकाम एक दिन का रहता है इसलिए वहाँ कार्यकर्ताओं तथा भू-दान सम्बन्धी कार्यों में समय व्यतीत हो जाता है। अब मैं इन्दौर आया हूँ—यहाँ महीना-सवा महीना रहूँगा। मैं यहाँ इतने लम्बे समय तक रह रहा हूँ इसीलिए आपसे मिलने का मौका आया है।

विचारों में साम्यता

आचार्य भावे ने कहा कि आपमें व मुझमें बन्धुत्व है। यह बन्धुत्व विचारों का है। 'जय-जगत' यह मंत्र है जो भूदान के साथ-साथ चल रहा है। विज्ञान के युग में हमें अपनी मर्यादाएँ बदलनी पड़ेंगी, इसीलिए हमने जय-जगत का मंत्र चलाया है। आप भी विश्व का कल्याण चाहते हैं इसलिए आपस में बन्धुत्व है।

विश्व व्यापक लोकनीति

आचार्य भावे ने कहा कि अध्यात्म मानवमात्र को एक करता है। इसी के माध्यम से विश्व में व्यापक लोकनीति आएगी। विश्व में नैतिक सत्ता रहेगी। यह नैतिक सत्ता विश्व के महान व्यक्तियों के हाथ में रहेगी। महान व्यक्तियों की इच्छा जनता मानेगी ही। जब सारा विश्व एक देश बन जाएगा उस स्थिति में प्रान्त ग्राम बन जाएँगे और देश होंगे प्रान्त के बराबर। अन्त में बाबा ने रोटरी क्लब वालों से कहा कि वे ग्राम-ग्राम में कार्य करें। अगर ग्राम में कार्य नहीं करोगे तो रोटरी टिक नहीं सकेगा। इसलिए आवश्यक है कि आप आसपास की जनता की सेवा करें-सहयोग दें और करुणा मूलक व साक्षात निजी सम्पर्क स्थापित कर अपने पाँव मजबूत करें।

सर्वोदय में सार्वजनिक व निजी क्षेत्र का भेद नहीं
आचार्य भावे का नया गणित

आज आचार्य श्री भावे ने स्थानीय गांधी हॉल में इन्दौर के सुप्रसिद्ध व्यवसायी प्रतिनिधियों को सम्बोधित करते हुए कहा कि सर्वोदय में निजी व सार्वजनिक क्षेत्र का कोई भेद नहीं है। आपने कहा कि वे उसूल के हिसाब से खर्च का एक हिस्सा सर्वोदय कार्य के लिए दें। जिसे वे प्रेम से लेना चाहते हैं किसी प्रकार के दबाव से नहीं। व्यापारियों को सम्बोधित करते हुए आचार्य श्री विनोबाजी ने कहा कि व्यापार के विषय में अपने देश में भिन्न-भिन्न विचार प्रचलित हैं, इसी रूप में दूसरे देशों में भी वे विचार प्रचलित हैं। इन विचारों में से एक है, निजी क्षेत्र, जिसमें देश के उद्योग व व्यवसाय स्वतंत्र रूप से उद्योगपतियों के हाथ में रहता है दूसरा विचार है सार्वजनिक क्षेत्र का। सार्वजनिक क्षेत्र में उद्योग व व्यवसाय शासन के हाथ में रहता है। जहाँ ये दोनों क्षेत्र कार्य करते हैं वहाँ कुल उद्योग का प्रतिशत निर्धारित रहता है। आज इस देश में सार्वजनिक उद्योग सौ प्रतिशत रहता है। उसमें निजी क्षेत्र का कोई स्थान नहीं है। यह सुनकर व्यापारी घबराते हैं तो कहा जाता है घबराएँ नहीं, अभी निजी क्षेत्र के लिए गुंजाइश है।

सर्वोदयी विचारधारा

इस क्षेत्र में सर्वोदय विचार एक खास दृष्टि रखता है तथा एक नया गणित सिखाता है। उसका कहना है कि सर्वोदय में सौ प्रतिशत सार्वजनिक क्षेत्र तथा 100 प्रतिशत निजी क्षेत्र कार्य करेगा। आपने कहा कि 100+100=100 होगा। यह नया गणित किसी स्कूल में नहीं पढ़ाया जाता है। इस गणित को समझाते हुए आचार्य भावे ने कहा कि कोई मुझसे पूछे आपके हाथ की अँगुलियाँ तथा हाथ कितना कार्य करते हैं? तो मैं कहूँगा जितना कार्य मेरी अँगुलियाँ करती हैं, उतना ही कार्य हाथ भी करता है। सर्वोदय में क्षेत्रों का कोई भेद नहीं है उसमें व्यापारियों का कार्य सर्वजनों की सेवा के लिए होगा। उनका कार्य भगवान की सेवा में अर्पित होगा। सर्वोदय में तो व्यापारी सर्वजनों का एक हिस्सा बन कर कार्य करेगा। इस तरह व्यापार सम्बन्धी यह दृष्टि अन्य विचारधारा से एकदम अलग है।

व्यापार धर्म है

आचार्य भावे ने कहा कि शास्त्रों के अनुसार व्यापार धर्म है, न तो पेटी भरने का व्यवसाय है और न पेट भरने का। जो व्यवसायी निष्काम बुद्धि व शुद्ध चित्त से सार्वजनिक हित के लिए व्यापार करेगा, वह मोक्ष पाएगा। जिस तरह सियासी क्षेत्र में व्यापार के दो भेद माने गए हैं। (सार्वजनिक व निजी क्षेत्र) इसी तरह आध्यात्मिक क्षेत्र में भी व्यापार के दो भेद हैं—पहला भेद यह है कि कुछ शास्त्रकारों का मत है कि मोक्ष पाने के लिए सम्पत्ति का त्याग करो। ईसा मसीह ने भी इसी सिद्धान्त का उपदेश दिया है। उन्होंने कहा है कि सूई के छिद्र में से ऊँट जा सकता है किन्तु ईश्वर के राज्य में श्रीमन्त प्रवेश नहीं कर सकता। दूसरे भेद की चर्चा करते हुए उन्होंने आगे कहा कि हिन्दुस्तान की विचारधारा

के अनुसार श्रीमन्त अपने धन की गठरी के साथ मोक्ष प्राप्त कर सकता है। अगर बात सर्वजनों के हित के लिए सम्पत्ति संरक्षक बनकर रहे तो ही। *गीता* में कहा गया है कि जो निष्काम भाव से तथा शुद्ध बुद्धि से व्यापार करता है उसे वैसा ही मोक्ष मिलता है जैसा कि तपविद्या से ब्राह्मण को।

शासन को कम से कम सत्ता दो

आचार्य भावे ने कहा कि आज यह स्थिति है कि शासन के हाथ में अधिक से अधिक सत्ता है। किसी भी सियासी विचारधारा की सरकार हो, सभी में अधिक से अधिक सत्ता शासन के पास रहेगी। अन्त में आपने दासी और रानी के स्वरूप में करुणा का विश्लेषण करते हुए कहा कि सर्वोदयी विचारधारा के अन्तर्गत व्यापारी उन्हें परिवार का एक सदस्य समझे तथा घर के कुल खर्चे का एक हिस्सा सर्वोदय को दें। आपने कहा कि अगर व्यापारी उसूल के अनुसार एक हिस्सा नहीं देते हुए केवल भारी संख्या में दान देंगे तो मैं यह ले तो लूँगा किन्तु उससे समापन नहीं होगा।

दिलचस्प निचोड़ : ईश्वर हमें नहीं पाँच बड़ों को सद्‌बुद्धि दें

आज रोटरी क्लब के सदस्यों के सम्मुख सम्बोधन करते हुए आचार्य भावे ने कहा कि अक्सर प्रश्न पूछा जाता है कि वैज्ञानिक युग में आप पैदल यात्रा क्यों करते हैं रेल या हवाई जहाज से क्यों नहीं यात्रा करते। इस प्रश्न का उत्तर देते हुए आचार्य भावे ने कहा कि वे जमीन पर यात्रा करते हैं तो जमीन मिलती है और हवा पर यात्रा करेंगे तो हवा मिलेगी। आज बाबा ने कहा—आज दुनिया का भाग्य चार-पाँच लोगों के हाथ में सुरक्षित है। चार बड़ों के हाथ में ही दुनिया की बागड़ोर है। इसलिए परमेश्वर हमें सद्‌बुद्धि दे, इसकी अपेक्षा यह प्रार्थना करें कि भगवान उन चार बड़ों को सद्‌बुद्धि दें। क्योंकि भगवान ने यदि हमें सद्‌बुद्धि न भी दी तो दुनिया का कुछ भी नहीं बिगड़ेगा, पर यदि उन्हें नहीं दी तो दुनिया का संहार हो सकता है। यह बहुत बड़ी भयानक घटना है कि दुनिया की बागडोर चन्द लोगों के हाथ में है। ऐसी हालत में सर्वत्र असन्तोष होता है।

आचार्य भावे ने व्यापारियों की बैठक में कहा कि आजकल सरकार काफी नाजुक हो गई है। इतनी नाजुक जितना कि काँच। वह आलोचना बर्दास्त कर ही नहीं सकती। इस सन्दर्भ में उन्होंने कहा कि गुजरात में वे जब कांग्रेस की आलोचना करते थे तो किसी ने कहा आप सार्वजनिक रूप से आलोचना क्यों करते हैं—खानगी में पत्र लिखें। इस पर विनोबाजी ने उत्तर देते हुए कहा कि क्या वे शासन की पत्नी या कन्या हैं जो कि खानगी पत्र लिखें। आचार्य विनोबा ने कहा कि आजकल चंडी की पूजा की जाती है। प्रत्येक शासन चंडी (फौज) के द्वारा ही रक्षा का आश्वासन दिलाता है। यह चंडी की वृत्ति इतनी बढ़ गई है कि अब तो पंजाब की राजधानी भी चंडी (चंडीगढ़) बन गई है। आजकल के सियासी शासन में अधिकतर अधिकार शासक के हाथ में रहते हैं। यहाँ हर बात के लिए जनता शासन-शासन चिल्लाती है। मैं अब सरकार का नाम

इतनी मर्तबा सुनता हूँ, जितनी मर्तबा परमेश्वर का नाम भी नहीं लिया जाता है। आज भारतीयों का जीवन विषय वासना से पूर्ण है। रात को सिनेमा, नाटक देखकर एक बजे सोएँगे तथा आठ बजे तक उठेंगे। इससे उनमें आराम करने की प्रेरणा नहीं होगी और न बुद्धि का विकास होगा।

(5 अगस्त, 1960)

वर्षा के बाद भी बाबा की यात्रा

पिछले चौबीस घंटों से हो रही अनवरत वर्षा के अन्धकार युक्त घटाटोप में छिपे सूर्योदय की जब शहर के जन जीवन को कोई सुध भी न थी, शुद्ध जल से धुले स्तब्ध वातावरण में गन्दगी बहा ले जाने वाले नदी, नालों (शहर के नालों) के संगीत की लय और मकान पर पड़ने वाली बूँदों की ताल में शहर के गृहस्थ अपनी थकावट पर विजय पाने के अन्तिम प्रयत्नों में गाढ़ी नींद का आनन्द ले रहे थे। उस समय ऐसे सुनसान में नगर के मध्य में एक सन्त एकाग्र चिन्तन में लिप्त था और घड़ी के काँटों के साथ कार्यक्रम को बढ़ाने की चिन्ता में तीन कार्यकर्ता सन्त के कमरे के बाहर भक्तियुक्त जिम्मेदारी की बरसाती ओढ़े ड्यूटी पर तैनात थे।

पौने चार बजे सफेद कोठी के प्रांगण में दो-दो फुट पानी भरा हुआ था। बरसात अब भी अपनी तेजी से जारी थी जैसे उसे अपना कोई कोटा पूरा करना हो। बरामदे में तीन कार्यकर्ता सर्वश्री आचार्य दीपचन्द जैन, जगन्नाथ सेठिया एवं भेरूलाल मेहता बाबा के कमरे की ओर टोह लगाए खड़े थे। बरसात और भी जोर की हुई। इतने में श्री दीपचन्द जैन ने प्रात:कालीन प्रार्थना की घंटी बजाई। वहाँ ठहरे सभी कार्यकर्ता बाबा के कक्ष में प्रविष्ट हुए। कमरे की बत्तियाँ बन्द करने के बाद एक स्वर में ओम् शान्तिः शान्तिः शान्तिः के बाद प्रार्थना प्रारम्भ हुई ओम पूर्णमद्...! इसके बाद सर्व धर्म प्रार्थना और फिर एकादशव्रतों वाली प्रार्थना हुई, जो मन में शान्ति का संचार करती हुई सत्य, प्रेम एवं करुणा की प्रेरणा दे रही थी।

ये प्रार्थनाएँ इस प्रकार हैं—

ओम् सत्सत् श्री नारायण तू पुरुषोत्तम गुरु तू।
सिद्ध-बुद्ध तू स्कन्द-विनायक सविता पावक तू।
ब्रह्म मज्द तू यहव शक्ति तू ईशू-पिता प्रभु तू।
रुद्र विष्णु तू राम-कृष्णन् तू रहीम ताओ तू।
वासुदेव गो-विश्व रूप तू चिदानन्द हरि तू।
अद्वितीय तू अकाल निर्भय आत्मलिंग शिव तू।

इसके बाद ग्यारह व्रतों वाली प्रार्थना हुई।

अहिंसा सत्य अस्तेय ब्रह्मचर्य असंग्रह।
शरीर-श्रम अस्वाद सर्वत्र भय वर्जन।

सर्व धर्म समानत्व स्वदेशी स्पर्श भावना।
हीं एकादश सेवाओं नम्रत्वे व्रत निश्चये॥

(विनम्र व्रतनिष्टा से ये एकादश सेव्य हैं)।

जबसे नगर में बाबा की अज्ञात सेवाएँ प्रारम्भ हुई हैं तबसे अभी तक यह प्रार्थना सफेद कोठी में ही होती आ रही है। इसके पहले बाबा अपनी यात्रा के नियत जगहों पर ही चार बजे निकलकर प्रार्थना किया करते थे। पौने पाँच बजे प्रार्थना सभा के समाप्त होने पर सभी लोग बाबा के कमरे से बाहर आए। बम्बई सहयोगी श्री महेन्द्र कुमार जो इसमें दिलचस्पी रखते आ रहे थे, बाबा से मिले। वे अपराधों, खासतौर पर बाल-अपराधों के सम्बन्ध में चर्चा कर रहे थे। इनकी चर्चा अधूरी रही इस दरमियान विनोबाजी ने कुछ पत्रों के उत्तर लिखवाए।

ठीक पाँच बजकर 20 मिनट पर श्री शंकरलाल चौधरी की तलाश बड़ी जोरों से शुरू हुई। दो कार्यकर्ता उन्हें तलाश कर रहे थे। बाद में बताया गया कि बाबा अब बाहर जाने के लिए तैयार हैं। शायद इस समय में चौधरी एवं श्री दीपचन्द जैन कार्यक्रम स्थल पर व्यवस्था देखने गए थे। इतने में इन्दौर के रास्तों से परिचित एक युवक को पायलेटिंग का कार्य दिया गया और सन्त का यह काफिला केवल सात सदस्यों के साथ आगे बढ़ा। जैसा कि कहा जा चुका है, सफेद कोठी के प्रांगण में जो पानी भरा हुआ था, वह और बढ़ गया। सारी सड़कें सूनी पर पानी से भरी थीं। पानी अब भी बरस रहा था, किन्तु इसी बीच आवाज आई कि पहाड़ों, कन्दराओं, बर्फ, ठंड आदि में कई वर्षों तक घूमने वाले सन्त को इस पानी की क्या परवाह? देखा भी यही।

बाबा अपना हरे रंग का कंटोपा व रोज की तरह एक सफेद महीन खादी की चादर डाले अपने अंगरक्षक जय एवं विजय के साथ, जो स्वयं भी उसी हालत में थे, बढ़ते जा रहे थे। रोज के मुकाबले आज बाबा की रफ्तार कुछ तेज थी। शायद काफिले में कम लोग होने से व चर्चाकारों के नहीं आने से भी रफ्तार बढ़ी होगी। बिजलियों की चमक-दमक व यात्रियों के हाथ के लालटेन के प्रकाश की एक मिश्रित सी प्रतिक्रिया मन पर हो रही थी।

मार्ग में जिन सज्जन ने सफेद कोठी पर अपनी अधूरी चर्चा छोड़ रखी थी उन्होंने फिर चर्चा शुरू की। ये सज्जन कह रहे थे कि मेरा एक फिल्म बनाने का विचार तो है ही, किन्तु इसके साथ-साथ में बाल अपराध को रोकने की दृष्टि से वह काम कर सकता हूँ जो दुनिया में आज तक किसी ने नहीं किया। ये सज्जन भी पूरी तरह भींग चुके थे और ठंड के मारे कँपकँपा रहे थे। सन्त प्रवर ने इनकी सारी बात सुनकर अपने एक साथी का बम्बई का पता देकर उनसे मिलने को कहा।

इसके बाद चर्चाकार महोदय ने हमारे प्रतिनिधि को जानकारी देते हुए कहा कि उनकी बम्बई में एक आश्रम खोलने की योजना है किन्तु वहाँ के प्रान्तीय शासन ने कोई सुनवाई नहीं की इसलिए यहाँ आया। अब मैं बम्बई जाऊँगा और बाबा से मार्गदर्शन पाने के बाद मैं समझता हूँ कि मुझे कार्य करने में सफलता मिलेगी। इतने में ही ठंडी हवा का एक जोरदार झोंका आया और सहसा श्री अच्युतभाई ने कहा कि यह इस बात

का प्रमाण है कि अब वर्षा बन्द होगी या कम पड़ जाएगी। इस दल के सभी साथी उत्साहपूर्वक आगे बढ़ते जा रहे थे। मार्ग में श्री दीपचन्दजी व श्री शंकरलाल चौधरी भी मिल गए व अपनी परम्परानुसार वे आगे-आगे चलने लगे।

सीधे महात्मा गांधी रोड से कृष्णपुरा व अब बाबा राजवाड़े की ओर मुड़े जहाँ से वे यशवन्त रोड गए। यहाँ आपने इन्दौर बैंक, गांधी भवन, सिन्धी हिन्दू धर्मशाला आदि को चलते-चलते देखा व जानकारी ली। श्री चौधरी उन्हें समय-समय पर मार्ग की जानकारी देते जा रहे थे। जैसा कि ऊपर कह आए हैं बाबा राजवाड़े तक बिलकुल तर-बतर हो गए थे। अनेक मकानों की खिड़कियाँ दरवाजे खोलकर जनता ने बाबा के दर्शन से लाभ उठाया। यशवन्त रोड उतार पर श्री लोबन्धु (डोनाल्ड ग्रूम) ने बाबा से कहा कि मैं असम जाना चाहता हूँ, आपकी क्या राय है? बाबा ने कहा बुलावा तो मुझे भी आया है फिर भी आपके लिए सर्व सेवासंघ निर्णय कर लेगा। बाबा कड़ावघाट, चकला चौराहा, पिंजाराबाखल, कागदीपुरा से सीधे तिलोकचन्द जैन हाईस्कूल पहुँचे। करीब 6 बजकर 25 मिनट पर बाबा ने जैन हाईस्कूल के हॉल में प्रवचन देना शुरू किया। बरसात की वजह से उपस्थिति अधिक नहीं थी फिर भी पर्याप्त थी। हॉल में बिछात वगैरा की व्यवस्था थी। एक युवक कार्यकर्ता श्री नन्दकिशोर गट्टानी ने बाबा का 'जय जगत्' के साथ द्वार पर स्वागत किया। बाबा यहाँ केवल 15-20 मिनट बोले।

सफाई कार्य

सभी के बाद बाबा ने हाईस्कूल के सामने वाली सड़क के किनारे सफाई कार्य किया। आपने यहाँ झाड़ू निकालकर कचरे के ढेर को साफ किया। आपके साथ सफाई कार्य में श्री अप्पा साहब पटवर्धन, श्री लोखंडे, ईश्वरदत्त मिश्र, जयदेव भाई इत्यादि थे। छत्रीपुरा थाने के सामने (बियाबानी रोड) से श्री शंकरलाल चौधरी ने बाबा का श्री राहुल बारपुते से परिचय कराया। अब वापसी में वे बियाबानी से लोधीपुरा नं. 3, 2 तथा 1 में गए। मार्ग भर आपकी श्री बारपुते से चर्चा होती रही। बाबा नरसिंह बाजार, मरोठिया बाजार, बोहरा बाजार, शक्कर बाजार, खजूरी बाजार से सीधे 7 बजकर 45 मिनट पर सफेद कोठी पहुँच गए।

'सर्वोदय नगर' बनाने का दारोमदार आप लोगों पर
तिलोकचन्द जैन हाईस्कूल में बाबा का प्रात:कालीन प्रवचन

5 अगस्त को सन्त प्रवर आचार्य विनोबा भावे ने अपने प्रात:कालीन प्रवचन में कहा कि इस बारिश में भी जो हमारे साथ हैं और आए हैं उन पर इन्दौर नगर को सर्वोदय नगर बनाने का भार है। आपने आज पुन: इस बात पर कि यहाँ की विभिन्न राजनीतिक पार्टियों द्वारा पार्टी बन्दी से ऊपर उठकर जो जनसेवा करने का तय किया गया है, खुशी जाहिर की। अपना प्रवचन आपने संस्कृत के एक श्लोक से प्रारम्भ किया जिसका मतलब था कि अपना बन्धु कौन है? हम राजदरबार हैं, हमारा वैभव बढ़ा है, किन्तु शमशान में भी जो हमारे साथ है वह हमारा सच्चा साथी है। मतलब यह कि बारिश में भी जो हमारे साथ हैं, वे सच्चे साथी हैं, बाबा ने कहा कि यहाँ का सच्चा काम आपके आधार पर

रहेगा। आपत्ति में भी साथी है। आपने अंग्रेजी में भी दोस्त का एक उदाहरण देते हुए कहा कि (फ्रेंड इनडीड) वही दोस्त हैं जो जरूरत पर काम आए। यहाँ बच्चे भी आए हैं यानी सभी मौजूद हैं, मेजर से लेकर माइनर (बच्चे) तक। रातभर यहाँ काफी वर्षा हुई, बड़ा आनन्द आया। उपस्थित लोगों को दही की उपमा देते हुए विनोबाजी ने बताया कि इन्हें इन्दौर रूपी दूध के बीच कूद जाना चाहिए ताकि सारा इन्दौर दही बनाया जा सके।

स्वायत्त शासन संस्थाओं एवं पंचायतों का कार्य जनसेवा का ही है और इनको पार्टी बन्दी के ऊपर उठकर कार्य करना चाहिए। बाबा ने कहा यहाँ नगर निगम में बड़ा मसला है, मुठभेड़ है। जबकि जनसेवा का एक मात्र उद्देश्य सब्र का है। ऐसे कार्यों में विरोध क्यों हो? इंग्लैंड का उदाहरण देते हुए आपने बताया कि वहाँ एक धर्म है, एक मंत्र है। एक मंच से ही सभी पार्टी के लोग अपनी चुनाव सभा करते हैं। हिन्दुस्तान में इसके बिलकुल विपरीत स्थिति है। यहाँ अलग-अलग धर्मों के साथ ही साथ अनेक पार्टियाँ भी हैं। सबसे महत्त्वपूर्ण काम इन दलों को अपना दल पार्टी बाजी से ऊपर बनाना चाहिए। सभा में पार्षद श्री लोखंडे ने कहा कि हम जब तैयार हैं, किन्तु कांग्रेस को इस मामले पर सोचना चाहिए। बाबा ने बताया कि कांग्रेस तैयार है। बाबा ने 6 बजकर 40 मिनट पर नाश्ता भी यहीं किया। इसके बाद श्री यशवन्त राव भाई ने दोनों वार्डों में सर्वोदय पात्र व मित्र की प्रगति बताई। श्री रामप्रसाद आजाद तथा श्री ईश्वरदत्त मिश्र ने वार्ड नं. 34 एवं 35 के कार्यों का विवरण बताते हुए कहा कि इनमें 500 तथा 300 सर्वोदय पात्र रखे जा चुके हैं। सभा में आज पहली बार श्री पुरुषोत्तम विजय, श्री लोखंडे, पार्षद रामगोपाल अग्रवाल नजर आए।

कांग्रेसी, नागरिक की हैसियत से सर्वोदय में जुटें
इन्दौरवासियों के साथ मानवता की सेवा करें : बाबा की सलाह

आचार्य श्री विनोबा भावे ने आज इन्दौर के कांग्रेसी कार्यकर्ताओं को सम्बोधित करते हुए कहा कि कार्यकर्ता इन्दौर के नागरिक एवं स्वतंत्र व्यक्तित्व की हैसियत से सर्वोदय कार्य में लग-भगकर एवं इन्दौरवासियों की सेवा के साथ ही साथ मानवता की भी सेवा करें। कांग्रेसी कार्यकर्ताओं को सम्बोधित करते हुए आचार्य श्री भावे ने कहा कि श्री दादाभाई नौरोजी एवं लोकमान्य बाल गंगाधर तिलक के आगमन से कांग्रेस में एक शक्ति आई। जनता स्वराज्य का सही मतलब समझने लगी और विचारों का उत्थान हुआ। किन्तु कांग्रेस को सार्वजनिक रूप देने का कार्य महात्मा गांधी ने किया। स्वराज्य में उन्होंने सामाजिक व राजनीतिक दोनों पहलुओं पर विचार किया। देश की गरीबी व सामाजिक बुराइयों को दूर करने के लिए उन्होंने स्वराज्य का एक शस्त्र बनाया जिसके अन्तर्गत खादी, ग्रामोद्योग, नई तालीम, अछूतोद्धार, हिन्दू-मुसलिम एकता आदि रचनात्मक कार्य अपनाए।

बाबा ने आगे कहा—महात्मा गांधी कहते थे कि अगर राजनीतिक आन्दोलन से स्वराज्य प्राप्त किया तो हम उन कारणों को खो देंगे जिनकी वजह से हमने स्वराज्य खोया था। इसलिए जब तक जनता की गरीबी व उनकी सामाजिक बुराइयों को दूर करने की ओर हम ध्यान नहीं देते एवं जनता को उक्त बीमारियों से मुक्त नहीं करते

तब तक स्वराज्य का कोई मतलब नहीं रहेगा। इसलिए कांग्रेस को समाज के विविध अंगों की सेवा करना आवश्यक है। सन्त विनोबा ने आगे कहा कि एक बहुत बड़ी बात छूट गई—वह थी हिन्दू-मुस्लिम एकता। अंग्रेजों की भेद नीति तथा हम (हिन्दू और मुसलमान) लोगों की संकुचित धारणाओं के कारण जो कि रूढ़ि बन गई थी तथा अब भी है—इसी के कारण हिन्दू-मुस्लिम एकता में गांधीजी असफल रहे। स्वराज्य प्राप्त होने के पहले व पश्चात दंगे हुए। लड़ाई न लड़ने का निश्चय करते हुए एवं अहिंसा की नीति का पालन करते हुए भी 50 लाख व्यक्ति बेघर-बार हो गए। यह एक ऐसा कार्य था मानो एक बड़ी लड़ाई हुई हो। इसी घटना से हमारी आजादी को कलंक लगा। हमारी संकीर्णता के कारण गांधीजी असफल रहे।

सियासत का स्थान गौण

आचार्य विनोबाजी ने आगे कहा कि पाँच सौ वर्ष बाद इतिहासकार गांधीजी को महान दूरदर्शी बताएँगे। गांधीजी के समान इतने दूरदर्शी राजनीतिज्ञ तथा सन्त एक हजार वर्ष तक नहीं होंगे—यह मेरी राय है। यह राय गांधीजी के प्रति आसक्ति है इसलिए नहीं वरन तटस्थ दर्शन के अनुसार बनाई है। गांधीजी ने कहा था कि स्वतंत्रता प्राप्ति के पश्चात राजनीति को गौण स्थान देना होगा। देश की सबसे बड़ी संस्था कांग्रेस का नाम रहे किन्तु सियासी विचारधारा के अन्तर्गत नहीं वरन लोक सेवक संघ के रूप में। गांधीजी के समय हिरोशिमा पर एटम बम फूटा था तथा सामूहिक हिंसा की शक्ति को देखकर ही उन्होंने आखिरी दिन विरासत के रूप में कांग्रेस के लिए लिखकर दे दिया था कि कांग्रेस लोक सेवक संघ के रूप में रहे। किन्तु इस नीति से भी कांग्रेसी नेताओं में मतभेद रहा।

गांधीजी की टीका

सन्त प्रवर ने कहा कि जब गांधीजी ने उपरोक्त विचार रखा तो गांधीजी के साथियों ने उसका विरोध किया। एक मंत्री ने मेरी टीका की। खैर टीका कोई नई बात नहीं तथा इस सम्बन्ध में मुझे कहना भी नहीं है। गांधीजी के भूदान सम्बन्धी विचारधारा का जो विरोध किया कि गांधी इस दिशा में असफल रहे। यह टीका उन्होंने सहज भाव से की थी। यह मालूम हो जाता है कि लोगों को गांधीजी की विचारधारा से कितना मतभेद रहा है। सन्त श्री विनोबा ने कहा कि गांधीजी की विचारधारा से गांधीजी के जीवनकाल में है उनके साथियों में काफी विरोध था। गांधीजी की आर्थिक, धार्मिक, आध्यात्मिक, अहिंसा व सत्य की विचारधारा से बड़े-बड़े नेताओं में मतभेद रहा। गांधीजी ने कहा कि कांग्रेस राजनीतिक पार्टी न रहे तो उनकी यह बात नहीं मानी गई। कुछ लोगों ने गांधीजी से मतभेद इसलिए रखा कि आजादी के बाद देश के सम्मुख काफी समस्याएँ थीं, रियासतों का रवैया, विभिन्न जमातों से देश को खतरा था। इसके अलावा उत्पन्न अव्यवस्था के कारण नौकरशाही का डर था। इन सभी मुसीबतों के कारण कतिपय व्यक्तियों का यह विचार रहा कि कांग्रेस को राजनीति में प्रवेश करना चाहिए।

सर्वोदयी मीमांसा

सर्वोदयी नेता ने आगे कहा कि जो भी कुछ हुआ सो ठीक है। कांग्रेस का नाम हमें मिला। किन्तु अब मैं आपके सामने इन्दौर को सर्वोदय नगर बनाने के सम्बन्ध में, सर्वोदय की मीमांसा करता हूँ। सर्वोदय हेतु निमित्त मात्र के लिए मैंने इन्दौर नगर को चुना है। जिस रास्ते से इन्दौर सर्वोदय नगर बनेगा वही रास्ता शेष भारत में अपनाया जाएगा। इसलिए सियासी विचारधारा से ऊपर उठकर समाज की सेवा करें। देश के सामने संकट नहीं है इसलिए गांधीजी की विचारधारा (लोक सेवक संघ) को अपना लें। किन्तु मैं जानता हूँ कि आप लोग ऐसा नहीं करेंगे क्योंकि सियासत के विचार ने आपको घेर रखा है एवं कहा जाएगा कि अब चीन का संकट है। मैं कहता हूँ जो सियासतमोचन होगा, वही संकटमोचन होगा।

मेरे मत से सियासत को गौण स्थान दिया जाए तथा लोक सेवक संघ को अव्वल नम्बर मिलना चाहिए। अगर कांग्रेस के समान बड़ी संस्था लोक सेवक के रूप में कार्य किया होता तो सियासी संस्था से अधिक इसका प्रभाव रहता। सियासत में सैनिक शक्ति ही सर्वोच्च रहती है तथा सरकार सर्वेसर्वा बन जाती है।

नागरिक के नाते कार्य करें

आचार्य विनोबा भावे ने कहा कि मैं जानता हूँ कि जो कुछ मैं कह रहा हूँ उसका उपयोग है किन्तु उपयोग होने वाला नहीं है। किन्तु मरने के पूर्व मैं अपने विचार सबके सम्मुख रखना चाहता हूँ इसीलिए बोल रहा हूँ। क्योंकि पारदर्शी दिमाग नहीं होने के कारण मेरी बात समझ में आती नहीं है। विनोबाजी ने कहा कि आपको कार्य समिति का कहना मानना पड़ता है इसलिए कांग्रेस की नीति के सम्बन्ध में आपके सम्मुख चर्चा करना बेकार है। किन्तु इन्दौर के नागरिक के नाते भी आपके कुछ कर्तव्य हैं इसके साथ ही आपका व्यक्तित्व भी स्वतंत्र है। इसलिए आप इन्दौर के नागरिक के नाते सर्वोदय का कार्य करें। इस कार्य में आप जितना सहयोग देंगे उसी मात्रा में समुचित यश मिलेगा।

6 अगस्त का कार्यक्रम

पदयात्रा—वार्ड नं. 9, 10 में प्रात: 6 बजे हरिजन छात्रावास, साढ़े छह बजे सर्वोदय मित्रों की बैठक, 11 बजे से 12 बजे सार्वजनिक संस्थाओं के प्रतिनिधियों की बैठक। 3 से 4 बजे खादी ग्रामोद्योग रचनात्मक संस्थाओं के कार्यकर्ताओं की बैठक। 4 से 5 बजे हायर सेकंडरी स्कूल एवं कॉलेज के प्रोफेसर और 5 बजे के बाद प्रार्थना सभा।

7 अगस्त का कार्यक्रम

प्रात: 6 बजे मालवा मिल चौराहे पर सभा। 11 से 12 बजे सर्वोदय मित्रों की बैठक-माध्यमिक शाला। 12 से साढ़े 12 तक मजदूर प्रतिनिधि। 3 से साउथ इंडियन एसोसिएशन के प्रतिनिधियों की बैठक। 5 बजे प्रार्थना सभा।

अमेरिका; इंग्लैंड और आस्ट्रेलिया क्या करें?

राजस्थान की यात्रा के समय काफी दिनों तक पदयात्रा में सन्त प्रवर आचार्य भावे की पदयात्रा में अमेरिकन, आस्ट्रेलियन तथा इंग्लैंड के यात्री भी शामिल हुए थे। इन यात्रियों के विदा होते समय सन्त ने उन्हें जो सन्देश दिए वे इस प्रकार से हैं—

अमेरिका को सन्देश

अमेरिकन यात्री द्वारा स्वदेश लौटते वक्त बाबा ने अमेरिका के लिए सन्देश माँगा गया। बाबा ने कहा, "आप नाना प्रकार के जो आज आविष्कार कर रहे हैं, वह खूब करें, परन्तु अपनी सरकार से कहना कि स्वावलम्बी बने" जाओ। जैसे आपने रूस का वायुयान तोड़ा, उसने आपका तोड़ा। इससे अच्छा है कि स्वावलम्बी बनकर आप ही बनाओ और आप ही तोड़ो। आपने आगे बताया कि ईसा के दिन सारे मानव संहारी अस्त्र-शस्त्र समुद्र में फेंक देना। जिन हाथों से बम आदि बनाए उन्हीं हाथों से समाप्त भी कर दो। विज्ञान को विध्वंशकारी रुद्ररूप मत दो सर्व मंगलमय, कल्याणकारी, विष्णु स्वरूप दीजिएगा, यही मेरा सन्देश है।

आस्ट्रेलिया को सन्देश

इसी प्रकार एक आस्ट्रेलियन भाई ने अपने देश लौटते समय पूछा तो बाबा ने अपने सन्देश में कहा कि चीन और जापान से कहिए कि हमारे देश में खूब भूमि पड़ी है, आओ और प्रेम आनन्द से जोतो। सारी भूमि अन्तर्राष्ट्रीय सम्पत्ति है। इस प्रकार उनकी समस्या का भी समाधान हो जाएगा और आपकी भी नैतिक शक्ति बढ़ेगी। यह विश्व के लिए एक नवीन उच्चादर्श बनेगा।

इंग्लैंड को सन्देश

एक अंग्रेज युवक को पदयात्रा से लौटते वक्त एक प्रश्न के उत्तर में आचार्य श्री ने कहा आप भारत को जो अपनी मिल्कियत समझते थे उसका त्याग किया है, इससे इंग्लैंड की नैतिक शक्ति बढ़ी ही है और भारत स्वतंत्र हुआ तभी तो भूदान व सर्वोदय को जन्म दे सका। इस प्रकार इंग्लैंड ने ही भूदान शुरू किया है, ऐसा मानिएगा। वहाँ भूमि की समस्या नहीं है तो उन्होंने फैक्टरी दान प्रारम्भ किया है। इंग्लैंड शक्तिशाली देश है, वह अहिंसा का विचित्र प्रयोग कर सकता है। लन्दन जैसा रमणीय नगर विश्व की शान है, जिसने गांधी और मार्क्स आदि को बताया कि विश्व की महानतम् विभूतियों की देन लन्दन ने दी है और वह देगा तथा दे रहा है।

इंद्रीय जयाः करने पर मानव भगवान के महाद्वार पर होगा
सायंकालीन प्रार्थना सभा में आचार्य विनोबा भावे के उद्‌गार

आज सायंकालीन सभा में भूदान के प्रणेता श्री आचार्य भावे ने कहा कि यदि मनुष्य ने इंद्रीय जयाः कर लिया तो वह भगवान के महाद्वार पर खड़ा हो जाएगा। ध्यान योग के

लिए आज इन्द्रियों को केन्द्रित कर जनसेवा के लिए उसका कम उपयोग करें। आपने देश में वैचारिक स्वतंत्रता नहीं होने पर भी खेद प्रकट किया। अपनी सायंकालीन प्रार्थना सभा में भाषण देते हुए आपने कहा कि आज कुछ थोड़ा-सा थक गया हूँ। दो व्याख्यान दिए यह तीसरा है। 1912 में हमने बड़ौदा में एक विद्यार्थी मंडल बनाया था। उसमें दस-बीस साथी थे, उसमें व्याख्यान होते थे। उसके पहले भी कुछ संस्था के बाहर लोगों में व्याख्यान दिया। मैं 50 साल हुए बोल रहा हूँ। दुनिया में एक मनुष्य के हिस्से में जितना बोलने का हिस्सा आता है उससे बहुत ज्यादा बोल चुका हूँ। बुद्धि कह सकती है कि वाक्शक्ति भी एक शक्ति है। लेकिन एक जमाने में मौनशक्ति भी कम ताकतवर साबित नहीं होगी यदि वह आन्तरिक हो। शुचिता का एक शास्त्रीय विकास किस प्रकार से योगियों ने किया यह देख रहे हैं। महात्मा पातंजलि ने शुचिता के बाह्य दो तथा आन्तरिक पाँच सूत्र बताए। आज हम पाँचवें सूत्र पर चर्चा कर रहे हैं। पातंजलि ने इसमें बताया है कि 'इन्द्रिये जया:'। इसके बाद एक कदम आत्म दर्शन का है।

बाबा ने आगे कहा इन्द्रिय निग्रह संयम से भिन्न है। किसी इन्द्रिय का उपयोग एक समय तक छोड़ देते हैं, आत्मिक संग्रह के लिए। यदि निग्रह के लिए ही करें तो संग्रह नहीं होगा। जैसे मौन रखा चन्द दिनों के लिए या खाने की वस्तु छोड़ दी यह निग्रह है। हर एक के लिए अलग-अलग साधना होती है। लेकिन अन्त:स्थिति को देखकर इन्द्रियों के कुछ निग्रह करने पड़ते हैं। जैसे आहार बन्द रखना। यह संयम कहलाता है, उसका मर्यादित उपयोग। सत्य भाषण आदि। मौन रखने से मनुष्य को साधना रखने में सहायता होती है। कई जो सोमवार उपवास रहते हैं। जब कभी खाएँगे नाप-तौल पर खाएँगे यह मुश्किल हो जाता है। इन्द्रियों का दो प्रकार से उपयोग कहलाता है एक मित्र उपयोग व दूसरा हित उपयोग। इन्द्रिय जया:। जया का संस्कृत में अर्थ है साधना। जया: से कुछ हासिल किया जा सकता है। इसके लिए कछुए की मिसाल को लेकर भगवान ने *गीता* में कहा है कि कछुआ अपने श्रवपथों को खींच लेता है। उसके वश में वह चीज है। गुरु ने ताला-कुंजी दे दी है। हम इच्छा चाहें तब खोल सकते हैं। उसका उपयोग करने का ध्यान में आता है वह कर लेते हैं। यह हो सकता है कि बोलने व न बोलने में ज्ञान होना चाहिए। मौके पर कौन से शब्द, क्या बोलना या मौके पर क्या नहीं बोलना। इसका मैंने एक सूत्र बताया। भक्ति के लिए इन्द्रियों को बिलकुल खोल देना चाहिए क्योंकि यह स्टेज बिलकुल समतल होनी चाहिए। तुलसीदासजी ने भक्तों के सम्बन्ध में कहा है कि भक्त वही होगा जो "जिन्ह के श्रवन समुद्र समाना। भरहिं निरन्तर होहिं न पूरे॥" (अध्योध्याकांड, 127/2-3) यानी भक्त वही होगा जिसकी श्रवण शक्ति समुद्र के समान होगी तथा वह भक्ति से कभी भी मना नहीं करेगा निरन्तर सुनता ही रहेगा, सुनता रहेगा। *भागवत* में भी आया है मनुष्य को भगवान का यश आदि श्रवण करने में सन्तोष नहीं होना चाहिए। इसलिए भक्ति में इन्द्रियों को खोल देना चाहिए। ज्ञान, ध्यान के लिए पूरी तरह से इन्द्रियों को अन्दर से खींचना पड़ता है। किन्तु जैसे एक पति की अनेक पत्नियाँ हैं और एक इधर खींचती है, दूसरी उधर ऐसे में मनुष्य की क्या दशा होती है, उसी प्रकार मनुष्य की इन्द्रियों से भी यही हालत है जो उसके मन को विचलित करती है। इसलिए ध्यानयोग के लिए इन्द्रियों को रोकना पड़ेगा। जनसेवा के लिए उसका नित

उपयोग होना चाहिए। तीनों प्रकार से प्रसंग का ध्यान रखकर इन्द्रियों में उपयोग शक्ति होनी चाहिए। उसमें सम्यक् दर्शन की दृष्टि होनी चाहिए। यदि मनुष्य ने इन्द्रीय जयाः कर लिया तो वह भगवान के महाद्वार पर खड़ा हो जाता है। इसका नाम पूर्व योग है। फिर अन्तःयोग का वहाँ शुचिता विचार की समाप्ति हो गई।

आचार्यश्री ने आगे बताया कि आजकल मेरा मन इन सूत्रों में लगा हुआ है। वैसे कवि तिलक ने एक कविता में लिखा है कि हिन्दुस्तान में तरह-तरह का वैभव है। अनेक कौमें आईं। सबसे बड़ा धन यहाँ है 'विचारों की स्वतंत्रता'। विनोबाजी ने विचारों की स्वतंत्रता पर खेद प्रकट करते हुए कहा कि इन दिनों मैं यह बात नहीं पा रहा हूँ। मैं चाहता हूँ कि सरकारों, संस्थाओं के जरिये आजाद हो, विचार करो। पूर्व में विचारों की आजादी स्वतंत्र थी। अब काफी संकीर्ण हो गया है। नया विचार मुक्तता यानी बौद्धिक स्वतंत्रता की काफी आवश्यकता है। आपने अन्त में कहा कि लोग 'सत्याग्रही' शब्द का अर्थ नहीं समझते। पहले सत्य ग्राह्य बनो तो सत्य हाथ में आएगा। सत्य को ग्रहण करना चाहिए। आज इस चीज की अत्यन्त आवश्यकता है। हम यदि अन्दर ही अन्दर साँप सरीखे रेंगने लगेंगे तो हिन्दुस्तान तब तक स्थिर नहीं होगा। जब तक मन मुक्त नहीं हो। इसलिए दिमाग खाली होने की बहुत जरूरत है।

प्राध्यापकगण विद्यार्थियों के प्रति वात्सल्य भाव रखें
शिक्षार्थियों में आत्मविश्वास आवश्यक

प्राध्यापकों के सम्मुख प्रवचन करते हुए आचार्य विनोबा भावे ने कहा कि आज कल विद्यार्थियों में विद्या है लेकिन...नहीं। साथ ही उनमें आत्मविश्वास का भी अभाव रहता है। आचार्य भावे ने आशा व्यक्त की कि प्राध्यापकगण विद्यार्थियों के प्रति वात्सल्य भाव रखें तथा उनके जीवन को अधिक से अधिक ऊपर उठाने का प्रयास करें। सन्त प्रवर इन्दौर के विविध महाविद्यालयों के प्राध्यापकों के सम्मुख प्रवचन कर रहे थे। आपने कहा कि विद्यार्थियों को जो विद्या दी जा रही है वह प्राणहीन है क्योंकि पढ़ने के पश्चात विद्यार्थी में आत्मविश्वास जाग्रत नहीं होता, विद्याध्ययन के बाद वे नौकरी की तलाश में इधर-उधर दौड़ते रहते हैं। आपने आगे कहा कि इसका यह मतलब नहीं है कि अभी जो विद्या दी जा रही है उसका कोई मूल्य नहीं है। मूल्य है—किन्तु जब तक उनमें आत्मविश्वास जाग्रत नहीं होता तब तक उसका कोई मूल्य नहीं। जैसे आँख—हमारी अनमोल है—किन्तु कब तक? इसका उत्तर यही है कि जब तक प्राण है तब तक।

विनोबाजी ने कहा कि पुराने समय में जब विद्यार्थी गुरुग्रह से विद्या प्राप्त कर लेता था तब वह समावर्तन सूत्र बोलता था जिसका अर्थ होता है 'चारों दिशाएँ मेरे सामने झुक जाएँ।' यानी विद्याध्ययन के पश्चात उसमें आत्मशक्ति जाग्रत होती थी। किन्तु आज ऐसा नहीं होता है। आचार्य भावे ने यह भी बताया कि प्राध्यापक स्वयं सर्वोत्तम विद्यार्थी के रूप में रहे ताकि शिक्षार्थी जान लें कि उन्हें कैसा बनना है। अध्यापकों का एक मात्र कार्य कर्मनिष्ठ बनना है—यही वात्सल्य है। अध्यापकों में वात्सल्य भाव का संचार, विद्या के प्रति...एवं विद्यार्थियों के भावी जीवन के प्रति सचेतता रहेगी, तब ही वह प्रोफेसरों के बल पर खड़ा होगा।

सन्त प्रवर ने आगे कहा कि वेतन कम है किन्तु जो वेतन मिला है वह भारत के अन्य लोगों के मुकाबले में ठीक है। प्रोफेसर आप की जगह कार्य कर रहे हैं इसलिए उन्हें अपना सर्वस्व विद्या के लिए अर्पण कर देना चाहिए। विद्या के सम्बन्ध में *वेदों* तथा *उपनिषदों* में दिए गए उद्धरणों का उल्लेख करते हुए उन्होंने कहा मनु ने लिखा है कि पृथ्वी की सर्वमानव जाति अपने चरित्र के लिए जिसे भी कुछ चाहिए वे सभी *वेद* की शिक्षा देंगे। अन्त में बाबा ने आशा की कि विद्या के क्षेत्र में विज्ञान का सहयोग रहा है इसलिए विज्ञान का पूरा-पूरा लाभ उठाएँ। प्राध्यापकगण देश में वही विद्या ले आवें जो कि मनु ने की थी।

आज के कार्यक्रमों के दिलचस्प निचोड़

आचार्य विनोबा भावे ने आज कांग्रेसी कार्यकर्ताओं के सम्मुख कहा कि जो कांग्रेसी शासन कर रहे हैं, वह तो इंजन हैं तथा जो कांग्रेसी संगठन में हैं वे इंजन के पीछे लगे हुए डिब्बे हैं। आपने आगे यह भी बताया कि अगर कांग्रेस सरीखी बड़ी जमात लोक सेवक संघ के रूप में कार्य करें तो फिर कोई भी इंजन (कोई भी शासनारूढ़ दल) हो वह तो उसकी (कांग्रेस) झंडी के अनुसार ही कार्य करेगा। अगर लोक सेवक संघ हरी झंडी बताएगा तो इंजन चल पड़ेगा तथा लाल झंडी देखकर रुक जाएगा। आचार्य भावे ने कांग्रेस कार्यकर्ताओं की बैठक में कहा कि उपदेश मालिकों के सम्मुख देना चाहिए। नौकर, मातहत या परवश (गुलाम) व्यक्तियों को उपदेश देने से कुछ मतलब नहीं निकलता। आप कार्यकारिणी के निर्देशन में कार्य करते हैं इसलिए सियासत के सम्बन्ध में आपको कुछ भी कहना निरर्थक है। आज आचार्य विनोबा भावे जब प्रोफेसरों को सम्बोधित कर रहे थे तब उपस्थित समूह में प्रोफेसरों के अलावा अन्य व्यक्ति अधिक मात्रा में बैठे थे। प्रोफेसर कितनी संख्या में उपस्थित हुए हैं। इसकी जानकारी लेने हेतु आचार्य की आज्ञा से प्रोफेसरों ने अपने हाथ ऊपर उठाए। गणना हुई तथा कुल दस प्रोफेसर उपस्थित थे। आचार्य भावे ने कहा ठीक है ईसामसीह के भी बारह शिष्य थे।

दूध और दही

यदि स्वयं में क्षमता का एक गुण हो तो संख्या का प्रश्न किस तरह गौण हो जाता है यह अप्रत्यक्ष रीति से स्पष्ट करते हुए, तिलोकचन्द जैन हाई स्कूल में बाबा ने कहा—हम सब दही हैं और सारा इन्दौर दूध है। यदि हम उसमें गोता लगाएँ तो सारा दूध दही बन सकेगा। अपनी इस बात को समझाते हुए उन्होंने सामने बैठे बच्चों से फिर वही प्रश्न पूछा—हम कौन हैं? और फिर से कहा—दही हैं! जामन हैं। हम सब इन्दौर में डूब जाएँगे। दूध का दही बन सकता है पर दही का दूध नहीं।

कार्यक्रम क्यों रद्द करते हैं?

लगातार चल रही बारिश के कारण आज शाम को आयोजित बच्चों से गांधी हॉल में मिलने का कार्यक्रम रद्द करने की बात किसी ने कह सुनाई। बाबा ने उसकी ओर कुछ अचरज से देखा और कहा पानी है, हम हैं और कार्यक्रम है। फिर कार्यक्रम क्यों रद्द करते हैं।

यहाँ भी भर्ती होती है

सफेद कोठी लौटते समय किसी ने बाबा का ध्यान मोती बँगले की ओर आकर्षित किया कि यहाँ पहले सचिवालय था। बाबा ने उस ओर देखा तो वहाँ सेना में भर्ती होने का आह्वान करते हुए बड़ा बोर्ड था जिसके नीचे भर्ती दफ्तर में बुलाया था। भर्ती दफ्तर के बड़े अक्षर देखकर बाबा बोले, यहाँ भी भर्ती है और जहाँ हम ठहरे हैं वहाँ भी भर्ती दफ्तर का बोर्ड है। यह स्पष्ट किए जाने पर कि सफेद कोठी के निकट लगा बोर्ड पथ परिचायक है, बाबा कुछ देर के लिए चुप हो गए और फिर मुड़कर बोले—हमने सोचा था कि यह अच्छा है। लोग बोर्ड देखकर पूछें तो हम उनसे कहें कि आओ शान्ति सेना में भर्ती हो जाओ।

अपेक्षा पूरी होगी

बाबा से यह पूछा जाने पर कि जिन उम्मीदों के साथ आप आए, क्या वे अपेक्षाएँ पूरी हो रही हैं? बाबा का झट उत्तर था—पूरी होंगी। रिस्पांस मिल रहा है। दरअसल, यह काम काफी लोगों का है।

एडवर्ड हॉल-गांधी हॉल

वापसी के समय जब गांधी हॉल तक बाबा पहुँचे तो उन्होंने प्रश्न किया क्या यह हॉल एडवर्ड द्वारा बनवाया गया है? प्रश्न के स्पष्टीकरण को उन्होंने बड़े धीरज के साथ सुना पहले यह किंग एडवर्ड हॉल था। बाद में इसका नाम किसी द्वारा बदला जाकर गांधी हॉल रख दिया गया। सब सुनने के बाद बाबा बोले—आसान काम है। सन्त विनोबा ने हिमाचल से सम्बन्धित एक संस्मरण सुनाते हुए कहा कि जब वे वहाँ गए तो वहाँ जनता ने कहा कि यह केन्द्रीय शासन द्वारा स्थापित है, यह एक प्रान्त बनेगा या नहीं। इस पर विनोबाजी ने पूछा कि क्या आपके यहाँ राजनीतिक दल हैं। जब उत्तर मिला नहीं तो विनोबाजी ने कहा फिर कैसा प्रान्त चाहते हो। क्या तुम लोग सियासी झगड़े चाहते हो।

(6 अगस्त, 1960)

चौदहवें दिन की पदयात्रा

कल सायं तक हुई अनवरत वर्षा के बाद से यह किसी की भी कल्पना नहीं थी कि पानी एकदम बन्द हो जाएगा। रातभर में वातावरण काफी खुश्क हो गया था। आज बाबा के नगर में आगमन का 13वाँ दिन है। उसी प्रकार स्वच्छता सप्ताह का छठा दिन भी। बाबा प्रातः अपने नियत समय पर उठकर जैसा कि उन्होंने कहा सूत्रों में उनका मन लगा हुआ है। उसी प्रकार एक किताब पढ़ते रहे। ठीक चार बजे प्रार्थना की घंटी बजाई गई और सफेद कोठी के अन्दर निवासित समस्त सर्वोदयी कार्यकर्तागण अपने-अपने कक्षों से निकलकर बाबा के कमरे में प्रविष्ट हो रहे थे। ऐसा लग रहा था मानो कृष्ण कन्हैया की बाँसुरी की एक तान पर उनकी प्यारी गाएँ दौड़ती हुई आ रही हों अथवा किसी स्कूल में परीक्षा नजदीक के समय कक्षा लगने की घंटी बजी हो। बशर्ते कि वह कक्षा प्रधानाध्यापक की हो। ठीक चार बजकर पाँच मिनट पर कमरे में से सामूहिक रूप से *ओम शान्तिः शान्तिः शान्ति* की कर्ण प्रिय आवाज आई। इसके बाद नित्य नियम के अनुसार सर्व धर्म तथा एकादश व्रत प्रार्थना हुई। सर्व धर्म प्रार्थना ज्यादा लोग होने से काफी मधुर लग रही थी। करीब चार बजकर पैंतीस मिनट पर कुछ दो-चार व्यक्तियों को छोड़कर सभी लोग बाहर आ गए।

महत्त्वपूर्ण चर्चा

ठीक चार पैंतीस से लगाकर पाँच बजकर पाँच मिनट तथा नागपुर हाईकोर्ट के एक भूतपूर्व प्रमुख न्यायाधीश ने बाबा से चर्चा की। यह चर्चा गोपनीय रखी गई थी फिर भी जहाँ तक पता चला है कि इन महोदय को भिंड के न्यायालय में गवाह के हेतु बुलाया है। क्योंकि डाकू आत्मसमर्पण का कोई प्रकरण है। इसलिए बाबा से सलाह करने आए थे। चर्चाएँ मराठी भाषा में हुईं। इस चर्चा के बाद बाबा अत्यन्त प्रसन्न मुद्रा में लग रहे थे तथा वे बाहर जाने की तैयारी में थे। ठीक घड़ी ने पाँच बजकर पाँच मिनट बजाए और बाबा अपनी आज की मंजिल तय करने चल पड़े। आज आपके साथ कोई 40-50 व्यक्ति तथा 3 महिलाएँ भी थीं। सारी सड़क संस्कारमय हो रही थी। पानी के अभी तक कोई आसार नजर नहीं आ रहे थे, हालाँकि बादल घिरे हुए थे। बाबा का दल आगे बढ़ता जा रहा था, आज भी चलने की रफ्तार तेज थी। बाबा के अंगरक्षक जय-विजय के साथ लालटेन का प्रकाश ही मार्ग पर इतना तेज-सा लगता जा रहा था जैसे अस्त होते समय चन्द्रमा बादलों को चीरता हुआ निकल रहा हो। फ्लाई ओवर से महात्मा गांधी रोड पर देखने पर ऐसा लग रहा था जैसे आदर्श ग्राम हरसोला की मेनरोड। जेल रोड

चौराहे तक कोई चार-पाँच दुकानों के सामने लाइट जल रही थी। कारवाँ बढ़ता चला जा रहा था। आगे-आगे सर्वश्री शंकरलालजी चौधरी, लक्ष्मणसिंह चौहान तथा दीपचन्द जैन चल रहे थे। जैसे कि हम ऊपर कह आए हैं कारवाँ में लोग तो ज्यादा थे ही, किन्तु चर्चाकारों की संख्या कम नहीं थी। बाबा के दल के एक साथी श्री अच्युत भाई लोगों से कहते सुने गए कि आज चर्चाकार आए हैं। पदयात्रा में महाराष्ट्र के भूदानी कार्यकर्ता श्री मामाभाई प्रथम चर्चाकार थे, जिन्होंने मराठी भाषा में सन्त से अंक्राबी महल में हुए ग्राम दान के बारे में चर्चा की।

दूसरे नम्बर पर मध्य प्रदेश पिछड़ा वर्ग संघ के प्रधानमंत्री श्री फूलचन्द मालवीय की बारी आई। श्री मालवीय ने अपनी चर्चा प्रारम्भ करते हुए बाबा से कहा कि राज्य में पिछड़ी जातियों की स्थिति भी खराब हो रही है, अच्छा हो कि आपको मिली भूमि में से पिछड़ी जाति को भी भूमि मिले। विनोबाजी ने आपकी सारी बातें ध्यानपूर्वक सुनकर संगठन के सम्बन्ध में जानकारी माँगी। श्री मालवीय जो, भोपाल से यहाँ आए हुए थे, ने कहा कि हमारे संगठन ने अभी तक शासन से किसी प्रकार की सहायता नहीं ली है। इस पर बाबा ने प्रसन्नता व्यक्त करते हुए संगठन को आशीर्वाद दिया। आपने कहा कि मेरी यही कामना है कि आप भूदान को सफल बनाएँ तथा सर्वोदय का सिद्धान्त मानते हुए अन्त्योदय का ध्यान रखें। बाबा महात्मा गांधी रोड से कृष्णपुरा और राजवाड़े की ओर मुड़े। इसके बाद भोपाल राष्ट्रीय मजदूर कांग्रेस के अध्यक्ष श्री बाबूभाई ने आपसे भेंट ली। श्री बाबूभाई ने भोपाल की समस्याओं पर चर्चा की, जो बाबा ने बड़े ध्यानपूर्वक सुनी और कहा कि भोपाल में हिन्दू-मुस्लिम के लिए आप राजनीति के बजाय रचनात्मक काम करें।

बाबा का यह दल आड़ा बाजार की ओर कूच कर गया। बाबूभाई की चर्चा सम्पन्न होने के बाद मध्य प्रदेश लघु वेतन कर्मचारी संघ के मंत्री श्री मोतीलाल सातव आपसे मिले। श्री सातव ने इन दिनों अधिकारियों से ली जा रही बेगार के बारे में बाबा को बताया। इसी तारतम्य में श्री सातव ने कर्मचारियों की दशा तथा उनके द्वारा अन्य प्रकार की कार्यवाही की ओर बाबा का ध्यान आकर्षित किया। सन्त प्रवर ने अपना मन्तव्य जाहिर करते हुए बेगारी प्रथा का विरोध किया तथा कर्मचारियों के लिए कहा कि उन्हें बेगारी का काम नहीं करना चाहिए। घड़ी में 6 बजकर 10 मिनट हो चुके थे। आचार्य श्री का दल हरसिद्धी पुल की ओर मुड़ा। सवेरा होता जा रहा था। श्री लक्ष्मण चौहान ने नगर के प्राचीन हरसिद्धी देवी के मन्दिर की ओर बाबा का ध्यान आकर्षित किया। श्री चौहान ने नार्थ हरसिद्धी की ओर भी सन्त का ध्यान आकर्षित किया। मोती-तबेला चौराहे पर सैकड़ों नर-नारी-बाल-अबाल बाबा का स्वागत करने के लिए इन्तजार कर रहे थे। जैसे ही बाबा मोती तबेला उर्दू स्कूल चौराहे पर आए लोगों ने 'जय-जगत' के नारे के साथ बाबा का स्वागत किया। केले के वृक्षों, आम्र पत्तों के दरवाजे बने हुए थे। 'केवल पान भंडार' के सामने वाली सड़क पर स्वागत द्वारा बनाए गए थे, जनता ने आपका पलक पाँवड़े बिछाकर भावभीना स्वागत किया। हरिजन सेवक संघ के कार्यालय तक अनेक महिलाओं ने आपकी आरती उतारी व अभिवादन किया। संघ के कार्यालय के समीप वार्ड नं. 9-10 के कार्यवाहक संयोजक श्री श्यामकुमार आजाद ने सूत माला पहनाकर

आपका स्वागत किया। बाबा अपने प्रार्थना सभा स्थल पर पहुँचे। नर-नारी यहाँ पूर्व से ही आपकी प्रतीक्षा में थे। यहाँ बिछात इत्यादि की व्यवस्था की गई थी।

सफाई कार्य

वापसी में बाबा ने हरिजन सेवक संघ के कार्यालय के सामने वाले मकानों की गटर की सफाई की। आपके साथ सफाई कार्य में श्री अप्पा साहब पटवर्धन, जैन मुनि व अन्य कायकर्ता थे। बाद में नॉर्थ हरसिद्धी से होते हुए आप यशवन्त रोड पर आए। यहाँ एक महिला संगठन, नवजीवन पुस्तकमाला में आपका स्वागत हुआ। इसके बाद बाबा रूट नं. 2 जवाहर मार्ग से रानीपुरा गली, महारानी रोड सेंट्रल कोतवाली रोड से महात्मा गांधी रोड से ओवर ब्रिज होते हुए 8.45 पर सफेद कोठी पहुँचे।

'संस्कार' देशव्यापी समस्या
सफाई के लिए बुनियादी क्रान्ति की आवश्यकता :
बाबा का प्रातःकालीन प्रवचन

मध्य प्रदेश हरिजन सेवक संघ मोती तबेला के कार्यालय प्रांगण पर आयोजित प्रातःकालीन प्रार्थना सभा में आचार्य विनोबा भावे ने कहा कि आज जिधर देखो उधर संस्कार का नाम नहीं रहा। यह एक अखिल भारतीय समस्या बन गई है। इसके बारे में हमें सोचना चाहिए तथा सफाई के लिए 'बुनियादी क्रान्ति' करने की आवश्यकता है। बाबा ने अपना प्रवचन प्रारम्भ करते हुए कहा कि यहाँ कुछ हरिजन बस्ती है। हमने इसलिए याद रखा कि यहाँ अप्पा साहब का निवास है। आप देखेंगे कि हिन्दुस्तान में एक पुराने समय से स्वच्छता रही है। किन्तु अब ऊँच-नीच के भेदभाव, सब बुराइयाँ पैदा हुईं। इसके लिए हमारे पूर्वजों ने स्वच्छता, आचार तथा सत्यता यह तीन नियम बनाए। इसके बिना मानव की मानवता नहीं। सत्य आज सबसे बुनियादी चीज है उसके बाद उन्नति।

आपने स्वच्छता पर जोर देते हुए बताया कि पूर्व में दस, पाँच लाख के सफाई साधन नहीं थे। उस जमाने में गाय का गोबर व गौ-मूत्र का उपयोग से बेहतर सफाई का उपयोग नहीं था तथा इससे बेहतर उपयोग होना भी नहीं चाहिए। संध्या के लिए मनु ने कहा है कि या तो नदी के किनारे या जहाँ गाय रहती है वहाँ अत्यन्त स्वच्छता है। पवित्र का ध्यान पूर्वजों ने बहुत किया है। यह वर्णन आज काम नहीं करता। परिचर्या में भी स्वच्छता ब्राह्मण की जिम्मेदारी रहती थी। किन्तु आज तो यह हालत है कि ब्राह्मण स्वच्छता नहीं करेगा बल्कि अस्पृश्यता करेगा। यह योग नहीं, कारण ज्ञान का है। आपने आगे कहा कि आज हमारे संस्कार गए और नए संस्कार आए नहीं। जबकि आज चित्त दर्शन के लिए स्वच्छता का होना जरूरी है।

श्री तात्या साहेब सरवटे का उदाहरण बताते हुए आपने कहा कि मैं तात्या साहब सरवटे से मिला। उन्होंने मुझे सफाई के लिए क्षमा माँगते हुए कुछ मिनट देने को कहा है। एक बुजुर्ग जो अपना पूरा जीवन शहर की सेवा में बिगाड़ चुका। मैंने उनसे कहा शरीर से हम आपकी सेवा नहीं लेना चाहते। मेरा दिल पिघल गया सोचा ऐसे मनुष्य से प्रेरणा मिलनी चाहिए। मेरा नौजवानों को आह्वान है कि वे उनसे प्रेरणा लें। आपने

कहा आज कोई भी काम आप लोगों के सहयोग के बगैर नहीं हो सकते। यहाँ वकीलों की इतनी बड़ी जमात है। अनेक समाज व संस्थाएँ हैं। मैं चाहता हूँ कि एक-एक दो-दो आदमी मुझे दीजिए। वानप्रस्थ की दृष्टि से आपने सेवानिवृत्तों से भी शान्तिसेवी बनने को कहा। आज न्याय के बदले समाधान की आवश्यकता है। यदि न्याय में एक न्यायाधीश ने दस केसों में न्याय किया व एक में नहीं किया तो वह देशाभाव घटाएगा। इससे मनोरथ पूर्ण नहीं हो सकता। इसके लिए कर्ता चाहिए। अन्त में एक मिनट के मौन के पश्चात सभा समाप्त हुई।

सार्वजनिक संस्थाएँ अपना छठा हिस्सा सर्वोदय को दें
झगड़े अदालत में न ले जाते हुए विशेष समिति के सम्मुख प्रस्तुत किए जाएँ

आचार्य श्री विनोबा ने आज सार्वजनिक संस्थाओं के प्रतिनिधि एवं सामाजिक कार्यकर्ताओं को सम्बोधित करते हुए कहा कि प्रत्येक संस्था अपनी कुछ सदस्यता का छठा हिस्सा सर्वोदय कार्यकर्ता के रूप में दे। इन सदस्यों के योग क्षेम का इन्तजाम भी वे ही करें। वह व्यक्ति आम जनता की सेवा करेगा तथा सर्वोदय का कार्य करता रहेगा। ऐसा व्यक्ति अलिखित सर्वोदय मंडल के अन्तर्गत इन्दौर में ही सार्वजनिक सेवा करेगा। प्रोफेसर लोग, वकील, व्यापारी आदि संस्थाएँ अपनी कुल सदस्यता का छठा हिस्सा सर्वोदय के लिए दें। मजदूर-दल भी अपना हिस्सा दें। इस तरह सभी अपना-अपना हिस्सा दे देंगे तो काफी कार्य हो जाएगा।

निष्काम सेवा करें

आचार्य विनोबा ने कहा कि सर्वोदय में निष्काम सेवा का दर्शन है एवं इसी आधार पर इन्दौर सर्वोदय नगर बनाया जाएगा। उद्देश्य रखकर अगर कोई सेवा की जाती है तो उसे सकाम सेवा कहेंगे। इस तरह की सेवा से न तो कार्य करने वाले के चित्त की शुद्धि होती है और न समाज की। इसलिए आवश्यक हो गया है कि यहाँ निष्काम सेवा करने की प्रथा प्रचलित हो जाए। अगर यह प्रथा नहीं पड़ी तो भक्तिमार्ग नहीं होगा एवं परमार्थ कुंठित हो जाएगा। अतः जरूरी है कि इन्दौर नगर को बनाने में निष्काम सेवा का दर्शन हो।

प्रकरण अदालतों में न जाए

बाबा ने आगे कहा कि एक सार्वजनिक समिति बनाई जाए जिसमें पूजनीय लोग तथा ऐसे व्यक्ति हों जिनके प्रति सभी को श्रद्धा हो। ऐसी समिति के पास सभी झगड़े जाना चाहिए। वहाँ न्याय नहीं समाधान दिया जाएगा। समाधान से किसी को भी असन्तोष नहीं रहेगा। मेरे इस सुझाव को बहुत से व्यक्ति अव्यावहारिक बताएँगे। मेरे लिए यह माना गया है कि मैं अव्यावहारिक मनुष्य हूँ। किन्तु मैं मानता हूँ कि ऐसी व्यवस्था आएगी, यह मैं अधिकारपूर्वक कह सकता हूँ क्योंकि यह सत्य है। सत्य का अभाव कभी हो नहीं सकता किन्तु इसके विपरीत अगर आप यह कहेंगे कि ऐसी व्यवस्था कभी आ ही नहीं सकती है तो मैं कहूँगा कि आपको यह कहने का अधिकार नहीं है। आप इस तरह

कहकर आगे आने वाली पीढ़ी को अपनी अक्ल से बाँध रहे हैं। जबकि इस वैज्ञानिक युग में आगे आने वाली पीढ़ी आपकी अक्ल से बँधने वाली नहीं है।

सर्वोदय नगर यानी क्या?

बाबा ने कहा कि सर्वोदय नगर के सम्बन्ध में मुझसे प्रश्न पूछे जाते हैं तथा कहा जाता है कि नगर के वेश्यालय बन्द हों, सिनेमा बन्द होना चहिए, शराबखोरी व अन्य व्यसन नहीं रहना चाहिए। मैं मानता हूँ यह सब बन्द होना चाहिए। किन्तु मैं तो यह चाहता हूँ कि आजकल काम-वासना को उत्तेजन देने वाले प्रदर्शन आदि हैं, यह बन्द होना चाहिए। वेश्यालय तो एक बाहरी वस्तु है। किन्तु काम-वासनामय प्रदर्शन तो आन्तरिक बात है। यह प्रदर्शन मनुष्य के चित्त के अन्दर तक पहुँच जाता है। इसलिए यह वेश्यालय से भी हानिकारक बात है। इसी तरह सिनेमा है। लोग अक्सर दो-दो बजे तक सिनेमा देखते हैं तथा दिल व दिमाग पर बुरा असर लेकर घर आते हैं। स्वप्न अवस्था में भी चित्र का असर रहता है एवं आठ बजे सोकर उठते हैं। अगर लोग यह नियम ले लें कि वे रात्रि में 8 या 9 बजे सो जाएँगे तथा प्रात: 3-4 बजे उठ जाएँगे तो वे तमाम बुरी व अनैतिक झंझटों से छूटेंगे। इससे वे स्वस्थ भी बनेंगे।

सन्त प्रवर ने आगे कहा कि आज कल सभी कहते हैं कि कलियुग आ गया है इसलिए तमाम बुराइयाँ फैल रही हैं। किन्तु मैं कहता हूँ कि क्या कलियुग में अच्छे मनुष्य नहीं होते या त्रेता व द्वापर में बुराइयाँ नहीं थीं। कलियुग में भी रामकृष्ण परमहंस सरीखे व्यक्ति हुए जबकि द्वापर में राम के समय रावण तथा त्रेता में कृष्ण के समय कंस सरीखे व्यक्ति थे। युग तो हमारे साथ है। जैसा हम कार्य करेंगे वैसा युग बनेगा। इसलिए हमें बुराइयों को दूर कर अच्छाइयाँ लानी हैं। बाबा ने कहा कि आज हम सब एक साथ बैठ जाते हैं। यहाँ भी हिन्दू, मुसलमान, सिख सब एक साथ बैठे हैं किन्तु जब भगवान का प्रश्न आएगा तो सब अलग-अलग हो जाएँगे। हिन्दू मन्दिर में जाएगा, मुसलमान मस्जिद में जाएगा तथा सिख गुरुद्वारे में जाएगा। क्या भगवान ऐसा है जो हम सबको अलग-अलग करता है? किन्तु मैं ऐसा नहीं चाहता। मैं चाहता हूँ कि सब कुल के कुल मिलकर कार्य करें। यह आपकी जिम्मेदारी है तथा मुझे एक हिस्सा का दान मिलना ही चाहिए।

आलोचना में आनन्द

आचार्य भावे ने कहा कि मुझे अक्सर लोग कहते हैं कि आपकी टीका करते हैं। मैं सब लोगों के सामने खाता हूँ। मेरा सारा जीवन लोगों के सामने खुला है तो मेरी टीका कौन नहीं करेगा—टीका तो होनी ही चाहिए, इसमें मुझे आनन्द भी आता है। मैं सब लोगों के सामने हूँ—खाते-पीते-सोते समय सब लोग मेरे पास रहते हैं। अगर मैं हिमालय पर चला जाऊँ तो फिर कोई टीका नहीं करेगा। इसलिए टीका से मुझे आनन्द आता है, इसमें भी मजा है। टीका तो मैं भी करता हूँ—विचारों की टीका करता हूँ। जिसका प्रेम हमें पूरा हो उसी का नाम लेकर टीका करते हैं। किन्तु टीका का उत्तर मैं नहीं देता इससे तो समय जाता है तथा कुछ नतीजा नहीं निकलता।

शुचिता का अन्त आत्मदर्शन में
सामाजिक सेवा में यम-नियमों की अनिवार्यता

पिछले दिनों की अनवरत वर्षा के बावजूद नियमित चलने वाली 'शुचिता प्रवचन माला' के अन्तिम दिन आज सफेद कोठी के लॉन में उपस्थित जन-समुदाय के सम्मुख 'शुचिता' (स्वच्छता) का परिणाम बताते हुए विनोबाजी ने कहा कि वह आत्मदर्शन की योग्यता में समाप्त होती है। आत्मदर्शन की योग्यता आते ही आत्मदर्शन हो जाता है। अगर नहीं होता तो यह संस्कारों का प्रभाव है। 31 जुलाई-'सफाई सप्ताह' के एक दिन पूर्व से प्रारम्भ हुई इस 'शुचिता प्रवचन माला' का आज अन्तिम दिन था। गत सात दिनों में विनोबाजी ने सूत्रकार पतंजलि के दो सूत्रों की व्याख्या की है। प्रथम सूत्र के दो बाह्य परिणामों की विवेचना के बाद उन्होंने दूसरे सूत्र के पाँच परिणामों की व्याख्या की। आज उन्होंने शुचिता प्रवचन माला के अन्तिम दिन शुचिता के अन्तिम परिणाम आत्मदर्शन योगत्व का विश्लेषण तीन सीढ़ियों—चित्त निरोध, चित्त निर्माण और यम-नियमों पर किया।

प्रवचन के प्रारम्भ में पूज्य विनोबाजी ने कहा कि जब तक जीवन के समस्त पहलुओं को नहीं छू लिया जाता चित्त निरोध नहीं हो सकता। दैहिक, वाचिक, प्राणिक, सामाजिक आदि क्षेत्रों से गुजरे बिना चित्त का निरोध सम्भव नहीं है। निरोध शब्द पॉजिटिव (भावनात्मक) नहीं है। इसमें कुछ तोड़ना पड़ता है। कुछ मिटाना पड़ता है। *गीता* में दुखों के कारण को चित्त से दूर करना उनका वियोग करना योग बताया गया है। पतंजलि को अपने *योग सूत्र* में चित्त निरोध के लिए ज्ञानयोग, कर्मयोग, भक्ति योग आदि सबको प्रवेश देना पड़ा। पतंजलि के सामने चित्त निरोध का जो चित्र है वह चित्त निर्माण का है। आज हिन्दुस्तान में सभी दूर-चित्त निर्माण का कार्य हो रहा है। हम जो भी निर्माण करना चाहें उसमें अगर चित्त निर्माण नहीं हो तो कुछ बनेगा ही नहीं। जब कार्यकर्ताओं का चित्त निर्माण होगा तभी सर्वोदय होगा और इसके लिए तालीम की आवश्यकता है। पतंजलि के योग सूत्रों का विषय जीवन के एक अंग चित्त को महत्त्व देता है। पर वह अंग-प्रत्यंग महत्त्वपूर्ण है। चित्त निर्माण जीवन का सर्वोत्तम अंग है। आवश्यकता पड़ने पर क्रियायोग, ज्ञानयोग, भक्तियोग आदि भी उसमें आते हैं। पर पतंजलि ने जो शास्त्र बनाया उसमें चित्त को बनाया है। बाकी के सब उसके इर्द-गिर्द घूमते हैं। *गीता* ने देह को मध्य बिन्दु माना है और बाकी के सब योग उसके आसपास घूमते हैं। वैसे पतंजलि द्वारा विवेचित कार्य कठिन हैं पर इसे साधना ही पड़ेगा। चित्त निरोध के लिए वह अत्यन्त आवश्यक है।

चित्त निरोध साधना के लिए विनोबा जी ने यम-नियमों को बुनियादी बताया। उन्होंने कहा कि धर्म, भक्ति, कर्म सभी इन पर खड़े हैं। बौद्धों ने जो सामाजिक यम-नियम बनाए उनको पंचशील कहते हैं और आज उनका बड़ा बोलबाला है। लेकिन अहिंसा, सत्य, अस्तेय आदि यम-नियमों को समाज सेवा के लिए सबसे महत्त्वपूर्ण गांधीजी ने माना। उन्होंने स्पष्ट कहा कि समाज सेवा में इन यम-नियमों की अत्यन्त आवश्यकता है और ये ही उनकी कसौटियाँ हैं। यह तत्त्वज्ञान पर गांधी ने बहुत बड़ा उपकार किया है। भक्तियोग, कर्मयोग, ज्ञानयोग आदि में इन नियमों को अलग-अलग महत्त्व दिया

गया है। मगर समाज-सेवा इन्हीं के सहारे होगी यह गांधीजी ने ईसा के बाद पहली बार दुनिया के सामने रखा। उन्होंने तो स्वराज्य को भी इनके बिना स्वीकार करने से इनकार कर दिया था। उन दिनों स्वराज्य की बड़ी भूख थी और उसे पाने के लिए सभी लोग तत्पर थे। मगर तब भी गांधीजी ने कहा था कि सत्य और स्वराज्य में मुझे चुनने को कहा जाए तो मैं सत्य को ही पसन्द करूँगा। गांधीजी की इस प्रतिभा का दर्शन एक विशिष्ट वस्तु है। इसकी कुछ झलक ईसा के उपदेशों में दिखाई देती है। बुद्ध के उपदेशों में भी है—पर उनका विशेष महत्त्व निर्वाण पर था।

ईसा मसीह सेवापरायण थे। उनका धर्म बड़ा लोकप्रिय हुआ। लेकिन उनके धर्म के पीछे तत्त्वज्ञान की कमी है। सेवा के कारण ही उनका धर्म तत्त्वज्ञान रहित होते हुए भी आकर्षक रहा। उपनिषदों में तत्त्वज्ञान है। मगर उनमें सेवा पर इतना जोर नहीं डाला गया है। महात्मा गांधी ने तत्त्वज्ञान के साथ सेवा को मिलाकर बहुत बड़ा उपकार किया है ब्रह्मविद्या हिन्दुस्तान में है, पर जो ईसा मसीह ने बताया वह एक उदार हृदय का अनुपम उदाहरण है। ईसा ने कहा है—अपने पड़ोसी को अपने जैसा प्यार करो। हिन्दुस्तान में सेवायोग का प्रारम्भ स्वामी विवेकानन्द से अधिक उष्णता मिलती है और जो दूर होता है उसे कम। अब अगर कोई कहे कि यह अग्नि का पक्षपात है तो बात गलत होगी कमवेशी की जिम्मेदारी अग्नि की नहीं उस मनुष्य की है जो उसकी उष्णता ग्रहण करता है।

इन्दौर में स्वच्छता हो, इसलिए यहाँ की सारी गन्दगी नालियों और गटरों द्वारा शिप्रा में मोड़ दी तो उज्जैन में गन्दगी होगी। यह स्वच्छता की दृष्टि से सही बात नहीं है अपना घर साफ करके कचरा बाहर डाल देना तो स्वच्छता नहीं है। सर्वोदय विचार में तो सबको स्वच्छता आती है। फिर हमदर्दी और करुणा का अन्तर स्पष्ट करते हुए सन्त विनोबा ने कहा कि हमदर्दी में एक अनुकूल भावना होती है, लेकिन करुणा में करने की प्रेरणा होती है। किसी का दुख देखकर हम दौड़े जाएँ उसका दुख हरने के लिए यह है करुणा। करुणा में हमदर्दी का साक्षात्कार होता है। सर्वोदय के विचार से हम सेवा करेंगे तो हमें करुणा का दर्शन होगा।

दिमाग अन्तरिक्ष में पाँव धरती पर
सर्वोदय विचार का असली रूप

सायंकाल साढ़े चार बजे गांधी हॉल के प्रांगण में उपस्थित नर-नारियों को सम्बोधित करते हुए आचार्य विनोबा भावे ने कहा कि सर्वोदय विचार को अमल में लाने वाले का दिमाग तो अन्तरिक्ष में होता है और पाँव धरती पर। वह आसपास के लोगों की सेवा करता है। लेकिन उसकी सेवा निष्काम सेवा होती है। उसमें किसी भी प्रकार का मोह नहीं होता। वह अपने पड़ोसियों की विश्व के प्रतिनिधि के रूप में उनकी सेवा करता है। गांधी हॉल प्रांगण की यह सभा विशेषकर हायर सेकंडरी स्कूल एवं कॉलेज के प्रोफेसरों की सभा थी मगर वहाँ की उपस्थिति देखकर बाबा को लगा कि श्रोतागण उनके देखे-भाले हैं और कई उनके प्रवचन सुन चुके हैं। इसलिए उन्होंने प्रवचन के प्रारम्भ में ही कुछ मजाक की टोन में कहा कि आज की यह सभा सुन्दर सभा है। इस सभा को उन्होंने पारिवारिक सभा की संज्ञा दी। आम सभाओं के दौर की अन्तिम कड़ी

का उल्लेख करते हुए विनोबाजी ने कहा कि कल से दूसरे लोग आ जाएँगे और हम उनमें व्यस्त रहेंगे। सभाओं का यह सिलसिला बन्द हो जाएगा।

फिर अपने विषय पर आते हुए उन्होंने कहा कि सर्वोदय के विचार के अनुकूल शक्ति बहुत है, पर उस शक्ति को एकत्रित करने की शक्ति ही कम पड़ गई है। आज खादी वालों में (रचनात्मक कार्यकर्ताओं में) मैंने यही कहा कि हमारी शक्ति इधर-उधर बिखरी हुई है, उसे एकत्रित करना चाहिए। काम तो इधर-उधर छिटपुट हो रहा है। और इसीलिए हम कुछ मानसिक आनन्द में मशगूल हैं। वहाँ इन्दौर में अभी कुछ न कुछ तो काम हो ही रहा है। लेकिन इसमें ताकत का दर्शन नहीं होता। कल एक भाई से हमने बातें करते वक्त कहा कि सर्वोदय के लोग तो चन्द्र और मंगल पर भी मिल जाएँगे। सर्वोदय किसी के बाप की इस्टेट नहीं है। सबका भला हो यह विचार तो सब में है। कुल दुनिया में सर्वोदय का विचार व्याप्त है। सर्वोदय की जमात सब कहीं मिल सकती है।

गांधीजी ने जो स्वदेशी धर्म चलाया, उसका मतलब यही है कि आसपास के लोगों की सेवा और दिमाग सारी दुनिया तक फैला हुआ। माँ अपने बच्चे की सेवा करती है। उसकी सेवा अगर मोह से प्रेरित है तो वह सिर्फ उसके बच्चे की सेवा होगी। लेकिन अगर वह अपने बच्चे को विश्व के बच्चों का प्रतिनिधि मानकर उनकी सेवा करती है तो वह अपने बच्चे की ही नहीं, सारे संसार की सेवा करती है। वह सच्चे मायने में जय जगत बोल सकती है। उसकी सेवा विश्वहित में है। लेकिन कोई बड़े क्षेत्र की सेवा हो सकती है। लेकिन विश्वहित की नहीं है। बड़े-बड़े नेता बड़े क्षेत्र की सेवा करते हैं, उनकी सेवा बड़ी है। लेकिन उनकी सेवा भावना में अगर मेरे देश, मेरे लोगों की आसक्ति है तो वह विश्व के हित में खराब भी हो सकती है। महत्त्व क्षेत्र के छोटे और बड़े होने का नहीं, सेवा के ढंग और भावना का है। वह जरूरी नहीं कि बड़े पैमाने की सेवा विश्वहित की ही हो।

सर्वोदय का विचार अमल में लाने वालों का दिमाग तो अन्तरिक्ष में होता है और पाँव धरती पर। पाँव जहाँ खड़े हैं वहाँ वह सेवा करता है, उसकी सेवा की दृष्टि नजदीक से दूर की होती है। पतंजलि ने भी ऐसे यम-नियम बताए हैं। शुचिता के अन्तर्गत पाँच नियम हैं। शुचिता की सीमा है आत्मदर्शन। शुचिता से जब पहले बुद्धि स्वच्छ निर्मल हो जाती है तो आत्मदर्शन की योग्यता प्राप्त होती है और जैसे ही आत्मदर्शन की योग्यता प्राप्त हुई कि आत्मदर्शन हो जाता है। ऐसी ही बात *भगवद्गीता* ने भी बताई है। लेकिन आत्मदर्शन की योग्यता आ जाने पर भी आत्मदर्शन नहीं हो तो यह संस्कारों का प्रभाव है। जैसे मन्दिर में हम दर्शन करने जा रहे हैं तो स्नान आदि अनेक प्रकार की पूर्ण तैयारियाँ करते हैं, बाकायदा जूते बाहर निकालकर जाते हैं—तब हमें दर्शन के लिए पूर्ण शुचित्व की आवश्यकता होती है।

रचनात्मक कार्यकर्ता इकट्ठे होकर कार्य करें
कार्यकर्ता विचार-प्रचार पर बल दें

आज दोपहर सफेद कोठी के हॉल में खादी ग्रामोद्योग तथा अन्य संस्थाओं के रचनात्मक कार्यकर्ताओं को सम्बोधित करते हुए आचार्य विनोबा ने कहा कि हम सब गांधी विचार

का नमक खा रहे हैं। काम भी उन्हीं के अनुसार कर रहे हैं। पर हमारी ताकत भिन्न हुई है। हमारी ताकत काफी है मगर हम इकट्ठे नहीं होते। हम भिन्नता छोड़कर इकट्ठे हो काम करें तो बहुत काम हो सकता है। रचनात्मक कार्यकर्ताओं की इस बैठक में हरिजन सेवक संघ के श्री दाते, मध्य प्रदेश खादी ग्रामोद्योग परिषद के श्री चौहान, राज्य के वित्तमंत्री श्री मिश्रीलाल गंगवाल, श्री कन्हैयालाल खादीवाला के अतिरिक्त कई रचनात्मक कार्यकर्ता उपस्थित थे। गांधीजी की लोक-संग्रह वृत्ति की चर्चा करते हुए विनोबाजी ने कहा कि गांधीजी ने ऐसे बहुत से लोग एकत्रित किए थे, जो उनके समग्र जीवन दर्शन से सहमत नहीं थे पर किसी को खद्दर का विचार, किसी को तालीम का विचार और इस तरह उनकी विचारधारा के भिन्न पहलू पसन्द थे और उन्हीं क्षेत्रों में उन्होंने कार्य किया भी। लेकिन इस तरह काम के टुकड़े हो गए। इन टुकड़ों को जोड़-जोड़कर एक धोती बनाने का उनका विचार था—जिसे वे मिलापी संघ या समग्र संघ कहते थे। उन्होंने जाहिर किया था कि वे सेवाग्राम आकर ऐसा संघ बनाने पर विचार करेंगे। लेकिन इसी बीच वे परमेश्वर के घर चले गए।

गांधीजी एक अद्वितीय दूरदर्शी पुरुष थे। 2-3 हजार सालों में ऐसे दूरदर्शी पुरुष पैदा नहीं हुआ। सर्व सेवा संघ बना और चलता रहा। उनकी ताकत तब प्रकट हुई जब मैसूर राज्य के मेलवाल नामक स्थान में कई प्रकार के विचार रखने वालों की कॉन्फ्रेंस हुई। उस समय यह चयन किया गया कि भारत में कई मतभेद रखने वालों को साथ होने की जरूरत है। इसमें तब थोड़ी बहुत सफलता मिली। हमारा सम्पर्क गाँवों में और फैला नहीं। हमारी ताकत उतनी नहीं बढ़ी। आप और हमारी रचनात्मक शक्ति बहुत बड़ी शक्ति है। वह इकट्ठी नहीं है और हम लोग एकत्रित नहीं होते। मैं गाँव वालों से पूछता हूँ कि क्या आप लोगों ने विचारों के सेल्स बनाए हैं, अगर आप ऐसे सेल्स बनाते हैं जो लोक मानस में पैठते। हम लोग मकान बनाते हैं और उसमें कच्ची हालत में टेके (खोखा) लगा देते हैं। जब वह पक्का हो जाता है तो टेके हटा लेते हैं। आज काम के आसपास से मदद के टेके हटा लें तो क्या हो? आप लोग सच्चे विचार का प्रचार करें तभी आत्मनिर्भरता सम्भव हो सकेगी। इसका साधन बताते हुए विनोबाजी ने कहा कि सर्वोदय पात्र लोक सम्मति का प्रतीक है। आप लोग उस पर अपनी खैर रखें तो सरकार की मदद चाहे बन्द हो जाए। आप लोगों का काम चलता रहेगा। उन्होंने खादी वालों को सहयोग और साहित्य प्रचार की सलाह दी और अन्त में कहा कि गांधी निधि, हरिजन सेवक संघ और गांधी ग्रामोद्योग परिषद के कार्यकर्ताओं को एक जगह (इन्दौर में) इकट्ठा होकर काम करना चाहिए, इससे काम में ताकत पैदा होगी।

दिलचस्प निचोड़

इन्दूर और चन्दूर का सम्बन्ध

इन्दूर व चन्दूर के सम्बन्ध का आज विनोबाजी ने अच्छा विनोद प्रस्तुत किया। सार्वजनिक कार्यकर्ताओं की बैठक में बाबा ने बिहार के एक दूरदर्शी व्यापारी का जिक्र किया जिसने कि चन्द्रमा में अपने लिए जगह सुरक्षित करवा ली है। हँसते हुए आपने कहा कि निकट भविष्य में इंटरप्लेनेट सेवा चालू होगी जो इन्दूर (इन्दौर) से चन्दूर (चन्द्रमा)

तक चलेगी। बाबा ने कहा कि इन्दौर का नाम चन्द्रमा (इन्दू) से ही बना है। बाबा ने कहा कि अक्सर प्रश्न पूछे जाते हैं कि सर्वोदय नगर यानी क्या? इसी सन्दर्भ में आपने कहा कि गांधीजी से भी अक्सर यही पूछा जाता था कि स्वराज्य यानी क्या? गांधीजी ने इसका उत्तर देते हुए कहा था कि स्वराज्य यानी गलतियाँ करने का अधिकार। बाबा ने कहा कि स्वराज्य से हानि कर सकते हैं तथा कल्याण अक्ल से। अक्ल कम होगी तो कल्याण भी कम कर पाएँगे। विनोबाजी ने अन्त में कहा कि मेरा सर्वोदय का मतलब यही कि झगड़ा निपटाने के लिए लोग कोर्ट में न जाएँ।

विज्ञान के युग की चर्चा करते हुए आचार्य भावे ने कहा कि अक्सर लोग कहते हैं कि हवा ही ऐसी बह रही है कि पश्चिम की सभ्यता यहाँ आ रही है। इसका उत्तर स्वयं देते हुए बाबा ने कहा कि यह सच है कि राष्ट्रों को अलग-अलग रखने वाली दीवालें टूट गई हैं तथा अब हवा आसानी से प्रवेश कर सकती है। किन्तु हवा के लिए वन-वे-ट्रैफिक (एकांगी मार्ग) तो है ही नहीं। यहाँ की हवा भी तो पश्चिम में जा सकती है। सार्वजनिक कार्यकर्ताओं की सभा में यमक अलंकार लगाते हुए विनोबाजी ने कहा कि बच्चा, बीमार व बाबा रात को जल्दी 8 या 9 बजे सो जाते हैं। रात को जल्दी बच्चा सोता है, बीमार सो सकता है या बाबा (विनोबा) सो सकता है।

आज प्रातः प्रार्थना सभा के वक्त श्री विनोबा के प्रवचन से पूर्व श्री अप्पा साहब पटवर्धन, श्री गोकुलभाई भट्ट द्वारा 'गन्दगी के नाम श्री, निदान कर मिटाइए' नामक गीत को जिसे बाद में विनोबाजी ने सभी लोगों के साथ सामूहिक रूप से गाया। हरिजन छात्रावास में बाबा ने भी अप्पा साहब द्वारा सफाई के साधनों को व्यवस्थित ढंग से देखा। यहाँ बाबा ने बताया कि विद्या तथा वे बड़े व्यवस्थित रूप से अप्पा साहब की सँजोई जगह को देखकर प्रसन्न हो रहे हैं।

(*विनोबा दर्शन* का आगामी परिशिष्ठ मंगलवार दिनांक 9 अगस्त को, 7 अगस्त को रक्षा बन्धन का त्योहार होने के कारण *नई दुनिया* कार्यालय की छुट्टी रहेगी, इसलिए 8 अगस्त का अंक प्रकाशित नहीं होगा।)

(7 अगस्त, 1960)

मजदूर क्षेत्र में बाबा का दूसरा पड़ाव

आज की पदयात्रा दो भागों में हुई

इन्दौर में सन्त प्रवर विनोबा भावे के आगमन के बाद से कल मजदूर क्षेत्र की दूसरी यात्रा थी। वैसे कहा जाए तो ये दोनों यात्राएँ काफी महत्त्वपूर्ण रहीं। इस क्षेत्र में पहली यात्रा तिलक जयन्ती के दिन तथा दूसरी रक्षा बन्धन के शुभ दिन हुई। पंचम की फैल के श्रमिकों को बाबा के दर्शन दो बार करने का मौका मिला। कल बाबा की यात्रा सफेद कोठी से पाँच बजे प्रारम्भ होकर मालवा मिल पाठशाला पर खत्म हुई। आपका कल का पड़ाव भी यहीं रहा। मार्ग में वल्लभनगर में भारी संख्या में महिलाओं ने बाबा का स्वागत किया। बाबा दस मिनट यहाँ बोले। वहाँ से आप गोमा की फैल से होते हुए मालवा मिल रोड पर आ गए। यहाँ आपने राजकुमार मिल्स के पीछे श्री विजयेश्वर महादेव के मन्दिर व व्यायामशाला का काफी देर तक निरीक्षण किया तथा यहाँ की व्यवस्था से काफी प्रसन्नता व्यक्त की। व्यायामशाला के व्यवस्थापक एवं नगर के पुराने सार्वजनिक कार्यकर्ता श्री रामनिवास शर्मा ने आपको हरा गुलाब का फूल तथा एक शंख भेंट किया जिसे बाबा ने बड़े आदर की दृष्टि से सिर पर रखकर नमन किया। बाबा की इस यात्रा के आगे-आगे मजदूर सेवा दल की एक बड़ी टुकड़ी मार्च करती हुई जा रही थी। यहाँ से बाबा यशवन्त निवास मार्ग से रेसकोर्स रोड पर गए। मार्ग में स्थान-स्थान पर आपका भव्य स्वागत किया गया। जनता भारी तादाद में स्वागत द्वारों के किनारों से कतारें बाँधे खड़ी हुई थीं। पंचम की फैल में भी बाबा ने पाँच मिनट तक भाषण दिया। यहाँ से आप सीधे सरोज टॉकीज वाली सड़क से होते हुए मालवा मिल चौराहे पर पहुँचे। प्रात:कालीन प्रार्थना सभा आपकी मालवा मिल चौराहे पर हुई; जिसमें आपने जनता को सर्वोदय, सफाई, प्रचार आदि के बारे में सारगर्भित भाषण दिया। इसके बाद आप अपने पड़ाव स्थल मालवा मिल पाठशाला पर लौट आए, रात भर यहीं रहे।

आज की यात्रा

आज मालवा मिल पाठशाला में अपने नित्य के कार्यक्रम के अनुसार बाबा की प्रार्थना हुई। ठीक पाँच बजकर पाँच मिनट पर आप अपनी आज की यात्रा पर निकले। रात भर से पानी गिर रहा था। शुरू में बाबा के साथ 10-12 प्रमुख कार्यकर्ता व चर्चाकार भी इस यात्रा में सम्मिलित थे। बाबा का पदयात्रा दल यशवन्त निवास मार्ग, यशवन्त क्लब सड़क से श्री बापना के निवास स्थान के सामने से होता हुआ तुकोगंज मेन रोड

पर आया। कल से ही पंजाब के अनेक कार्यकर्ता नगर में आ चुके हैं। प्रात: प्रार्थना के बाद पंजाब आन्दोलन के एक प्रमुख कार्यकर्ता, जो इन्दौर आए हुए हैं, की बाबा से चर्चा हुई। यह चर्चा आधे घंटे से भी अधिक समय तक हुई। यात्रा के दूसरे चर्चाकार एक युवक थे जिन्होंने बाबा से युवकों के बारे में सवाल किया। बाबा ने कहा कि आज युवकों को आगे आना चाहिए व सर्वोदय नगर के इस कार्य को पूरा करना चाहिए। इसके अलावा श्री सरवटे ने बाबा से चर्चा की। पानी अब भी बरस रहा था और बाबा का दल अँधेरे में उत्साहपूर्वक ओवर ब्रिज से बढ़ता हुआ कृष्णपुरा पुल, सावरकर मार्केट, राजबाड़ा से यशवन्त रोड गुरुद्वारे पर ठीक छह बजे पहुँचा। गुरुद्वारे के ऊपर के हॉल में बाबा को 10-15 मिनट बैठना पड़ा। तब तक यहाँ एक सिख पुरुष, महिला व एक बालक द्वारा साज-संगीत के साथ पंजाबी में भजन सुनाए गए। बालक की उम्र कोई 9-10 वर्ष की होगी किन्तु वह तबला इतने उत्साह से सही रूप में बजा रहा था कि उपस्थित लोगों ने उन्हें बड़े उत्साहित व विस्मित दृष्टि से उसके भविष्य की उज्ज्वल कामना के साथ देखा। बाबा ने यहाँ अपना प्रात:कालीन प्रवचन दिया। वापसी में चूँकि पौने सात बज चुके थे। अत: बाबा को जवाहर मार्ग रूट नं. 2 से अपने निवास स्थान के लिए इतनी तेजी से चलना पड़ा कि साथी कार्यकर्ताओं को भी दौड़ना पड़ा। ठीक 7.15 पर बाबा नन्दलालपुरा, कृष्णपुरा, महात्मा गांधी मार्ग से होते हुए सफेद कोठी पहुँचे। यहाँ आप दस मिनट रुककर पुन: अपनी यात्रा का एक भाग पूरा करने के लिए निकले। आपका कार्यक्रम क्षय पीड़ित सहायक संघ के तत्वावधान में मनोरमा राजे टी.बी. अस्पताल में आयोजित किया गया था। बाबा नाम मन्दिर वाली सड़क से अस्पताल प्रांगण में घुसे। जहाँ सर्वप्रथम संघ की मंत्राणी श्रीमती हीराबाई बोर्डिया ने आपका स्वागत किया। अस्पताल द्वार पर आपके स्वागत के लिए क्षय पीड़ित सहायक संघ के संयुक्त मंत्री डॉ. जे.पी. शुक्ल, डॉ. सी.बी. गुप्त, कोषाध्यक्ष डॉ. भालचन्द्र, डी. मुले व अन्य चिकित्सकों में सुप्रसिद्ध सर्जन डॉ. चमनलाल नागरथ भी उपस्थित थे। इनके द्वारा स्वागत के बाद बाबा अस्पताल के अन्दर वाले बरामदे में गए। यहाँ बाबा ने मरीजों, अस्पताल के कर्मचारियों तथा अधिकारियों के समक्ष एक प्रेरणास्पद प्रवचन दिया। प्रवचन के बाद आचार्य श्री ने अस्पताल के प्रत्येक वार्ड का निरीक्षण किया। वे मरीजों के पास भी कहीं-कहीं रुके व जहाँ मरीजों ने आपका हाथ जोड़कर अभिवादन कर अपने आपको कृतार्थ माना।

सभी वार्डों का निरीक्षण कर आप समिति वाली मेन रोड से होते हुए ठीक 8.15 पर सफेद कोठी पहुँचे। यहाँ आपने अपने गीले कपड़े निकाले। कुछ देर बाद महादेव ताई से बातें करते रहे व स्विट्जरलैंड से आए एक युवक की तबीयत का हॉल जानने के लिए वे कोठी के एक अन्य कमरे पर गए। जहाँ युवक ठहरा था। यह युवक बाबा का दर्शन व सर्वोदय के कार्यक्रम को अपनाने के लिए बाबा का मार्गदर्शन प्राप्त करने विगत दिनों से नगर में आया हुआ है। तीन दिनों से यह बीमार है। बाबा ने अंग्रेजी में युवक से हालचाल पूछे; जिसका उसने काफी आदरपूर्वक उत्तर देते हुए अपने स्वास्थ्य की जानकारी दी।

सिख समाज 'सेवक' का उदाहरण दे
जीत कृपाण से नहीं : प्रेम व्यवहार से सम्भव

यशवन्त रोड स्थित गुरुद्वारे के हॉल में प्रात:कालीन प्रवचन देते हुए आचार्य विनोबा भावे ने कहा कि आज सिख समाज सेवक का उदाहरण दे, इससे पंजाब की इज्जत बढ़ेगी। आपने कहा प्रेम व्यवहार से जो चीज जीती जा सकती है; वह कृपाण के जोर से हासिल नहीं की जा सकती इसलिए पंजाब की इज्जत आपकी मुट्ठी में है। प्रात: साढ़े छह बजे गुरुद्वारे के भव्य हॉल में प्रवचन प्रारम्भ करते हुए आपने पंजाबी में गुरु नानक का लिखा हुआ एक वाक्य सुनाया; जिसका अर्थ था हम कैसे सच्चे बनेंगे? भगवान के हुक्म पर चलने की कोशिश करेंगे तो असत्य का पर्दा हटेगा व सत्य के दर्शन होंगे। आज दुनिया के समक्ष भी यह मसला है कि 'सत्य दर्शन' कैसे हो? इसका सत्य नाम ही एक मात्र मार्ग है।

आपने कहा मैं पंजाब में दो मर्तबा 8 माह तक घूमा। सब जिलों में यात्रा हुई। वहाँ से कश्मीर पहुँचा, जम्मू गया। जगजी नामक स्थान पर 30 दिन रहा। लेकिन उस समय झगड़े का दिन नहीं था। शिरोमणि गुरुद्वारा प्रबन्धक समिति ने गुरु ग्रन्थ साहिब छापा। मैं जब नागपुर जेल में था। मेरे साथ मेरे दोस्त सरदार अमरसिंह सहगल थे। उन्होंने चाहा कि मैं गुरु ग्रन्थ साहिब पढ़ूँ, आखिर मैं पढ़ गया और दो-दो मर्तबा। उन दिनों मैं नामदेव के भजनों का संग्रह कर रहा था। एक मर्तबा मैं नामदेवजी की समाधि घूमने गया था। वहाँ मन्दिर के बारे में झगड़ा था। ये शुभ लक्षण नहीं हैं। इस प्रकार यदि झगड़ा करोगे तो न ही धर्म टिकेगा अथवा न ही सिख धर्म।

आचार्य श्री ने नामदेव तथा नानक की तुलना करते हुए बताया कि नामदेव का जन्म 1269 ई. में हुआ, जबकि नानक का जन्म 1469 ई. में, हुआ नामदेव पंजाब में गए। उन्होंने विट्ठल के भजन पंजाबी में लिखे हैं। अनेक वर्षों तक वे पंजाब में रहे, उन्होंने पंजाब को प्रेम से जीत लिया। गुरु अर्जुन ने ग्रन्थ साहिब का दूसरा प्रकाशन किया और वह मैंने बिहार में फिर पढ़ा। बाबा ने बताया ग्रन्थ साहिब की गिनती दुनिया के बड़े धर्मग्रन्थों में है। सिकन्दर बादशाह पंजाब को जीतने आया था किन्तु सफलता नहीं मिली। गुरुग्रन्थ की रचना अद्वितीय है और वह ऐसी कि किसी भी धर्म ग्रन्थ की नहीं।

आपने कहा कि संगीत के जरिये भक्ति कुशलता आसानी से हो सकती है। एडम भी इसका सामना नहीं कर सकता। आज कृपाण धर्म चिह्न है। कोई शस्त्र नहीं। फिर भी उसी कृपाण का उपयोग दिल्ली के गुरुद्वारे में कैसे किया। कृपाण से एक सिख ने दूसरे सिख का कत्ल कर दिया। दिल्ली के गुरुद्वारे में और इस प्रकार की घटना। इससे ज्यादा कहाँ गिरावट हो सकती है। मैं सिख पन्थ नहीं, धर्म मानता हूँ। गुरुनानक ने कहा कि 'मन मगन चलो, पन्थ मन में धर्म तेरे' संघर्ष-अन्याय होता है, मदद के लिए दौड़े जाएँ। आपने अन्त में सिख समाज से सर्वोदय नगरी के इस प्रयास में सर्वदृष्टि से जुट जाने की अपील की। इस अवसर पर सिख समाज इन्दौर की ओर से बाबा को 251 रुपये का चेक तथा एक गुरुग्रन्थ भेंट किए गए।

'रक्तदान' दीजिए

अभी तक भूदान, सम्पत्तिदान जीवनदान इत्यादि अनेक प्रकार के दान बाबा ने शुरू कराए किन्तु आज प्रात: मनोरमा राजे टी.बी. अस्पताल के अधिकारियों ने निरीक्षण के दौरान में बाबा से कहा कि मरीजों के जीवन के लिए 'रक्तदान' भी काफी जरूरी है। बाबा ने इस बात को बड़े ध्यानपूर्वक सुन लिया।

सर्वोदयी कार्यकर्ता अपनी जिम्मेदारियों को समझें शासन मुक्ति का दर्शन हो

पंजाब के सर्वोदयी कार्यकर्ताओं को सम्बोधित करते हुए आचार्य भावे ने कहा कि सर्वोदय विश्वव्यापी मिशन है इसलिए हमें अपनी जिम्मेदारियों को समझकर अपने कार्य में जुट जाना है। सन्त प्रवर ने देश-विदेश की घटनाओं का जिक्र करते हुए कहा कि विश्व के झगड़ों को दूर करने के लिए सियासत व मजहब को दूर करना ही होगा। आपने कहा कि इसी विचारधारा को देश के नेताओं ने भी स्वीकार किया है। आज से इन्दौर में पंजाब के सर्वोदयी कार्यकर्ताओं का शिविर आयोजित किया गया है। सन्त प्रवर का शिविरार्थियों का यह प्रथम सम्बोधन था। अपने प्रवचन में बाबा ने यह आशा व्यक्त की कि जिले के किसी एक हिस्से में शासनमुक्ति का दर्शन होना चाहिए।

देश व विदेश की घटनाएँ

बाबा ने कहा कि पंजाब छोड़ने के चार माह पश्चात हम पूर्व निश्चय के अनुसार यहाँ मिले हैं, इससे बहुत प्रसन्नता हो रही है। इन चार माहों में भारत में व दुनिया में कई घटनाएँ हो गई हैं। पंजाब के बाद हम चंबल घाटी में आए—जहाँ काफी बड़ा कांड हो गया था, इसके बाद अकाली आन्दोलन आया। फिर असम में बहुत बड़ा कांड हुआ जिसके कारण हम सभी शर्मिन्दा हैं। वहाँ की स्थिति अभी ठीक है किन्तु फिर भी पूर्ण रूप से अभी वहाँ शान्ति स्थापित नहीं हुई है। इसके बाद देशव्यापी हड़ताल हुई, ईश्वर की कृपा से वह पाँच दिन में खत्म हो गई इससे ज्यादा वह चलने वाली थी भी नहीं। अब नगा आदिवासियों का एक प्रान्त बन रहा है—यह भी बहुत बड़ा कांड है। यह हुई भारत की घटनाएँ। विश्व की विभिन्न घटनाओं में सबसे महत्त्वपूर्ण बात है शिखर सम्मेलन का टूटना। इसके टूट जाने से विश्व की स्थिति इतनी नाजुक हो गई है कि अब वह किसी के काबू में नहीं है। किन्तु इन सब परिस्थितियों के बावजूद हमें अपना कार्य करना है तथा कार्य में प्रगति हुई है, यह हर्ष की बात है।

राह चौड़ी बनाएँ

बाबा ने कहा कि मिनिस्टर खुलेआम बोलते हैं कि भूमि की समस्या भूदान से हल नहीं हो सकती। यह (भूदान) तो दया का काम है। बाबा ने कहा जबकि भूदान के कार्य के प्रति उनके नेताओं ने एलवाल में श्रद्धा व्यक्त की थी। आचार्य भावे ने आगे कहा कि लोग कहते हैं कि भूदान से भूमि समस्या हल नहीं होगी तो फिर इस समस्या को हल

करने के दो रास्ते हैं। एक कत्ल से और दूसरा कानून से। किन्तु कत्ल का रास्ता न तो सरकार अपनाना चाहती है और न मैं। अब शेष रहा कानून का रास्ता। तो मैं पूछना चाहता हूँ कि कानून से आप क्या करेंगे—बतावें देश को। कहते हैं, कानून से यह काम हो ही नहीं रहा है। तो फिर भूदान की राह को चौड़ा क्यों नहीं बनाते।

हमारी जिम्मेदारी

आचार्य भावे ने आगे कहा कि भूदान के कार्य में बहुत कम लोग थे इसलिए जितना भी कार्य हुआ है वह अच्छा हुआ है यह कहें ही। आज हमें जनमत के रूप में जितनी मानसिक अनुकूलताएँ मिल रही हैं, उतनी 8-10 साल पहले नहीं थीं और अब इन्हीं अनुकूलता के लायक हमें बनना है। इसलिए हमारी जिम्मेवारियाँ बहुत बढ़ गई हैं। इस व्यापक मिशन के लिए जितनी ताकत जिस ढंग से भी ले सकते हैं उतनी ताकत हमें उस ढंग से उतने अंशों में लेनी चाहिए। सन्त प्रवर ने आगे पंजाब के दिल के दो टुकड़े न हों ऐसा कार्य हमें करना चाहिए। हमें यह नहीं सोचना चाहिए कि असम से हमें क्या लेना-देना है। असम में जो भी कुछ हुआ है उसके कारणों की जिम्मेदारी हम पर भी है।

शासन मुक्ति का दर्शन

आचार्य भावे ने शिविरार्थियों सम्बोधित करते हुए कहा कि कोर्ट एवं पुलिस व सेना शासन के मुख्य अंग हैं तथा इसी के सहारे कानून व व्यवस्था की स्थापना की जाती है। मैं चाहता हूँ कि किसी भी जिले या जिले के हिस्से में ग्राम में, शहर में कहीं भी एक जगह ऐसी बनाई जाए जहाँ का जीवन शासन के उपरोक्त दो अंगों से मुक्त हो। वहाँ करुणा हो तथा नागरिक कोर्टों में न जाते हुए अपने समझौते से समाधान कर लें। इसके पश्चात बाबा ने सियासत व मजहब को भगाने, भारत-चीन सीमा समस्या तथा इन्दौर के सर्वोदय कार्य, सफाई आन्दोलन आदि की चर्चा की।

मनोरमा राजे टी.बी. अस्पताल में बाबा का भाषण

आज प्रातः मनोरमा राजे टी.बी. अस्पताल में भाषण देते हुए भूदान के प्रणेता आचार्य विनोबा भावे ने कहा कि टी.बी. रोग का असर भावना पर ज्यादा पड़ता है। क्योंकि भावना ही मनुष्य का बल घटती है। इसलिए मरीजों को चाहिए कि बीमारी हुई तो मस्त व प्रसन्न रहें। ज्यादातर बीमारी फैक्ट्री मजदूर व बहनों को होती है इसलिए कि उन्हें खुली हवा, चिन्ता, रसोई इत्यादि के अनेक कारण होते हैं। कई लोग कहते हैं रोग के पीछे पाप होता है, क्षय रोग के पीछे पाप का कोई कारण नहीं है। रोग जिसे हम बीमारी कहते हैं, वह 'क्योर' है यानी अब दुरुस्ती हुई। क्योंकि बीमारी या रोग तो पहले से ही होता है और वह समय का होता है।

बाबा ने कहा अस्पताल वाले लोग दुरुस्ती में मदद करते हैं, इसलिए हमें डरना नहीं चाहिए। आपने अपने भाषण में अपने लघुभ्राता श्री बालकोबाजी को भी 30 वर्ष की उम्र में हुई टी.बी. की बीमारी तथा उससे किस प्रकार अच्छे हुए इसका विवरण

सुनाया। चिन्ता तथा चिन्तन की इन्द्रिय एक ही है इसलिए या तो चिन्तन करो या चिन्ता। आखिरी उम्र में चिन्ता करना नर जन्म को खोना है।

परस्पर विश्वास जाग्रत करना आवश्यक चित्त का विकार दूर करना जरूरी : बाबा प्रार्थना सभा में

आज सायंकालीन प्रार्थना सभा में आचार्य विनोबा भावे ने कहा कि परस्पर विश्वास जाग्रत करने की अत्यधिक आवश्यकता है इसलिए विज्ञान में इस युग में चित्त निर्माण पर अत्यधिक बल दिया जाना चाहिए। आचार्य भावे ने एकचित्त, समान चित्त तथा सह चित्त की व्याख्या करते हुए कहा कि विश्व में आज की स्थिति भयप्रद है तथा एक का दूसरे में विश्वास नहीं है इसलिए सहचित्त की अत्यधित जरूरत है। सहचित्त परस्पर सलाह-मशविरा तथा चित्त के विकारों को दूर करने से होता है।

चित्त का निर्माण

बाबा ने कहा कि पूर्व में योगसूत्र का विवरण करते हुए मैंने चित्त निर्माण की बात रखी थी। आज दुनिया में भी इसी चीज की जरूरत है क्योंकि विज्ञान की शक्तियाँ जोरदार बनती जा रही हैं। बाह्य का निर्माण जितने वेग से होगा उतने ही वेग से चित्त का निर्माण होना चाहिए। इसी बात को ध्यान में रखकर चिन्तन करने वाले इकट्ठा होते हैं। पंजाब के कार्यकर्ता यहाँ विचार करने के लिए आए हैं। यह तो भारत के अन्दर की बात है। किन्तु दुनिया के कई व्यक्ति विभिन्न निमित्त ढूँढ़कर इकट्ठा होते हैं। कोई शान्ति के लिए, कोई शिक्षण सम्बन्धी कार्यों के लिए या कोई साहित्यिक एवं सांस्कृतिक कारणों को लेकर विश्व के विभिन्न व्यक्ति इकट्ठा होते हैं। जहाँ तक मुझे जानकारी मिली है हिन्दुस्तान में शान्ति सम्मेलन आयोजित करने का विचार चल रहा है। इस सम्मेलन में भाग लेने के लिए दुनिया भर के लोग यहाँ आएँगे। ऐसे सम्मेलन पहले कब होते थे। बौद्ध व जैनियों के सम्मेलन पूर्व में हुए थे किन्तु उसमें जैन या बौद्ध धर्म मानने वाले चन्द लोग आते थे तथा बहुत से बहुत तीन सौ मील की दूरी से लोग आते थे किन्तु अब विज्ञान के बढ़ जाने से ही यह सम्भव हुआ है।

सहचित्त, एकचित्त, समानचित्त

ऋगवेद में सहचित्त शब्द आया है। यह एक नया शब्द है। सहचित्त का अर्थ समान चित्त नहीं होता तथा इसका मतलब एकचित्त भी नहीं होता। एक चित्त में विविधता का लाभ नहीं मिलेगा। उसमें विचारों की वृद्धि नहीं होगी तथा न विचारों का संशोधन होगा। बाबा ने आगे कहा कि इस परिस्थिति में साम्यावस्था नजदीक आ जाती है तथा गुण क्रिया समाप्त हुई कि प्रलयकाल आया। इसके विपरीत समान चित्त का विश्लेषण करते हुए बाबा ने कहा कि समानचित्त की बात हम कर ही रहे हैं। मैं बार-बार चिल्लाता भी हूँ कि एक ऐसा प्रोग्राम बनाया जाए जिस पर लोग एक हो जाएँ। ऐसा न्यूनतम प्रोग्राम हो जिस पर सभी सहमत हों एवं उस पर सभी कार्य करने के लिए जुट जाएँ। एक चित्त व समान चित्त की अपेक्षा सह चित्त अधिक जानदार शब्द है। इसमें समान चित्त का

निषेध नहीं है। हम और आप इकट्ठे रहते हैं, आपस में सलाह-मशविरा करते हैं—यही सहचित्त है। सह चिन्तन की प्रक्रिया जारी रहनी चाहिए यह बहुत अच्छा लक्षण है।

बोध परस्परम्

आचार्य विनोबा भावे ने आगे कहा कि अगर मैं ही आपको बोध देता रहूँ तो यह बोध परस्परम् होगा। किन्तु जब हर एक-दूसरे से बोध करता रहे तो उसे अन्योन्य बोध कहेंगे। 'अन्योन्य बोध' यह शब्द *गीता* में आया है। *कुरान* में भी इसी प्रकार का शब्द आया है। बाबा ने आगे कहा कि चिन्तन की शाखाएँ अनेक हैं किन्तु जब मैं आपके चित्त को तथा आप मेरे चित्त को अच्छी तरह जानते हैं तथा एक-दूसरे का अत्यधिक विश्वास हो तभी सहचित्त बनता है।

दुनिया में परस्पर विश्वास की कमी

सन्त प्रवर ने आगे कहा कि आज विश्व में सबसे बड़ी कमी एक-दूसरे पर विश्वास का अभाव है। एक-दूसरा अपने अन्तरतल को खोलकर सम्मुख नहीं रखता एवं चित्त की बातों को जानने के लिए गलत अन्दाज व कल्पना लगाते हैं। राष्ट्रसंघ में भी आज यही हो रहा है। परस्पर अन्योन्य विश्वास नहीं है। अगर कोई एक हेतु कहेगा तो उसके दस-बीस हेतु का कल्पना कर लेंगे। शिखर सम्मेलन ढह गया। इस पर दोनों पक्ष सोचते हैं कि यह अच्छा नहीं हुआ। सम्मेलन भंग होने का आरोप एक-दूसरे पर लगा रहे हैं किन्तु दोनों यह नहीं जानते कि दोनों के कारण ही सम्मेलन ढह गया है।

दिल खोलना जरूरी

दिल खोलकर सम्मुख रखना चाहिए इस पर महत्त्व देते हुए बाबा ने कहा कि कांग्रेस की बैठक, आश्रम संस्था हो, भूदान मंडल हो, कुछ हो वहाँ परस्पर विश्वास होना चाहिए। जहाँ चित्त एक-दूसरे के सम्मुख खोलकर नहीं रखते वहाँ विश्वास हो ही नहीं सकता है। इन्दौर में भी आश्रम बनाने की योजना है। इसके लिए भी रुपया-पैसा एकत्रित होगा तथा कार्य करना पड़ेगा। सभी लोग एकत्रित होंगे। तो क्या वे सहचित्त होकर कार्य करेंगे। सहचित्त होने के लिए परस्पर चर्चा करने से कभी समय बर्बाद नहीं जाता। समय तो तब बेकार जाता है जबकि मन में विकार उत्पन्न होता है।

गालीदान का कार्यक्रम

प्रवचन जारी रखते हुए आचार्य भावे ने कहा कि जब इन्दौर में आश्रम खुलेगा तो मुझे बताया गया है यहाँ सप्ताह में एक बार गालीदान का कार्यक्रम होगा। यानी सप्ताह में एक दिन सब कार्यकर्ता मिलेंगे तथा चित्त के विचार स्पष्ट रूप से सम्मुख रख देंगे। इससे एक-दूसरे के प्रति विश्वास जमेगा। किन्तु यह आवश्यक है कि विकार सम्मुख रख ही देना चाहिए अगर नहीं रखेंगे तो एक के ऊपर एक स्तर बनता जाएगा तथा वह पत्थर बन जाएगा।

चित्त को धोएँ

आचार्य भावे ने आगे कहा कि चित्त को हमेशा साफ रखना चाहिए। प्रार्थना के समय भी चित्त साफ रखना चाहिए मलिन व गन्दा चित्त ईश्वर को कैसे सौंपें।

जयप्रकाश नारायण 15 अगस्त को आम सभा में भाषण देंगे

लोकनेता बाबू जयप्रकाश नारायण स्वतंत्रता दिवस 15 अगस्त को प्रात: खंडवा-अजमेर गाड़ी से इन्दौर पहुँच रहे हैं। आप यहाँ आचार्य विनोबा भावे के सान्निध्य में हो रही राजस्थान समग्र सेवा संघ तथा अखिल भारतीय सर्व सेवा संघ की प्रबन्ध समिति की बैठकों में भाग लेंगे। प्राप्त सूचना के अनुसार जयप्रकाशजी स्वतंत्रता दिवस के उपलक्ष्य में आयोजित आम सभा में शाम को भाषण देंगे। आजकल बड़े-बड़े पदों पर जो आसीन रहते हैं, उनसे समाज को कुछ भी लाभ नहीं मिलता। ऊँचे ओहदों पर बैठने से कोई अर्थ नहीं निकलता। कौवा अगर छत पर बैठ भी जाए तो वह पक्षीराज गरुड़ नहीं बन सकता है।

एक तोले की पहचान

अगर आपसे कहा जाए कि कोई व्यक्ति इस हद तक नियमित है कि वह अपने भोजन में एक तोले की वृद्धि होने पर ही यह बता देता है कि भोजन रोज से ज्यादा है तो शायद आप विश्वास नहीं करेंगे किन्तु यह हकीकत है विनोबाजी के जीवन की जिन्हें उनके इतने निकट आने का सौभाग्य मिला है उन्होंने यह अनुभव किया। अगर उनके भोजन में एक तोले की भी वृद्धि हो जाती है तो वे तत्काल पहचान जाते हैं कि मात्रा नियम से अधिक है।

कताई का कमाल

सामान्यत: इतना तो सुना जाता है कि सूत कातने में अमुक की रफ्तार तेज है और अमुक की कम, किन्तु यह बहुत कम सुना गया कि सूत कातते समय टूटे ही नहीं बावजूद काफी देर तक कताई चलती रहने के। ऐसे सधे हाथ हैं सन्त प्रवर विनोबाजी के जो कताई करते-करते शायद हजारों मील की यात्रा कर चुके हैं। बाबा को यह कमाल हासिल है कि वे काफी देर तक बिना धागा टूटे कताई कर सकते हैं।

9 अगस्त का कार्यक्रम

प्रात: चार बजे प्रार्थना। 4 बजे से 5 बजे तक पंजाब के कार्यकर्ताओं का वर्ग। 5 से 8 भ्रमण, अष्टांग आयुर्वेद विद्यालय को भेंट। 10 से 11 इन्दौर कार्यकर्ता वर्ग। दोपहर 3 से 4 पंजाब शिविर। सायं 5 प्रार्थना सभा स्थान सफेद कोठी।

डाकुओं के समर्पण के बाद आचार्य भावे के विचार

विनोबाजी की मध्य प्रदेश के पदयात्रा कार्यक्रम में जो अब तक पूरा हुआ है। मुरैना की उनकी यात्रा सर्वाधिक चर्चित रही है। इस क्षेत्र में डाकुओं ने उनके समक्ष समर्पण किया

और इस सम्पूर्ण घटना में श्रेय किसको है? कई बात सही रूप से हुई या गलत प्रतिक्रिया उसकी हुई, यह विवाद का विषय है। डाकू क्षेत्र के बारे में बाबा स्वयं भी समय-समय पर बोलते रहे हैं। उनके ऐसे ही दो भाषणों के अंश हम यहाँ दे रहे हैं। थाना कसाना में बोलते हुए बाबा ने कहा, बहुत से लोग ऐसी बात करते हैं कि डाकुओं को रियायत मिली या मिलने का भरोसा हुआ इसीलिए वे शरण आए होंगे या पुलिस की वजह से पीड़ित हुए होंगे इसलिए आए होंगे। ऐसा इसलिए होता है कि मनुष्य के मन में यह भाव रहता है कि 'हमारा परिवर्तन तो नहीं हुआ, हम तो पापों को छोड़ नहीं सके। दूसरों ने ऐसा कैसे किया होगा? हम पापों को छोड़ सकते हैं, ऐसा एहसास उनको अपने लिए नहीं रहता। इसलिए दूसरों के बारे में भी वे लोग इसी तरह सोचते हैं। लेकिन वे समझते नहीं हैं कि अन्दर का और बाहर का दोनों कारण मिलकर ही काम बनता है। माना कि डाकुओं को आपत्ति में प्रेरणा दी, मेरे पास आने की। दुख का उपयोग पश्चाताप होने में हुआ तो उस पश्चाताप की कीमत कम नहीं होती है।

होता क्या है कि आज हम चाहते ही नहीं कि दुनिया में कोई सत्कार्य बने। इसलिए दूसरे में विश्वास नहीं रखना चाहते हैं। इसलिए नहीं कि हमारा हृदय खराब है, लेकिन हमारा अनुभव ही वैसा है। मैं मानता हूँ कि उन डाकुओं के मन में परिवर्तन हुआ है। भिंड-मुरैना में जो कुछ हुआ, वह सब परमेश्वर की कृपा है। जहाँ तक मेरा अनुभव है, इसका 16 आने श्रेय परमेश्वर को है। पर अगर श्रेय बाँटना ही हो तो पहला श्रेय उन डाकुओं को देना चाहिए जो शरण आए, दूसरा श्रेय पुलिस को है। अगर वे वैसा चाहते तो वह लोग नहीं बनने देते। तीसरा श्रेय मेरे साथियों को और कार्यकर्ताओं को है, जो दूर-दूर जंगल में जाकर उनसे पहले मिले और उनको विचार समझाया और चौथा श्रेय मेरा है—वह रुपये में एक नए पैसे जितना और वह भी भगवान के चरणों में रखकर मुक्त होकर, मैं आगे आया हूँ।

श्री गोपीचन्द भार्गव नगर में

आज से यहाँ आचार्य विनोबा भावे के मार्गदर्शन में प्रारम्भ हो रहे पंजाब के सर्वोदय कार्यकर्ताओं के आठ दिवसीय एक शिविर में भाग लेने के हेतु पंजाब के वित्त मंत्री डॉ. श्री गोपीचन्द भार्गव कल रात नगर में पहुँच गए हैं। आप पंजाब के कार्यकर्ताओं के साथ रानी सराय में ठहरे हैं।

समाज की अपेक्षा मनुष्य का महत्त्व अधिक
बाबा द्वारा सृष्टि, समाज व मन का विश्लेषण

आचार्य श्री विनोबा भावे ने आज कहा कि मनुष्य समाज से प्रधान है एवं स्वयं पूर्ण है तथा पूर्ण मनुष्यों से समाज परिपूर्ण बनता है। आचार्य विनोबा भावे सफेद कोठी में सर्वोदयी कार्यकर्ताओं को सम्बोधित कर रहे थे तथा पूछे गए प्रश्न के उत्तर में आपने कहा कि प्रकृति (सृष्टि) पुरुष व समाज का अलग-अलग सम्बन्ध है। सृष्टि व पुरुष के सम्बन्धों में सृष्टि प्रधान है तथा पुरुष व समाज के सम्बन्धों में पुरुष। आचार्य श्री विनोबा भावे

ने व्यक्ति, समाज और प्रकृति का पारस्परिक सम्बन्ध बताते हुए कहा कि साम्यवादियों ने सृष्टि और मनुष्य का जो सम्बन्ध है वह सोचकर उसमें समाज को धकेल दिया है एवं मनुष्य से अधिक समाज की प्रतिष्ठा की है। इस पहलू को अधिक स्पष्ट करते हुए बाबा ने कहा कि अभी दो तरह की विचारधाराएँ प्रचलित हैं। एक का कहना है कि सृष्टि का असर मस्तिष्क पर पड़ा है यानी एक दल कहता है दुनिया मनुष्य की इन्द्रियों और मन पर आधारित हैं तथा दूसरा दल कहता है इन्द्रियाँ व मन सृष्टि पर आधारित हैं। क्योंकि एक का कहना है कि सृष्टि का असर मन पर पड़ता ही है। हराभरा खेत या अन्य सुन्दर दृश्य देखने से मनुष्य को प्रसन्नता होती है एवं रेगिस्तान व ताप को देखने से मन को कष्ट पहुँचता है यानी मन प्रधान नहीं है, सृष्टि प्रधान है।

इसी की विशद् रूप से व्याख्या करने के पश्चात बाबा ने कहा कि मन (मनुष्य) व सृष्टि में सृष्टि प्रधान है। अगर सृष्टि खत्म होगी तो मनुष्य भी खत्म होगा किन्तु यह आवश्यक नहीं कि मनुष्यों के नष्ट होने से सृष्टि भी खत्म हो जाएगी। मनुष्यों के खत्म हो जाने के बाद भी सृष्टि वैसी की वैसी कायम रह सकती है। इतना अवश्य है कि मनुष्य अब कुछ सीमित मात्रा में सृष्टि में परिवर्तन कर सकता है। जैसे रेगिस्तान में नहर बनाना आदि। किन्तु यह कार्य सीमित मात्रा में होगा। बाबा ने कहा कि *गीता* में इन्द्रियों व प्रकृति को एक कर एक नई शक्ति बताई है—जिसे अपराप्रकृति कहा गया है। अपराप्रकृति में पृथ्वी, आकाश व समस्त इन्द्रियाँ सम्मिलित हैं। इसका विश्लेषण करने के उपरान्त आपने कहा कि सृष्टि व मन में (मनुष्य) सृष्टि प्रधान तथा समाज व व्यक्ति में व्यक्ति के बगैर समाज बन ही नहीं सकता है तथा व्यक्तियों को सुधारे बगैर समाज सुधर नहीं सकता है।

समाज व समूह में फर्क

आचार्य भावे ने आगे कहा कि व्यक्तियों के समूह को समाज नहीं कहेंगे वह तो समूह शक्ति हुई। मनुष्य के बाहर समाज का कोई अस्तित्व नहीं। जैसा सृष्टि व मनुष्य का सम्बन्ध है वैसा मनुष्य व समाज का नहीं है। मनुष्य खत्म भी हो जाता है तो भी सृष्टि कायम रहती है वैसे ही मनुष्य के खत्म होने से समाज कायम नहीं रहता। यही साम्यवाद में तत्त्वज्ञान की बुनियादी गलती है। आपने आगे कहा कि साम्यवाद समाज का परिवर्तन करने में अधिक विश्वास करता है। मनुष्य ही समाज का प्रधान अंग है। गौतम बुद्ध व ईसा—एक व्यक्ति के कारण ही समाज में महान परिवर्तन हुआ है। किन्तु साम्यवाद में मनुष्य समाज के अनुसार परिवर्तित नहीं होता तो कत्ल का रास्ता है।

नया विचार

सन्त प्रवर ने आगे कहा कि साम्यवाद ने विश्व को एक नया विचार दिया है। नया चिन्तन दिया है। साम्यवाद के पूर्व लोग अपने राष्ट्र, धर्म आदि के बारे में ही सोचते थे। दूसरे राष्ट्र या दूसरे के धर्म के सम्बन्ध में सोचते ही नहीं थे किन्तु साम्यवाद ने विश्व के बारे में सोचना प्रारम्भ किया।

मनुष्य पूर्ण

सर्वोदयी विचार की व्याख्या करते हुए आचार्य भावे ने कहा कि सर्वोदय में मनुष्य समाज का टुकड़ा नहीं है, वह तो पूर्ण है तथा पूर्णों से मिलकर समाज परिपूर्ण बनता है। इसलिए जो मनुष्य की जिम्मेदारी है इसमें असंगति नहीं है। इस विचारधारा के अन्तर्गत एक मनुष्य के आरोग्य बनने से दूसरे मनुष्य को आरोग्य बनने में कोई हानि नहीं होती।

सर्वोदय में सभी पार्टियों का मेल

सफेद कोठी में आयोजित पंजाब के सर्वोदयी कार्यकर्ताओं की बैठक में आचार्य विनोबा भावे ने कहा कि सर्वोदय की विचारधारा में सभी दलों को कुछ-कुछ साम्यता नजर आती है। आपने कहा कि स्वतंत्र पार्टी कल्याणकारी राज्य के सम्बन्ध में मेरी इस बात को मानती है कि सत्ता जब किसी का हाथों में केन्द्रित हो जाती है तो राज्य कल्याणकारी नहीं हो सकता है। इसी प्रकार आपने कहा कि जनसंघ गोकशी व सांस्कृतिक मामलों में सर्वोदय के विचार को मानते हैं तथा साम्यवादी भी जमीन के बँटवारे के सिद्धान्त से सहमत हैं। इसी सन्दर्भ में आपने आगे कहा कि लोग यह आरोप लगाते हैं कि सर्वोदय कांग्रेस का पक्ष करता है। आपने यह कहा कि सर्वोदय में कांग्रेस के लोग अधिक हैं, किन्तु अगर मालवीय जी सरीखे टीकाकार बढ़ते गए तो लोगों की यह धारणा बदल जाएगी। सर्वोदय में बिजली के उपयोग पर प्रतिबन्ध है। उसकी यह शर्त है कि विज्ञान का उपयोग उचित मात्रा व मर्यादित होना चाहिए।

(9 अगस्त, 1960)

धीर हिमालय और प्यार की गंगा

धवल–धीर हिमालय के हृदय में निरन्तर बहने वाली पुनीत प्यार की गंगा की एक लहर...

पंजाब के कार्यकर्ताओं के आ जाने से सफेद कोठी में रहने वालों की संख्या बढ़ गई है। बाबा के कमरे में वे सब नहीं बैठ सकते। इसलिए आज प्रार्थना अन्दर के ही हॉल में हुई। चेहरे नए और पुराने, जाने और अनजाने मगर सब के दिलों को जोड़ता हुआ एक कच्चे सूत का तार निकल आया है—अनन्त की ओर। प्रार्थना करते वक्त ऐसा महसूस होता है जैसे तार की पकड़ और पक्की होती जा रही है। सवा चार बजे मौन के बाद प्रार्थना समाप्त हुई। बाबा मौन के समय भगवान से प्रार्थना करवाते हैं कि वह हमें सत्य, प्रेम और करुणा दें। हॉल में बैठे लोगों में अधिक संख्या पंजाब से आए हुए भाइयों की थी। सवा चार बजे से पाँच बजे तक उनका वर्ग चला। करुणा और अहिंसा पर बोलते हुए बाबा ने वासनाक्षय का सरलतम उपाय बताया। बाबा बोल रहे थे और श्रोताओं को ऐसा लग रहा था जैसे गंगा की पावन धारा में बह रहे हैं। पाँच बजे वर्ग समाप्त हुआ और यात्रा की तैयारियाँ होने लगीं। सभी यात्री भाई सफेद कोठी के पास इकट्ठे होने लगे।

जय-विजय के साथ बाबा अपने कमरे से निकले और दल आगे बढ़ चला। गांधी तिकोने के पास से बाबा साउथ तुकोगंज रोड पर पहुँचे। रोड के अगल-बगल के कीचों की गन्ध समेटकर एक हवा का झोका पदयात्रियों को बदबू से तर कर रहा था। सुबह, पाँच बजे का वक्त। आसमान में हल्के बादल। ठंडे-ठंडे खुशबू के लदे हवा के झोके, बाबा का साथ और बढ़ता हुआ शान्ति का काफिला। लगता कि जैसे एक 'थ्री डायमेंशंस' का कोई स्मृति चित्र हो। मुलाकातियों की पुकार होने लगी। अच्युत भाई और धीरज भाई कागज के पुर्जे ढूँढ़ने लगे। रास्ते पर अँधेरा था कैंडिलों की रोशनी में नाम पढ़े गए। सबसे पहले बाबा से बातें करने आए रामसहाय त्रिपाठी जो एक वृद्ध सज्जन पर शरीर और मन में सहज स्फूर्ति। एक बुनियादी सेवानिवृत्त अध्यापक। पर आगे भी वे शिक्षा के क्षेत्र में कार्य करने में तत्पर। बाबा से उनकी बातें शुरू हुईं। संक्षेप में उन्होंने अपना परिचय बताया कि वे जबलपुर के रहने वाले हैं और वहाँ के बुनियादी प्रशिक्षण विद्यालय में अध्यापन करते थे। उनकी व्यक्तिगत टाइप की बातों में शायद उन्होंने अपना प्रश्न रखा कि बुनियादी शिक्षा को प्राइमरी तक शिक्षित समझा जाता है और उसे विभाग शिक्षण के मुताबिक नहीं महसूस करता। यह क्यों? बाबा ने पूछा—बुनियादी 5 साल का या 8 साल का।

त्रिपाठीजी के सन्तोषप्रद उत्तर के बाद बाबा ने समझाया—मैं आठ वर्ष का बुनियादी कोर्स सुझाता हूँ। गांधीजी का जो फॉर्मूला था मैट्रिक माइनस इंग्लिश, प्लस (धन) विभिन्न उद्योग। इससे क्या होगा कि पन्द्रह वर्ष की उम्र तक विद्यार्थी इस काबिल हो जाएगा कि आगे वह जो भी चाहे शिक्षण ले और अपनी जीविका कमा सके। लग रहा था त्रिपाठी जी का समाधान हो रहा है। बाबा और उनके बीच और भी बातें हुईं। किंग्वे कम्पाउंड के सामने से बाबा का दल पश्चिम की ओर मोटर गैरेजों वाली सड़क पर मुड़ा। आज पदयात्रियों की संख्या अधिक है, इसका एहसास उस तंग सी कीचड़ भरी गीलीनुमा कच्ची सड़क पर हुआ। बाबा से बातें करने एक भाई आगे बढ़े। उन्होंने बताया कि वे गाँव-गाँव रामलीला करते हैं। जनता की अभिरुचि कम होती जा रही है, इसलिए रामलीला की उन्नति कैसे हो, इस सम्बन्ध में बाबा का मार्गदर्शन चाहिए।

बाबा ने राम का चरित्र वाल्मीकि की *रामायण* से उठाया और उसका क्रमशः विकास समझाते हुए वे आधुनिक काल पर आ गए। उन्होंने वाल्मीकि की *रामायण* और तुलसीदास की *रामायण* के विभिन्न उदाहरण देकर उन भाई को समझाया कि किस तरह रामलीला (राम-चरित्र) का विकास हुआ है और इसी तरह उसकी उन्नति की जा सकती है। स्पष्ट लग रहा था कि प्रश्नकर्ता भाई को उत्तर बड़ा वजनी लग रहा था। यह बाबा का खास अन्दाज है। वे अपने बिलकुल मौलिक ढंग से हर हल्की-फुल्की बात को एक गम्भीर मोड़ देते हैं और उसमें ऐसा अर्थ भर देते हैं कि प्रश्नकर्ता कुछ चकित-सा रह जाता है कि बाबा उत्तर दे रहे हैं या मेरी ही बात को अपनी ओर से आगे बढ़ा रहे हैं।

दिलचस्प चर्चा

अब बाबा का दल कमला नेहरू कन्या विद्यालय के सामने से गुजर रहा था। कुछ आगे चलकर नरेन्द्र पटौदी उनसे चर्चा करने आगे बढ़े। वे बाबा की दाहिनी तरफ चलने लगे। अपने दोनों हाथ कोई बात समझाने की शैली में हिलाकर उन्होंने कहा बाबा इस भौतिकवादी युग में जबकि पैसे की इतनी अधिक कीमत है तब क्या करुणा से ही काम चल सकता है? इस प्रश्न की कतार में ही पटौदीजी ने अपनी बात कहनी शुरू की कि उनका बात करने का लहजा कुछ उलझा हुआ था और वे कुछ उत्तेजित से स्वर में वाद-विवाद के ढंग से बोल रहे थे। दल संयोगितागंज सड़क पर पश्चिम की ओर बढ़ रहा था। बीच में बाबा ने सीधा सा प्रश्न किया—आप क्या चाहते हैं करुणा के साथ कुछ और भी जोड़ा जाए। इस प्रश्न के उत्तर में नगर निगम के चेयरमैन पटौदीजी ने जो कुछ कहा—उसका आशय यह था कि केवल करुणा से काम नहीं चल सकता। सैद्धान्तिक रूप से वह ठीक है। मगर अमली तौर पर उसके साथ कोई फोरम भी होना चाहिए। बीच-बीच में समाज में समानता के प्रश्न पर बोलते हुए वे पैसे की बात फिर ले आते थे और बाबा कहते थे कि अगर आपको अर्थशास्त्र के ढंग से बात करनी है तो पैसे की जगह चीज लो। पटौदीजी का कहना था कि समाज में समानता के लिए करुणा बहुत नहीं है क्योंकि लोग अपनी मिल्कियत छोड़ने को तैयार नहीं होते और समझाने से काम नहीं चलता।

समाज में समानता के लिए कोई शक्ति भी चाहिए। इस पर बाबा ने अपने ढंग से कहा कि जब तक विष्णु से काम निकलता है, ठीक है। नहीं निकलता तो फिर चंडी तो है ही। यानी आखिरी विश्वास आपका हिंसा पर ही है। पटौदीजी की बातों में फिर उलझाव आया। बाबा का स्वर अब जरा ऊँचा हो आया और वे बोले—पी.एस.पी. और कांग्रेस वालों के साथ यही गड़बड़ है। उनकी थ्योरी स्पष्ट नहीं है। कम्युनिस्टों के पास उनकी किताब है और उनके निश्चित सिद्धान्त हैं। (फिर वे चाहे कैसे भी हों) उनका यह विश्वास है कि आखिरी शक्ति हिंसा की ही है। क्या आपका भी यही विश्वास है।

अब पटौदी के सामने कुछ स्पष्ट हुआ और पहले जिसे वे 'परिग्रह प्रमाण' की संज्ञा दे रहे थे उन्हीं के सामने स्पष्ट हुआ। वे बोले—हम करुणा के साथ अहिंसक शक्ति, असहयोग की शक्ति जोड़ना चाहते हैं। बाबा ने कुछ आश्वस्त होकर फिर प्रश्न किया—असहयोग से आपका क्या मतलब है? इससे आप दुख सहना चाहते हो या सामने वाले को दुख देना चाहते हो। पटौदीजी ने थोड़ी देर के विवाद के बाद माना कि हम दुख उठाना चाहते हैं। अब बाबा का दल गुजराती कॉलेज के सामने से होता हुआ, कैलाश कुटी के पास से गुजर कर हाथी पाला के चौराहे पर पहुँच गया था। पथ प्रदर्शकों ने मालीपुरा की सड़क पकड़ ली थी। बाबा भी उधर ही मुड़े मनीराम पहलवान के घर के नजदीक ही सामने से एक ट्रक आया और इससे दल कुछ बिखर गया। एक भाई ने बाबा को हार पहनाने की कोशिश की।

ट्रक निकल गया। बाबा फिर से चर्चा में मशगूल हो गए। मालीपुरा के बाद कुमावतपुरा शुरू हो गया। दल के सभी लोग चर्चा में ध्यान लगाए हुए थे। चर्चाएँ थीं भी दिलचस्प। अब बाबा पार्षद नरेन्द्र पटौदी से पुत्रवत स्नेह से बातें कर रहे थे। वे बीच में हँसते-मुस्कराते और उनके कन्धे पर हाथ रख देते। कुमावत मन्दिर से बाबा कटकटपुरा की ओर मुड़े। अब तक पटौदी जी दो-तीन बार कह चुके थे कि सारा हिन्दुस्तान बाबा की तरफ देख रहा है और उनके इशारे पर चलता है। जूनी इन्दौर कोतवाली के पास जब फिर उन्होंने यही बात दोहराई तो बाबा ने हँसते हुए कहा एक बात जो मैं नहीं मानता तू मानता है। कहता है सारा हिन्दुस्तान बाबा के इशारे पर चलता है अब जिसके इशारे पर सारा हिन्दुस्तान चलता है उसको अपने इशारे पर तू चलाना चाहता है। फिर बाबा ने आसपास सिर घुमाकर कहा—देखो तो ये कितना महत्त्वाकांक्षी है। सारा दल ठहाके मारकर हँस पड़ा। पटौदी जी ने 'बस बाबा हारा' के अन्दाज में हँसते हुए कुहनी तक हाथ जोड़ लिये, बाबा ने उनके कन्धे पर हाथ रख दिया।

फिर आगे चलकर बड़े प्यार से बोले—अब इसने हमको अपनी जात में ले लिया। अब तक ये हमें जात से बाहर समझता था। फिर हँसी की लहर दौड़ गई। सहज स्फूर्त प्यार की हँसी। हार-जीत से परे। बाबा प्रेम से बात करते आगे बढ़ रहे थे, चन्द्रभागा के चौराहे से आसापुरा की तरफ ऊपर चढ़कर पागनीस पागा से होते हुए बाबा का दल मानिक बाग रोड पर पहुँच गया। यहाँ रामपाल भाई ने साहित्य बिक्री के बारे में खादी हुँडी के समान ही साहित्य हुँडी चालू करने की बात कही। व्यापारियों द्वारा ग्राम निर्माण की तरफ कदम बढ़ाने का विषय उठाया और अन्त में सर्वोदय से ही समाज कल्याण होगा यह कहना उचित है या अनुचित इस पर बाबा की राय माँगी। रामपाल भाई ने चर्चा के दौरान

श्री मोहिया का नाम भी डाला था कि वे आपका ऐसा कहना पसन्द नहीं करते। इस पर बाबा ने बड़े ही स्पष्ट ढंग से कहा कि सर्वोदय से ही समाज कल्याण होगा इसे तो सब मानेंगे। पर सर्वोदय मैं कहता हूँ उस ढंग से आएगा या दूसरे ढंग से इसमें मतभेद हो सकता है।

लालबाग रोड पर बाबा रामपाल भाई और पटौदी जी से चुहलबाजियाँ करते हुए बढ़ रहे थे। बातों ही बातों में अष्टांग आयुर्वेद विद्यालय का बोर्ड दिखने लगा। एक तार की फेसिंग लगे कम्पाउंड में बाबा का दल घुसा। एक सँकरे मार्ग से बढ़ता हुआ, बाबा का काफिला विद्यालय के द्वार पर पहुँचा। वहाँ विद्यार्थीगण, अध्यापक और एक दो सेठों के अतिरिक्त कुछ महिलाएँ भी कतार बनाकर खड़ी थीं। सड़क पर रंगोली से स्वागतम लिखा गया था। बाबा के स्वागत के साथ विद्यार्थियों ने समवेत स्वर में वेदपाठ प्रारम्भ कर दिया। विशेष रूप से बनाए गए चन्दनरि स्वागत द्वार से प्रवेश कर बाबा का दल विद्यालय भवन के हॉल में पहुँचा। यहाँ बाबा ने लगभग पन्द्रह मिनट प्रवचन दिया फिर बाहर निकलकर नाश्ता किया।

नाश्ते के बाद विद्यालय के लक्ष्मीदत्त शास्त्री ने बाबा को वनस्पतियाँ दिखलानी शुरू कीं। वे बड़े आदर से एक-एक वनस्पति की प्रकृति और गुणों के बारे में बता रहे थे और बाबा बड़ी तन्मयता से सुन रहे थे। एक अजीब सी वनस्पति वहाँ के एक गमले में लगी, जिसका नाम है 'जोड़-तोड़' आप उसकी बारीक फली सी टहनी तोड़ लीजिए और वापस रखिए तो टूटा हुआ टुकड़ा फिर जुड़ जाएगा। वनस्पतियों के निरीक्षण में बाबा इतने तन्मय हो गए कि आधा घंटा बीतकर पाँच मिनट और हो गया। अच्युत भाई घबराए। समय का खयाल क्यों नहीं रखा जा रहा है? वे इस बात से परेशान थे। जैसे-तैसे उन्होंने और चौधरीजी ने कोशिश करके बाबा को विद्यालय से बाहर निकाल लिया। मल्हारी मार्तंड के मन्दिर के पास से होता हुआ बाबा का दल, माणिक बाग रोड पर बढ़ चला। इस बीच उनसे जगदीश भाई तथा अन्य भाइयों ने चर्चा की। पागनीस पागा से उतरकर बाबा चन्द्रभागा रोड पर मुड़े। महल कचेरी का चढ़ाव चढ़कर तोड़ा पार कर नई सड़क पर आए और वहाँ से सियागंज रेलवे स्टेशन से होते हुए सफेद कोठी पहुँच गए।

आयुर्वेद हमारे पूर्वजों की प्रतिभा का सक्षम प्रमाण नई खोजों से लाभ लेना आवश्यक

नगर के दक्षिणी कोने में स्थित अष्टांग आयुर्वेद विद्यालय भवन के हॉल में आज सुबह सन्त विनोबा ने आयुर्वेद के विद्यार्थियों को सम्बोधित करते हुए कहा कि चिकित्साशास्त्र में सब विज्ञान के जमाने में सूक्ष्मता आई है। लेकिन सैकड़ों वर्ष पहले हमारे पूर्वजों ने विज्ञान के यंत्रों की मदद के बिना, अपनी प्रतिभा और कल्पना शक्ति से जो प्रयोग किए, वे आश्चर्य में डाल देते हैं। लेकिन आयुर्वेद को विज्ञान के जमाने के साथ प्रगति करना चाहिए। आयुर्वेद विद्यालय के हॉल में विद्यार्थीगण, कुछ अध्यापक और उनके परिवार उपस्थित थे। वेद मंत्रों का पाठ बड़े जोर-शोर से किया गया था, शायद उसी के वातावरण से प्रभावित हो बाबा ने अपने संक्षिप्त से प्रवचन में वेदों और उपनिषदों के मंत्र पढ़े और उनका अर्थ समझाया।

उन्होंने प्रारम्भ ही 'हिन्दुस्तान में वेदों का क्या स्थान है' से किया। हिन्दुस्तान के विचार में जीवन दर्शन वेदों द्वारा मिलता है। वेदों के अध्ययन में *वेदांग* से मदद मिलती

है और फिर *वेद* और *उपवेद* की चर्चा करते हुए, उन्होंने कहा कि आयुर्वेद भी एक उपवेद है। आयुर्वेद के विकास के ढंग पर बोलते हुए विनोबाजी ने कहा कि अब विज्ञान के जमाने में चिकित्साशास्त्र में सूक्ष्मता आई है। पर विज्ञान के यंत्रों की मदद के बिना हमारे पूर्वजों ने आरोग्य विज्ञान के विकास के लिए अपनी प्रतिभा और कल्पना शक्ति से जो प्रयोग किए वे आश्चर्य में डाल देते हैं। जिसे हम आजकल प्राकृतिक चिकित्सा कहते हैं उसका उल्लेख *वेद* में आया है। सत्व शुद्धि की प्रेरणा उससे मिलती है। उसमें पानी की महिमा गाई गई है। एक प्रसंग है उसमें एक बार एक ऋषि बीमार पड़ा। उसने चन्द्र से औषधि माँगी। चन्द्र ने कहा—पानी में सब वनस्पतियाँ मौजूद हैं। अग्नि भी उसमें दाखिल हो सकती है। पानी गर्म और ठंडा जैसे जरूरत हो किया जा सकता है। पानी की चिकित्सा का वेदों में काफी जिक्र है। धूप की चिकित्सा के बारे में भी एक मंत्र है—एक रोगी का शरीर पीला पड़ गया। वह सूर्य से प्रार्थना करता है मेरा पीलापन तोते को दे दो। उसके लिए यह शोभा की वस्तु है। मुझे तो मेरा अपना ही रंग दीजिए। धूप की चिकित्सा के बारे में एक मंत्र और आया है। जिसमें कहा गया है—पर्वत और सरिता मिलकर मुझे आँखें दें। पर्वत पर फैला हुआ हरा-भरा घास और सूर्य की किरण आँखों के लिए अत्यन्त लाभदायक हैं यह पहले भी लोगों को मालूम था।

फिर उन्होंने एक मंत्र बोलकर उसका अर्थ बताते हुए कहा ये मेरा हाथ भगवान है। ये भगवान से बड़ा है। दुनियाभर की सारी औषधियाँ इसमें आ गई हैं। इसका स्पर्श पवित्र है। पवित्र पुरुष के स्पर्श से रोग दूर हो जाते हैं, इसका वर्णन ग्रन्थों में आया है। कुदरत से सहज सम्पर्क होने के कारण इन सब औषधियों का वर्णन धर्मग्रन्थों में आया है। इनके बाद चरक आदि ने शास्त्र बनाया। पंच कर्म का उल्लेख करते हुए सन्त विनोबा ने कहा कि जिस तरह मौसम बदले उसी तरह भोजन भी बदलना चाहिए। मौसम के अनुसार सार्वजनिक मन्दिर में भगवान को नैवेद्य चढ़ाना चाहिए, और वैसा ही भोजन सबको करना चाहिए। देश जब समृद्ध हो तो ऐसा हो सकता है। पथ्य की महत्ता पर जोर देते हुए उन्होंने कहा कि औषधियों के मोटे-मोटे ग्रन्थों के बजाय पथ्य का छोटा-सा ग्रन्थ अधिक महत्त्वपूर्ण है।

स्थानीय वनस्पतियों के उपयोग के लाभ बताते हुए बाबा ने कहा कि इस जमाने में विज्ञान बहुत बढ़ गया है। हमें चाहिए कि हम पुराने से आगे बढ़ें। पहले एक भुला देने वाली 'विस्मारक' औषधि की जरूरत थी—अब ऐसी दवा ढूँढ़ ली गई है जिसे सुँघाकर चीर-फाड़ की जा सकती है। वह दवा है—क्लोरो फार्म। यह एक बहुत बड़ी खोज है। आयुर्वेद वालों को इसके प्रति उदासीन नहीं रहना चाहिए। आयुर्वेद को अगर प्रगति करनी है तो विज्ञान के साथ चलना चाहिए।

शासनमुक्त समाज रचना मेरे कार्यक्रम का अंग
जालन्धर को भी सर्वोदय नगर बनाइए :
बाबा द्वारा पंजाब केकार्यकर्ताओं को सम्बोधन

पंजाब के सर्वोदयी कार्यकर्ताओं के सम्मुख सम्बोधन करते हुए आज सन्त विनोबा ने कहा कि इन्दौर में सर्वोदय कार्य के लिए अनेक संगठन व प्रतिष्ठान सहयोग दे रहे हैं

इसलिए यह कार्य सफल होगा ऐसी आशा है। बाबा ने अपने सम्बोधन में कहा कि आज जो ट्रेड यूनियन वह संगठन हैं वे पुराने पड़ गए हैं, इस युग के लायक नहीं हैं इसलिए उनमें संशोधन करना आवश्यक है। आचार्य भावे ने आगे यह भी बताया कि इन्दौर की भाँति पंजाब में जालन्धर को भी सर्वोदय नगर बनाया जाए। आचार्य श्री विनोबा भावे ने कहा कि मेरा इरादा गवर्नमेंट फ्री सोसायटी बनाने का है। इसका शाब्दिक मतलब है 'शासनामुक्त समाज'। वह समाज जो दंड व ईर्ष्या से मुक्त हो। पिछले 8-9 वर्ष से घूमते रहे हैं, घूमने से एक हवा पैदा हो गई है। इसलिए सोचा कि जो हवा पैदा हुई है उसका उपयोग किया जाए। इस कार्य के लिए मैंने इन्दौर को चुना। अब इन्दौर में मैं कार्यकर्ताओं को बटोर रहा हूँ। कस्तूरबा ट्रस्ट, हरिजन सेवक संघ, खादी ग्रामोद्योग, परिषद, गांधी निधि आदि संगठनों ने इन्दौर में सर्वोदय कार्य हेतु कार्यकर्ता दिए। इसी तरह सिखों ने भी कार्यकर्ता देने का वायदा किया है। व्यापारी, वकील, प्रोफेसर, डॉक्टर आदि से भी मैंने कहा है कि वे अपने-अपने हिस्से के कार्यकर्ता देवें। सब लोग इस कार्य के लिए सहयोग दे रहे हैं। नगर निगम के पार्षदों से मैंने कहा कि वे निगम के मन्दिर में सियासत को न घुसने दें। उन्होंने मेरी बातें मानी हैं तथा धीरे-धीरे यह कार्य भी हो जाएगा।

प्रशिक्षण शाला

बाबा ने आगे कहा कि इन्दौर एक कसौटी है, सर्वोदय नगर बनाने में सभी की ताकत लगेगी। फिर यह एक प्रैक्टिसिंग स्कूल यानी अभ्यास शाला या प्रशिक्षण शाला बन जाएगा। केवल भाषणों से लोग नहीं समझ सकते कि सर्वोदय क्या है? केवल व्याख्यानों से तालीम नहीं दी जा सकती है। इसके लिए तो कर्मयोग की तालीम आवश्यक है। इसलिए सर्वोदय के कार्यकर्ताओं को इन्दौर में तालीम मिल सकेगी।

जालन्धर सर्वोदय नगर बने

आचार्य भावे ने आगे कहा कि इन्दौर के कार्यक्रमों को देखते हुए पंजाब में जालन्धर को सर्वोदय नगर बनाया जाए। वहाँ की हवा भी सर्वोदय के उपयुक्त है तथा मैं सोचता हूँ कि वहाँ यह कार्य सफल होगा।

सर्वोदय में सभी समस्याओं का हल

यह पूछा गया कि मजदूर आन्दोलनों व संगठनों का सर्वोदय में क्या स्थान रहेगा। इसका उत्तर देते हुए बाबा ने कहा कि सर्वोदय में सभी समस्याओं का हल है। मजदूरों के लिए अलग से संगठन बनाने की जरूरत नहीं है क्योंकि सर्वोदय में सभी का सहयोग रहेगा तथा कुल का कुल कार्य करेगा। आगे चलकर बाबा ने यह भी कहा कि ट्रेड यूनियनें पुराने जमाने की हैं। अभी तक कोई नया विचार सूझा नहीं है इसलिए यह चल रहा है। बढ़ते हुए विज्ञान को मद्देनजर रखते हुए इसमें परिवर्तन करने, संशोधन करने की अत्यधिक आवश्यकता है। बाबा ने कहा कि अभी कर्मचारियों की देशव्यापी हड़ताल हुई थी, संगठन के इस कदम से देश को काफी नुकसान पहुँचा है। परन्तु जैसे ही इस देश में हड़ताल हुई वैसे ही चीन ने भारत शासन के विरोध में इसका प्रचार किया। आपने कहा

कि हड़ताल छोटी हो या बड़ी उससे देश के उत्पादन पर असर गिरता है। उत्पादन पर असर गिरा तो देश का नुकसान हुआ। इसलिए संगठन या सत्याग्रह अब पुराने रूप में ही देश के उपयुक्त नहीं हैं। पूर्व में यह उपयुक्त इसलिए था कि उस समय देश गुलाम था, देश लोकतांत्रिक नहीं था। विज्ञान ने इतनी प्रगति नहीं की थी। अब तो जनमत भी हड़ताल के विरोध में है। पहले नहीं था।

नया सुझाव

सन्त प्रवर ने आगे कहा कि जब कर्मचारियों की हड़ताल नहीं हुई थी तब सर्वोदय ने सुझाया था कि कर्मचारी हड़ताल पर नहीं जाएँ तथा विरोध के रूप में प्रतिमाह वेतन में एक-एक रुपया कम लें। कम लेने से देश की 25 लाख रुपये की बचत होती। आखिर शासन भी सोचता कि कर्मचारियों को कुछ देना चाहिए वह पच्चीस लाख रुपये अपने पास नहीं रखता। इस रास्ते से न तो देश का नुकसान, होता न किसी तरह की आर्थिक कठिनाई ही सम्मुख आती। दूसरा काम यह होता कि इस तरह के विरोध में सभी कर्मचारी भाग लेते। आचार्य भावे ने यह भी कहा कि अलग-अलग पार्टियों के अलग-अलग मजदूर संगठन हैं। ऐसा नहीं होना चाहिए।

सामाजिक मूल्य में परिवर्तन जरूरी
पंजाबी कार्यकर्ताओं के दूसरे शिविर को बाबा का सम्बोधन

मध्याह्न में सफेद कोठी पर पंजाबी कार्यकर्ताओं के दूसरे शिविर में भाषण देते हुए सन्त प्रवर आचार्य विनोबा भावे ने कहा कि सर्वोदयी समाज के लिए सामाजिक मूल्यों में परिवर्तन आवश्यक है। शिविर तीन बजे से सवा चार बजे तक चला, जिसमें बाबा ने कार्यकर्ताओं के भी अनेक प्रश्नों का उत्तर दिया। शिविरार्थियों को सम्बोधित करते हुए बाबा ने कहा कि मूल्यों के परिवर्तन हेतु चार बातें आवश्यक हैं इनमें पहली अपूर्ण एकाकी नीति, दूसरी, कुछ गलत मूल्य जो अधर्म हैं, तीसरी, समाज में व्यक्ति धर्म समाज के लिए ठीक नहीं है और चौथी, सामाजिक गुणों के दर्जे तय करने में गलती की जाती है; उनमें बुनियादी गुणों को प्रथम स्थान मिलना चाहिए।

आपने प्रत्येक बातों का विस्तृत रूप से सोदाहरण विवेचन करके बताया। बाबा ने कहा कि सोल्जर की इतनी राष्ट्र सेवा होती है कि उसके लिए शराब, लड़की इत्यादि सप्लाई करना ही चाहिए। जबकि यह बिलकुल गलत व पाप माना गया है। जो अधर्म है; उसे भी धर्म का रूप दिया जाता है। जबकि अधर्म अधर्म ही है। आपने एक अन्य उदाहरण बताते हुए कहा कि डाकुओं का एक गिरोह है। पुलिस उनको खत्म करने की काफी कोशिश करती है और किसी भी प्रकार से डाकुओं में से एक आदमी को फोड़कर उसे मुखबिर बना लिया। जबकि यह भी उतना ही गुनहगार है; जितने बाकी के सब। किन्तु सजा सबकी होती है और मुखबिर को छोड़ दिया जाता है। इतना ही नहीं मुखबिर द्वारा दोतरफा प्रतिज्ञा भंग की जाती है, क्योंकि डाकू पहले ही उससे प्रतिज्ञा करवाते हैं कि तुम हमारी बात किसी से कहोगे नहीं। तो इस प्रकार की अपूर्ण नीति के सम्बन्ध में परिवर्तन करना है

दूसरे डाकू पीड़ित क्षेत्रों में मैंने कहा। आदमी आवेश में आकर अपराध करते हैं। यदि मनुष्यों के हाथ में राइफल हो तो उसका नहीं बल्कि राइफल का अपराध है। जैसे मुझे गुस्सा आता है और मेरे हाथ में कुछ नहीं होता है तो केवल मुँह चलाकर रह जाऊँगा। लेकिन डाकू पीड़ित क्षेत्र में तो पुलिस के पास राइफल, डाकुओं के पास राइफल, मुखबिर के पास राइफल और अब वहा ग्राम रक्षक दल बनाकर उनको भी राइफल दे दी गईं। वहाँ बड़ी भयानक परिस्थिति है, इससे डर ही डर है। सभी एक साथ राइफल चलाएँगे तो वहाँ के लोग बेचारे 'तोबा तोबा' करेंगे।

अब देखिए कि मूल्यों के दर्जे इतने गलत बनाए हैं उसे हमें बदलना है। सत्य दुनिया में बुनियादी वस्तु है। किन्तु उसका पालन पूर्ण नहीं होता है; जबकि सत्य को अमल करना ही चाहिए। आपने अणुव्रत आन्दोलन के सम्बन्ध में कहा कि वहाँ कुछ बातों को मानने की बात कही जाती है। मैं अमुक एक काम अच्छा करूँगा। सत्य अपूर्ण वस्तु नहीं होती उसे तो सोलह आने ही मानना पड़ेगा। यदि ज्ञान के अभाव में कोई असत्य का आचरण करे तो वह नैतिक दृष्टि से अपराध नहीं है। पहले लोग कहते थे कि पृथ्वी घूमती है। मैं कहता हूँ कि पृथ्वी घूमती होती तो पक्षी अपने घोंसले में वापस कैसे आ सकते थे? एक प्रश्न के उत्तर में बाबा ने कहा कि कम्युनिस्टों ने कहा है कि सृष्टि प्रधान है मनुष्य नहीं, किन्तु मनुष्य का भी परिणाम होता है। वे कानून से सारा दारोमदार करते हैं। हम कहते हैं कि आदर्श समाज पहले बना लो फिर राष्ट्रीय कानून बनेगा। इसके पश्चात बाबा ने कार्यकर्ताओं के अनेक लिखित प्रश्नों का भी उत्तर दिया।

कवि श्री दुखायल तथा श्री शिवाजी भावे नगर में

सिन्ध के सुप्रसिद्ध लोक कवि एवं सर्वोदय विचार की *धरती माता* पत्रिका के सम्पादक श्री हूँदराज दुखायल तथा पूज्य श्री विनोबाजी के अनुज श्री शिवाजी भावे इन्दौर नगर में पधार गए हैं। शिवाजी महाराज आजकल पवनार में ब्रह्म विद्या मन्दिर का संचालन करते हैं।

विनोबाजी द्वारा हाथ कागज केन्द्र का निरीक्षण

प्रातः अपनी प्रार्थना सभा के बाद मध्य प्रदेश खादी एवं ग्रामोद्योग परिषद के अध्यक्ष श्री लक्ष्मणसिंह चौहान के निवेदन पर सन्त प्रवर आचार्य भावे ने परिषद द्वारा संचालित हाथ कागज केन्द्र का बारीकी से निरीक्षण किया। निरीक्षण के दौरान श्री चौहान बाबा को कारखाने से सम्बन्धी समस्त जानकारी दे रहे थे। बाबा ने व्यवस्था तथा कर्मचारियों को लगनमय देखकर प्रसन्नता व्यक्त की।

भूमिदान भिखमँगा कार्यक्रम नहीं
दान शब्द की अपनी संस्कृति और परम्परा है : बाबा की घोषणा

आज साढ़े पाँच बजे के बाद सफेद कोठी के लॉन में उपस्थित नर-नारियों को सम्बोधित करते हुए आचार्य विनोबा भावे ने अपने सायंकालीन प्रवचन में घोषित किया कि—भूदान 'भिखमँगा' कार्यक्रम नहीं है। दान का अर्थ होता है संविभाग। समाज में देने के नाते विभाजन करने की प्रक्रिया का नाम है दान। इसके पीछे भारत की अपनी परम्परा और

संस्कृति रही है। सुबह से दोपहर तक जिस प्रकार सूरज की किरणों की उष्णता और प्रखरता बढ़ती जाती है ठीक उसी प्रकार आज बाबा के प्रवचन की गति और अभिव्यक्ति प्रारम्भ से अन्त तक बढ़ती गई। प्रवचन के पहले सिन्धी भाषा के प्रसिद्ध कवि दुखायल जी ने ढपली बजाकर अपने सर्वोदय सम्बन्धी गीत सुनाए थे। बाबा ने अपने प्रवचन का प्रारम्भ उन्हीं के गीत और कवित्व से किया। उन्होंने बताया कि दुखायल जी से उनका परिचय देश के विभाजन के समय हुआ। उस समय विभाजन से प्रभावित हुए लोगों की पुनर्बसाहट के काम में दुखायल जी और बाबा ने साथ-साथ काम किया था। फिर जब भूदान आन्दोलन शुरू हुआ तो उसमें दुखायल जी ने अपनी साहित्य शक्ति लगाई। वे भूदान के गीत लिखने लगे। उनके गीत सारे हिन्दुस्तान में फैल गए। वे कवि तो सिन्धी भाषा के हैं, पर हिन्दी-सिन्धी पर एक जैसा अधिकार रखते हैं। मदुरै में बाबा के भाषण में कोई लाख डेढ़ लाख जनता आई। भाषण तो जल्दी ही समाप्त हो गया। पर फिर *गीता* प्रवचन पर हस्ताक्षर करवाने का सिलसिला चला। डेढ़ दो घंटे तक लोग सभा स्थल पर खड़े रहे। उन लोगों का उत्साह बनाए रखने के लिए दुखायल जी ने अपने गीत गाने शुरू किए और वे अहिन्दी (दक्षिण के लोग) लोग जिन्हें हिन्दी समझना तक मुश्किल हो जाता है—दुखायल जी के गीत सुनकर तन्मय हो गए।

तो जो लोक हृदय के साथ घुल-मिल जाता है—बाबा ने कहा वह कवि लोक हृदय की बात बाहर निकाल कर लाता है। वह लोक मानस को शब्दित करता है। लोगों को उसकी आवाज में अपनी आवाज सुनाई देती है। उन्हें आत्मदर्शन होता है। मनुष्य जो दिन में कई तरह की बात बोलता है तो उसमें उसके मन के छिलके की ही बातें प्रकट होती हैं। अन्तरात्मा नहीं बोलती। कबीर, चैतन्य, तुलसी, तुकाराम, रवीन्द्रनाथ आदि महाकवियों की वाणी से उनकी अन्तरात्मा बाहर आती है। लोगों को उनमें आत्मदर्शन होता है। वे अन्तरात्मा और बहिरात्मा को मिला देते हैं। मुझे अपनी पदयात्रा में अक्सर दुखायलजी का गीत याद आता है—मन्दी गति न पड़े ओ राही-आसमान बादल छाए हुए हैं, और जोरदार बारिश होने की सम्भावना है—उस पल उनकी पंक्ति काले बादल हिम्मत से न बढ़े—बड़ी हिम्मत बँधाती है।

जब कवि अन्तरात्मा को बहिरात्मा का रूप देता है तो वह लोक मानस में बैठता है। उसकी आत्मा का इतना विस्तार होता है। लोग भूदान के कार्यक्रम को भिखमँगा कार्यक्रम कहते हैं। पर जब वह ऐसे प्रतिभावान कवियों को प्रेरणा देता है तो मुझे समझ पड़ जाता है कि लोक हृदय में वह कितना फैला हुआ है। सर्वोदय विचार के प्रति जो वातावरण देश में मैंने पिछले नौ वर्षों में देखा है, वह किसी आन्दोलन के प्रति नहीं देखा। बिहार, कश्मीर, सभी ओर मैंने इस आन्दोलन के प्रति उत्साह और प्रेम देखा है। कश्मीर में तो जो लोक हृदय का दर्शन हमें हुआ वह कहीं नहीं हुआ। वहाँ हमारे जाने के पहले ही भूमि का सीलिंग कर दिया गया था। फिर भी उसी भूमि में से लोगों ने हमें दान दिया। हर सभा में शान्ति सैनिक बनते और भूमिदान की प्रतिज्ञाएँ होतीं और यह सब हिन्दुओं में नहीं। कश्मीर घाटी-मुसलमानों की बस्ती में। हम जब वहाँ गए तब घाटी में भयंकर बाढ़ आई हुई थी। हमें वहाँ रुकना पड़ा था। हम जहाँ रुके थे वहीं से मुहम्मद गजनी को भी लौटना पड़ा था। उस बाढ़ को वे लोग सैलाब कहते थे और 'तूफाने नूह'

की संज्ञा देते थे। नूह के जमाने में जैसी भयंकर बाढ़ आई होगी। वैसी बाढ़ वे उसे मानते थे। मैंने उन लोगों से कहा—तुम्हारे सामने सवाल है कि तुम नूह को पसन्द करते हो या तूफानी नूह को। नूह की पसन्द करते हो तो उस पैगम्बर ने कहा था कि दुनिया फानी है। सैलाब आया है और इसने सब बराबर कर दिया है, इसने सब मिला दिए हैं। यह एक सैलाब है। मिलकर अब सब एक हो जाओ। लोगों ने बड़े प्रेम से ऐसी स्थिति में भी भूमि दान किया। 'भूमिदान' भिखमँगा कार्यक्रम नहीं है, उसमें आत्मदर्शन है। इसमें ग्राम्य हिन्दुस्तान की भूमि भी है। संस्कृत जैसी कोई भाषा नहीं संसार में जिसके हजारों पुराने शब्द भी वैसे ही प्रचलित हैं। विनोबाजी ने उदाहरण देते हुए एक वेद मंत्र पढ़ा, और उसका प्रयोग बताया।

कुछ तेजी से बोलते हुए बाबा ने कहा कि हिन्दुस्तान में जितनी क्रान्तियाँ हुई हैं, उसकी अपनी स्वतंत्र प्रक्रिया रही है। पुराने शब्दों में नई ताकत से उनका उपयोग किया जाए तो असर पैदा करते हैं। यह अहिंसा की प्रक्रिया है। यह जमीन ही ऐसी है—जिसने नररत्न पैदा किए ऐसा तो देश में कहा गया है कि भूमि में जन्म दुर्लभ है। कहा गया है कि मनुष्य जाति तो और अधिक वन्दनीय है। कीड़े-मकोड़े भी इस भूमि में जन्म लेकर धन्य हैं। करुणा एक ऐसा शब्द है जिसका संसार की किसी भाषा से अनुवाद ही नहीं हो सकता। लोग कहते हैं कि दान शुरू किया है—ये दानकर्ता समझते भी हैं दान का अर्थ होता है संविभाग। तलवार नहीं, जिसका अर्थ है विभाजन। शंकराचार्य, गौतम बुद्ध ने इसकी महिमा गाई है। जिसे हमारे वेद और उपनिषदों में मान्यता प्राप्त है। उसे भिक्षा कार्यक्रम कहते हैं? मेरे पास जब तक पूर्वजों के दिए दान है तब तक मेरी ताकत कम नहीं हो सकती। संस्कृत के शब्द जैसी दूसरी भाषाओं के शब्द की ताकत नहीं। इसमें एक शब्द कई पर्यायवाची शब्द हैं।

(10 अगस्त, 1960)

उजले पहर में

सफेद कोठी में चम्मच और कटोरी की खनखनाहट की आवाज आ रही थी। बाबा नाश्ता कर रहे थे और उनके सामने प्रार्थना करने आने वालों की संख्या बढ़ती जा रही थी कमरे के छहों दरवाजे खोल दिए गए थे और वहाँ भी लोग आकर बैठ गए थे। ठीक चार बजे प्रार्थना आरम्भ हुई और सवा चार तक चलती रही। प्रार्थना समाप्त होते ही बिजली जला दी गई। लोग जल्दी-जल्दी उठकर अन्दर के हॉल में अपनी जगह सँभालने लगे। एक-दो मिनट बाद बाबा भी हॉल में आगे और बीच के बड़े सोफे पर बैठ गए। जब हॉल भर गया और लोग सुनने को तैयार हो गए तो बाबा ने प्रवचन शुरू किया। कल किसी भाई ने बाबा से गायत्री मंत्र के बारे में पूछा था। आज बाबा ने इसीलिए गायत्री मंत्र के अर्थ, महत्त्व और प्रभाव के बारे में विस्तार से बताया। पंजाबी कार्यकर्ताओं के वर्ग की उपस्थिति कल के समान ही थी। बाबा ने लगभग 45 मिनट तक प्रवचन दिया। प्रवचन के बाद पदयात्रा के लिए बाहर आए लोगों को सूचना मिली कि पदयात्रा पौने छह बजे शुरू होगी। लोग यत्र तत्र बिखर गए। कुछ ऐसे लोग भी थे जो कमरे की बिछावन पर पसरकर सुबह की खुमारी उतार रहे थे कुछ कुर्सियों और सोफों पर बैठे आपस में चर्चा कर रहे थे। समय बीतता जा रहा था। आसमान से फैलता हुआ उजाला धरती का अँधेरा मिटा रहा था। सवा पाँच, साढ़े पाँच और अब पौने छह बजने में केवल पाँच मिनट रह गए। बाबा अपने भाई के साथ प्रसन्नचित अपने कमरे में आए वहाँ प्राकृतिक चिकित्सक श्री पँवार उनसे बातें करने के लिए आतुर बैठे थे। बाबा अपने आसन पर बैठे और डॉ. पँवार से सत्य चिकिस्सा पर चर्चा करने लगे। थोड़ी बहुत बातें हुईं कि प्रेमनारायणजी अपने कला केन्द्र में बनी हस्तकला कौशल की वस्तुएँ बाबा को दिखाने लगे। चूड़ियाँ उठाकर बाबा ने चुहल की—क्या इन्हें मुझे पहनाओगे? फिर घड़ी का पट्टा अपनी बाईं कलाई पर लगाकर उन्होंने पूछा—ये पट्टे इतने सख्त क्यों हैं? प्रेमनारायणजी ने उन्हें बताया कि पसन्द और सुविधा की दृष्टि से सख्त पट्टे अच्छे होते हैं। ये हाथ और दाँत की सहायता से धागे से बनाए जाते हैं। उन्होंने बिजली के तार और प्लास्टिक की बनी हुई एक दो वस्तुएँ भी दिखाईं। समय हो गया था। दीपचन्द्रजी ने पदयात्रा शुरू करने की सूचना घंटी बजाई। उनको घंटी बजाते देख बाबा ताली बजाने लगे। कमरे में एक-दो चक्कर लगाए और तालियाँ बजाकर उपस्थित लोगों से मजाकें कीं, फिर नए जूते पहनकर पदयात्रा के लिए तुकोगंज सड़क पर चल दिए। आज पहले चर्चाकार प्रेमनारायणजी ही थे। वे अपने कला केन्द्र सम्बन्धी कुछ मुद्दे कागज पर लिखकर लाए थे। विदेशी धागे की जगह भारतीय मिलों का सूत और खादी का तार उपयोग करने की बात पर बाबा ने

खादी पर जोर दिया। पारिश्रमिक देने के सम्बन्ध में भी बाबा ने राय दी। यह पूछे जाने पर कि केन्द्र को शिक्षण संस्था का ही रूप दिया जाए या व्यावसायिक रूप? बाबा ने कहा दोनों होना चाहिए। अन्त में प्रेमनारायणजी ने पूछा कि इस उद्योग में मुझे 72 हजार की सहायता सरकार से मिली है, पर मैंने उसे वैसी की वैसी ही बैंक में रख छोड़ी है, मैं उसका उपयोग करना नहीं चाहता। क्या इस तरह की सहायता लेना उचित है? इस पर बाबा ने उन्हें सहायता न लेने की सलाह दी। अब नाथ मन्दिर दिखने लगा था उसी के पीछे टीन की ढलाऊ छत वाला एक कच्चा मकान दिख रहा था।

हाथ घड़ी का कारखाना

नाथ मन्दिर के कम्पाउंड में घुसकर बाबा का दल उस कच्चे मकान की तरफ बढ़ा। अहाते में काफी कीचड़ था। ईंटों के टुकड़े जमा कर एक सँकरा सा पैसेज बनाया गया था। बाबा उसी से कच्चे मकान के अन्दर गए। आश्चर्य! यह टीन की ढलाऊ छत वाला खपाटों का कच्चा मकान एक हाथ घड़ी बनाने का कारखाना था। गीली जमीन वाले एक बड़े से कमरे में इधर-उधर मशीनें लगी हुई थीं। दीवारों पर जगह-जगह बदशक्ल औजार टँगे थे। अगर दक्षिणी दीवार पर टँगी काँच की एक अलमारी में हिन्दी अंकों की आठ-दस घड़ियाँ नहीं होतीं तो यह समझना ही मुश्किल था कि यह एक घड़ी का कारखाना हो सकता है। उस कारखाने के सर्वेसर्वा लगनशील वृद्ध पुरुष श्री कस्तूरे ने बाबा का स्वागत किया। उन्हें एक कुर्सी पर बिठाया और वे चित्र बताए जिसमें गांधीजी उनकी बनाई घड़ी लिये खड़े थे। उन्होंने बाबा को भी अपनी बनाई घड़ियाँ बताईं। उन्होंने बताया कि कारखाने में लगी मशीनें तक उनके ही हाथ की बनी हुई हैं। घड़ी का एक पुर्जा जो स्टील का होता है और विदेश से मँगाया जाता है, सिर्फ उसे छोड़कर सारे पुर्जे वे यहीं अपने हाथों से बनाते हैं। मोटी खादी की कमीज धोती और टोपी वाला वृद्ध पुरुष इतना लगनशील और प्रतिभा सम्पन्न हो सकता है यह उसके चेहरे की असन्तुष्टि देखकर कहना मुश्किल था। बाबा को उन्होंने बताया कि एक घड़ी जो 140 रुपये की लागत से बनती है वह उन्हें 120 या 100 में बेचनी पड़ती है। सरकार ने घड़ियाँ खरीदने का वचन दिया है पर साल में 6-7 से ज्यादा घड़ियाँ नहीं खपतीं और उन्हें नुकसान होता है। कस्तूरेजी के साथ उनके पुत्र भी बातें कर रहे थे। कमरे के एक कोने से दरवाजे पर खड़ी दो-तीन लड़कियाँ और एक वृद्ध महिला झाँक रही थीं। और वह हाथ घड़ी का कारखाना प्रतिभा और लगन पर ऐसा कडुआ व्यंग लग रहा था, जिसकी कडुवाहट मानो प्रशंसा के पानी से भी नहीं धुल सकती। यह बीसवीं सदी। विज्ञान उद्योग और कारखानों का युग। इसमें एक इतना आवश्यक उद्योग यों अपमानित और उपेक्षित हो यह सारे जमाने पर व्यंग है। बाबा ने कोई राय जाहिर नहीं की। वे केवल बाप-बेटे की बातें सुनते रहे। पाँच-छह मिनट बाद बाबा कमरे (कारखाना) से बाहर निकल आए। देवेन्द्र भाई और वर्माजी उन्हें इस हाथ घड़ी के कारखाने का इतिहास और आर्थिक पहलू के बारे में बताने लगे। दल मनोरमागंज की तरफ बढ़ रहा था। किसी मशीन की चर्चा चली तो वर्माजी ने बताया कि उस मशीन की स्वीकृति कस्तूरेजी को मिल गई थी वह यहाँ आ भी गई, पर फिर जाने क्या गड़बड़ हो गई। उन्होंने बीच में उद्योग संचालक का उल्लेख

भी किया था। बाबा ने मुस्कराकर कहा—शिव के मन्दिर में जाने के पहले नन्दीगण को पूजना पड़ता है उनने नन्दी को क्या नहीं मनाया (हँसी)।

असम विवाद की चर्चा

सेठ हुकुमचन्द के घंटाघर के पीछे वाली गली से जब दल निकल रहा था, तब पंजाब से आए संसद सदस्य लाला अचिन्त्यराम बाबा से बातें करने लगे। उन्होंने बताया कि अखिल भारतीय कांग्रेस कमेटी ने असम में हॉल ही हुए भाषा विवाद से प्रभावित लोगों के पुनर्बसाहट के काम में सार्वजनिक संस्थाओं को मदद देने और वहाँ की जनता में विश्वास और सुरक्षा की भावना दृढ़ करने के लिए एक कमेटी बनाई है जो असम जाएगी मैं भी उसका एक सदस्य बनाया गया हूँ। मनोरमागंज सड़क पर उन्होंने बाबा से पूछा कि असम में शान्ति सैनिक के नाते आप क्या काम कर सकते हैं? बाबा ने यह प्रश्न टाल दिया। लालाजी ने बाद में दो-तीन बार और पूछा मगर बाबा ने कोई निश्चित सा उत्तर नहीं दिया, टालमटोल ही करते रहे। मनोरमागंज से घूमते हुए गीता भवन के सामने से निकलते हुए बाबा बम्बई-आगरा सड़क पर आ गए। वे अब भी लालाजी से बातें कर रहे थे। लालाजी उन्हें बता रहे थे कि 12 तारीख की सुबह वे इन्दौर से दिल्ली के लिए रवाना होंगे और फिर वहाँ से हवाई जहाज से 14 तारीख को असम जाएँगे। निराशा से हाथ फैलाकर उन्होंने कहा—बस दो दिन और हैं। बाबा ने कहा—दो दिन की जिन्दगानी। लालाजी ने कहा—चार दिन की जिन्दगी। बाबा ने मजाक की—अच्छा आपके इधर चार दिन की जिन्दगी होती है, इधर तो दो दिन की होती है। मेडिकल कॉलेज के सामने नाश्ता करते वक्त लालाजी और बाबा में असम विवारद, पंजाबी सूबा माँग और डाकू समस्या पर काफी गम्भीर चर्चाएँ हुईं। लालाजी ने बताया कि असम की गड़बड़ी से उन्हें बहुत दुख हुआ है और पंजाबी सूबे की समस्या को लेकर भी वे बड़े चिन्तित हैं। लगभग सवा सात बजे बाबा महाराजा यशवन्त राव अस्पताल पहुँचे। यहाँ भव्य भवन के पोर्च में उपस्थित नर्सों के बीच बाबा ने प्रवचन दिया। फिर अस्पताल के एक वार्ड का निरीक्षण किया और पुलिस लाइन से निकलकर वापस नाथ मन्दिर रोड पर आ गए। इस बीच भी वे लालाजी से चर्चा करते रहे। तुकोगंज सड़क पर पता चला कि बाबा सर सिरेमल बापना से मिलने उनकी कोठी पर जाएँगे।

श्री बापना सम्पत्तिदान

यशवन्त क्लब के आगे बापना साहब की कोठी पर कल्याणसिंहजी बापना ने बाबा का स्वागत किया। फाटक पर एक महिला कलश लिये खड़ी थी। द्वार पर श्रीमती बापना तथा परिवार की अन्य महिलाओं ने तिलक लगाकर बाबा की अगवानी की। कोठी की ऊपरी मंजिल पर रुग्ण सर सिरेमल बापना पलँग पर लेटे थे। बाबा ने उनसे पाँच-सात मिनट चर्चा की। उनसे हाल-चाल और मिजाज पूछा और जब चलने लगे तो श्रीमती बापना ने उन्हें सूत की माला पहनाकर 501 रुपये अर्पित किए। वहाँ से निकलकर सफेद कोठी की तरफ जाते हुए बाबा ने एक युवक से बातें करने लगे। उनका नाम डॉ. मिश्र है और वे इलाहाबाद की सरकारी डॉक्टर की नौकरी छोड़कर सर्वोदय का काम करने

बाबा के पास आए हैं। बाबा ने उनसे कुछ प्रश्न पूछे और कहा कि धीरे-धीरे बातें होंगी। लगभग पौने नौ बजे बाबा यशवन्त क्लब के सामने से निकलते हुए तुकोगंज रोड से सफेद कोठी पहुँच गए।

जब सरकार बाबा का विश्वास नहीं करती, डाकू कैसे करें विनोबा भावे को डाकुओं के पत्र

आचार्य श्री विनोबा भावे ने आज पंजाब के सर्वोदयी कार्यकर्ताओं की बैठक में कहा कि सर्वोदयी कार्यकर्ताओं को प्रेम से लेकिन ताकत से कार्य करना चाहिए। इसी सन्दर्भ में डाकूग्रस्त क्षेत्र के कार्य का विवरण बताते हुए कहा कि आज भी उनके पास डाकुओं के पत्र आते हैं। डाकुओं का कहना है कि जब सरकार ही बाबा पर विश्वास नहीं रखती तो फिर वे सरकार पर कैसे विश्वास करें? आचार्य भावे ने अपने भाषण में कहा कि पुलिस अधिकारी के वक्तव्य से दो पक्ष बन गए एक शासन का, दूसरा बाबा का। परमेश्वर की कृपा से डाकूग्रस्त क्षेत्र में कुछ सफलता मिली। इस कार्य में शासन से भी सहयोग मिला। सरकार के सहयोग के बगैर वह कार्य नहीं हो सकता था। आज भी डाकुओं के या उनके सम्बन्धियों की मार्फत मुझे पत्र प्राप्त होते हैं। डाकू कहते हैं कि जब सरकार को बाबा का विश्वास नहीं तो फिर हम सरकार का विश्वास कैसे कर लें।

यह बात स्पष्ट है कि बगैर सहयोग व विश्वास के यह कार्य हो ही नहीं सकता था। अगर यह कार्य सफल हो जाता तो बहुत कुछ असर रहता किन्तु कार्य के बीच में ही पुलिस अधिकारियों ने वक्तव्य दे दिया। आम जनता के बीच में जाहिर कर दिया तथा कहा कि बाबा के काम से पुलिस को रुकावट पहुँचती है। यह वक्तव्य सब ओर फैल गया। तथा दो पक्ष तैयार हो गए। एक पक्ष पुलिस का तथा दूसरा बाबा का। इससे असर कम हो गया। बाबा ने आगे कहा कि माना कार्यकर्ताओं के बोलने में कुछ कमी रही हो तो उसे सुधार लेते। आचार्य विनोबा भावे ने कहा कि आज उस क्षेत्र में शान्ति सैनिक कार्य कर रहे हैं, वे संख्या में बेहद कम हैं तथा डाकूग्रस्त क्षेत्र बहुत लम्बा-चौड़ा है इसलिए इस कार्य में ये पर्याप्त नहीं हैं।

दवाखाने में दया और दवा दोनों ही जरूरी नर्सें एकात्मभाव से सेवा करें

आज प्रात:काल महाराजा यशवन्तराव चिकित्सालय के पोर्च में उपस्थित नर्सों को सम्बोधित करते हुए आचार्य विनोबा भावे ने कहा कि दवाखाने में दवा और दया दोनों का होना जरूरी है। दवा नहीं हो तो कोरी दया काम नहीं कर सकती। और अगर दवा हो और दयाभाव नहीं हो तो वह दवाखाना किसी काम का नहीं रह जाता। नर्सों ने एकात्म भाव से रोगियों की सेवा करनी चाहिए। नर्स के काम में बहनों की प्रतिष्ठा है, ऐसा मानकर बाबा ने कहा कि आप लोगों से मिलने का मौका मिला। बड़ी खुशी हुई। आप लोग दया और सेवा का काम करती हैं। आपको समाज की माता बनने का सौभाग्य सहज प्राप्त है। सतत जाग्रत रहकर बीमारों की सेवा करना आपका काम है। अस्पताल में तो भेदभाव की बात ही नहीं रहती। यहाँ तो प्रेम, दया, सेवा सबको समान

रूप में मिलना चाहिए। जिस प्रकार सूर्य, चन्द्र, बारिश, हवा और आसमान सबकी समान सेवा करने के लिए प्रस्तुत रहते हैं, उसी प्रकार से इस दया के काम में समत्व भाव से सेवा करनी चाहिए।

आगे उन्होंने कहा कि सरकार अस्पताल खोल सकती है, नर्सों और डॉक्टरों को तालीम दे सकती है, लेकिन वह दयाभाव पैदा नहीं कर सकती। यह काम तो लोक नेता, लोक सेवक और विचारक ही कर सकते हैं। दवाखाने में दवा और दया दोनों का होना जरूरी है। अगर दवा नहीं हो तो कोरी दया से कुछ भी नहीं हो सकता। दो आँसू बहाकर चुप हो जाना पड़ेगा और दवाखानों में दवा हो दया नहीं हो तो वह भी कोई काम का नहीं रह जाता। वहाँ सेवा ठीक तरह होगी। केवल लाचार लोग भर्ती होंगे। जब लोगों को यह विश्वास हो जाता है कि अस्पताल में हमारे आदमी की सेवा हमारे समान ही की जाएगी तो वे अपने रोगियों को भर्ती करेंगे। नर्स ने रोगियों से प्रेम तो घरवालों के समान ही करना चाहिए। इस तरह उनकी सेवा घरवालों की सेवा से भी अच्छी हो सकती है क्योंकि वे सेवा ज्ञान में तो ज्यादा होती ही है, उन्हें रोगी के प्रति आसक्ति नहीं होती।

एक माँ को बेटे से आसक्ति है। लड़का बीमार पड़ता है। डॉक्टर दवा देता है और कहता है, बच्चे को सिर्फ पानी पिलाओ, उपवास कराओ। दो दिन तक बच्चा माँ से कुछ खाने को माँगता है। तीसरे दिन माँ उसे कुछ खाने को दे देती है। रोग चिढ़ जाता है। वह भी बच्चे की हालत देखकर चिढ़ जाता है और चला जाता है। इसलिए नर्सों में प्रेम तो माँ के समान होना चाहिए पर आसक्ति नहीं होनी चाहिए। उनमें आसक्ति होती भी नहीं, इसलिए वे अच्छी सेवा कर सकती हैं। नर्सों को उनके सच्चे कर्तव्य का बोध कराते हुए बाबा ने कहा कि नर्सों को केवल दवा देना और थर्मामीटर से बुखार देखना ही अपना काम नहीं समझना चाहिए। इस तरह तो वे यंत्र हो जाएँगी। उन्होंने रोगी की सेवा एक माँ की भाँति करनी चाहिए। डॉक्टरों से माफी माँगते हुए विनोबाजी ने कहा कि उन्हें सबसे ज्यादा उतावलापन मरीजों को देखने में होती है। जैसे मास प्रोडक्शन का काम है जल्दी-जल्दी करने का। पर टेनिस क्लब में वे बड़े आराम से खेलते हैं, उन्हें सेवा ज्ञान हो तो क्या? उनमें प्रेम की कमी होती है। सरकार अस्पताल खोल दे, दैनिक स्कूल खोल दे, पर प्यार, दया और सेवा की भावना सरकार नहीं पैदा कर सकती ये बातें तो धर्मग्रन्थों में मिलती हैं। अगर कहीं दया का कारखाना खुल जाए तो सरकार उसका भी (नेशनलाइजेशन) राष्ट्रीयकरण कर ले। सेवापरायण सेविकाएँ बनें इसलिए उन्हें उदार तालीम मिलनी चाहिए। फ्लारेंश नाइटेंगेल का नाम लेते हुए बाबा ने कहा हर कोई बड़ा काम किसी महात्मा से शुरू होता है और फिर सब उसका अनुसरण करते हैं।

सामूहिक शक्ति का विकास एवं सहजीवन की आवश्यकता
सर्वोदय समाज के दो पहलुओं पर बाबा द्वारा प्रकाश

आचार्य विनोबा भावे ने आज यहाँ पंजाबी कार्यकर्ताओं के दूसरे शिविर में कहा कि सर्वोदय आन्दोलन के लिए आज के जमाने में सामूहिक शक्ति का विकास एवं सहजीवन की आवश्यकता है। आपने कहा कि हम आक्रमण करें किन्तु वह मत्सर मूलक नहीं हो, हमारा आकर्षण सुख बाँटने के लिए हो। मध्याह्न तीन बजे सफेद कोठी में हुए इस

प्रवचन में बाबा ने कहा सर्वोदय आन्दोलन के दो पहलू हैं। एक है, सामूहिक शक्ति व दूसरा है, सहजीवन। आज दुनिया की स्थिति में सत्य का अनुभव सीमित नहीं रहेगा, वह फैलेगा। पुराने जमाने में सत्य का अनुभव असर करता था लेकिन वह अव्यक्तरूपेण रहता था। प्रकट रूप से उसका असर नहीं होता था। आज सत्य अनुभव प्रकट में भी छिपा नहीं रहेगा। इसलिए गुंजाइश है कि पहले से अधिक सामूहिक शक्ति का विकास हो और सहजीवन की प्रेरणा मिले। आपने बताया कि पूर्व में दुनिया में आज जैसे जुड़ाने के साधन नहीं थे, उस पर भी चीन से लेकर पेलेस्तीन बल्कि बीस तक धर्म संस्थापक निकले जिसमें बुद्ध, महावीर, ईसा, मूसा आदि। 100 साल पहले तक भी चीन में एक बहुत बड़े महापुरुष हुए। इसके मार्ग में अध्यवत रूप से दुनिया को प्रेरणा मिलती है अब मध्य युग को लें तो सब दूर देखने को मिलता है। फ्रांस से चीन तक जाते हैं तो सन्त पुरुष की उपासना को, ध्यान को, महत्त्व देकर आत्मा को तलाश करने की प्रवृत्ति के लोग मिलते हैं।

बाबा ने आगे कहा कि आत्मसंयम की खोज करीब हजार साल पहले दुनिया में हुई। बाबा ने मन की तुलना मूँगफली से करते हुए कहा कि जमीन में बहुत-सी चीजें भरी हैं मगर हमारा मन मूँगफली सरीखा बन चुका है। जैसे एक जमीन में एक मूँगफली उगती है उसी प्रकार का एक उदाहरण देते हुए बाबा ने कहा कि अब इस जमाने में हड़ताल वगैरह की चीजें पुरानी हो गई हैं। अभी पं. नेहरू ने भी यह बातें कही। अतः सहजीवन में हम सफल ही होंगे यह सोचकर इसे शुरू कर देना चाहिए। आज की स्थिति सहजीवन में अनुकूल हो। राष्ट्र का राष्ट्र से सहजीवन हो। इस सहजीवन के प्रयोग हम छोटे से समूह के रूप में करें। इसका एक पहलू कामों से ही हो सकता है। ग्रामयोग भी इसका एक कार्य है। कार्यकर्ता अपने को परिवार यानी सम्भव सोच का काम करें यदि वह सफल रहा तो वह व्यापक बन सकता है।

पंजाबी कार्यकर्ताओं का शिविर

मध्याह्न दो बजे गोविन्दराम टेक्नोलॉजिकल इंस्टीट्यूट के छात्रावास में पंजाबी कार्यकर्ताओं का एक शिविर हुआ, जिसमें जालन्धर के साथ-साथ कागला ग्राम को भी सर्वोदय ग्राम बनाने का निश्चय किया गया। शिविर में इसके अतिरिक्त अन्य प्रश्नों पर भी कार्यकर्ताओं में विचार-विमर्श हुआ। प्रश्न कहता है कि अहिंसा क्या चीज है? मेरी संस्था *गीता* के कथन पर स्थिर बैठती है। आत्मा का स्वभाव है न वह मरता है, न मारता है। आत्मा के साथ अहिंसा जुड़ी हुई है। अहिंसा मनुष्य का गुण स्वभाव है, उससे दूर रहने पर अशान्ति होती है और पास रहने पर शान्ति मिलती है। मनुष्य मानता है कि अहिंसा का विचार उत्तम है। फिर भी कुछ कारणों से हिंसा की जाती है। कुछ करुणापरायण लोग भी हिंसा को पसन्द करते हैं। कम्युनिस्टों का गरीबों के हित में सोचना, व्यवस्था के लिए तरह-तरह के तर्क देना और परशुराम का ब्राह्मण होकर भी हिंसा करना इस सबके मूल में करुणा ही है। पर जो लोग करुणा पर आ सकते हैं, वे ही धर्म पर भी आ सकते हैं। हिसा के मूल में भी करुणा होती है पर यह विचार अभी तक साफ नहीं हुआ है कि क्या मना किया जाए और क्या नहीं। अब नया युग मदद

कर रहा है। शस्त्रालय का घर विज्ञान के इस जमात में पड़ गया है। बड़े अस्त्रों ने छोटे अस्त्रों की हिंसा मिटा दी है।

सफाई और सेवा की करुणा क्या योग परायण गृहस्थी को समझाएगी? करुणा अगर उनकी परिपुष्टि करेगी तो वह मूल करुणा नहीं, ऊपरी करुणा होगी। सन्त तुकाराम के एक वचन का उल्लेख करते हुए सन्त विनोबा ने कहा कि उन्होंने कहा है दुनिया विनोद से चिल्ला रही है। उसके इस कथन के बीच में बुनियादी करुणा है। संसार के दुखों की जड़ वासना है। वहाँ कोशिश भी करो और दुख भी पाओ। अगर दुख का सिलसिला तोड़ना हो तो मूल की काली वासना का क्षय करो। अब जीने की इच्छा भी एक वासना है। क्या इसे भी तोड़ें? तो वासना सब में है, जिजीविषा को तोड़ने का नम्बर आखिरी होना चाहिए। सबको जीने की इच्छा होती है। पहले सर्वमान्य कुवासना छोड़नी चाहिए। उसके बाद सद्वासना छोड़नी होगी। जीने की वासना ये सद्वासना है। शराब, परस्त्री आदि कुवासना है। जिस वासना के लिए सबके मन में चाह हो, पर उसकी पूर्ति के साधन कम हों उसे पहले छोड़ना चाहिए।

दिलचस्प निचोड़
कमबख्त कौन और क्यों?

कल अष्टांग आयुर्वेद विद्यालय में प्रवचन के बाद लक्ष्मीदत्त शास्त्री जी ने बाबा को एक ऐसी खरल बताई जिसमें कम से कम मात्रा में भी औषधि छोड़ी जाए, तो घुट चुकने के बाद भी सह मात्रा में उतनी ही निकलती है। यह उस खरल की विशेषता थी। शास्त्रीजी ने जब बताया यह नर्मदा के पत्थर से बनी हुई है। तो बाबा ने कहा—अरे! कहा तो जाता है कि नर्मदा का तो हर कंकर शंकर होता है। कल माणिक नाग रोड पर सफेद कोठी की तरफ बढ़ते हुए बाबा ने नागपुर से आए सिन्धी भाई जगदीश से फिर चर्चा की। उनकी स्थिति बड़ी ढुलमुल है और वे कोई भी निर्णयमन्दी करते आ रहे हैं। बाबा ने कहा—तो जल्दी निर्णय कर डालो। जगदीश आत्मविश्वास नहीं है।

अरे तो वहाँ क्यों नहीं कहा (बाबा का संकेत विद्यालय के वनस्पति फार्म की ओर था) मैंने वहाँ तेरे लिए कोई सेल्फ कॉन्फिडेंस की बात सोची थी। सर्व सेवा संघ की तरफ से बाबा के प्रवचनों के टेप रिकॉर्ड तैयार करने आए हुए भाई ने जब कल बाबा से एक सवाल पूछा, तो बाबा ने उनके बारे में प्रश्न किया—क्या ये गांधी निधि वाले हैं बाल भाई ने बताया नहीं कि ये तो टेप रिकॉर्ड करने वाले हैं। बाबा ने मुस्कराते हुए कहा, अरे ये तो चोर है। बाबा, एक बार आपने प्रवचन में कहा था, 'कमबख्त ब्राह्मणों' इससे एक ब्राह्मण को बुरा लगा एक भाई ने बाबा से कहा। यह तो कुछ बुरा नहीं है। मैं तो भगवान को भी कमबख्त कहता हूँ। प्रार्थना करने के लिए हिन्दू एक तरफ जाता है, मुसलमान दूसरी तरफ और ईसाई तीसरी तरफ तो कमबख्त भगवान भी भगवान को तोड़ने लगा। कमबख्त का मतलब तो होता है जिसका नसीब अच्छा न हो, इसमें तो दया है।

आज समाज में समत्व बुद्धि वाला तबका उच्च न्यायालय व सर्वोच्च न्यायालय के न्यायाधीशों का वर्ग रहता है। सर्वोच्च न्यायालय के जजों को भी 65 वर्ष की आयु में सेवानिवृत्त कर देते हैं। किन्तु राजनीतिज्ञ इस उम्र में भी मंत्री पद पर बने रहते हैं। यानी

वे मानते हैं कि वे राजा हैं। राजा का पद तो मृत्यु के उपरान्त ही छीना जा सकता है। बच्चे में पूर्णता का भाव है। जब माँ ने आधा लड्डू बच्चे को, पूरा लड्डू पिता को तथा तीसरे व्यक्ति को पूरा लड्डू रखा तो बच्चा रोएगा। बाप उसे बहुत समझाएगा कि पूरा लड्डू नुकसान करेगा तो भी वह नहीं मानेगा। जब माँ उसे आधे लड्डू का छोटा-सा पूरा लड्डू बनाकर रख देगी तो वह प्रसन्न हो जाएगा यानी बच्चा अपने को आधा नहीं, पूर्ण समझता है तथा यह भी समझता है कि वह छोटा है।

पंजाब के सर्वोदयी कार्यकर्ताओं को सम्बोधित करते हुए आचार्य विनोबा भावे ने कहा कि इन्दौर तो कल्पवृक्ष है। हमने इन्दौर में जो भी कुछ आकांक्षाएँ कीं सभी परिपूर्ण होंगी। डॉक्टर, वकील, कोर्ट, स्कूलों आदि में एक या दो माह की छुट्टी रहती है इसलिए अगर शासन ही एक माह की छुट्टी ले ले तो क्या हो? यह प्रश्न आज बाबा ने पंजाबी शिविरार्थियों के सम्मुख रखा था कि शासन एक माह की छुट्टी ले लेता है फिर हम देखें कि सार्वजनिक जीवन में किस बात की कमी होती है, लोग मरते कम हैं या पैदा कम होते हैं, बीमार कम होते हैं या भूखों मरते हैं।

(11 अगस्त, 1960)

मन्दी गति न पड़े, ओ राही

बाबा 1951 से 60 इन नौ सालों से बराबर पदयात्रा कर रहे हैं। हिसाब लगाने पर मालूम पड़ता है कि वे अब तक करीब 40 हजार मील पैदल चल चुके हैं। इन नौ सालों के समय में कई बार बाबा ने जगह-जगह पर माह दो माह के पड़ाव रखे हैं। मगर फिर भी उनकी पदयात्रा अक्षुण्ण रही है। लगभग दस मील पैदल चलने का उनका नियम टूटता नहीं, किसी कारणवश अगर बाहर कहीं जा सकें तो निवास पर ही टहलने लग जाते हैं। उनके पाँवों को चलने की आदत पड़ गई है। अगर नहीं चले तो शायद उनके पाँव कुलने लगें।

चार बजने के पहले प्रार्थना की घंटी बजी और लोग बाबा के कमरे में जमा होने लगे। सफेद कोठी में ही सोने वाले भाइयों के अतिरिक्त कुछ भाई शहर से भी आए। वे भींग गए थे। पर अपने कीचड़ लगे पाँवों और गीले कपड़ों की चिन्ता किए बिना जहाँ जगह मिली बैठ गए। बिजली का बुझना प्रार्थना प्रारम्भ होने का संकेत होता है। बत्ती बुझी और सब भाई-बहन, आलथी-पालथी मारकर प्रार्थना के लिए सावधान होकर बैठ गए। प्रार्थना शुरू हुई। पहले *ईशावास्योपनिषद्* के श्लोक फिर मौन, फिर नाम स्मरण और फिर मौन, फिर एकादश व्रत और फिर मौन। बिजली फिर जल उठी। लोग उठ खड़े हुए। कुछ बाहर बरामदे में आ गए, कुछ पोर्च में चले गए और कुछ विनोबाजी के कमरे में खड़े रहे। मगर मिनट दो मिनट बाद फिर सबके सब अन्दर के हॉल में इकट्ठे हो गए। माइक्रोफोन से पुकारा जाने लगा। टेप रिकॉर्डरों की जाँच की जाने लगी। बाबा आ गए। लोग जल्दी-जल्दी अपनी जगहें सँभालने लगे। ठीक 4.20 पर बाबा ने प्रवचन शुरू किया और समान चित्त की विवेचना की और सम्यकभाव प्रकाशन पर जोर डाला। पाँच बजने में दस मिनट की देरी पर बाबा ने बोलना बन्द कर दिया। उनके कमरे से थोड़ी देर बाद सूचना मिली कि पदयात्रा सवा पाँच बजे शुरू होगी। कार्यकर्ता भाई इधर-उधर बिखरकर बाबा के प्रवचन पर चर्चा करने लगे। आज का यह प्रवचन सचमुच ही काफी गम्भीर और विचारणीय था। बीच के समय में बाबा ने आराम किया।

यात्रा शुरू

सवा पाँच बजे पदयात्री बाईं ओर के कमरे के पास इकट्ठे होने लगे। कोई छाता लगाए था, कोई बरसाती ओढ़े था, किसी ने खादी का वस्त्र अपने शरीर पर ओढ़ रखा था और कोई बड़ी बेफिक्री से भींग रहा था। हरी टोपी लगाए और दुधिया शॉल ओढ़े बाबा बाहर निकले। आज उनके दो अंगरक्षकों में से एक ही उनका हाथ पकड़े था। दूसरी

तरफ आज कुसुम बहन थी। जय भाई के हाथ का कैंडिल जल रहा था, मगर कुसुम बहन के हाथ में बुझा हुआ कैंडिल था। बरसते पानी में बाबा का दल भींगता हुआ गोविन्दराम सेक्सरिया इंजीनियरिंग कॉलेज की तरफ बढ़ा। रीगल सिनेमा की बगल से होता हुआ नेहरू पार्क के सामने से माल गोदाम रोड पर पहुँचा। आज बाबा से बातें करने वालों की बुलाहट नहीं हो रही थी। वे जय भाई और कुसुम बहन से चुपचाप बातें करते भींगते आगे बढ़ रहे थे।

इंजीनियरिंग कॉलेज में

लगभग साढ़े पाँच बजे बाबा ने इजीनियरिंग कॉलेज के अहाते में प्रवेश किया। कॉलेज में पुराने विशाल भवन पर बिजली के लट्टू चमक रहे थे। नए भवन के पोर्च में चन्दनसिंह भरकतिया और कॉलेज के अधिकारियों ने बाबा का स्वागत किया। भवन के विशाल हॉल में प्रातः साढ़े पाँच बजे भी विद्यार्थियों की उपस्थिति सराहनीय थी। बाबा मंच पर जाकर बैठ गए। छात्रगण अभी आ ही रहे थे। सभा का वातावरण ठीक से बन आए इसलिए दुखायलजी ने डफली पर एक गीत सुनाया—हमने मन में ठान रखी है। बाबा मंच पर बैठे आँखें मूँदकर तन्मयता से गीत सुनते रहे। गीत की समाप्ति के बाद, चन्दनसिंह भरकतिया ने संक्षेप में कॉलेज का परिचय दिया। विद्यार्थियों की संख्या बताई। अध्ययन के विभिन्न पहलुओं पर प्रकाश डाला। उनके बाद बाबा ने प्रवचन शुरू किया। उनकी आवाज सहज पर कुछ मन्दी थी और हॉल में गूँजकर कुछ अस्पष्ट हो जाती थी। मगर विद्यार्थीगण, चुपचाप बैठे सुन रहे थे। बाबा ने अपने प्रवचन में कहा कि आज देश को इंजीनियरिंग शिक्षा की बहुत आवश्यकता है। नवनिर्माण के लिए उन्होंने इस शिक्षा की उपयोगिता बताते हुए छात्रों को सलाह दी कि वे देहाती इंजीनियरिंग सीखें। उनकी शिक्षा महँगी पड़ती है, इसलिए उन्होंने बड़ी तनख्वाह की माँग नहीं करनी चाहिए। उन्होंने कहा कि भारत के हर गाँव में एक इंजीनियर होना चाहिए जो वहाँ के निर्माण कार्य की देखरेख के अतिरिक्त अन्य जिम्मेदारियाँ भी उठाए और एक ग्रामीण-सा जीवन व्यतीत करे। बाबा प्रवचन दे रहे थे और हॉल की खिड़कियों से आसमान की नीलिमा झाँकने लगी थी। बाबा ने अन्त में कॉलेज के काम के घंटे बढ़ाने की छात्रों की माँग की सराहना की और प्रेरणा दी कि वे साल में 300 दिन काम करने की माँग करें। लगभग सवा छह बजे बाबा अपने दल के साथ बाहर निकले। पानी अब भी गिर रहा था, मगर पहले से कुछ हल्का पड़ गया था। बाबा की चादर पीछे से भीग गई थी।

रास्ते पर

अब बाबा के दल की संख्या घट गई थी। जो लोग भीग गए थे, उन्हें अपने स्वास्थ्य की फिक्र हो आई होगी। बाबा यशवन्त क्लब की तरफ बढ़ रहे थे, और चन्दनसिंह भरकतिया उन्हें कॉलेज बनने का इतिहास सुना रहे थे। पानी से धुली काली डामर की सड़क पर गेडोले (केंचुए) रेंग रहे थे जिन पर यदाकदा किसी पद यात्री का पाँव पड़ जाता था। यशवन्त क्लब के क्रिकेट के मैदान वाले फाटक पर बड़ी श्रद्धा से हाथ जोड़कर चन्दनसिंहजी भरकतिया दल से जुदा हो गए। आगे बढ़ने पर वह चौराहा आया जहाँ

से 1 अगस्त को सफाई सप्ताह शुरू हुआ था। कुसुम बहन और जय भाई ने बाबा को बताया कि यहाँ आपने संडास सफ़ाई की है। आगे बढ़ने पर बाबा ने कुसुम बहन का हाथ छोड़ दिया और अच्युत भाई से बातें करने लगे उनकी बातें मराठी में हो रही थीं। अन्य पदयात्रियों में अधिक संख्या पंजाबियों की थी और बाबा की चर्चा शायद उनकी समझ में नहीं आ रही थी, इसलिए वे आपस में चर्चा करते हुए बाबा के पीछे काफी फासले पर चल रहे थे। तुकोगंज सड़क पार कर जब बाबा तिलक चौराहा पलासिया पाइंट पर पहुँचे तो आज के पहले मुलाकाती पंजाब के सिख भाई बख़्तावर सिंह को उनसे मिलाया गया। बख़्तावर सिंह ने पंजाबी सूबे की माँग को लेकर चर्चा प्रारभ की। उन्होंने बताया कि किस तरह पंजाब में अकाली दल के लोग जनता में सरकार के प्रति द्वेष और अविश्वास की भावना फैला रहे हैं। उन्होंने जब यह बताया कि अगर धूमधाम होगी ऊधम होगा तो शायद पंजाबी सूबा बन जाए, इसका बाबा ने दृढ़ शब्दों में विरोध किया और कहा पंजाबी सूबा नहीं बन सकता कार्यक्रम सुझाते हुए उन्होंने कहा कि पंजाब में शराब बन्दी के लिए काम किया जाना चाहिए और दो लिपि हिन्दी और गुरुमुखी सीखने के लिए लोगों को प्रेरणा देनी चाहिए। मनोरमागंज की पदयात्रा भर बख़्तावर सिंह और लाला अचिन्त्यराम उनसे चर्चा करते रहे।

गीता भवन में

लगभग 6.40 पर बाबा का दल गीता भवन के द्वार पर पहुँचा। वहाँ एक पंजाबी सज्जन ने (जो गीता भवन के कोई व्यवस्थापक लगते थे) बाबा को साष्टांग प्रणाम किया। उनके कपड़े एक तरफ कीचड़ से खराब हो गए। बाबा ने कहा—अरे! अरे! ऐसा क्या करते हो। पर उन भक्त सज्जन के चेहरे पर भक्त परम सन्तोष लिखा हुआ था। गीता भवन के हॉल में पहुँचकर बाबा ने मंच पर लगे चित्र देखे, गीता के लिखे श्लोक पढ़े और फिर नाश्ता किया। जब तक बाबा ने नाश्ता किया दुखायलजी ने डफली पर दो गीत बड़े प्रेम से गाए। हॉल में उपस्थिति बढ़ गई थी दाईं तरफ महिलाएँ और बाईं तरफ पुरुष बैठे थे। निर्मला रानी पोतदार ने पहले गीता भवन की स्थापना और कार्यकलापों का संक्षिप्त इतिहास सुनाया। फिर बाबा ने लगभग 30 मिनट वहाँ प्रवचन दिया। गीता भवन में *गीता* पर बाबा मुश्किल से दो मिनट बोले होंगे पर इतने में ही उन्होंने *गीता* का महत्त्व समझा दिया। लौटने पर उनसे खानदेश के एक युवक ने अपने लिखित प्रश्न पूछे। पहले तो बाबा मराठी में बोलते रहे फिर हिन्दी में बोलने लगे। मुक्ति, मांसाहार, धर्म ग्रन्थ विवाद आदि विषयों पर चर्चा करते-करते बाबा आठ बजे सफेद कोठी पर आ गए।

सत्य-प्रेम के साथ करुणा जोड़ो

प्रात:काल मनोरमागंज स्थित गीता भवन में उपस्थित नर-नारियों को सम्बोधित करते हुए आचार्य विनोबा ने *गीता* को एक विलक्षण ग्रन्थ बताया और उसकी तुलना श्रीफल (नारियल) से की। उन्होंने कहा हर धर्मग्रन्थ के ऊपर एक छिलका होता है। *गीता* नारियल के समान है और उसका छिलका बहुत सख़्त है। उस छिलके को उतारे बिना सार समझना बहुत मुश्किल है। गीता भवन में दिए गए आज के इस प्रवचन में *गीता* को

माँ मानने वाले सन्त विनोबा ने *गीता* पर बस यही बात कही। इसके पूर्व उन्होंने गीता भवन के मंच पर अंकित राम, कृष्ण और शंकर के चित्रों और *गीता* के श्लोकों तथा *रामचरितमानस* की चौपाइयों की चर्चा करते हुए कहा कि—गीता भवन में आपने राम, कृष्ण और शंकर को जो एकत्रित कर दिया है इसका श्रेय आपको नहीं। हमारे पूर्वज यह पहले ही कर चुके हैं। पहले दो सम्प्रदाय थे—वैष्णव और शैव। वैष्णव सम्प्रदाय के लोग अनुराग को मानते थे और शैव वैराग्य को। इन दोनों में पहले खूब कशमकश चली। वे आपस में एक-दूसरे के विरोधी तक माने जाते थे। लेकिन बाद में इन दोनों में समन्वय का दर्शन हुआ। यह मान लिया गया कि दोनों में विरोध नहीं है। अनुराग और वैराग्य दोनों जरूरी है। परमेश्वर का अनुराग होना चाहिए और संसार से वैराग्य। इस समन्वय के फलस्वरूप हरि-हर की मूर्ति भी बनाई गई।

राम-कृष्ण को भी आपने इकट्ठा कर दिया है। इसका श्रेय भी आपको हमको नहीं मिल सकता। राम के जीवन और कृष्ण के जीवन में बहुत अन्तर है। राम का जीवन आदर्श था, वे मर्यादा पर उठे हुए पुरुष थे, वे पुरुषोत्तम थे, जबकि कृष्ण प्रेम के प्रवाह में बहने वाले। मर्यादाओं से प्रेम के प्रवाह में सारी सामाजिक मर्यादाएँ टूट जाती हैं उनका टूटना गलत भी नहीं है। वाल्मीकि ने *रामायण* में लिखा—रामस्य चरितं महत-राम का चरित्र महान् है। अब तो हम राम के चरित्र को भी रामलीला कहने लगे हैं। पर पहले राम का चरित्र और कृष्ण की लीला कहा जाता था। किसी ने कृष्ण की जीवनी को कृष्ण चरित्र नहीं कहा। राम का चरित्र तुलसीदास ने लिखा है। उसमें एक बात भी ऐसी नहीं जो समाज की मर्यादाओं को तोड़ती हो। कृष्ण का चरित्र सूरदास ने गाया, उनका काव्य मर्यादा से ऊपर उठा हुआ है। कृष्ण और राम में इतना अन्तर होते हुए भी इनका समन्वय हुआ। लोगों ने महसूस किया कि सत्य के साथ प्रेम का विरोध होना जरूरी नहीं है। उन्होंने इन दोनों का समन्वय किया, जिसके फलस्वरूप रामकृष्ण बना। यह भी एक पुरानी बात है। आपने इसकी पुष्टि की है।

मगर अब ऐसा मौका आया है कि आप इनके आगे (सत्य, प्रेम) एक कड़ी और जोड़ सकते हैं। हिन्दुस्तान की सभ्यता की रक्षा के लिए, विश्व-कल्याण के लिए यह एक सुनहरा अवसर है। स्वराज्य प्राप्ति के बाद इस अवसर का उपयोग करने की सम्भावना भी अधिक हो गई है। दो-ढाई हजार वर्ष बाद यह मौका मिला है। अशोक के जमाने में भी हिन्दुस्तान का राज्य इतना बड़ा नहीं था, और न उसे विज्ञान की इतनी सुविधाएँ ही थीं। अशोक ने तीन सिंह इकट्ठे किए। (असल में वे चार हैं) पर सिंह इकट्ठे नहीं होते। अशोक ने तो यह दिखाने के लिए कि जब सिंहों का पराक्रम और भेड़ों की इकट्ठा करने की प्रवृत्ति मिलती है तब अहिंसा बनती है। उस जमाने में अशोक का सपना सिद्ध नहीं हुआ। क्योंकि तब विज्ञान इतना बड़ा नहीं था। गौतम बुद्ध 35 साल तक घूमे फिर भी उनका इतने लोगों से सम्पर्क नहीं हुआ होगा, जितनों से मेरा पिछले नौ सालों में हुआ। अब प्रचार के साधन बहुत बढ़ गए हैं और अब एक मौका भारत को मिला है, अहिंसा की ताकत दिखाने का। आप लोग एक समन्वय और कीजिए—सत्य और प्रेम में करुणा जोड़ दीजिए। राम कृष्ण के आगे बुद्ध को रख दीजिए। सभी लोग मानते हैं कि आज संसार को करुणा अवतार की जरूरत है। गौतम बुद्ध हिन्दू ही थे

और हिन्दू ही मरे। जिस तरह जमीन को रिक्लेम किया जाता है, उसी तरह हमने गौतम बुद्ध को रिक्लेम करना चाहिए। उन पर हमारा विशेष अधिकार है। हमारी धरती से वे जन्मे थे। यहाँ उनकी वासना रही है। अब तक बौद्ध और वैदिक विचार का समन्वय पूरा नहीं हुआ है। आप सत्य, प्रेम के साथ करुणा को जोड़ दीजिए तो वह हो जाएगा। इसमें कुल धर्मों का सार और भारत के इतिहास का सार आ जाएगा। अन्त में उन्होंने कहा कि *गीता* एक विलक्षण ग्रन्थ है। हर फल के ऊपर एक छिलका होता है। *गीता* का छिलका बहुत सख्त है। *गीता* नारियल के समान है जब तक उसका छिलका नहीं निकाल लिया जाता उसे समझना मुश्किल है। गांधीजी *गीता* को बहुत मानते थे और उनकी हत्या करने वाला गोडसे भी *गीता* को मानता था इसलिए मैं यह सूचना देता हूँ कि *गीता* का छिलका बहुत सख्त है।

सहचित्त में दिल खुल जाते हैं

आज प्रातःकाल सफेद कोठी के हॉल में एकत्रित पंजाब के कार्यकर्ताओं के बीच सन्त विनोबा ने कहा कि—सहचित्त में गूढ़ भाव का प्रकाशन होता है। उसमें एक का दिल दूसरे के लिए पूरी तरह खुल जाता है। यह स्थिति संसार में दुर्लभ है। साधकों से भी सहचित्त पूरी तरह सध नहीं पाता।

अपने प्रवचन के प्रारम्भ में आचार्य विनोबा ने कहा कि उस दिन (रामबाग में) सार्वजनिक प्रार्थना सभा में हमने सहचित्त एक चित्त और समान चित्त में तीन पारिभाषिक चित्त उठा लिये थे। सहचित्त प्रलय की स्थिति है, इसमें मुक्ति मिल सकती है। इसमें एक-दूसरे का दिल एक-दूसरे के लिए पूरी तरह खुल जाता है। व्यक्तिगत साधना के तौर पर हर मनुष्य को थोड़े समय प्रलय अवस्था में लीन होना चाहिए। इस तरह वह सर्व प्रकार के विकारों के मूल तक पहुँच सकता है। अनेक का जहाँ एक चित्त होता है वहाँ सामाजिक प्रलय होता है। वहाँ सबको मुक्ति मिल सकती है। समाज में समान चित्त होने से सबका समान अन्त ऊपर आता है। सहचित्त में आध्यात्मिक विकास होता है।

गुण दोषों के साथ हमारा दिल खुला रहे तो सहचित्त सधता है। साधक अगर सहचित्त साधे तो उसकी आध्यात्मिक उन्नति होगी। मगर आजकल यह क्रिया कहीं दिखती नहीं। आपस में व्यवहार होता है, प्रेम होता है, मगर सहचित्त नहीं होता। पति को पत्नी पर संशय होता है, जबकि उन दोनों में प्रेम भी काफी रहता है। अर्धनारीश्वर की कल्पना सहचित्त का उदाहरण। वह सधना चाहिए। मगर यह स्थिति साधकों को भी दुर्लभ होती है। उनके अक्सर ऊपरी स्तर पर बातें चलती हैं। अभिप्राय के स्तर पर बातें होती हैं, जो चित्त का ऊपरी स्तर होता है। ऊपर का स्तर सृष्टि के सम्पर्क से पैदा हुए विकारों का स्तर है। इस स्तर के बाद विचार का स्तर आता है और फिर भाव-स्तर। मगर आत्मा इन सबसे गहरे अभाव के स्थान में रहता है। निर्विकार भाव क्षेत्र निर्विचार भी होता है। आठ-दस लोग मिलकर कहीं चर्चा करने बैठते हैं, उनकी चर्चा ऊपरी स्तर पर विचार के स्तर पर होती है, उसमें गूढ़ भाव प्रकाशन नहीं होता। गांधीजी मेरे देखे में एक ऐसे अकेले व्यक्ति थे, जिनका गूढ़ भाव प्रकाशन बहुत कुछ होता था। मगर उन्हें भी चित्त

में चुड़ियाँ बाँधकर रखनी पड़ती थीं। जिसका पूर्ण भाव प्रकाशन होगा, वह दुनियाभर का प्यारा होगा। अत: जिसको सहचित्त सध जाता है, उसका दिन सारी सृष्टि के लिए खुल जाता है। जिस प्रकार आकाश में सारे नक्षत्र खुले हुए हैं, नग्न हैं, उसी तरह उसका दिल निरावरण हो जाता है। उसका पूर्ण भाग प्रकाशन हो सकता है।

भूमिदान से श्रम की प्रतिष्ठा
जन-शक्ति से सरकार का काम बटेगा

सफेद कोठी के बरामदे में हुई आज की सायंकालीन प्रार्थना सभा में प्रवचन देते हुए सन्त प्रवर विनोबा भावे ने कहा कि हिन्दुस्तान से हाथों के श्रम की प्रतिष्ठा चली गई है। संसार के सभी धर्मग्रन्थों और महापुरुषों ने यह कहा है कि शरीर श्रम एक पवित्र कर्तव्य है। भारत में श्रम की पूर्वप्रतिष्ठा के लिए भूदान अनिवार्य है। जो अपने हाथों से खेती नहीं कर सकते उन्होंने अपनी भूमि सम प्रतिष्ठा के विचार से बेकार हाथों को मेहनत के लिए सौंप देना चाहिए। आजकल सिन्धी के प्रसिद्ध कवि दुखायलजी यहीं आए हुए हैं। वे प्राय: बाबा के प्रवचन के पहले अपने गीत सुनाते हैं और बाबा को उनसे प्रेरणा मिलती है। आज भी बाबा ने दुखायलजी के एक गीत का उल्लेख प्रवचन के प्रारम्भ में किया। यह गीत हाथों के श्रम की प्रतिष्ठा का था और प्रवचन के ठीक पहले समाप्त हुआ था। बाबा ने उसकी थीम की विवेचना करते हुए कहा कि हाथों के श्रम की महिमा सभी धर्म ग्रन्थ ने मान्य की है। अपने पसीने से अपनी रोटी कमाओ ऐसा आदेश शास्त्रों ने दिया है। तमिल भाषा में तो एक कहावत ही मशहूर है कि जो मेहनत मशक्कत से जीते हैं बस वे ही जीते हैं। कन्नड़ में लिंगायतों के आचार्य ने कहा है कि शरीर परिश्रम ही कैलाश है। शैवों के लिए कैलाश परम पवित्र स्थान है। मनु ने भी कहा है—शरीर परिश्रम करने वाले के हाथ सदा ही पवित्र हैं। जो मेहनत नहीं करते उन्हें हाथ धोने की जरूरत है। जो हाथों से श्रम करते हैं उनके हाथ तो पवित्र ही रहते हैं।

इतना होते हुए भी हिन्दुस्तान ही नहीं, कुल दुनिया में शरीर परिश्रम का स्थान गौण है। श्रम को मान्य करने वालों में भी और अमान्य करने वालों में तो है भी। श्रम की इस अप्रतिष्ठा का कारण है—पैसे की प्रतिष्ठा। दुनिया में तो श्रम की प्रतिष्ठा पैसे के कारण गई, लेकिन हिन्दुस्तान में इसके तीन कारण हैं। पहला—जाति व्यवस्था वे जातियाँ जो शरीर श्रम को कबूल नहीं करतीं उन जातियों को ही उच्च माना गया है। दूसरा—लक्ष्मी की जगह पैसे को प्रतिष्ठा मिली है। तीसरी—अंग्रेजी विद्या ने यहाँ नौकरी का सिलसिला शुरू कर दिया। इंग्लैंड में तो इंग्लिश मातृभाषा के नाते सीखी जाती है और फिर कई उद्योग धन्धा वहाँ के लोग करते हैं। पर हिन्दुस्तान में अंग्रेजी नौकरी के हेतु आई। पहले ऊँचे लोगों ने इसे सीखा और वे नौकरियाँ करने लगे। इस निष्क्रिय शिक्षा ने श्रम की प्रतिष्ठा घटा दी। अब श्रम की पुनर्प्रतिष्ठा के लिए यह आवश्यक है कि लोग समझें कि लाखों हाथ जब काम में लगेंगे तब यह काम होगा। हिन्दुस्तान का जीवन स्तर नीचा है। मगर यह भी तभी उठ सकता है जब लाखों लोगों के हाथ उसे उठाने में लगेंगे।

हम भूमि दान माँगते हैं तो यह भूमिहीनों पर उपकार नहीं है। उपकार तो हम हमारा ही करते हैं। हम चाहते हैं कि जो हाथ मेहनत करना चाहते हैं उन योग्य हाथों को भूमि

दी जाए। इस तरह जो हाथ आज बेकार हैं हम उन्हें काम दे रहे हैं। भूदान आन्दोलन अब हमें जोरों से चलाना होगा। मेरा आन्तरिक विश्वास है कि जो चीज अयोग्य हाथों में है वह योग्य हाथों में जाएगी ही। शुचि मालिक के दिमाग में यह बात आनी चाहिए कि जिस जमीन पर से खुद काश्त नहीं कर सकते उसे काश्त करने वालों के हाथों में दें। एक गाँव से मेरे पास शिकायत आई है कि वहाँ खेती करने वाले नहीं बल्कि देखरेख करने वाले भू-मालिक कोऑपरेटिव्स बना लेते हैं। पर पंजाब में तो यह आम बात है। वहाँ की सरकार बड़े फख्र से कहती है कि पंजाब की बात ही नागपुर कांग्रेस में मान्य की गई। वहाँ ऐसी सहकारी खेती चलती है कि एक भू मालिक अपनी भूमि को अपने रिश्तेदारों के नाम बाँट देते हैं। यह अभियोग नहीं लगाया जा सके कि रिश्तेदारों की कोऑपरेटिव्स हो गई इसलिए वे एक-दो दूसरे लोगों को भी ले लेते हैं। इस तरह से सीलिंग से भी बच जाते हैं और कोऑपरेटिव्स होने के नाते सरकार से मदद भी लेने को तैयार हो जाते हैं। यह क्या कोऑपरेटिव्स है? ऐसा नहीं होना चाहिए कोऑपरेटिव्स भूमिहीनों का होना चाहिए। पर उसमें खास सत्व भूमिहीनों का ही होना चाहिए। इसके जरिये देश का भला हो सकता है।

यह एक सम प्रतिष्ठा का प्रश्न है। जिसके पास भूमि नहीं, उसे भूमिवालों को भूमि देनी चाहिए। एक वकील मेरे पास अपनी पत्नी को लेकर आए। भूमिदान देकर बोले—यह दान मेरे नाम से नहीं मेरी तो इच्छा भूमि देने की नहीं थी। आपके आने पर मेरी पत्नी ने मुझे कहा कि तुम्हारा वकीली का धन्धा तो अच्छा चलता ही है। भूमि है तो उसे बाबा को दे दो। मैंने कहा—बाबा तो छठा हिस्सा माँगता है, उतना दे दूँगा। इस पर मेरी पत्नी ने समझाया कि छठा हिस्सा तो बाबा खेती करने वालों से माँगता है, तुम वकीली करते ही हो इसलिए सारी भूमि दे दो। ऐसे मेरे पास बहुत से किस्से हैं। और सालों में जितनी घटनाएँ मेरे साथ हुई हैं अगर मैं उनको लिखूँ तो एक *महाभारत* ही तैयार हो जाए। शहर में रहने वाले लोग ये बातें जानते नहीं। इसलिए वे भूदान को ठीक से समझ नहीं पाते। बिहार के लोग बड़े भोले हैं। वहाँ एक भाई ने गंगा किनारे की भूमि दान में दी जो रेतीली थी। किस्मत से वहाँ मिट्टी आ गई। अब उस भाई के मन में थोड़ा लोभ उपजा। हमने कहा यह तो गंगा की देन है। गंगा मैया को भूदान पर विशेष कृपा है। इस तरह हम श्रद्धा रखें तो सद्भावना बढ़ती है। तो मेरे प्यारे भाइयों जब हम इन्दौर को सर्वोदय नगर बनाना चाहते हैं तो हमारा यह मूल विचार तो चलाना ही है। इन्दौर में जितने भूमि वाले हैं उन्होंने भूमिहीनों को भूमि देनी चाहिए। मकान-दान आन्दोलन भी गलत नहीं है। पर सारा सवाल पहुँच का है। पैसे की धारा इस काम में फूटनी चाहिए। कानून की धारा जिस पर शहर वालो को बड़ी श्रद्धा है—इसमें नहीं चल सकेगी। अगर प्रेम से सारा काम होता है तो इससे जनशक्ति प्रकट होगी और सरकार का काम दिनोदिन हल्का पड़ता जाएगा। हमें भूमि या मकान नहीं लेना है—करुणा और प्रेम फैलाना है।

हरिजन छात्रावास में सर्वोदय मित्रों की बैठक

प्रातः प्रार्थना सभा के बाद हरिजन छात्रावास हॉल में वार्ड नं. 9-10 के सर्वोदय कार्यकर्ताओं की एक बैठक को सम्बोधित करते हुए बाबा ने कहा मैं अब पन्द्रह दिन

और हूँ। सर्वोदय नगरी को बनाने का काम आप खुद का है। यदि बाहर के कार्यकर्ताओं से ही काम चल सकता हो तो ठीक अभी 400-500 कार्यकर्ता लग जाएँगे। किन्तु इससे काम पूरा नहीं होगा। एक माह की अवधि के बाद हम देखें क्या होता है? हमें कितने आदमी मिलते हैं? कहाँ तक सफलता मिलती है।

बाबा पंजाबी कार्यकर्ताओं के बीच में

पंजाब के सर्वोदयी कार्यकर्ताओं के प्रश्नों के उत्तर देते हुए आज आचार्य विनोबा भावे ने कहा कि इस युग में हड़ताल को हक के रूप में नहीं मानना चाहिए। आपने बताया कि अभी कर्मचारियों की जो हड़ताल हुई अगर वह सफल हो जाती तो राष्ट्र कितना कमजोर हो जाता। क्योंकि उस हड़ताल में दूसरे राष्ट्र भी दिलचस्पी रखने लग गए थे। आचार्य विनोबा भावे ने यह भी कहा कि अगर सूचक अंकों के अनुसार वेतनमान निर्धारित करते रहेंगे तो यह प्रणाली तकलीफ देगी। वेतन में तो यह होना चाहिए कि प्रत्येक को अनाज निर्विघ्न रूप से मिलता रहे, चाहे उनके भाव ऊपर चढ़ें या नीचे उतरें। कर्मचारियों को तो निश्चित मात्रा में वेतन के रूप में अनाज मिलना चाहिए। अन्त में आपने यह भी बताया कि पंजाब में भाषाभाषी का जो झगड़ा चल रहा है उसे शान्त करने के लिए समाधानपूर्वक कोई कार्य होना चाहिए। आपने यह भी आशा व्यक्त की कि वहाँ नागरी लिपि में हिन्दी भाषा का एक ऐसा अखबार चलना चाहिए जो भाषा के सम्बन्ध में द्वेषभाव न रखे। आपने सर्वोदयी कार्यकर्ताओं को मार्गदर्शन देते हुए कहा कि पंजाब में शराबबन्दी का कार्य जोरशोर से प्रारम्भ किया जाना चाहिए।

स्वतंत्रता के लिए मर्यादा, स्वावलम्बन व कर्तव्य पालन जरूरी

आचार्य विनोबा भावे ने आज मध्याह्न तीन बजे पंजाब के कार्यकर्ताओं के बीच कहा कि स्वतंत्रता के लिए मर्यादा, स्वावलम्बन तथा कर्तव्यपालन की भावना होना अत्यन्त जरूरी है। आपने उपरोक्त मुद्दों को काफी विस्तृत रूप से समझाया। मध्याह्न तीन बजे जैसे ही बाबा ने सफेद कोठी के अन्दर वाले हॉल में प्रवेश किया, एक कार्यकर्ता ने प्रश्न किया कि स्वतंत्रता क्या है तथा उसका उपयोग किस प्रकार से करना चाहिए? उत्तर की शुरुआत करते हुए बाबा ने कहा कि यह प्रश्न बड़ा ही व्यापक, दिलचस्प तथा जरूरी भी है। इसलिए यदि स्वतंत्रता के बारे में गलत धारणा रही तो नुकसान पहुँच सकता है। अतः इस बारे में सही धारणा की जरूरत है। आपने बताया कि स्वतंत्रता यानी अपनी इच्छाओं पर बाहर से आक्रमण नहीं हो। यह चाह एक जानवर भी करता है, इनसान तो दूर है। बच्चे की भी यही अभिलाषा होती है। स्वतंत्रता हर प्राणी को प्रिय है और उसका अधिकार है, किन्तु अधिकार के साथ अंकुश है। इसलिए दूसरे किसी का खयाल किए बिना मैं अपने लिए स्वतंत्रता चाहता हूँ वहीं दूसरे की स्वतंत्रता पर आक्रमण भी नहीं करूँ ऐसे खयालात होना चाहिए। तो स्वतंत्रता पर भी सार्वजनिक अंकुश रखा गया है। यह बहुत मर्तबा हम समझते नहीं और दुरुपयोग करते हैं। इसलिए स्वतंत्रता के साथ मर्यादा है और भारतीय संस्कृति में मर्यादा शब्द प्रधान माना गया है। राम का चरित्र भी मर्यादा का था। इस प्रकार की अनेक मर्यादाएँ हैं, उन मर्यादाओं के अन्तर्गत स्वतंत्रता है।

आपने पब्लिक संस्थाओं पर चर्चा करते हुए बताया कि मेरा कहना यह है कि स्वावलम्बन भी एक हद तक गुण है वह उसके बाद वह अवगुण है अत: परिश्रम किए बिना खाना पाप है? अपने ही लिए परिश्रम करूँ, यह भी पाप है वह समाज के लिए होना चाहिए। बाबा ने कहा कि अति स्वावलम्बन भी दुर्गुण है। हमारा दूसरों पर ऐसा बोझ नहीं पड़ना चाहिए जिससे उसे अखरे। समाज रचना के खयाल से कुछ चीजों के लिए 'स्वावलम्बन' होना चाहिए और कुछ चीजें बाहर से आनी ही चाहिए। इसके बाद हमारे देश का दूसरे देश से हुए करार का पालन करना चाहिए। अब सवाल आता है कि स्वतंत्रता पर आक्रमण आया तो उसका मुकाबला कैसे करेंगे? इसलिए आजादी के लिए कोई भी शस्त्र इस्तेमाल किया जाए तो गलती है। ऐसे हथियार होने चाहिए जैसे मर्यादा धर्म आदि। इसमें नैतिक दृष्टि से सोचना चाहिए। आज हम हकों पर चर्चा करते हैं तो कर्तव्य कहाँ हैं।

इन्दौर जिले की समस्त पंचायत के पंचों का सम्मेलन 24 तारीख को आचार्य भावे सम्बोधित करेंगे

ज्ञात हुआ है कि मंडल पंचायत के तत्त्वावधान में इन्दौर जिले की समस्त पंचायतों के पंचों का एक सम्मेलन विमर्श 24 अगस्त को आयोजित किया जा रहा है। कार्यक्रम के अनुसार सन्त विनोबा भावे 24 तारीख को पृथक-पृथक रूप से पंचों की सभाओं को सम्बोधित करेंगे। सम्मेलन में अन्य विषयों पर भी विचार-विमर्श किया जाएगा। प्राप्त विस्तृत जानकारी के अनुसार इन्दौर शहर की जानता के साथ ही साथ कम से कम इन्दौर जिले की पंचायतों के पंच इस शुभ अवसर से लाभान्वित हों, इस हेतु मंडल पंचायत ने उक्त सम्मेलन इन्दौर मंडल तथा केन्द्र पंचायत के नवनिर्मित भवन में 23 व 24 अगस्त को आयोजित किया जाना तय किया है।

23 तारीख को मध्याह्न दो बजे सम्मेलन का उद्घाटन होगा। दोपहर 3 से 4 बजे तक श्री अप्पा साहेब पटवर्धन का सफाई के सम्बन्ध में भाषण। सायं 4.30 से 6.30 तक मध्य प्रदेश पंचायत विधेयक 1960 पर चर्चा। 6.30 से 7 बजे तक विश्राम। 7 से 8 बजे तक प्रार्थना। 8 बजे भोजन। इसी प्रकार 24 अगस्त की प्रात: 7 से 8 बजे तक पंचायत के प्रमुख कार्यकर्ताओं के समक्ष आचार्य विनोबा जी का भाषण। 8.30 से 9.30 बजे तक चाय व नाश्ता। 9.30 से 10.30 बजे तक मध्य प्रदेश पंचायत विधेयक पर चर्चा। 10.30 से 11.30 न्याय पंचायत के पंचों के बीच बाबा का प्रवचन। 11.30 से 12.30 बजे तक पंचों के बीच आचार्य श्री का सम्बोधन। 12.30 से 2.30 बजे तक भोजन तथा विश्राम। 3 से 4 बजे तक समस्त पंचो के मध्य विमोचन भाषण। 4.5 तक सम्मेलन। सम्मेलन में भाग लेने वाले पंचों की इन्दौर मंडल पंचायत ने खाने की नि:शुल्क व्यवस्था की है।

पंजाब में सर्वोदय प्रवृत्तियाँ

सर्वोदयी कार्यकर्ताओं ने बाबा के सम्मुख पंजाब के विभिन्न क्षेत्रों में किए गए सर्वोदय कार्यों का विश्लेषण किया जिसमें फिरोजपुर, कांगड़ा, रोहतक, अमृतसर व करनाल

के विवरण दिए गए। फिरोजपुर में कुल 4,272 सर्वोदय पात्र रखे गए हैं तथा फिलहाल 11 सर्वोदयी कार्य कर रहे हैं। कांगड़ा दान सघन क्षेत्र में ग्राम दान है तथा उन ग्रामों में ग्रामदान समिति बनाने का कार्य चल रहा है। सर्वोदय के सिद्धान्तों से अलग होकर इस क्षेत्र की कुछ ग्राम पंचायतों ने निश्चय किया है। वे अपने निर्णय सर्वसम्मति से लेने का प्रयत्न करेंगी। कांगड़ा में 24 परिवारों तथा 610 कनाल भूमि भूमिहीनों को वितरित की गई है। रोहतक के विवरण में कहा गया कि माह मई-जून में वहाँ 370 सर्वोदय पात्र लगभग ढाई हजार रुपये की आमदनी हुई।

(12 अगस्त, 1960)

आवाज मेरी—बात सबकी

नहीं, अब मुझे अलार्म की कोई आवश्यकता नहीं। तीन बजने में अभी पांच मिनट की देरी है और मेरी नींद खुल गई। अपने को तौल रहा हूँ। मैं अपने अन्दर सहज स्फूर्ति महसूस कर रहा हूँ। लेटे ही लेटे मैं गति न पड़े मन्दी, ओ राही...। अनायास ही मैं गा उठा। बाबा को दुखायलजी का यह गीत बहुत पसन्द है। मेरी आवाज सुनकर बहन भी उठ आई है। वह कहती है—तेरे बाबा ने तो मुझे भी तीन बजे से उठने की आदत डलवा दी है। मैं नित्यकर्म से निबट आया हूँ। बहन ने मेरे सामने एक प्याला रख दिया है। प्याले पर कैंडिल की रोशनी पड़ रही है। मैं चाय पी रहा हूँ। बाबा के साथ रहने वालों को चाय नहीं पीनी चाहिए। ठीक है, पर वह मुझसे छूटती नहीं। बाबा कहता है जब साधक रोज-रोज अपने पापों का शोधन करता है तब कहीं कई जन्म में उसे सिद्धि मिलती है। मैं साधक नहीं हूँ। सेवक भी अपने आपको मानते हुए सजाता हूँ। पर बाबा का सम्पर्क मुझमें ताकत जगाता है मैं चाय छोड़ दूँगा।

मैं कलम में स्याही भर रहा हूँ। भीगने से कागज मेरे कुर्ते की जेब में लटक रहे हैं। बहन शॉल लिये खड़ी है। पूंछ रही है? छाता है फिर शॉल क्यों ले जा रहा है। ठंड लगती है क्या? नहीं, मैं कह रहा हूँ बाबा के साथ चलने वाला छाता क्यों लगाए? जबकि बाबा भींगते हुए चलते हैं। छाता लगाने को वे किसी को मना नहीं करते, पर उसके व्यक्तित्व का प्रभाव ही ऐसा है कि उससे सहज एकात्मकता स्थापित हो जाती है। उसके जैसा ही करने को जी होता है। मैं साइकिल पर बैठा सफेद कोठी जा रहा हूँ। हवा आज तेज है। आसमान पर बिलकुल हल्के-हल्के छोटे-मोटे बादल हैं। सड़क सूखी है। मेरी जेब में बाबा के कमरे में रखने के इरादे से तोड़े हुए चमेली के फूल रखे हैं। उनकी ओर से मेरा मन सख्त हो रहा है। आज का वातावरण कितना अच्छा है, मैं अपने से कह रहा हूँ। मेरी साइकिल चल रही है और मेरे दिमाग में पिछले दिनों की सुबहें याद आ रही हैं। 24 जुलाई की सुबह का वातावरण भी आज की तरह था। 1 अगस्त तिलक जयन्ती की सुबह भी इतनी ही ताजा और खुशनुमा थी।

बाबा के कमरे में अभी उजाला है, यानी प्रार्थना शुरू नहीं हुई है बाबा से कोई भाई शल्य चिकित्सा पर बातें कर रहे हैं। सामने बहुत भाई बैठे हैं। बाबा के एक हाथ में स्टेनलेस स्टील की कटोरी है, दूसरे में चम्मच है। चम्मच और कटोरी में कुछ गीला सा सफेद द्रव है—शहद मिला दही बाबा नाश्ता कर रहे हैं। लोग आते जा रहे हैं। बैठते जा रहे हैं। आगे बैठे हुए लोग कुछ और आगे खिसक रहे हैं। पीछे और लोग आकर बैठेंगे बाल भाई ने बिजली का स्विच ऑफ कर दिया है। कमरे में अँधेरा हो गया है।

अँधेरा। पवित्र अँधेरा। प्रार्थना के वक्त का अँधेरा हमें अन्तर्मुखी बनाता है। प्रार्थना की सही स्थिति पर पहुँचाता है। भाई-बहन आते जा रहे हैं। चुपचाप बैठते जा रहे हैं। प्रार्थना शुरू हो गई—'ओम् पूर्णम् मदः...।' जो *ईशावास्योपनिषद्* का श्लोक है। मुझे आते नहीं। मैं इन्हें इसी राग में बोल नहीं सकता। प्रार्थना का वह अंश है जो मुझे बहुत अच्छा लगता है मुख आवरित का सत्य का उस पात्र से। मुझे मूल नहीं उसका अनुवाद याद है। पर जो मजा आम का रस खाने में आता है, वह आम के पापड़ खाने में नहीं आता।

बत्ती फिर जला दी गई है। कमरा प्रकाश से जगमगा उठा है। आँखें चौंधियाने लगती हैं, पर अँधेरे के बाद उजाला अच्छा लगता है। आँखों में प्रकाश की प्रखरता सहने की आदत डालनी चाहिए। मैं हॉल में आ बैठा हूँ। बाबा अभी आए नहीं हैं। एक भाई मुझे कह रहे हैं आँखों के इशारे से—अप्पा साहब को आगे बैठाओ। मैं हाथ के इशारे से उन्हें बुलाता हूँ। वे आकर मेरे सामने बैठ गए हैं। उनकी पीठ खादी के आवरण में मेरे सामने है। उनके बड़े-बड़े खिचड़ी बाल कन्धों पर झूल रहे हैं। अप्पा साहब एक निष्काम सेवक। कर्ता और अकर्ता दोनों एक साथ। *गीता* का एक उदाहरण।

बाबा आ गया है। बीच के लम्बे सोफे के कोने में बैठा है, उसके शरीर पर दूधिया रेशमी शाल लिपटी हुई है। सिर से पाँव तक। एक मौन है। गर्दन नीची किए कुछ सोच रहा है। धीर-गम्भीर हिमालय कुछ सोच रहा है, और यह उसके हृदय से गंगा फूट निकली। बाबा बोल रहा है—श्रद्धा और बुद्धि की विवेचना कर रहा है। मैं लिख रहा हूँ। कभी बाबा की तरफ देखता हूँ। तो लगता है वे मुझे ही सम्बोधित कर रहे हैं, पर आज मैं अकेला नहीं हूँ। यह पंजाबी कार्यकर्ताओं का वर्ग है। कुल मिलाकर पचास से कम लोग वहाँ नहीं हैं। क्या सभी को ऐसा लगता होगा?

बाबा के पाँव नीचे फर्श पर टिके हैं। मेरी जेब के चमेली के फूल समर्पित होने को उतावले हो रहे हैं, पर बाबा यह पसन्द नहीं करता। मेरे अन्दर-द्वन्द्व है, मेरा दिल जोर से धड़क रहा है। मेरी कलम लिख रही है। बाबा बोल रहा है। मैं फूल नहीं चढ़ाऊँगा जिससे देवता सकुचाए। वह पूजा ठीक नहीं कही जा सकती। बाबा बोल रहे हैं। हिमालय के हृदय से गंगा निरन्तर बह रही है। हम सब उसमें डूब रहे हैं। अन्दर तक भींग रहे हैं।

पाँच बज गए। बाबा का प्रवचन समाप्त हो गया है। अब पदयात्रा शुरू होगी। दीपचन्दजी कह रहे हैं अभी नहीं सवा पाँच बजे। समय बीत रहा है। मैं बाबा के कमरे के सामने खड़ा हूँ। मेरे साथ और भी कई भाई-बहन हैं। ताजगी देने वाली ठंडी हवा चल रही है। मैं आसमान की ओर देख रहा हूँ। मेरे सिर के ठीक ऊपर आधा चाँद है। उसके नीचे बादल तेजी से दौड़ रहे हैं। हल्के-हल्के बादल। बाबा के कमरे में उजाला है। चहल-पहल है। मैं घड़ी मिला लूँ सवा पाँच। ठीक है। बाबा निकल आया है। आज उसकी बाईं तरफ बंसल भाई हैं, दाईं ओर एक भाई। नहीं। कोई एक नहीं। आठ दस लोग हैं।

मैं सुन रहा हूँ—बाबा कह रहा है—कल जिन्होंने चिट्ठी दी है वे बातें करेंगे, और पाँच मिनट बस। कोई बोल रहा है...हाँ-हाँ बुलाओ कहाँ हैं? लालाजी बाबा के साथ चले आ रहे हैं, मैं वहाँ पहुँचते ही आपको तार दूँगा। फिर सर्व सेवा संघ की मीटिंग में क्या तय होता है आगे उसके अनुसार...।

मैं जानता हूँ वे बाबा से असम जाने की बात कर रहे हैं। ओवर ब्रिज पर लालाजी पूछ रहे हैं—फार्ममेंट में सर्वोदय को मानने वाले लोगों का एक दल है। वह आगे क्या करें। बाबा कहते हैं—मैं कहाँ सर्वोदय को मानने वालों का दल नहीं चाहता या तो सब सर्वोदयी हों या उनका दल, अलग नहीं है। रामपुरावाला बिल्डिंग तक उनकी बातें समाप्त हो गईं। वे नमस्कार कर रहे हैं। असम जाएँगे। पुकार हुई है डॉ. अनन्तराम मिश्र। एक नवयुवक बाबा के साथ चल रहा है। भावुक-सा बोलता ज्यादा है। बाबा उसे कह रहा है इन्दौर में ही काम करो। काम क्या होगा—यहाँ दादाभाई हैं, देवेन्द्र हैं—वे बताएँगे। उत्साह से काम करो। दूसरे कार्यकर्ता पुराने हैं। वे ठंडे दिमाग से काम करते हैं तुम उत्साह से काम करो। ठीक है, अच्छी बात।

अब मुरार के कोई भाई हैं। कुछ रुक-रुककर बोलते हैं। वे भिंड-मुरैना और डाकू समस्या पर बाबा से चर्चा कर रहे हैं। बाबा कह रहा है वहाँ का वातावरण मस्तमर्जी के स्टेटमेंट (वक्तव्य) से बिगड़ गया है। अब पुलिस जाने और डाकू जाने। हमें शान्ति स्थापना का और जेल के डाकुओं में विश्वास पैदा करने का काम करना चाहिए। आप वहीं जाकर काम करिए। महात्मा गांधी रोड पर महाराष्ट्र भवन के सामने से बाबा का दल गुजर रहा है। बाबा अच्युत भाई से पूछ रहा है मुलाकाती खत्म। चार मिलने वाले थे एक नहीं आए। तीन मिल चुके। मेरी इच्छा हो रही है बाबा से कहूँ आज का रिजल्ट 75 प्रतिशत रहा। पर मेरे बोलने के पहले ही बाबा कह रहे हैं चार में से तीन मिल लिये तो आज रिजल्ट 75 प्रतिशत रहा। हाँ। (हँसी)।

अच्युत भाई बता रहे हैं शान्ता बाई पटेल आपसे बातें करना चाहती हैं। शान्ता बहन बाबा के साथ हो गई हैं। बाबा कह रहे हैं बाकी लोग थोड़े पीछे रहें। अच्युत भाई ने लोगों को पीछे हटा दिया है। आगे-आगे बाल भाई बाबा और शान्ता बहन चल रहे हैं। पीछे मैं हूँ और मेरे साथ बहुत से भाई-बहन हैं। बाबा की चर्चा खानगी है। सब सुन नहीं सकते। जगदीश मुझसे कह रहा है बाबा की तो कोई बात प्राइवेट रहती ही नहीं। बात बाबा की नहीं, शान्ता बहन की है। मैं कह रहा हूँ। पर बात खानगी बातों की मेरे गले नहीं उतर रही है। सहचित्त में एक-दूसरे का दिल एक-दूसरे के प्रति बिलकुल खुल जाता है। सामने वाले का खुले या न खुले, पर सहचित्त साधने के लिए हमने अपने से प्रारम्भ करना चाहिए। कल बाबा ने सुबह के प्रवचन में कहा था। बाबा कहता है पूर्ण भाव प्रकाशन होना चाहिए। किसी भी बात को गुप्त रखने से वह हो नहीं सकता।

गौराकुंड का चौराहा आ गया है। बाबा का दल अहिल्यापुरे में मुड़ गया है। बाबा की दाहिनी तरफ नरेन्द्र पटौदी चल रहे हैं। बातें हो रही हैं। कोतवाली के सामने पटौदी कह रहे हैं, इन्दौर के राजनीतिज्ञों का हाजमा बिगड़ गया है। बाबा हँस रहा है। पटौदी की बात की दाद दे रहा है। यह जूना रिसाला का वही स्थल है जहाँ से बाबा एक बार प्रवचन दिए बिना लौट गए थे। उस गड़बड़ी को भुलाने के लिए ही शायद यह कार्यक्रम फिर रखा गया है। बाबा मंच पर कुर्सी पर बैठे प्रवचन दे रहे हैं। सामने भाई-बहन और बच्चे बैठे हैं। सामने वाले मैदान पर संघ के युवक व्यायाम कर रहे हैं। प्रवचन समाप्त हुआ। बाबा को उर्दू स्कूल ले जाया जा रहा है। वहाँ सर्वोदय मित्रों की बैठक है। बाबा पूछ रहा है—यहाँ एक कार्यक्रम तय था ना। लोग बता रहे हैं दो कार्यक्रम है। बाबा

स्कूल में पहुँच गए हैं। अन्दर के कमरे में कोई नहीं है। जाजम बिछी है। जाजम पर गादी और गादी पर सफेद चादर है, पर वहाँ कार्यकर्ता एक भी नहीं। बाबा पूछ रहा है यहाँ क्या जाजम को सम्बोधन करूँगा। एक भाई भौंचक्का सा बाबा की तरफ देख रहा है। उत्तर नहीं सूझ रहा है—कह रहा है—हाँ।

बाबा को यह सहन नहीं। वह कह रहा है एक बार मैं यहाँ मीटिंग में बोल चुका हूँ। दुबारा फिर उन्हीं के बीच बोलूँ क्या? वह बाहर निकल आया है। तेजी से चल रहा है, फिर उसी जूना रिसाला सड़क पर सत्येन भाई दौड़ते दिख गए। बाबा आवाज दे रहा है। सत्येन भाई पास आ गए हैं। बाबा कह रहा है दौड़ क्यों रहे हो? दुनिया में दौड़ने की जरूरत नहीं है। बाबा उनसे बातें करने लगा है। हम लोग पीछे रह गए हैं। मैं अपने साथ वाले भाई से कह रहा हूँ—साथ चलने से शायद बातों में विघ्न पड़ता है। बातें करने वाला ठीक से अपने को व्यक्त नहीं कर पाता। नहीं तो ये बातें जिन्हें खानगी कहा जाता है, इतने ऊँचे स्वर में नहीं की जातीं। ठीक है बाबा के पास क्या खानगी? सात बजने में पाँच मिनट की देर है। बाबा सफेद कोठी के अपने कमरे में चला गया है। सब बिखर गए हैं।

समाज में न्याय के बदले समाधान व प्रेम को स्थान दें
आचार्य विनोबा भावे का पंजाब के कार्यकर्ताओं के मध्य सम्बोधन

आचार्य विनोबा भावे ने पंजाब के सर्वोदयी कार्यकर्ताओं के सम्मुख सम्बोधन करते हुए कहा कि वर्तमान समाज रचना में न्याय के बदले समाधान व प्रेम को स्थान दिया जाए तो बड़ा अच्छा हो। सन्त प्रवर ने कहा कि प्रकृति 'जैसे को तैसा' इस न्याय पर विश्वास करती है किन्तु समाज में यह न्याय नहीं चल सकता है। आपने आगे यह भी कहा कि वर्तमान न्याय प्रणाली में न्याय अवश्य मिलता हो लेकिन समाधान नहीं मिलता। प्रेम व समाधान में मानव असन्तुष्ट नहीं रहता। आचार्य विनोबा भावे ने कहा कि आज न्याय व्यवस्था सर्वोपरि है। किन्तु मैं चाहता हूँ कि न्याय के स्थान पर समाधान व प्रेम होना चाहिए। समाधान हो जाता है तो फिर किसी को असन्तोष नहीं होता है। समाधान आसान है जबकि न्याय इतना आसान नहीं है। न्याय की व्याख्या करते हुए आचार्य भावे ने कहा कि तीन बातों के आधार पर न्याय दिया जाता है। पहला जो कार्य किया गया उसका स्वरूप दूसरा है जो कार्य हुआ उसका लोगों पर कैसा असर गिरा, परिणाम क्या गिरा एवं तीसरा अन्तिम आधार है कार्य करने वाले का हेतु या उद्देश्य क्या था। प्रथम दो बातों का पता तो चल जाता है किन्तु अन्तिम आधार का पता लगना मुश्किल-सा होता है। गवाह के आधार पर उसका पता लगाया जाता है। किन्तु फिर भी उद्देश्य का पता ईश्वर तथा कार्य करने वाले के अलावा अन्य किसी को लग नहीं पाता है तथा पता लगाना मुश्किल होता है। उद्देश्य का ठीक-ठीक पता लग नहीं पाता है इसीलिए शंका का लाभ भी दिया जाता है-यह अच्छी बात है। किन्तु आज कल तो जस्टिस का घमंड-सा है। मैं तो यही चाहूँगा कि समाज में न्याय के स्थान पर समाधान व प्रेम को स्थान दिया जाए तो बड़ा अच्छा हो।

श्रद्धा और बुद्धि के बीच कोई मुकाबला नहीं
श्रद्धा से कर्म शक्ति और बुद्धि से दिशा मिलती है

प्रात:काल सवा चार बजे सफेद कोठी के हॉल में पंजाबी भाइयों के वर्ग में सन्त विनोबा ने कहा कि श्रद्धा और बुद्धि में कोई मुकाबला नहीं है। श्रद्धा भक्ति देती है और उस भक्ति को उपयोग करने की दिशा बुद्धि दिखाती है। श्रद्धा और बुद्धि के विकास के लिए दोहरा कार्यक्रम बनाना पड़ेगा। दोनों की बुद्धि का भी एक कार्यक्रम बनाना पड़ेगा तब कहीं त्रिविध योग साधना सधेगी। आज के इस प्रवचन में बाबा ने श्रद्धा और बुद्धि की विस्तृत विवेचना करते हुए कहा कि सभी मनुष्यों के जीवन में कुछ न कुछ श्रद्धाएँ होती हैं। ऐसा मनुष्य मिलना मुश्किल है जिसके मन में किसी के प्रति भी श्रद्धा न हो। ज्ञान और कर्म के समान ही श्रद्धा सात्विक होते हुए भी राजस और तामस प्रकार की हो सकती है। इसलिए चाहे श्रद्धा हो चाहे विचार, वह सात्विक है कि नहीं, मूल बात बड़ी है। श्रद्धा सात्विक होती है, उसी प्रकार बुद्धि भी सात्विक होती है। लोग श्रद्धा विरुद्ध बुद्धि मानते हैं। पर उसमें आपस में कोई विरोध नहीं है। कान और आँख में कोई विरोध नहीं है। लोग आँख विरुद्ध कान तो नहीं कहते। यह समझने की बात है कि इन दोनों में कोई मुकाबला नहीं है। श्रद्धा के साथ बुद्धि होनी चाहिए। हो सकती है, उसी तरह बुद्धि के साथ श्रद्धा होनी चाहिए, हो सकती है। उत्कृष्ट बुद्धि के साथ उत्कृष्ट श्रद्धा हो सकती है। ये दोनों बिलकुल अलग-अलग हैं। श्रम में अपने पर निग्रह करने की और कर्म करने की शक्ति होती है। और बुद्धि से यह मालूम पड़ता है कि रास्ता ठीक है कि नहीं। पर दोनों सात्विक होनी चाहिए।

लोग कहते हैं कि जो बुद्धिवादी होता है उसमें श्रद्धा कम होती है और श्रद्धावान में बुद्धि कम होती है। पर ऐसा तो कोई नहीं कहता कि जिसकी आँखें अच्छी होती हैं, उसे कानों से कम सुनाई पड़ता है, और जिसके कान अच्छे सुनते हैं उसकी आँखें खराब होती हैं। कान और आँख के विषय अलग-अलग हैं। उसी तरह श्रद्धा और बुद्धि के भी विषय अलग-अलग हैं। कहा जाता है कि देहाती लोग कम सोचते हैं इसलिए उनमें श्रद्धा होती है, शहर वाले ज्यादा सोचते हैं, इसलिए उनमें श्रद्धा कम होती है। मगर वे दोनों दो भिन्न-भिन्न यंत्र हैं और इनके फंक्शन्स अलग-अलग हैं। बाबा ने अपने निजी जीवन का एक संस्मरण सुनाते हुए कहा कि मेरे दादा चन्द्रायण का व्रत करते थे। चन्द्र रोज 48 मिनट देरी से उगता है और जब चन्द्र उगता था तब पूजा-पाठ करके भोजन करते थे। सप्तमी के दिन सात कौर, अष्टमी को आठ और पूर्मिमा को पन्द्रह अमावस्या को वे उपवास करते। तब मेरी उम्र चार-पाँच साल की रही होगी। मैं गाढ़ी नींद में सोया होता और वे मुझे पूजा पाठ करके प्रसाद लेने के लिए उठवाते। माँ कभी मना करती, फिर भी उठवाते। तब मैं उठता आनन्द से पूजा पाठ देखता प्रसाद खाता। मैं कह नहीं सकता इसका मेरे ऊपर कितना असर गिरा है। मेरे दादा का यह सारा कर्म-श्रद्धा के कारण था।

जिनकी प्राणशक्ति जितनी ज्यादा होगी उसमें उतनी ही श्रद्धा होगी। महाप्राण लोग बड़े-बड़े काम उठा लेते हैं। गलत काम भी उठा सकते हैं। हिटलर ने जर्मनी में मांसाहार का निषेध किया था। क्योंकि मांस के डिब्बे अमेरिका से आते थे और उसने यह सोचा

कि यह अधिक दिन चल नहीं सकता ऐसा काम उसने किया। तो यह सब श्रद्धा करती है। मगर एक श्रद्धा हिटलर की है, और एक मेरे दादा की। श्रद्धा के साथ अगर बुद्धि हो तो अच्छा काम होगा, मगर श्रद्धा नहीं तो काम होना ही नहीं। श्रद्धाएँ अगर हम तोड़ें तो कर्म शक्ति क्षीण होगी। बुद्धि नहीं तो दिशा नहीं सूझेगी। शान्त देश ने अन्धे नकद की बात कही है। नकद की चाल तो बहुत तेज होगी, मगर आँखें नहीं तो वह उड़ेगा कैसे। आसमान में तो कुछ टटोलकर भी नहीं चल सकता। इसलिए श्रद्धा है तो कर्म शक्ति नहीं है, बुद्धि नहीं तो वह पड़ी है। जमीन में शक्ति होती है, पर बुद्धि जुड़े तो वह चले। बुद्धि अगर गलत दिशा दिखाती है तो काम तो होगा पर गलत होगा।

श्रद्धा और बुद्धि के विकास के लिए दोहरा कार्यक्रम बनाना होगा। एक और कार्यक्रम इनकी शुद्धि का बनाना होगा। तब कहीं त्रिविध योग साधना सधेगी। भक्ति, योग और ज्ञान, लोग इन्हें मार्ग मानते हैं पर वे मार्ग नहीं हो सकते। इनमें किसी का प्रभुत्व हो सकता है। ऐसा हो सकता है कि कोई ज्ञान प्रधान हो और उसमें शक्ति और योग कम हो। जिसमें जिनकी कमी हो—उसे पूरी करने के लिए उसकी प्रधानता माननी पड़ेगी। तीनों की जरूरत एक के लिए है, लेकिन तीनों के बिना गति नहीं। श्रद्धा ज्ञान और योग तीनों के तीनों का होना जरूरी है। साधकों को विविध साधना करनी पड़ती है। अन्त में उन्होंने कार्यकर्ताओं को कहा कि आपमें श्रद्धा तो है ही बुद्धि भी आपके पास है, क्योंकि आपने कार्यक्रम बनाया है। बिना बुद्धि के कार्यक्रम नहीं बनाया जा सकता। पर आप लोगों को ज्यादा जरूरत है शुद्धि की। जिनमें विचार ज्यादा है वे अपने में श्रद्धा जगाएँ, जिनमें श्रद्धा है वे विचार जगाएँ। मगर मुख्य वस्तु तो बुद्धि ही है।

पंजाब के सर्वोदय कार्यकर्ताओं की बैठक

प्रातः साढ़े दस बजे से साढ़े ग्यारह बजे तक पंजाब के सर्वोदयी कार्यकर्ताओं ने पंजाब के विभिन्न सर्वोदय सघन क्षेत्र के सम्बन्ध में जानकारी दी तथा बताया कि वहाँ सर्वोदय के कार्यक्रम के प्रति जनमानस जान गया है एवं सर्वोदय पात्र अधिकाधिक संख्या में रखे जा रहे हैं। कुछ कार्यकर्ताओं ने रोचकपूर्ण ढंग से विवरण देते हुए बताया कि किस प्रकार ग्राम-दान आन्दोलन में वहाँ सफलता मिली। इस बैठक में बाबा ने कार्यकर्ताओं के विवरण को ध्यानपूर्वक सुना।

सामान्य जन महापुरुषों से अधिक त्यागी
समाज में त्याग की दिशा गलत : आचार्य विनोबा का सामान्यजनों को सम्बोधन

सायंकाल सफेद कोठी के दाहिने बरामदे में हुई प्रार्थना सभा में प्रवचन करते हुए आचार्य विनोबा भावे ने जीवन रचना के समीकरण की व्याख्या करते हुए कहा कि सामान्य जन त्यागी महापुरुषों से अधिक त्याग करते हैं और ज्यादा कष्ट उठाते हैं। मगर उन्हें अपने त्याग और तप का ज्ञान नहीं होता, इसलिए उनका त्याग बेकार और तप ताप हो जाता है। ऐसी बात नहीं है त्याग भी बहुत है, पर गलत है। साढ़े पाँच बजे से शुरू होने वाला यह प्रवचन आज 5 बजकर 40 मिनट पर प्रारम्भ हुआ। इसके पहले दुखायलजी अपने

गीतों से जनता को तन्मय करते रहे। गत दो दिवसों की प्रार्थना सभा की उपस्थिति बढ़ रही है। नियमित आने वालों के अतिरिक्त नए चेहरे भी काफी तादाद में दिखाई देते हैं।

बाबा ने अपने प्रवचन का प्रारम्भ तिलक स्मृति दिवस के उपलक्ष्य में पलासिया पाइंट पर दिए गए अपने प्रवचन के एक समीकरण से किया। उन्होंने कहा कि आगे त्याग और पीछे त्याग बोध में भोग यह है कि जीवन रचना का समीकरण। किसान अपनी फसल में पैदा हुए अनाज के अच्छे बीज चुनकर रख लेता है। घर का अनाज भले ही समाप्त हो जाए और पत्ते-भाजी खाने की नौबत आ जाए फिर भी वह बीज के लिए रखा गया अनाज नहीं खाता। उसे फिर बोता है और नई फसल का श्रेष्ठ अनाज रखकर बचा हुआ अनाज खाता है। इस तरह उसके जीवन में आगे भी त्याग और पीछे भी त्याग है, बीच में थोड़ा भोग है बस। दो त्यागों के बीच भोग जीवन रचना के इस समीकरण को उपासना की विधि में सम्पुट कहते हैं।

त्याग के सम्पुट में भोग हो तो उसमें लज्जत होती है। भोग ही भोग में लज्जत नहीं भोग में से रोग पैद्रा होते हैं—ऐसा एक महापुरुष ने कहा है। रोग पैदा न हो इसलिए त्याग। बहुत त्याग करो ऐसा भारतीय संस्कृति नहीं कहती। त्याग और भोग दोनों को उसमें जरूरी माना गया है। कुछ परमार्थिक वीर पुरुष ऐसे भी हुए हैं, जिन्होंने तीनों भाग त्याग के माने हैं। अगर तीनों भाग नहीं सधे तो लाचारी से थोड़ा भोग भी मान लिया है। पर कोशिश उनकी यही रही है कि तीनों भाग त्याग के ही सधें। हिन्दुस्तान और दुनिया में ऐसे परमार्थी धीर पुरुष बहुत से हुए हैं। उन्होंने तीनों भाग त्याग के किए हैं। उन पर धर्मशास्त्र खड़े हैं। पर भारतीय संस्कृति ने त्याग और भोग का सुमेल साधा है। हम अन्तर्रूपेण आत्मा हैं, पर बाह्य रूपेण देह भी हैं। इसलिए त्याग-भोग दोनों जरूरी है। भोग को अपना समुचित स्थान देना होगा। जिन्होंने जीवन में केवल त्याग को साधने के एकांगी, ऐकान्तिक और साहसी प्रयोग जीवन की लेबोरेटरी में किए, उनके प्रयोगों से समाज को धक्का लगा है। दुनिया तीनों मात्रा में भोग चाहती है एक सिरे पर रहना चाहती है—ऐसे दूसरे सिरे के तीनों मात्र त्याग वाले प्रयोग उसे बीच में लाते हैं। यह परमार्थविदों का समाज पर बड़ा भारी उपकार है। सार यही कि जीवन में 2 मात्रा त्याग की और 1 मात्रा भोग की होनी चाहिए।

यहाँ जो लोग प्रार्थना सभा में रोज आते हैं वे सोचते होंगे कि हम तो गृहस्थी के पचड़े में हैं। भोगी हैं—ऐसी हीन भावना उनमें होगी। पर अगर देखा जाए तो उनके जीवन में भी त्याग की मात्रा बहुत दिखेगी और बहनें तो त्याग करने में नम्बर ही मार जाएँगी। यह अक्सर देखा जाता है कि वे अतिथियों के लिए कई मिष्ठान बनाती हैं। सबको खिलाती हैं और फिर खुद बिन खाए ही रह जाती हैं। उस पर भी ये पुरुष त्यागी महाशय कहते हैं कि हमको तो मिष्ठान का शौक नहीं है, पर वह बनाती है तो खा लेते हैं। वह बेचारी संसारी ही कहलाएगी। पर जितना त्याग वह करती है और जो भाग उसे मिलता है, उसे देखते हुए तो मनु महाराज का कथन सत्य ही लगता है कि एक माता हजार पिताओं से गौरव में बढ़कर है। वे जानते हैं माताओं का जीवन त्याग प्रधान है। वह अपने बच्चे के लिए कितनी तकलीफें उठाती हैं, कितना त्याग करती हैं। हमने जो समीकरण बनाया है, उससे भी अधिक त्याग वह करती हैं फर्क बस इतना है कि उसका त्याग ज्ञानपूर्वक नहीं है।

रूस के महान लेखक काउंट लियो टालस्टाय ने लिखा है कि ईसा ने जितना त्याग किया, जितने कष्ट उठाए वे संसारी जीव के कष्ट और त्याग को देखते हुए आधे भी नहीं हैं। सामान्य जन भी काफी त्याग करते हैं मगर अज्ञानवश करते हैं। उनके त्याग की नदी नहीं बनती। पानी बिखर जाता है। समाज में त्याग हो रहा है। समीकरण से कुछ ही कम है, मगर वह गलत दिशा में हो रहा है। मुझसे एक भाई ने कहा कि आप इतनी यात्रा करते हैं फिर भी आपका स्वास्थ्य इतना अच्छा है इसका राज क्या है। मैंने कहा—मैं आठ बजे सो जाता हूँ। इसलिए स्वस्थ रहता हूँ। शहर के लोग 12-1 बजे तक जगते हैं, मगर उनका जागना बेकार है—गति रहित है। उनका त्याग तप नहीं, ताप हो जाता है। उसमें से आत्मज्ञान नहीं निकलता। एक भाई ने मुझसे कहा आपका सारा जीवन बहुत ऊँचा है मगर मैं यह बात नहीं मानता। क्योंकि मुझे कोई चिन्ता नहीं है। दुख मुझे है ही नहीं। जब मैं सुनता हूँ कि दुनिया दुखों से भरी हुई है तो सोचता हूँ कि ऐसा कैसे हो सकता है। एक साधारण बाप तो अपने बेटे को तकलीफ नहीं देना चाहता तो वह परम कृपालु भगवान सबका पिता अपनी सन्तानों को कैसे तकलीफ देगा? भगवान ने गाय बनाई है। अब उसका गोबर खाएँ और दूध से लीपें तो इसकी जिम्मेदारी गाय की नहीं, भगवान की नहीं, हमारी है। हम उसका गलत उपयोग करते हैं।

भगवान ने तो हमारे सुख की ही योजना बनाई है। आदमी को आकाश की सबसे अधिक जरूरत है—वह उसने पर्याप्त दे रखा है। उसके बाद आदमी को हवा की आवश्यकता होती है—वह भी भगवान ने खूब दे रखी है, थोड़ी सी चहल-पहल करनी पड़ती है बस। हवा के बाद पानी वह भी खूब है। पर हवा से कम उपयोगी है, इसलिए इसे पाने में हवा से ज्यादा मेहनत करनी पड़ती है। पानी के बाद नम्बर आता है अन्न का वह पानी से कम उपयोगी है इसलिए उसे पैदा करने में ज्यादा मेहनत लगती है। इसी तरह कम जरूरत की चीजों पर अधिक श्रम करने की योजना भगवान ने बनाई है। मगर आप लोगों को चिन्ता ज्यादा है। लोग चिन्ता करते हैं, चिन्तन नहीं करते। जरा सी बीमारी होती है डॉक्टर के घर जाते हैं। दवा लाते है और जब घर से लाश बाहर निकलती है। इसी सन्दर्भ में बाबा ने डॉक्टरों की आदतों की खूब खिल्लियाँ उड़ाईं।

अन्त में उन्होंने कहा कि सामान्य जन असंयम और अविचार के कारण खूब तकलीफ उठाते हैं और त्याग भी बहुत करते हैं, पर कष्ट सहन और त्याग गलत होता है। एक बालक जो किसी कार्य को करने के लिए हाँ तो कर देता है किन्तु करता नहीं है तथा दूसरा जो कार्य करने से पहले तो साफ इनकार कर देता है किन्तु फिर कर देता है। इन दोनों लड़कों में से उत्तम कौन? इस प्रश्न का स्वयं जवाब देते हुए बाबा ने कहा दूसरा बालक बेहतर है।

व्यक्तियों में कार्य करने की वृत्ति जागी कि राज्य खत्म हुए सर्वोदय की नई समाज रचना पर बाबा द्वारा प्रकाश

आचार्य श्री विनोबा भावे ने आज सफेद कोठी में पंजाब के शिविरार्थियों की बैठक में कहा कि समाज के लोगों में जब कार्य करने की वृत्ति जागेगी तथा समस्त कार्य वे करने

लगेंगे तब राज्य आज के अर्थों में खत्म हो जाएगा एवं एक नैतिक सलाहकार समिति कार्य करेगी। आचार्य भावे ने कहा कि आज हमने अपने अधिकार शासन को सौंप दिए हैं, यानी मालिक होते हुए भी सब कार्य मुनीम को सौंप दिया है तथा उसे ही सर्वेसर्वा बना दिया है। सर्वोदय में समाज की व्यवस्था का वर्णन करते हुए आचार्य विनोबा भावे ने कहा कि जब लोगों में कार्य करने की आदत आ जाएगी तथा पूर्ण रूप से वे अपना कार्य करने लगेंगे तब राज्य आज के अर्थ में खत्म हो जाएगा एवं केवल सलाहकार कौंसिल रहेगी। उस कौंसिल में चुने हुए लोग नहीं जाएँगे वरन माने हुए, चरित्रवान एवं तटस्थ व्यक्ति होंगे। कौंसिल के सदस्य भी समाज के अंग के रूप में स्वतःकार्य करेंगे तथा समय पर एवं आवश्यकता पड़ने पर सलाह देंगे।

आचार्य विनोबा भावे ने कहा कि भारत सरकार भी समझने लगी है कि सत्ता के विकेन्द्रीकरण से ही समस्या का हल होगा। विगत 9-10 वर्षों से इसी दिशा में विचार मंथन भी चल रहा है। इस विचार मंथन में अन्य दलों के अलावा सर्वोदय ने भी योगदान दिया है। ग्राम पंचायतें इसी दिशा का एक कदम हैं। किन्तु अब ग्राम व मंडल पंचायतों में भी सत्ता का केन्द्रीयकरण नहीं होना चाहिए। आचार्य भावे ने कहा कि लोगों ने शासन के हाथ में सब कार्य सौंप दिए हैं तथा निश्चिंत बैठ गए हैं यह गलत है। सत्ता सौंप दी यह गलत कार्य नहीं वरन सौंपकर निश्चिंत बैठ गए यह कार्य गलत किया है।

जनता से काम कराए बिना कल्याणकारी राज्य असम्भव
बाबा द्वारा कल्याणकारी राज्य पर प्रकाश

आचार्य विनोबा भावे ने आज यहाँ कहा कि सत्ता का विकेन्द्रीयकरण करके जब शासन जनता के कल्याणकारी कार्य करवाएगा तभी कल्याणकारी राज्य की स्थापना होगी। आचार्य विनोबा भावे यहाँ पंजाब के सर्वोदयी कार्यकर्ताओं के सम्मुख बोल रहे थे। आपने कहा अगर शासन स्वयं कल्याणकारी कार्य करने लगेगा तो उस स्थिति में जनता निष्क्रिय हो जाएगी। कल्याणकारी राज्य के सम्बन्ध में बोलते हुए आपने कहा कि जहाँ सत्ता कुछ लोगों के हाथों में सीमित रहती है वहाँ चाहते हुए भी कल्याणकारी कार्य नहीं हो सकते हैं। बाबा ने अपना भाषण प्रारम्भ करते हुए कहा कि पुराने जमाने में समाज था भी की नहीं यह कहना मुश्किल है। हाँ मनुष्य उस समय छोटी छोटी टोलियों में रहता होगा इसलिए उस समय गाँव-समाज आदि भी नहीं बने होंगे। गाँव-समाज इसलिए नहीं बने थे कि उस समय जंगली जानवरों से मुकाबला करने के अलावा कोई समस्या नहीं थी। जब टोली बढ़ने लगी होगी तो लोग अलग-अलग भी हुए होंगे तथा एक जगह रहना प्रारम्भ कर दिया होगा। तभी से व्यवस्था का विचार पैदा हुआ तथा वहाँ समाजशास्त्र व नीतिशास्त्र का आरम्भ हुआ होगा। इसके पश्चात राज्य व्यवस्था प्रारम्भ हुई होगी। तबसे आज तक राज्य व्यवस्था किसी न किसी रूप में चली आ रही है। आचार्य विनोबा भावे ने कहा कि पुराने समय में सत्ता का केन्द्रीयकरण अधिक नहीं था अधिक नियम नहीं थे एवं समाज के अधिकतर कार्य समाज ही करता था। राज्य व्यवस्था के अन्तर्गत दुर्जनों के बाहरी हमले का मुकाबला करने के लिए व्यापक दंड व्यवस्था की गई जैसे आज फौजी ताकत है।

राज्य में केवल दंड व्यवस्था नाकाफी मालूम हुई तथा धीरे-धीरे राज्य व्यवस्था (शासन) ने अपने कार्य बढ़ाना प्रारम्भ किए। कर आदि वसूल करके जनता के हित में, जनता के कल्याण के लिए विविध कार्य करना प्रारम्भ किया। यहीं से कल्याणकारी राज्य की भावना प्रारम्भ हुई तथा जनता ने अपने समस्त कार्य शासन को सौंप दिए। बाबा ने कहा कि कुछ दिन पूर्व मैंने कहा था कि जहाँ चन्द लोगों के हाथ में सत्ता रहती है वे बुनियादी होते हैं तथा कल्याणकारी राज्य बनाना चाहते हैं किन्तु सत्ता के केन्द्रीयकरण होने के कारण वे कार्य कर नहीं पाते हैं। किसी भी राज्य में जहाँ सत्ता का केन्द्रीयकरण या सत्ता कुछ लोगों के हाथ में होगी वहाँ कल्याणकारी कार्य करने की कोशिश करते हुए, कल्याणकारी राज्य की सत्ता होते हुए भी कार्य नहीं होगा। आज समाजवादी राज्य में कल्याणकारी राज्य चाहते हैं। जिनमें आज कल्याणकारी राज्य है आज वहाँ जो व्यवस्था है उससे अच्छी व्यवस्था वहाँ कभी नहीं रही किन्तु आज वहाँ दया, क्षमा, त्याग, निर्भय आदि का निर्माण कैसे हो इसकी गुंजाइश नहीं है। आचार्य भावे ने आगे कहा कि जहाँ कल्याणकारी राज्य पूरी तरह बन जाएगा वहाँ पुरुषार्थ कम रहेगा क्योंकि जनता के सभी काम शासन कर देगा तो फिर जनता को पुरुषार्थ के लिए कोई काम ही नहीं रहेगा अत: इसके अलावा जीवन में आनन्द भी नहीं होगा।

(13 अगस्त, 1960)

सफर की मंजिल—सफर

बाबा का कार्यक्रम एक ऐसी अनिश्चित वस्तु है जो एक बार निश्चित हो जाने के बाद परिवर्तित नहीं होती। कोई काम होगा, हो, नहीं होगा, नहीं हो। लोग अक्सर बाबा के कार्यक्रम के बारे में पूछा करते हैं। बड़ी निराशा से कहते हैं बड़ी अजीब बात है बाबा हमारे मोहल्ले में से निकल जाते हैं और हमें मालूम भी नहीं पड़ता। पर बाबा वचनों में बन्धने वाला आदमी नहीं है। यह नहीं कि वे बिलकुल मुक्त हैं। वो तो हर देहधारी से बँधे हुए हैं। पर वह व्यक्ति जो अपनी आत्मा के बन्धन मानता है, अगर सांसारिक बन्धन नहीं माने तो उसे पूरी छूट मिलनी चाहिए। हमारी तुम्हारी बात छोड़ दीजिए। हमसे तो बिना बन्धनों के रहा ही न जाएगा। जो पंछी हमेशा पिंजरे में रहता है, उसे भले ही आजाद कर दीजिए, वह वापस पिंजरे में लौट आएगा। प्रकृति भी इतनी अनिश्चित होती है कि उसे कवियों ने पल-पल में परिवर्तित होने वाली कहा है। मगर बाबा और प्रकृति में अन्तर यह है कि प्रकृति एक निश्चित घेरे पर अनिश्चित रूप से चक्कर लगाती है और बाबा अज्ञात रास्ते पर, ज्ञात रूप से आगे बढ़ते हैं। आज पाँच बजे बाबा जब पदयात्रा पर निकले तो कोई निश्चित लक्ष्य सामने नहीं था। सफर की मंजिल सफर थी। कल शाम सान्ध्यकालीन प्रवचन में जो कार्यक्रम घोषित किया गया था, प्रार्थना में उपस्थित सभी लोग उसी को माने बैठे थे। प्रार्थना के समय आज उपस्थिति गत दिवसों की तुलना में कम थी। और इसका खास कारण था आज का वातावरण। रात को पानी गिरा था और हवा का रुख भी ठीक नहीं था। वैसे चार बजे से पानी नहीं गिर रहा था, पर आसमान में भारी-भारी बादल मस्त हाथियों-से टहल रहे थे। वातावरण की इस प्रतिकूलता के बावजूद लोग सुनसान उजेली सड़क पर तेजी से बाबा के निवास की तरफ बढ़ते आ रहे थे। प्रार्थना जैसी रोज होती है वैसी ही आज भी हुई। वे ही श्लोक। वही राग। वही मौन। पर आज की प्रार्थना 10 मिनट में ही समाप्त हो गई। बत्ती जलते ही बाबा ने पूछा पाँच मिनट हैं। मैं सोऊँगा। और वे लोगों के बिखरते-बिखरते अपने तख्त पर लेट गए। बाद में प्रवचन के बीच उन्होंने बताया कि वे पाँच मिनट सोए। उन्हें गाढ़ी नींद आई, और उसे आने में मुश्किल से आधा मिनट लगा होगा।

आप सोंचेगे पाँच मिनट की नींद। वह भी गाढ़ी नींद और उसे आने में भी लगा केवल आधा मिनट। अजीब बात है। लोग घंटों सोते हैं, फिर भी उन्हें गाढ़ी निद्रा नहीं आती और घंटों बिस्तर पर करवटें बदलने के बाद कहीं नींद आती है, यह मैंने पहले ही कहा था कि यह बात हमारी-तुम्हारी नहीं है। बाबा की है। और बाबा अपनी आत्मा के बन्धन मानता है और आत्मा का देह पर अधिकार हो सकता है बाबा इसका एक

उदाहरण है। तो पाँच मिनट सो लेने के बाद सवा चार बजे बाबा हॉल में आ गए। उनका चेहरा यह नहीं बताता था कि वे सोकर उठे हैं। रोज की भाँति ही वे सोफे पर बैठे और प्रवचन प्रारम्भ कर दिया। आज उन्होंने अपनी पुस्तक *स्थितप्रज्ञ दर्शन* के बारे में बताया और स्थितप्रज्ञ के प्रमुख लक्षण प्रज्ञा का सरल अर्थ पंजाब के कार्यकर्ताओं के निमित्त सबके सामने रखा। वे बराबर 45 मिनट बोले। उनका स्वर सहज था और गति सामान्य। बीच में कोई तेजी कोई उत्तेजना कोई रुकावट, कुछ नहीं था। ठीक पाँच बजे प्रवचन समाप्त हुआ। सभी लोग इसी प्रभाव में थे कि अब गुजराती समाज की तरफ बाबा का काफिला कूच करेगा। पर लोगों ने किंचित् आश्चर्य से सुना कि आज का सारा निश्चित प्रोग्राम कैंसिल कर दिया गया है। तो अब क्या कार्यक्रम रहेगा। कोई पूछ रहा था और कोई बड़ी अनिश्चितता से कह रहा था यह कोई नहीं जानता। बाबा का काम बाबा जाने या भगवान।

पर पाँच बजे के बाद एक हल्की सी फुसफुसाहट सफेद कोठी के कमरों और बरामदों में फैल गई कि बाबा घूमने जाएँगे पलासिया की तरफ और वहाँ शायद डॉ. पँवार के प्राकृतिक चिकित्सालय में भी जाएँ। जब कोई फुसफुसाहट, कोई अफवाह फैलती है तो स्थितप्रज्ञों को छोड़कर प्राय: सभी लोग अटकल बाजियाँ लगाते हैं और फिर ऐन मौके तक साँस रोककर इसकी प्रतीक्षा करते हैं कि क्या होगा? पर क्या होता है? होता वही है जो मंजूरे खुदा होता है और सफेद कोठी में वही होता है जो मंजूरे बाबा होता है। बाबा जय-विजय के हाथ पकड़े बाहर निकले। अभ्यस्त आँखों को यह ठीक सा लगता है। नहीं तो पिछले कुछ दिनों कभी जय होते तो विजय न होते और विजय होते तो जय न होते। सफेद कोठी के पूर्वी फाटक से जब बाबा का दल बाहर निकला तो छोटे-मोटे खड्डों वाली डामर की तुकोगंज सड़क बाईं ओर मर्करियों के उजाले से जगमगा रही थी। सीधी सड़क पर बाईं ओर से झुकी मर्करियों की पंक्ति अकड़ी लगती थी और उसके बीच में पीले बिजली के लट्टुओं की माला कुछ अटपटी सी। आज दल में मुलाकातियों को लेकर कुछ चहल-पहल नहीं थी। कागज के पुर्जे नहीं निकल रहे थे, और नाम याद नहीं किए जा रहे थे। जय-विजय के हाथ पकड़े बाबा भी यों चल रहे थे, जैसे उन्हें किसी से बातें करनी ही नहीं हों। जैसे उनके अन्दर ऐसी कोई बात हो जो उनके चित्त को अपने में लगाए हो। पर यशवन्त क्लब की तरफ जाने वाली सड़क के आगे, सत्येन भाई आगे आए और उन्होंने बाबा से कहा कि कृष्णकान्तजी आपसे बातें करना चाहते हैं। वे लाला अचिन्त्यराम के जीवन से बहुत प्रभावित हैं और एक तरह उनके असिस्टेंट के समान काम करते हैं।

कृष्णकान्तजी बाबा के साथ हो लिये। बाबा ने उनका हाथ पकड़कर आदेश दिया। बाकी लोग चार-पाँच कदम पीछे चलेंगे और आज पहली बार एक ऐसी चर्चा शुरू हुई, जिसमें जय-विजय भी बाबा के हाथ छोड़कर पीछे आ गए। आज की यह चर्चा निश्चित रूप से व्यक्तिगत कही जा सकती है, क्योंकि चर्चाकार केवल दो थे और उनका स्वर भी ऐसा नहीं था, जो पीछे चलने वालों को सुनाई दे सके। वे व्यक्तिगत चर्चाएँ पलासिया पाइंट तक चली। फिर पंजाब के एक अन्य भाई बाबा से बात करने लगे। जो लोग पीछे चल रहे थे, वे पीछे ही चलते रहे। आखिर पलासिया पुल पर बाबा रुके।

उनके जूतों के धागे ढीले पड़ गए थे, जब भाई ने झुककर उन्हें ठीक किए। बाबा घूम गए। रास्ते के पदयात्री उनके सामने थे। उन्हें देखकर बाबा ने कहा ठीक है काफी लोग हैं। पलासिया से बाबा का दल पँवार की चिकित्सालय की तरफ जाने वाली सड़क पर बढ़ चला। बाबा एक वृद्ध कुलकर्णीजी से चर्चा करने लगे। दोनों मराठी में बोल रहे थे। बातें उनकी पारिवारिक थीं।

इस वक्त तक काफी उजाला हो गया था। मगर रास्ते की बिजलियाँ जल रही थीं। सड़क के आखिरी सिरे पर डॉ. पँवार का चिकित्सालय था। बाबा ने बाहर लगा साइन बोर्ड काफी जोर से पढ़ा। डॉ. फाटक से बाहर निकले और बड़ी श्रद्धा से उन्होंने बाबा के पाँव छुए। अन्दर एक नवयुवती ने (जो शायद डॉ. पँवार की पुत्री होगी) बाबा का स्वागत किया और गुलाब का एक लाल फूल भेंट किया। बाबा ने एक मेज पर वृद्ध ग्रामोद्योगी मूर्ति रखी देखकर पूछा ये महाशय कौन हैं? फिर परीक्षणार्थ वे अन्दर गए। एक अन्य कमरे में एक पलँग के पास मेज पर रखी एक मूर्ति को हाथ लगाकर बाबा ने पूछा और ये महाशय कौन हैं? डॉ. पँवार ने बताया शिर्डी के साईं बाबा। फिर एक दूसरे कमरे में वृद्ध की तस्वीर लगी देखकर बाबा ने कहा वृद्ध बहुत पॉपुलर हैं आजकल। बाहर निकलते वक्त बड़े हॉल में एक माँ ने अपने स्वस्थ छोटे से बच्चे से बाबा के हाथ जुड़वाने के प्रयत्न किए। बाबा उस माँ के पास जा खड़े हुए और उस बच्चे के दोनों हाथ जोड़कर बोले जय जगत्! फिर अपने हाथ का लाल गुलाब उस बच्चे की हथेलियों के बीच लगा दिया। माँ गदगद हो गई और वह बच्चा बाबा को एकटक देखता रह गया। क्या वे दोनों धन्य नहीं हो गए? बाहर के कमरे में एक कुर्सी पर बैठकर बाबा ने कहा—मैं यह इनडोअर पसन्द नहीं करता। इससे रोगी को यह चेतना बनी रहती है कि वह रोगी है। उसे पूरी तरह मुक्त होना चाहिए, साधारण व्यक्ति सा।

पौने छह बजे बाबा का दल चल पड़ा। अब उसके साथ डॉ. पँवार थे। दूर अंगुली दिखाकर बाबा को उन्होंने बताया—ये रालामंडल पहाड़ है, इसके नीचे ही आपका कस्तूरबा ग्राम है और आगे चलने पर पी.डब्ल्यू.डी. का ऑफिस है जिसके बाईं ओर हाथ फैलाकर डॉ. पँवार ने बताया बाबा यह जबरन कॉलोनी है। जिस पर तीन-चार लोगों के छत वाले झोंपड़े ही दिख रहे थे। बाबा ने जब प्रश्न सूचक दृष्टि से डॉ. पँवार की ओर देखा तो उन्होंने कहा कि यह जबरन बसा ली गई है, इसलिए इसका नाम जबरन कॉलोनी पड़ गया। बातें करते-करते बाबा वापस पलासिया पाइंट पर आ गए। तुकोगंज सड़क की मर्करी और बिजली के लट्टू, अब भी जल रहे थे। बाबा ने उनके बारे में जय-विजय से मजाक की। फिर अखबार वालों की बात निकली तो, डोनाल्ड ग्रूम आगे आए और उन्होंने हिन्दी में कहा कि कल का कल्याणकारी राज्य का स्पष्टीकरण उन्होंने अंग्रेजी में पी.टी.आई. के लिए लिखा है। (स्मरण रहे बाबा के विरुद्ध मालवीयजी की टिप्पणी हिन्दी से अंग्रेजी अनुवाद की गड़बड़ी की उपज है) और आगे चलने पर बाबा ने ग्रूम साहब से कहा आज मैंने कन्फर्म्स की बात कहीं। ग्रूम साहब ने इस पर सफेद कोठी के द्वार तक बातें कीं। फिर कहा पश्चिम के देशों में नए विचारों का इतना चलन नहीं होता, वहाँ हर नया विचार एक बन्धन बन जाता है। इस पर बाबा ने अंग्रेजी के महाकवि टेनीशन की पंक्ति उद्धृत की—ओल्ड आर्डर चेंजेस़ गिविंग प्लेस टू न्यू। बाल

भाई ने बाबा की एक गलती सुधारी, गिविंग नहीं, यील्डिंग। इसके पश्चात बाबा अपने कमरे में चले गए। पदयात्रा साढ़े छह बजे समाप्त हो गई।

सर्वोदय शिविर में श्रम की प्रतिष्ठा की जानी चाहिए
पंजाबी कार्यकर्ताओं में बाबा का प्रवचन

सर्वोदयी कार्यकर्ताओं के सम्मुख आज आचार्य विनोबा भावे ने कहा कि सर्वोदय कार्यकर्ता जहाँ भी कहीं शिविर का आयोजन करें वहाँ श्रम की प्रतिष्ठा अवश्य होनी चाहिए। शिविर सम्बन्धी विविध पहलुओं पर प्रकाश डालते हुए बाबा ने कहा कि शिविर में प्रकृति से साम्य हो तथा एकान्त स्थान पर होना चाहिए। आपने यह भी कहा कि इन्दौर में आयोजित शिविर में ये बातें नहीं आ सकीं किन्तु फिर भी जहाँ भी कहीं शिविर आयोजित किए जाएँ, वहाँ इन बातों पर विशेष ध्यान दिया जाना चाहिए। आपने अन्त में कहा कि सर्वोदय को वो कार्य करने हैं जो कि राजनीतिक दल नहीं कर पाए हैं। शिविर के विभिन्न पहलुओं की चर्चा करते आचार्य विनोबा भावे ने कहा कि शिविरार्थियों को शारीरिक श्रम की ओर विशेष ध्यान देना चाहिए तथा जहाँ भी शिविर आयोजित किए जाएँ वहाँ नियमित रूप से तीन घंटे या दो घंटे श्रम करना चाहिए।

बाबा यहाँ पंजाब के कार्यकर्ताओं के सम्मुख बोल रहे थे। आपने कहा कि इन्दौर में पंजाब के सर्वोदयी कार्यकर्ताओं का शिविर लगा है। यहाँ शारीरिक श्रम हेतु कोई व्यवस्था नहीं है केवल वैचारिक प्रवृत्तियाँ ही चल रही हैं। हाँ आप एक घंटा सूत कातते होंगे किन्तु इसे श्रम नहीं कहते यह तो एक वैचारिक संकेत है। श्रम करने से मन ताजा रहता है तथा उससे विचार करने की शक्ति बढ़ती है। आपने कहा कि सर्वोदय सम्मेलन रखा गया था तब भी श्रम की व्यवस्था रखी गई थी। इसलिए जहाँ भी कहीं शिविर आयोजित किए जाएँ वहाँ श्रम की प्रतिष्ठा की जानी चाहिए। शिविर सम्बन्धी दूसरी बात पर प्रकाश डालते हुए आचार्य विनोबा भावे ने कहा कि शिविर का स्थान एकान्त में होना चाहिए तथा वहाँ सृष्टि के साम्य भी आवश्यक है। जहाँ सृष्टि से साम्यता तथा एकान्त हो वहीं मौलिक विचार सूझते हैं।

बाबा ने अन्त में कहा कि शिविर में जितने पुरुष भाग लेते हैं, उनसे ज्यादा संख्या में महिलाओं को भी भाग लेना चाहिए। आपने कहा कि स्त्रियाँ अधिक कार्यशील हैं तथा हिन्दू समाज में तो उनका विशेष स्थान भी है। आजकल यह एक आश्चर्य की बात है कि पुरुष अधिक भार उठा कर कहता है कि वह अधिक कार्य करता है जबकि वास्तविकता यह है कि महिलाएँ ही अधिक कार्य करती हैं। सर्वोदयी कार्यप्रणाली आदि की व्याख्या करते हुए सन्त प्रवर ने कहा कि सर्वोदय को वह कार्य करना है जो कि राजनीतिक पार्टियाँ सियासती कारणों के कारण आज तक नहीं कर पाई हैं।

आज के युग को निर्णय-शक्ति की विशेष चाह
कुसंस्कार स्मृति को भुलाने के लिए भगवद् स्मरण अनिवार्य

प्रात:काल सवा चार बजे के बाद पंजाबी कार्यकर्ताओं के वर्ग में अपनी पुस्तक *स्थितप्रज्ञ दर्शन* की चर्चा करते हुए स्थितप्रज्ञ के लक्षण बताते हुए बाबा ने कहा कि स्थितप्रज्ञ का

खास लक्षण है प्रज्ञा। *गीता* ने प्रज्ञा को ऐसी निर्णय शक्ति बताया है जो कभी चुकती नहीं और आज के युग में निर्णय शक्ति की विशेष चाह है। प्रवचन के प्रारम्भ में बाबा ने कहा—पंजाब के हमारे भाइयों के बीच हमारी कुछ खास किताबों का प्रचार दुखायलजी ने किया है। हमसे कहा गया है कि हम उसके बारे में कुछ समझाएँ आज हम *स्थितप्रज्ञ दर्शन* के बारे में कुछ विचार रखेंगे।

उन्होंने अपनी बात रखते हुए कहना शुरू किया कि भिन्न-भिन्न युगों में भिन्न-भिन्न गुणों की चाह रही है। कभी करुणा, कभी साध्व, कभी ज्ञाननिष्ठा इस तरह जैसे युग की भूख रही है। वैसे गुणों को प्रधानता मिलती आई है। लेकिन हर युग में एक बुनियादी शक्ति रही है, खासकर इस युग में, वह है निर्णय शक्ति। *गीता* में कहा है प्रज्ञा यानी वह निर्णय शक्ति जो कभी फेल नहीं होती। भक्तों के कई नाम चलते हैं और भक्तों के भिन्न लक्षण भिन्न-भिन्न ग्रन्थों में दिए गए हैं। पर स्थितप्रज्ञ के लक्षण केवल *गीता* में दिए गए हैं। जहाँ समाज के सामने कोई नई कल्पना रखनी होती है, वहाँ नया शब्द बनाना पड़ता है। स्थितप्रज्ञ एक ऐसा ही शब्द है। *गीता* में स्थितप्रज्ञ का प्रमुख गुण प्रज्ञा मानकर उसके अन्य लक्षण बताए हैं। वे लक्षण बच्चे भूखे हैं। भक्त, लक्षणों की आर्द्रता उनमें नहीं है। कहीं एक जगह कुछ गीलापन है। जहाँ भगवान कहते हैं कि मुझे ही परम समझकर मुझमें लीन वाले की प्रज्ञा जाग्रत होती है।

फिर उन्होंने बताया कि संस्कारों की पकड़ बड़ी गहरी होती है और इस कारण प्रयत्न शक्ति और ज्ञान कम हो जाते हैं, जिससे प्रज्ञा प्रभावित होती है। मगर वह कालजयी होनी चाहिए। संस्कारों का वेग भी समय के साथ क्षीण हो जाता है। कहा जाता है क्रोध आए तो सो जाना चाहिए, सुबह वह उतर जाएगा। निद्रा में सुसंस्कार बढ़ता है और कान से सुसंस्कार कम होता है। मनुष्य में एक विलक्षण शक्ति और होती है वह है स्मरण शक्ति। मनुष्य के सामने यह एक बड़ी भारी समस्या है कि जो चीज स्मृति में बैठ गई है, उसे भुलाया कैसे जाए? मेरा निजी अनुभव है कि स्मृति को निकाल देना बहुत कठिन है। बचपन के संस्कार हमेशा गहरे होते हैं और उनकी विस्मृति बहुत मुश्किल है। इसीलिए गन्दे पोस्टरों और इश्तिहारों के विरोध में मैं कहता हूँ। स्मृति को रोकना मनुष्य के सामर्थ्य से बाहर है। जितना भुलाओ उतना ही अधिक स्मरण होता है। इसीलिए भगवान ने स्थितप्रज्ञ के लक्षणों में कहा है कि मुझमें इतने तल्लीन होकर रहो कि जाग्रति में भी निद्रा रहे। अब संस्कार छोड़ना भी उतना कठिन नहीं जितना उसकी स्मृति छोड़ना। इसलिए *गीता* में एकाग्रता के लिए हरि नाम स्मरण बताया गया है। भगवान के नाम का स्मरण अन्य बातों के स्मरण को हटाएगा। प्रार्थना भी उसका एक साधन है। सभी धर्मों में प्रार्थना को माना गया है।

बुरे संस्कारों को हटाने के लिए उनकी स्मृतियों को मिटाने के लिए भक्ति ही परम श्रेष्ठ प्रकार माना गया है। स्मृति दोनों का स्मरण करती है—कुसंस्कारों का भी और सुसंस्कारों का भी। स्मृति एक इतिहास है दो संस्कारों का रेकार्ड है। कुसंस्कार हटाने के लिए सुसंस्कार डालो और सुसंस्कार पड़ते हैं भगवत स्मरण से। गणित में एक विद्यार्थी तल्लीन है, फिर उसे भूख लगेगी तो रोटी खाने उठेगा ही। उसका ध्यान भंग होगा। खाने को भी वह अपनी कृतियों में पिरो नहीं सकता। केवल भगवद् स्मरण ही एक ऐसी चीज है जिसे सब कृतियों में पिरोया जा सकता है।

गीता के स्थितप्रज्ञ के लक्षण बतलाने वाले श्लोकों की भाषा विज्ञान की भाषा है, उसमें तटस्थता है। मुझे खासकर निर्णय शक्ति की बात कहनी है वह बहुत बड़ी है। जिस शक्ति को कोई भी बाहरी शक्ति प्रभावित न कर सके वह है निर्णय शक्ति और प्रज्ञा निर्णय करने की जोरदार शक्ति है। स्थितप्रज्ञ दर्शन की यह बहुत बड़ी बात है कि प्रज्ञा की प्राप्ति अगर चाहते हैं तो कुसंस्कार ही नहीं, गलत स्मृतियाँ भी हटानी पड़ेंगी। और इसके लिए भगवद् भक्ति ही एकमात्र उपाय है। ईसाई लोगों में कन्फेशंस का महत्त्व है। कन्फेशंस का मतलब है, आत्म-स्वीकृति, अपने पापों का इजहार करना। अपने को जाहिर करने से पाप तो चला जाएगा लेकिन उसकी स्मृति फिर भी बनी रहेगी और अपनी आत्म-स्वीकृति में भी पापों की पुनः स्मृति हो जाती है। इस स्मृति को भुलाने के लिए भगवद् स्मृति ही एकमात्र उपाय है।

सब भ्रष्टाचार करें तो वह शिष्टाचार होगा
समाज की रचना में और व्यवहार में व्याप्त गड़बड़ी

सायंकाल पानी खुल जाने के कारण बरामदे के बाहर सफेद कोठी के लॉन में हुई प्रार्थना सभा में सन्त विनोबा भावे ने कहा कि आज सभी लोग भ्रष्टाचार की शिकायत करते हैं। लेकिन चन्द लोग करते हैं वह भ्रष्टाचार हो सकता है, जिसे सब लोग करते हैं वह भ्रष्टाचार नहीं, शिष्टाचार होगा। आज के प्रवचन में बाबा ने भ्रष्टाचार के बारे में विशेष रूप से अपनी राय प्रकट की। उन्होंने कहा कि आज चारों तरफ से यही सुनाई पड़ता है कि भ्रष्टाचार बुरी तरह फैल रहा है। यह यत्र तत्र सर्वत्र पाया जाता है। जब मैं यह सुनता हूँ तो खिन्न हो जाता हूँ। मानव इस तरह अपने आपको निश्चित करे, वह कोई अच्छी बात नहीं है। मुझसे एक भाई ने इस सम्बन्ध में बात की। अब जैसी मेरी आदत है, मैंने शरारत करने के लिए उसे छेड़ दिया। कहा जब सब भ्रष्टाचार करते हैं तो वह शिष्टाचार हो गया। जिसे सब करें उसे तो मान्य आचार ही कहना पड़ेगा। वह भाई चिढ़ गया। उसने घर जाकर एक पत्र लिखा कि बाबा अजीब आदमी हैं। भ्रष्टाचार को शिष्टाचार कहता है। फिर वह पत्र उसने अखबार में छपवाया और कृपा करके एक नकल हमारी तरफ भी भेज दी।

आप लोग जानते हैं—रिश्वत किसी भी भाषा में गौरवयुक्त शब्द नहीं है, पर हिन्दी में, हमारी परम प्रिय हिन्दी में उसके लिए जो शब्द है वह यों प्रयुक्त होता है—पाँच रुपये का टिकट लेना है, खूब भीड़-भाड़ है आप पहुँचिए—वह कहेगा ऊपर से कुछ 'दस्तूर' शब्द प्रयुक्त किया जाता है। ऐसा शब्द किसी भी भाषा में नहीं है। पर हिन्दी भाषा में इसे खोज निकाला। दस्तूर रिश्वत के लिए एक सुमधुर शब्द है। इस शब्द की खोज उत्तर प्रदेश में गंगा के किनारे हुई है। दक्षिणी भाषाओं में भी रिश्वत के लिए कोई सम्मानजनक शब्द नहीं था। उन्होंने बनाया नहीं, हिन्दी से उधार ले लिया वह शब्द है 'मामूल'। यानी मामूली बात। ऊपर से थोड़ा-बहुत मामूली सी बात।

फिर एक उदाहरण देते हुए सन्त विनोबा ने कहा—बाजार में सौदा खरीदने जाते हैं। हम जानते है कि अमुक वस्तु आठ रुपये में चार सेर आएगी। फिर भी कहते हैं ऊपर से क्या है? न्याय से जितना मिल सकता था, उतना तो ले लिया फिर ऊपर से जो कुछ

लिया जाएगा—वह तो रिवाज ही होगा। तुकाराम महाराज की भी दुकान थी। उनसे कोई मिर्ची लेने आया। खरीद लेने के बाद उस ग्राहक ने कहा—ऊपर से कुछ दोगे। तुकाराम ने कहा—ये लो। अब न्याय से जितना मिल सकता था, उतना तो तुमने ले लिया। प्रेम से जितना लेना है, उतना तुम खुद ले लो। जितना प्रेम प्रगट प्रेम हो जाए उतना ही अच्छा। इस तरह लोग उन्हें ठगते थे। महाराष्ट्र में तो तुकाराम जैसा अव्यावहारिक आदमी दूसरा समझा नहीं जाता। महाराष्ट्र के पत्र में बाबा की टीका हुई। लिखा गया बाबा निस्पृह होकर कहता है, ठीक है। पर उसकी वही हालत होगी जो तुकाराम की हुई थी। अब हमने कहा—हमें गाली देने के लिए हमारा नाम तुकाराम के साथ क्यों दिया? क्योंकि तुकाराम जैसा अव्यावहारिक आदमी महाराष्ट्र में दूसरा नहीं हुआ। मगर आप आम जनता में जाइए वहाँ आपको दो नामों के सिवाय तीसरा नाम सुनाई नहीं देगा। पहला ज्ञानदेव, दूसरा तुकाराम। आम जनता में उनके लिए इतना आदर है। पर शिक्षित लोग शिष्टजन उन्हें व्यवहार शून्य मूर्ख कहते थे। पर जरा देखिए कि तुकाराम भगवान से कैसा सौदा कर रहे हैं—मैं तेरी भक्ति करता हूँ। उसके बदले तू मुझे दुनिया की सुख सुविधा दे दे, कीर्ति दे दे, यह मुझे ठग नहीं सकता। मैं सबका बनिया हूँ भक्ति के बदले मैं तेरा ही सौदा करूँगा।

परमेश्वर से सौदा करने वाला महान व्यापारी महाराष्ट्र में दूसरा हुआ, मुझे मालूम नहीं। भगवान भी जिसे ठग नहीं सकते लोग उसे मूर्ख अव्यावहारिक व्यापारी मानकर गुड़ और मिर्च के सौदे में ठगते हैं। लेकिन इधर इन ठगने वालों की मायादेवी ठग रही है इस तरफ किसी का ध्यान नहीं जाता। अब लोग लिखते हैं—तुकाराम का जीवन दुखों से भरा हुआ था। वे सदा निर्धन रहे। उन्होंने अपार कष्ट उठाए। पर जरा देखिए कि तुकाराम क्या गा रहा है—मेरे जीवन में आनन्द का समुद्र हिलोरे मार रहा है। गर्मियाँ उठ रही हैं! पर लोग उसकी तरफ से वकीली करते हैं कि तुकाराम इतनी भक्ति करता था फिर भी उसे इतना दुख क्यों? मैं उनसे कहता हूँ कि तुम वकील हो क्या? उसकी तरफ से मुफ्त में वकीली क्यों करते हो? भक्ति उसने की थी, उसे अगर भगवान से शिकायत होगी तो वह ख़ुद कहेगा।

अब यह सबके सोचने की बात है कि मानवता को हीन क्यों मानें? भ्रष्टाचार यहाँ है ही कहाँ, यहाँ तो दस्तूर है, मामूल है, रिवाज है। हमने नाहक एक-दूसरे की निन्दा करने की सुन्दर योजना बना डाली। हम सौदा लेने जाते हैं—पूछते हैं क्या भाव है—वह कहता है 10 आने सेर। आप कहते हैं 4 आने दो। आप चलते हैं वह फिर बुलाता है। कहता है—चार आने तो बहुत कम होते हैं—आठ आने देंगे। आप फिर चलते हैं—वह फिर बुलाता है और इस तरह सौदा 5-6 आने में तय हो जाता है। अब इतने मोल भाव से एकमत हुआ प्रेम बढ़ा। क्या एक भाव से वह परिचय, वह प्रेम हो सकता था? तो जिसे कुल के कुल लोग करते हैं वह रिवाज और जिसे चन्द लोग करते हैं वह भ्रष्टाचार।

हम देख रहे हैं लोगों के हृदय में ज्योति है, उस पर भी बुराइयाँ हो रही हैं? मैं पूछता हूँ किस-किस क्षेत्र में बुराइयाँ हैं? लोग कहते हैं सारी बुराइयाँ आर्थिक क्षेत्र में हैं। मैं सोचता हूँ कि लोगों का अगर दिल बिगड़ा होगा तो जीवन के हर क्षेत्र में खराबी आनी चाहिए पर ऐसा नहीं है। इसके कुछ कारण होंगे। कुछ योजना बिगड़ी है। रचना बिगड़ी

है। व्यवहार बिगड़ा है। तो यह सब समझकर लोगों को प्रेरणा देनी चाहिए कि वे इससे मुक्ति पाकर अच्छा काम करें। बार-बार मानवता को निन्दित करने से क्या फायदा होगा। हमने समाज को अच्छी दृष्टि देनी चाहिए। वाणी का उपयोग बहुत सम्हल-सम्हल कर करना चाहिए। वाणी साथ, प्रेममय होनी चाहिए। किसी को पापी कहने से और अपने को पापी कहने से कोई पाप मुक्त नहीं होता। हम श्रुति के पास जाते हैं और कहते हैं कि हम घोर पापी हैं—पर वह कहती है तू ब्रह्म है। कोई बात नहीं ऊपर कुछ दोषावरण चढ़ गया है। पर तू उसे निकाल सकता है। इससे उसे ताकत मिलती है। वह ऊँचा चढ़ने की कोशिश करता है। वह ऊँचा चढ़ता है।

श्री जयप्रकाश नारायण का भाषण

संयोगकी बात है कि स्वतंत्रता दिवस पर श्री जयप्रकाश नारायण इन्दौर आ रहे हैं और शाम को 7 बजे उनका भाषण सुभाष चौक की ग्राम सभा में होगा।

शासनमुक्त समाज रचना के कार्य में जुटें
आचार्य विनोबा भावे द्वारा चार सूत्रीय कार्यक्रम पर प्रकाश

यहाँ पंजाब के सर्वोदयी कार्यकर्ताओं को सम्बोधित करते हुए आचार्य विनोबा भावे ने कहा कि शासन मुक्त समाज रचना के लिए हमें प्रयत्न करना चाहिए। यह सच है कि हम अपने जीवन में चाहे ऐसे समाज को नहीं देख सकें किन्तु आने वाली पीढ़ी अवश्य देखेंगी। आचार्य विनोबा भावे ने अपने प्रवचन में आगे कहा कि दंड व ईर्ष्या मुक्त समाज की रचना के लिए हमें चार कार्य करने होंगे। प्रथम तो इस विचार का प्रचार, दूसरा कार्य करके बताएँ, अशान्ति के समय शान्ति स्थापित करने के कार्य में जुट जाएँ। अन्तिम कार्य है सहजीवन एवं सहचित्त बनाने का प्रयत्न करना। आचार्य श्री विनोबा भावे ने कहा कि कोई चाहे या न चाहे किन्तु आज जीवन के बहुत से भाग शासन से नियंत्रित होते हैं तथा चन्द दिनों तक होते रहेंगे। शासनमुक्ति का दर्शन हम अपने जीवन में नहीं कर पाएँगे; आगे आने वाली पीढ़ी ऐसे समाज को देख पाएँगी। चाहे हम ऐसे समाज को देख न पाएँ किन्तु उसके लिए हमें प्रयत्न करना है तथा कर रहे हैं। लोकमान्य तिलक ने स्वराज्य का नारा लगाया किन्तु वे अपने समय में स्वराज्य नहीं देख पाए।

आचार्य विनोबा भावे ने विज्ञान की प्रगति पर बोलते हुए कहा कि आज विज्ञान का जमाना है तथा विज्ञान के सहारे ही हमें शोषण मुक्त समाज बनाना है एवं इसके लिए हमें कार्य करना है। यह कहना गैरवाजिब है कि परिस्थिति अनुकूल नहीं है इसलिए अभी कार्य प्रारम्भ नहीं करना चाहिए। अगर ऐसा सोचेंगे तो इसका अर्थ यही होगा कि वर्तमान समाज रचना के प्रति हमारी मूक सम्मति है। अपनी कार्य प्रणाली पर प्रकाश डालते हुए बाबा ने कहा कि सबसे पहला कार्य यह है कि हम किस विचारधारा का प्रचार-प्रसार करें। इस कार्य में वाद-विवाद के झगड़ों में न पड़ते हुए लोगों को शान्ति से समझाएँ और वास्तविक वस्तुस्थिति को लोगों के सामने रखें। दूसरी बात आचार्य भावे ने बताई कि शासन मुक्त राज्य बनाने के लिए जहाँ हम कोशिश कर सकते हैं वहाँ प्रयोग करना चाहिए। कस्बा, गाँव या शहर चुन लें यहाँ अपनी तमाम शक्ति लगाकर

कार्यकर्ता जुट जाएँ और उस क्षेत्र को मैं शासन मुक्त समाज की स्थापना कर सकें। यह कार्य कार्यकर्तागण संयुक्त रूप से मिलकर ही कर सकते हैं और व्यक्तिगत तौर पर भी। व्यक्तिगत तौर पर परिवारों में, मुहल्ले में, या वार्डों में इस तरह के समाज की रचना कर सकते हैं। आचार्य भावे ने कहा कि उपरोक्त दो कारण मैंने बताए कि लोगों द्वारा समाज को विचारधारा समझाई जा सकती है। इसके अतिरिक्त अन्य बातें हैं। किसी माध्यम से सर्वोदय विचारधारा का प्रचार बढ़ाया जा सकता है। समाज में जहाँ भी कहीं असन्तोष हो, वहाँ असन्तोष के कारणों का निवारण करना चाहिए। जहाँ झगड़ा-फसाद हो वहाँ जाकर दोनों दलों को समझाना चाहिए। इस कार्य में असफल भी हो जाएँ तो भी एतराज नहीं। अन्त में सबसे मुख्य बात यह है कि जीवन में सहजीवन व आत्मचित्र बनाने का प्रयत्न करें।

दिलचस्प निचोड़
सर्वोदय को वाल्मीकि चाहिए

आचार्य विनोबा भावे ने विनोद में आज यहाँ कहा कि राम इसलिए प्रसिद्ध हो गए कि उन्होंने वाल्मीकि के समान साहित्यिक को पकड़ लिया। रावण के चंगुल में कोई साहित्यिक नहीं फँसा इसलिए उससे अज्ञात ही रहे। हँसी की खिलखिलाहट में बाबा ने आगे कहा कि सर्वोदय को भी किसी वाल्मीकि को पकड़ना पड़ेगा तभी सर्वोदय की प्रसिद्धि होगी।

बाबा को एक भाई ने पत्र में लिखा है—डॉक्टर ऐसी औषधि को जिनको वे अच्छी तरह नहीं जानते ऐसे शरीरों में डालते हैं जिन्हें वे कतई नहीं जानते। इस पर टीका करते हुए बाबा ने कहा कि डॉक्टर रोगी को औषधि देता है, मगर वह बच जाए तो कहता है, मैंने बचाया और अगर मर जाए तो सभी कहते हैं कि मारा भगवान ने। अब यह कैसी अजीब बात है जिलाने वाला डॉक्टर और मारने वाला भगवान। तो भाई डॉक्टर एक जिम्मेदारी मत लो, मारने-तारने दोनों की जिम्मेदारी लो। न्याय व्यवस्था पर बोलते हुए आचार्य विनोबा ने कहा कि न्याय दान में व्यक्तिगत पहलू नहीं आना चाहिए। इसी सन्दर्भ में आपने मौलाना उमर का द्रष्टांत देते हुए कहा कि उमर धार्मिक युद्ध लड़ रहे थे उस समय उन्होंने अपने विरोधी को गिरा दिया तथा उसको तलवार से मारने ही वाले थे कि विरोधी ने उनके मुँह पर थूक दिया। थूकने के उपरान्त उमर एकदम हट गए तथा विरोधी को मारा नहीं। इस पर जब साथियों ने पूछा कि आपने विरोधी को क्यों नहीं मारा? तो उन्होंने जवाब दिया कि मुझ पर जब विरोधी ने थूका तो मुझे गुस्सा आ गया। अगर उस समय मैं उसे मार देता तो वह धार्मिक युद्ध नहीं रहता उसमें तो व्यक्तिगत पहलू भी शामिल हो जाता।

स्वर्ग में हर चीज मुहैय्या है। वहाँ आराम, आमोद-प्रमोद, विनोद की चीजें हैं जिसे बारी-बारी से भोगते हैं। इतना सब कुछ होते हुए भी वहाँ पुरुषार्थ नहीं है। किन्तु विनोबाजी ने कहा कि बगैर पुरुषार्थ के कोई आनन्द ही नहीं है। आचार्य श्री विनोबाजी ने कल्याणकारी राज्य की व्याख्या करते हुए कहा कि इंग्लैंड में कल्याणकारी राज्य है इसलिए वहाँ एक भी समस्या नहीं है, यही सबसे बड़ी समस्या है। पूँजीवादी तत्त्व का सामना करने के प्रश्न पर विनोबा भावे ने कहा कि सबसे पहला पूँजीपति तो अपना शरीर

है। सबसे पहले इसी से मुकाबला करना चाहिए। सफेद कोठी पर पंजाब के कार्यकर्ताओं को सम्बोधित करते हुए आचार्य विनोबा भावे ने कहा कि सर्वोदय की जमात छोटी हो किन्तु वह खमीर बने। अगर वह खमीर बन जाएगी तो बड़े समाज पर फैल जाएगी। आचार्य विनोबा ने कहा कि इन्दौर की महारानी अहिल्याबाई ने अपने खजाने का धन दूसरे राज्यों में खर्च किया। अहिल्याबाई ने मन्दिरों, घाटों, मार्गों, सदा-दुखी आदि के लिए देश के विभिन्न राज्यों में पैसा खर्च किया।

बाबा ने कहा कि अहिल्याबाई के दूरदृष्टि, विचार तथा उनके कार्यों से लोग गदगद हो जाते हैं। इसी क्रम में बाबा ने कहा कि इन्दौर में भी एक ऐसी पार्टी बननी चाहिए जो यह प्रचार करे कि हम अपने सम्पत्ति का हिस्सा दुनिया में बाँटेंगे। इसी नारे के आधार पर वह चुनाव लड़ें। कल के प्रवचन में बाबा ने कहा कि गरीबी का जो उदाहरण है वह सिर्फ दुख मनाने के लिए नहीं, विचार के लिए भी है। यह उदाहरण बाबा को इस सदी के महान सेवक स्व. बाबा राम दास सुनाया करते थे। उन्होंने 40 साल उत्तर प्रदेश की सेवा की थी। वहाँ का एक गाँव ऐसा नहीं होगा, जहाँ के लोग बाबा राम दास को नहीं जानते होंगे। वे बाबा से कहा करते थे कि उत्तर प्रदेश के लोग पक्षी के पेट से निकले हुए पचे अनाज को धोकर उसकी रोटी बनाकर खा लेते हैं। यही कार्य गायें-ढोरों के गोबर से निकले अनाज के साथ करते हैं।

(14 अगस्त, 1960)

वामन के तीन डग

आज सुबह तीन बजे ब्रह्ममुहूर्त में ताँगे पर लगा एक लाउडस्पीकर इन्दौर में यह घोषणा करता घूम रहा था—'उठिए भाइयो! उठिए! आज जन्माष्टमी है, भगवान कृष्ण का जन्मदिन। आज आपके वार्ड में बाबा आने वाले हैं। उनके प्रवचनों का लाभ उठाइए। उठिए।' लाउडस्पीकर की यह आवाज सुबह तीन बजे के अन्धकार और खामोसी को चीरती हुई कितनी ही बन्द आँखों को खोल रही थी। उनींदी चेतना को जगा रही थी। लोग जाग रहे थे, एक त्योहार का स्वागत करने के लिए लोग जा रहे थे एक संस्कृति को जगाने के लिए। लोग जाग रहे थे एक परम्परा में एक नई कड़ी जोड़ने के लिए एक परम्परा का त्योहारी वातावरण उनकी खुमारी दूर कर रहा था। आज जन्माष्टमी। आज बाबा आएँगे। प्रवचन देंगे।

त्योहार का दिन वैसे देखा जाए तो और दिनों जैसा ही होता है। वैसी ही सुबह होती है। वैसा ही पूर्व से सूरज निकलता है। वैसी ही दोपहर, तपती बरसती या काँपती है। वैसे ही शाम होती है। सूरज डूब जाता है और रात का अँधेरा सबको अपने में ढँक लेता है। फिर वह कौन सा तत्त्व है जो दिलों में उल्लास और उमंगों का ज्वार उठा देता है। मैं समझता हूँ वह परम्परा है। वह सबके अवचेतनों को मौका पाकर संस्कृतियों को दिल में जगा देती है। और कोई नई विशेष बात नहीं होते हुए भी हमें लगता है कि आज के दिन में कोई विशेषता है। एक मुहावरा है—आज बारह महीने का दिन है। यानी आज का दिन तीन सौ पैंसठ दिनों का दिन है। आज का दिन तीन सौ पैंसठ दिनों का दिन था जन्माष्टमी। कृष्ण का जन्मदिन। उस भगवान कृष्ण का जन्मदिन जो भारत के कण-कण में भिन्न-भिन्न रूपों में रमा हुआ है। तिसपर आज इन्दौर के वातावरण में छाए हुए सन्त विनोबा आने वाले थे। प्रवचन देने वाले थे। इस दुहरे उल्लास से कौन न जागा होगा? चार बजने में अभी दो-तीन मिनट की देरी थी। बाबा अपने कमरे में अपने तख्त के पास डेस्क के सामने नीचा सिर किए ध्यानावस्थित से बैठे थे। कमरा बिजली की रोशनी से भरा हुआ था। प्रार्थना करते बैठे लोग प्रायः चुप थे। उनकी संख्या बढ़ती जा रही थी। आज कुछ ऐसे लोग भी प्रार्थना में दिखाई दे रहे थे, जो स्वभावतः ही सुबह इतनी जल्दी उठने के आदी नहीं हैं, और आज सुबह तक बाबा के निवास में नहीं देखे गए हैं। बाबा का नाश्ता शायद हो चुका था। वे मौन बैठे थे, पर उनका मौन जैसे हजार जबानों से बोलता था। ठीक चार बजे बत्ती बुझी। प्रार्थना शुरू हुई। जय-विजय, बाबा तथा अन्य पुरुषों के स्वर के साथ बहनों का नारी स्वर ऐसा लगता था जैसे इन्द्रधनुष के छह रंगों के बाद सातवाँ

रंग होता है। बत्ती फिर जल उठी। रोज की तरह लोग एक बार बिखर कर हॉल में फिर इकट्ठे हो गए।

ठीक समय पर बाबा ने प्रवचन शुरू किया। कल की अधूरी छुटी स्थितप्रज्ञ दर्शन की चर्चा बाबा ने आज पूरी कर दी। अपनी अन्य दो-तीन पुस्तकों की भी उन्होंने चर्चा की। आज का यह प्रवचन पंजाबी भाइयों के शिविर में बाबा का अन्तिम प्रवचन था। लोग बाबा की गहरी वजनी बातों को मन में लिये बाहर पोर्च, बरामदे और हॉल में बिखर गए, पर जैसे ही बाबा जय-विजय के हाथ पकड़े अपने कमरे से निकले सब उनके पीछे इकट्ठे हो चलने लगे। आज बाबा के साथ काफी भाई बहन थे। इतने पदयात्री बाबा के साथ सिर्फ नन्दानगर की श्रमिक क्षेत्रीय पदयात्रा में थे। तुकोगंज सड़क पर पूर्व की तरफ बढ़ते हुए बाबा ने सिर ऊपर कर आसमान की ओर देखा। ऊँचे आसमान में आधा चाँद हल्के बादलों को प्रकाशित कर रहा था। उनका बादलों से छनकर आना, धुँधला उजियाला चारों ओर बिखरा हुआ था। बाबा मौन थे। अपनी सामान्य गति से चल रहे थे। उनके सिर पर उनकी प्यारी हरी टोपी थी। बदन पर खादी की शुभ्र धोती और उसके ऊपर रेशमी शॉल थी। पैरों में नए जूते थे। अब बाबा चन्द्रविला से दाहिनी ओर मुड़कर साउथ तुकोगंज की कच्ची गड्ढ़ों वाली सड़क पर चल रहे थे। वे बीच-बीच में सिर उठाकर ऊपर देख लेते थे। जाने क्या सोच रहे होंगे। क्या चाँद का पहली बार इन्दौर की पदयात्रा में इतना स्पष्टता से दिखना उन्हें अच्छा लग रहा था? या वे बादलों को देखकर पानी के गिरने न गिरने का अनुमान लगा रहे थे? कौन जाने?

नए कोर्ट के पीछे वाली सड़क पर उन्होंने शान्तिभाई देसाई को बुलाया। आज अच्युतभाई या धीरजभाई के द्वारा मुलाकातियों की पुकार नहीं हो रही थी, बाबा खुद ही बुला रहे थे। शान्तिभाई से उनकी बातें शुरू हुईं। पहले तो गुजरात के शान्तिभाई बड़ी धीमी आवाज में बोल रहे थे। फिर उन्हें कुछ एहसास हुआ तो गला खोलकर कुछ ऊँची आवाज में बोले। लॉज के सामने से साउथ तुकोगंज सड़क पर मुड़कर बाबा ने शान्तिभाई से कहा—यहाँ दो-तीन दिन रहकर देखो, क्या हो रहा है। बाबा का विचार चल रहा है। मेरी राय में तो कुछ प्रश्न निकालकर लाना और उन पर चर्चा करने के बजाय यह ज्यादा अच्छा है कि कुछ दिन प्रवाह में बहा जाए और उसमें अपने को अनुभूति के लिए छोड़ दिया जाए। शान्तिभाई को बाबा की बात ठीक लगी। फिर भी उन्होंने इधर-उधर के दो-तीन प्रश्न किए। हिन्दी साहित्य समिति भवन के पास उन्होंने बाबा को नमस्कार किया और पीछे हट गए।

अब बाबा ने कहा—कहाँ हैं वो सीपी वाले भाई? एक भाई सिर पर सफेद अंगौछा बाँधे बाबा के साथ चल पड़े। बाबा ने उन्हें अपना दाहिना हाथ पकड़ने को दिया। सीपी वाले उन भाई ने बताया कि वे पहले जागीरदार थे, फिर स्वतंत्रता प्राप्ति के बाद उनकी जागीरी खत्म हो गई और अब वे केवल किसान हैं। स्वतंत्रता प्राप्ति आन्दोलन में भी उन्होंने भाग लिया था और फिर भूदान में काम किया। चर्चा चल रही थी कि डॉ. ऋषि के दवाखाने के आगे एक मकान के फाटक से निकलकर अच्युतभाई ने बाबा से कहा—ताम्बे साहब के घर चलिए जरा। उनके पीछे एक वृद्ध सज्जन निकलकर आए उन्होंने बाबा को प्रणाम किया और अपने घर की तरफ ले चले। बाबा ने मराठी में

पूछा—मकान घर का है या भाड़े का। ताम्बे साहब ने बताया भाड़े का। किराया कितना है? चालीस रुपये। पुराना किराया मालूम पड़ता है। नहीं पर मैं तो इधर रहता हूँ। मकान में और लोग भी रहते हैं। बाबा उनके मकान की बैठक में पहुँचकर पलँग पर बैठ गए। ताम्बे साहब ने उन्हें गांधीजी का एक चित्र बताया। वह चित्र गांधीजी जब इन्दौर में 1935 में हिन्दी साहित्य सम्मेलन में आए थे, तब का था। ताम्बे साहब बाबा की ओर भी बातें बताने लगे। इतने में अन्दर से एक वृद्ध महिला गुलाबी साड़ी पहने, एक छोटी-सी थाली में आरती, कुमकुम और नारियल लिये आई। उन्होंने बाबा का टीका किया और हाथ में नारियल दिया। बाबा ने नारियल बिस्तर पर रखकर मजाक की—नारियल दिया मतलब रवाना होओ! महिला ने सकुचाकर कहा नहीं, नहीं, बैठिए ना!

पर बाबा उठ खड़े हुए। ताम्बे साहब ने अपने पड़ोसी एक-दो सज्जन से बाबा का परिचय कराया। उनमें एक डॉक्टर थे। बाबा ने उनसे भी चलते-चलते एक-दो हास्यभरे वाक्य कहे और बाहर निकल आए। बाहर कोई पूछ रहा था ये ताम्बे साहब कौन हैं? किसी ने उत्तर दिया, बाबा के साथ पढ़े हुए हैं। गोपी के भाई अब फिर बाबा के साथ चलने लगे थे। उनका दल छोटी ग्वालटोली सड़क पर चल रहा था, चौराहे के आगे बाबा ने उन भाई से पूछा—तो आप चाहते क्या हैं? गोपी के भाई ने बताया कि वे शिक्षण लेना चाहते हैं। चर्चा फिर चल पड़ी। बाबा ने उन्हें सुझाया कि कहीं और जाने के बजाय इन्दौर में ही काम करें कुछ महीनों तक। अब छह बजने में केवल दस मिनट की देरी रह गई थी। उजाला हो गया था और बाबा का दल हाथीपाला रोड पर चढ़ रहा था। इतने में कुसुम बहन ने जय भाई से कहा कि अम्बाले के कोई लुम्बा बाबा से बातें करना चाहते हैं। बाबा से कहा गया तो उन्होंने कहा—बुलाओ अम्बाले के भाई को। अम्बाले के भाई ने आते ही झट से पूछ लिया—बाबा पाप-पुण्य क्या होता है? बाबा ने दाहिनी ओर सिर घुमाकर हँसते हुए कहा—ये अम्बाले का प्रश्न है क्या? और फिर थोड़ी हँसी के बाद समझाया कि जिससे लोगों को कष्ट हो वह पाप और जिससे सुख मिले वह पुण्य। अम्बाले के भाई हाथ जोड़कर पीछे अपने दल में जा मिले।

दूर हाथीपाले के चौराहे पर आम के पत्तों का बना एक सादा सा स्वागत द्वार दिख रहा था और उसके पीछे एक और उसी प्रकार का स्वागत द्वार था, जिस पर पत्ते अधिक लगाए गए थे। दोनों स्वागत द्वारों के इर्द-गिर्द लोग जमा थे और बाबा की जय के साथ, जय जगत् का मंत्र बोल रहे थे। काफी दिनों के बाद यह दृश्य दिखाई दिया था। अभी बाबा का दल स्वागत द्वारों से दूर ही था कि एक वृद्ध सिख (जिसकी राम-राम की पुकारों से सारा इन्दौर परिचत है) साइकिल पर बैठा बाबा के सामने आया और अपने तक ही जोर से बड़बड़ाया—अरे भगवान तो इधर जा रहे हैं और मैं उधर जा रहा हूँ। उसने झटके से साइकिल रोकी, झपाटे से उतरा और बाबा के चरणों में लोट गया, जब लोगों ने उठाया तो वह बोल रहा था, तारो दुनिया को! तारो—वह आधा पागल वृद्ध सिख जो राम-राम करता हुआ अक्सर लोगों के उपहास का शिकार बनता है, आज जैसे बाबा के चरणों में लोटकर तर गया।

चौराहे पर दोनों तरफ लोगों की कतारें थीं, जिन्होंने बाबा का अभिवादन किया। मालीपुरा के कोने पर खड़े लोगों ने बाबा को सूत की मालाएँ अर्पित कीं और जय जगत्

का मंत्र गुंजाया। घरों के ओटलों पर खड़े लोग बाबा को प्रणाम कर रहे थे। स्वागत के लिए आतुर मालीपुरा सड़क से निकलकर बाबा गाड़ी अड्डे के चौराहे पर पहुँचे, यहाँ काफी लोग जमा थे। पहले दुखायलजी ने एक गीत सुनाया, फिर बाबा ने बोलना शुरू किया। उन्होंने उपस्थित जनता से कहा कि यहाँ से पाँच मिनट के रास्ते पर दूसरी सभा होगी। इतने पास-पास दो सभाएँ क्यों हों? क्या आप लोग तरकारी अलग और रोटी अलग खाना चाहते हैं? रोटी तरकारी दोनों एक साथ होनी चाहिए। क्या आप लोग वहाँ की सभा में नहीं जाना चाहते? जो लोग वहाँ जाना चाहते हैं हाथ ऊपर करें? बाबा का भी दाहिना हाथ उठा हुआ था। धीरे-धीरे बहुत से हाथ उठ गए। बाबा ने चलने का निर्णय किया। लगभग सारी सभा बाबा के साथ चल पड़ी। अब बाबा का दल जुलूस बनकर बड़े रावले की तरफ चल पड़ा। जो लोग भीड़ में आगे नहीं बढ़ सकते थे, वे गली में से तेजी से निकलते जल्दी पहुँचने की इच्छा से लगभग दौड़ पड़े।

बड़े रावले के बड़े दरवाजे पर बाबा का स्वागत करने जमींदार साहब के अलावा भी कई प्रतिष्ठित व्यक्ति उपस्थित थे। बड़े रावले के भीतरी प्रांगण में उत्तर की तरफ मुँहवाला मंच सुसज्जित था। मंच के आसपास रंगोली की कला खूबी से उभारी गई थी। श्रोताओं को बैठने के लिए काफी लम्बी-चौड़ी बिछावन बिछाई गई थी। प्रवचन के पहले (तब छह बजकर दस मिनट हुए थे) दुखायलजी ने अपना प्रसिद्ध गीत 'जब से जगे रे भाई तब से सबेरा' डफली पर गाकर सुनाया लोग आकर अपनी जगहों पर बैठते जा रहे थे। दाहिनी ओर बहनें थीं और बा और भाई दुखायलजी के गीत के बाद स्वागत भाषण हुआ। उसके बाद जमींदार साहब ने देश के गणमान्य प्रतिष्ठित नेताओं और विद्वानों के सन्देश पढ़कर सुनाए। अब तक रावले का सारा प्रांगण भर गया था और भाई-बहनों के आने का सिलसिला अभी जारी ही था। छह बजकर पन्द्रह मिनट हो चुकने के बाद बाबा ने प्रवचन देना शुरू किया। आज के इस प्रवचन में बाबा कई बार रोए, गदगद हुए और बार-बार उनका कंठावरुद्ध हुआ। कृष्ण पर इतना श्रद्धा, भक्ति और ज्ञान से भरा प्रवचन इन्दौर की जनता ने आज तक नहीं सुना होगा। इस प्रवचन की उपस्थिति में उल्लेखनीय बात यह थी कि करीब पाँच हजार लोगों में अधिक संख्या बुद्धिजीवियों की थी। एक घंटे पाँच मिनट के अनोखे प्रवचन के बाद बाबा ने *गीता* समिति के भवन का निरीक्षण किया। महान कचहरी रोड पर बाबा के दल के साथ बहुत से बच्चे चल रहे थे, वे तरह-तरह के नारे लगा रहे थे और बाबा की जय बोल रहे थे। चन्द्रभाग रोड पर बाबा का जो स्वागत हुआ, वह पहले दिन (बाबा के आगमन) की याद दिलाता था।

पागनीस ढाबा के नुक्कड़ टेकड़ी पर स्थित बाल कला निकेतन के आसपास काफी लोग जमा थे। बाल निकेतन के हॉल के सामने फाटक पर केले का दरवाजा बनाया गया था। वहाँ बाल निकेतन के अधिकारियों ने बाबा का स्वागत किया। हॉल के दरवाजे पर एक मुन्ना और एक मुन्नी आरती की थाली लिये बाबा का स्वागत करने खड़े थे। भिन्न-भिन्न कक्षाओं में विभक्त हॉल में बैठे हुए नन्हें-मुन्हों के सामने कोई न कोई शिक्षा साधन रखा हुआ था। बाबा ने निरीक्षण प्रारम्भ किया। छोटे-छोटे बच्चे अपने काम में व्यस्त बाबा के चेहरे की प्रसन्नता साफ बताती थी कि बच्चों के बीच उन्हें बहुत ही आनन्द आ रहा है। वे प्रसन्न मुद्रा में हर बच्चे के पास रुकते, स्नेह भरी दृष्टि

से उसे थोड़ी देर तकते और आगे बढ़ जाते। हॉल के लगभग बीच में एक छोटी-सी पत्थर की चक्की से एक मुन्नी गेहूँ पीस रही थी। बाबा एक मिनट खड़े रहे फिर उसके सामने बैठ गए। मुन्नी को चक्की में मालवी गेहूँ के टुकड़े निकल रहे थे। उसकी दाहिनी ओर एक तपेले में मालवी गेहूँ रखे थे। बाबा ने भी चक्की की मुठ पकड़ ली और उस मुन्नी को पीसने में मदद करने लगे। -याद आता है महाराष्ट्र का एक पौराणिक किस्सा जिसमें भगवान ने अपनी एक भक्तिन के साथ आटा पीसा था। बाबा मुख से उस मुन्नी को चुपचाप गेहूँ पीसना सिखा रहे थे। उसके हाथ बदलवाते, उसे गेहूँ डालने का मौन संकेत करते, पर वह मुन्नी किसी भी हालत में अपनी मुट्ठी का रुमाल छोड़ने को तैयार नहीं थी। बाल निकेतन की एक व्यवस्थापिका बाबा को शिक्षण पद्धति, शिक्षण साधन आदि के बारे में बता रही थी। हॉल से अन्दर की तरफ जाते हुए बाबा ने ग्रूम साहब से पूछा क्यों कैसा लग रहा है। बाबा अत्यधिक प्रसन्न थे। बाल निकेतन के मुख्य भवन में बाबा ने पहले संगीत कक्षा का निरीक्षण किया। कक्षा के बीचोबीच एक कलात्मक चौक पर कलश के ऊपर दीप जल रहा था। आसपास लड़के-लड़की बैठे थे, बीच में एक शिक्षिका थी, जिसके सामने हारमोनियम रखा हुआ था। बाबा के आते ही कक्षा में मीरा का भजन मुदित हो उठा—हरि मोरे जीवन प्राण आधार। संगीत के बाद चित्रकारी तथा भूगोल की कक्षाओं में बाबा को ले जाया गया। वहाँ से निकलकर नीचे एक तख्त पर बैठकर बाबा ने बच्चों से एक सवाल पूछा आज कौन दिन है। आह! बाबा बूढ़ा नहीं है। कौन कहता है कि बूढ़ा है? बच्चों में उसे देखिए वह बच्चा है एक प्यारा बच्चा। जिसकी मुस्कान में भोलापन बोली में तुतलाहट की मधुरता। आँखों में गहरी निश्छलता। बाबा ने यहाँ कहा कि इन्दौर के कुछ बच्चों की उत्तम शिक्षा का प्रयास होना चाहिए।

बाल निकेतन से निकले बाबा हरसिद्धी होते हुए यशवन्त रोड पर बढ़ चले। जगह-जगह लोग उन्हें प्रणाम कर रहे थे। जब गाँव के कार्यकर्ता यह माने कि वह युग प्रेरित हैं। जब ऐसा मान लोगों ने जाएगा तब ये शुभ स्मृतियाँ आत्म स्मृति में डुबाई जा सकती हैं। जब यह भाव होगा कि वो भी शुभ काम मेरे द्वारा हुआ है, या अन्दर की आत्मा की प्रेरणा से हुआ है। तब वह महात्मा और परमात्मा नहीं होगा, बस आत्मा होगा। आत्मा न महात्मा होता है, न अमावस्या। जहाँ युग प्रकाश हो आत्मा हो जाता है—वह महात्मा हो जाता है, जहाँ युग प्रकाश कम होता है वहाँ अमावस्या रह जाता है। यही भेद आत्मा को तो कुस्मृतियों से मिटाना और शुभ स्मृतियों को हजम करने से आत्मस्मृति आएगी।

सर्वोदयी भाव सृष्टि में विचरण करें
पंजाब के शिविरार्थियों के सम्मुख बाबा का मांगलिक प्रवचन

सफेद कोठी पर दिन के साढ़े दस बजे पंजाब के सर्वोदयी कार्यकर्ताओं के सम्मुख शिविर का अन्तिम मांगलिक प्रवचन करते हुए आचार्य विनोबा भावे ने कहा कि स्कूल सृष्टि से परे भावसृष्टि है, जहाँ ध्यानमग्न होकर पहुँचा जाता है, तब वहाँ से लौटते समय मनुष्य नई शक्ति, नए विचार साथ में लाता है। जिन्हें बाँटने में उसे विशेष आनन्द आता है। आचार्य विनोबा भावे ने कहा कि भावसृष्टि के कारण ही कर्म में आनन्द है। आपने आग्रह किया कि शिविरार्थी प्रत्येक दिन कुछ समय के लिए भावसृष्टि में विचरें।

पंजाब के सर्वोदयी कार्यकर्ताओं को सम्बोधित करते हुए आचार्य विनोबा भावे ने कहा कि विगत सात दिनों तक हमने स्वतंत्र रूप से ज्ञान चर्चा की। जब हम पंजाब में थे तब भी इतनी ज्ञान चर्चाएँ नहीं हुई थीं। हम सब आपस में मिले तथा अब बहुत दिनों तक मिलना सम्भव न भी हो तो मैं चाहता हूँ कि हमने वहाँ जो चर्चाएँ की हैं उन पर मनन करें। हल्के पानी में न तैरते हुए गहरे पानी में तैरें एवं अधिक से अधिक मात्रा में ज्ञान अर्जित कर उसका वितरण करें। पिछले 9 वर्षों में हमने जो कार्य चला रखा है उसे सफल बनाने का प्रयत्न करें।

हमने जो कार्य चलाया है उस पर काल्पनिक यात्रा है। इसीलिए जरूरी है कि गहराई में जाकर चर्चा करें। आचार्य विनोबा भावे ने कहा जहाँ शिविर आयोजित किए जाते हैं वहाँ प्रथम दिन तथा अन्तिम दिन मांगलिक प्रवचन होते हैं, इसलिए यह प्रवचन भी मांगलिक दीक्षान्त प्रवचन है। आज प्रात: कृष्ण जन्म के निमित्त बोलने गए थे। वहाँ बोलते समय मैंने अपने को दूसरी दुनिया में पाया। दूसरी दुनिया वह नहीं जहाँ मरने के बाद पहुँचते हैं, उसके सम्बन्ध में मैं कुछ नहीं जानता, मैं तो भाव-सृष्टि की चर्चा कर रहा हूँ। भाव सृष्टि की दुनिया बिलकुल अलग ही है, इसमें पहुँचने के बाद मनुष्य अपने आपको भूल जाता है। इस सृष्टि में अनेक सुन्दर विचार भरे पड़े हैं। भावसृष्टि से मनुष्य जब स्थूल या जड़ सृष्टि में आता है तब वह अनुभव करता है, महसूस करता है कि वह भावसृष्टि से काफी ताकत लेकर आया है। समाधि में लीन होकर जब हम भावसृष्टि में प्रवेश करते हैं, ध्यान टूटने के पश्चात गिरते नहीं हैं वरन महसूस करते हैं कि वहाँ से कुछ लेकर बाँटने के लिए नीचे उतरे हैं।

ग्रन्थों में लिखा है कि जब मनुष्य ध्यानमग्न हो जाता है तो उसे आनन्द आता है तथा वहाँ से हटने का मन नहीं होता। किन्तु इसमें मुझे दूसरा ही अनुभव हुआ है। भावसृष्टि में पहुँचने से आनन्द जरूर आता है, किन्तु वहाँ से नीचे (स्थूल सृष्टि में) आने पर और ही आनन्द आता है। यह वैसा ही आनन्द है जैसा कि बाँटने में आनन्द आता है, क्योंकि संचय करने में आनन्द आता है किन्तु उससे ज्यादा आनन्द वितरण में आता है। आचार्य भावे ने आगे कहा कि जब हम भक्ति मग्न या ध्यान मग्न हो जाते हैं तथा भाव सृष्टि में पहुँचते हैं, तब हमें नए-नए विचार आते हैं। वे विचार कुल रूप में, समय रूप में हैं। किन्तु जब हम उसे बाँटते हैं तो उसका पृथक्करण करना पड़ता है। सीधी-साधी भाषा में जन-साधारण समझ सके उस रूप में बाँटना पड़ता है। ज्यों-ज्यों हम हमारी जानकारी वितरित करते जाएँगे त्यों-त्यों हम हमारा ज्ञान बढ़ाते जाएँगे। पंजाब के सर्वोदयी कार्यकर्ताओं को सम्बोधित करते हुए बाबा ने कहा कि आप लोग प्रचारक हैं, इसलिए जरूरी है कि आप प्रत्येक दिन थोड़ी देर के लिए भाव सृष्टि में जाएँ। सन्त प्रवर ने कहा कि भाव सृष्टि के कारण ही कर्म में आनन्द है।

कृष्ण से अनन्य सेवक दूसरे नहीं
जन्माष्टमी पर सन्त विनोबा का भावपूर्ण प्रवचन

प्रात:काल बड़े रावले के भीतरी प्रांगण में एकत्रित जन समुदाय के सम्मुख कंठावरुध भावावेश और अश्रुपात के बीच श्रद्धा से विभोर सन्त विनोबा भावे ने भगवान कृष्ण की

चार मूर्तियाँ अपने शब्दों की शिलाओं पर बाणों की छेनी से अंकित कीं और उन्हें ऐसा अद्वितीय महापुरुष बताया जो भारत की जनता को एक साथ परमप्रिय और परमपूज्य है। जन्माष्टमी के उपलक्ष्य में गीता समिति द्वारा बड़े रावले के प्रांगण में आयोजित इस विशाल सभा में बाबा ने ठीक एक घंटा पाँच मिनट तक प्रवचन दिया। बीच-बीच में कंठावरुध और अश्रुपात के कारण वे एक-एक दो-दो मिनट चुप रहकर आँसू पोंछते रहे एवं कंठ ठीक करते रहे। छह बजकर पन्द्रह मिनट पर बाबा ने अपना प्रवचन प्रारम्भ करते हुए कहा—आज हम यहाँ भगवान कृष्ण के जन्मदिवस पर इकट्ठे हुए हैं। भगवान कृष्ण हिन्दुस्तान के परमपूज्य तो हैं ही, परम प्यारे भी हैं। कुछ लोग पूज्य होते हैं और कुछ लोग प्यारे, लेकिन भगवान कृष्ण हमारे पूज्य और प्यारे दोनों हैं। हम कह नहीं सकते (अश्रुपात) वे हमें कितने प्यारे हैं। फिर एक संस्मरण सुनाते हुए उन्होंने कहा कि हमारे एक मित्र बीमार पड़े, जब वे असमर्थ होकर हमारे पास आए तो कहने लगे—हम आपके और गांधीजी के विचारों के बड़े प्रेमी हैं। आप दोनों से हमको काफी ताकत मिली है, लेकिन बीमारी से जो स्वप्न हमें पड़े उनमें न आप याद आए न गांधीजी। हमें अपनी पत्नी प्रिय है, बच्चे प्रिय हैं, पर वे याद नहीं आए। याद आई तो हमारी माँ हमें याद आई। इसकी क्या वजह है? हमने कहा आप एक ऐसे संकट में थे जिसमें आपकी सान्त्वना की जरूरत थी। पत्नी और बच्चे आपके प्यारे हैं, हम और गांधीजी आपके पूज्य हैं। विचारों के प्रसंग में हम आपको सलाह दे सकते हैं। मगर आप आध्यात्मिक संकट में भी थे और शारीरिक संकट में भी, इसलिए न पूज्य का स्मरण हुआ न प्रिय का। जो पूज्य और प्रिय दोनों थी उसका स्मरण हुआ। तो भगवान श्रीकृष्ण हमारे लिए परमपूज्य और परमप्रिय दोनों हैं। पूज्य तो उनसे बढ़कर कोई है ही नहीं, मुमकिन है रामचन्द्र कुछ अंशों में उनकी बराबरी कर लें।

फिर भगवान रामचन्द्र की चर्चा चलाते हुए उन्होंने कहा कि—भगवान राम पर भी हमारी अगाध श्रद्धा है। राम जैसा कोई स्वामी नहीं हुआ। हिन्दुस्तान में इतने राजा हुए हम (जनता) किसी का स्मरण नहीं करते। सब अपने जमाने में गरजते रहे। उन्होंने राज्य भी चलाया और प्रजापालन भी किया। लेकिन उन राजाओं में लोग केवल राजा राम को छोड़ किसी को याद नहीं करते। वे ऐसे अद्वितीय राजा थे कि उन्होंने बन्दरों तक से काम लिया। उन्होंने भाइयों की सेवा ली, सेवकों से सेवा ली। तुलसीदास जी ने एक जगह बड़ा सुन्दर वर्णन किया है कि—प्रभु पेड़ के नीचे बैठे हुए हैं और बेवकूफ बन्दर पेड़ के ऊपर चढ़े हुए हैं। भगवान राम ने ऐसे बेवकूफ सेवकों को भी अपने समान बनाया। ऐसा स्वामी, ऐसा साहब, अपने सेवकों को समान समझकर इज्जत और प्यार देने वाला संसार में दूसरा नहीं हुआ। इसीलिए हम रामराज्य को आदर्श राज्य मानते हैं।

कृष्ण की सेवा-मूर्ति

लेकिन मेरी माँ कहती थी जब भगवान राम सेवा लेते-लेते ऊब गए तो उन्होंने नया कृष्णावतार लिया और उसमें सत्य की सेवा करने का व्रत लिया। उन्होंने गाय, घोड़ों तक की सेवा की। रामावतार में बड़े भाई बने थे, कृष्णावतार में छोटे भाई बने। कभी अपना राज्याभिषेक नहीं होने दिया। कंस को मारकर अग्रसेन को राज्य सौंप दिया।

द्वारका नगरी बसाई, मगर उसके भी राजा नहीं बने। राजा बनाया बड़े भाई बलराम को। राम से सेवा लेने की मजाल थी किसी की? उनका अपना स्थान था। पर अर्जुन कृष्ण से कहता है—मेरे रथ का सारथी बनोगे? तो कहते हैं जी हाँ। अर्जुन क्षत्रिय थे, कृष्ण भी क्षत्रिय थे। *महाभारत* की लड़ाई दिन भर होती थी और शाम होते ही बन्द हो जाती थी, शाम पड़ते ही अर्जुन सन्ध्योपासना करने चले जाते थे और कृष्ण घोड़े की सेवा करते थे, उसे नहलाते-धुलाते थे, उसके शरीर की बग्गाएँ निकालते थे। यह सेवा का एक उदाहरण है। आखिर युद्ध समाप्ति में युधिष्ठिर ने यज्ञ किया। यज्ञ में तरह-तरह के बड़े-बड़े काम उन्होंने बड़े-बड़े लोगों को सौंपे। कृष्ण आए उन्होंने कहा हमें कोई काम दो तो युधिष्ठिर ने कहा हम आपको क्या काम दे सकते है? कृष्ण ने कहा, मैं ढूँढ़ लूँगा। युधिष्ठिर ने कहा, ढूँढ़ लो? और कृष्ण ने काम ढूँढ़ा भोजन की जूठी पत्तलें उठाने का, सफाई करने और लीपने का। अभी हमारे एक भाई ने कृष्ण को योग-योगेश्वर बताया, पर वे अपना स्थान सेवक का मानते थे और सबसे बड़ी बात तो यह है कि लोगों ने उनका स्थान सेवक का माना। जिसे जो सेवा लेनी थी, उसने निःसंकोच उनसे सेवा ली।

कृष्ण प्रेम-मूर्ति

नर-नारी आवास-युद्ध सबकी सेवा करने वाले कृष्ण का प्रेम अद्‌भुत था, पर उनकी अभेद भावना का गलत अर्थ लगाया गया है। गोपियों से उनके सम्बन्धों को स्मरण कर उनके बारे में हिन्दुस्तान में गलत धारणा बैठ गई है। उनका गोपियों से जो सम्बन्ध था उसका एक उदाहरण देखिए—जब भरी सभा में द्रौपदी का चीर हरण होने लगा। जब कुछ नहीं बचा, किसी से भी मदद नहीं हो सकी, तब उसने भगवान कृष्ण को याद किया—हे नाथ। (अश्रुपात) जरा देखिए, द्रौपदी उन्हें क्यों याद कर रही है? सतीत्व की रक्षा के लिए, चरित्र की रक्षा के लिए। उसकी प्रार्थना क्या है? हे कृष्ण गोपीजन प्रिय! कृष्ण के लिए द्रौपदी ने गोपीजन प्रिय शब्द उपयोग किया है। अगर कृष्ण के गोपियों से अन्तरंग सम्बन्ध होते तो क्या वह ऐसा कहती? नारीत्व की रक्षा के लिए उन्हें पुकारती? यह है उनका चरित्र। पीछे के कवियों ने कृष्ण के चरित्र का विकृत वर्णन किया है।

द्रौपदी का वस्त्रहरण किया जा रहा है। ज्ञानियों की सभा मूक बैठी है, किसी को सूझ नहीं रहा है कि क्या किया जाए? द्रौपदी सभा से पूछ रही है—जुए के दाँव में हारने पर क्या अपनी पत्नी को दाँव पर लगाया जा सकता है? उस सभा के ज्ञानी भी गुलाम बने बैठे रहे। ऐसे मौके पर उसने कृष्ण को याद किया। जहाँ कोई काम नहीं आया वहाँ वे काम आए। कवियों ने लिखा भी भगवान ने भक्तों के लिए दस अवतार लिये। ग्यारहवाँ अवतार लिया उन्होंने अम्बरावतार। आजकल कहा जाता है स्त्रियों को रक्षा के लिए पिस्तौल रखना चाहिए, पर द्रौपदी ने पिस्तौल नहीं रखी, उसने बस भगवद् प्रेम रखा और उस प्रेम के आगे दुःशासन की कुछ न चली।

कृष्ण-ज्ञान मूर्ति

सेना के बीच कृष्ण ने रथ लाकर खड़ा कर दिया है और अद्वितीय वीर अर्जुन जिसने एक बार भीष्म, द्रोण आदि वीरों के छक्के छुड़ा दिए थे, वह मोहग्रस्त हो गया है। कहते

हैं कि दोनों तरफ मेरे स्वजन हैं, अगर दूसरी कोई फौज होती तो लड़ता, ये तो मेरे अपने ही हैं। उसे मोह अहिंसा के कारण नहीं, माया के कारण हुआ है। वह प्रज्ञावाद की बातें कर रहा है। अपनी माया पर कर्तव्य का सम्पुट दे रहा है। तब कृष्ण ने *गीता* के रूप में वह उपदेश दिया जिसने हिन्दुस्तान की पाँच हजार साल की विचार प्रणाली को प्रभावित किया। *गीता* को जो भाष्यकार भी मिले हैं वे ऐसे हैं कि दुनिया के किसी भी ग्रन्थ को न मिले होंगे। वे अपने समय के अद्वितीय नेता, विद्वान और सर्वेसर्वा ही थे। कृष्ण से *गीता* का उपदेश फिर देने को कहा गया कि हम भूले हैं फिर कहो, तो कृष्ण ने कहा कि—आप भूल गए तो हम भी भूल गए। यह योग चित्त अब नहीं है। *गीता* के चार महान भाष्यकारों में विनोबाजी ने शंकराचार्य, रामानन्द, ज्ञानदेव और गांधी के नाम गिनाए। फिर ज्ञानदेव की चर्चा करते हुए कहा कि उन्होंने लिखा है—मेरी वाणी ने अनेक जन्यों से सत्य बोलने की तपश्चर्या की है और उसके परिणामस्वरूप मुझे *गीता* पर भाष्य लिखने का अधिकार मिला है। शंकराचार्य भी अपने समय के अद्वितीय विद्वान थे। आज तक उनके भाष्य पर अनेक प्रहार किए गए हैं, पर जिस प्रकार भीम चावल खाता रहा और उस पर बकासुर कोड़े बरसाता रहा, पर भीम का जैसे व्यायाम हो रहा है। उसी तरह शंकराचार्य का भाष्य अनेक प्रहारों के बावजूद अपनी महत्ता नहीं खो सका है और हमारी उस पर बड़ी श्रद्धा है। शंकराचार्य के अद्वैत का प्रभाव सम्पूर्ण हिन्दुस्तान पर पड़ा है। उनकी भाषा तो गर्जना की भाषा थी, मगर जब *गीता* पर लिखने का प्रसंग आया तो उनकी गर्जन करने वाली भाषा *गीता* में नहीं डली। उन्होंने लिखा—*गीता* एक अत्यन्त ही दुरूह शास्त्र है। उसका अर्थ स्पष्ट रह गया है। उसको सरल करने का मेरे द्वारा एक प्रयत्न किया गया है। उसी तरह *गीता* के तीसरे भाष्यकार उत्तर प्रदेश के महान विद्वान रामानन्द हैं, जिनके शिष्य तुलसीदास थे। इसी प्रकार जब-जब तिलक, अरविन्द, गांधी को ताकत की कमी पड़ी है, उन्होंने *गीता* से ताकत ली है।

ज्ञानदेव ने एक पार्वती-शंकर संवाद लिखा है, उसमें पार्वती शंकरजी से पूछती हैं—*गीता* का अर्थ क्या? शंकरजी उत्तर देते हैं—हे माया देवी जिस तरह तेरे स्वरूप का निर्णय हो नहीं सकता, इसी तरह इसका भी क्या स्वरूप है? यह कहा नहीं जा सकता। *गीता* का नित्य नया रूप होता है। *गीता* वह शास्त्र है जिसे आज आप चाहते हैं, *गीता* वह शास्त्र है जिसे कल आप चाहेंगे। कृष्ण ने समत्व और साम्य योग का जो उपदेश उसमें दिया वह अद्वितीय है।

कृष्ण क्षमामूर्ति

महाभारत के समर में कौरवों का संहार हो गया, पाँच पांडव और कृष्ण बचे हैं। भगवान कृष्ण गांधारी से मिलने जाते हैं। गांधारी के पति धृतराष्ट्र अन्धे थे, उनकी सहानुभूति में गांधारी अपनी आँखों पर पट्टी बाँधे रखती थी। जिस गांधारी के 100 पुत्र लड़ाई में मारे गए। गांधारी को भगवान नमस्कार करने गए। वह कहती है—वह सब तुमने किया है? श्रीकृष्ण हँसे और कहा—जो होने वाला था, सो हो गया।

अन्त भी उनका कैसा आया। यादव लड़ रहे हैं, मर रहे हैं। बलराम चले गए हैं। भगवान कृष्ण वृक्ष के नीचे एक पाँव के ऊपर दूसरा पाँव रखे आराम से बैठे हैं।

ध्यानावस्थित, शान्त। उनके पाँव का आरक्त रंग देखकर जरा व्याध को हिरण का भ्रम हो जाता है। वह तीर मारता है, फिर पास आता है। भगवान श्रीकृष्ण उफ! कहाँ बाण मारा? वह बहुत दुखित हो रहा है। भगवान कृष्ण उसे कह रहे हैं—हे जरे, महावीर तूने मेरी इच्छा पूरी की। मुझे शरीर छोड़ना ही था। तू स्वर्ग में जाएगा (अश्रुपात)। एकनाथ महाराज कहते हैं प्रभु ने अपने अन्तिम समय में हमें क्षमा का आदर्श दिखाया। ईसा को जब सूली पर लटकाया गया तो ईसा को याद आया और उन्होंने कहा—मेरी इच्छा नहीं तेरी इच्छा होगी। फिर अपने मारने वालों के लिए उन्होंने भगवान से प्रार्थना की हे भगवान! तू इन्हें क्षमा करना क्योंकि वे जानते नहीं कि क्या कर रहे हैं? ऐसा क्षमा का आदर्श ईसा मसीह ने दिखाया। मगर भगवान कृष्ण ने जरा व्याध से कहा—तूने कोई पाप नहीं किया है। मेरी तो इच्छा ही थी जाने की। यह भगवान कृष्ण ने हमारे सामने क्षमा का परम आदर्श रखा है।

श्री कुमार गंधर्व विनोबाजी को संगीत सुनाएँगे

देश के सुप्रसिद्ध शास्त्रीय संगीतज्ञ श्री कुमार गंधर्व 16 अगस्त को शाम को सात बजे सफेद कोठी पर पूज्य विनोबा भावे को अपना सुमधुर संगीत सुनाएँगे।

(15 अगस्त स्वाधीनता दिवस के उपलक्ष्य में *नई दुनिया* कार्यालय बन्द था, जिसके कारण 16 अगस्त का अंक नहीं निकला)

(15 अगस्त, 1960)

मुझे चलना पसन्द है

हर नशा चाहे वह सात्विक हो चाहे तामस, जब उतरता है तो तन-मन में एक प्रकार की थकान भर देता है। हमारे यहाँ विवाह कितने उल्लास से होता है। आठ-दस दिन कितनी चहल-पहल और रंगीनी रहती है, लेकिन लड़की की विदा के बाद सारा ज्वार जैसे उतर जाता है और सबके तन-मन थक जाते हैं। मनुष्य वैसे स्वभाव से ही त्योहार प्रिय है। रोज-रोज के नीरस और इस जीवन से ऊब कर वह किसी दिन खूब संजीदा और उल्लास से जीना चाहता है। यह मौका उसे त्योहारों पर मिलता है और उस दिन उसे एक नशा-सा चढ़ जाता है। लेकिन नशा चाहे कितना ही गहरा और लम्बा हो उसे उतरना ही पड़ता है। हर नशा अपने पदचिह्न स्वरूप कुछ थकान मिली उदासी छोड़ जाता है।

चौदह अगस्त को जन्माष्टमी थी, भगवान कृष्ण का जन्मदिन, भारत का एक महत्त्वपूर्ण धार्मिक और सांस्कृतिक त्योहार। फिर पन्द्रह अगस्त हमारी स्वतंत्रता का चौदहवाँ जन्मदिन एक राष्ट्रीय, सामाजिक और सांस्कृतिक त्योहार। जनमानस को आन्दोलित करने वाले इन दो त्योहार के बाद आज सोलह अगस्त का दिन निश्चित ही एक थकान और कुछ खुमारी भरी उदासी का दिन था। बाबा के कमरे में प्रार्थना के लिए आज शायद सबसे कम लोग आए थे। उपस्थित लोगों में से पचहत्तर प्रतिशत व्यक्तियों के चेहरों पर ताजगी नहीं दिखाई दे रही थी। जो लोग प्रार्थना के लिए प्रस्तुत दिख रहे थे, उनमें बाबा अग्रणी थे। बाबा ज्वारों में चढ़ते नहीं, भाटों में उतरते नहीं। वे एक जैसे रहते हैं। एक जैसे का मतलब यह नहीं कि उनका जीवन नीरस यानी एक रस है। *गीता* के अर्थ में वे स्थितप्रज्ञ हैं। ठीक चार बजे उन्होंने प्रार्थना की। साधारण जनमानस सी कोई प्रतिक्रिया उनके स्वर, उच्चारण में नहीं थी। प्रार्थना के बाद सवा चार बजे बाल भाई ने बाबा को एक पुस्तक दी, उसमें से एक श्लोक पढ़कर बाबा ने बताया कि ज्ञान तर्क से हासिल नहीं होता। अपनी स्वतंत्र प्रज्ञा से पाया हुआ ज्ञान भी हमेशा सुज्ञान नहीं होता। श्रेष्ठ पुरुषों से जो ज्ञान मिलता है वह सुज्ञान होता है। फिर उपासना की चर्चा करते हुए उन्होंने स्पष्ट किया कि उपासना के लिए कुछ न कुछ आरोपण करना पड़ता है। तुकाराम का एक वचन है—प्रतिमा ही देव है। यह ठीक है, लेकिन एक पत्थर में गांधीजी का आरोपण करो तो यह गलत होगा। गांधी मूर्ति पर हम फूल चढ़ाते हैं, पर यह पितृ पूजा है। गांधीजी क्या फूलों की गन्ध लेते हैं? पर भगवान ले सकता है, क्योंकि वह सर्वमय है तो भगवान का आरोपण किसी भी वस्तु पर उपासना ही होगी। पौने पाँच के करीब बाबा ने किताबें रख दीं। अच्युत भाई ने कहा कि बाबा अब एक कार्यकर्ता से खानगी बातें करेंगे, इसलिए बाकी के सब लोगों को जाना होगा। एक-दो मिनट में

सब लोग सफेद कोठी में इधर-उधर बिखर गए। कुछ कार्यकर्ता दीपचन्दजी से पूछ रहे थे कि पदयात्रा कब शुरू होगी? और वे बता रहे थे साढ़े पाँच बजे। लेकिन कार्यकर्ता से चर्चा जल्दी ही समाप्त हो जाने के कारण बाबा जय भाई का हाथ पकड़े सवा पाँच बजे अपने कमरे से बाहर निकले। सफेद कोठी के अहाते में ही बाबा ने उन केनेडियन लोगों के बारे में पूछा, जो बातचीत करने आए थे। फाटक के बाहर तीनों केनेडियन बाबा के साथ हो लिये। पहले एक भाई स्मिथ ने तीनों का परिचय दिया। वे तीनों ही चश्मे लगाए हुए थे और सादे कमीज और पैंट पहने हुए थे। उनमें जो सबसे ऊँचा और शरीर से हृष्ट-पुष्ट था उसका नाम लेविन था। दूसरे का नाम इलियट था, जो तीनों में सबसे छोटा और दुबला था, पर उसका चेहरा हँसमुख था और वह प्रतिभासम्पन्न दिख रहा था वह तीसरा व्यक्ति था स्मिथ, इलियट से कुछ मोटा और ऊँचा। चर्चाएँ अंग्रेजी में हुईं और उनमें अधिकतर भाग इलियट और स्मिथ ने ही लिया। उन्होंने प्रारम्भ में बताया कि वे तीनों ही कनाड़ा के विभिन्न स्थानों के निवासी हैं। काफी दिनों साथ रहे हैं और चर्चों से सम्बन्धित हैं, लेकिन यहाँ किसी चर्च के प्रतिनिधि के रूप में नहीं आए हैं। बाबा ने कहा यह अच्छी बात है कि आप किसी संस्था विशेष का प्रतिनिधित्व नहीं करते।

यह तुकोगंज सड़क थी। चौड़ी साफ सुथरी। मर्करियों और बिजली के लट्टुओं से प्रकाशित। आसमान में हल्के बादल थे और ठंडी हवा मध्यम गति से बह रही थी। विदेशियों ने बाबा से *बाइबिल* और अंग्रेजी के अध्ययन के बारे में पूछा तो बाबा ने बताया कि जब वे स्कूल में पढ़ते थे तब उन्हें पुरानी *बाइबिल* का एक अध्याय पढ़ना ही पड़ता था। विदेशियों ने बीच में कहा कि आपने *बाइबिल* का काफी गहरा अध्ययन किया है। फिर उन्होंने सेंट पॉल के उपदेशों के बारे में बाबा की राय पूछी—बाबा ने कहा अच्छे हैं। इस पर इलियट ने कहा कि अपने व्यक्तिगत जीवन के किसी खास असर के कारण उनके उपदेश कुछ आक्रामक हैं। बाबा ने इस पर सहमति प्रकट की।

दल बढ़ता जा रहा था, बाबा का दाहिना हाथ पकड़े स्मिथ और इलियट बाबा से पूछ रहे थे कि ईसा ने भगवान के पिता रूप पर ही अधिक जोर डाला है। आप उन्हें क्या मानते हैं? इस पर बाबा ने कहा कि वे ईश्वर को सब कुछ मानते हैं, फिर बाबा ने एक श्लोक पढ़ा—'त्वमेव माता च पिता त्वमेव, त्वमेव बन्धुश्च सखा त्वमेव। त्वमेव विद्या द्रविणम् त्वमेव, त्वमेव सर्वं मम देव देव।' फिर इसका अर्थ समझाते हुए कहा कि वह माता, पिता, भाई, दोस्त सब कुछ है। दुनिया में पिता है इसलिए वह बच्चा है और दुनिया में बच्चों को पिता की जरूरत है इसलिए वह पिता है। एक प्रश्न के उत्तर में बाबा ने कहा कि जो व्यक्ति के लिए अच्छा है, वह समाज के लिए भी अच्छा है, इसी तरह जो इस लोक में अच्छा है वह परलोक में भी अच्छा है। फिर बाबा ने उनसे पूछा कि आप लोगों ने बाइबिल के अलावा और कौन-कौन से धर्मों के धर्मग्रन्थों का अध्ययन किया है? स्मिथ और इलियट ने बारी-बारी से बताया कि उन्होंने *कुरान*, बौद्ध धर्म की किताबों के अतिरिक्त कुछ हिन्दू धर्म की किताबें भी पढ़ी हैं। केवल पढ़ने से कुछ नहीं होता। बाबा ने कहा—*कुरान* का अध्ययन एक मुसलमान की भाँति और बौद्ध धर्म ग्रन्थों का अध्ययन एक बौद्ध की भाँति किया जाना चाहिए। इलियट ने आगे चलकर पूछा—*बाइबिल* में डेविल (शैतान) का बहुत महत्त्व है। एक तरफ वह है और

दूसरी तरफ ईश प्रेरित सद् प्रवृत्तियाँ। इस पर अपनी राय जाहिर करते हुए बाबा ने कहा कि वे मनुष्य में शैतानी प्रवृत्तियों का होना नहीं मानते। वे इसे ईश प्रेरित सद्वृत्तियों की चाह मानते हैं। अन्धकार भी एक प्रकार से प्रकाश की चाह ही है।

तिलक चौराहे का चक्कर लगाते वक्त बाबा ने कहा—मैं बातें करने के बजाय चलना पसन्द करता हूँ। फिर मोड़ पर मुड़ते हुए उन्होंने इलियट से पूछा कि तुम मुझसे इतने प्रश्न कर चुके हो अब मुझे अधिकार है कि मैं तुम्हारे जीवन के बारे में पूछ सकूँ। मुझे अपने जीवन के बारे में बताओ। इलियट ने संक्षेप में अपना जीवन चरित्र सुनाया। तुकोगंज सड़क से बाबा का दल चैनसिंह की बगीची वाली सड़क पर मुड़ा। अब लेविन बाबा से बातें करने लगा। उसने कहा कि बाबा से मिलकर उसे बहुत खुशी हुई है। फिर उसने बाबा से पूछा कि आप हिन्दुस्तान के लिए क्या चाहते हैं? बाबा ने बताया कि हिन्दुस्तान ही नहीं, सारे विश्व में शान्ति चाहता हूं। फिर जय हिन्द और जय जगत का अन्तर बताते हुए बाबा ने कहा—जय जगत का मतलब सारे संसार की जय। कुछ आगे चलने पर बाबा ने लम्बे और तगड़े-मोटे लेबिन से पूछा तुम वहाँ पैदल चलते हो? हाँ जब कभी मौका लगता है। मौका क्यों? जैसा हम यहाँ खाते हैं, तुम भी वहाँ खाते हो, हम यहाँ सोते हैं, तुम भी वहाँ सोते हो—फिर हम यहाँ चलते हैं तो वहाँ क्यों नहीं चलते? अगली पंक्ति में हँसी फूट पड़ी। बापना साहब की कोठी के आगे बाबा ने वड्र्सवर्थ (इंग्लिश का एक महाकवि) की कोई पंक्ति पढ़ी और फिर पूछा कि आप लोगों के वहाँ वड्र्सवर्थ को पढ़ते हैं लेबिन ने बताया कि वहाँ पढ़ने वालों में शेक्सपियर (महान कवि और नाटककार) अधिक लोकप्रिय हैं। फिर बाबा ने पूछा कि आपके वहाँ ब्रिटिश साहित्य अधिक पढ़ा जाता है कि अमेरिकन। इलियट ने बताया—ब्रिटिश। और आगे जोड़ा—लोग एमर्सन (अमेरिका का महान लेखक) भी पढ़ते हैं—वह कुछ-कुछ ब्रिटिश और अमेरिकी विचारधारा के बीच का है।

विदेशियों से चर्चाएँ समाप्त हो गईं। यशवन्त क्लब के पास से बाबा का दल निकलकर लेंटर्न हंटिल के सामने से गुजर रहा था। बाबा से एक महाराष्ट्रियन सज्जन चर्चाएँ कर रहे थे। चर्चा के दौर में वे बीच-बीच उत्साहित हो उठते थे और बाबा उनसे मजाकें करने लगते थे। माल गोदाम रोड पर पहुँचने तक काफी उजाला हो गया था, छह बज चुके थे। राजकुमार मिल के चौराहे पर लोगों ने बाबा का अभिवादन किया। रेलवे क्रॉसिंग पार कर बाबा पत्थर गोदाम रोड पर आए और वहाँ से स्नेहलतागंज में घुस गए। गलियों से निकलकर वे श्रम शिविर के सामने ज्योति बाल निकेतन में पहुँचे। वहाँ बहुत सी महिलाओं के अतिरिक्त कुछ कार्यकर्तागण भी उपस्थित थे। बाबा ने बाल निकेतन का निरीक्षण किया। बाबूभाई देसाई और निकेतन की प्राचार्या (शायद) उन्हें शिक्षण पद्धति और साधन आदि के बारे में बता रही थीं। एक जगह एक डब्बा लिये एक युवती के चित्र वाला कैलेंडर लगा था। उस पर से बाबा ने मजाक किया। फिर बाहर बगीचे में उपस्थित नर-नारियों के बीच पन्द्रह मिनट गुजराती में प्रवचन दिया। पौने सात बजे नाश्ता करने के बाद वे केन्द्रीय जेल की तरफ बढ़े। जेल के बाहरी द्वार पर जेल के अधिकारियों और उनके परिवार के लोगों ने बाबा का स्वागत किया। आम के पत्तों वाला स्वागत द्वार भी बनाया गया था। जेल के अन्दर उपस्थित आठ सौ कैदियों

और अन्य नर-नारियों के बीच बाबा ने प्रवचन दिया। प्रवचन के पूर्व श्री देवधर ने बाबा का स्वागत किया था, और सात कैदियों ने हारमोनियम पर प्रार्थना की थी। जेल के अन्य अधिकारीगण पूरी ड्रेस में अपनी ड्यूटी पर तैनात थे। पुलिसवालों की टुकड़ी ने बाबा को सलामी दी थी। कैदियों की कतार से निकलकर बाबा ने स्नेहलतागंज में मध्य प्रदेश सर्वोदय मंडल के दफ्तर का निरीक्षण किया। फिर भंडारी मिल रोड से होते हुए स्नेहलतागंज का चक्कर लगाकर बाबा का दल फिर पत्थर गोदाम रोड पर पहुँचा। देवेन्द्र भाई उन्हें अपना जीवन चरित सुना रहे थे। रेलवे क्रॉसिंग पार कर बाबा माल गोदाम रोड पर चलने लगे। यहाँ बाबा ने देवेन्द्र भाई से कल के जय प्रकाश नारायण जी के भाषण के बारे में पूछा और गांधी-नेहरू पार्क के सामने से होते हुए आठ बजकर पाँच मिनट पर सफ़ेद कोटी पहुँच गए।

सर्वोदय की दृष्टि से इन्दौर का सर्वेक्षण होना चाहिए
सर्वोदय मित्र आपस में सजीव सम्पर्क रखें श्री जयप्रकाश नारायण का सम्बोधन

इन्दौर को सर्वोदय नगर बनाने क़ी दृष्टि से इसका सर्वेक्षण करना अत्यधिक आवश्यक है। साथ में यह भी जरूरी है कि कार्य की सफलता हेतु सर्वोदय मित्रों को सतत सम्पर्क बनाए रखना चाहिए। उपरोक्त विचार आज सर्वोदयी नेता श्री जयप्रकाश नारायण ने सर्वोदय कार्यकर्ताओं के सम्मुख व्यक्त किए। दिन के साढ़े ग्यारह बजे सफेद कोठी में आज सर्वोदय कार्यकर्ताओं की बैठक आयोजित की गई थी। इस बैठक में श्री जे.पी. के सम्बोधन के पूर्व श्री यशवन्तराव भाई ने इन्दौर में सर्वोदय पात्र की स्थापना पर प्रकाश डाला तथा बताया कि फिलहाल इन्दौर के 35 वार्डों में से 33 वार्डों में वार्ड संयोजकों की नियुक्ति की जा चुकी है तथा प्रत्येक मोहल्लों में सर्वोदय मित्र कार्य कर रहे हैं। एक-एक सर्वोदय मित्र को 25 घरों की जिम्मेदारी दी गई है। अभी सर्वोदय मित्रों की संख्या 594 है। भाईजी ने बताया कि आज तक 13 हजार दो सौ चौरानबे सर्वोदय पात्र स्थापित किए गए हैं। इसके उपरान्त भाईजी ने अनाज संग्रह में आने वाली दिक्कतों का विवरण किया।

इसके पश्चात् सर्वोदयी नेता श्री जयप्रकाश नारायण ने कहा कि जहाँ श्री विनोबाजी जाते हैं वहाँ कार्य का तूफान आ जाता है एवं जब तक बाबा रहते हैं तब तक कार्य व्यवस्थित रूप से चलते हैं किन्तु आवश्यकता यह है कि बाबा के जाने के पश्चात् भी कार्य व्यवस्थित रूप से चलते रहें। जयप्रकाशजी ने कहा कि यह सही है कि बाबा ने सर्वोदय नगर के सम्बन्ध में स्पष्ट विचार अभी तक नहीं रखे हैं, जान बूझकर नहीं रखे हैं किन्तु वे कार्यक्रम सम्बन्धी बातें रोज एक-एक कर स्पष्ट कर रहे हैं। कल उन्होंने नगर निगम की आमसभा में भी विचार प्रगट किए थे। हमें चाहिए कि उन बातों पर अमली रूप से कार्य करें। आपने कहा कि इन्दौर में प्रभावशाली ढंग से कार्य प्रारम्भ करने के लिए आवश्यक है कि इन्दौर का सर्वेक्षण किया जाए। सर्वेक्षण से इन्दौर की विभिन्न समस्याओं की जानकारी मिलेगी तथा फिर उन पर विचार किया जाएगा। इस सम्बोधन में आपने बगैर पार्टी के आधार पर निर्विरोध चुनाव आदि पर प्रकाश डालते हुए गया में किए जा रहे कार्यों की भी चर्चा की तथा इस बात पर जोर दिया कि सर्वोदय कार्यकर्ताओं के साथ सजीव सम्पर्क बनाए रखना चाहिए।

शासकीय अधिकारी पक्ष मुक्त समाज के प्रथम सदस्य
नियमितता तथा प्रमाणिकता की आदत डालने हेतु बाबा का आग्रह

आचार्य विनोबा भावे ने एडमिनिस्ट्रेशन स्टडी फोरम के सदस्यों के सम्मुख सम्बोधन करते हुए कहा कि अधिकारीगण पक्ष मुक्त समाज के प्रथम सदस्य हैं तथा इस नाते वे पक्ष मुक्त रहें। आपने कहा कि अपने में नियमितता तथा प्रमाणिकता की आदत डालें। एडमिनिस्ट्रेशन स्टडी फोरम में इन्दौर संभाग के शासकीय अधिकारीगण उपस्थित थे। बाबा ने कहा कि सर्वोदय अपेक्षा करता है कि वे सेवा के लिए तत्पर रहें तथा बहनों को समाज सेवा के लिए मुक्त करें। गन्दे चित्रों व इश्तिहारों पर रोक लगाने के लिए बाबा ने बड़े ही मार्मिक शब्दों में प्रकाश डाला।

पक्ष मुक्त व्यक्ति चाहिए

बाबा ने अपने सम्बोधन में कहा कि देखने में तो ऐसा दिखता है कि आप और हम दो सिरों पर हैं। आप उत्तरी ध्रुव हैं और दक्षिणी ध्रुव मैं। अब ऐसा दिखता है कि दो ध्रुव इकट्ठा हो रहे हैं। आप बन्धनों से जकड़े हैं और मैं बन्धन मुक्त हूँ। मैं चाहता हूँ कि बन्धन मुक्त समाज (पार्टी की सोसायटी) बने। लोग मुझसे पूछते हैं कि आप बन्धन मुक्त समाज कैसे बनाएँगे, अभी तक आपने पक्ष मुक्त व्यक्ति कितने बनाए हैं? तो मैं उत्तर यही देता हूँ कि छह साढ़े छह हजार व्यक्ति ऐसे बनाए हैं जो पक्ष मुक्त हैं तथा खादी, ग्रामोद्योग, भूदान आदि गतिविधियों में भाग लेते रहते हैं। इसके अतिरिक्त पाँच लाख सैनिक तथा 55 लाख शासकीय कर्मचारी भी पक्ष मुक्त हैं। इस तरह 60 लाख का पक्ष मुक्त समाज बना है।

आचार्य विनोबा भाव ने आगे कहा कि अभी कांग्रेस का शासन है; कर्मचारी और सेना इसी के शासन में कार्य कर रहे हैं। दूसरे पक्ष का शासन आएगा तो उसमें भी इसी तरह कार्य करते रहेंगे। भाषा की दृष्टि से, धर्म की दृष्टि से एवं पार्टी की दृष्टि से आप लोग पक्ष मुक्त होकर कार्य करते हैं। प्रजातंत्र में पक्ष की आवश्यकता मानी गई है फिर भी पक्ष मुक्त कार्य बहुत माने गए हैं। आज राष्ट्रपति, न्यायाधीश, सेना, कर्मचारी, विभिन्न कमेटियाँ (कमीशन) आदि पक्ष मुक्त रखी गई हैं।

सर्वोदय की अपेक्षा

बाबा ने कहा कि आप हमारे पक्ष मुक्त समाज के प्रथम सदस्य हैं। आपको वेतन सरकार से लेना है तथा काम हमारा करना है। किसी भी पक्ष का बेजा दबाव आपको सहन नहीं करना चाहिए। आप पर पक्ष वाले वजन डालते हैं किन्तु आपको दृढ़ रहना चाहिए तथा इतना धैर्य और हिम्मत आपमें होनी चाहिए। सर्वोदय की आपसे यह पहली अपेक्षा है।

दूसरे अपेक्षा यह है कि आपको नियमितता तथा प्रामाणिकता का ध्यान रखना चाहिए। दस-पन्द्रह मिनट कार्यालय में देरी से आने, दस पन्द्रह मिनट जल्दी जाने तथा मध्यान्तर में दस पन्द्रह मिनट का समय अधिक ले लेने की आदत होती है। परन्तु यह नहीं होना चाहिए। आज भारतीयों में कर्तव्य भावना नहीं है—यह एक राष्ट्रीय दुर्गुण है।

मैं चाहता हूँ कि आपमें नियमितता का गुण हो। ईमानदारी होनी चाहिए। तीसरी अपेक्षा बताते हुए बाबा ने कहा कि आपको समाज सेवा का बहुत बड़ा अवसर मिला है। मैं चाहता हूँ कि जो काम आप नहीं कर सकते हैं वह आपके घर की बहनें करें। समाज सेवा के लिए आप बहनों को मुक्त कर दें। वे प्यार से, प्रेम से कार्य करेंगी। बहनों की बहुत बड़ी ताकत है—यह ताकत आज पड़ी हुई है इसे हमें खड़ी करना है।

इसके पश्चात बाबा ने कहा कि मैं आपके गृह में प्रवेश चाहता हूँ। आपके व्यापार, उद्योग या आमदनी से मुझे कुछ लेना-देना नहीं है। आप अपने घर का एक सदस्य मुझे समझें तथा कुल खर्च का एक हिस्सा नियमित रूप से मुझे दें। अन्त में बाबा ने आर्त भाव से रोते हुए कहा कि आज सड़कों पर व मकानों पर भद्दे व अनैतिक इश्तिहार लगे रहते हैं। सिनेमा के इश्तिहार बड़े भद्दे होते हैं—मैं तो उन्हें क्रिमिनल मानता हूँ (आँसू पोछते हुए) ऐसे इश्तिहार राष्ट्र के चरित्र को भ्रष्ट करते हैं। मैं आप लोगों से, कलेक्टर नगर निगम से अपील करता हूँ कि वे इस बारे में सोचे तथा गन्दे इश्तिहार को हटाएँ। आचार्य भावे के सम्बोधन में इन्दौर संभाग के राजस्व अधिकारी श्री युधिष्ठिर भार्गव ने एडमिनिस्ट्रेशन स्टडी फोरम पर प्रकाश डाला।

बाबा द्वारा विसर्जन आश्रम की स्थापना
15 अगस्त को बाबा की पदयात्रा

15 अगस्त भारतीय स्वतंत्रता की चौदहवीं वर्षगांठ के दिन सन्त विनोबा भावे ने नौलखवा में मध्य प्रदेश शासन द्वारा दान में दी गई भूमि पर विसर्जन नामक आश्रम की स्थापना की, साथ एक-एक वानप्रस्थ सर्वोदय मंडल की स्थापना भी की, जो नौकरी निवृत्त और सेवा प्रवृत्त लोगों का संगठन है। शाम को नगर निगम के अहाते में प्रवचन करते हुए बाबा ने कहा कि स्वतंत्रता की रक्षा के लिए सेना पर आश्रित रहना अच्छा नहीं है, तमाम नगरों के नागरिकों और ग्रामीणों को जाग्रत रहना चाहिए और सख्त जीवन का अभ्यास करना चाहिए।

रोज के निश्चित कार्यक्रमों के अनुसार ठीक चार बजे बाबा ने सफेद कोठी में प्रार्थना की। उपस्थिति सामान्य दिनों की अपेक्षा काफी थी। सवा चार बजे से पाँच बजे तक बाबा ने प्रसिद्ध सर्वोदयी विद्वान दादा धर्माधिकारी से खानगी चर्चाएँ कीं। चर्चाओं के बाद लगभग सवा पाँच बजे बाबा अपने दल के साथ साउथ तुकोगंज रोड पर रवाना हुए। सीधे चलकर संयोगितागंज माध्यमिक पाठशाला के सामने मुराई मोहल्ले में मुड़े और वहाँ राज्य के उपमंत्री श्री सज्जनसिंह विश्नार के घर गए। कुछ देर वहाँ ठहरकर गलियों से होते हुए संयोगितागंज मुख्य सड़क पर पहुँचे। वहाँ वे तोतलाजी के घर गए। फिर छावनी की गलियों में से गुजरते हुए नौलखा में सर रिमल बापना छात्रावास के सामने मध्य प्रदेश शासन द्वारा दान में दी गई आश्रम की भूमि पर पहुँचे। यहाँ पर बने चार पाँच कच्चे घरों का उन्होंने निरीक्षण किया और फिर सारी भूमि का चक्कर लगाया। खान नदी के पास उन्हें वह स्थल बताया गया जहाँ राष्ट्रपिता महात्मा गांधी की अस्थियाँ विसर्जित की गई थीं। इसके बाद आश्रम की भूमि में श्रमदान हुआ। लगभग चार साढ़े चार सौ लोगों ने उसमें भाग लिया। पास ही के छात्रावास और होल्कर कॉलेज के छात्र

भी उसमें सम्मिलित थे। 6 से 7 बजे तक एक घंटा श्रमदान हुआ। उपस्थित लोगों में राज्य के तीन मंत्री, श्री गंगवाल, श्री द्रविड़ तथा श्री बिश्नार भी श्रमदान में उपस्थित थे। श्रमदान के पश्चात इन्दौर आकाशवाणी के श्री नाडकर्णी ने तानपुरे पर 'बीत गए दिन भजन बिना'-नामक भजन सुनाया। फिर बाबा ने प्रवचन दिया। अपने प्रवचन में बाबा ने आश्रम का नाम 'विसर्जन' रखा और फिर विसर्जन शब्द की व्याख्या की। उन्होंने बताया विसर्जन यानी पुराने मूल्यों को समाप्त करना और नए मूल्यों की स्थापना करना। आगे आपने कहा कि पहले भी राजा लोग दान देते थे लेकिन राजा एक व्यक्ति होता था और उसकी सम्मति एक व्यक्ति की सम्मति होती थी। अब लोकतंत्र की सरकार ने आश्रम की स्थापना के लिए भूमिदान दिया है, इसका मतलब यह है कि आश्रम का निर्माण लोक सम्मति का प्रतीक है। इसके पश्चात उन्होंने आश्रम व्यवस्था के लिए एक समिति का निर्माण किया, जिसमें तीन व्यक्ति हैं, सर्वश्री खोड़े साहब, दादा भाई नाईक और देवेन्द्रभाई गुप्ता। इस समिति का मतलब स्पष्ट करते हुए बाबा ने कहा कि समिति शून्य ही है, और शून्य ही रहेगी लेकिन जब इसमें एक कार्यकर्ता जुड़ जाएगा तो यह दहाई हो जाएगी। दो जुड़ जाएँगे तो बीस और तीन तो तीस। इस तरह से क्रम चलेगा। आश्रम से निकलकर बाबा छावनी से होते हुए साउथ तुकोगंज सड़क पार कर सफेद कोठी पहुँच गए।

सर्वोदय वानप्रस्थ मंडल—नौकरी निवृत्त और सेवा प्रवृत्त लोगों के इस मंडल की स्थापना पर बाबा ने बहुत हर्ष प्रकट किया है और इसके सदस्यों से यह अपेक्षा की है कि वे समाज की बहुत अच्छी सेवा कर सकेंगे। इस मंडल की स्थापना में उन्होंने इन्दौर का गौरव माना और बताया कि हिन्दुस्तान में पहली बार यह अपने ढंग का मंडल बना है। इस मंडल के अध्यक्ष लोक सेवा आयोग के भूतपूर्व सदस्य श्री रेगे हैं तथा सदस्यों में श्री कल्याणसिंह बापना, श्री शिवसेवक तिवारी, श्री मेहता आदि के नाम उल्लेखनीय हैं।

सन्त प्रवर नगर निगम में

15 अगस्त को पाँच बजे के बाद नगर निगम के अहाते में भाषण प्रतियोगिताओं के पुरस्कार देने के पश्चात सन्त विनोबा ने अपना सायंकालीन प्रवचन शुरू किया। उन्होंने संस्कृत की कहावत का उल्लेख करते हुए बताया कि 15 साल का हो जाने के बाद बाप को बेटे से मित्र जैसा व्यवहार करना चाहिए। यानी पन्द्रह बरस तक लड़का अपने पाँवों पर खड़े रहने के काबिल हो जाता है। भारत को स्वतंत्र हुए 13 वर्ष आज पूरे हुए। इस 13 साल के बच्चे को बहुत जल्दी संकटों का सामना करना पड़ रहा है। दुनिया की हालत बहुत खराब है। हिन्दुस्तान और चीन के बीच सीमा का सवाल उठ खड़ा हुआ है। हिन्दुस्तान और चीन का सम्पर्क टूट नहीं सकता, उसे मैत्री या दुश्मनी में ही बदला जा सकता है। फिर उन्होंने कहा कि इन दिनों केवल सेना बल से ही देश की रक्षा नहीं हो सकती, अब नागरिकों का भी बल चाहिए। इतिहास की पिछली लड़ाइयों का उदाहरण देकर युग पुरुष विनोबा ने स्पष्ट किया कि पहले दो सेनाओं के बीच युद्ध होता था और थोड़े ही समय में जनता के नसीब का फैसला हो जाता था। पर अब ऐसा नहीं हो सकता। अब जो भी लड़ाई होगी व्यापक होगी। कुल का कुल राष्ट्र रणभूमि

बन जाएगा। आज कल हवाई जहाज से मिसाइल बरसाए जाते हैं, उससे सब खात्मा हो जाएगा। इसलिए अब युद्ध की तैयारी सब लोगों को करनी पड़ेगी उन्हें भी जो सेना हैं, और उन्हें भी जो घर में हैं। सतत जाग्रत रहने की आदत डालनी पड़ेगी। देश का उत्पादन बढ़ाना होगा। युद्धकाल में बाहर से अनाज नहीं मँगाया जा सकता। देश के लोग डरपोक होते जा रहे हैं और उनका जीवन भोग परायण हो रहा है। इस सम्बन्ध में सिनेमाओं के दो शोज का उल्लेख करते हुए बाबा ने कहा कि नगर निगम ने गन्दे इश्तिहार हटाने और एक शो करने की दिशा में पहल करनी चाहिए। उन्होंने सुझाया कि गन्दे इश्तिहारों की जगह कबीर, तुलसी, नानक आदि के वचन लिखे जाने चाहिए और *गीता* के श्लोक लिखे जाने चाहिए। इससे वातावरण सुधरेगा और बच्चों को चलते-चलते तालीम मिल जाएगी। उन्होंने दीवारों के ऊपर चुनाव के दिनों में वोट देने के लिए लिखने की कटु आलोचना की और निगम की दान पर (जन-आश्रित) बजट के लिए रुपया इकट्ठा करने की प्रेरणा दी।

अन्त में सन्त विनोबा ने कल इन्दौर में स्थापित किए गए विसर्जन आश्रम और वानप्रस्थ सर्वोदय मंडल की स्थापना के काम को विशेष उल्लेखनीय बताते हुए कहा कि विसर्जन का मतलब मूल्यों की स्थापना होता है। यह आश्रम नागरिकों का आश्रम होगा और आप सब लोगों की सेवा करेगा। वानप्रस्थ सर्वोदय मंडल की स्थापना के लिए इन्दौर को गौरव देते हुए उन्होंने कहा कि नौकरी निवृत्त, सेवा प्रवृत्त अनुभवी लोग समाज की बहुत अच्छी सेवा कर सकते हैं। उन्हें पेंशन तो मिलती ही है, वे समाज से कम से कम लेकर उसकी ज्यादा से ज्यादा सेवा कर सकते हैं। ऐसे वृद्धों के लिए समाज यह आकांक्षा करेगा कि वे सौ साल जिएँ।

जेलों की व्यवस्था आश्रमों जैसी होगी

सुबह सात बजे के बाद नगर के केन्द्रीय कारागृह के भीतरी प्रांगण में आयोजित सभा में कैदियों को सम्बोधित करते हुए सन्त विनोबा ने कहा कि कैदी भाइयों से मुझे सहज सहानुभूति है, क्योंकि अपने जीवन के पाँच साल अंग्रेजों के जमाने में मैंने कैद में बिताए हैं। मुझे वहाँ का अनुभव है। अपराधी कोई खास तरह के आदमी होते हैं। ऐसा मैंने कभी नहीं माना। हम सभी अपराधी हैं। हममें से एक भी आदमी ऐसा नहीं निकलेगा, जो भगवान के सामने बिलकुल निर्दोष जाएगा। समाज के छोटे-मोटे नियमों के उल्लंघन पर अपराधियों को सजा दी जाती है। पर कई ऐसे बड़े-बड़े अपराध हैं जिनकी गिनती समाज अपराधों में नहीं करता। जब तक लोकमत तैयार नहीं होता ऐसे अपराध, अपराध नहीं माने जाएँगे। एक उदाहरण देते हुए विनोबा जी ने बताया कि जैसे आज चोरी करना अपराध माना जाता है, वैसे आने वाले जमाने में संग्रह करना चोरी समझी जाएगी। अन्त में बाबा ने कहा कि छोटे-मोटे नियमों का उल्लंघन करने वाले कैदियों को तकलीफ हो, ऐसी इच्छा सरकार की नहीं है। वह कैदियों का बहुमुखी विकास करना चाहती है। जेल का रूप आश्रम जैसा होगा। हमारे आश्रमों में बाहर आने जाने की छूट होती है, बस यही न होगी। बाकी कुल व्यवस्था आश्रमों जैसी होगी।

इन्दौर में सत्पुरुषों की जमात बने

गन्दे इश्तिहार और चित्रों को मिटाया जाए, सर्वोदय नगर की एक कसौटी

सायंकाल सफेद कोठी के लॉन में उपस्थित नर-नारियों के बीच सन्त विनोबा भावे ने *विष्णु सहस्त्र नाम* की चर्चा करते हुए कहा कि उसमें भगवान के सभी नाम एक वचन में हैं, लेकिन एक जगह बहुवचन में है—और वह है सन्ता:। सन्ता: का मतलब होता है सन्तों का समूह। तो भगवान को उसमें सन्तों का समूह कहा गया है। किसी एक सन्त में एक गुण प्रकाशित होता है, दूसरे में दूसरा और जब वे सब मिलते हैं तो उसे भगवान माना जाता है। बाबा ने आज की इस प्रार्थना सभा में फिर इस बात का उल्लेख किया कि उन्हें इन्दौर में बहुत अधिक बोलना पड़ रहा है। आज उन्होंने ऐसी इच्छा प्रकट की थी कि प्रार्थना सभा अब बन्द कर दी जाए। मगर शहर के कुछ प्रतिष्ठित लोगों ने नागरिकों की तरफ से उनसे आग्रह किया कि जब तक वे यहाँ रहें प्रार्थना सभा का क्रम नहीं टूटे। उनके आग्रह को मानते हुए बाबा ने प्रार्थना सभा 24 अगस्त तक होती रहेगी ऐसी स्वीकृति दे दी। उन्होंने कहा 24 अगस्त के बाद इस माह के अन्त तक हम कस्तूरबा ग्राम में रहेंगे और उसके बाद किधर जाएँगे यह हमको भी नहीं मालूम। आगे उन्होंने कहा कि पिछले सात-आठ महीनों से हमारा *विष्णु सहस्त्रनाम* का पाठ चल रहा है। उसका कोष भी हमने बना लिया है और चिन्तन चल रहा है। जिस तरह स्नान करने से मन निर्मल हो जाता है और शरीर में स्फूर्ति आ जाती है। उसी तरह *विष्णु सहस्त्र नाम* के पाठ से आध्यात्मिक स्नान हो जाता है।

अब यह प्रसन्नता कहाँ से आती है, इसकी मीमांसा नहीं हो सकती। प्राणी मात्र को निद्रा की सामान्य अनुभूति होती है, लेकिन इसकी अभी तक मीमांसा नहीं हो सकी। तत्त्वज्ञानियों के अनेक ग्रन्थ इस विषय पर पड़े हैं कि नींद में क्या होता है? कहा गया है—निद्रा अभाव के आधार पर खड़ी एक वृत्ति है। *उपनिषद्* में कहा गया है कि निद्रा में जीवात्मा परमात्मा में लीन होता है। लेकिन जिस तरह एक सीलबन्द पानी भरा लोटा नदी के पानी में लीन होता है उस तरह। लोटे का पानी अलग और नदी का पानी अलग। मनुष्य के ऊपर भी अज्ञान और अहंकार की सील लगी रहती है, निद्रित अवस्था में। अगर सील टूट जाए तो फिर बात ही क्या है? लोटे का जल नदी के जल में पूरी तरह मिल जाए। वैज्ञानिकों ने भी निद्रा की तरह-तरह की व्याख्याएँ की हैं। वे बताते हैं निद्रा में जागृति होती है और जागृति में निद्रा निद्रा में एक क्षण ऐसा होता है जब पूर्ण जागृति रहती है और जागृति में भी एक क्षण ऐसा होता है, जब पूर्ण निद्रा होती है। स्वप्न पड़ते हैं जागृति हो जाती है—ऐसी अनेक तरह की वैज्ञानिक मीमांसा निद्रा की हुई है। *उपनिषद्* और *योगसूत्र* ने भी इसकी मीमांसा करने की कोशिश की है। लेकिन ऐसा कभी नहीं हुआ कि नींद की कुंजी हाथ लग गई हो। उसी तरह भगवद्‌भक्ति में चित्त को क्या अनुभूति होती है। इसकी भी मीमासा नहीं की जा सकती।

मैं *गीता* का परम भक्त हूँ, फिर भी उससे ज्यादा असर मुझ पर *विष्णु सहस्त्र नाम* का पड़ता है। *गीता* से मुझे पुष्टि मिलती है। चिन्तन की खुराक मिलती है पर *विष्णु सहस्त्र नाम* में तो स्नान होता है। मन घुल जाता है। एक विशेष प्रकार की अनुभूति होती

है। इसका पाठ चलाया है। इसके बिना भी चल सकता है। कभी कोई पर्वत नदी या कोई दृश्य या आसमान को देखकर ऐसा ही अन्तर्गत भाव घुल जाता है। अनिवार्य कुछ भी नहीं रखा जाए। जिसे दिन का दरवाजा खुला समय चाहिए निःसकोच, निर्योगिक। भगवान के हजार-हजार रूप बताए गए हैं। उनके अनन्त रूप हैं। हममे से जो गांधी के समान पुत्र पैदा हुए हैं—उनकी भी माँग भगवद् भजन के प्रसंग पर शुरू हो गई है। फिर भी साधकों की साधना के लिए नाम बनाने की है रामदास स्वामी ने गाया है—जीवीय नाम, सहस्त्र नामी, अनन्तनामी तो अनामी।

आज मैं *विष्णु सहस्त्र नाम* पढ़ रहा था। एक शब्द ध्यान में आया कि सारे नाम एक वचन में हैं पर सन्ताः क्यों बहुवचन में है? मैं कुछ सोचता रहा। एकवचन प्रसंग में बहुवचन कुछ अटपटा लगता है। मैंने बहुत कोशिश की कि यह भी एकवचन हो जाए पर अन्त में मुझे समझ पड़ा कि सन्ताः का मतलब होता है सन्त का समूह तो इसमें भगवान को सन्तों का समूह बताया गया है। सिर्फ सन्त कहते तो क्या बिगड़ता था? सन्ताः क्यों कहा? एक-एक गुण एक-एक सन्त में प्रकाशित हुए हैं। दोष भी उनमें रहे हैं, गुण के साथ दोष छाया रूप रहे हैं। यहाँ उनमें साफल्य का, सफल गुणों का आलोप नहीं करना चाहिए, यह हो नहीं सकता। हमारी कृष्ण पर बहुत भक्ति है। कृष्ण को पूर्णावतार कहा गया है। पर शंकराचार्य ने साफ कहा है कि भगवान गुण अंश का अवतार कृष्णावतार है। तो किसी भी मनुष्य पर सकाम का आरोप नहीं किया जा सकता? ये बात और है कि हजारों साल तक पुट चढ़ने के बाद वह भगवान का पर्याय बन जाए। होमियोपैथी में एक औषधि ऐसी बनाई जाती है—जिसमें शक्कर के पुट देते-देते शक्कर के गुण आ जाते हैं। तो जिसका अनेक ने ध्यान किया, उस पर अनेक पुट चढ़े। मैं अगर *गीता* नई लिखूँ तो संशय है कि उसमें *गीता* का निचोड़ आ जाए, पर *विष्णु सहस्त्र नाम* पर जो पुट चढ़े हुए हैं, वे कहाँ से आएँगे? किसी विशेष पुरुष पर इसी तरह ध्यान के पुट चढ़ते जाएँ तो सम्भव है कि वह कभी पूर्णता पा ले।

हमसे एक भाई ने पूछा कि आप किस राम का नाम लेते हैं? सन्ताः यानी सत्पुरुषों की जमात। *कुरान* में कहा गया है सत्पुरुषों की जमात एक ही है। इसको ध्यान में रखकर जो सहज विचार आया वो आपके सामने रख दिया। अब इस विचार का इन्दौर नगर के सर्वोदय नगर बनने से क्या ताल्लुक? तो मैं कहता हूँ इन्दौर में सत्पुरुषों की एक जमात बन जाए, उसमें आ जाए तो इन्दौर सर्वोदय नगर हो जाएगा। एक और बात है—दीवारों से वे गन्दे और भद्दे चित्र बिलकुल हटा दिए जाने चाहिए। नगर निगम ने और दूसरे घर वालों ने मिलकर ऐसे सारे गन्दे चित्र और इश्तिहार मिटा देने चाहिए जो गन्दी धारणा पैदा करते हैं। कहा गया है कि जो एक बार भी हरि नाम का उच्चारण कर लेता है उसने भगवद् प्राप्ति के लिए कमर कस ली है। तो इन्दौर से अगर गन्दे इश्तिहार और चित्र मिटा दिए जाएँ तो मैं समझ लूँगा कि इन्दौर ने सर्वोदय नगर बनने के लिए कमर कस ली है। तो बातें हुईं सर्वोदय नगर के लिए सत्पुरुषों को जगाने और गन्दे चित्रों और इश्तिहारों को हटाया जाना।

(17 अगस्त, 1960)

बरसात, विचार और मन

आज सुबह तीन बजे पानी गिर रहा था। कुछ देर हल्की बूँदाबाँदी होती, फिर बन्द हो जाती और फिर एकदम बड़ी जोर से पानी गिरता, फिर एकदम बन्द हो जाता और फिर बूँदाबाँदी शुरू हो जाती। अगर इन्द्र को वर्षा का देवता मान लें तो कह सकते हैं कि जैसे उसके पास पानी का स्टॉक खत्म हो जाता था, थोड़ी देर वह रुककर पानी एकत्रित करता और फिर उसे क्रम से बरसाने लगता था।

विनोबा के कार्यक्रम से सहानुभूति रखने वाले कुछ लोगों का कहना है कि बाबा अगर किसी और मौसम में आए होते तो अच्छा रहता। इस बरसात के दिनों में उन्हें वह प्रति उत्तर नहीं मिल सकता जो ठंड या गर्मी में मिल पाता। मोटे रूप से देखा जाए तो बात ठीक है। बरसात के कारण लोग एकत्रित नहीं हो पाते और कभी-कभी तो कोई कार्यक्रम रद्द भी कर देना पड़ता है। लेकिन थोड़े सोच-विचार और बाबा के नजरिये पर गौर करने से बरसात इतनी महत्त्वपूर्ण नहीं लगती। स्थूल प्रकृति और विशेषकर मानव प्रकृति को ध्यान में रखकर बाबा के कार्यक्रम के बारे में सोचना चाहिए। विश्व का इतिहास बताता है कि विचार और मन को कभी कोई भी बाधा रोक नहीं सकी है। विचार आकाश व्यापी होते हैं। वे मिट्टी के घरों, पत्थर दीवारों और गोलियों से या प्रकृति के स्थूल क्रम से मिटाए नहीं जा सकते। उसी तरह मन ने कभी कोई बन्धन नहीं माने, न उसकी गति कभी कोई रोक सका। बाबा का सूक्ष्म कार्यक्रम है, लोक मानस बनाना और विचार-प्रकाश करना। बताइए क्या इसमें बरसात बाधक हो सकती है। फिर हमने उन्हें भरी बरसात में नाचते-गाते और पदयात्रा करते देखा है। यह ठीक है कि इन प्रसंगों पर उनके साथ लोग कम रहे हैं। पर जितने भी रहे हैं, वे पक्के साथी हैं और बाबा ने तो कहा भी है कि क्रान्ति हजारों लाखों लोगों से नहीं, मूल्य बदलने से होगी। संख्यावृद्धि से नहीं, गुणवृद्धि से होगी। उन्होंने कई बार कहा है कि क्रान्ति आठ-दस लोगों से भी हो सकती है। इसलिए यह बरसात का मौसम बाबा के कार्यक्रम में बाधक नहीं बल्कि मददगार ही है कि वे देख सकें कि इन्दौर में पक्के कार्यकर्ता कितने निकल सकते हैं।

आज की प्रार्थना में उपस्थिति कम थी। सफेद कोठी पर ही निवास करने वाले और आठ-दस अन्य लोग चार बजे बाबा के कमरे में उपस्थित थे। वही की वही प्रार्थना रोज होती है। पर उससे मन ऊबता नहीं। नित्य नया रस उसमें आता है। सवा चार बजे प्रार्थना की समाप्ति के बाद बाबा हॉल में आए। उपस्थित कार्यकर्ताओं के बीच उन्होंने 45 मिनट तक प्रवचन दिया। इन्दौर में उनके द्वारा स्थापित विसर्जन आश्रम की कार्यविधि और कार्यकर्ताओं के कार्य करने के बारे में आज बाबा बड़े व्यावहारिक ढंग से बोले।

उन्होंने चार बातें मुख्य बताईं। पहला स्थानीय प्रयत्न, दूसरा कार्यकर्ताओं में अन्योन्य अनुराग, तीसरा पैसे के साथ पिशाच नहीं आए और चौथा, त्याग का अहंकार नहीं हो।

प्रवचन के बाद बाबा अपने कमरे में गए। लोग इधर-उधर बिखर गए। बाहर हल्की-हल्की बूँदाबाँदी हो रही थी। तभी घंटी बजने लगी। यह घंटी पदयात्रा शुरू होने की सूचना थी। घंटी की टन-टन ने लोगों को बरामदों और पोर्च में एकत्रित कर दिया। एक-दो मिनट बाद ही लोगों ने देखा दीपचन्दजी सिर पर से कन्धों तक शॉल ओढ़े दाहिने हाथ में कैंडिल लिये बाबा के कमरे के आगे वाले बरामदे की सीढ़ियाँ उतरने लगे। उनके पीछे बाबा जयभाई का हाथ पकड़े बाहर निकले। उनके शरीर पर वही दूधिया शॉल थी। सफेद कोठी के पश्चिमी दरवाजे से निकलते-निकलते भाई दौड़े आए और उन्होंने बाबा का दाहिना हाथ थाम लिया। गांधी मूर्ति के पीछे तिकोने लॉन से स्टेट बैंक की इन्दौर शाखा के मैनेजर श्री नरहरि जोशी ने बाबा को सूपायनाचार्यजी की योगासन की कक्षाओं के बारे में बताना शुरू किया। पानी अब बन्द सा हो गया था। ओवर ब्रिज पर अँधेरा था। वह मर्करियों की झालर जो ब्रिज पर एक नीले धनुष सी तनी रहती है आज बुझी पड़ी थी सड़क पर पानी के डबरे भरे थे। जोशीजी बाबा को बता रहे थे—योगासन की कक्षा चलती है रविवार को सूपायनाचार्य चरित्र निर्माण पर व्याख्यान देते है। योगासन की कक्षा में नियमित आने वालों को स्वास्थ्य लाभ होता है। रोगी अच्छे हुए हैं। उन्होंने योगासन की तात्त्विक विवेचना भी की और बाबा सब सुनते जा रहे थे। आचार्य विनोबा भावे जो इन सब शास्त्रों को पचाकर उसका निचोड़ निकाल चुका है और उस निचोड़ का नित्य प्रति स्वयं उपयोग करता हो और दूसरों को भी उसका लाभ देता हो उसके सामने इन बातों की विवेचना तथा एक विशिष्ट प्रकार की घबड़ाहट की अनुभूति की अभिव्यक्ति होती थी। जोशीजी धोती और कुर्ता पहने हुए बाबा के आगे-आगे चल रहे थे। उनका स्वर काफी ऊँचा था और वे सपाटे से बोलते जा रहे थे। बाबा नीचा सिर किए जय-विजय के हाथ पकड़े चुपचाप सब सुनते चले जा रहे थे। ओवर ब्रिज के ठीक ऊपर पश्चिम से हवा का एक इतना जबरदस्त झोंका आया कि जय-विजय के कैंडिल बुझते-बुझते बचे। हिन्दुस्तान के चारित्रिक पतन और उसकी पुनर्प्राप्ति के प्रयत्नों का जिक्र कर जोशीजी ने बोलना बन्द कर दिया। ओवर ब्रिज के पश्चिमी ढलान पर स्थित शंकर मन्दिर की घंटियाँ बोल रही थीं और अँधेरे में बाबा का दल महात्मा गांधी मार्ग पर बढ़ रहा था। इन्दौर काफी हाउस के सामने सत्यम भाई बाबा से बातें करने आए उन्होंने पठानकोट के आश्रम में भगिनी निवास अलग बनाने के बारे में बाबा की राय माँगी और बहनों के अलग निवास बनाने का जो कारण उन्होंने बताया, वह कुछ अजीब ढंग से पेश किया गया था। खैर इस सम्बन्ध में विशेष वर्णन करने की आवश्यकता नहीं है। दूसरा प्रश्न बाबा से सत्यम भाई ने यह पूछा कि आश्रम में जो लोग शादी करते हैं उसमें काफी खर्च आता है? जब बाबा ने पूछा कैसे? तो उन्होंने बताया कि वधूपक्ष के परिवार वालों को कपड़े-लत्ते देने पड़ते हैं। बाबा ने यह बात लोकाचार शिष्टाचार के नाते मंजूर कर ली और आगे कहा कि वर-वधू को आशीर्वाद देने का एक आयोजन होना चाहिए।

शादी के खर्च सम्बन्धी प्रश्न जब बाबा से सत्यम भाई ने पूछा तो हँसी के बीच बाबा ने कहा एक शादी में पाँच रुपये। फिर आगे कहा मैंने भी शादियाँ करवाई हैं। जेल

रोड वाले चौराहे के आगे से बत्तियाँ जल रही थीं। एक दो मर्करियों को छोड़कर बाकी की सभी मर्करियाँ भी प्रकाशित थीं। सत्यम भाई के बाद एक महाराष्ट्रियन कार्यकर्ता श्री गोविन्दराव शिन्दे बाबा से मराठी में चर्चा करने लगे। वे क्षेत्रीय समिति और महाराष्ट्र सर्वोदय मंडल के गठन और कार्य पद्धिति के बारे में चर्चा कर रहे थे। बाबा चुपचाप सुनते जा रहे थे। ठीक साढ़े पाँच बजे बाबा का दल कृष्णपुरा से होता हुआ जूने राजवाड़े के बड़े दरवाजे से अन्दर घुसा तब नगाड़े और शहनाई के स्वर गूँज रहे थे। सामने प्रकाशित गणेश हॉल में में नर-नारी एकत्रित थे। गणेश चतुर्थी के दिन जहाँ गणेश की मूर्ति स्थापना के लिए मंच बनाया जाता है वहीं बाबा के बैठने के लिए मंच बनाया गया था। बाबा उस पर बैठ गए। उनकी दाहिनी ओर थोड़ी दूर पर महिलाएँ बैठी थीं। सामने भाइयों के बैठने का स्थान था और बीच में दो पंक्तियों में रंगीन दरियाँ बिछी हुई थीं, जिनके इर्द-गिर्द योगासन की कक्षा में सम्मिलित होने वाले योगाभ्यासी कपड़े निकालकर आसन करने के लिए तैयार खड़े थे। योगाभ्यासियों की संख्या 29 थी उनमें ज्यादातर प्रौढ़ थे जिनमें मध्य प्रदेश के श्रम आयुक्त श्री ओक, चार्टर्ड अकाउंटेंट श्री आर.डी. जोशी मुख्य थे। बाकी के कुछ नवयुवक थे और एक दो किशोर भी थे। दोनों पंक्तियों के परे भाइयों के बैठने के स्थल के पास सूपायनाचार्यजी खड़े थे। वे एक सफेद धोती को तहमद के समान बाँधे थे, उनके छरहरे बदन पर खादी का कुर्ता था। चेहरे पर छोटी-छोटी काली दाढ़ी थी और सिर के बाल व्यवस्थित रूप से कटे हुए थे कन्धे कुछ पीछे को दबे हुए थे (जो उनके योगाभ्यास के सूचक थे) ठीक समय पर उन्होंने योगासन की कक्षा लेनी शुरू की। वे ऊँचे तीखे, पर मधुर स्वर में लगातार निर्देशन देते जा रहे थे। वे बार-बार धीरे-गहरे श्वास को अन्दर ले एक विशेष प्रकार के स्वर में दुहराते थे निर्देशन देने के लिए वे अंग्रेजी व हिन्दी के शब्दों का प्रयोग करते थे पर बार-बार के दुहराने से उनके निर्देशनों में एक प्रकार की लय पैदा हो जाती थी, जो योगाभ्यासियों को अवश्य ही सम्मोहित-सी कर देती होगी और वे अपनी चेतना को खोकर अवचेतना के प्रभाव में आसन करते होंगे।

पन्द्रह मिनट तक गौर से देखने के बाद बाबा उठ खड़े हुए और योगाभ्यासियों की दो पंक्तियों के बीच इधर से उधर और उधर से इधर गौर से देखते टहलने लगे। पहली कक्षा 45 मिनट तक चलती रही। इस बीच सूपायनाचार्यजी ने दो बार अपनी जेब से घड़ी निकालकर, समय की पाबन्दी का मूक प्रदर्शन किया। फिर तीन माह से आने वाले योगाभ्यासियों ने 10 मिनट तक आसनों का प्रदर्शन किया। इस प्रकार कुल मिलाकर विभिन्न आसनों का यह प्रदर्शन 55 मिनट तक होता रहा। इस बीच दर्शनार्थियों में से कुछ ऊँघे, कुछ ने झपकियाँ लीं, कुछ आपस में बतियाए और कुछ लोग तल्लीनता से देखते रहे। महिलाओं की तरफ से शोरगुल सामान्य रहा। अगर बीच-बीच में एक योगाभ्यासी की तकलीफों का भिंचा-भिंचा प्रदर्शन प्रसन्न फुसफुसाहट को जन्म नहीं देता तो योगाभ्यासियों से गणेश हॉल भर जाता। आज की उपस्थिति में इन्दौर संभाग के आयुक्त श्री भार्गव की उपस्थिति उल्लेखनीय है।

6 बजकर 23 मिनट पर जब बाबा ने बोलना शुरू किया, तब उजाला हो चुका था। पानी एक दो-बार जोर से बरसकर थम चुका था। बाबा ने अपने प्रवचन में बताया कि ऐसे

ही आसन उन्होंने खुद भी बचपन में किए हैं। अपनी आसन सम्बन्धी रुचि का विस्तार से विवेचन कर उन्होंने कहा कि योगासनों से होने वाला यह व्यायाम बहुत अच्छा है। इसमें साधनों की कोई आवश्यकता नहीं होती। फिर इस व्यायाम में उत्तेजना भी नहीं होती। दूसरे व्यायामों में होती है और अन्त में उन्होंने कहा कि सहयोग तो एक उत्तम योग है ही, लेकिन सबसे ऊँचा योग है, उद्योग। उद्योग के मायने है—उद्योग-ऊँचा योग। आप यह व्यायाम करते हैं, मगर आपको खाने को दूध, दही, घी, फल, तरकारी आदि नहीं मिले तो इससे कुछ नहीं होगा। केवल इस व्यायाम से काम नहीं चलेगा हिन्दुस्तान में उद्योग की जरूरत है। प्रवचन समाप्त करते-करते उन्होंने गन्दे इश्तिहार हटाने की अपनी बात फिर दुहराई।

पौने सात का समय हो गया था। बाबा ने गणेश हॉल में ही नाश्ता किया और सात बजे अपने दल के साथ राजवाड़े से निकल पड़े। सुभाष चौक के आगे बाबा कस्तूरबा कन्या विद्यालय में गए। वहाँ उपस्थित ढाई-तीन सौ लड़कियों के बीच तीन-चार मिनट शिक्षण, प्रार्थना, सूत कताई, गृह कार्य और सर्वोदय पात्र की बातें कहकर सावित्री कला मन्दिर का निरीक्षण करने गए। दो-तीन मिनट बाद वे फिर इमली बाजार सड़क पर थे। अब भी श्री शिन्दे उनसे बीच-बीच में बातें कर रहे थे। बाबा का दल जूने तुकोगंज से निकलकर हेमिल्टन के पुतलेवाली सड़क से होता हुआ किशनपुरा के पुल पर पहुँचा और यहाँ से महात्मा गांधी रोड पर बढ़ चला। सुबह काम पर जाते हुए लोग और स्कूल जाते हुए बच्चे उन्हें बीच-बीच में प्रणाम करते जाते थे। ओवर ब्रिज के पास इन्दौर स्कूल ऑफ इकोनॉमिक्स के एक भारतीय विद्यार्थी प्रभु घाटे ने बाबा से चर्चा की। बाबा ने स्कूल की पढ़ाई के दिन, पढ़ाई का स्तर, उसका खर्चा आदि पर प्रश्न किए और 8 बजने में पाँच मिनट की देरी पर सफेद कोठी पहुँच गए।

मनुष्य की प्रतिष्ठा बढ़ाने से ही कल्याणकारी राज्य सम्भव

रात्रि के आठ बजे गांधी हॉल में दादा धर्माधिकारी ने सर्वोदय की प्रक्रिया का विश्लेषण करते हुए बताया कि जब मानव की प्रतिष्ठा बढ़ेगी, वह स्वयं कार्य करने के लिए प्रवृत्त होगा तभी कल्याणकारी राज्य की स्थापना होगी। अपने भाषण में आपने सर्वोदयी क्रान्ति तथा शासन मुक्त समाज पर भी प्रकाश डाला। दादा धर्माधिकारी ने भाषण में कहा कि आज हमें मनुष्य की प्रतिष्ठा, शान व उसकी जिम्मेदारियों को बढ़ाना है। इसके द्वारा ही कल्याणकारी राज्य की स्थापना हो सकती है। जहाँ शासन की प्रतिष्ठा बढ़ती है वहाँ मनुष्य अपनी जिम्मेदारी नहीं समझता है एवं उसकी प्रतिष्ठा भी नहीं होती। लोगों को भय व लालच देकर कार्य कराया जाता है। इसी की विवेचना करते हुए श्री धर्माधिकारी जी ने कहा कि लोकशाही में लालच से कार्य होता है। लालच से कार्य कराने के कारण ही वहाँ भ्रष्टाचार भी बढ़ता है।

भारत में सर्वोदय की प्रक्रिया का विश्लेषण करते हुए कहा कि मजदूरों द्वारा क्रान्ति लाना सहज है लेकिन कृषकों की क्रान्ति अत्यधिक कठिन काम है। भारत में 80 प्रतिशत कृषक हैं इसलिए यहाँ किसानों द्वारा ही क्रान्ति आ सकती है। आपने बताया कि मजदूर संख्या में अधिक रहते हैं तथा मिल मालिक कम। किन्तु खेती में इसके विपरीत बात है। कृषकों में छोटे मालिकों की संख्या ज्यादा है तथा खेतिहर मजदूरों की संख्या कम।

अतः यहाँ कृषक मज़दूर क्रान्ति नहीं ला सकते। इस परिस्थिति के अनुसार क्रान्ति लाने के तीन तरीके रहे। पहला तरीका है जमीन को छीनो, दूसरा तरीका है कानून से जब्त करो तथा तीसरा तरीका है लोगों को समझाओ तथा जमीन बाँटो। इनमें से पहले दो तरीके अव्यावहारिक हैं तथा उनके सहारे क्रान्ति हो ही नहीं सकती, इसलिए तीसरा तरीका ही व्यावहारिक रहा जिसे कि आचार्य विनोबा भावे ने अपनाया है।

इसके पश्चात श्री धर्माधिकारीजी ने कहा कि हमें शस्त्रों की प्रतिष्ठा कम करनी है तथा श्रम के साथ ही साथ औजारों की प्रतिष्ठा बढ़ानी है। शस्त्रों और औजारों की व्याख्या करते हुए कहा कि जिसके उपयोग से मनुष्य को मारा जा सके वह शस्त्र तथा जो मनुष्य को जिला सके वह औजार। उन्होंने कहा कि सही औजार अगर सही इनसान द्वारा सही दिल व दिमाग से उपयोग में लाया जाए तो ही लोकतंत्र जीवित रहेगा। अन्त में आपने विनोबाजी के शासन मुक्त समाज का विस्तृत व्याख्या की तथा बताया कि जब साधारण मनुष्य जिम्मेदार बनेगा वह अपना, समाज का व राष्ट्र का कार्य, जिम्मेदारियों व कर्तव्यों को समझकर करेगा तभी सच्चे अर्थों में कल्याणकारी राज्य की स्थापना हो सकेगी।

अखिल भारतीय सेवा संघ की बैठकें

इन्दौर में विनोबा निवास स्थान सफेद कोठी में गतिविधियाँ दिन-प्रतिदिन बढ़ती जा रही हैं। अभी तक पंजाब के सर्वोदयी कार्यकर्ताओं का शिविर चल रहा था तथा अब दिनांक 17 से 19 तक अखिल भारतीय सेवा संघ की प्रबन्ध समिति की बैठकें होती रहेंगी। इन बैठकों में भाग लेने के लिए सर्वश्री नभकृष्ण चौधरी भूतपूर्व मुख्यमंत्री ओड़िशा, पूनमचन्दजी काशी, सिद्धराज ढड्ढा, दादा धर्माधिकारी आदि आए हुए हैं। आज प्रबन्ध समिति की बैठक साढ़े तीन बजे प्रारम्भ हुई जो कि शाम को पाँच बजे तक चलती रही।

आचार्य भावे व जे.पी. के मध्य एक घंटे की चर्चा

स्थानीय गांधी हॉल में श्री जयप्रकाश नारायणजी की अध्यक्षता में एक बैठक आयोजित की गई थी जिसमें श्री दादा धर्माधिकारी भाषण दे रहे थे। गांधी हॉल की घड़ी के अनुसार ठीक सवा दस बजे श्री जयप्रकाश जी आचार्य विनोबाजी से चर्चा करने के लिए उठ गए। सफेद कोठी में आचार्य विनोबा भावे तथा श्री जयप्रकाश नारायण के मध्य लगभग एक घंटे तक बन्द कमरे में चर्चाएँ हुईं।

शान्ति सैनिकों की चर्चाएँ

सफेद कोठी में ठीक साढ़े ग्यारह बजे से नगर शान्ति सैनिकों की चर्चाएँ हुईं।

विसर्जन आश्रम एक पावर हाउस के बतौर चलाया जाए
त्याग के अहंकार से मुक्त आवश्यक

सुबह सवा चार बजे सफेद कोठी के हॉल में कार्यकर्ताओं के बीच सन्त प्रवर विनोबा भावे ने प्रवचन करते हुए इन्दौर के 'विसर्जन' आश्रम का महत्त्व बताया और उसकी

कार्यविधि के आन्तरिक पहलुओं पर प्रकाश डाला। उन्होंने अपने प्रवचन के प्रारम्भ में ही इस बात पर जोर दिया कि इन्दौर में जो प्रयोग हो रहा है वह साधारण नहीं है। ऐसा प्रयोग पहली बार वहाँ हो रहा है। ऐसे शहरों में जहाँ कहीं कुछ विशेष नेता दिखे स्वाभाविक ही जाग्रति थी जैसे मालवीयजी के कारण काशी में, तिलक के कारण पूना में। पर वह एक विशेष स्थिति थी और जाग्रति कुछ विशेष व्यक्तियों के कारण थी। कुछ दूसरे नगरों में भी सर्वोदय का काम हुआ है। बंगलौर में आश्रम बना है, शान्ति सेना के कुछ सैनिक भी बने हैं। काशी में भी कुछ काम हुआ है पर इन्दौर का काम अपने ढंग का अनोखा है।

जिन-जिन चीजों का नैतिक असर पड़ता है वे सर्वमान्य हैं। ऐसे ही काम लेकर हम आगे बढ़ना चाहते हैं। इसीलिए सफाई का काम चलाया, इश्तिहारों की बात कही। एक आश्रम की स्थापना हुई। उसका नाम भी 'विसर्जन' विशेष अर्थों में रखा। यह सहज एक प्रयोग के बतौर चले, और आश्रम को पावर हाउस के बतौर चलाया जाए। आश्रम में बाहर से आने वाले कार्यकर्ताओं को कुछ तकलीफ होगी। एक तो उन्हें अपने कार्यक्षेत्र का मोह छोड़ना पड़ेगा। दूसरा एक अपरिचित स्थान में नए सिरे से काम शुरू करना पड़ेगा। पर उन्हें इस तरह काम करना है कि इन्दौर की अपनी स्थानीय शक्ति जाग्रत हो सके। इन्दौर में कार्य करने को जो कार्यकर्ता आए हैं हमने उनके मन साफ कर दिए हैं। वे लौटेंगे नहीं। उन्हें हम काम दे सकते हैं। लेकिन बाहर से अधिक कार्यकर्ता बुलाना ठीक नहीं है। हमको सतत, निरन्तर काम करना है पर श्रेय यहाँ के लोगों को ही देना है। वे आगे रहें, और पीछे। कभी जरूरत पड़े तो आगे भी हो सकते हैं। लेकिन जहाँ इसके परिणामों का सम्बन्ध आएगा जिम्मेदारी नागरिक ही उठाएँगे। आपका जो काम है वह तो उपकार होगा। उपकार यानी अल्प कार्य। उप-कार छोटा काम। इससे कार्यकर्ता को कोई अभिमान नहीं रहेगा। यहीं के लोग कर रहे हैं और हम उन्हें मदद दे रहे हैं, ऐसा भाव होना चाहिए। जल्द से जल्द यह चीज अपने कन्धों से उतरे और दूसरों के कन्धों पर बैठे। स्थानीय प्रयत्न में हमारा उपकार ही होना चाहिए।

अपनी दूसरी बात रखते हुए बाबा ने कहा कि जहाँ अनेक कार्यकर्ता इकट्ठे होते हैं—वहाँ उनका समान चित्त नहीं, सह चित्त होना चाहिए। परस्पर मनो मालिन्य, द्वेष, गलतफहमी पैदा नहीं हो, इसका ध्यान रखना पड़ेगा। इसका उपाय तो चित्त वृत्ति निरोध और चित्त वृत्ति शोधन ही है। पर एक बाहरी आयोजन भी जरूरी है। हम सब देह और इन्द्रियों से बराबर नहीं हैं आत्मत: बराबर हैं। हमसे अधिक बुद्धिमान, शक्तिशाली और विकसित भावनाओं के लोग भी हैं, जो ऐसा नहीं समझते वे अविवेकी हैं। यह जो समता का ध्यान है उसे जिस तरह लोग मान रहे हैं वह गलत है। एक स्वामी है और एक सेवक। सेवक ने सेवा करनी और स्वामी ने सेवक की आत्मत: समान समझना चाहिए। शान्ति सेना का सर्वोदय नगर बनाने के काम में यह भावात्मक पहलू होगा। इसलिए हम चुनाव नहीं करेंगे। नियुक्ति करेंगे और जिसकी नियुक्ति होगी उसके लिए वफादारी जरूरी होगी। उन व्यक्ति के साथ यह कर्तव्य रहेगा। यह नहीं रहा तो समूह से काम करवाना मुश्किल होगा। विचार स्वातंत्र्य भी इसमें अलग ढंग से लेना होगा। बाहरी तंत्र के लिए हमें एक आयुक्त अधिकारी मानना होगा। यह तय हो सकता है, जब कार्यकर्ताओं में अनन्य अनुराग हो। शिवाजी के प्रति उनके दोस्तों का अनन्य अनुराग था। उसी प्रकार

का अनुराग कार्यकर्ता में होना चाहिए। हमें स्वेच्छा से यह स्थिति कबूल करनी चाहिए। कार्यकर्ता में अनन्य अनुराग भाई का बड़े के प्रति होता है।

आगे बोलते हुए बाबा ने तीसरी बात रखी कि आपके पास पैसा आने वाला है और जहाँ पैसा आया वहाँ और भी कई बातें उपस्थित हो जाती हैं। उन बातों की उपस्थिति अनिवार्य नहीं, दारिद्रय का लक्षण है। कुछ लोग भिन्न सामाजिक संस्थाओं में काम करते हैं। उन्हें वेतन मिलता है, उनका जीवन निश्चिन्त है। हमें यह देखकर खुशी के बजाय मत्सर होता है। एक परिवार में एक भाई की नौकरी लगे तो परिवार के दूसरे भाई को मत्सर नहीं होता। पर यह एक हीन विचार उठ खड़ा हुआ है कि हममें से एक निश्चिन्त क्यों? यह विचार हीन है पर श्रेष्ठ माना जाता है। बड़ी दृढ़ता से रखा जाता है तो आप लोगों को यह ध्यान रखने की बात है कि पैसे के साथ पिशाच नहीं आए। बात जहाँ समूह की होती है—वहाँ पैसे के साथ अक्सर पिशाच भी चला आता है।

चौथी बात बाबा ने कहा है अहंकार—त्याग का भी अहंकार होता है और यह बहुत बुरी बात है। एक त्यागी की दूसरे त्यागी से बनती नहीं, एक ज्ञानी की दूसरे ज्ञानी से बनती नहीं, एक संन्यासी की दूसरे संन्यासी से बनती नहीं। गृहस्थों की आपस में बन जाती है, क्योंकि त्यागाभिमान उधर नहीं होता। त्यागी होने पर परस्पर अनुरागी नहीं हुए तो त्याग लज्जित होगा हम निन्दित हों तो कोई बात नहीं, त्याग तत्त्व नहीं निन्दित होना चाहिए। त्याग, वैराग्य, संन्यास आदि परमतत्त्व समाज में निन्दित हो जाए इससे बढ़कर बुरी बात नहीं है। त्यागी का मतलब होता है जो सब जन आधार है। सब पर आश्रित है। ऐसे लोगों में विनम्रता अत्यधिक जरूरी है। इसलिए कार्यकर्ताओं को अहंकार छोड़कर अपने को सब पर आश्रित मानकर काम करना चाहिए। अन्त में उन्होंने कार्यकर्ताओं को सचेत किया कि इन्दौर के काम के यश से और दूसरी जगह काम बढ़ेगा और अपयश से काम को धक्का लगेगा। इसलिए खूब सोच समझकर यहाँ का काम करें।

आज के ग्राम नरक एवं शहर कबूतर खाने हैं
दादा धर्माधिकारी द्वारा सर्वोदयी मित्र की व्याख्या

प्रातः आठ बजे से स्थानीय गांधी हॉल में दादा धर्माधिकारी ने सर्वोदय-मित्रों व सर्वोदयी समाज रचना पर प्रकाश डालते हुए बताया कि हमें मनुष्य की प्रतिष्ठा को सर्वोपरि बनाना है। दादा धर्माधिकारी ने सर्वोदय मित्रों की व्याख्या करते हुए कहा कि मित्र वही है जो मुसीबत में साथ दे, सही रास्ते पर से जाए, सही निर्णय करे, जिसके व्यवहार में प्रेम हो दया हो वह मित्र है। मित्र न तो आलोचक रहता है तथा न समालोचक, वह प्रतिपक्षी भी नहीं रहता। उपरोक्त गुण ही मित्र के कर्तव्य हैं तथा इनका पालन करने वाला ही सर्वोदयी मित्र कहलाता है। आपने कहा कि जब इन्दौर की चार लाख जनता सर्वोदय मित्र बन जाएगी तो फिर इन्दौर एक परिवार बन जाएगा।

शहर व गाँव की व्याख्या

शहर गाँव की व्याख्या करते हुए श्री धर्माधिकारी ने कहा कि आजकल के गाँव नरक तथा शहर कबूतरखाने के सदृश्य हैं। गाँवों में सफाई, गन्दगी उन्मूलन आदि की तरफ

कोई ध्यान नहीं जाता है, इसलिए नरक के समान हैं, आपने आगे कहा कि शहर में अनुत्पादक व्यवसाय नहीं होना चाहिए। अगर अनुत्पादक व्यवसाय चलते रहे तो वह नगर सर्वोदय नगर नहीं बन सकता है। आपने उत्पादन का अर्थ बताते हुए कहा कि भूमि से उत्पादन एवं कच्चा माल तैयार किया जाए उसे उत्पादन व्यवसाय कहते हैं। इस दृष्टि से कोई शहर नहीं बना है। आज बड़े-बड़े शहर या तो राजा व नबाब के निवास स्थान के कारण, राजधानी या छावनी के कारण या बड़े-बड़े उद्योग की स्थापना के कारण बने हैं। बड़े-बड़े शहरों में जब उत्पादन व्यवसाय के साथ श्रम तथा मानव की प्रतिष्ठा बढ़ेगी तभी सौमनस्य का वातावरण फैल सकेगा।

श्रेणियों का विभाजन

सर्वोदयी नेता ने आगे कहा कि आजकल शहरों एवं गाँवों में मालिक-नौकर, दुकानदार-खरीदार, डॉक्टर-मरीज आदि श्रेणियाँ हैं। आज मनुष्य के गुण, बुद्धिमानी, खासियत तथा श्रम खरीदा जाता है, इसी कारण मालिक व नौकर की श्रेणी बन जाती है। इसी तरह खरीदार व मरीज की श्रेणियाँ पैसे की प्रतिष्ठा के आधार पर हैं। आज अगर कोई बीमार है लेकिन उसके पास पैसा नहीं है तो उसका समुचित इलाज नहीं हो सकता है। इसी तरह बगैर पैसे के जरूरतमन्द जूता नहीं खरीद सकता है। स्पष्ट हो गया कि जहाँ पैसे की प्रतिष्ठा होगी वहाँ यह श्रेणियाँ विद्यमान रहेंगी। लेकिन सर्वोदयी कल्पना में ये श्रेणियाँ नहीं रहेंगी। उसमें केवल दो ही श्रेणियाँ रहेंगी। एक बनाने वाले की तथा दूसरी बरतने वाले की। एक श्रेणी वाला विभिन्न वस्तुएँ बनाती रहेगी तथा दूसरी श्रेणी अपनी आवश्यकतानुसार उन वस्तुओं को बरतती रहेगी। यह व्यवस्था मनुष्य व समाज के परिवर्तन से ही सम्भव है।

मनुष्य व समाज का परिवर्तन

श्री धर्माधिकारी ने कहा कि सामाजिक मूल्यों को बदलने के लिए आज विभिन्न मान्यताएँ हैं। कोई समाज को सर्वोपरि समझता है तथा मनुष्य को गौण। उनकी विचारधारा के अनुसार अगर समाज में परिवर्तन कर दिया जाए तो मनुष्य का परिवर्तन अवश्यंभावी है। किन्तु सर्वोदयी कल्पना में मनुष्य की प्रतिष्ठा सर्वोपरि है। समाज मनुष्यों से बनता है तथा जब मनुष्यों में परिवर्तन हो जाएगा तो समाज में परिवर्तन आ जाएगा। लिखित रूप में पूछे गए विविध प्रश्नों के उत्तर देते हुए श्री दादा भाई ने कहा कि आजकल स्कूल-कॉलेजों में स्नेह सम्मेलन मनाया जाता है एवं उसमें हजारों रुपयों का खर्च फालतू रूप से किया जाता है। उन रुपयों को अगर ग्रामदानी क्षेत्र में कर्जे चुकाने के लिए दे दिया जाए तो काफी अच्छा रहे।

जब पूछा गया कि सर्वोदय में मुस्लिम समाज के व्यक्ति अधिक मात्रा में भाग क्यों नहीं लेते? तो इसका उत्तर देते हुए आपने कहा कि जिस प्रकार हिन्दुओं में जातीयता सर्वोपरि है उसी प्रकार मुसलमान समाज साम्प्रदायिकता को सर्वोपरि समझता है। साम्प्रदायिकता को सर्वोपरि समझने के कारण ही पाकिस्तान बना है मुस्लिम समाज भाषा भाषी आन्दोलन से भी साम्प्रदायिकता को बड़ा समझता है। इसके विपरीत सर्वोदय

में मजहब और सियासत को तोड़ने पर बल दिया गया है। विनोबाजी का कहना है कि अगर तोड़ने का प्रयत्न न भी किया गया तो भी मजहब और सियासत की ताकतें टूटेंगी और उनकी जगह विज्ञान और तत्त्वज्ञान लेगा। इसी वजह से इस समाज के अधिक व्यक्ति सर्वोदय में भाग नहीं ले रहे हैं। किन्तु जब हिन्दुओं में जातीयता नष्ट होगी तो उनकी साम्प्रदायिकता क्षीण होगी।

देश से विविध प्रेरणाएँ खत्म हों
शान्ति सेना और सर्वोदय पात्र के कार्य के प्रति बाबा आशान्वित

सायंकाल पानी गिरने के कारण सफेद कोठी के बरामदे में हुई प्रार्थना सभा में प्रवचन करते हुए सन्त विनोबा भावे ने कहा कि संसार में दो शक्तियाँ लोकमान्य रही हैं। पहली शस्त्र शक्ति और दूसरी शब्द शक्ति। फिर शब्द शक्ति का विश्लेषण करते हुए उन्होंने कहा कि उस द्रष्टा, महापुरुष के शब्द में युग को प्रभावित करने की ताकत होती है, जिसके पीछे ईश्वर का संकल्प बल जुड़ा होता है। इसी सिलसिले में कल की भाँति ही आज उन्होंने *विष्णु सहस्रनाम* के एक नाम 'बीरहा' का अर्थ समझाया और कहा कि जब भगवान को युग को कोई विशेष प्रेरणा देनी होती है, तो वह किसी पुरुष के शब्दों में अपनी ताकत जोड़कर युग की विविध प्रेरणाओं को उनमें एकत्रित कर देता है। भूदान के काम में भगवान ने मेरे शब्दों में अपना संकल्प बन जोड़ा तो युग की विविध प्रेरणाएँ एकत्रित हुईं और कुछ काम हुआ। फिर भगवान की मर्जी नहीं हुई तो मेरे शब्दों की ताकत कम हो गई और प्रेरणाएँ सिर गईं। अब फिर मुझे लग रहा है कि भगवान शान्ति सेना के काम के लिए मेरे शब्दों में ताकत देगा और यह काम होगा। इस काम को सभी पार्टी के लोगों और सरकार जनता जनार्दन के आशीर्वाद प्राप्त है। युग को भी इसकी चाह है। इसलिए मैं भगवान से आज कल यही प्रार्थना करता हूँ कि वह मेरे शब्दों में ताकत पैदा करें। अपना संकल्प बल जोड़ें।

इसके पूर्व विश्व की सर्वमान्य शक्तियों पर बोलते हुए उन्होंने बताया कि ऐसा शक्तियाँ दो हैं—एक शस्त्र शक्ति और दूसरी शब्द शक्ति। फिर शब्द शक्ति की विस्तृत विवेचना करते हुए उपस्थित नर-नारियों को समझाया कि विशेष युग में विशेष महापुरुष के शब्दों में एक विशेष समय ताकत पैदा होती है और वे शब्द उस युग को प्रभावित करते हैं। लेकिन ऐसे शब्द जो समाज को किसी प्रयोगशील योगी द्वारा मिलते हैं वे तभी असर कारक होते हैं जबकि उनके पीछे ईश्वर अपनी प्रेरणा जोड़ता है। अवतारों के साथ भी यही बात हुई है, जब तक उनके साथ ईश्वर की प्रेरणा रही है वे अवतार रहे हैं। मैंने *रामायण* पढ़ी है और अपने मन में मैंने यह माना है कि जब तक रावण का वध राम ने नहीं किया वे अवतार रहे, लेकिन रावण मुक्ति के बाद और वे एक सच्चरित प्रजा पालक राजा रह गए।

वाल्मीकि ने *रामायण* लिखी तो उत्तर कांड उन्होंने लिखा ही नहीं। सीता का परित्याग, बाद में लक्ष्मण का परित्याग आदि उन्होंने नहीं लिखा। अन्त में उन्होंने बस यही लिखा है कि राम सीता के साथ अपने भाइयों के लिए, अयोध्या से बाहर निकलकर एक उद्यान में जाकर बैठ गए हैं। नारद आकर उनकी स्तुति पढ़ते हैं। इसके बाद का चरित्र, मानव

चरित्र है भले ही वह महान हो। तो इस तरह जिसके लिए ईश्वर का संकल्प जुड़ा होता है—वह ईश्वर अवतार होता है। वैसे तो हम सब ईश्वर के अवतार हैं—कोई काम का अवतार है, कोई क्रोध का अवतार है। (हँसी)। ईश्वर तो बहुत व्यापक है सर्वमय है। पर सत्वपुरुषों में ईश्वर का विशेष दर्शन होता है, क्योंकि उनके साथ भगवान का विशेष संकल्प जुड़ा हुआ है। सृष्टि भगवान का सामान्य संकल्प है। उसमें युग को प्रभावित करने की ताकत आती है। सार यह कि ईश्वर जब काम करना चाहता है तब किसी विशेष पुरुष के साथ अपना संकल्प जोड़ देता है।

जहाँ ऐसा नहीं होता, वहाँ विविध प्रेरणाएँ चलती रहती हैं। *विष्णु सहस्रनाम* में भगवान का एक शब्द आया है—वीरहा। भगवान को वीरहा कहा गया है। वीरहा का मतलब वैसे यह निकलता है कि वीरों का हनन करने वाला। भगवान को एक बार अगर असुरों का हनन करने वाला कहा जाए, बात मानी जा सकती है, मगर वीरों का हनन करने वाला नहीं होता। वीरहा का मतलब है विविध ईर्ष्याएँ, प्रेरणाएँ समाप्त कर सबको एक प्रेरणा देने वाला। मैं जो इश्तिहार मिटाने की बात करता हूँ वह एक दिन में मिट सकते हैं। अगर भगवान मेरे शब्दों के पीछे अपना संकल्प जोड़ें। मैं समझता हूँ कि मेरी तीव्र इच्छा के बावजूद ये पोस्टर लगे रह सकते हैं। मैं समझ लूँगा मेरा काम मैंने कर दिया, अब उसमें भगवान की प्रेरणा होगी, तो आप सब लोगों के मनों को प्रेरित करेगा। नहीं तो यह काम रुका ही रह जाएगा।

मैं भूदान के काम में पहले घूमता था। तब सारे हिन्दुस्तान में भूदान की केवल एक ही मीटिंग होती थी और बोलने वाला मैं अकेला ही होता था। एक भाई ने पूछा आपका काम कब पूरा होगा? मैंने कहा—जिस गति से आप उत्तर दे रहे हैं—उससे तो इसे पूरे होने में पाँच सौ साल लग सकते हैं। उन्होंने पूछा—यह कैसे? मैंने कहा आजकल इलेक्शन के दिन हैं। आज सारे देश में इलेक्शन की कितनी सभाएँ हुई होंगी। उसने कहा—सैकड़ों हुई होंगी। और भूदान की कितनी हुई होंगी? मैंने पूछा। और साफ उत्तर था कि एक ही हुई होगी। तो मैंने कहा—यह इलेक्शन का जमाना है। जब भूदान की भी इतनी ही सभाएँ देश में होने लगेंगी तो मेरा काम भी जल्दी पूरा हो जाएगा।

बाद में भगवान की प्रेरणा मेरे शब्दों में जुड़ी। विभिन्न क्षेत्रों में काम करने वाले लोग एकत्रित हुए और इतना काम हुआ। फिर भगवान की मर्जी हुई कि वह मेरे शब्दों से प्रेरणा हटा ले और हमारा काम बिखर गया। देश में विविध ईर्ष्याएँ फैल गईं। अब फिर मुझे लग रहा है कि भगवान शान्ति सेना के काम में मेरे शब्दों में वही प्रेरणा दे रहा है—जो भूदान के समय दी थी। शान्ति सेना के काम को सभी पार्टी के लोगों के आशीर्वाद प्राप्त हैं। सरकार भी उसमें दिलचस्पी रखती है और वह सर्वोदय पात्र जैसे एक सुदृढ़ लोक सम्मत आधार पर खड़ा है। अन्त में उन्होंने कहा—आजकल मैं भगवान में डूबा हुआ हूँ। उनसे यही प्रार्थना है कि वह देश में विविध ईर्ष्याएँ समाप्त करें और मेरे शब्दों में अपनी प्रेरणा जोड़ें।

(18 अगस्त, 1960)

खानगी चर्चाएँ और वफादारी का प्रश्न

आज प्रार्थना के बाद सुबह सवा चार बजे बाबा के कमरे में भिंड की शान्ति समिति की खानगी बैठक शुरू हो गई। उन लोगों को बिखरना पड़ा। कितने ही कार्यकर्ता अपने-अपने कमरों में जाकर सो गए। इस सफेद कोठी पर चहल-पहल का वातावरण बना रहता था, आज बिलकुल सूनी सी लग रही थी। गहरी उनींदी खामोशी को भंग करती हुई झींगुरों और छिप्किियों की आवाज आ रही थी। इन दिनों सफेद कोठी पर खानगी चर्चाओं का दौर चल रहा है। समितियों की बैठकें भी गुप्त रखी जा रही हैं। ऐसे समय में बाबा से मिलने वाले आतुर व्यक्तियों पर दूसरा ही प्रभाव गिरता है। कई श्रद्धालु लोगों पर इसकी उल्टी प्रतिक्रिया हो रही है। सभी तरफ प्रश्न किया जाता है कि बाबा और गुप्त बातों का क्या सम्बन्ध? जिस व्यक्ति का सारा जीवन लोक सेवा को समर्पित है, जिसका हृदय निश्छल और निष्कलुष है, जिसकी वाणी में और अन्तर में कोई द्वन्द्व नहीं। जो अन्तर है वही बेखटके बाहर जाता है। तो फिर बाबा के पास कौन सा भेद रह सकता है? कौन सी बात गुप्त रह सकती है? इस सम्बन्ध में बाबा द्वारा एक प्रातः प्रवचन में कही गई बात उल्लेखनीय है। सहचित्त की चर्चा करते हुए उन्होंने कहा था कि जब एक-दूसरे का दिल एक-दूसरे के प्रति पूरी तरह खुल जाता है तब गूढ़ भाव प्रकाशन होता है। सामने वाला अपना दिल खोले या नहीं खोले, पर हमें अपना दिल खोलना है। सहचित्त की प्रक्रिया अपने से एक करनी पड़ेगी। पर पूर्ण भाव प्रकाशन दुर्लभ है और वह साधकों से भी मुश्किल से सधता है। गांधीजी का उदाहरण देते हुए बाबा ने कहा था कि उन्हें बापू पर इस कारण बड़ी श्रद्धा थी कि उनका गूढ़ भाष्य प्रकाशन होता था। पर कुछ बातें उन्हें भी अपने मन के अन्दर रखनी होती थीं। कोई अपनी राजनीतिक बातें उन्हें आकर बताता, कोई साधक अपने जीवन का कोई भेद उनके सामने बोलता तो इन बाकी की पुड़ियाएँ बाँधकर गांधीजी को अपने चित्त में रखनी पड़ती थीं, और जब मौका आता था तो उन्हें बोलनी पड़ती थीं। सार निकालते हुए विनोबाजी ने कहा था कि जिसके चित्त में ऐसी पुड़ियाएँ हों उसका भाव प्रकाशन पूर्ण नहीं होता। पूर्ण भाव प्रकाशन की स्थिति दुर्लभ है। अब प्रश्न यह उठता है कि क्या भाष्य को और कहीं कहना होगा जो गांधीजी ने अपने जमाने में किया था?

फिर इनखानगी सभाओं का एक और कहना है। अक्सर सब लोगों के लिए खुली बैठकों में वे लोग भी आ जाते हैं जिनका प्रस्तुत विषय से खास सरोकार नहीं होता और न उसमें उन्हें रुचि ही होती है और कुछ लोग ऐसे भी आ जाते हैं, जो अर्थ का अनर्थ करने और गलतफहमी फैलाने में सिद्धहस्त होते हैं। ऐसी गलतफहमियाँ जनमानस को

गलत राह पर ले जाती हैं और वातावरण दूषित हो जाता है। इन बातों को देखते हुए खानगी बैठकों और चर्चाओं का आयोजन गलत नहीं लगता। अन्त में एक महत्त्वपूर्ण बात और है कि खानगी चर्चा में गुप्तता का आग्रह बाबा की तरफ से नहीं बल्कि चर्चाकार की तरफ से होता है। यही बात समितियों की बैठकों पर भी लागू होती है। अब बाबा को अपने कार्यकर्ताओं और श्रद्धालु चर्चाकारों के प्रति वफादार रहना भी आवश्यक हो जाना होगा क्योंकि वफादारी इनसानियत की पहली निशानी है।

ठीक पाँच बजे सफेद कोठी में घंटी की टनटनाहट गूँज उठी। बैठक अभी समाप्त नहीं हुई थी पर समाप्ति की ओर थी। पदयात्रा पर जाने वाले लोग बाबा के कमरे के आसपास इकट्ठे हो गए। भिंड की खानगी समिति की बैठक में भाग लेने वाले थे सर्वश्री बल्लभ स्वामीजी, पूर्णचन्दजी जैन, हेमदेव शर्मा, दादाभाई नाईक, सुरेश राम भाई, ब्रह्मदेव बाजपेई और इस समिति के अध्यक्ष स्वामी जी। आज अस्वस्थता के कारण दीपचन्दजी को अपना मार्गदर्शन का काम धीरज भाई को सौंपना पड़ा। ठीक पाँच बजकर दस मिनट पर बाबा पदयात्रा पर निकल पड़े। सफेद कोठी के अहाते में ही मुलाकातियों के नाम पुकारे जाने लगे। साउथ तुकोगंज रोड पर मुड़ते वक्त श्रीमती अत्रे बाबा के साथ चर्चा करने को बढ़ीं। उन्होंने मराठी में बाबा से कहा—मैं खानगी बातें करूँगी। बाबा ने और लोगों को पीछे चलने का आदेश दिया। लोग पीछे हट गए। अब बाबा के साथ बाईं तरफ बाल भाई, दाईं तरफ कुसुम बहन और श्रीमती अत्रे चल रही थीं। सड़क पर अँधेरा था। पानी धीरे-धीरे बरस रहा था। हवा की गति सामान्य थी। पीछे वाले दल में जयदेव भाई अच्युत भाई से कह रहे थे कि बाबा छाता क्यों नहीं लगाते भीगते क्यों हैं? और अच्युत भाई उन्हें बता रहे थे कि बाबा कहते हैं जैसे हम धूप और ठंड से अभाव के साधन उपयोग में नहीं लाते वैसे ही पानी से क्यों बचें?

शानदार मौत

हिन्दी साहित्य समिति भवन के सामने से बाबा का दल कोठी महल हवेली की तरफ मुड़ा और हेमदेव जी बाबा से चर्चा करने लगे। वे बाबा को जनरल यदुनाथ सिंहजी की मृत्यु के बारे में बता रहे थे। जनरल साहब बीमारी की हालत में भी रात तक जागते थे और काम करते रहते थे। जिस सुबह-सुबह उनकी मृत्यु हुई, वे कुछ अस्वस्थ से थे। उन्होंने पलँग पर बिठा देने को नौकर को कहा और फिर पूजा की तस्वीर और *गीता* लाने को कहा। एक लड़का खेम जो उनके साथ रहता था वह डॉक्टर को बुलाने चला गया। नौकर को पूजा की तस्वीर तो मिल गई मगर *गीताजी* नहीं मिली, क्योंकि पहले दिन घर की सफाई की गई थी, पूजा की तस्वीर गोद में लिए जनरल साहब बैठे रहे और तभी उनका हार्टफेल हो गया। केवल गर्दन उस तस्वीर पर लटक गई। इतना सुनने पर बाबा ने कहा यानी उनकी शानदार मौत हुई।

आगे हेमदेवजी ने बताया कि वह बँगला जिसमें वे रहते थे कश्मीर सरकार ने उनकी पत्नी को दे दिया है। उनके लिए तीन सौ रुपये माहवार की पेंशन मंजूर की है और जनरल साहब की लड़की जो विदेश में अध्ययन कर रही है उसके खर्च उठाने की बात भी कही है। फिर हेमदेव जी ने बताया कि जनरल साहब की मृत्यु के कारण

हम लोगों में शिथिलता आ गई है। बाबा ने कहा शिथिलता नहीं, शीघ्रता आनी चाहिए। कच्ची सड़क पर कीचड़ और पानी के बीच जगह-जगह ढोर बैठे हुए थे, जो पदयात्रियों को चलने में बाधा पहुँचाते थे। नसिया के पास से निकलकर बाबा का दल, रेल पुल के नीचे से निकलकर हाथीपाला रोड की चढ़ाई चढ़ने लगा। अब बाबा ने चर्चा करने के लिए कोई ओड़िशा के प्रिंसिपल आ गए थे। वे स्थूलकाय व्यक्ति थे और उनकी आवाज भारी थी। वे ऐसी हिन्दी में बोल रहे थे जो समझने में बहुत मुश्किल थी। वे बोलते जा रहे थे और उनकी बातों को कुसुम बहन और बाल भाई बाबा को समझाने की कोशिश कर रहे थे। बड़ी देर बाद उनका प्रश्न स्पष्ट हुआ कि हमारे काम में आध्यात्मिकता की जरूरत क्यों है? हमें तो खाने-पीने की सुविधाएँ प्रदान करना है।

बाबा ने पूछा कि आप क्या चाहते हो? हिन्दुस्तान को इंग्लैंड, अमेरिका या रूस बनाना चाहते हो? इस पर ओड़िशा के वे भाई उलझी-उलझी भाषा में कुछ कहते रहे। फिर बाबा ने कहा कि आध्यात्मिकता का मतलब कोई रहस्यवाद नहीं होता। उसका मतलब होता है—हम...सबको बराबर मानें। अन्त में उन्होंने एक इतनी उलझी हुई बात कही जो बड़ी देर बाद एक उड़िया भाषी भाई द्वारा स्पष्ट की गई। प्राचार्यजी का कहना था कि उनके भाई की पत्नी कहती है कि अगर हम घर में सर्वोदय पात्र रख लें तो कल भूमिदान देना होगा और इस तरह सब बाबू लोगों को खेत में काम करने जाना पड़ेगा। यह सब खराब है, इसलिए सर्वोदय पात्र नहीं रखेंगे। बाबा हँसे और उन्होंने सिर्फ यही कहा कि वह आपके भाई की पत्नी बहुत दूरदर्शी है।

अब बाबा का दल रावजी बाजार, शनिगली, ब्यासफला से होता हुआ चन्द्रभागा से पागनीस पागा की ओर बढ़ रहा था। गोचा कॉलोनी के पास कलकत्ते से आए प्रेमचन्द्रजी नामक एक कार्यकर्ता ने बाबा से बातें करनी शुरू कीं। कलेक्टरेट के मोड पर जब असम के झगड़े के बारे में बाबा से उन्होंने कहा तो बाबा ने बताया कि असम शान्ति सैनिकों की टुकड़ियाँ जाने वाली हैं। मेरी वहाँ जाने की बात को लेकर जो लोग टीकाएँ करते हैं उनसे कहो कि हम हमारी प्रतिज्ञा इतनी जल्दी नहीं भूलते। हमने कन्याकुमारी से यह प्रतिज्ञा की थी कि जब तक देश में ग्राम स्वराज्य नहीं हो जाता हमारी पदयात्रा जारी रहेगी। लोग हमारे वहाँ हवाई जहाज से जाने की बात कहते हैं, पर इस तरह तो मैं इग्लैंड, चीन जहाँ कहीं भी दुख हो, जा सकता हूँ, पर वह हमें नहीं बढ़ाना है।

जयरामपुर कॉलोनी के द्वार पर दुखायलजी के आह्वान पर वहाँ उपस्थित सिन्धी भाइयों ने जय जगत का मंत्र गुंजाया और बाबा का स्वागत किया। एक दुमंजिले मकान के नीचे के बड़े कमरे में उपस्थित सिन्धी भाई-बहनों के बीच बाबा ने पाँच-सात मिनट प्रवचन दिया। सिन्धी भाइयों की व्यापार बुद्धि की तारीफ की। सर्वोदय पात्र रखने और *गीता* प्रवचन पढ़ने की बात कही और अन्त में सिन्धी कौम की तरफ से एक कुल-व्यक्ति सेवक सर्वोदय के काम के लिए दिए जाने की अपनी माँग दुहराई।

लगभग साढ़े छह बजे बाबा जयरामपुर कॉलोनी से निकलकर लालबाग के मुख्य द्वार से होते हुए छत्रीबाग पहुँचे। इस बीच एक वृद्ध सज्जन शेन्दूर्णीकर उनसे चर्चा करते रहे। छत्रीबाग के एक विद्यालय में बाबा को नाश्ते के लिए ले जाया गया। इस वक्त पौने सात बज रहे थे, पर बाबा यह कहकर कि घर करेंगे, चल पड़े। छत्रीबाग से

निकलकर बाबा पिंजारा बाखल के पास से होते हुए कड़ावघाट *नई दुनिया* के सामने से निकलकर जवाहर मार्ग पर आ गए। अब उनसे प्रसिद्ध विद्वान ठाकुरदास बंग मराठी में चर्चा कर रहे थे। बॉलाकैट मार्केट से निकलकर बाबा किशनपुरे के पुल पर पहुँचे। यहाँ कुष्ठरोगी सेवक वर्धा के मनोहर जी उनसे चर्चा करने लगे और सफेद कोठी तक करते रहे। जयराम कॉलोनी के बाद सारी चर्चाएँ मराठी में हुईं। सफेद कोठी पर पहुँचकर बाबा ने जय भाई से पूछा क्या बज रहा है, उन्होंने 7.24 कहा।

इन्दौर में सिनेमा के गन्दे पोस्टरों के प्रदर्शन नहीं होंगे वानप्रस्थ मंडली की बैठक में प्रतिनिधियों का निर्णय

सफेद कोठी में वानप्रस्थ मंडली एवं अन्य आमंत्रित सज्जनों की एक बैठक आयोजित की गई, जिसमें उपस्थित सिनेमा गृहों के मालिकों ने यह स्वीकार किया कि वे विज्ञापन हेतु अश्लील एवं अशोभनीय पोस्टरों व चित्रों का प्रदर्शन नहीं करेंगे। इस बैठक में उपस्थित इन्दौर के छविगृहों के प्रतिनिधियों ने यह भी स्वीकार किया कि इन्दौर में सिनेमाओं के पोस्टर व चित्रों का प्रदर्शन केवल छविगृहों में ही करने के प्रश्न पर विचार करने के लिए वे तत्पर हैं। इसके अन्तर्गत सिनेमा के पोस्टर व चित्र नगर में कहीं भी नहीं लगाते हुए केवल छविगृहों में ही विज्ञापन हेतु लगाए जाएँगे। अश्लील इश्तिहार व पोस्टर आदि के विरुद्ध जनमानस को जाग्रत करने के लिए भी इस बैठक में विचार किया गया तथा इस कार्य हेतु छह सदस्यीय समिति गठित की गई है।

वानप्रस्थ मंडली की बैठक सफेद कोठी में प्रात: 10 बजे आयोजित की गई जिसमें इन्दौर नगर निगम के आयुक्त श्री मसूदकुली खाँ आदि शासकीय अधिकारियों ने भी भाग लिया। इसके अतिरिक्त इस बैठक में इन्दौर के कतिपय छविगृहों के मालिक भी उपस्थित थे। बैठक के प्रारम्भ में वानप्रस्थ मंडली के अध्यक्ष श्री रेगे ने बताया कि आचार्य विनोबा भावे इन्दौर को सर्वोदय नगर बनाना चाहते हैं। उपस्थित व्यक्तियों का ध्यान आकर्षित करते हुए आपने कहा कि बाबा चाहते हैं कि इन्दौर में सिनेमाओं के अश्लील या अशिष्ट पोस्टर या चित्र मकानों पर, चौराहों पर तथा आम रास्तों पर लगे रहते हैं जिससे कि नगर के चरित्र पर खराब असर पड़ता है। अन्त में आपने यह भी बताया कि इन पोस्टरों का प्रदर्शन जनता तथा छविगृहों के मालिकों की सहायता से बन्द होना चाहिए।

अश्लील चित्रों के प्रदर्शन से बाबा को जो तीव्र वेदना व चिन्ता हो रही है, इसी के सन्दर्भ में उपस्थित व्यक्तियों ने गम्भीरता से विचार किया तथा सर्वश्री कल्याणमलजी बापना, ओक, मेहता, तात्या साहब बारपुते, युधिष्ठिर भार्गव, झांझरिया एवं मन्नालालजी ठाकुरिया ने अपने-अपने सुझाव प्रस्तुत किए। श्री झांझरिया एवं मन्नालालजी ने बताया कि वे अश्लील व अशिष्ट चित्रों का प्रदर्शन नहीं करेंगे। इसके अतिरिक्त श्री झांझरिया ने कहा कि सिनेमा एसोसिएशन ने पोस्टरों को मकान की दीवालों आदि पर चिपकाने का कार्य एक वर्ष से बन्द कर दिया है।

अन्त में उपस्थित सिनेमा गृहों के प्रतिनिधियों ने यह तय किया कि इन्दौर नगर में कोई भी सिनेमा के अश्लील व अशिष्ट चित्र या पोस्टर नहीं लगाएगा तथा सिनेमा के

मालिक इस पर भी विचार करेंगे कि फिल्मों के विज्ञापन हेतु पोस्टर चिट आदि अपने सिनेमा घरों के अतिरिक्त नगर में और कहीं नहीं लगाएँगे। इसी दरम्यान इन्दौर नगर निगम के आयुक्त श्री मसूदकुली खाँ ने यह आश्वासन दिया कि निगम द्वारा अनधिकृत विज्ञापनों को हटाकर उनकी जगह शुभ वाक्य आदि लिखवाने का प्रयत्न किया जाएगा। गन्दे चित्रों को हटवाने तथा उपरोक्त बातों का ध्यान रखने के लिए छह सदस्यीय एक समिति भी गठित की गई, जिसमें सर्वश्री तात्या साहब सर्वटे, कल्याणमलजी बापना, मन्नालालजी ठाकुरिया, श्री रेगे, मसूदकुली खाँ एवं श्री झांझरियाजी हैं।

बाबा को यूरोप कौन भेजे?

"भारत में कोई ऐसा व्यक्ति पैदा ही नहीं हुआ जो सन्त विनोबा को यूरोप भेज दे। जब श्री विनोबा आठ दिनों के लिए भी यूरोप हो आएँगे तो भारत की जनता उन्हें सर आँखों पर उठा लेगी।" ये शब्द स्वर्गीय जमनालालजी बजाज ने कहे थे। उन्होंने कहा था क्योंकि जब किसी भारतीय को विदेशों में ख्याति मिलती है तब ही भारत की जनता उसको पूजती है—पूर्व नहीं। इसी सन्दर्भ में श्री बजाज ने बताया कि स्वामी विवेकानन्द, स्वामी रामतीर्थ आदि की प्रशंसा भारत में तभी हुई जबकि उनकी प्रसिद्धि विदेशों में फैली। श्री जमनालाल ने आगे कहा कि सन्त विनोबा की प्रतिभा को आठ दिनों में यूरोप निवासी पहचान लेंगे, किन्तु दुख यह है कि विनोबाजी को यूरोप भेजे कौन?

आज का व्यस्त कार्यक्रम

आचार्य विनोबा भावे का कार्यक्रम अतिव्यस्त रहा। प्रात: 7.25 पर पदयात्रा से आने के बाद एक-दो मुलाकातें हुईं तथा तत्पश्चात सर्व सेवा संघ की प्रबन्ध कमेटी की बैठक हुई। 12 बजे बिहार के प्रतिनिधि श्री बैजनाथ बाबू ने बिहार के भूदान कार्यक्रम पर चर्चा की। एक बजे राज्य के उपमंत्री श्री मुश्रान मिले तथा 2 बजे से ढाई बजे तक दो अमेरिकन भाइयों ने बाबा से चर्चा की। 3 बजे से 5 बजे तक प्रबन्ध समिति की बैठक हुई। तत्पश्चात् प्रार्थना सभा सम्पन्न हुई।

विज्ञान पर सर्वोदय का पहला हक
सेवा वानप्रस्थों का धर्म : समाज रचना में संयम आवश्यक

दिनभर की अनवरत वर्षा के बावजूद आज सायंकाल गिरते पानी में सफेद कोठी के बरामदे, पोर्च और संलग्न कमरों में भारी संख्या में उपस्थित नर-नारियों के बीच सन्त विनोबा भावे ने अपने प्रवचन में बड़ी दृढ़ता से यह दावा किया कि अगर विज्ञान पर किसी का पहला हक है तो वह सर्वोदय का है जैसे-जैसे संयम बढ़ता जाएगा, अध्यात्म विद्या की अनिवार्यता लोगों को महसूस होती जाएगी और जीवन में सधर्म आता जाएगा। संयम से गृहाश्रम और वानप्रस्थाश्रम की प्रतिष्ठा होगी—जीवन में ताजगी आएगी।

बाबा ने अपने प्रवचन के प्रारम्भ में इन्दौर में जो सर्वोदय वानप्रस्थ मंडल की स्थापना हुई है, उस पर हार्दिक प्रसन्नता व्यक्त करते हुए कहा कि मुझे उम्मीद होती है

कि इन्दौर में आपके जरिये अच्छी सेवा होगी। फिर उन्होंने कहा कि आज मैं आप लोगों को यह समझाना चाहता हूँ कि वानप्रस्थ क्या है? क्या यह जंगल में जाने की बात है? एक जमाने में हिन्दुस्तान के लोग विद्यार्थियों के शिक्षण के लिए तथा जीवन के अन्य कार्यों के लिए जो लोग नगरों से बाहर आश्रम बनाकर रहते थे वे वानप्रस्थ कहलाते थे। साधारणतया जो अनुभव उन लोगों को आए उनके आधार पर एक सुन्दर समाज-रचना उन्होंने की थी, जिससे समाज में संयम की मात्रा कायम रहे। तेज की हानि न हो।

जैसे-जैसे मनुष्य बूढ़ा होता जाता है उसकी शारीरिक शक्ति कम होती जाती है। वृद्ध होने पर बीमारियाँ आए ही यह आवश्यक नहीं है। हाँ! शरीर का कमजोर होना लाजमी है, लेकिन शारीरिक शक्ति के क्षय के साथ ही जब बौद्धिक शक्ति, बोध शक्ति कम होने लगे तो समझना चाहिए कि कहीं न कहीं कोई गलती अवश्य हुई है। वृद्धावस्था में तो ज्ञान परिपक्व होना चाहिए। बोध शक्ति शनैः शनैः बढ़नी चाहिए। वृद्ध पुरुष एक सन्दर्भ ग्रन्थ के समान होना चाहिए। उसे अनेक अनुभवों की जानकारी होनी चाहिए। हमारे पूर्वजों ने वृद्धों से यह आशा की है कि वे ज्ञान के भंडार हों। उनके आश्रम में रहने वाले को ज्ञान की प्राप्ति हो, लेकिन यह तरीका तभी हो सकता है जब जीवन जीने का ढंग हम सीखें।

इन दिनों जनसंख्या तेजी से बढ़ रही है और आबादी का बढ़ना भय पैदा करता है। भोग विलास से जीवन क्षय होता है। आबादी अगर बढ़ती जाएगी तो भूमि की समस्या और कठिन हो जाएगी। आबादी न बढ़े इस तरफ प्रयत्न किए जा रहे हैं। सरकार भी प्रयत्नशील है, पर इन लोगों ने मान लिया है कि भोग विलास रहे, पर आबादी की वृद्धि रोकने के लिए ऊपरी आयोजन हो। यह आयोजन अब बहुत बढ़ता जा रहा है। शहरों में ही नहीं, देहातों में भी फैल रहा है। लेकिन इसके नैतिक सामाजिक और आध्यात्मिक असर क्या होंगे यह इन लोगों ने सोचा नहीं है। यह रास्ता ठीक नहीं है। जीवन में संयम की मात्रा बढ़े तभी यह सम्भव हो सकेगा। वह मुश्किल नहीं है। जिन्होंने इसे असम्भव मान लिया, उन्होंने अपने को असमर्थ माना है। ये गन्दे इश्तिहार क्या भगवान ने लगाए हैं? आपने लगाए। सिनेमा का नियमन क्यों नहीं हो सकता? आप करें तो जरूर हो सकता है। अश्लील साहित्य पर रोक लगाई जा सकती है। विज्ञान और गणित के अध्ययन को प्रोत्साहित किया जा सकता है। समाज में संयम हो, लोकमत हो तो जो आबादी बढ़ने का पैमाना दस साल का है, उसे बीस साल लग सकते हैं? वे सब उपाय हम कर सकते हैं?

अक्सर देखा जाता है कि अच्छे माँ-बाप के पुत्र अच्छे नहीं निकलते। गुणों का विकास नहीं होता। बाप किस गुण का और पुत्र किस गुण का निकलता है। ऐसा नहीं होना चाहिए। माता-पिता के गुणों में वृद्धि होनी चाहिए। फलां आदमी गया तो उसकी पूर्ति कौन करे? यह समस्या उठ खड़ी होती है। इसका खास कारण है—समाज में गृहास्थाश्रम प्रतिष्ठित नहीं है। सन्तान को उत्तम बनाकर समाज को दें—यह गृहस्थों का धर्म माना गया है। जो पिता समाज को अच्छा पुत्र देता है वह तर जाता है। उपनिषदों में गृहस्थाश्रम का वर्णन किया गया है। जहाँ आश्रम बनता है वहाँ के लोग गुणयुक्त होते हैं। सबको धार्मिक बनाना गृहस्थों का कर्तव्य है। बड़े नेता समाज की सेवा करते हैं पर उनके पुत्र-पुत्री उनका काम नहीं बढ़ाते। तो यह धर्म नहीं हुआ।

गृहस्थाश्रम की परिसमाप्ति की विधि होनी चाहिए। गृह चिन्ता से लोग मुक्त होने चाहिए। उन्हें विषय-वासना से मुक्ति मिलनी चाहिए। पर वासना से मुक्ति सहज नहीं होती। राजा ययाति ने दो बार जवानी माँग कर देख लिया कि कामों के उपभोग से काम की तृप्ति नहीं होती। शक्ति घट जाती है, पर इच्छा नहीं घटती। *रामायण* में तुलसीदासजी ने स्वयंभू मनु के बारे में लिखा है कि जब उनकी वासना नहीं मिटी तो उन्होंने पुत्र को राज्य सौंपकर अपने पर जबर्दस्ती करके वनगमन किया। अपनी इन्द्रियों पर जबर्दस्ती करने का अधिकार मनुष्य को है। विषय वासना अपने-आप सहज ही नहीं टूटती। उसे तोड़ने के लिए कोई मर्यादा निश्चित करनी जरूरी है। समाज में आज गृहस्थाश्रम की प्रतिष्ठा नहीं। ब्रह्मचर्य की आप कितनी कीमत करते हैं।

फिर उन्होंने कहा कि वानप्रस्थ की अब नए सिरे से प्रतिष्ठा करनी पड़ेगी। यह विचार 30 साल से मेरे दिमाग में है। मैंने कई लोगों को वानप्रस्थाश्रम की शिक्षा भी दी है। मेरे एक मित्र हैं उन्होंने अपनी पत्नी के साथ वानप्रस्थाश्रम के प्रवेश की प्रतिज्ञा ली, पर वह उनसे सधा नहीं। मेरे पास आए मैंने कहा विधि शास्त्रों में तो आपकी श्रद्धा है। विधिपूर्वक आप वानप्रस्थाश्रम का समर्पण कर दीजिए। हमें यह समझना होगा कि विषय नया है? जितना विज्ञान पढ़ेगा उतना यह कम होता जाएगा। सर्वोदय वाले पुरानी बातें करते हैं तो लोग समझते होंगे कि ये लोग दकियानूसी विचारों के हैं। पर बात ऐसी नहीं है। विज्ञान पर अगर किसी का हक है तो वह सर्वोदय का ही है। मेरी अहिंसा पर जितनी श्रद्धा है, उतनी ही विज्ञान पर है। जो विज्ञान जान जाएगा, उसमें धार्मिक विचार आएगा और इस तरह सुन्दर गृहस्थाश्रम की प्रतिष्ठा होगी, हमें वानप्रस्थ मिलेंगे। आज तो यह हालत है कि इन्दौर से कार्यकर्ता माँगें तो मुश्किल से चार-पाँच निकलें। इन्दौर में वानप्रस्थ तो पाँच-हजार होंगे। जब सुन्दर गृहस्थाश्रम स्थापना होगी तो सारे वानप्रस्थ सेवा में लग जाएँगे, पर आज यह प्रतिष्ठा कहाँ रह गई है। केवल धर्म का अभिमान रह गया है। इसीलिए मैं कहता हूँ कि इन सब धर्मों को रुखसत होना है। ये नहीं टिकेंगे। अध्यात्म टिकेगा। हमारे अध्यात्म में सारे जीवन में सभी आश्रमों में संयम की अनिवार्यता बताई गई है।

अक्सर कहा जाता है कि अब जीवन में ताजगी नहीं रह गई है। जीवन में ताजगी आए भी तो कैसे? नए अनुभव लोग कहाँ लेते हैं? एक ही आश्रम में पड़े रहते हैं। हमें गृहस्थाश्रम में प्रवेश करने वाले के बारे में ऋषि ने कहा है कि वह अग्नि के सामने प्रतिज्ञा ले रहा है। युद्ध क्षेत्रों में मेरी विजय हो। हे अग्निदेव मैं तेरी सेवा करते हुए शरीर को परिपुष्ट बनाऊँ, तेरी अध्यक्षता में काम करते हुए सेवा बनाऊँ। चारों दिशाएँ तेरे सामने सिर झुकाएँ। इसमें विषयों को युद्ध क्षेत्र कहा गया है ऐसा व्यक्ति जो गृहस्थाश्रम में प्रवेश करता है, फिर वानप्रस्थाश्रम में वह योग से शरीर त्याग करता है, रोग से नहीं। जब गृहस्थाश्रम की प्रतिष्ठा होगी तो हमें वानप्रस्थ मिलेंगे। सेवा वानप्रस्थों का धर्म है। वह विचार यहाँ के सेवा प्रवृत्त नौकरी निवृत्त लोगों ने माना इसकी मुझे खुशी है। आप लोगों ने वानप्रस्थ मंडल बनाया। मैं आशा करता हूँ यह चिनगारी सारे इन्दौर में फैलेगी और काम बढ़ेगा।

अनाज का एक हिस्सा वेतन के रूप में देने हेतु चर्चाएँ इन्दौर नगर निगम में राजनीति प्रवेश न करे इस हेतु प्रयास : श्री देवेन्द्रभाई के विचार

प्राप्त जानकारी में बताया गया है कि सन्त श्री विनोबाजी की मौलिक विचारधारा के अनुसार इन्दौर के कतिपय प्रतिष्ठानों एवं पंचायतों के कर्मचारियों को वेतन का एक हिस्सा अनाज के रूप में देने के विषय पर चर्चाएँ चल रही हैं। आशा व्यक्त की गई है कि सन्त विनोबाजी इन्दौर से जाएँगे उसके पूर्व ही वेतन की नई प्रथा अमल में आ सकेगी। इस विषय में ली गई एक मुलाकात में सर्वोदयी कार्यकर्ता श्री देवेन्द्रभाई ने कहा कि बाबा द्वारा बताई गई वेतन प्रणाली सर्वोत्तम है। आपने यह भी कहा कि नगर निगम में राजनीति प्रवेश न करे इस सम्बन्ध में भी सर्वोदय प्रयत्नशील है।

श्री देवेन्द्रभाई ने बताया कि निजी क्षेत्र की कतिपय प्रतिष्ठानों के कर्मचारीगण सर्वोदय कार्यकर्ताओं से सम्पर्क साध रहे हैं तथा वे चाहते हैं कि वेतन का एक हिस्सा अनाज के रूप में मिलना चाहिए। एक प्रश्न के उत्तर में आपने कहा कि पंचायतों एवं नगर निगम के कर्मचारियों को भी अनाज के रूप में वेतन का एक हिस्सा देने का प्रश्न सम्बन्धित लोगों के विचाराधीन है। ये चर्चाएँ अभी प्रारम्भिक स्तर पर हैं किन्तु आशा की जा रही है कि बाबा जब इन्दौर से जाएँगे उसके पूर्व ही यह प्रणाली इन्दौर के कतिपय प्रतिष्ठानों पर कार्यान्वित हो जाएगी एवं इसको व्यापक समर्थन मिल जाएगा।

जब यह पूछा गया कि कर्मचारियों को अनाज कैसे दिया जाएगा क्योंकि कुछ व्यक्ति ज्वार या चावल लेना पसन्द करेंगे अथवा कुछ ऊँचे या हल्के किस्म का गेहूँ लेना चाहेंगे तो इसकी व्यवस्था आप कैसे करेंगे। इसका उत्तर देते हुए श्री देवेन्द्रभाई ने कहा कि अक्सर विविध प्रतिष्ठान अनाज अपने पास संग्रह करके नहीं रखेंगे वे किसी एक व्यापारी से सम्बन्ध स्थापित कर कर्मचारियों को वेतन के रूप में दिए जाने वाले अनाज का एक कूपन देगी। कर्मचारी उस कूपन से निर्धारित दुकानदार के यहाँ से अनाज खरीदेगा। वेतन के रूप में दिए जाने वाला अनाज का जो मूल्य होगा उसी के अनुपात में वह अन्य इच्छित अनाज खरीद सकेगा। श्री देवेन्द्रभाई ने आगे यह भी कहा कि यह नियम अभी निर्धारित नहीं किया गया है। इस कार्य हेतु एक समिति बनाई जा रही है जो ऐसे प्रश्नों पर विचार करेगी तथा व्यावहारिकता को ध्यान में रख नियम आदि बनाएगी।

बाबा के कथन का उल्लेख करते हुए आपने कहा वेतन के सम्बन्ध में बाबा का यह नया व मौलिक विचार शासन द्वारा अपना लिया जाए तो उससे पौने तीन करोड़ मनुष्य लाभान्वित होंगे क्योंकि लगभग 55 लाख व्यक्ति शासकीय सेवा में हैं। इसके उपरान्त सर्वोदयी कार्यकर्ता ने नगर निगम में पार्टी विहीन चुनाव के सम्बन्ध में बाबा की अपेक्षाओं का जिक्र किया और कहा कि बाबा के सम्मुख जनसंघ व कम्युनिस्ट पार्षदों ने निवेदन किया था कि वे नगर निगम के चुनाव पार्टी बाजी के परे करने के लिए तत्पर हैं। इसी सन्दर्भ में प्रान्तीय कांग्रेस कमेटी के अध्यक्ष श्री देशलहरा ने भी बाबा को आश्वासन दिया था कि इन्दौर नगर निगम में राजनीति विहीन प्रवेश हेतु कांग्रेस पार्टी तत्पर है।

इससे वातावरण अच्छा बन गया है एवं सभी दल यह चाहने लगे हैं कि नगर निगम के चुनाव में राजनीति का प्रवेश नहीं होना चाहिए। इन्दौर नगर निगम में राजनीति प्रवेश न करे, इस हेतु सर्वोदय कुछ कार्य कर रहा है। इस प्रश्न के उत्तर में देवेन्द्र भाई ने कहा 'हाँ' इस कार्य के लिए नगर के प्रभावशाली एवं सेवा निवृत सम्माननीय व्यक्तियों की एक समिति बनाई जाने वाली है। यह समिति नगर निगम के चुनाव में खड़े होने वाले उम्मीदवारों के लिए आचरण संहिता बनाएगी। उम्मीदवारों का चुनाव कैसे हो इस पर भी नियम आदि बनाए जाएँगे।

सम्पत्ति दान के सम्बन्ध में श्री देवेन्द्रभाई ने बताया कि अभी तक लगभग 25 व्यक्तियों ने सम्पत्ति दान दिया है। बाबा आशा करते हैं कि इन्दौर में सम्पत्तिदान करने वालों की संख्या लगभग एक हजार होनी चाहिए। बाबा ने दान और सम्पत्ति दान में जो फर्क करते हैं उसका विश्लेषण करते हुए कहा कि जो व्यक्ति परिवार के खर्च का एक हिस्सा नियमित रूप से दान देता है वही सम्पत्तिदान है। चाहे इस प्रकार मिलने वाली रकम कम से कम क्यों न हो। इसके विपरीत जो व्यक्ति अपने खर्च का हिस्सा न देते हुए अनियमित रूप से दान देता है तो वह दान कहलाएगा। दादा धर्माधिकारी ने अपने भाषण में कहा कि अमेरिका तो भारत की माँ है। इसलिए वह बच्चों के लिए दूध के पैकेट भेज रहा है।

राजस्थान में बाबा के बोल

दिलचस्प निचोड़

रामेश्वर नहीं ग्रामेश्वर

एक बार बाबा ने कहा लोग चिन्ता करते हैं कि जनसंख्या बढ़ रही है तथा बेकारी बढ़ रही है, क्या करें? मैं यही कहूँगा कि कृषि करें, श्रम करें, प्रेम और सहयोग से सामुदायिक आधार पर। ईश्वर ने हमें एक मुँह और दो हाथ दिए हैं अर्थात हम जितना खाएँ उससे दुगना पैदा कर सकते हैं। मानो एक ग्राम में हजार आदमी हैं तो दो हजार हाथ हैं उनके पास। परन्तु सब अपने-अपने स्वार्थ साधना में लगे हैं, सहयोग और सामूहिक ढंग से मिलकर काम नहीं करते। यदि सब समान संगठित हो कार्य करें तो वह समाज परमेश्वर बन जाएगा। भगवान ने *गीता* के ग्यारहवें अध्याय में जो विराट स्वरूप बताया है उसका गूढ़ार्थ यही तो है। फिर उस समाज को हजारों हाथों, हजारों पाँवों और सैकड़ों मुँह वालों ग्रामेश्वर के भव्य एवं दिव्य दर्शन होंगे। रामचन्द्रजी भगवान की राह से समुद्र आ गया तो उनको उस समय रामेश्वर की स्थापना करनी पड़ी, आज हमें रामेश्वर की नहीं, ग्रामेश्वर की स्थापना करनी है। हमारी समुचित समस्याएँ ग्रामेश्वर से हल होंगी।

नीति तत्त्व से भी शरण तत्त्व

आचार्य विनोबा भावे ने प्रवचन में अध्यात्मिक दृष्टिकोण की विवेकपूर्ण विवेचनात्मक विश्लेषण करते हुए कहा कि राम का सीता का त्याग करना कहाँ तक उचित था? परन्तु खैर यह तो उनके राज-धर्म का प्रश्न था, आदर्श था। परन्तु गौतम धर्मपत्नी एवं दुधमुँहे बच्चे को त्यागकर क्यों चले गए? नैतिक कसौटी पर इन प्रश्नों को कसें, परखें

तो यह अनुचित था। बुद्धदेव भी यदि आज हमारे सम्मुख आएँ तो शायद ही वे भी इसे स्वीकार करेंगे। परन्तु नीति तत्त्व से भी ऊँचा शरण तत्त्व होता है जैसा तुकाराम ने भी कहा है—"ईश्वर प्राप्ति के लिए सर्वस्व का भी त्याग अनुचित नहीं" गौतम का त्याग अनैतिक तो था फिर भी पश्चाताप नहीं, क्योंकि उसके लिए जो प्रेरणा थी उसमें ऐसे सब दोषों को हजम करने की शक्ति थी।

महँगी शिक्षा

एक प्रश्न कि बुनियादी शिक्षा महँगी पड़ती है, बाबा ने उत्तर दिया—"जो महँगी न होगी वह भला अच्छी भी कैसे होगी? अंग्रेजी में डीलर का अर्थ महँगी और डीयर का अर्थ प्यारी दोनों होता है अर्थात् जो महँगी होगी वही प्यारी भी होगी, उत्तम होगी।

मंत्री हो या तंत्री, संतरी

बाबा ने एक मंत्री महोदय से कहा—भाई देश हितार्थ चिन्तन, मनन, मंथन खूब करते रहो तथा सार निष्कर्ष निकालकर जनता के सम्मुख आदर्श रखो, आचरण करो, अनुसरण करो। मंत्री महोदय बोले, "बाबा! मनन करने को समय नहीं मिलता" आचार्य भावे ने मुस्कराते हुए कहा—"फिर मंत्री काहे के तंत्री हो या संत्री, मंत्री का तो प्रधान कर्तव्य है मनन करना।"

रिकॉर्ड की होली

एक भाषण में विनोबाजी ने कहा, "कितना अच्छा हो यदि आप लोग तथा सरकार प्रतिवर्ष होली के दिन सालभर का बैर, ईर्ष्या, द्वेषभाव भूलकर सालभर का रिकॉर्ड जला दें और नव वर्ष नए सिरे से शुरू करें, पिछली बातों को भूल जाएँ, पिछले मामले समाप्त कर दें। कितना आनन्द होगा, होली आ रही है यदि सभी ऐसा करें।"

एक प्रस्ताव

देश के हजारों वकील झूठ का सच और सच का झूठ करते हैं, योग्यता व बुद्धि का दुरुपयोग करते हैं रोजी और रोटी के लिए, चाँदी के चन्द टुकड़े के लिए। क्या अच्छा हो कि सभी हजारों वकील को गाँव-गाँव में भेज दिया जाए।

(19 अगस्त, 1960)

एक टूटी हुई कड़ी

आज सुबह बाबा पदयात्रा पर नहीं निकले, जी हाँ, निकले ही नहीं। सभी जानते हैं कि बाबा का निर्णय किसी भी हालत में बदलता नहीं। घनघोर वर्षा और कड़कती ठंड में भी सुबह वे पदयात्रा पर निकले हैं। कश्मीर की दुर्गम राहों पर बाढ़ग्रस्त क्षेत्रों की अरुद्ध कठिनाइयाँ भी उन्हें अपनी पदयात्रा बन्द करने को बाध्य नहीं कर सकी हैं। अभी कल ही कलकत्ते से आए एक भाई से चर्चा करते हुए उन्होंने कहा था कि कन्याकुमारी में हमने प्रतिज्ञा ली थी कि जब तक देश में ग्राम स्वराज्य स्थापित नहीं हो जाता, हमारी पदयात्रा नहीं रुकने वाली है। हम हमारी प्रतिज्ञा इतनी जल्दी नहीं भूलते और यह निर्विवाद है कि गत नौ वर्षों से बाबा निरन्तर चलते आ रहे हैं। लगभग चालीस हजार मील का फासला वे अपने पैरों से तय कर चुके हैं। इन पिछले वर्षों में शायद ऐसा मौका मुश्किल से ही आया होगा, जब बाबा पदयात्रा पर नहीं निकले होंगे। उनके निकटतम सूत्रों से हमें पता चला है कि हमारे प्रान्त में जब से बाबा आए हैं उनकी पदयात्रा अक्षुण्ण रही है और इन्दौर में तो पिछले चौबीस दिनों से जोरदार वर्षा के बावजूद वे पदयात्रा पर निकले हैं। फिर आज पच्चीसवें दिन ऐसी क्या बात हो गई कि बाबा की सुबह सफेद कोठी के उनके कमरे में ही कटी? आइए हम एक-एक कर सभी सम्भावनाओं पर विचार करें। मौसम को उनकी पदयात्रा में बाधक मानने की गलती एक जानकार आदमी नहीं कर सकता। पानी, ठंड, गर्मी कोई भी उनकी गति को रोक नहीं सकते। फिर आज का मौसम भी और दिनों जैसा ही सामान्य था। कोई खास बात नहीं थी। बाबा अपनी प्रतिज्ञा भूल जाएँ यह असम्भव है।

बातें करने के लिए भी वे रुक नहीं सकते। अभी उस दिन जब तीन केनेडियन भाई उनसे मिलने आए थे, तब उनसे चर्चा के दौरान बाबा ने कहा था कि मैं बातें करने के बजाय चलना पसन्द करता हूँ। तो बातें करने के लिए भी वे रुक नहीं सकते। बल्कि उनका कहना तो यह है कि खुली हवा में खुले आसमान के नीचे चलते-चलते बातें करना, कहीं कमरे में बैठकर चर्चा करने से अच्छा है। कोई अनुमान लगा सकता है कि शायद अचानक बीमार हो गए हों। तो यह बात भी बिलकुल असम्भव तो नहीं, पर बहुत मुश्किल लगती है। वैसे तो बाबा अपनी पेट की बीमारी के बावजूद चलते हैं, फिर भी उनके बीमार होने की बात ही अटपटी लगती है। खानपान, आचार-विचार में वे इतने सन्तुलित और वैज्ञानिक हैं कि कभी किसी प्रकार की गड़बड़ी वे अपने तन और मन में पैदा ही नहीं होने देते। वैसे तो देह-धर्म सभी साथ लगा हुआ है, पर बाबा की आत्मा ने अपने तन पर एक बहुत बड़ी हद तक विजय प्राप्त कर ली है। पाँच मिनट में वे गाढ़

निद्रा ले सकते हैं और नींद आने में उन्हें केवल आधा मिनट लगता है। चिन्ता उन्हें कोई होती ही नहीं। सतत चिन्तन ही चलता रहता है। तो मौसम नहीं, बीमारी नहीं, फिर क्या कारण है कि बाबा आज पदयात्रा पर नहीं निकले?

इस प्रश्न का उत्तर पाने के लिए आइए हम उन्हीं की कही कुछ बातों पर गौर करें। पिछले आठ दिनों में बाबा ने अपने प्रवचनों में इस बात को बार-बार दोहराया है कि दिन में मुझे चार-पाँच बार बोलना पड़ता है। अब मैंने तय किया है कि बोलना कम करूँगा। वैसे इन्दौर के बाद तो मेरा बोलना कम होगा ही। मैं नौ सालों से बोलता आ रहा हूँ। अब शक्ति संचय के लिए वाणी पर थोड़ा संयम करना पड़ेगा। कुछ अधिक मौन शायद लाभदायी होगा और इसीलिए मैंने आगे अज्ञात संचार करने का निर्णय किया है? इसी कारण बाबा भिन्न-भिन्न प्रान्तों के कार्यकर्ताओं द्वारा दिए गए निमंत्रणों को यह कहकर टाल देते हैं कि मैं खुद भी नहीं जानता कि आगे मेरा क्या कार्यक्रम रहेगा। भूमिगत मैं नहीं होऊँगा। पर अब तो मेरे अज्ञात संचार की बात भी फैल चुकी है। मीरा का पद है ना—अब तो बात फैल गई, होनी हो सो होई। पर अज्ञात संचार में भी हमारी कोशिश होगी कि गाँव-गाँव के लोगों से सम्पर्क आए। बाहर के नेता थोड़े दिन बाबा को भूल जाएँ तो स्वाभाविक ही बोलना कम होगा। रोज छह-छह दफा बोलना, फिर चर्चाएँ, अलग-अलग विषय इन सबमें काफी शक्ति क्षय होती है। शारीरिक अर्थ में नहीं, आध्यात्मिक अर्थ में। यह अज्ञात संचार का विचार हमें पंजाब में सूझा। पर इन्दौर आना ही था। बीच में भिंड, मुरैना का क्षेत्र पड़ गया ज्ञात यात्रा हुई। पर अब मैंने एक काम सोचा है कि पूर्णाहुति इन्दौर में करूँ, फिर शक्ति की खोज करूँगा। सत्रह अगस्त के सायंकालीन प्रवचन में बाबा ने शब्द शक्ति का जिक्र करते हुए कहा था कि आजकल मैं भगवान में डूबा हुआ हूँ और उससे प्रार्थना करता हूँ कि वह मेरे शब्दों में शक्ति दें। मेरे शब्दों के पीछे अपनी प्रेरणा जोड़ें। तो बाबा अब शक्ति संचय में लगे हैं।

उनकी पदयात्रा के साथ जुड़ी हुई एक सबसे महत्त्वपूर्ण बात तो यह स्पष्ट हो गई। अब बची चलने की बात। तो जो लोग सफेद कोठी में कार्यक्रमों के बाद भी थोड़ी देर ठहरे होंगे उन्होंने बाबा को कोठी के पीछे वाले आँगन में, सामने लॉन में और कभी-कभी अपने कमरे में, तेजी से टहलते देखा होगा। हम सोचते हैं पदयात्रा की श्रृंखला की एक टूटी हुई कड़ी अब स्पष्ट हो गई होगी। आज सुबह चार बजे ठीक समय पर प्रार्थना हुई। सवा चार से लगभग पाँच पच्चीस तक महाराष्ट्र के कार्यकर्ताओं के वर्ग में बाबा बोले। इस वर्ग में दादा धर्माधिकारी, ठाकुरदास बंग, अप्पा साहब पटवर्धन, विमला बहन, मनोहरजी के अतिरिक्त और भी महाराष्ट्र के कई प्रमुख सर्वोदयी कार्यकर्ता उपस्थित थे। वर्ग के बाद आचार्य श्री शंकरराव देव से बाबा ने चर्चा की। इस चर्चा में दादा धर्माधिकारी भी उपस्थित थे। स्थानीय कार्यकर्ताओं का वर्ग जो बाबा पाँच बजे के बाद लेने वाले थे, शंकरराव देव की चर्चा के कारण स्थगित कर दिया गया था। हमें आशा है, कल से फिर पदयात्रा का क्रम शुरू होगा और आपको पदयात्रा का वर्णन पढ़ने को मिलेगा।

इन्दौर के नागरिक मकानों व मोहल्लों को स्वच्छ रखें
आचार्य दीपचन्दजी की अपील

सर्वोदयी कार्यकर्ता आचार्य दीपचन्दजी जैन ने इन्दौर के नागरिकों के नाम एक अपील प्रसारित करते हुए कहा है कि नागरिक अपने-अपने मुहल्लों व वार्डों को साफ स्वच्छ रखें। सर्वोदयी कार्यकर्ता ने कहा कि आचार्य विनोबा अब हमारे नगर में एक सप्ताह रहने वाले हैं, इसलिए जिन बातों पर सन्त प्रवर जोर देते रहे हैं, हम उन्हीं बातों का पालन करें। अपनी अपील में दीपचन्दजी ने कहा कि मुहल्लों में स्वच्छता रखें व गन्दे पोस्टरों को हटावें। सर्वोदय पात्रों की स्थापना आदि का कार्य जरूरी है। बाबा के इन्दौर से जाने के पूर्व ही अगर उपरोक्त कार्य हो जाए तो उन्हें काफी प्रसन्नता होगी। इन्दौर निवासियों को इन्दौर को सर्वोदय नगर बनाने का सुअवसर मिला है अतएव चाहिए कि सर्वोदय के सिद्धान्तों को अपनाएँ तथा करुणामूलक साम्यता लाने का प्रयत्न करें। श्री जैन ने अन्त में कहा कि शासन मुक्ति की कल्पना को साकार करें तथा झगड़ों को कोर्टों में न ले जाते हुए पंच फैसलों से समाधान करे। अगर हम इन्दौर निवासी इतना कार्य कर लेंगे तो इन्दौर को सर्वोदय नगर बनने में अधिक समय नहीं लगेगा।

20 अगस्त का कार्यक्रम

प्रातः पदयात्रा के पश्चात पौने छह से सवा सात बजे तक महाराष्ट्र सभा में भाषण, स्थान नवरत्न मन्दिर। साढ़े दस बजे से साढ़े ग्यारह बजे तक बी.डी.ओ. की मुलाकात, साढ़े ग्यारह बजे से साढ़े बारह बजे तक जनजाति कल्याण विभाग की मुलाकात। शाम को साढ़े चार बजे से साढ़े पाँच बजे तक गांधी हॉल में अहिल्योत्सव के अवसर पर प्रवचन।

भारत के आन्तरिक झगड़ों की जड़ रक्त वर्गों की भावना
भारत में वर्ग-संघर्ष चल नहीं सकता
श्री नवकृष्ण चौधरी से मुलाकात

सर्वोदय के काम के लिए ओड़िशा के मुख्यमंत्री पद से त्याग-पत्र देने वाले श्री नवकृष्ण चौधरी ने आज सुबह सफेद कोठी में हमारे विशेष प्रतिनिधि को एक मुलाकात के दौरान बताया कि असम के झगड़ों की जड़ हमारे समाज में व्याप्त रक्त-वर्ग की भावना ही है। इस रक्त-वर्ग के कारण ही चन्द जातिवाद, भाषावाद, प्रतिवाद आदि खतरनाक वाद देश में फैल गए हैं। मुलाकात का प्रारम्भ ओड़िशा में शान्ति-सेना की गतिविधि से हुआ। यह पूछा जाने पर कि वहाँ शान्ति सैनिक क्या कर रहे हैं? ओड़िशा के एक मुख्य शान्ति सैनिक चौधरीजी ने बताया कि अभी उन लोगों के सामने शान्ति-सेना का रूप पूरी तरह स्पष्ट नहीं हुआ है। वे समझते हैं जब अशान्ति होगी, कहीं झगड़ा होगा, तब शान्ति-सेना की जरूरत होगी। जब तक कोई विस्फोट नहीं होता, वे लोग बैठे हैं। विस्फोट और अशान्ति की बात निकलने पर उनसे पूछा कि कल एक भाई को बाबा ने बताया था कि असम में शान्ति-सैनिकों की टुकड़ियाँ भेजी जाएँगी। ओड़िशा की भी टुकड़ी वहाँ जाएगी, आप भी जाएँगे, तो आप लोग वहाँ क्या काम करेंगे? हम लोग

वहाँ की प्रतिक्रियाओं को देखेंगे। असमियों और बंगालियों में जो गलतफहमियाँ हैं, उन्हें देखेंगे श्री चौधरी ने बताया। यानी आप वहाँ की स्थिति का अध्ययन करेंगे?

उन्होंने कहा—नहीं! स्थिति का अध्ययन तो ज्ञानी लोग करते हैं। हम तो असमियों और बंगालियों में स्नेह सम्बन्ध बढ़ाने की कोशिश करेंगे। फिर असम के झगड़ों का मूल कारण रक्त-वर्ग को बताकर ओड़िशा के भूतपूर्व मुख्यमंत्री श्री चौधरी ने बताया कि हिन्दुस्तान के लोकमानस में रक्त-वर्ग की यह भावना इतनी गहरी बैठी हुई है कि मुझे डर लगता है कि जिस तरह दूसरी कितनी ही सभ्यताएँ समय के साथ न चल करने के कारण नष्ट हो गईं, उसी तरह हमारी सभ्यता भी नष्ट हो जाएगी। हमारे समाज के सभी सम्प्रदायों में रक्त-वर्ग और जातिवाद बुरी तरह फैला हुआ है। एक जाति में भी कई उपजातियाँ हैं और वे लोग आपस में झगड़ते रहते हैं। हिन्दू-मुसलमान के झगड़ों का किस्सा तो अब पुराना पड़ गया है। पर स्वतंत्रता के बाद पाकिस्तानी लाहौर में मुसलमान के बीच हुए दंगे की याद दिलाता था। इसी तरह का पागलपन अब असम में हो रहा है। आगजनी की घटनाएँ मां-बहनों की इज्जत लूटना आदि ये सब कार्य क्या हैं? यही हॉल पंजाब में हो सकता है। आर्यसमाजी और सिख पहले एक ही माने जाते थे, एक ही होकर उन्होंने विभाजन के वक्त मुसलमानों का सामना किया था, मगर अब वे ही आपस में दुश्मन हो रहे हैं। लोग पाकिस्तान बनने की बात कहते हैं, मगर यहाँ तो हर गाँव में पाकिस्तान बना हुआ है। विभिन्न जातियों के आपसी सम्बन्धों की बात तो छोड़िए, एक जाति की उपजातियों में ही विवाह आदि के ऐक्य बढ़ाने वाले के सम्बन्ध नहीं बनते। रक्त-वर्ग हमारे यहाँ इतना फैला हुआ है कि वर्ग-संघर्ष वाली कम्युनिस्टों की बात भी यहाँ लागू नहीं होती। रूस और चीन में यह समस्या नहीं है, वहाँ कई जातियाँ हैं, पर उनमें आपस में खान-पान, ब्याह-शादी सब होते हैं। हिन्दुस्तानियों जैसी कोई बात वहाँ नहीं होती। भारत में कोई कम असमानता नहीं है। मगर फिर भी यहाँ के गरीब लोगों ने अमीरों के विरुद्ध कोई क्रान्तिकारी कदम क्यों नहीं उठाया। कम्यूनिस्टों और पी.एस.पी. वालों की बात छोड़ दीजिए, उनका तो यह धन्धा है। पर सामान्यत: यहाँ ऐसी कोई बात नहीं होती। गाँवों में अमीर आदमी के आसरे रहनेवाले लोग अक्सर उसकी जाति के ही होते हैं। उदाहरण स्वरूप अगर किसी गाँव में किसी ठाकुर के पास एक हजार बीघा जमीन है और दूसरे भूमिहीन ठाकुर उसकी भूमि जोतते हैं तो चाहे जो हो जाए, वे भूमिहीन ठाकुर उस भूपति ठाकुर के विरुद्ध कोई क्रान्तिकारी आवाज नहीं उठाएँगे। यहाँ वर्ग-संघर्ष नहीं चलता। रक्त-वर्ग चलता है। भ्रष्टाचार भी इसी की उपज है, जब कोई आदमी किसी बड़े पद पर जाता है तो वह अपनी जाति के अपने रक्त के सम्बन्धियों को पहले नौकरियाँ देता है।

(20 अगस्त, 1960)

एक त्योहार प्रारम्भ

आज सुबह सफेद कोठी का वातावरण कल से बिलकुल विपरीत था। एक अनजानी सी अप्रमाणित भाषा में बोली गई बातें ब्रह्म मुहूर्त की गहरी खामोशी को भंग कर रही थी। कोई ढाई सौ कंजर आदि नर-नारी बच्चों के समेत बरामदे में बैठे थे। आज वह रजनीगन्धा और चमेली की मिली-जुली गन्ध जो सफेद कोठी को अपने वायवी अस्तित्व से घेरे रहती थी, कहीं दूर भटक गई। वातावरण में पसीने से सूखी अश्वगन्धा देहों और तम्बाकू गांजा आदि नशीले पदार्थों के नियमित सेवन से दुर्गन्धित हुई श्वासों की मिली-जुली अजीब बू भरी हुई थी। मगर अस्त-व्यस्त कपड़ों में अधड़के अधखुले वे लोग उसी तरह प्रवृत्त थे, जिस तरह चमेली और रजनीगन्धा की गन्ध होती है। उनके आँखों में ठसे भौंचक लिवास को देख लेने पर उनकी श्वासों और देहों से आने वाली बू खराब नहीं लगती। आज प्रात:कालीन प्रार्थना पहली बार बाबा के कमरे में न होकर बरामदे में हुई। पूर्व की तरफ मुँह किए बाबा एक नंगी टेबल पर आलथी पालथी मारकर बैठे थे उनके पास ही नीचे फर्श पर जय-विजय और दाहिने गलियारे में अन्य भाई-बहन बैठे थे। उनके पहले दरवाजे से लगे दूसरे बरामदे में अन्य लोग, जो नियमित प्रार्थना में आते हैं, बैठे थे और सामने बरामदे के दूसरे छोर तक बैठे हुए थे विमुक्त जाति के सदस्य।

ठीक चार बजे बरामदे और गलियारे की बत्तियाँ बुझा दी गईं और प्रार्थना शुरू हुई। कंजर आदि लोग जो निश्चित ही ऐसी प्रार्थना के आदी नहीं होंगे। चुपचाप बैठे सुन रहे थे। किसी बच्चे की आवाज तक बीच में नहीं आई प्रार्थना के बाद बाबा ने दो-चार शब्द उनसे कहे और सबको प्रणाम—जय जगत कह कर अपने कमरे में जाने लगे। बाबा जैसे ही टेबल से उतरे कंजरों ने जोर से तालियाँ पीटीं। उन बेचारों को क्या मालूम कि बाबा को तालियाँ पीटा जाना अच्छा नहीं लगता। उन्हें तो ग्राम सभाओं और आम बैठकों का अनुभव होगा, जो उनके सामने कई जानी-अनजानी बातें ऊँचे आवाज में रखकर तालियों की तड़तड़ाहट से नेतृत्व करते होंगे। यह ठीक है कि बाबा की प्रार्थना तो उनके पल्ले नहीं पड़ी होगी पर उसका स्वर अवश्य ही उनके कानों को छुआ होगा। इन जाति के लोगों को स्वरों की पहचान खूब अच्छी होती है। उनको शब्द कम भाव कुछ ज्यादा और सबसे ज्यादा होता है स्वरों का उतार-चढ़ाव। स्वर सबसे ज्यादा आदिम है, उससे कम आदिम है भाव और सबसे कम आदिम है शब्द।

बाबा के चले जाने के बाद कंजर लोग उठने लगे और उनकी आवाजें फिर उठने लगीं। मगर महादेवी ताई टेबल पर आकर बैठ गईं। श्री शंकरलाल जोशी और कन्हैयालाल यादव ने आदिवासियों को फिर अपनी-अपनी जगहों पर बिठा दिया। ताई के पास अगली

पंक्ति में एक व्यक्ति बैठा था जो शरीर से स्थूल था और कद से ठिंगना। उसने रेशम की छींट की कमीज पहन रखी थी और उस पर सूती चाकलेटी हाफकोट। उसकी मोटी-मोटी पिंडलियों के ऊपर खाकी नेकर था और सिर पर उसने मैली सी सफेद टोपी लगा रखी थी। उसका चेहरा गोल था, गाल भरे हुए और आगे को निकले हुए थे। गिद्ध जैसी खूँखार आँखें अन्दर को पिचक-सी गई थीं। पर उसके चेहरे पर एक खिसियाहट भरा पछतावे का भाव था। वह कंजरों का नेता भूरा डाकू था, जो पहले झाड़ियों में रहता था और अब अपराधी जीवन त्यागकर सामान्य नागरिक बन गया था। महादेवी ताई कंजरों में अपनी विशिष्ट बोली में वाक्यों को तोड़-तोड़कर बोल रही थी। उनकी आवाज बाबा के कमरे में जा रही थी, जहाँ कि महाराष्ट्र के कार्यकर्ताओं का वर्ग चल रहा था। बाबा पहले अपने तख्त पर बैठे बोल रहे थे, लेकिन बाहर से आने वाली आवाज के कारण वे उतरकर अपनी डेस्क के सामने आ बैठे। महाराष्ट्र के कार्यकर्ताओं में ठाकुरदास बंग और अप्पा साहब पटवर्धन के अतिरिक्त कुछ और भी प्रतिष्ठित कार्यकर्ता वहाँ उपस्थित थे। बहनों में आज कुछ श्वेत वस्त्र धारिणी गुजराती बहनें भी दिखाई दे रही थीं। महाराष्ट्र के कार्यकर्ताओं में बाबा ने कल के वर्ग में दिए गए प्रवचन पर प्रश्न पूछे। प्रश्नोत्तर मराठी में चल रहा था। बाबा हर एक प्रश्न को ध्यान से सुनते और फिर उसका समाधानकारक उत्तर देते। बाबा ने महाराष्ट्र के अन्त:संशोधक और वृत्ति प्रधान बतलाते हुए कहा कि उससे कार्यकर्ताओं में सहचित्त होना चाहिए। उन्होंने एक प्रश्न के उत्तर में कहा कि हमें बिना पैसे की ताकत पैदा करनी है और उसी ताकत से हिन्दुस्तान बाँधा जाएगा। फिर वृत्ति की बात चली तो उन्होंने बीच में कहा—सात्विक वृत्ति दिनभर रखने के लिए मैं... लाता हूँ। इससे पेट में वजन नहीं होता और वृत्ति सात्विक रहती है तथा दिनभर उत्साह बना रहता है। महाराष्ट्र के कार्यकर्ताओं का यह वर्ग लगभग 50-55 मिनट तक चला। इसके बाद बहनों की शान्ति सेना की समिति की बैठक हुई। इसमें बाबा हिन्दी में बोले। उन्होंने शील-रक्षा और शान्ति-रक्षा को बहन का विशेष कार्य बतलाते हुए आह्वान किया कि बहनें अपने प्रति चलने वाले अनाचार के विरुद्ध जिहाद बोलें। अन्त में उन्होंने बहनों से अपील की कि वे ब्रंह्म विद्या के आधार पर सेवामय जीवन बिताएँ।

ठीक सवा छह बजे बाबा पदयात्रा पर निकल पड़े। इस वक्त उजाला हो गया था। पर वातावरण में कुछ धुँध थी और हल्की-घनी फुहारे गिर रही थी। सफेद कोठी के फाटक तक पहुँचते-पहुँचते एक विशालकाय प्रभावशाली व्यक्तित्व के मालिक जंग बहादुरसिंह बाबा के साथ हो लिये। वे खादी के धोती-कुर्ता पहने थे और सिर पर शिर्डी के साईंबाबा की स्टाइल से टावेल बाँधे थे। मोटे फ्रेम के चश्मे और सफेद दाढ़ी से उनका चेहरा बड़ा रौबीला लग रहा था। वे विनोबा जी द्वारा दीक्षित पहले वानप्रस्थी हैं जो अपनी जमीन जायदाद और जागीरदारी छोड़कर 12 वर्षों से भूदान के काम में लगे हुए हैं।

बाबा ने उन्हें कहा—पाँच मिनट मिलेंगे आपको। जंग बहादुरजी ने बड़ी विनम्रता से हाथ जोड़कर बाबा की आज्ञा स्वीकार की। फिर आगे उन्होंने बताया कि वे पिछले 12 वर्षों से काशी में नगर-पदयात्रा कर रहे हैं। किसी को छोड़ने स्टेशन आए तो बाबा से मिलने का लोभ हो आया। चले आए। अब बाबा कहीं और काम करने की आज्ञा दें तो प्रस्तुत हैं। बाबा ने उनसे जो कुछ कहा उसका सार यही था कि आप काशी में ही

कार्य करें। जंग बहादुरजी ने फिर हाथ जोड़कर बाबा का आदेश विनम्रता से स्वीकार किया। ओवर ब्रिज के ठीक ऊपर प्राकृतिक चिकित्सक डॉ. आगमप्रसाद बाबा से प्राकृतिक चिकित्सा पर चर्चा करने लगे। प्राकृतिक चिकित्सकों की टीका करते हुए बाबा ने कहा कि दो एलोपैथी के डॉक्टर मिलकर रोगी का उपचार कर सकते हैं, मगर दो प्राकृतिक चिकित्सक कभी एक मत नहीं होते। कोई कहेगा नमक का उपयोग रोग में जहर के समान है, कोई उसे आवश्यक बताता है। सब अपने-अपने अनुभवों के आधार पर तथ्य निकाल कर उन्हीं पर अमल करना शुरू कर देते हैं। आपस में बैठकर चर्चा नहीं करते। मैं कितने ही प्राकृतिक चिकित्सकों को कह चुका कि मेरे साथ पदयात्रा में रहो, मगर कोई आता नहीं।

इसी तरह की चर्चा करते हुए बाबा महात्मा गांधी मार्ग पर बढ़ रहे थे। मिलों में काम पर जाने वाले मजदूरगण उन्हें प्रणाम करते जाते थे। सी.आई.एफ. रेस्टोरेंट के सामने एक प्रतिष्ठित से दिखने वाले सज्जन दौड़े आए और बाबा के पैर छूते हुए बोले—मी वालिम्बे, मैं वालिम्बे हूँ। वे मराठी के प्राफेसर वालिम्बे थे। महाराष्ट्र साहित्य सभा के कुछ व्यक्ति उन्हें ग्रन्थालय का निरीक्षण कराने ले गए ग्रन्थालय की काउंटर पर एक सरस्वती का चित्र रखा गया था और उसके आगे अगरबत्तियाँ जल रही थीं, जिसकी सुवासित गन्ध ग्रन्थालय में महक रही थी। बाबा ने चित्र देखते ही ऊँची मधुर आवाज में सरस्वती की वन्दना की। फिर तस्वीर पर हार चढ़ाया। बाबा को वहाँ कुर्सी पर बिठाया गया और महाराष्ट्र साहित्य सभा द्वारा प्रकाशित तीन ग्रन्थ भेंट किए गए। वहाँ से निकलकर बाबा हिन्दी माध्यमिक विद्यालय क्रमांक 1 के प्रांगण में आयोजित सभा को सम्बोधित करने के लिए मंच पर आ बैठे। पौने सात बजने में पाँच मिनट की देरी थी, इसलिए बाबा को नाश्ता करवाया गया। बाबा के सामने बेंचों पर शहर के प्रतिष्ठित व्यक्ति भारी संख्या में भींगते हुए बैठे थे, जिनमें श्रममंत्री श्री द्रविड़ और होल्कर कॉलेज के प्रिंसिपल *भागवत* के नाम उल्लेखनीय हैं। बाबा के दाहिने हाथ की ओर बरामदे में बच्चे बैठे हुए थे और दाहिनी ओर महिलाएँ। ऊपर गैलरियों में लड़कियाँ और नवयुवतियाँ भी भारी तादाद में उपस्थित थीं। पहले बाबा को विभिन्न संस्थाओं द्वारा हार भेंट किए गए। फिर बाल निकेतन की शिक्षिका ने मधुर स्वर में एक गीत गाया। फिर स्वागत भाषण पढ़ा गया। नाश्ता कर चुकने के बाद बाबा ने मराठी में प्रवचन देना शुरू किया। वे लगभग आधे घंटे तक बोलते रहे। जब प्रवचन समाप्त हुआ तब उनके सिर की टोपी और शरीर की धोती तर हो चुकी थी। प्रवचन के बाद चलते वक्त जब उन्हें जूते पहनाए जा रहे थे तब दाहिने बरामदे से लड़कों की टोली जयश्रीराम, जय जय श्रीराम की आवाज लगाती हुई आई और बाबा को घेर कर कुछ बड़े स्वर में जयश्रीराम जय जय श्रीराम गाने लगी। बाबा, भला ऐसा मौका हाथ से जाने देते हैं। फिर बच्चों के साथ तालियाँ बजाकर गाने लगे। बाबा का प्रोत्साहन पाकर बच्चे और जोर शोर से गाने लगे, बच्चों का जोश देखकर बाबा झुककर नाचने लगे। दो-तीन मिनट यह क्रम चलता रहा। फिर बाबा सफेद कोठी की तरफ चल पड़े। मगर अब बच्चों को चस्का लग गया था। बाबा के पीछे हो लिये। महात्मा गांधी रोड पर बाबा तीन-चार सौ बच्चों से घिरे चल रहे थे। बच्चों का शोर बाबा को शायद अच्छा न लगा, उन्होंने फिर बच्चों को रामधुन लगाने का आह्वान किया।

बच्चे तो तैयार ही थे। फिर से भजन शुरू हो गए। बच्चे नाचने-कूदने, छतरियाँ उछालते भजन गाते बढ़ते जा रहे थे। लग रहा था जैसे बन्दरों से घिरे भगवान राम जा रहे हों। गांधी हॉल के सामने खड़े होकर बाबा ने बच्चों से कहा तुम लोग काफी दूर आ गए हो। अब शाम को गांधी हॉल में सभा होगी, वहाँ भजन भी होंगे, वहाँ आना। अब जाओ जय जगत—बच्चों ने जोर से आवाज लगाई जय जगत और बिखर गए। बाबा ने फिर से डॉ. प्रसाद को साथ ले लिया और सफेद कोठी तक उनसे चर्चा करते रहे।

बाबा प्राचार्यों के मध्य

सफेद कोठी में इन्दौर के विभिन्न कॉलेजों के प्रिंसिपलगण उपस्थित हुए थे तथा शिक्षा प्रणाली पर उन्होंने चर्चाएँ कीं। इस बैठक में बाबा ने कहा कि शिक्षा प्रणाली आदर्श रूप में होनी चाहिए। इस सम्बन्ध में उन्होंने गोखले इंस्टीट्यूट का उदाहरण देते हुए कहा कि शिक्षा संस्थाओं को शासकीय सहायता पर निर्भर नहीं रहना चाहिए। आपने यह भी बताया कि डिग्री को महत्त्व न देते हुए विभागीय परीक्षाओं को महत्त्व देकर उसी के अनुसार नियुक्तियाँ आदि करना चाहिए। वर्तमान शिक्षा व्यवस्था पर प्रकाश डालते हुए प्रिंसिपलगणों ने कहा कि आजकल प्रारम्भ में हिन्दी माध्यम से शिक्षा दी जाती है लेकिन जब विद्यार्थी को उच्च शिक्षा दी जाती है तो वहाँ अंग्रेजी के माध्यम से पढ़ना पड़ता है, इस वजह से उसके सम्मुख कठिनाई उपस्थित हो जाती है। इस बैठक में मौलिक विचारों पर आदान-प्रदान हुआ तथा लगभग सवा चार बजे तक चर्चाएँ चलती रहीं। चर्चा के दरम्यान बाबा ने अपेक्षा की कि शिक्षकों को विद्यार्थियों के सम्मुख आदर्श प्रस्तुत करना चाहिए।

शान्ति रक्षा और शील रक्षा बहनों का विशेष कार्य

प्रात:काल पाँच बजे के बाद सफेद कोठी के अपने कमरे में एकत्रित बहनों की शान्ति सेना की बैठक को सम्बोधित करते हुए आचार्य विनोबा भावे ने कहा कि बहनें त्याग तो बहुत करती हैं। गृहस्थ जीवन में बहनों के नसीब में त्याग ही त्याग है। अगर वे छोटा-सा त्याग समाज के लिए करें, तो बहुत बड़ा काम बन सकता है। शान्ति रक्षा और शील रक्षा बहनों का विशेष कार्य है। देश के विभिन्न कोनों से एकत्रित हुई लगभग कोई तीस बहनें इस बैठक में उपस्थित थीं, जिनमें शान्ति सेवा में मुख्य हिस्सा लेने वाली कुछ बहनें भी थीं। उन बहनों के बीच बाबा ने आगे कहा—"झगड़ों को रोकना और शान्ति की स्थापना करना एक स्थूल कार्य है। वह तो उन्हें करना ही है, लेकिन समाज के पावित्र्य की रक्षा करने का काम बहनें अगर नहीं करेंगी तो समाज बच नहीं सकता। आज समाज की बुनियाद ही खराब हो रही है। इसकी मुझे सबसे ज्यादा चिन्ता है। असम भाषा विवाद चला, मार-काट हुई, लेकिन स्त्रियों पर अत्याचार भी हुआ। बंगाली स्त्रियों पर अत्याचार हुए तो असमी बहनों के मन में क्षोभ क्यों नहीं हुआ। होना तो यह चाहिए था कि बहनें इसके खिलाफ बुलन्द आवाज उठातीं। लेकिन आज बहनें घर में गिरफ्तार हैं। पुरुष उन्हें भोग के लिए इस्तेमाल करते हैं, इसीलिए उनके मन में तीव्र भावना नहीं उठती। बहनों के लिए यह स्थिति असह्य होनी चाहिए।

मैंने सुना कि अहमदाबाद जैसे शहर में भी पढ़ी-लिखी लड़कियाँ अकेली नहीं घूम सकतीं, लड़के उन्हें छेड़ते हैं। वह स्थिति उन्हें बर्दाश्त नहीं करनी चाहिए। इसके खिलाफ जिहाद बोल देना चाहिए। शहर में जो गन्दे चित्र हैं, उन्हें हटाने का काम बहनों ने करना चाहिए। सिनेमा से बच्चे बिगड़ते हैं तो उनके खिलाफ भी आवाज बहनों ने उठानी चाहिए। सिनेमा के आदि के कारण लोगों का चित्त विषय वासनामय बनता जाएगा तो समाज की बुनियाद ही उलट जाएगी। इसलिए बहनों ने शील रक्षा के लिए आगे आना चाहिए।

इन दिनों यह बोला जाता है कि समाज को अधिक सन्तान की आवश्यकता नहीं है। सन्तानोत्पत्ति तथा उनका पालन पोषण बहुत ही कष्टदायक कार्य है जो बहनें कर रही हैं तो आज की परिस्थितियों में कुछ बहनों को यह सूझना चाहिए कि हम ब्रह्मविद्या के आधार पर सेवामय जीवन बिताएँगी। जिन्होंने गृहस्थाश्रम में प्रवेश कर लिया है उनको भी संयम की प्रेरणा होनी चाहिए। इस तरह की कुछ ब्रह्मचारिणी और संयमी बहनें आगे निकलेंगी तभी शान्ति सेवा का कार्य आगे बढ़ेगा।

जातियों को भूलकर ग्राम की भलाई का संकल्प लें
विमुक्त जातियों के सदस्यों के सम्मुख बाबा का प्रवचन

आज सन्त श्री विनोबा भावे ने विमुक्त जातियों के सदस्यों के सम्मुख प्रवचन करते हुए कहा कि विभिन्न जाति के लोग अपनी जाति को भूलकर ग्राम की भलाई का संकल्प लें। आपने कहा कि ऐसा करने पर ही वे अपनी व ग्राम की भलाई कर सकते हैं। सफेद कोठी में दिन के साढ़े ग्यारह बजे शाजापुर, देवास, रतलाम, धार तथा मन्दसौर से कंजर, बागरी, बाछड़, पारधी आदि जातियों के लगभग 250 स्त्री-पुरुष बाबा का प्रवचन सुनने के लिए एकत्रित हुए थे। विमुक्त जातियों के सम्मुख बोलते हुए आचार्य विनोबा ने कहा कि अपना देश बहुत बड़ा है। इसमें कश्मीर से लेकर समुद्र तक दो हजार मील लम्बा रकबा और करीब-करीब उतना ही चौड़ा है। इतने लम्बे-चौड़े देश में 40 करोड़ लोग रहते हैं। आप समझ नहीं सकते कि 40 करोड़ कितने होते हैं, लाख कितने होते हैं। केवल इतना समझ लो कि बहुत से लोग रहते हैं फिर वे अनेक भाषाएँ बोलते हैं। मैं अलग भाषा बोल रहा हूँ आप अपने घर में अलग भाषा बोलते होंगे। वैसे धर्म भी अलग-अलग हैं।

भला कैसे हो?

बाबा ने कहा कि देश में अलग तरह के लोग रहते हैं। इतने प्रकार के लोग हैं कि एक-दूसरे को पहचानना भी मुश्किल है। फिर लोगों के दुख-दर्द कैसे पहचान सकते हैं। दुख-दर्द जानने का एक मात्र तरीका यही है कि सभी अपना-अपना दिल खोलकर रखें। किन्तु आप लोग दिल खोलकर रखते भी नहीं हैं। फिर सरकार आपका भला कैसे कर सकती है। ऐसी हालत में सबका भला कैसे किया जाए यह सूझता नहीं है। आपकी कौम का भला करने के लिए मार्गदर्शन माँग रहे हैं। आपकी कौम विभिन्न जिलों के

विभिन्न गाँवों में रहती है। फिर अलग गाँवों में आपकी कौम के बसने वाले लोगों का भला कैसे होगा? हमें इसी प्रश्न पर सोचना है।

गाँव का भला करें

आचार्य भावे ने कहा कि भला करने का सच्चा तरीका यही है कि हम समूचे गाँव का भला करें। हमें जाति के बारे में नहीं, गाँव के बारे में सोचना चाहिए। अगर आपसे पूछे कि आप कौन हैं? तो इसका उत्तर यही आना चाहिए कि हम फलां गाँव के हैं। हम कंजर हैं, ब्राह्मण हैं...आदि जवाब नहीं आना चाहिए। गाँव के बच्चों के खेलने के लिए मैदान बनाएँ, पढ़ने के लिए स्कूल बनाएँ, पैदावार बढ़ाने के लिए विभिन्न प्रयोगों का उपयोग करें तो इससे ग्राम में रहने वाले कंजर, ब्राह्मण, हरिजन, क्षत्रिय सभी का भला होगा। इस तरह प्रत्येक गाँव का भला करने से विभिन्न गाँवों में रहने वाली विमुक्त जाति का भला होगा एवं साथ अन्य जातियों का भी। अगर आप केवल विमुक्त जाति का भला करना चाहेंगे तो वह कैसे होगा।

व्यक्तित्व हटाकर ग्राम के बनो

सन्त प्रवर ने आगे कहा कि जाति-पाँति का भेद मिटाकर केवल एक गाँव वाले बनना है। गाँव में अगर कोई अच्छी खेती करने वाला है तो वह अपनी अक्ल सारे गाँव को दे जो लिखने-पढ़ने वाला है वह अपना ज्ञान गाँव को दे। इस तरह जब कार्य करेंगे तभी कार्य होगा। आप समूचे गाँव रूपी शरीर के एक अंग हैं। बगैर शरीर के अंग जीवित नहीं रह सकता है। इसलिए जरूरी है कि आप ग्राम के बनकर रहें। इस पर आप प्रश्न पूछ सकते हैं कि हम तो एक बनने को राजी हैं पर ऊपर वाले ब्राह्मण, क्षत्रिय आदि एक बनने के लिए राजी नहीं हैं। इसका भी उत्तर मेरे पास है ताली एक हाथ से नहीं बजती दोनों हाथों से बजती है। ऊपर वाले आपको दबाते हैं तो आप भी अपने से नीचे वालों को दबाते हैं। मेरा कहना तो यह है कि आप किसी से दबें भी नहीं एवं साथ ही किसी को दबाएँ भी नहीं। इसके साथ ही आपको चाहिए कि आप अपने दोस्तों की संख्या बढ़ाएँ। सभी नगरों से दोस्ती रखें। अगर आपने यह रवैया अपना लिया तो बहुत बड़ा काम होगा। बाबा के प्रवचन के पूर्व आदिम जाति कल्याण विभाग के सेवा नियुक्त उपसंचालक श्री नरमंडल ने बाबा के सम्मुख विमुक्त जाति के पेशे तथा उन पहलुओं पर प्रकाश डाला जिन्होंने नागरिक जीवन दिलाने का संकल्प किया है।

देवी अहिल्या की स्मृति : विशेष आकर्षण
गांधी हॉल में बाबा का प्रवचन

शाम को नगर शाखा की गांधी पैलेस में अहिल्योत्सव परिणति द्वारा आयोजित सभा में विशाल जन समुदाय को सम्बोधित करते हुए सन्त विनोबा भावे ने कहा कि इन्दौर आने का हमारा सबसे बड़ा कार्यक्रम यह था कि इसके साथ देवी अहिल्याबाई का नाम जुड़ा हुआ है। दुनिया में राज्य चलाने वाली वीरांगनाएँ भी काफी हुई हैं और योगिनियाँ भी हुई हैं, मगर एक निवृत्ति परायण कर्मनिष्ठ स्त्री का इतना अच्छा राज्य चलाना एक विचित्र

प्रयोग है जो मालवा में हुआ। आज उनकी स्मृति में इन्दौर की महिलाओं को यद्यपि मौन रक्षा की प्रतिज्ञा लेनी चाहिए। आज अहिल्योत्सव के कारण गांधी हॉल में और बाहर भी एकत्र भारी संख्या में भीड़ उपस्थित थी। गांधी हॉल पूरा भरा हुआ था। मंच की दाहिनी तरफ बहनें और बाईं तरफ भाइयों के बैठने की व्यवस्था थी। बहनों की तरफ से बच्चों के लगातार शोर होने के कारण बाबा को अपने प्रवचन के प्रारम्भिक दस मिनट शान्त करने और प्रवचन के लायक वातावरण बनाने में लगे। उन्होंने कहा कि इन्दौर आने का हमारा बड़ा आकर्षण अहिल्याबाई का काम था। आज उनकी स्मृति में हमें कुछ बोलने का मौका मिला है। मगर शोरगुल में बोलने की मेरी आदत नहीं है। श्रोता भी बोले, वक्ता भी बोले ऐसे सह-व्याख्यान की मुझे आदत नहीं है। जो स्फूर्ति व्याख्यान देने के लिए मुझमें होनी चाहिए, वह अपने में मैं नहीं पा रहा हू। बच्चों का कलरव मुझे अप्रिय नहीं लगता। शिक्षण संस्थाओं को वह प्यारा है, उतना ही मुझे भी प्यारा है। मगर मेरे ऊपर अभी आपने बोलने की जिम्मेदारी डाल दी है। अगर मुझे बोलना चाहिए तो आपको सुनना चाहिए और आपको सुनना है तो बच्चों को खामोश रहना चाहिए।

फिर बाबा ने एक मिनट के मौन का आह्वान किया और मौन के बाद एक मंगल-सूत्र बोलकर फिर से प्रवचन शुरू किया। उन्होंने अहिल्याबाई की स्मृति का जिक्र करते हुए कहा कि महापुरुषों की स्मृति का क्या असर पड़ता है इसका अनुभव सारी दुनिया को है। मेरा तो यह विशेष अनुभव है कि मैं स्मृतियों में तन्मय हो जाता हूँ। उससे अपने को अलग नहीं कर पाता। कुछ-कुछ योग शास्त्र की प्रक्रिया के जैसा ही, मैं महापुरुषों की स्मृति के प्रसंग पर उनके शरीर में दाखिल हो जाता हूँ। किसी को स्मरण करने के कई साधन हैं, लेकिन शब्द से जो स्मृति होती है उसका सबसे ज्यादा असर मैंने देखा है। मैंने बचपन में कवि मोरोपंत की अहिल्याबाई पर लिखी एक कविता पढ़ी है। उसका मुझ पर जबर्दस्त असर है और उस प्रकाश में जब मैं भारत और इन्दौर का इतिहास देखता हूँ तो मुझे लगता है कि कवि ने जो कुछ जाहिर किया है, वह सत्य है। यहाँ एक बड़ा भारी प्रयोग हुआ है। एक धर्मनिष्ठ निवृत्ति परायण स्त्री के हाथ में राज्य सौंपा गया। राज्य चलाने वाली रानियाँ सब दूर हुई हैं। निवृत्ति परायण धर्मनिष्ठ महिलाएँ भी हुई हैं। जब हम कश्मीर यात्रा पर थे तब यहाँ की एक योगिनी का नाम हमने सुना। वह सन्त थी और कश्मीर घाटी में कितनी ठंड पड़ती है पर वहाँ भी वह नग्न रहती थी उसका असर हिन्दू-मुसलमान दोनों पर है। कश्मीर में दो ही नाम चलते हैं—एक अल्ला का दूसरा ललद्यद का। अब मैं कश्मीर से लेकर कन्याकुमारी तक की भक्त शिरोमणि स्त्री रूपों की यादों को जगा रखता हूँ। ललद्यद, मीरा, मुश्ता, अश्का और हब्बा कश्मीर से इन पाँच योगिनियों का नचा जप मैंने एक किया है।

लेकिन जो स्त्री राज्यनिष्ठ हो, वह राज्य कारोबार चलाए यह प्रयोग मराठों ने किया। अहिल्याबाई के हाथ में जब राज्य सौंपा गया तब सिन्धिया ने उत्तर भारत पर कब्जा कर रखा था, दक्षिण में हैदरअली का आतंक था। अंग्रेजों का राज्य भी अपनी तरह जम चुका था। बड़े-बड़े जनरल एक पर एक मैदान जीतते जा रहे थे। ऐसी संकटकालीन परिस्थिति में एक महिला ने राज्य चलाया। एक निवृत्त परायण धर्मनिष्ठ गौरव इतना अच्छा राज्य चलाए ऐसी मिसाल इतिहास में मुश्किल से देखने को मिलेगी। अहिल्याबाई की कीर्ति

चारों तरफ फैली है। जब हम बैद्यनाथ धाम जा रहे थे, तब हमें बताया कि इसी सड़क से चैतन्य महाप्रभु गए हैं और इसे देवी अहिल्याबाई ने बनाया है। अब सोचिए आप किस प्रदेश का पैसा कहाँ उपयोग किया गया और प्रजा ने कोई उफ नहीं उठाया, बल्कि गर्व माना। ऐसी व्यापक दृष्टि वाली महिला उस जमाने में अद्वितीय हो गई है। हमला करने वाले, कब्जा करने वाले वीर सब जगह हुए। पंजाब की जब-जब हम पदयात्रा करते थे तब हमें बताया गया कि यहाँ से तीन मील दूर वह स्थान है जहाँ से सिकन्दर लौटा था। वह आगे भारत विजय की इच्छा रखता था, मगर सेना के इनकार कर देने के कारण उसे लौटना पड़ा। हमने कहा हम उस जगह जाएँगे। हम लश्कर लेकर वहाँ गए। हमने वहाँ एक व्याख्यान दिया और कहा—सिकन्दर शस्त्र लेकर यहाँ आया और हारकर गया। नामदेव पंजाब की सेवा करने आए और जीत कर गए। नामदेव और नानक में लगभग दो सौ साल का अन्तर है। नानक के जमाने में नामदेव के भजन घर-घर बजते थे। विट्ठल के नाम पर नामदेव भजन गाते थे। जब हम उनकी समाधि पर पहुँचे तो मठ वालों में कोर्ट से झगड़ा चल रहा था। हमने कहा आप लोग यह ठीक नहीं कर रहे हैं। उन्होंने कहा जो आप न्याय देंगे वह मान्य होगा। हमने फैसला दिया और उससे उनका समाधान हो गया। पंजाब में नामदेव के लिए जो आदर है वह अद्भुत है। अर्जुनदेव ने उनके गीतों को गुरु ग्रन्थ साहिब में भी संग्रहीत किए हैं। तो नामदेव पंजाब की सेवा करने आए और जीत गए। सिकन्दर शस्त्र लेकर आया और हार कर गया।

शस्त्रों से दुनिया को जीतने का प्रयास बहुत लोगों ने किया है, लेकिन प्रेम से दुनिया को जीतने वालों का नाम बड़े प्रेम और श्रद्धा से लिया जाता है। इन्दौर में उनको अहिंसा व्याप्त है। थोड़े में उसका स्मरण यहाँ किया। इन्दौर में मैं जिस आशा से आया था—वह स्त्री शक्ति यहाँ जागेगी या नहीं। बहनें सर्वोदय के काम में हिस्सा नहीं लेगी, ऐसा मानना नामुमकिन है। महिलाओं के लिए हमने खासकर शान्ति सेवा का काम खोल दिया है। फिर विनोबाजी ने सुबह महिलाओं की शान्ति सेवा की बैठक में कही गई बातों को दोहराते हुए कहा कि बहनों को शान्ति रक्षा और शील रक्षा का कार्य करना चाहिए। मनुष्य का चरित्र गिर रहा है बहनें ही उन्हें बचा सकती हैं। जिस देश में शील पर आघात किया जाएगा वह देश टिक नहीं सकता। इसलिए महिलाओं को अब दोहरा काम करना पड़ेगा—पहला शान्ति रक्षा का और दूसरा शील रक्षा का।

महावीर भवन में विनोबाजी का प्रवचन

सुबह पौने सात बजे महावीर भवन इमली बाजार में विनोबाजी का प्रवचन होगा। इस अवसर पर जैन समाज व इच्छुक व्यक्तियों की उपस्थिति प्रार्थनीय है।

कांग्रेस अध्यक्ष तराना में

भारतीय राष्ट्रीय कांग्रेस के अध्यक्ष श्री गौतम संजीव रेड्डी 25 अगस्त को सुबह 11 बजे तराना पहुँच रहे हैं। तराना के कन्या माध्यमिक विद्यालय भवन का वे उद्घाटन करेंगे। नगर पालिका श्री रेड्डी को अभिनन्दन पत्र समर्पित कर रही है।

21 अगस्त का कार्यक्रम

प्रातः 6 बजे हरिजन कॉलोनी में आम सभा। 10 से 11 बजे गुजरात शिविर। 11 से 12 बजे सर्वोदय मित्रों की बैठक भागीरथपुरा। 3 से 4 बजे गुजरात शिविर। 5 बजे प्रार्थना सभा।

वार्ड व मोहल्ला संयोजक की बैठक

पूज्य विनोबाजी इन्दौर में एक माह रहकर 25 को इन्दौर शहर से विदा हो रहे हैं। उनकी रवानगी से पूर्व वार्ड व मोहल्ला संयोजकों की उनसे बातचीत होनी जरूरी है, अतः 21 अगस्त को सुबह ठीक 11 बजे सफेद कोठी में उनकी महत्त्वपूर्ण बैठक रखी गई, जिसमें प्रश्न एवं चर्चा होगी।

भाषा नहीं वाणी श्रेष्ठ है
गन्दे विज्ञापनों को मिटाने की मुहीम में मराठी जन सहयोग करें : महाराष्ट्रियनों के बीच विनोबा

जब अमृत की सरिता बहने लगती है तब मनुष्य का देहभाल बिसर जाता है। आज की ही बात, हिन्दी मिडिल स्कूल प्रांगण में पूज्य विनोबा की वाणी सुनने एकत्रित विशाल जन समुदाय सभी को अविरल वर्षा बौछार भूल गया, अपना पूरे या अध-भींगे होना भूल गया और विनोबाजी की ज्ञान सरिता से रसचित्त होता गया।

रामबाग में विनोबाजी के पहले मराठी भाषण के पश्चात तो यह सम्भावना बहुत चुभती थी कि बाबा पुनः मराठी में प्रवचन करेंगे, परन्तु महाराष्ट्र साहित्य सभा के संचालकों का आग्रह वे टाल न सके और इस प्रकार पुनः मराठी जनता को अपनी भाषा में ही विनोबाजी की वाणी सुनने का सुअवसर प्राप्त हुआ। मराठी भाषी जनता ने इस सुनहरे मौके का लाभ भी उठाया और उल्लेखनीय संख्या में वे विनोबाजी को सुनने एकत्रित हुए कोई दो हजार से अधिक स्त्री-पुरुष तथा बालक प्रवचन स्थल पर एकत्रित हुए थे। प्रवचन से पूर्व बालकों को भजन व गीतों में उलझाए रखना सभी उपस्थितों को भला लग रहा था और स्वयं बच्चे भी खूब चाव से उसका मजा लूट रहे थे। सन्त प्रवर मंच पर आए और साहित्य सभा के उपाध्यक्ष श्री कवीश्वर ने मंगलाचरण के पश्चात अपना प्रस्ताविक भाषण किया। सन्त प्रवर अपना दही का नाश्ता करते गए और उधर आपके भाषण को भी सुनते गए।

विनोबाजी ने अपने प्रवचन की शुरुआत आज स्वयं से ही की। 1910 में सेवा के क्षेत्र में विनोबा जी उतरे और तब से अब तक आपने यही प्रयास किया कि जीवन का प्रत्येक क्षण सेवा में व्यतीत हो। अपने आपको, अपने अन्तर्मन को, अपने गुण-दोषों पर बाबा चिन्तन करते आए। मराठी में बोलने का प्रसंग प्राप्त होने पर खुशी जाहिर की और बाबा पुनः भाषा के प्रश्न पर आ गए। बाबा भूलते नहीं हैं, वे भूले नहीं होंगे कि रामबाग में यह शिकवा व्यक्त किया गया था कि राज्य में मराठी भाषा की अवहेलना की जा रही है, इन्दौर में भी लगभग यही हालत है उसकी। इस विषय पर बाबा का स्पष्ट मत है। बाबा ने पुनः दोहराया ईश्वर ने हमें वाणी दी है, भाषा नहीं। अतः भाषा

के लिए चिन्ता करना अनावश्यक है। बाबा ने महर्षि अरविन्द की नजीर प्रस्तुत की। उन्होंने कहा कि अरविन्द विदेश गए, उन्होंने वहाँ की अधिकांश भाषाएँ आत्मसात कीं, परन्तु वे स्वयं की मातृभाषा बंगला भूल गए। भारत में लौटने पर अरविन्द ने बंगला, संस्कृत तथा अन्य भारतीय भाषाओं का अध्ययन किया। आपने स्वयं का ही अनुभव सुनाया कि उन्होंने विभिन्न भारतीय भाषाओं के उत्तमोत्तम ग्रन्थों का अध्ययन किया।

इस सिलसिले में आपने कहा कि मैंने मराठी में *ज्ञानेश्वरी* तथा *गौताई माऊली* का अध्ययन किया, हिन्दी में तुलसीकृत *रामायण,* ऐसे ही तमिल, बांग्ला, गुजराती के प्रमुख ग्रन्थों का अध्ययन किया। मैंने समस्त भाषाओं के श्रेष्ठ ग्रन्थों को पढ़ा, परन्तु सभी भाषाओं में निकृष्ट ग्रन्थ भी होते हैं। क्या मराठी के ऐसे ग्रन्थों के लिए आपको अभिमान है? बाबा ने पूछा। आपको अभिमान नहीं है और न हो सकता है। यही बात अन्य भाषाओं के लिए भी लागू होती है। तो आपको अभिमान अपनी वाणी का रखना चाहिए, न कि भाषा का। हमारी वाणी मानव की वाणी है यही हमारी भावना होनी चाहिए। इन्दौर में राजस्थान, गुजरात और महाराष्ट्र की भाषाओं का संयम है। तो यदि आप विवेक से काम करेंगे तो उन्नति अवश्य ही होगी।

इन्दौर को सर्वोदय नगर बनाने के अपने उद्देश्य का बखान करते हुए बाबा ने कहा कि इन्दौर में मेरा स्वागत हुआ, प्रेमपूर्वक स्वागत हुआ, इतने दिनों तक मैं रहा और प्रेम के बन्धन में बँध गया। परन्तु यहाँ मैं काम के लिए आया हूँ। देवी अहिल्या की यह नगरी है। यह परम पावन होनी चाहिए, ऐसी मेरी चाह है। इन्दौर सर्वोदय नगर होना चाहिए। दीवारों और आम राहों पर लगे विज्ञापनों और इश्तिहारों के सन्दर्भ में बोलते हुए सन्त प्रवर ने कहा कि दरअसल जनता पर यह अतिक्रमण है, मनमानी है। इसका हमारे बच्चों पर गलत प्रभाव पड़ता है, उनमें संस्कार शून्यता आती है। परन्तु हमारे पुरुषों ने इस विषय पर, इसके दूरगामी परिणामों पर विचार ही नहीं किया। आपने दीवारों के ऐसे विज्ञापन मिटाने चाहिए और उसके त्याग पर विभिन्न धर्मों के बीच मानव सुभाषितों को लिखना चाहिए। इससे इन्दौर नगर एक शिक्षा संस्था बनेगा, कुछ पवित्रता आएगी, विनोबा ने कहा—परन्तु लोग कहते हैं हमारा कार्यक्रम हवाई होता है। जमीन पर विचरने वाला हवाई कार्यक्रम कैसे बना सकता है। भूदान का कार्यक्रम व्यावहार्य कार्यक्रम है, जनता ने इसे स्वीकार किया है और सरकार ने भी बात अपने मन पर ले ली है। हमने 10 लाख एकड़ जमीन अब तक वितरित की है। परन्तु इतना होने पर भी यह कार्यक्रम योजना आयोग के सदस्यों को अव्यावहार्य कार्य लगता है। यानी फिर सो जाओ तो कार्यक्रम अव्यावहार्य ही लगेंगे। फिर तो मृत्यु ही एक व्यावहार्य कार्यक्रम रहेगा। यदि हमने ऐसा तय किया कि हम गन्दे विज्ञापन निकलने देंगे और उसके परिणाम स्वरूप जो भी सजा होगी उसे हम भुगतेंगे तो मुझे यकीन है कि अहिल्याबाई की इस नगरी में किसे सजा भुगतने का मौका नहीं आएगा। यह ऐसा कार्यक्रम है जो सभी को स्वीकार्य हो सकेगा। तो लोगों को इसके लिए अधिक से अधिक संख्या में अपने नाम इस कार्यक्रम पर अर्पण करने के लिए देने चाहिए। लोगों से अपेक्षा है कि नामों की भारी वर्षा होनी चाहिए।

(21 अगस्त, 1960)

असफल और दिग्विजय-बाबा

मैं अगर लिखूँ कि आज भी ठीक चार बजे प्रार्थना शुरू हुई तो आप बोर हो जाएँगे और मन ही मन कुढ़ कर कहेंगे—क्या रोज के रोज वही बात। यानी आप विविधता चाहते हैं और मैं मानता हूँ कि आपकी यह विविधता की माँग बिलकुल जायज है। मनुष्य स्वभाव से ही विविधता चाहता है। जरा सोचिए तो विविधता नहीं हो तो क्या हो? संसार के अस्तित्व का कारण द्वैत है, ऐसा बहुत से दार्शनिकों ने माना है। ब्रह्म और जीव के बीच माया का पर्दा है। जब यह हट जाता है तो अद्वैत की स्थापना हो जाती है। मगर मैं आपको फिर बोर करने लगा। ठीक है मैं मानता हूँ कि ऐसी दार्शनिक मान्यताओं को रोजमर्रा की जिन्दगी में घुसेड़कर इस बोर जिन्दगी को और बौरान्वित (इस नए शब्द के लिए माफी चाहता हूँ) नहीं किया जा सकता। तो विविधता जिन्दगी में ताजगी भरती है और ताजगी की आवश्यकता स्थितप्रज्ञ सन्त विनोबा से लेकर भूरे तक को होती है। जब आदमी में ताजगी आ जाती है तो वह एड़ी से लेकर चोटी तक नया हो जाता है, जवान हो जाता है। तो ताजगी प्राणी मात्र के जीवन की विशेष आवश्यकता है।

सफेद कोठी के वातावरण में आज ताजगी थी और ताजगी का कारण था, आज के गुजरात के भाइयों के शिविर का प्रारम्भ। बाबा यहाँ आए और स्थानीय कार्यकर्ताओं में ताजगी आई। फिर कुछ दिन बीते और शिथिलता का दौर शुरू हुआ। इस शिथिलता को पंजाब के भाइयों ने अपनी ताजगी से पीछे ढकेल दिया। फिर वे भी उतार के दिनों में कुछ शिथिल होकर गए लेकिन महाराष्ट्र के कार्यकर्ताओं ने ताजगी का क्रम टूटने नहीं दिया और अब जब वे एक-एक कर रुखसत हो रहे हैं तो ये गुजरात के भाई-बहन आ गए हैं। नए चेहरे, उत्साहित चेहरे, ताजे चेहरे। सफेद कोठी में वह बोली गूँजने लगी, जिसमें गांधी अपने बचपन में तुतलाए होंगे, नींद में बड़बड़ाए होंगे और विपत्ति में खड़खड़ाए होंगे।

प्रार्थना के लिए जब बत्ती बुझी तो बाबा का कमरा भाई-बहनों से ठसम ठस भरा था। जो लोग कमरे में समा न सके थे वे दरवाजे के बाहर बैठे थे। आज की प्रार्थना का समर्थन स्वर इतना ऊँचा था कि सफेद कोठी के बाहर गांधी मूर्ति के पास भी *ईशवास्योपनिषद्* के श्लोक सुने जा सकते थे। इस ऊँचे स्वर का कारण था, महाराष्ट्र और गुजरात के भाई-बहनों का प्रार्थना में सक्रिय सहयोग। ऐसा लिखना ठीक तो नहीं लगता पर यह सच है कि स्थानीय कार्यकर्ताओं और पंजाब के भाइयों को प्रार्थना ठीक से बोलते नहीं बनती थी। चार बजकर दस मिनट पर बाल भाई ने बत्ती जला दी और आज पहली बार दीपचन्दजी को लोगों को बाबा के कमरे के आस पास से हटाने के लिए हल्के से धकियाना पड़ा। बाबा के कमरे की बत्ती फिर बुझ गई। अब वे दादा

धर्माधिकारी से चर्चा कर रहे थे। जरा कल्पना कीजिए सुबह चार बजे का वक्त है, गई रात पानी नहीं गिरा है। मध्यम गति से हवा बह रही है। वातावरण में ताजगी है। चमेली और रजनीगन्धा की गन्ध, मन्दिर की पावन धूप सी सफेद कोठी को घेरे हुए है और ऐसे समय में दो विचारक, दो विद्वान, दो लोक नेता, दो स्नेही, दो श्रद्धालु, पवित्र अन्धकार में अपने अस्तित्व को भूलकर शब्द स्थिति में आपस में विचार विनिमय कर रहे हैं—आपको लगेगा जैसे दो साधक निर्गुण की उपासना कर रहे हों।

गुजरात के भाई-बहन पोर्च में और बगीचे के पास छोटे-छोटे दल बनाकर आपस में चर्चा कर रहे थे। उन्हें अपने शिविर का कार्यक्रम बनाना था। भाई और बहन गुजराती में गुफ्तगू कर रहे थे। अन्य भाई बहन, अपने अनेक कमरों में बैठे बातें कर रहे थे, खुमारी दूर कर रहे थे और कुछ सोफों और कुर्सियों पर बैठे ऊँघ रहे थे। (उनमें एक मैं भी हो सकता हूँ) पाँच बजने में दस मिनट की देर पर घंटी टनटनाई और लोग बाबा के कमरे के बाहर एकत्रित होने लगे। समय बीत रहा था और बाबा के बाहर निकलने का इन्तजार लोग बेसब्री से कर रहे थे। मगर बाबा के कमरे में अँधेरा वैसा का वैसा ही विद्यमान था। पाँच बजे का समय था बाहर निकलने का, पर बाबा ने आदेश दे रखा था कि जब बत्ती जले तभी पदयात्रा की तैयारी की जाए। इन्तजार के बारह मिनट मुश्किल से बीते। आखिर पाँच बजकर पन्द्रह मिनट पर बाबा बाहर निकले। वे प्रसन्न चित्त थे और कुछ आगे को झुके हुए चैतन्य महाप्रभु के मराठी का कोई भजन गुनगुना रहे थे। उनकी प्रफुल्लता, उनका उत्साह और उनका यों मराठी के भजन में बहना बड़ी आसानी से इस बात को समझा जा सकता था कि दादा धर्माधिकारी और उनमें हुई चर्चाएँ कैसी रही होंगी।

बाबा का दल जब ओवर ब्रिज पर चढ़ रहा था तब अँधेरे और उजाले का संधिकाल था। तेज हवा आसमान के गीले शरीर पर ढँकी धुँधले मटमैले बादलों की चादर हटा रही थी। क्षितिज की कोरों से प्रकाश की रेखाएँ उभर रही थीं। टहनियों पर बैठे पक्षीगण के पर फड़फड़ा रहे थे। ओवर ब्रिज की बत्तियाँ बुझी हुई थीं। गांधी हॉल के टावर पर घड़ियाँ प्रकाशित थीं। गुजरात के तीन-चार भाई बाबा से अपने शिविर के कार्यक्रम के बारे में चर्चा कर रहे थे। वे गुजराती में बोल रहे थे, और बाबा हिन्दी में उनके प्रश्नों का उत्तर दे रहे थे। ओवर ब्रिज के उतार पर उनकी चर्चाएँ समाप्त हो गईं। अब बाबा से चर्चा करने के लिए बिहार के भाई विद्या सागर आए। अपनी जाने की बात उठाकर उन्होंने चर्चा प्रारम्भ की और बाबा के बिहार आने पर खत्म की। बाबा ने कहा कि मेरी राह मत देखो। अपना काम करते जाओ। जहाँ अच्छा काम होगा, वहाँ मैं जाऊँगा ही। ग्रामोद्योग भंडार के पास विद्या सागरजी पीछे हट गए और उनकी जगह एक ठिगने कद के महाराष्ट्रियन सज्जन आ गए। उन्होंने बाबा को बताया कि उनका भाई मैट्रिक पास करने के बाद, आध्यात्मिकता की तरफ लग गया। विवेकानन्द का प्रभाव उस पर है और वह उरुली आश्रम के रसोड़े में काम करता है और लिखता है कि उसका संस्कृत का अध्ययन ठीक नहीं चल पा रहा है। इस पर बाबा ने बीच में कहा संस्कृत के पंडित तो बहुत सारे पड़े हैं, हमें तो इतनी संस्कृत सीखनी है कि *गीता* समझ सकें, दूसरे ग्रन्थ समझ सकें। बाबा ने उक्त भाई को साहित्य प्रचार का कार्य करने की सलाह भी दी। जूने

राजवाड़े के पास बाबा ने पुकारा-आगम कहाँ है। और पीछे की पंक्ति से एक नवयुवक आगे आकर बाबा की दाहिनी तरफ चलने लगे। वे नंगे पैरों थे। नेकर और खादी का कुर्ता पहने हुए थे, सिर के बाल छोटे-छोटे थे और उन्हें एक नजर देखकर यह अनुमान लगाया जा सकता था कि वे एक मेहनतकश, कसे हुए कार्यकर्ता होंगे। वे प्राकृतिक चिकित्सक डॉ. आगम प्रसाद थे, उरुली कांचन आश्रम के चिकित्सक। उन्होंने बाबा से आश्रम के नियम और उनकी पाबन्दी पर चर्चा करना शुरू किया। उनका कहना था कि आश्रम के बहुत से लोग ऐसे होते हैं, जिन्हें प्रार्थना, सूत कताई, श्रमदान आदि के नियम पूरी तरह पसन्द नहीं होते और वे उसकी पाबन्दी नहीं कर पाते। तो नियमों में ढिलाई कर देना चाहिए क्या? बाबा ये बातें सुनकर कुछ रोष में आ गए। बोले मैं अगर आश्रम चलाऊँ तो नियमों का पालन न करने वालों को तत्काल बाहर कर दूँ। ये लोग मेरे साथ हैं। (बाबा ने अपनी दाईं ओर जय भाई की तरफ संकेत किया) अगर ये कोई नियम मानने को तैयार नहीं हों तो मैं इन्हें दूसरे दिन ही छुट्टी दे दूँ। जब नियम बनाए गए हैं तो उनका पालन आवश्यक है। सब जन साथ बैठकर नियम बनाएँ, सबकी सम्मति से वे एक्शन में लाए जाएँ, फिर भी अगर उनका उल्लंघन हो तो यह कैसे सहा जा सकता है। वाद चलते-चलते नियमों से डायरी लेखन पर आ गया और डॉ. आगम प्रसाद बोले काम कम समय पर हो, डायरी में तो पूरे समय तक ही लिखना पड़ता है, यह झूठ मेरी समझ से नहीं चलना चाहिए। बाबा ने इस पर सुझाव दिया कि काम के घंटों के बजाय काम कितना हुआ यह डायरी में लिखा जाना चाहिए। यह कसेरा बाजार की तंग सड़क थी और जिस तरह चौड़े पाट पर नदी के पानी के बहाव का अन्दाज नहीं लगता, पर सँकरे पाट पर पानी का बहाव महसूस होता है उसी तरह कसेरा बाजार की तंग सड़क पर पदयात्री दल की संख्या और गति का अन्दाज होता था।

बातें चल रही थीं और उनके साथ चल रहा था बाबा का काफिला। डॉ. आगम प्रसाद बाबा के छोटे भाई बालकोबाजी की सहनशीलता और लोक संग्रह वृत्ति की बार-बार तारीफ कर रहे थे और इस बात का कई बार उल्लेख कर चुके थे कि उनके न होने पर आश्रम की गतिविधियाँ प्रभावित होती हैं। इस पर बाबा ने कहा कि यह आश्रम छोड़कर जाना चाहता है और तुम लोग उसे जाने नहीं देते वह दो माह के लिए कहीं बाहर जाता है और तुम्हारा आग्रह होता है कि बस एक माह ही बाहर रहे। यह ठीक नहीं है। जिस दिन वह मर जाएगा, आश्रम बन्द हो जाएगा, मुझे ऐसा निश्चित लगता है। फिर उन्होंने कहा कि तुम लोगों ने आश्रम की जिम्मेदारी अपने ऊपर लेनी चाहिए। फिर बाबा ने डॉ. आगम प्रसाद से उनकी उम्र पूछी तो उन्होंने बताया तेइस वर्ष। बाबा ने गोखले साहब का उदाहरण देते हुए कहा कि वे बीस साल की उम्र में प्रोफेसर हो गए थे। फिर बात चली आश्रम में जीवनभर रहने की प्रतिज्ञा करने वालों की। तो बाबा ने कहा कि यह गांधीजी का ढंग था, वे इस तरह की प्रतिज्ञा लोगों से करवाते थे। मगर मैं ऐसा नहीं करता। मैं किसी को भी बन्धन में नहीं रखना चाहता। जिसकी इच्छा हो साथ रहे, नहीं हो नहीं रहे। मेरे तीस-तीस साल के साथी हैं और लोग ये अपेक्षा करते हैं कि जब मैं मरूँ तो वे मुझे श्मशान तक पहुँचाने जाएँ, मगर मेरी ऐसी भी इच्छा नहीं है। मैं भले अकेला मरूँ और मेरी लाश को कुत्ते खा जाएँ तो मैं तो खुश ही होऊँगा कि

मेरी लाश का उपयोग हो गया। कोई मेरे साथ रहता है कि नहीं, इसकी मुझे फिक्र नहीं। फिर वे जय भाई की तरफ मुड़कर बोले—क्यों जय भाई।

जय भाई का दाहिना हाथ बाबा के दाएँ हाथ में था और वे नीचा सिर किए चल रहे थे। उनके चेहरे पर एक गम्भीर व्यथा भरी मुस्कान थी। उनके चुप रहने पर बाबा ने आगम प्रसाद की तरफ मुड़कर कहा—वह सब समझता है। यह जवाहर मार्ग का चौराहा था और अब बाबा से एक सदानन्द नामक युवक बातें कर रहे थे। उनकी हिन्दी इतनी अटपटी थी कि उनका अहिन्दी-भाषी होना निश्चित सा लगता था। वे अपनी टूटी-फूटी बातों से यह जाहिर करना चाहते थे कि उन्हें अपना स्वधर्म नहीं समझ पड़ रहा है। बाबा उनसे बोध गया के आश्रम के लिए पैदल चल पड़ने का कह चुके थे। भाई सदानन्द ने अपनी पारिवारिक स्थिति रखी तब बाबा ने कहा कि तुम्हारे पास जो जमीन है उसे अपनी मत मानो। माता-पिता की समझो और उसका मोह छोड़कर काम के लिए निकल पड़ो। हमने भी तो मोह छोड़ा। हमारे यहाँ भी कई एकड़ भूमि थी।

राज मोहल्ले की हरिजन कॉलोनी से लाउडस्पीकर पर बजने वाली सिनेमा की रिकॉर्डों की आवाज आ रही थी। इन गानों के बजने का क्रम इस प्रकार था, जब बाबा परसरामपुरिया हाईस्कूल के पास थे, तब अल्ला दुहाई है, दुहाई है, बज रहा था, उसके बाद खालसा हाईस्कूल के पास, राज मोहल्ले के चौराहे पर जब बाबा थे, तब चौदहवीं का चाँद हो या आफताब हो बज रहा था। जब हरिजन कॉलोनी के स्वागत द्वार पर बाबा का कलशों और तिलक आदि से स्वागत हो रहा था, तब एक बात कहनी है, मुझको देश के पहरेदारों से—नामक गीत बज रहा था और जब बाबा सभा स्थल की तरफ बढ़ रहे थे तब दिला दी हमें आजादी बिना खड्ग बिना ढाल, साबरमती के सन्त तूने कर दिया कमाल—गीत बज रहा था। हरिजन कॉलोनी में बाबा का स्वागत भावभीना था, लोगों में काफी उत्साह था और वे जय जगत का मंत्र गुंजा रहे थे। बच्चे बाबा के पास दौड़ रहे थे। जब सभा स्थल पर बाबा पहुँचे। बाबा ने पाँच-दस मिनट के प्रवचन में हरिजन भाइयों को सलाह दी कि वे अपने को हरिजन मानकर हीन नहीं समझें। साफ-स्वच्छ रहें। भगवत स्मरण करें और दूसरों से प्रेम करें, चाहे वे इन्हें करें या नहीं। प्रवचन के बाद बाबा को हरिजन भाइयों की शिकायतों का एक पुलिन्दा दिया गया, जो बाबा ने जय भाई को रखने को दे दिया। हरिजन कॉलोनी से निकलते-निकलते बाबा के साथ पंजाब से आए सत्यम भाई हो लिये। वे पठानकोट के सर्वोदय के काम के बारे में बातें कर रहे थे। एक-दो बार बाबा की कही बातों को दुहराकर उनका अपने ढंग से निचोड़ निकालकर उन्होंने जो राय जाहिर की उसे अगर एक हिमालयी भूल नहीं कहे तो राजा मंडली भूल तो वह अवश्य ही थी। बाबा के चेहरे की मुस्कान साफ बता रही थी कि सत्यम भाई का बोलना किस तरह चल रहा है। पर सत्यम भाई अप्रतिम से बोलते जा रहे थे। बाबा ने बीच में कहा कि पंजाब वाले तो यहाँ से खुश होकर गए हैं ना। इस पर बाबा की बात उठाकर सत्यम भाई ने बताया कि किस तरह पंजाबी भाई बाबा के प्रवचनों को पचाते थे, किस तरह प्रश्नोत्तर पर पहले ही निर्णय ले लेते थे। फिर उन्होंने धन्यता की मुस्कान बिखेरते हुए कहा कि बाबा आपने पंजाबी भाइयों को तीन घंटे रोज दिए, यह बड़ी आश्चर्य की बात है। सुनकर बाबा हँसे और बोले तीन घंटे हजामत करने के लिए कम होते हैं क्या?

राज मोहल्ले से निकलकर अब बाबा का दल मल्हारगंज में प्रवेश कर गया था और बाबा से श्री मनमोहन चौधरी-ओडिशा के प्रसिद्ध कार्यकर्ता बातें कर रहे थे। उन्होंने जो सह-जीवन का प्रयोग अपने वहाँ प्रारम्भ किया है, उसके बारे में वे कह रहे थे कि जवान लोग जो इस प्रयोग में होते हैं—वे भावनात्मक दृष्टि से अपरिपक्व होते हैं और कुछ इतने आत्मकेन्द्रित होते हैं कि बाह्य चर्चाओं से जैसे उन्हें कोई सरोकार ही नहीं रहता। मगर आसपास चल रहे पदयात्रियों और घरों से अभिवादन करने वाले लोगों ने चर्चा का गम्भीर रूप नहीं लेने दिया।

बाबा को इन्दौर की प्रसिद्ध महिला कार्यकर्ता राज्यसभा की सदस्या रुक्मिणी देवी के घर ले जाया जा रहा था। मल्हारगंज चौराहे पर भीड़ जमा थी। रुक्मिणी देवी के घर के सामने रंगोली का एक बड़ा सा सुन्दर कलात्मक चौक पूरा गया था। दूसरी मंजिल पर रुक्मिणी देवी अधलेटी सी बैठी थीं। बाबा ने उनसे कहा कि आप बीमार हैं तो क्या हुआ, आपके नाम से यहाँ काम चल रहा है। वे अपनी बीमारी के बारे में खेद प्रकट कर रही थीं, बाबा के आने को अपना सौभाग्य समझ रही थीं। एक बालक से बाबा को टीका लगवाया जा रहा था, पर उसके पहले ही बाबा ने उसे तिलक लगा दिया। रुक्मिणी देवी की तरफ से बाबा को पच्चीस रुपये भेंट किए गए और नारियल दिए गए। नीचे उतरने पर बाबा ने मन्दिर में नाश्ता किया। पुजारी जी ने बाबा को एक रुपया भेंट दिया तो बाबा ने उन्हें वह रुपया वापस करते हुए कहा कि आप *गीता प्रवचन* खरीद लेना। फिर भगवान की बहुत सी तस्वीरें लगी देखकर बाबा ने कहा ये गिर्दी क्यों की है आपने, कोई एक चित्र होना चाहिए। वे पलँग पर मस्ती से बैठे पुजारी जी से बातें कर रहे थे। लेकिन बाहर बहुत से लोग और बच्चे खड़े थे, इसलिए वे अपने नाश्ते की कटोरी लिये ओटले पर आ खड़े हुए। वहाँ एक नेताजी बच्चों से जयकारे करवा रहे थे। बाबा ने उनसे कहा कि जय सिर्फ एक की बुलवाई जाए, और वह जय-जगत। इस प्रकार उन नेताजी ने एक बार जय जगत बुलवाया और तत्काल बाद फिर विनोबा की जय बुलवा दिया और फिर खुद ही अपनी भूल पर खिसिया गए। नाश्ता कर चुकने के बाद बाबा फिर चल पड़े। ओटलों और खिड़कियों से लोग उन्हें प्रणाम कर रहे थे और वे सबके प्रति उत्तर देते जा रहे थे। मल्हारगंज की तंग और व्यस्त सड़क से निकलकर बाबा जब गोराकुंड पर आए तो मनमोहन चौधरी जी से बातें फिर शुरू हो गईं। डाकू समस्या और उसकी सर्वोदयी अप्रोच पर बातें करते-करते बाबा भिंड-मुरैना की घटना पर आ गए। बाबा ने बताया कि उनके इस मिशन के लिए राष्ट्रपति ने उन्हें अभिवादन भेजे थे और इस पर भी अब ऐसी स्थिति शासन द्वारा निर्मित कर दी गई है कि यह काम आगे बढ़ नहीं सकता। इस पर रविशंकर महाराज का उदाहरण देते हुए चौधरीजी ने कहा कि गुजरात में तो डाकू समस्या सुलझाने में पुलिस ने उनकी मदद की।

विकासखंड अधिकारी पक्षमुक्त समाज के सदस्य एवं शासकीय सेवक सर्वोदय के कार्य में जुट जाएँ : बाबा का आह्वान

सफेद कोठी में इन्दौर संभाग के विकास खंड अधिकारियों के सम्मुख प्रवचन करते हुए आचार्य विनोबाजी ने कहा कि खंड अधिकारी पक्ष मुक्त समाज के सदस्य हैं, इस

नाते वे सर्वोदय के कार्य में जुट जाएँ एवं लोक सेवकों के अनुसार कार्य करें। प्रवचन में विनोबा जी ने कहा कि शासकीय अधिकारियों के परिवार की महिलाएँ भी सामाजिक कार्य में आगे आएँ। अपना भाषण प्रारम्भ करते हुए आचार्य विनोबा भावे ने कहा कि इन दिनों हमें बहुत प्रयत्न करने पड़ रहे हैं, शान्ति सेना खड़ी करने, लोक सेवक बनाने, सर्वोदय पात्रों की स्थापना करने तथा सर्वोदय साहित्य का प्रचार करने के लिए बार-बार कहना पड़ रहा है। नागरिक अपने झगड़े कोर्टों में न ले जाएँ तथा प्रकरणों को आपस में सुलझाकर समाधान कर लें। मैं सोचता हूँ आपके रहते हुए मुझे इन कामों के लिए मेहनत क्यों करनी पड़ रही है। उपरोक्त जो कार्य मैंने बताए हैं वे आपके क्षेत्र में भी आते हैं। पक्ष मुक्त समाज के आप सदस्य हैं। आपको पार्टीबाजी या पक्ष से कोई सम्बन्ध नहीं है। किसी भी पार्टी की सरकार बने आपको उससे कोई सरोकार नहीं है, केवल कार्य करते जाना है। अस्पताल में भी शासकीय सेवक कार्य करते हैं वे किसी भी बीमार की जाति, भाषा आदि पर नहीं सोचते, मरीज को कौन सी बीमारी है केवल इसकी चिन्ता रहती है। यह बात जरूर है कि आज श्रीमान् व गरीब में भेद होता है। श्रीमान् की देखभाल अच्छी होती है—यह दुर्दैव है अपने देश का! हम चाहते हैं कि किसी भी पन्थ का कोई आदमी हो—समान भाव से उसकी सेवा होनी चाहिए। इनसान के नाम पर इनसान की सेवा करें।

लोक सेवक व शासकीय कर्मचारी में फर्क नहीं

आचार्य विनोबा ने कहा कि हम पक्ष मुक्त समाज बनाना चाहते हैं, आप पक्ष मुक्त हैं। हम जो नए सिरे से लोक सेवक बना रहे हैं, उनमें और आपमें फर्क क्या है? केवल फर्क इतना ही है कि नए सिरे से बनाए जाने वाले लोक सेवकों को समाज की ओर से मदद मिलेगी तथा आपको सरकार की तरफ से किन्तु सरकार भी समाज से लेकर आपको मदद देती है यानी अप्रत्यक्ष रूप से आपको भी सरकार की तरफ से मदद मिलती है। बस इतना ही फर्क है, ज्यादा नहीं। विकास खंड के कर्मचारियों को चाहिए कि जहाँ-जहाँ सर्वोदय, भूदान व सर्व सेवा संघ के कार्यकर्ता हैं उन्हें सहयोग दें। एक-दूसरे के शिविर में जाएँ तथा सर्वोदय पात्र की स्थापना, सर्वोदय साहित्य की बिक्री आदि कार्य करना चाहिए। बाबा ने कहा कि कर्मचारी यह न सोचें कि वे सरकारी सेवक होकर सर्वोदय का कार्य कैसे करें—क्योंकि येवतमाल सम्मेलन में यह तय हो चुका है कि कर्मचारी भूदान आदि कार्य में सहयोग दे सकते हैं। इसलिए नए सेवकों (लोक सेवकों) का जो कार्य है वे सभी कार्य आप कर सकते हैं।

नए सेवकों की जरूरत क्यों?

बाबा ने अपना प्रवचन जारी रखते हुए कहा कि आपके रहते हुए भी मुझे नए सेवक रखने पड़ेंगे तथा मैं उसकी आवश्यकता महसूस करता हूँ। आप सब कार्य तो कर सकते हैं लेकिन शासकीय कर्मचारी होते हुए अपना दिल दूसरे के सामने खोलकर नहीं रख सकते हैं। जब तक एक-दूसरे का दिल समझ नहीं लेते तब तक कोई कार्य हो नहीं सकता है। जब किसी को दुख दूर करना होता है तब दिल खोलकर रखना पड़ता है। यह कार्य आप नहीं कर सकते।

महिलाओं को समाज सेवा करने का मौका दें

आचार्य भावे ने कहा कि दूसरी बात जो मैं बार-बार कहता हूँ कि आपके कुटुम्ब में जो महिला वर्ग है उन्हें दो-तीन घंटा समय मिले तो वे समाज की सेवा का कार्य करें, आपके परिवार में बहन, पत्नी, लड़की कोई भी हो उन्हें सामाजिक कार्य करने का मौका दें। महिलाएँ आसानी से सेवा कार्य कर सकती हैं तथा करुणा व प्रेम फैला सकती हैं। जब वे समाज की भलाई का कार्य करेंगी, सेवा करेंगी तो उससे जीवन में दिलचस्पी बढ़ेगी, ताजगी आएगी और नया उत्साह पैदा होगा। महिलाओं का सेवा कार्य के लिए समाज को या सरकार को कुछ देना नहीं पड़ेगा। इन्दौर संभाग में 45-50 विकास खंड हैं तो मेरे काम के लिए कम से कम पचास बहनें तो दीजिए। आप बाबा का कार्य करें और सरकार का खाना खाएँ। एक बात मैं आपसे कहूँगा कि मेरा काम करते समय आप किसी पर दबाव न डालें तथा असफल होने पर किसी पर गुस्सा न करें। इसके उपरान्त पूछे गए एक प्रश्न का उत्तर देते हुए बाबा ने कहा कि कृत्रिम उपायों से परिवार नियोजन का जो कार्य आजकल किया जा रहा है वह आध्यात्मिक, सामाजिक व नैतिक दृष्टि से ठीक नहीं है। आपने कहा कि कृत्रिम उपायों से परिवार नियोजन होगा तो उससे प्रज्ञा व ब्रह्म शक्ति का प्रकाश क्षीण होगा, राष्ट्र तेजोहीन बनेगा तथा समाज में अनैतिकता फैलेगी।

भूदान व शान्ति सैनिक से सर्वोदय की प्रतिष्ठा बढ़ी : गुजरात के शिविरार्थियों के सम्मुख बाबा का सम्बोधन

आचार्य भावे ने गुजरात के सर्वोदयी कार्यकर्ताओं को सम्बोधित करते हुए कहा कि आज सर्वोदय का समाज में विशिष्ट स्थान है, भूदान एवं शान्ति सैनिक के कार्यों से उसकी प्रतिष्ठा में वृद्धि हुई है। इन्दौर में गुजरात के कार्यकर्ताओं का जो शिविर लग रहा है, उसके अन्तर्गत आपने सर्वोदय की विविध विशेषताओं एवं अपनी पदयात्रा के अनुभव पर प्रकाश डाला। गुजरात के शिविरार्थियों के सम्मुख प्रवचन करते हुए आचार्य विनोबा भावे ने कहा कि मैं गुजराती जानता हूँ किन्तु फिर भी मैं हिन्दी में बोलूँगा। आपने आगे कहा कि जब मैं गुजरात में था तब वहाँ के विद्यार्थियों ने मुझसे बहुत अच्छे प्रश्न पूछे थे, उससे मुझ पर यह प्रभाव पड़ा है कि गांधीजी के पश्चात गुजरात में आध्यात्मिक शक्ति अधिक जागृत हो रही है। सर्वोदय के विभिन्न पहलू एवं सर्वोदयी सिद्धान्तों का महत्त्व बताते हुए सन्त प्रवर ने कहा कि पदयात्रा करते हुए जब मैं कश्मीर पहुँचा तो वहाँ का अनुभव अद्‌भुत मिला। वहाँ जमीन की अधिकतम सीमा निर्धारित की जा चुकी थी। सरकार ने जमीन छीन ली थी तथा उसका मुआवजा नहीं दिया था। इतना सब हो जाने के बावजूद लोगों ने मुझे भूमि दान में दी। सैकड़ों दान पत्र भरे गए। इसके पश्चात कश्मीर घाटी में मुसलमानों के हृदय के साथ सम्पर्क हुआ। जितनी अपेक्षा की थी उससे अधिक ही मुझको मिला। वहाँ की कुछ जमातों ने मेरे साथ दिल खोलकर बातें कीं। जितनी खुलकर बातें मैं गुजरात व महाराष्ट्र वालों के साथ करता हूँ, उतनी ही खुलकर बातें मैंने उनसे की। वहाँ मैंने अपूर्व शक्ति संग्रह की तथा वह शक्ति साथ में लेकर आया हूँ। आज भी वे लोग याद करते हैं तथा मिलने का आग्रह करते हैं। मुझे वहाँ कहा गया

कि इस क्षेत्र में गांधीजी गए तो कुछ लोगों ने उनका स्वागत किया तथा कुछ लोगों ने नहीं किया। यही हाल पंडित नेहरू का तथा कायदे आजम का हुआ था। किन्तु इस बार वहाँ लोगों ने मेरा अच्छा स्वागत किया तथा लोकप्रिय बनकर वहाँ से वापस आया हूँ। मैंने वहाँ कहा था कि मामले सियासत से हल नहीं होंगे, रूहानियत से हल होंगे। *कुरान शरीफ* पढ़ने के लिए भी सैकड़ों लोग वहाँ आते थे।

इसके पश्चात पंजाब से मेरी अज्ञात पदयात्रा चली। पंजाब में सर्वोदय का बहुत अच्छा कार्य हुआ है। वहाँ के सर्वोदय के कार्यकर्ता यहाँ आए थे तथा बहुत अच्छा निश्चय करके वहाँ से गए हैं। पंजाब में सबसे बड़ा काम यह हुआ कि वहाँ भूदान, खादी व गांधी निधि ये तीन जमातें एक हुईं। इसमें मुझे भगवान ने सफलता दी। इस वजह से वहाँ सर्वोदय मंडल की स्थापना हुई। यह सर्वोदय मंडल शीघ्र बना तथा सरकार पर व जनता पर उसका प्रभाव पड़ेगा। इसका लाभ मिल रहा है तथा मिलेगा। जिन परिस्थितियों से आज पंजाब गुजर रहा है उसका सामना करने के लिए वहाँ के सर्वोदयियों में हिम्मत आई है।

पंजाब की अज्ञात यात्रा के बाद चंबल घाटी की ज्ञात यात्रा में आया, उसके पश्चात राजस्थान से होकर इन्दौर आया हूँ। इन्दौर को सर्वोदय नगर बनाने का जो कार्य चल रहा है वह एक नया प्रयोग है तथा जिस ढंग से हो रहा है वह नई तालीम है। 30-40 कार्यकर्ता कार्य कर रहे हैं, इसके पश्चात सर्वोदय की विभिन्न विशेषताओं एवं श्रेष्ठताओं का वर्णन करते हुए आचार्य भावे ने कहा कि भूदान ने सर्वोदय के कार्यों की इज्जत बढ़ाई है। यह उनके लिए प्रतिष्ठा की बात है। दूसरी बात आपने बताई कि अम्बर चर्खों का प्रयोग चला। उससे जाहिर हो गया कि सर्वोदय विचार वाले दकियानूसी नहीं वरन् विज्ञान का उपयोग करते हैं। सर्वोदय विज्ञान पर जितना अधिकार रखता है, उतना अधिकार और कोई नहीं रखता। अगर विज्ञान सर्वोदय के साथ में आ गया तो उससे संसार का भला होगा।

सर्वोदय की तीसरी विशेषता यह है कि वह सत्ता के विकेन्द्रीकरण में विश्वास रखता है। हमारे विचार से ग्रामों को पूर्ण सत्ता दी जानी चाहिए। यह हर्ष की बात है कि आज शासन भी इसी दिशा में सोच रहा है—ग्राम स्वराज्य की दिशा में सोच रहा है। आज पंचायतों का निर्माण हो रहा है। यह अच्छी बात है, इसमें जो भी कुछ दोष है उन्हें दूर करना चाहिए। आचार्य विनोबा भावे ने कहा कि सर्वोदय की सबसे प्रतिष्ठा यह है कि वह शान्ति सैनिक बना सकता है। उसे यह हक मिल गया है। यह हक सभी ने दिया है क्योंकि अन्य पार्टियों में लगाव है, उनमें पक्ष-विपक्ष है, किन्तु सर्वोदय में यह बात नहीं है। सर्वोदय की पाँचवीं प्रतिष्ठा का वर्णन करते हुए आपने कहा कि हमने खूनी के साथ कैसा व किस तरह व्यवहार करना चाहिए इस ओर भी प्रकाश डाला है।

अपने प्रवचन के अन्त में सन्त प्रवर ने कहा कि सबसे बड़ा कार्य तथा कार्य करने की प्रेरणा जो मैं गुजरात से देना चाहता हूँ कि वे प्रत्येक दस हजार व्यक्तियों के लिए एक शान्ति सैनिक बनाएँ। गुजरात की जनसंख्या के अनुसार वहाँ सोलह सौ सैनिक बनेंगे। इतने शान्ति सैनिक तो वहाँ हैं ही। मेरी इच्छा यह है कि गुजरात के आप सोलह सौ क्षेत्र बनाएँ तथा प्रत्येक में एक शान्ति सैनिक एवं वह उस क्षेत्र में शान्ति स्थापना

का कार्य करने के लिए कटिबद्ध हो। आज असम, पंजाब आदि स्थानों से शान्ति सैनिक की माँग आ रही है।

सारा दारोमदार सामूहिक इच्छा शक्ति पर प्रेरणा उसी से मिलेगी जो प्रेरित करेगा

सायंकाल पानी खुल जाने के कारण सफेद कोठी के खुले लॉन में हुई प्रार्थना सभा में प्रवचन करते हुए सन्त विनोबा ने कहा कि इन्दौर के निवासी अगर यज्ञ, दान और तप का अर्थ जानें और अपनी सामूहिक इच्छा शक्ति से कार्य करें तो इन्दौर को सर्वोदय नगर बनने में देर नहीं लगेगी। आज के इस प्रवचन के पहले दादा भाई नाईक ने उपस्थित जन समुदाय को इन्दौर की जनता के रूप में सम्बोधित करते हुए कहा कि आप लोग अब अपना मानस तैयार कर लें और बाबा की अपेक्षा के अनुकूल कार्य करने को तैयार हो जाएँ। बाबा तीन-चार दिन ही यहाँ और ठहरने वाले हैं तो उनसे हम मार्गदर्शन ले सकें, प्रेरणा ले सकें। इसके उत्तर में प्रवचन करते हुए बाबा ने कहा कि अब तो उँगलियों पर दिन गिने जा रहे हैं। तीन दिन हम गुजरात के भाइयों के साथ और रहेंगे, उनसे विचार-विमर्श चलेगा। तब तक यहीं रोज प्रार्थना सभा होती रहेगी। फिर चौबीस तारीख को हम विसर्जन आश्रम में चले जाएँगे। शाम की प्रार्थना सभा वहीं होगी। 25 को हम कस्तूरबा ग्राम चले जाएँगे। इतने दिनों इन्दौर वालों से सतत सान्निध्य चलता रहा। इसलिए अब यहाँ से जाएँगे तो वियोग खलेगा। एक दिन ही रहकर अगर चले जाते तो आसक्ति नहीं होती। तुलसीदास जी ने भी कहा है कि मिलकर बिछुड़ना अखरता ही है।

फिर विनोबाजी ने दादा भाई की बात उठाते हुए कहा कि प्रार्थना सभा में आप लोग आते हैं। मुझे आशा है, यह सौहार्द्र सक्रिय होगा। आप लोगों में से सर्वोदय के काम में समय देने वाले लोग आगे आएँगे। अभी तक ऐसे नाम ज्यादा नहीं आए। पर मैं नहीं वाली बात नहीं करता। ग्राम दान की बात करता हूँ तो कहता हूँ—पाँच हजार गाँव दान में मिले हैं। चार लाख पंचानबे हजार ग्राम नहीं मिले ऐसा नहीं कहता। हमारे यहाँ जवान लोग निगेटिव (नकारात्मक) हिसाब करते हैं, पर बाबा तो यही कहते हैं कि पाँच हजार गाँव दान में मिले हैं। एक उदाहरण देते हुए उन्होंने कहा कि एक भाई ज्योतिषी के पास अपना नसीब पूछने गए। उसने बताया आपके कुल के कुल रिश्तेदार आपके जीते जी मर जाएँगे। वह भाई ज्योतिषी से नाराज हो गया। दूसरे ज्योतिषी के पास गया, उसने बताया आपकी आयु बहुत लम्बी है—वह भाई खुश हो गया। एक ही बात है, पर उसका असर दूसरा हुआ। इसलिए निगेटिव ढंग से नहीं सोचता। जिन्होंने अभी तक नाम नहीं दिए, वे आगे देंगे। मैं सोचता हूँ कि कुल के कुल लोग मरने वाले हैं, अर्थात आज नहीं तो कल सबको मरना है। जब मरने से लोकमत शत प्रतिशत है तो हमारा कार्य में जो जीवनदायी है उसमें लोकमत शत प्रतिशत क्यों नहीं होगा।

यहाँ काम हो या नहीं हो, पर हम यहाँ से रोनी सूरत लेकर नहीं जाएँगे। साहब मिले सबूरी में। *कुरान* में भी कहा गया है कि सत्य समझो और सब्र रखने वालों को सुनाओ। इसमें सारे इस्लाम का सार आ गया है। हम जो सब्र रखने की बात कहते हैं, इसका मतलब यह नहीं कि तीव्रता कम हो। भाप को जब रोककर उसका उपयोग किया जाता

है तो उसमें से ताकत पैदा होती है और उससे इंजन चलते हैं। तीव्रता हमारे अन्दर कम है ऐसी कोई बात नहीं है। अगर अन्दर अग्नि नहीं सुलगती होती तो यह बूढ़ा अब तक घूमता रहता? पर हम यह चाहते हैं कि हमारा दिमाग ठंडा रहे और दिल गरम। हम सब्र रखें, समझें और समझाएँ। तो जिसे हम समझाएँगे वह समझाने पर खुद बदल जाएगा। बाबा ने उपनिषद् के धर्म में आस्तिक का अर्थ समझाकर कहा कि लोग उत्साह से मुझे कहते हैं कि आपने-हमने मिलकर सफाई का काम किया तो लोगों ने भी किया। आप इश्तिहार हटाने की बात कहते हैं तो खुद जाकर हटा क्यों नहीं देते, या फिर हमें कहिए तो हम हटा देते हैं। आप लोगों में यह जो तीव्र भावना है हम इसकी कद्र करते हैं। मैं जानता हूँ कि मैं इश्तिहार हटाने जाऊँ तो हट जाएँ। राम मनोहर लोहिया ने भी ऐसा ही आन्दोलन चलाया है कि जहाँ कहीं अंग्रेजी में कोई बोर्ड दिखे मिटा दो। मैं भी अगर ऐसा करूँ तो इस काम को लोक मान्यता ज्यादा मिले, लेकिन हमको विश्वास है कि जिस ढंग से हम लोगों को समझाना चाहते हैं, उससे आहिस्ता-आहिस्ता लोगों को समझ पड़ेगा और काम आगे बढ़ेगा। अभी यहाँ वानप्रस्थ मंडल बनाया है। इसी तरह और भी बातें सूझेंगी।

विनोबाजी ने गायत्री मंत्र का उल्लेख करते हुए कहा कि मैं किसी को क्या प्रेरणा दूँ। जो सब को प्रेरणा देता है, मुझे प्रेरणा देता है, उसी से आपका सम्पर्क क्यों नहीं कराऊँ और प्रार्थना सभा में मैं यही करता रहा हूँ, आप लोगों में और भगवान में सम्पर्क कराता रहा हूँ, मगर दया भाई को उतावली है। मैं उनकी बात समझाता हूँ। विज्ञान का जमाना दौड़ा आ रहा है। समय की कीमत ज्यादा हो गई है। हम चाहते हैं, सब्र तो हो, पर धार तेज हो। जवानों को बूढ़ों से उतावली की अपेक्षा होती है। जब मन्दी गति दिखती है तो वे चिढ़ जाते हैं। लेकिन जितनी उतावली जवानों को होती है, उससे अधिक बूढ़ों को होनी चाहिए क्योंकि उनका मरण सामने है। एक वृद्ध के नाते मुझे भी उतावली होनी चाहिए। हमें तो पासपोर्ट मिल गया है। जिन्दगी समाप्त हो रही है—इसलिए उतावली तो हमें होना चाहिए। जवानों को तो फिर भी बेफिक्री होती है कि बीस-पच्चीस साल अभी सामने पड़े हैं। एक चित्र हमारे सामने खड़ा है। यह जन्म बार-बार नहीं मिलता। ऐसा हमारा विश्वास है तो इसका उपयोग कर ही लेना चाहिए। एक मुसलमान भाई बोला कि आपको तो कोई काम करने के लिए अनेक जन्म मिले हैं। इस जन्म में नहीं हुआ तो अगले जन्म में कर लेंगे। लेकिन हमारे धर्म में ऐसा नहीं होता। हमको उतावली होती है कि फिर यह जन्म नहीं मिलेगा। हमने कहा भाई जन्म तो हमें मिलेगा पर कौन सा मिलेगा इसका कोई भरोसा नहीं है। समय जोरों के साथ आ रहा है। कह रहा है अरे कमबख्तो चेतो नहीं तो समय निकल जाएगा। मुझे अप्पा साहब कहते हैं कि ऐसे धमकाकर आप क्यों करवाना चाहते हो। सीधी सी बात कहो—इस काम में कल्याण है। लेकिन मैं साफ बातें सब कह देता हूँ जिसको जो लगे वह उसे स्वीकार करे। फिर भी काम की एक सीमा होनी चाहिए कि वह कितने शीघ्र होगा। मेरे प्यारे भाई वियोग मैं भी महसूस कर रहा हूँ। ऐसे प्यारे चेहरे देखने को नहीं मिलेंगे। वियोग के कई दृश्य मेरी स्मृति में हैं।

(22 अगस्त, 1960)

अंजलि का गंगाजल

बाबा की पदयात्रा बहती हुई गंगा है। वह पहाड़, मैदान, खाई, खन्दक, नगर, गाँव सबकी प्यास बुझाती बहती रहती है। जिसकी जितनी आवश्यकता और क्षमता हो वह उतना पानी उसमें से ले सकता है। मगर अक्सर होता यह है कि किसी को अपनी आवश्यकता का सच्चा भान नहीं होता और किसी को अपनी क्षमता के प्रति गलतफहमी हो जाती है। आवश्यकता और क्षमता में अगर तालमेल नहीं बैठे तो बड़ी गड़बड़ी हो जाती है। अपनी क्षमता के प्रति गलतफहमी हो तो आवश्यकता के सिर पर मोह चढ़ बैठता है। फिर मनुष्य जो भी मिले बटोरने लगता है। हम लाख चाहें कि बाबा की पदयात्रा की गंगा का ज्यादा से ज्यादा जल आपको दें, फिर भी दे नहीं सकते। क्षमता और आवश्यकता का तालमेल बिठाना पड़ता है। इसलिए इस श्रद्धा की अंजलि में जितना भी गंगाजल आ रहा है, अर्पित है।

ठीक चार बजे प्रार्थना विधिवत शुरू हुई और चार बजकर दस मिनट पर समाप्त हो गई। सूचना दी गई कि सब लोग हॉल में चलें, बाबा प्रवचन देंगे। धीरे-धीरे लोग हॉल में इकट्‌ठे हो गए। लेकिन जब चार बजकर बीस मिनट पर भी बाबा नहीं आए तो बल्लभ स्वामी ने दादाभाई नाईक को कहा कि बाबा लेट गए हैं, बिना बुलाए आएँगे नहीं, आप उन्हें लेने जाओ। विनम्र दादाभाई बाबा के कमरे में गए और लौटकर आने पर उन्होंने बताया कि बाबा को उठाऊँ कैसे वे खुद ही अभी आ जाएँगे और एक-दो मिनट बाद बाबा आ गए। आज लाउडस्पीकर खराब था, इसलिए श्रोताओं को पास खिसक आने का संकेत किया गया। ठीक चार बजकर पच्चीस मिनट पर बाबा ने प्रवचन देना शुरू किया। एक बड़े सोफे पर बैठे वे प्रवचन कर रहे थे और उनके सामने बैठे श्रोताओं से हॉल भरा हुआ था। एक-तिहाई बहनें थीं और दो-तिहाई भाई थे। आज पिछले कुछ दिनों के बाद सुबह बाबा हॉल में बोल रहे थे। यह वर्ग विशेषकर स्थानीय कार्यकर्ताओं का था। इसमें बाबा ने कहा कि हमें आस्तिकता रखनी चाहिए। आज जितने कार्यकर्ता आ गए हैं, उतनों से ही काम शुरू कर देना चाहिए। जो अभी नहीं आए हैं वे आगे आने वाले हैं। कुल का कुल काम अव्यक्त में बनता है, व्यक्त में बहुत कम काम होता है। कार्यकर्ताओं के कार्य का ढंग कैसा हो इसकी व्यवस्था करते-करते बाबा ने रामानुज का एक किस्सा सुनाया। रामानुज का एक भजन गाकर भिक्षा लेते थे। हे लक्ष्मी तेरा बच्चा तेरे द्वार पर खड़ा है। किस्से को आगे बढ़ाने पर बाबा का कंठावरुध हो गया और फिर बाद में आँखों में आँसू भी आ गए। बाबा ने क्षण दो क्षण रुककर चश्मा निकाला और खादी के स्वच्छ रुमाल से आँसू पोंछकर फिर बोलना शुरू कर दिया। आगे बोलते-बोलते

फिर बाबा एकनाथ महाराज के कीर्तन और उनके प्रसाद वितरण का प्रसंग सुनाने लगे तो फिर उनका कंठ रुन्ध गया। फिर इन्दौर के कार्य को जनता द्वारा मिले सहयोग, प्रेम और श्रद्धा की तारीफ करते हुए उन्होंने कहा—मुँह से ऐसा शब्द मत निकालो, मन में ऐसा भाव मत रखो कि लोग मदद नहीं कर रहे हैं, सिर्फ यह स्वीकार लो कि हम उन्हें पकड़ नहीं पा रहे हैं। अन्त में उन्होंने कहा कि इन्दौर में हमारे काम के होने में उतनी ही देर है, जितनी देर हममें कुशलता आने में है। मुझे विश्वास है कि यहाँ जो चिनगारी प्रकट हुई है, बुझेगी नहीं, उससे ज्योति प्रकट होगी।

प्रवचन के बाद बाबा अपने कमरे में चले गए और लोग यत्र-तत्र बिखर गए। कुछ स्थानीय कार्यकर्ता सफेद कोठी के रिसेप्शन रूम में सोफों और कुर्सियों पर बैठे 'लीपा-पोती' के कार्यक्रम के बारे में बातें कर रहे थे। लीपा-पोती क्या है आप समझे न होंगे? वह कार्यक्रम गन्दे इश्तिहारों और सिनेमा के बोर्डों को पोतने का कार्यक्रम है, जो इन्दौर में अब चलाया जाएगा। बाबा पिछले कई दिनों से यह कह रहे हैं कि उन्हें ये गन्दे इश्तिहार और सिनेमाओं के नंगे बोर्ड देखकर बड़ी तीव्र वेदना होती है। बाबा ने इन गन्दे इश्तिहारों और बोर्डों का हटाया जाना, सर्वोदय नगर की एक कसौटी माना है। बाबा के कमरे में चर्चाएँ चल रही थीं। गुजरात के पाँच भाई बाबा के सामने गोलाकार बैठे थे। बत्ती जल रही थी। ये चर्चाएँ छह बजे तक चलती रहीं। अब उजाला हो गया थ और पदयात्रा शुरू होने वाली थी। धीरजभाई मुलाकातियों की सूची देख रहे थे। आज भी जब बाबा अपने कमरे से निकले तब उनके दाहिने हाथ पर जय भाई थे और दाईं तरफ रहने वाले बाल भाई नहीं थे। सफेद कोठी के अहाते में एक सुश्री शालिनी मौर्य का नाम पुकारा गया। गांधी मूर्ति के पास उन्होंने बातें शुरू कीं। उनका स्वर मन्दा था, पदयात्री भाई-बहनों की आवाज ऊँची थी, इसलिए ओवर ब्रिज पर चढ़ते वक्त उन्होंने बाबा से क्या बातें कीं, उनका विवरण ठीक से नहीं दिया जा सकता। ओवर ब्रिज के बाएँ मोड़ पर शालिनी की जगह लीला बहन ने ले ली। जय भाई ने बाबा को उनके बाबत एक-दो बातें बताईं और फिर वे बाबा से बातें करने लगीं। उनकी बातें स्वाध्याय सम्बन्धी थीं। बाबा ने उनसे कहा कि रोज थोड़ा पढ़ा जाए, सोचा जाए और जो समझ आया हो उसे लिखा जाए, फिर उस पर चिन्तन चलता रहे। स्वाध्याय के सम्बन्ध में उन्होंने अपनी बात रखी कि कुछ समय हमें अपने आपसे अलग होकर अपने गुण-दोषों पर सोच-विचार करना चाहिए। स्वाध्याय से यह अच्छी तरह हो सकता है। ओवर ब्रिज के खात्मे और स्टेशन के अहाते के प्रारम्भ पर लीला बहन पीछे हट गईं। बाबा अपनी दाईं ओर लगे बड़े-बड़े साइन बोर्डों को देखते जा रहे थे। चलते-चलते उन्होंने पूछा क्या इनके लगाने से नगर निगम को पैसा मिलता है। किसी ने उन्हें हाँ में उत्तर दिया। नाई की गुमटी के पास एक बंगाली वृद्ध सज्जन बाबा से बातें करने को आगे आए। वे एक ठिगने कद के दुबले-पतले वृद्ध आदमी थे। उनके बाल बड़े-बड़े थे और चेहरे पर सफेद दाढ़ी थी। आँखों पर पुरानी फैशन का चश्मा था। वे अपने दाएँ हाथ के सहारे एक छोटी-सी पेटी चरखा और कुछ कापियाँ चिपकाए थे। वे बाबा से बंगाली भाषा में बातें कर रहे थे और बाबा बीच में हाँ-हूँ कहकर और हिन्दी में छोटे-छोटे वाक्य बोलकर उनकी चर्चाओं को चलाए जा रहे थे। स्टेशन के चौराहे से बाबा बाईं ओर मुड़े और फिर

रेल लाइन के समानान्तर चलने वाली कच्ची सड़क पर चलने लगे। उन बंगाली सज्जन से उनकी चर्चाएँ अभी चल रही थीं। रेल के पुल के नीचे बाबा ने उनसे कहा हाँ तो आपकी बात ठीक है। यह वाक्य चर्चा समाप्ति का संकेत था। मगर वे बंगाली सज्जन बाबा के साथ जूने बिजली घर के कम्पाउंड के आखिरी सिरे तक चलते रहे फिर उनकी जगह एक होमियोपैथिक डॉक्टर श्री चौधरी ने ले ली। उनका आग्रह था कि बाबा जिस तरह नैसर्गिक उपचार पर बातें करते हैं, उसी तरह कुछ होमियोपैथी पर भी बोलें। इस आग्रह का कारण उन्होंने बताया कि होमियोपैथी से उपचार करवाने वाले रोगियों को वे यह बता सकें कि बाबा जैसे सन्त की इस चिकित्सा पद्धति के बारे में यह राय है। इस पर बाबा ने हँसते हुए कहा—सन्तों की राय से नहीं, रोगियों की राय से काम चलेगा।

बॉम्बे होटल के सामने जवाहर मार्ग पर डॉ. चौधरी ने अपनी चर्चाएँ खत्म कीं। कुछ आगे बढ़ने पर एक वृद्ध व्यवसायी खंडेलवाल बाबा से बातें करने लगे। उन्होंने कहा कि सिनेमा की रिकॉर्डों पर भी कुछ रोक लगनी चाहिए। वे गाँव-गाँव फैल रही हैं। बाबा ने उन्हें कहा कि पहले सिनेमा के इश्तिहारों को हटाने का काम हो जाने दीजिए, फिर इसे देखेंगे। खंडेलवाल ने फिर डालडा घी की बात उठाई। उसकी बिक्री पर रोकथाम की बात कही और शुद्ध घी की उपयोगिता का बखान किया। बाबा ने उनसे पूछा कि आप क्या करते हैं? इस पर उन्होंने बताया कि वे व्यवसाय करते हैं। बाबा वृद्धों के साथ बातें करते वक्त एक अलग ही ढंग में बोलते हैं। उनकी चुहल करने की आदत कई बार इस तरह उभर आती है कि उनकी बातें सुनकर आप हैरान रह जाएँगे। क्या यह वही व्यक्ति है जो गहन से गहन विषय पर घंटों बोल सकता है? आप अपने में ऐसा प्रश्न भी कर सकते हैं। हाथीपाल खाने चौराहे पर एक पुरुष बाबा से बातें करने लगे, वे कोट-पैंट पहने हुए थे और उनके हाथ में चमड़े का बैग था। वे इश्तिहार (सिनेमा से) हटाने के 'आन्दोलन' के बारे में बाबा की राय चाह रहे थे। बाबा ने उनसे कहा कि यह काम वानप्रस्थ मंडल वालों ने उठाया है, आप उनसे मिलिए। पर लगता था वे पुरुष अपना प्रश्न अपने साथ लेकर आए थे। उन्होंने बाबा से फिर पूछा—यह आन्दोलन, इन्दौर में ही चलाया जाएगा या अखिल भारतीय स्तर पर।

युवक के इस प्रश्न पर बाबा ने कुछ मुस्कराकर कहा—अखिल भारतीय स्तर पर। यह सारे जगत का काम है, पर इसका प्रारम्भ इन्दौर से होगा। सिनेमा के इश्तिहारों की चर्चा के बाद एक-दूसरे स्वस्थ युवक बाबा से वैश्या समस्या पर चर्चा करने लगे वे बोले नगर के मध्य हमारे वार्ड में वैश्याएँ रहती हैं। सुनकर बाबा के मुँह में व्यथाभरे शब्द फूट पड़े—अरे राम, राम। पर वे स्वस्थ युवक कहते जा रहे थे। इन वैश्याओं के कारण वहाँ शराबखोरी भी बहुत चलती है। इन दोनों बातों से जनता का चरित्र बिगड़ता है। इसलिए वैश्याओं को नगर के कोने में अलग बसाया जाना चाहिए। बाबा ने बीच में उनसे पूछा कि क्या आप वैश्या समस्या मिटाना चाहते हैं? शायद उन भाई को प्रश्न ठीक से समझ नहीं पड़ा, क्योंकि वे दूसरी ही बातें कहते जा रहे थे। वे कहते थे—अगर वैश्याओं को समाज से हटाया गया तो समाज और बिगड़ेगा। वैश्याएँ समाज में भली औरतों के रूप में रहेंगी मगर उनसे भला काम नहीं होगा। इस पर समाज में और भी भ्रष्टाचार बढ़ेगा। बोलते-बोलते वे सरकार को स्थानीय कार्यकर्ताओं को और उनके

हिमायती अखबारों को कोसने लगे और अन्त में उन्होंने इस दिशा में सर्वोदयी ढंग से काम करने की माँग की।

सर्वोदयी नेता विनोबा ने उनकी बातों पर कोई राय जाहिर नहीं की। वे भाई अपने आप ही पीछे हट गए और एक-दो कार्यकर्ताओं को अपनी बातें ऊँचे स्वर में समझाने लगे। अब बाबा के साथ उज्जैन के एक भाई चर्चा कर रहे थे। उन्होंने पहले व्यापारियों की चर्चा की, फिर तात्विक बातों पर आते-आते शिक्षण पर फिसल आए। नन्दलालपुरे की सड़क पर चलते समय बाबा ने उनसे कहा कि जनता अब समझ लेगी कि शिक्षण का काम सरकार का नहीं अपना है, तो सारी बातें सुलझ जाएँगी। दूसरी बातों में उन सज्जन को गड़बड़ाते देख बाबा ने फिर से अपनी बात दोहराई और अन्त में कहा समझे कि नहीं। रेशमवाला की गली से होकर बाबा जब आड़ा बाजार के मालवीय भारती मन्दिर पहुँचे तो एक श्वेत वस्त्रधारिणी युवती जिसने चूड़ियाँ भी सफेद ही पहन रखी थी, तिलक लगाकर बाबा का मन्दिर के द्वार पर स्वागत किया। ऊपर गैलरी से बाबा पर फूल बरसाए गए। नीचे राधाकृष्ण के मन्दिर में फूल चढ़ाकर बाबा ऊपर गए, जहाँ धन्वहन्तरि की एक बहुत सुन्दर प्रतिष्ठित मूर्ति के पास उन्हें ले जाया गया। बाबा ने इस मूर्ति की बड़ी तारीफ की और कहा—लगता है कि ये हमारे रोग दुरुस्त कर सकते हैं। फिर वहीं आयोजित एक छोटी-सी सभा में बाबा ने पाँच छह मिनट का प्रवचन दिया जिसमें उन्होंने नैसर्गिक जीवन की आवश्यकता बताई। बोलने बैठे लेकिन तीन-चार मिनट बाद उन्होंने अपना प्रवचन समाप्त कर दिया। बाबा ने उनकी पुरानी पगड़ी देखकर मजाक की, क्यों वे पुरानी पगड़ी कब तक चलेंगी? भारतीय मन्दिर से निकलकर बाबा आड़ा बाजार से सीधे इमली बाजार के महावीर भवन पर गए। बाहर उनका स्वागत करने को काफी लोग जमा थे। बाईं तरफ नए राजवाड़े की दीवार पर लिखे विज्ञापन को दो-तीन उत्साही कार्यकर्ता मिटाकर उस पर 'बिनु सत्संग विवेक न होई' तुलसी का वचन लिख रहे थे। दीवार की भद्दी पुताई को दिखाते हुए बाबा ने कहा—ये ठीक से मिटना चाहिए। फिर वे महावीर भवन में चले गए। बाबा का प्रवचन सुनने के लिए हजारों नर-नारी वहाँ उपस्थित थे।

किशनपुरा का पुल पार कर लेने के बाद बाबा खादी भंडार का निरीक्षण करने गए। वहाँ उन्होंने पूछा कि इसे कौन चलाता है? इस पर चौधरीजी ने बताया मध्य भारत खादी संघ। फिर बाबा से कहा गया कि आज इस संघ के अध्यक्ष स्वर्गीय श्री दुस्तकी की बारहवीं है, इसलिए श्रद्धांजलि देने हेतु सूत कताई का कार्यक्रम रखा गया है। वहाँ से बाबा खादी ग्रामोद्योग भंडार में भी गए। उन्होंने वहाँ के एक कार्यकर्ता से पूछा—कितनी बिक्री हो जाती है, उत्तर मिला करीब दो सौ रुपये रोज। इस पर बाबा ने प्रसन्नता व्यक्त की तथा पुल पर से होते हुए सफेद कोठी पहुँचे।

खोज कार्य से ही सर्वोदय आधुनिकतम बनेगा
आचार्य विनोबा भावे का गुजराती कार्यकर्ताओं को प्रेरक सम्बोधन

आचार्य विनोबा भावे ने गुजरात के शिविरार्थियों को सम्बोधित करते हुए कहा कि सर्वोदय को आधुनिकतम बनाए रखने के लिए खोज कार्य आवश्यक है। इस अवसर

पर आपने गुजरात के कार्यकर्ताओं से अपेक्षा की कि वे अपने राज्य में प्रयोगशाला बनाएँ एवं सर्वोदय के कुल के कुल कार्यों को हाथ में लेकर जन-जीवन को प्रभावित करें। गुजरात के कार्यकर्ताओं के मध्य आचार्य भावे ने कहा कि इन्दौर में जो भी कुछ सोचा जा रहा है वह भूदान व सर्वोदय के क्षेत्र में एक खोज का कार्य समझा जाएगा। इसी दृष्टि से आपको सोचना चाहिए और मदद के लिए भी सभी प्रान्तों से एक-एक भाई आवें तो लाभ मिलेगा एवं यहाँ जो हो रहा है उसका अनुभव मिलेगा। बाबा ने कहा कि अगर रिसर्च नहीं होगा तो नई खोज भी नहीं होगी तथा न नए रास्ते मिलेंगे। सूझ भी एक शक्ति है जिसमें मनुष्य खोज कर सकता है। अतः आवश्यक है कि पाँच पचास व्यक्ति इकट्ठे होकर एक कार्य हाथ में लें। अगर ऐसा नहीं करेंगे तो कुछ सूझेगा नहीं तथा विचार कुंठित हो जाएँगे। इस दृष्टिकोण से यह सही है कि रिसर्च के अभाव में हम आधुनिकतम नहीं रहेंगे।

गुजरात क्या करे?

भूदान आदि के कार्यक्रमों की रूपरेखा तथा उससे प्राप्त प्रेरणा का विश्लेषण करने के उपरान्त बाबा ने कहा कि मध्य प्रदेश बहुत बड़ा राज्य है इसलिए इसमें ढिलाई व कमी का होना स्वाभाविक है; किन्तु गुजरात इसके मुकाबले छोटा राज्य है। वहाँ सर्वोदय का कहीं भी प्रभावकारी कार्य होगा तो उसका असर सब दूर होगा क्योंकि राज्य छोटा-सा है। इसलिए मैं चाहूँगा कि आप वहाँ एक प्रयोगशाला बनाएँ तथा राज्यभर के कार्यकर्ता कार्य करें; सतत कार्य करें। अहमदाबाद, बड़ौदा व सूरत कार्य क्षेत्र के तीन केन्द्र बन सकते हैं। गुजरात में मध्य प्रदेश के मुकाबले में कार्यकर्ता भी अधिक हैं तथा वहाँ उपरोक्त तीनों केन्द्रों में सर्वोदय का कार्य भी हुआ है। वहाँ आप ऐसा कार्य हाथ में लें जिसमें कि किसी को किसी तरह का विरोध न हो। ऐसा कार्य हाथ में लेने से कार्य करने की प्रेरणा मिलेगी और उसका असर भी अच्छा होगा। आपने शब्दों पर जोर देते हुए कहा कि छोटे क्षेत्र में हम कार्य करते हैं तो वहाँ हमें कुल के कुल कार्य हाथ में लेने होंगे तभी यहाँ के जन-जीवन को हम प्रभावित कर पाएँगे, अन्यथा नहीं।

जैन धर्म की विशेषता अहिंसा नहीं मध्यस्थ दृष्टि है
सम्प्रदायों के बीच दरारें नहीं रह सकतीं

आज सुबह इमली बाजार स्थित भव्य महावीर भवन में भारी संख्या में उपस्थित नर-नारियों को सम्बोधित करते हुए सन्त विनोबा भावे ने कहा कि अहिंसा तो सभी धर्मों में पाई जाती है, पर जैन धर्म का मुख्य तत्त्व अहिंसा नहीं बल्कि सम्यक् ज्ञान व सम्यक् दृष्टि है। जैन दर्शन एक बहुत ही जानदार दर्शन है। क्योंकि इसमें आग्रह नहीं है। आज दुनिया इतनी नजदीक आ गई है कि बाड़े बनाने की सहूलियत अब नहीं रह गई है। सभी के विचार ग्रहण कर, उनकी अच्छाइयों से ही अब काम चल सकता है। आचार्य भावे ने अपने प्रवचन के प्रारम्भ में साफ कहा कि अब देश-देश, सम्प्रदाय-सम्प्रदाय, पंच-पंच के बीच दीवार खड़ी नहीं की जा सकती। दुनिया बहुत नजदीक आ गई है। इधर के

विचार उधर और उधर के विचार इधर आने से रोके नहीं जा सकते। अब अपना बाड़ा अलग बनाने की सहूलियत नहीं। अपने विचार रखो, दूसरों के विचार रखो और उनके सम्पर्क के बाद अच्छाइयाँ ले लो।

जैन दर्शन एक जानदार दर्शन है, क्योंकि उसमें आग्रह नहीं है। अभी हम एक मन्दिर में गए थे। वहाँ धन्वन्तरि के विभिन्न सम्प्रदाय हैं। उनको अपनी पद्धति का अभिमान है। लेकिन बीमार को किसी प्रकार का अभिमान नहीं। वह तो यही चाहता है कि किसी भी तरह रोग अच्छा हो। फिर भव में लिखे गई वाक्यों में से एक वाक्य की तरफ संकेत करके उन्होंने कहा भिन्न-भिन्न सम्प्रदायों का आग्रह है कि विश्व का कल्याण हमारे द्वारा ही होगा। विनाश से बचने का एक मात्र साधन अहिंसा। अहिंसा? महावीर की, बुद्ध की, ईसा की या मेरे बाप की? वह किसी की भी नहीं होती। नाम अपने मन में रखना चाहिए और चीज के लिए प्रेम होना चाहिए, जिस मुख से वह निकली उसके लिए नहीं। इस्लाम का मतलब होता है शान्ति, लेकिन यह कहा जाए कि इस्लाम से ही शान्ति मिलेगी तो गलत होगा। ईसाई कहते हैं—ईसा मसीह के बिना दुनिया का निस्तार नहीं। अब उसके पहले भी दुनिया थी कि नहीं? ईसा के पहले क्या होता होगा? तो हमें मानना पड़ता है कि ईसा मसीह एक विचार है, व्यक्ति नहीं। वह पहले भी था, अब भी है, आगे भी चलेगा। जिस गुरु से हमें दीक्षा मिली उसका नाम मन में रखें उसका प्रदर्शन नहीं करें। फिर विनोबाजी ने जैन धर्म की तात्विक विवेचना करते हुए कहा कि जैन धर्म का मुख्य तत्त्व अहिंसा नहीं है—मध्यस्थ दृष्टि है और जैन धर्म की खास देन भी यही है। एकांगी विचार को प्रमाण नहीं माना जाता। सब पहलुओं को ध्यान में रखकर जो बात कही जाती है वह प्रामाणिक मानी जाती है। दुनिया की कोई बात कुछ गलत और कुछ सही है, उसमें सत्य या असत्य का आग्रह नहीं होगा यह है जैन दृष्टि। अहिंसा केवल जैन धर्म में ही नहीं है। वह धम्म पद में भी है, *बाइबिल* में भी है। *वेद* में भी है। *उपनिषद्* में भी उसका उल्लेख है। हाँ! अहिंसा का विकास जैन लोगों ने अवश्य किया है। यह बात आप लोगों ने बहुत अच्छी की कि मांसाहार से मुक्ति पा ली। लेकिन दवाइयाँ और पाउडर गौवत का लेते हैं। मुँह से नहीं खाते, पर इंजेक्शन से खाते हैं। इंजेक्शन से खाने के बजाय मुँह से खाना कम दोषपूर्ण है। मुँह से खाने से तो पेट में जाता है, मगर इंजेक्शन से तो वह तत्काल सारे शरीर में फैल जाता है, पच जाता है। अहिंसा के मान से यह ज्यादा खराब है। मुँह से बचना और इंजेक्शन से खाना, एक तरह की अधर्म प्रर्वचना ही है।

आचार्य भावे इतना कहने पर फिर जैनों की विशेषता सम्यक् दृष्टि पर आ गए और उन्होंने कहा—सज्जन और दुर्जन के झगड़े नहीं होते। युद्ध हमेशा कौरव-पांडव के ही होते हैं। जब द्वितीय विश्वयुद्ध हुआ तो गांधीजी ने कहा कि हम उसे नैतिक सहयोग नहीं देंगे। सुभाष बोस ने कहा कि हम जर्मनी की तरफ से अंग्रेजों के विरुद्ध लड़ेंगे। जवाहरलाल ने कह दिया कि अंग्रेज स्वराज्य देने का वचन दें तो हम उन्हें युद्ध में मदद देंगे और अरविन्द ने यह सोचकर कि अंग्रेजों और जर्मनों में अंग्रेजों की तरफ सत्य ज्यादा है और जर्मनों की तरफ कम—अंग्रेजों को अपना पैसा दे दिया। अब चार महान चार अलग दिशाओं में खड़े हो गए। देश में चारों पर विचार किया गया। बड़े-बड़े ज्ञानी

तक विचलित हो गए। तो इस जमाने में दृष्टि सम्यक् रखना बहुत जरूरी है। विचारों के गुण-दोषों की छानबीन बहुत जरूरी है। कोई एक निश्चित राय बनाना सही नहीं होगा।

अन्त में उन्होंने जैन समाज के इस प्रत्यार्पण पर्व की मुख्य बात यह बताई कि इसमें सालभर की गलतियों के लिए क्षमा माँगी जाती है। गलतियाँ आप भी करते हैं, मैं भी करता हूँ। आपसे ज्यादा गलतियाँ मुझसे हो सकती हैं क्योंकि मुझे ज्यादा बोलना पड़ता है और जितनी हिंसा हाथों से मारने-कूटने से नहीं होती उससे ज्यादा बोलने से होती है। मैं पिछले 9 सालों से लगातार बोलता आ रहा हूँ। कुछ काम भी मैंने अपनी जवानी में किया है। तीस साल तक मैंने रचनात्मक कार्य किया है। अपनी पूर्व तपस्या के जोर पर ही बोल रहा हूँ। आध्यात्मिक दृष्टि से इतना बोलने से निश्चित ही शक्ति क्षय होती है। पर मेरी आदत है कि मैं पश्चाताप कम करता हूँ। गलतियाँ करने का अधिकार अपने हाथ में पकड़ हुए हूँ। कोई अगर उसे मुझसे छीने तो मैं झगड़ूँ। तो मैं बिना पश्चाताप के क्षमा चाहता हूँ। प्रेरणा से कोई काम कर रहा हूँ, नदी बह रही है, थोड़ी-बहुत गलती इधर-उधर हो सकती है। आप अगर गलतियों के लिए रुके रहो तो फिर बह नहीं सकते। गलतियों की ज्यादा फिक्र नहीं करनी चाहिए। आप अपनी गलतियों की बहुत ज्यादा फिक्र करेंगे तो गलतियाँ दुगनी हो जाएँगी। बुरा संस्कार अच्छे संस्कार से हटाया जा सकता है, पर स्मृति में तो वह रहेगा ही। अब अगर मैं अपनी गलतियों का स्मरण करूँ, फिर वे जागेंगी। इसलिए क्या-क्या अपराध हुए इसका उल्लेख न करते हुए मैं उनके लिए क्षमा चाहता हूँ।

सामूहिक शक्ति में संयम आवश्यक
तात्या साहब के निश्चय से हमें आशीर्वाद मिला :
बाबा का सायंकालीन प्रवचन

आज सायंकालीन प्रार्थना सभा में आचार्य विनोबा भावे ने कहा कि इस युग में सामूहिक शक्ति ही मुख्य वस्तु है। अहिंसक सामूहिक आन्दोलन का विवेचन करते हुए आपने कहा कि इसमें बाहरी अनुशासन व अंकुश नहीं रहता वरन् संयम या जब्त रहता है तथा व्यवस्था का पालन किया जाता है। बाबा ने बताया कि संयम का जब्त होगा तभी इन्दौर में पुरुषार्थ की शक्ति जाग्रत होगी। बाबा ने दीवाल साफ करो मुहिम पर प्रकाश डाला तथा बताया कि अगर इसमें कहीं भी असंयम हुआ तो उसके लिए मैं जिम्मेदार ठहराया जाऊँगा। इन्दौर के भीष्म पितामह श्री तात्या साहब सरवड़े ने सर्वोदय कार्य के लिए जो निश्चय व्यक्त किया उसकी सराहना करते हुए बाबा ने कहा कि हमें तात्या साहब का आशीर्वाद प्राप्त हुआ है एवं साथ ही भगवान की कृपा मिली है। प्रवचन प्रारम्भ करते हुए आचार्य विनोबा भावे ने कहा कि मैंने बापू के एक वाक्य के सम्बन्ध में पूर्व में कहा था; गांधीजी के अनुसार संगठन अहिंसा की कसौटी है। इस सम्बन्ध में मैंने आपको समझाया था कि अहिंसा से जो भी सामूहिक आन्दोलन होंगे उनमें हिंसक आन्दोलन के अनुसार बाहर से अनुशासन व अंकुश नहीं थोपे जाएँगे वरन् उसकी जगह अन्दर से ही सहज रूप में अनुशासन का जब्त रहेगा तथा व्यवस्था के पालन में कोई नरमाई नहीं होगी। सीमा लाँघने की बात अहिंसा में नहीं रहती। सर्वोदय मित्रों

के सम्मुख मैं इसका सरसरी तौर पर दिग्दर्शन कर चुका हूँ, वह चीज इन्दौर वालों के लिए निर्देश के तौर पर रहेगी।

बाबा ने अपने प्रवचन को जारी रखते हुए कहा कि स्वच्छता सप्ताह पर जिस तरह यहाँ व्याख्यान दिए वैसे अन्यत्र नहीं दिए। अन्त: व बाह्य स्वच्छता पर सात दिन तक पतंजलि के सूत्रों का विश्लेषण किया एवं साथ ही मानसिक शुचिता का सम्बन्ध भी बताया। इस तरह अन्त: बाह्य स्वच्छता का पूर्ण कार्यक्रम रखा गया। दीवालें साफ रखने की बात भी मैंने कही। इसको लेकर सर्वोदय मंडल एवं वानप्रस्थ मंडल ने आपस में सोचा। नगर निगम ने भी इसमें सहयोग देने का आश्वासन दिया है। इसलिए अब इस ओर कार्य होगा। खानगी घरों पर इश्तिहार व विज्ञापन लगाने में भी कुछ लोगों ने सम्मति दी होगी। जो विज्ञापन सम्मति लेकर लगाए गए हैं उन्हें अधिकृत विज्ञापन कहेंगे तथा जो बगैर सम्मति के लगाए गए हैं उन्हें अनधिकृत विज्ञापन कहेंगे। अत: दीवारों पर लगे अनधिकृत विज्ञापन को सम्मति प्राप्त कर मिटाया जाना चाहिए एवं उसके स्थान पर शुभ वाक्य लिखवाए जाएँ। यह कार्य हमने प्रारम्भ किया है, किन्तु इस कार्य में एक भाई के बिना सम्मति ग्रहण किए एक चित्र मिटा दिया। ऐसे कार्य बगैर सोचे-समझे किए जाते हैं। लेकिन इस तरह जो कार्य प्रारम्भ में होता है उसमें संयम रखना चाहिए। जो शुभ आन्दोलन हमने चलाया है उसमें कुल का कुल भाग होगा तथा सर्वानुमति से कार्य होगा और साथ ही साथ इसमें संयम आवश्यक है। इश्तिहार मिटाने के कार्य में बहनों ने भी सहयोग देने की माँग की है। मैंने उनको 24 तारीख का समय दिया है उस दिन उनको समझाऊँगा।

सन्त प्रवर ने कहा कि गांधीजी ने जब सत्याग्रह का आन्दोलन चलाया था तब उन्होंने सब अधिकार अपने हाथ में रखे थे। उस जमाने में भी जवानों ने उत्साह बताया था तथा उतावली की थी एवं उसके लिए गांधीजी ने उपवास भी किया था। इसलिए मैं आशा कारता हूँ कि जवान लोग ऐसी नौबत नहीं लाएँगे। इस आन्दोलन से मैं हटूँगा नहीं तथा इसकी पूरी जिम्मेदारी मुझे भुगतनी पड़ेगी।

जब्त रखना आवश्यक

संयम और जब्त की चर्चा करते हुए आचार्य भावे ने कहा कि हमें हमारे कार्य में संयम रखना आवश्यक है। अगर जब्त नहीं रहा तो हम पुरुषार्थहीन साबित होंगे। यह तो सामूहिक शक्ति व सामूहिक आन्दोलन का जमाना है इसलिए इसमें जो संयम खो देगा वह मेरी सहानुभूति तो खोएगा ही किन्तु साथ ही वह मेरी उपस्थिति भी खतरे में डाल देगा। इस पवित्र आन्दोलन को मर्यादा भंग से दूषित नहीं करना चाहिए। आन्दोलन में अगर किसी भी एक व्यक्ति ने गलती की तो उसकी जिम्मेदारी आन्दोलन करने वाले पर आती है।

सामूहिक ताकत ही सर्वोपरि

आचार्य भावे ने कहा कि आज के समय में सामूहिक शक्ति ही कार्य कर सकती है। इस जमाने में शस्त्र भी ऐसे बनते हैं जिसे एक व्यक्ति नहीं वरन् समूह ही इस्तेमाल कर सकता है। इसलिए अगर कोई अपना कार्य अलग-अलग करे तो उसका महत्त्व नहीं।

आज कहते हैं कि अगर चीन का हमला होगा तो हम एक हो जाएँगे। अजीब बात है। समझना चाहिए कि हमला कोई छोटी-सी जमात तो करेगी ही नहीं एवं न वह आपसे पूछकर करेगी। जब हमला होगा तब आपसे कोई पूछेगा भी नहीं तथा दूसरे देश भी दखल देंगे एवं संहार शक्ति जाग्रत होगी। सन्त प्रवर ने कहा कि सामूहिक शक्ति का उपयोग समझकर हमें विशिष्ट मर्यादाओं में कार्य करना चाहिए, लक्ष्मण रेखा समझकर कार्य करें। यह विवेक जब जाग्रत होगा तो इन्दौर में प्रचंड शक्ति का निर्माण होगा। इस कार्य में अनुशासन बाहर से लादा नहीं जाएगा उसके लिए तो स्वयं पर जब्त करना पड़ेगा। अगर ऐसा नहीं होगा तो सामूहिक उत्थान के कार्य में मैं नालायक ठहराया जाऊँगा।

इन्दौर के भीष्मपितामह तात्या का आशीर्वाद

बाबा ने कहा कि अब हम यहाँ एक दिन और रहेंगे। इन्दौर में काफी जाग्रति फैल गई है। अभी तात्या साहब सरवटे ने एक पत्र लिखा है जिसमें उन्होंने अपनी ताकत सर्वोदय के लिए देने का निश्चय किया है। साथ हीं, उन्होंने यह भी आशा व्यक्त की है कि जहाँ मैं रहूँगा वहीं वे भी रहना चाहते हैं। यह बहुत बड़ा निश्चय है उनका। वे नगर के भीष्म पितामह हैं तथा इन्दौर की समस्त प्रवृत्तियों के मूल में हैं। वे श्रद्धेय हैं। बाबा ने आदर व्यक्त करते हुए कहा कि तात्या साहब की प्रेरणा मात्र चाहिए, मार्गदर्शन चाहिए एवं उनका सब्र चाहिए। इन्दौर में आश्रम बनेगा, वह तात्या साहब की छत्रछाया में बनेगा। ऐसे बुजुर्ग लोग इन्दौर में सर्वोदय के कार्य के लिए जुट रहे हैं, इसका मतलब है इन्दौर बन रहा है—यहाँ प्रभात हो रहा है। इसलिए तात्या का आशीर्वाद मिला यह हम मानते हैं कि प्रभु कृपा हमारे साथ है। यह अच्छी घटना है, सुवार्ता है।

महिलाएँ पदयात्रा में भाग लें

सफेद कोठी से प्राप्त समाचार के अनुसार दिनांक 24 अगस्त को बाबा की पदयात्रा में महिलाएँ भाग ले सकती हैं। यह पदयात्रा प्रात: 5 बजे निकलेगी। अत: महिलाएँ 5 बजे सफेद कोठी पर पहुँच जाएँ।

मैं समाज की निष्क्रियता दूर कर चेतना लाना चाहता हूँ समाज से अलग रहकर बड़े कार्य करने की इच्छा नहीं : बाबा का प्रवचन

इन्दौर के वार्ड व मोहल्ला संयोजकों की बैठक में सर्वोदय मित्रों को सम्बोधित करते हुए आचार्य विनोबा भावे ने कहा कि मैं आपको ऊँचे पहाड़ नहीं दिखाना चाहता। मेरी इच्छा नहीं है कि मैं बड़ा कार्य करूँ। इच्छा यही है कि समाज में रहकर छोटे से छोटा कार्य करूँ तथा व्याप्त निष्क्रियता दूर हो जाए। प्रवचन में आपने कहा कि इन्दौर से मुझे जो आकांक्षाएँ थीं वे उसी रूप में मुझे मिली हैं। आचार्य विनोबा ने अपना प्रवचन प्रारम्भ करते हुए कहा कि मैं अब इन्दौर से जाने वाला हूँ तीन चार दिन और बाकी रहे हैं फिर आगे रामजी का बाण छूटेगा तथा जहाँ पहुँचना होगा वहाँ पहुँचेगा। इन्दौर के बाद मेरी यात्रा अज्ञात यात्रा रहेगी।

बाबा ने अपना भाषण जारी रखते हुए कहा कि मुझे इन्दौर में भक्ति का दर्शन हुआ एवं यह अपेक्षा की भाँति ही था। इन्दौर में जो पहली सभा हुई थी उसमें बहुत ज्यादा लोग आए थे, उसमें हमने कहा था कि हमारी कार्यपद्धति समन्वय की रहेगी। आपने आगे कहा कि हिन्दुस्तान में अभी निष्क्रियता फैली हुई है एवं लोगों में निराशा की भावना छाई हुई है। इसका नतीजा यह है कि वे संशयवादी बन गए हैं। आज भारत का प्रत्येक मनुष्य हर बात में दूसरे की टीका करता है। ऐसी स्थिति में लोग कार्य करने की ओर प्रवृत्त होते हैं तो निश्चय ही यह क्रान्ति का काम होगा। इससे लोगों को चेतना मिलेगी, वे चिन्तन करेंगे। हम वे कार्य हाथ में लेंगे जिसमें मतभेद की गुंजाइश न हो। दूसरों को प्रेरणा दे सकते हैं ऐसे कार्य करेंगे। विनोबाजी ने कहा कि मैं लोगों को ऊँचे-ऊँचे शिखर तथा पहाड़ों की धवल चोटियाँ नहीं दिखाना चाहता। यह कार्य तो बहुत से करते हैं। मैं तो जमीन पर एक इंच भी मिट्टी जमती है तो उसे दिखाना चाहता हूँ। मैं छोटा काम करूँ यही मेरी इच्छा है, अलग बैठकर ऊँचा कार्य करने का इरादा नहीं है। समाज में रहकर समाज के लिए छोटा-सा कार्य करें तो वह भी बड़ा कार्य होता है और उसकी भी प्रशंसा की जाती है। असामान्य व्यक्ति की असमान्यता तभी काम देगी जबकि वह समाज में रहकर कार्य करेगा। भगवान श्री कृष्ण ने समाज में रहकर कार्य किया। यह एक अद्‌भुत व प्रेरणालायक उदाहरण है।

निष्क्रियता दूर करना ही मुख्य लक्ष्य

आचार्य विनोबा भावे ने आगे कहा कि हमें तो निष्क्रियता को भगाकर एक हलचल पैदा करनी है। चार लाख की जनसंख्या वाले इन्दौर क्षेत्र में जब हलचल होगी तो आसपास के राज्य की जनता पर भी उसका प्रभाव गिरेगा। महाराष्ट्र, गुजरात, उत्तर प्रदेश, आंध्र सभी पर इन्दौर का प्रभाव गिरेगा। अभी पंजाबी कार्यकर्ता यहाँ आए थे, उन्होंने भी इन्दौर से प्रेरणा लेकर निश्चय किया कि वे पंजाब में जालन्धर को सर्वोदय नगर बनाएँगे। इन्दौर से सम्बन्ध रखने वाले लोग पड़ोस के राज्यों में रहते हैं उनका भी लगाव इन्दौर से है, उनके पत्र मेरे पास आते हैं तथा वे इन्दौर के प्रति अपना लगाव प्रकट करते हैं। अगर इन्दौर में हम अच्छा कार्य करेंगे तो चौथाई देश पर इसका प्रभाव गिरेगा।

इन्दौर का काम पुख्ता हो

आगे बाबा ने कहा कि इन्दौर में हम जो भी कार्य करें, छोटा से छोटा करें किन्तु वह पुख्ता करें। हमें एक-एक व्यक्ति से सहयोग लेना चाहिए। जितना भी कार्य हमने किया उससे एक कदम पीछे नहीं हटेंगे। आज इन्दौर में साढ़े चौदह हजार सर्वोदय पात्रों की स्थापना हुई है। इन्दौर में घर-घर सर्वोदय पात्रों की स्थापना की जानी चाहिए। किन्तु इस संख्या में से एक की भी कमी नहीं होनी चाहिए। इन्दौर की जनसंख्या के अनुसार हमें छठा हिस्सा मिल गया है। अन्त में आचार्य भावे ने कहा कि सर्वोदय बनाने के लिए हमें एक-एक व्यक्ति की आवश्यकता होगी तथा हमें उनका पूरा-पूरा उपयोग करना पड़ेगा। आपने बताया कि मजबूत संगठन भी अपने कुल सदस्यों का एक हिस्सा सर्वोदय कार्यकर्ता के रूप में दे रहे हैं।

(23 अगस्त, 1960)

विद्यार्थी विश्व के मध्य बिन्दु

राजनीति छात्रों के लायक नहीं
होल्कर कॉलेज में विद्यार्थियों के बीच बाबा

आज प्रातःकाल की बेला में होल्कर महाविद्यालय के मुख्य भवन के सामने वाले उद्यान में उपस्थित लगभग दो-ढाई हजार विद्यार्थियों को आम्रवृक्ष के नीचे बने मंच से सम्बोधित करते हुए आचार्य विनोबा भावे ने कहा कि विद्यार्थी को नगर, जिले, देश और दुनिया का भूगोल पढ़ाने के पहले यह सिखाया जाना चाहिए कि विश्व के मध्यबिन्दु तुम हो। कुल की कुल सृष्टि तुम्हारे आसपास घूमती है। आपने बुद्धि स्वातंत्र्य को विद्यार्थियों का विशेष अधिकार बताया और यह बोध दिया कि विद्यार्थी को शेर होना चाहिए, पार्टियों और यूनियनों से बिलकुल मुक्त। इन्दौर में तुलसी जयन्ती के बाद यह पहला अवसर था, जब बाबा बड़े प्रेम से जोरदार शब्दों में प्रवचन कर रहे थे। उन्होंने अपने प्रवचन का प्रारम्भ उपनिषद् का यह मंत्र गाकर किया—'ओम् सह नाववतु। सह नौ भुनक्तु। सह वीर्यं करवावहै। तेजस्विनावधीतमस्तु मा विद्विषावहै। ओम् शान्तिः शान्तिः शान्तिः' (कठोपनिषद्) और इसी मंत्र का अर्थ समझाते हुए उन्होंने कहा—भगवान हमारी एक साथ रक्षा करें, हमारा एकत्र विकास करें, वे हम दोनों का एक पराक्रम करें, हम दोनों का अध्ययन तेजस्वी हो, हम दोनों में कहीं विद्वेष मत्सर न हो, यह है वह मंत्र जिसे अध्ययन की शुरुआत में हम लोग पुराने जमाने में पढ़ा करते थे। इसमें बात द्विवचन में कही गई है। संस्कृत में तीन वचन होते हैं। अरबी, लेटिन में दो वचन और नई भाषाओं में एक वचन होता है और बहुवचन होता है। लेकिन इस मंत्र में द्विवचन में कहा गया है कि हम दोनों का साथ पालन हो, विकास हो और हम दोनों साथ पराक्रम करें। इस मंत्र में दर्शन है। समाज में ऐसे और भी परस्पर पूरक दो तबके बनते हैं जैसे माता-पिता, बच्चे, पति-पत्नी, गुरु-शिष्य आदि। इस तरह के परस्पर पूरक दो भाग बनते हैं। इन दो भागों को मिलाना, एक बनाना यह तरीका विकास का, अध्ययन का और पराक्रम का है। इसमें दृष्टि पूरक की है। दो भागों को एक बनाने की शक्ति इसमें यह बताई गई है कि द्वेष नहीं हो। भगवान ने अपने दोनों हाथों में एक ही शस्त्र रखा है—अद्वेष। इस अद्वेष के कारण ही इतनी विविध रचना भगवान कर सका है कि किसी के लिए उसके मन में घृणा नहीं, द्वेष नहीं। इस सृष्टि में शेर भी है, गाय भी है वे एक-दूसरे से आपस में नफरत भले ही रखें, पर जीवन से उन्हें नफरत नहीं है, भगवान को उनसे नफरत नहीं है। पूरक तत्त्वों में द्वेष नहीं होना चाहिए, जब द्वेष हो जाता है तो वे मारक हो जाते हैं।

मजदूर-मालिक, शहर-गाँव आदि विभिन्न सबके जो एक-दूसरे के पूरक हो सकते हैं, मारक हो जाते हैं। इलाहाबाद विश्वविद्यालय के विद्यार्थियों के बीच हमने कहा था—तुम लोग यूनियंस क्यों बनाते हो? यूनियंस तो भेड़ों की होती है, शेरों की नहीं होती। विद्यार्थी को शेर होना चाहिए। विद्यार्थी को बुद्धि स्वातंत्र्य का विशेष अधिकार है। ज्ञान में आज्ञा नहीं चलती, जबर्दस्ती नहीं चलती। सुबह जल्दी उठकर विद्याध्ययन की एक बात एक बाप अपने बेटे से कह सकता है। मगर जल्दी उठने के लाभ की आज्ञा बाप नहीं दे सकता। केवल सूचना दे सकता है।

अब उसे कबूल-नाकबूल करने का अधिकार विद्यार्थी का है। विद्यार्थी में अगर वैचारिक स्वतंत्रता नहीं रहे तो वह विचारों में कैद ही हो जाएगा। यह खतरा सारी दुनिया में है कि विद्यार्थियों के दिमाग को मोम समझकर ढाला जा रहा है और यह खतरा कल्याणकारी राज्य में सबसे ज्यादा है। कितनी ही कोशिश की जाए पर अकल्याण ही होता है। अकबर, समुद्रगुप्त के हाथ में सत्ता थी। उन्होंने अच्छा राज्य किया और उनका शासन अच्छी सत्ता के उदाहरण हैं। इनके हाथों में सत्ता केन्द्रित हुई, इन्होंने दुनिया का भला किया। मगर अकबर हुआ तो औरंगजेब भी हुआ, शिवाजी हुए तो संभाजी भी हुए। वे लायक थे तो ये नालायक निकले। लायक ने दुनिया का भला किया, नालायक ने दुनिया को तबाह किया। लायक दुनिया का भले कितना ही भला करे फिर भी अकल्याण होता ही है। हम जादू से भला नहीं चाहते हैं। कोई भाई ने हमें बताया कि कोई सद्गुरु महाराज तुम्हारे सिर पर हाथ रखेंगे और तुम्हारी समाधि लग जाएगी। तो मैंने कहा मेरे दिमाग को खत्म करके जो मुझे समाधि दे, ऐसा गुरु मुझे नहीं चाहिए। मेरे दिमाग के विकास करने में जो मेरी मदद करे वह मेरा गुरु। मेरे व्यक्तित्व को जो मिटाए वह मेरा गुरु कैसे हो सकता है? *उपनिषद्* का प्रसंग सुनाते हुए उन्होंने कहा कि एक मनुष्य को डाकुओं ने लूटकर उसकी आँखों पर पट्टी बाँधकर उसे जंगल में पेड़ से बाँध दिया। एक आँखोंवाला आदमी वहाँ पहुँचा। उसने उस आदमी की आँखों की पट्टी खोली उसे बन्धनमुक्त किया। फिर उसके यह पूछने पर कि गँधार कहाँ हैं? उसने दिशा बताकर रास्ते के थोड़े बहुत चिह्न बता दिए। वह मेधावी था, पंडित था, पूछते-पूछते गंधार पहुँच गया। पर उसे मुक्ति दिलाने वाला अपने कन्धे पर बिठाकर कंधार नहीं ले गया। उसने केवल दिशा दर्शन किया। तो जो दृष्टि दे वह गुरु। सिर पर हाथ रखकर समाधि लगवाने वाला गुरु दृष्टि नहीं देता। वह कब तक सिर पर हाथ रखेगा। जहाँ उसने हाथ हटाया कि फिर शिष्य जानवर हो जाएगा। तो ऐसी चढ़ने-उतरने वाली समाधि क्या काम की। ऐसी समाधि दे जो उतरे नहीं, वह दिव्य दृष्टि से ही सम्भव है।

तुलसीदासजी ने लिखा है कि गुरु की जो सेवा करता है, उसके हृदय में दिव्य दृष्टि आती है। तो विचार स्वातंत्र्य, बुद्धि स्वातंत्र्य होना ही चाहिए। विद्यार्थी और राजनीति के प्रश्न पर अपना अभिमत जाहिर करते हुए सन्त विनोबा ने कहा कि मुझसे लोग पूछते हैं, राजनीति से विद्यार्थियों ने अलग रहना चाहिए। इस पर आपकी क्या राय है? मैं पूछता हूँ विद्यार्थियों को राजनीति से अलग क्यों रहना चाहिए? उत्तर मिलता है—उनका दिमाग कच्चा होता है। पर मैं कहता हूँ कि अपर्याप्त गन्दी राजनीति में विद्यार्थियों ने भाग नहीं लेना चाहिए। *ओड टू इम्मार्टलिटी* में महाकवि वड्र्सवर्थ ने लिखा है, बचपन

में स्वर्ग हमारे नजदीक होता है। बाल, उसे कहते हैं जो बल वाला होता है। जो बात कबूल करना बुजुर्गों को कठिन हो जाती है, उसे बच्चे झट कबूल कर लेता है। माँ बच्चे को कुछ लिखाना चाहती है। जबर्दस्ती उसके मुँह में ठूँसती है, पर वह नहीं खाता। वह फट बताती है, वो देख वो कव्वा। बच्चा उधर देखने लगता है और सब कुछ भूल जाता है। उसमें एकात्म भाव होता है जिसका एहसास बुड्ढों को नहीं होता। विद्यार्थियों का दिमाग बहुत पावन होता है, इसलिए गन्दी राजनीति में विद्यार्थियों को नहीं जाना चाहिए।

विद्यार्थी को ब्रह्म विद्या सीखकर विशाल दृष्टि से संसार को देखना चाहिए। विज्ञान इनसान को इनसान से जोड़ रहा है। यह छोटी राजनीति अब नहीं चलेगी। बच्चों को पहले इन्दौर जिले का भूगोल सिखाया जाता है, क्योंकि उनका दिमाग छोटा माना जाता है। फिर कुछ बढ़ने पर मध्य प्रदेश का भूगोल सिखाया जाता है। मध्य प्रदेश का यानी काटजू सरकार का। फिर भारत का और फिर एशिया का, दुनिया का। मैं कहता हूँ यह गलत है। विद्यार्थी को कहना चाहिए कि विश्व के मध्यबिन्दु तुम हो। कुल विश्व तुम्हारे आसपास घूमता है। फिर जैसे वह बढ़ता जाए दूर वाली बातें कम करके पास की चीजें उसे सिखाई जाएँ। गुजरात वाले कहते हैं अम्बा माँ, काली माँ अब वहाँ पेट्रोल निकला है, वह सबको जलाकर खत्म करेगा। तो विद्यार्थी को विश्व का ज्ञान होना चाहिए। ज्ञानदेव ने *ज्ञानेश्वरी* लिखी तो मराठी में उसे विश्व के नाम समर्पित की।

एक अजीब सी बात है हमारा दिमाग कैसा हो रहा है। ज्ञानदेव ने समझाया जिस तरह पृथ्वी उत्तम और अधम सब पुरुषों को वहन करती है उसी तरह भक्त ने उत्तम-अधम सबको प्रेमालिंगन देना चाहिए। अब आधुनिक अक्ल देखिए। इस समय में कुत्ता भी ऊपर से लौट आता है। अब तक वहाँ जो गया, वो लौटा भी है पर अब सारा आसमान खुल रहा है। तब स्कूल में ज्ञानदेव का एक वचन चिपकाया गया है। उत्तम को धारण करो, अधम का त्याग करो। जबकि वे कहते हैं उत्तम अधम सबको स्वीकारो तो यह क्या दिमाग है। नीतिशास्त्र में होता है, पर उसकी वैचारिक भूमिका ही अलग है। ज्ञानदेव महाराज का विचार किस भूमिका में है? वह आपको अधम-उत्तम से ऊपर ले जाता है। फिर उपस्थित लोगों को हास्य के हिलोरों में झुलाते हुए उन्होंने कहा एटम बम भी भेद नहीं करता। वह अधम-उत्तम सबको मिटाकर अभेद की स्थापना करता है। वैसे ही हम प्यार से उत्तम अभेद का संग्रह करेंगे। एटम अभेद का उपयोग विनाश में करता है, हम निर्माण में करेंगे। जब विशाल दृष्टि और वैचारिक स्वतंत्रता के उपयोग की दृष्टि से विद्यार्थी शिक्षित होंगे तो कोई भी राजनीति उनके लिए छोटी पड़ेगी।

पर की सेवा भी व्यापक बुद्धि से की जा सकती है। कोई हिन्दुस्तान की सेवा करे और पाकिस्तान का विरोध करे, चीन का विरोध करे, तो उसका सेवा क्षेत्र भले ही बड़ा हो पर उसकी सेवा संकुचित सेवा है, इसके विपरीत अगर किसी का सेवा क्षेत्र उसका कुटुम्ब हो और वह व्यापक दृष्टि से काम करता है तो उसकी सेवा ऊँची सेवा होगी। जो व्यक्ति विशाल दृष्टि से छोटा काम भी करे तो वह बोल सकेगा जय जगत। विद्यार्थियों को किसी ढाँचे में नहीं ढलना चाहिए। उन्हें आसमान में ऊपर ही उड़ते ही चले जाना चाहिए और जब छोटे दायरे में भी काम करने को मिले तो वह बड़े दिल और छोटे दिमाग से काम कर सकेगा। यहाँ आकर विनोबाजी ने फिर राजनीति की आलोचना की। उन्होंने

कहा पार्टी पॉलिटिक्स (दलगत राजनीति) यानी पक्षाघात। जिस पार्टी को पक्ष का घात हुआ है, वह राजनीति से ग्रस्त है। इसलिए विद्यार्थियों को यूनियन नहीं बनानी चाहिए। सीमित निष्ठाएँ, बन्धकारी निष्ठाएँ नहीं लेनी चाहिए और इन यूनियनों का उद्देश्य भी क्या होता है? शिक्षकों के विरुद्ध विद्यार्थियों के हित की रक्षा। अब शिष्य ही गुरुओं के खिलाफ अपने हितों की रक्षा के लिए संघ बनाने लगे तो भारत भर के बेटे इकट्ठे होकर बापों के विरुद्ध अखिल भारतीय बेटा संघ बनाओ, ऐसा मैं कहता हूँ। कुछ समझ नहीं आता? जो पूरक हैं, उन्हें मारक बनाते हैं। यह अक्ल आजकल चली है। इसीलिए वेद नारायण कह रहा है कि विद्वेष बुद्धि मत रखो। जो भगवान टुकड़े करता है, लोगों को अलग करता है, वह भगवान भी हमें मंजूर नहीं। शिक्षकों और विद्यार्थियों ने ऐसी प्रतिज्ञा करनी चाहिए कि वे पूरक हैं तो एक बनेंगे। आजकल कहा जाता है कि इस कॉलेज में पी.एस.पी. की चलती है, यह कॉलेज कम्युनिस्टों के गुट का है और यह कांग्रेस का है। तो मैं कहता हूँ कि यह सरस्वती का खाना है कि पी.एस.पी. का खाना है। फिर सरकार और शिक्षा पर उसके अनधिकार की चर्चा करते हुए बाबा ने कहा कि सभी सरकारों की यह कोशिश है कि विद्यार्थियों का दिमाग ढाला जाए। यह बड़ी अच्छी बात है कि काटजू ने मध्य प्रदेश में संस्कृत अनिवार्य कर दी है, पर मध्य प्रदेश में संस्कृत अनिवार्य है और दूसरे प्रान्तों में क्यों नहीं? क्योंकि यहाँ के काटजू को यह बात सूझ गई, लेकिन दूसरे लोगों को नहीं सूझी।

जब एक मनुष्य के हाथ में सत्ता आती है तो मेरी आत्मा बगावत करती है। मैं इसे इलफेयर कहता हूँ। इस तरह से जो काम होगा, वह अगर वेलफेयर दिखे तो भी इलफेयर होगा। इससे दिमाग आजाद नहीं होता। मैं विद्यार्थियों से पूछता हूँ क्या वे मालगाड़ी के डिब्बे बनाना चाहते हैं? विद्यार्थियों ने वादों में दाखिल नहीं होना चाहिए, निर्विवाद रहना चाहिए। विद्यार्थियों ने ऐसा निश्चय करना चाहिए कि वे टेबल पर बोतल रखकर वस्तुओं के प्रयोग करेंगे, बोतल में घुसेंगे नहीं। संकुचित विचार के पुर्जे नहीं बनेंगे। दिमाग को ढाँचे में ढाल लिया फिर फ्री व्होट के क्या मायने? मतलब तो तब जब दिमाग स्वतंत्र हो। इस वास्ते यह मंच बता रहा हूँ कि हम तोड़ने वाली ताकत नहीं, जोड़ने वाली ताकत बनेंगे। तोड़ने वाली पॉलिटिक्स में नहीं पड़ेंगे। पहले टेस्ट कर लेंगे फिर निर्णय करेंगे। विशाल हृदय रखेंगे और संसार में जो भी अच्छा-बुरा काम हुआ है वह हमने किया है, ऐसी भावना रखेंगे।

अपनी विचारधारा पर दृढ़ रहकर सेवाभाव से कार्य करें
गुजरात के कार्यकर्ताओं के सम्मुख आचार्य भावे का उद्‌बोधन

आज आचार्य भावे ने कहा कि सर्वोदयी कार्यकर्ताओं को अपनी स्वतंत्र विचारधारा पर दृढ़ रहते हुए बुजुर्ग नेताओं से स्नेह सम्बन्ध बनाए रखकर ही सेवाभाव से कार्य करना है। इसी कार्यप्रणाली के द्वारा ही आप जनता में प्रभावकारी रूप से कार्य कर सकेंगे। आचार्य भावे ने गुजरात के कार्यकर्ताओं को सम्बोधित करते हुए कहा कि आप जिस उम्र के लोग हैं उस उम्र में स्वराज्य प्राप्ति के पूर्व इसी वर्ग के नवयुवक अपने समय के बहुत बड़े नेता बन गए थे। वह उम्र है 25 से 30 वर्ष तक की। श्री गोखले 20-25 वर्ष

की उम्र में प्रोफेसर बन गए थे। महात्मा गांधी 30 वर्ष की उम्र में बहुत बड़े आन्दोलन के प्रतिनिधि थे तथा नए विचारों का संशोधन कर रहे थे। 39 वर्ष की आयु में स्वामी विवेकानन्द सारी दुनिया पर अपना असर डालकर मर गए थे।

स्वराज्य प्राप्ति के पूर्व इस उम्र के लोग नेता क्यों बन जाते थे इस पर प्रकाश डालते हुए कहा कि उस समय जो भी नवयुवक घर-बार की फिक्र छोड़कर मैदान में आता था वह श्रद्धेय बन जाता था। चाहे वह धार्मिक क्षेत्र में या राजनीतिक क्षेत्र में कार्य करता रहा हो। उस समय प्रत्येक युवक सरकारी ताकत को विरोधी ताकत मानता था। सरकारी ताकत देश की दबाने वाली ताकत समझी जाती थी। इसलिए जो भी सरकारी ताकत के विरुद्ध खड़ा होता था वह एकदम नेता बन जाता था तथा साल-दो साल में लोकनेता का पद उसे मिल जाता था। आज की स्थिति यह है कि आज बड़े-बड़े बुजुर्गों के हाथ में सरकार है। सरकार अपनी है एवं सरकार को चलाने वाली अभी कांग्रेस पार्टी है। अभी जो कार्य कर रहे हैं वे देश के सेवक हैं। जो प्रामाणिकता से सेवा कर रहा हो उसे देश सेवक कहना ही पड़ेगा। ऐसी हालत में अब आप आए हैं। भविष्य का चित्र आपके सामने है। आज नेता के रूप में भारत के क्षितिज पर सूर्य चमक रहा है, तारे चमक रहे हैं। जो तारे रात में चमकते हैं वे तारे भी आज सूर्य के सामने चमक रहे हैं। ऐसी हालत में कार्य करने का तरीका आपको समझ लेना चाहिए। आपको इन लोगों के साथ मिलकर स्नेह सम्बन्ध कायम कर सेवक रूप में अपनी स्वतंत्र विचारधारा के अनुसार कार्य करना है। ऐसी स्थिति में आपको सेवा करते हुए बरस के बरस चले जाएँगे और आपको सेवा करते रहनी पड़ेगी। आज जनता राजनीति से परेशान दिखाई देती है, इसलिए सर्वोदय की विचारधारा उन्हें अच्छी लगती है। अंत: आपको चाहिए की बुजुर्ग नेतागणों से मेलजोल बनाकर सहज भाव से अपनी स्वतंत्र विचारधारा पर कायम रहकर आपको कार्य करना है। यह कठिन काम है किन्तु इसे करना जरूरी है।

संजीवा रेड्डी आचार्य भावे से चर्चा करेंगे

विसर्जन आश्रम, नौलखा पर अखिल भारतीय कांग्रेस कमेटी के अध्यक्ष श्री संजीवा रेड्डी आचार्य विनोबा से तीन बजे से शाम को 5 बजे तक (दो घंटे) चर्चा करेंगे।

साहित्य सर्जन नहीं हुआ तो कार्य लूला पड़ जाएगा गुजरात के शिविरार्थियों के सम्मुख बाबा का प्रवचन

गुजरात के शिविरार्थियों के सम्मुख प्रवचन करते हुए आचार्य विनोबा भावे ने कहा कि आपका प्रकृति में प्रत्यक्ष सम्बन्ध है, विचारों में युग प्रवाह है तथा तटस्थ होने से विश्व दर्शन होता है, इसलिए आपमें से सर्वोत्तम साहित्यकार निकल सकते हैं। इसलिए मैं अपेक्षा करता हूँ कि आप इस दिशा में साधना करें, अगर ऐसा नहीं हुआ तो हमारा कार्य लूला पड़ जाएगा। अपना प्रवचन प्रारम्भ करते हुए आचार्य विनोबा भावे ने कहा कि बचपन से ही मेरा सम्बन्ध साहित्य से रहा है। हिन्दुस्तान की अनेक भाषाओं के साहित्य से मेरा परिचय रहा। भारत का प्राचीन साहित्य तथा विदेशी साहित्य का भी अध्ययन मैंने

किया है। इन दिनों मासिक पत्रिकाएँ तथा समाचार पत्र आदि से जो झलक मिलती है उसके अनुसार ज्ञात होता है कि आजकल का जो साहित्य है वह अपेक्शानुकूल नहीं है।

अच्छे साहित्य का सृजन क्यों नहीं हो रहा है इस पर प्रकाश डालते हुए कहा कि साहित्यिकों को जीवन-कलह में टिकने के लिए काफी प्रयत्न करने पड़ते हैं; इसमें बहुत से तो हार खा जाते हैं तथा बहुत से ऐसे ढाँचे में फँसे रहते हैं कि वह साहित्यिक प्रतिभा के लिए अनुकूल नहीं रहता यह पहला कारण हुआ। दूसरी बात यह है कि आजकल जमाना किधर जा रहा है इसका उनको भान नहीं है, छोटे-मोटे दुख में फँस जाते हैं तथा वास्तविकता के दर्शन नहीं होते हैं। साहित्यकारों में करुणा होती है, किन्तु वह थोड़ी मात्रा में उलझे रहते हैं, मजदूरों का वेतन बढ़े इतने में ही। मैंने यह केवल मिसाल के लिए कहा है। विश्व में जो प्रवृत्ति चल रही है उसका उन्हें प्रकाश ही उपलब्ध नहीं होता। इसके पश्चात् अन्तिम कारण यह है कि आजकल साहित्यिक पुराने मूल्य व नए मूल्यों के चक्कर में पड़ गए हैं तथा नए मूल्यों की खोज में हैं। किन्तु उन्हें यह मालूम नहीं कि सच्चे मूल्य न नए होते हैं और न पुराने इसलिए वे नए मूल्यों के प्रभाव में शाश्वत मूल्यों से वंचित हो जाते हैं। दूसरी बात जो मैं देख रहा हूँ वह यह है कि आधुनिक विचार तथा प्राचीनता से सम्बद्ध हृदय होना चाहिए किन्तु यह सध नहीं रहा है।

मैंने उपरोक्त सब बातें इसलिए कही हैं कि मैं अपेक्षा करता हूँ कि आप लोगों में से साहित्यिकों का निर्माण हो आप लोग पदयात्रा के द्वारा सतत घूमते रहते हो इसलिए कुदरत से आपका प्रत्यक्ष सम्पर्क रहता है; आपकी विचारधारा (सर्वोदय) में युग प्रवृत्ति होने से युग प्रवाह होता है; एवं तटस्थ होने से विश्व दर्शन होता है। सर्वोत्तम साहित्य के सर्जन के लिए उपरोक्त सब बातें आवश्यक हैं जो कि आपमें हैं। इसलिए आप लोगों में से सर्वोत्तम साहित्यिक निकलना ही चाहिए। यह चीज हमसे सधेगी। यह साधना हमसे सधेगी। यह साधना हमारा कर्तव्य है ऐसा सोचना चाहिए नहीं तो हमारा कार्य लूला पड़ जाएगा। जहाँ-जहाँ हम जाते हैं वहाँ हमें सीखने को मिलता है इसलिए जो हमने सीखा है उसे शब्दबद्ध करना ही चाहिए। अनेक शिक्षण के प्रसंग हमें मिलते हैं। अतः सदैव हमारे दिमाग को मुक्त रखना चाहिए उसके दरवाजे खुले रखना चाहिए ताकि उन प्रसंगों को हम आत्मसात् कर लें। अगर ऊपर जितनी भी बातें मैंने कही हैं उनका पालन हुआ तो स्वाभाविक रूप से महाकाव्यों की पूर्ति होगी, खंड काव्य बनेंगे। कथाओं की रचना होगी एवं प्रसिद्ध गद्य साहित्य का सर्जन होगा।

गंगा पाट बदल देगी

आज और कल बस दो दिन और इन्दौर में बाबा की पदयात्रा चलेगी। वह गंगा जो पिछले दिनों हमारे नगर में निरन्तर बहती रही परसों अपना पाट छोड़ देगी। वे घाट जहाँ आप हम सब नहाए, जहाँ से हमने अपनी आवश्यकता और क्षमता के अनुसार जल लिया, अब सूने हो जाएँगे। दो दिन। बस दो दिन। जितना बने इन दो दिनों में अपने दिल के खेतों को सींच लेना चाहिए। अपनी आत्मा की गंगाजली भर लेनी चाहिए, अपने तन को इससे पवित्र करके मन की प्यास बुझा लेनी चाहिए। शायद इसी सामान्य अनुभूति से प्रेरित होकर आज काफी बड़ी संख्या में भाई-बहन सुबह की प्रार्थना में उपस्थित थे। गत

दो तीन दिनों से पानी भी उतना नहीं गिरा है। आसमान साफ तो नहीं रहता, पर उसके धौले मटमैले बादल अब जैसे रीत गए हैं। बीच-बीच में सूरज निकल आता है। धूप फैल जाती है। रात को बादलों के बीच तारे छिटक आते हैं। यह मौसम का परिवर्तन हम इन्दौर वासियों को प्रकृति की तरफ से मिला एक मौका है। जितना बने इसका लाभ उठा लें।

ठीक चार बजे और बत्ती बुझी प्रार्थना शुरू हुई। लोग बाबा के कमरे में समा नहीं रहे थे। दरवाजों के बाहर दोनों तरफ बरामदों में भी काफी लोग बैठे थे। चार बजकर दस मिनट पर प्रार्थना समाप्त हुई। लोग थोड़ी देर बाद हॉल में इकट्ठे हो गए। लाउडस्पीकर की ठीक से जाँच परख की जा रही थी। बाबा के आने तक हॉल में धीमे स्वरों में बातें चलती रहीं। पर बाबा के आते ही सब दत्त-चित्त हो गए। सबकी आँखें बाबा की तरफ थीं। सबके चित्त बाबा की तरफ खींचे हुए थे, सब तन्मयता से सुन रहे थे—"आप लोगों ने कुछ मानसिक प्रश्न पूछे हैं एकत्र काम करते हुए ऐसे प्रश्न उठते ही हैं। *गीता* में एक सामान्य प्रश्न उठ खड़ा हुआ। युद्ध में अर्जुन को दोष दिखे, उसे विषाद हुआ। उसके निराकरण के लिए भगवान को बहुत सा ज्ञान विज्ञान कहना पड़ा। मैं भी ब्रह्म जिज्ञासा लेकर अपने घर से निकला था। निकला था तब जिज्ञासा व्यक्तिगत थी अब सामूहिक है।

हमारे सामने मुख्य समस्या स्मृति परिशोधन की है। चित्त पर अनेक प्रकार की स्मृतियाँ अंकित होती हैं। कुसंस्कारों को सुसंस्कारों से हटाया जा सकता है। फिर भी उनकी स्मृतियाँ शेष रहती हैं। आपको एक रोग हुआ। आपने दवाइयाँ लीं, आपका स्वास्थ्य अच्छा हुआ। पहले से भी अधिक अच्छा हो गया। पर जब आपका जीवन चरित्र लिखा जाएगा। स्मृति एक रिकॉर्ड में समाना है। आप जितना उसका स्मरण करेंगे वह बढ़ती जाएगी, मिटेगी नहीं। भगवान ने इसे हटाने की एक कारगर योजना की है—वह है मरण। हमें इस जनम की स्मृतियाँ रहती हैं। पूर्व जन्म की स्मृतियाँ नहीं रहतीं। तो गए जनम की स्मृतियाँ हमें नहीं मिलीं, इसमें हमारा कोई पुरुषार्थ नहीं है। इस जन्म की स्मृतियों से मुक्ति के दो साधन हैं—एक बोधक और दूसरा निग्रह। फिर स्मृति मुक्ति की बात आगे बढ़ाते हुए बाबा ने कहा कि व्यक्ति परिवर्तनशील है। फिर भी हमारे संस्कार मुश्किल से मिटते हैं—एक डॉक्टर का किस्सा सुनाते हुए बाबा ने कहा कि महाराष्ट्र में एक डॉक्टर को नमक से उपचार करने का शौक था। समय बीतने पर उन्हें संन्यास लेने की प्रेरणा हुई। संन्यास लेने पर नाम बदलना पड़ता है। कोई आनन्द बनना पड़ता है, चाहे आनन्द हो या नहीं। तो उन्होंने अपना नाम संन्यास लेने पर लवणानन्द रख लिया। आगे उन्होंने कहा कि अगर उन्हें अपना जीवन चरित्र लिखना पड़े तो वे किस तरह लिखें। अपने पिछले स्मरण काटने का तरीका बताते हुए बाबा ने कहा कि वे अपने पास आए सारे पात्र गंगा में बहा देते थे। यहाँ इन्दौर में भी उन्होंने 15 अगस्त को अपने पत्रों पर मिट्टी का तेल डालकर आग लगा दी थी।

अन्त में बाबा ने कहा कि बचपन में उन्हें दूसरों के दिमागों की परीक्षा करने की आदत थी। वे बहुत से दिमागों को फेल कर देते थे। बाद में गांधीजी के सम्पर्क में आने पर गांधीजी ने उन्हें बताया कि अपना तिल भर दोष भी पहाड़ के समान समझो और दूसरे का तिल भर गुण पहाड़ के बराबर मानो। उन्होंने बताया कि स्केल ही ऐसा है। अपना दोष कम दिखता है। विनोबाजी ने इस पर अमल किया। बाद में भगवत चिन्तन

में उन्होंने पाया कि भगवद् गुण गाने का मतलब है—सबके गुण गाना। गुण-दोषों की तात्त्विक विवेचना के बाद उन्होंने कहा कि गुण के लिए दोष आवश्यक है। वह छिलके के समान है जो अन्दर के सार की रक्षा के लिए होता है। पाँच बजकर दस मिनट पर बाबा ने प्रवचन समाप्त किया और अपने कमरे में चले गए। छह बजे तक सभा चलती रही। फिर सफेद कोठों में घंटी टनटनाई और बाबा जयदेव भाई का हाथ पकड़े अपने कमरे से निकले। आज उनके हाथ में कैंडिल नहीं था, क्योंकि उसकी जरूरत ही नहीं थी। उजाला अच्छा हो चुका था। आज बाबा के साथ गुजरात के भाइयों के अतिरिक्त भी बहुत सारे दूसरे लोग चल रहे थे। गांधी तिकोने से बाईं तरफ मुड़कर बाबा का दल साउथ तुकोगंज सड़क पर चलने लगा। गुजरात के भाइयों की मुलाकातें शुरू हुईं। धीरज भाई के हाथ में एक कागज था जिसमें मुलाकातियों के नाम लिखे थे। वे एक-एक करके वार्ताकारों को बुलाते जा रहे थे। गुजरात के भाई गुजराती में बातें कर रहे थे। बाबा का दल सामान्य गति से नगर के दक्षिणी कोने की तरफ साउथ तुकोगंज सड़क पर बढ़ रहा था। बाबा के साथ अगर किसी को रहना हो और उनकी पदयात्रा का पूरा आनन्द लेना हो तो यह आवश्यक है कि हम कम से कम सारी देशी भाषाएँ जानें। जो जिस भाषा में बोलता है, बाबा उससे उसी भाषा में बोलने लगते हैं।

आज मुलाकातियों की संख्या अधिक थी। इसलिए उन्होंने एक चर्चाकार के लिए दो-तीन मिनट का समय निश्चित किया था। गुजराती भाई उनसे अपने कार्य, अपने क्षेत्र और अपने विचार सम्बन्धी चर्चा कर रहे थे। तीन गुजराती भाइयों की चर्चा के बाद संयोगितागंज मिडिल स्कूल के आगे उन्हें एक युवक से मिलाया गया जो धोती और कमीज पहने था। उसके पाँव नंगे थे। उसके हाथ में एक डायरी थी। अपना परिचय देते हुए उसने कहा कि मैं कम्युनिस्ट पार्टी में कार्य कर रहा हूँ और आपसे कुछ प्रश्न पूछना चाहता हूँ। उसके हाथ में डायरी देखकर बाबा ने कहा यह क्या है? उस युवक ने बताया कि यह प्रश्न लिखकर लाया हूँ। बाबा ने हलके से उसके सिर पर चपत लगाते हुए कहा क्यों दिमाग में नहीं रखते। छावनी चौराहे पर उस भाई ने प्रश्न पूछने शुरू किए। वह साम्यवाद पर तात्त्विक चर्चा कर रहा था। बाबा ने उससे कहा कि हिन्दुस्तान में जातिवाद होने के कारण वर्ग संघर्ष नहीं चल सकता। कुछ और भी सवाल वह युवक बाबा से पूछना चाहता था। पर बाबा ने उसे यह कहकर विदा कर दिया कि जवान आदमी हो कल फिर आओ। नौलखा रोड पर एक और गुजराती सज्जन से बाबा ने बातें कीं। दूर से होल्कर कॉलेज का लाल भवन दिख रहा था। फाटक पर एकत्रित भीड़ की आवाजें आ रही थीं। 7.40 पर प्रवचन समाप्त कर बाबा ने नाश्ता किया और पौने आठ बजे फिर सफेद कोठी की तरफ चल दिए। एक-एक कर सबसे बाबा ने चर्चा की और आठ बजकर 25 मिनट पर सफेद कोठी पहुँच गए।

दान के द्वारा राज्य चलाने का बीज सर्वोदय पात्र में बाबा द्वारा अधिक समय देने वाले कार्यकर्ताओं की माँग

आज सायंकाल सफेदकोठी के लॉन में अपना अन्तिम प्रवचन देते हुए सन्त विनोबा ने सर्वोदय के काम में सबसे ज्यादा महत्त्व सर्वोदय पात्र पर दिया और अपना विश्वास

जाहिर किया कि दान के आधार पर स्टेट चलाने का बीज सर्वोदय पात्र में है। सफेद कोठी में यह उनका अतिम प्रवचन होने के कारण कुछ स्थानीय कार्यकर्ताओं ने उनसे कहा था कि वे इन्दौर में सर्वोदय नगर के लिए काम करने के लिए लोगों से काम देने का आह्वान करें। इस पर प्रवचन के अन्त में बाबा ने लोक-हृदय में अपना विश्वास प्रकट करते हुए कहा—मैं नाम क्यों लिखा लूँ। एक विचार मैंने हवा में छोड़ दिया। मुझे विश्वास है कि वह घर घर फैलेगा और लोग काम करने के लिए आएँगे। अपने प्रवचन के प्रारम्भ में बड़ी मस्ती से बाबा ने कहा कि इन दिनों में भाई मुझसे कह रहे हैं कि मैं आह्वान करूँ लोगों से कि वो सर्वोदय नगर की सेवा में पूरा समय देने वाले अपने नाम दें, जो आंशिक समय देने वाले हैं वे भी अपने नाम दें। मेरे मन में आता है कि मैं आह्वान करूँ और इन्दौर के चार लाख लोग अगर अपने नाम दे दें, तो मुझे यही कहने का मौका आएगा कि सब अपना-अपना काम करें। इतने लोगों में से ज्यादा से ज्यादा मैं 40-50 आदमी सारा समय देने वाले चुन सकता हूँ। फिर उन्होंने आंशिक समय देने वाले कार्यकर्ताओं पर अधिक जोर देते हुए कहा कि प्रामाणिक तौर पर जो जहाँ काम कर रहा है, वह सेवा ही कर रहा है। खास बात है सच्चाई से काम करने की। हम सबसे जाने-अनजाने थोड़ी-बहुत गलतियाँ हो जाती हैं, झूठ भी बुलवा जाती हैं। तो हम कोशिश करें सत्य को पाने की और जितना सत्य समझ में आए उस पर अमल करें।

भगवान ने भी शरण लेने का तो सिर्फ अर्जुन को ही कहा था—बाकी के लोगों को तो यही कहा था कि सब अपने-अपने कामों में तत्पर रहें। जब भगवान कृष्ण ही राजी नहीं हुए तो मैं कैसे राजी होऊँ। फिर बाबा ने कहा कि हमारे सामने करने को काम बहुत से हैं। कल एक भाई हमें मिले और उन्होंने बताया कि हमारे वार्ड में वैश्याएँ हैं और शराब भी वहाँ बिकती है। तो वह भी काम हमको करना है। तो क्या-क्या करना होगा यही सोचना पड़ेगा। अपना काम जारी करते हुए थोड़ा समय बचाओ और सर्वोदय का काम करो। कल ही एक भाई सिन्धियों की तरफ से आया। वहाँ के लोगों से हमने अपील की थी तो एक कार्यकर्ता वहाँ के लोगों ने दिया और कहा कि यह आपके सुपुर्द है। आपके आश्रम में रहेगा। हमने कहा आश्रम में रखने की जरूरत नहीं। आप ही उससे कार्य लो। तो ऐसे लोग तो आएँगे ही। पर जरूरत थोड़-थोड़ा समय देने वालों का तो धन्धा ही हो जाएगा। घर-घर से आंशिक समय देने वालों की हमें ही खास जरूरत है।

फिर बाबा ने बताया कि एक भाई कल अपनी पत्नी के साथ यहाँ आए। कहने लगे हम जीव दया के लिए अपना सारा जीवन देने के लिए तैयार हैं। अब दया किसमें? तो उन्होंने कहा कि खाने के लिए जो पशु बड़ी बेरहमी से काटे और भेजे जाते हैं। यह न हो इसलिए मैं काम करना चाहता हूँ। मैं अभी राजनीति में हूँ पर आप कहें तो छोड़-छाड़ दूँ। क्या आपके कामों में इस काम की गिनती हो सकती है? तो मैंने उनसे कहा—वे सब काम जिन्हें करने के लिए मनुष्य आगे आए, मेरे कामों की गिनती में आते हैं। तो कहने का मतलब यह कि मेरे पास जीवन दान करने के लिए बहुत से लोग आ रहे हैं, अब मेरे सामने यह समस्या है कि मैं क्या करूँ? इसलिए मैं नहीं चाहता कि नाम दो। लोग आ रहे हैं। काम चलेगा तो और भी आएँगे। वातावरण बन रहा है और मुझे विश्वास है

कि यह वातावरण बिगड़ नहीं सकता। एक बार ब्रह्मदेव भी इन्दौर के बारे में कहें तो मैं उन्हें कहूँ कि आपके चार सिर हैं तो क्या हुआ आप इन्दौर की तरफ नहीं देखते।

मैं सबसे ज्यादा सर्वोदय पात्र इन्दौर में दे रहा हूँ इसलिए मुझे ज्यादा महत्त्व चाहिए। यह कहते हुए बड़ी खुशी होती है कि इन्दौर में पात्रों की संख्या साढ़े चौदह हजार तक पहुँची है। अगर 80 हजार पात्र रख दिए जाएँ तो क्या-क्या नहीं हो सकता। सर्वोदय पात्र में जो ताकत है वह हमारे कार्यकर्ताओं को समझ नहीं पड़ती है वे कहते हैं यह झमेला है। पर मैं कहता हूँ कि जब आप लोग शादी के झमेले जैसा पराक्रम का कार्य करते हैं तब इसमें क्या झमेला है? हाँ यह ठीक है कि इसमें घर-घर जाना पड़ता है, संग्रह करना पड़ता है—पर यह तो लोक सम्पर्क का जरिया है। इससे आप घरों में जाएँगे। उन्हें विचार समझाएँगे और अमल करवाएँगे। तो मैं आपसे अपील करता हूँ कि आप काम में जुट जाएँ। ये बहनें मेरे पीछे लगी हैं कि दीवारें कैसे साफ करें? तो ये बहनें आई हैं, हिम्मत कर रही हैं। मेरे साथ घूमेंगी—मैं बातें करूँगा—यह एक बड़ी बात है। अनेक मुखों से काम हो रहा है। मैं किसके नाम लिखूँ। मेरे यहाँ से जाने पर भले ही सफेद पर काला कीजिए। (एक क्षण रुककर) सफेद पर काला करने का मतलब है लिखना। मुझे किसी और कल्पना में इतना उत्साह नहीं हुआ जितना सर्वोदय पात्र से। यहाँ हम चाहते हैं कि सर्वोदय नगर बनाना है तो रोज एक मुट्ठी अनाज डालना तो नैतिक कीमत है और आठ आना वालिन्टरी टैक्स होगा।

विनोबाजी ने फिर हर्ष की कहानी सुनाते हुए कहा कि वह गंगा के किनारे जाहिर करता आओ दान दूँगा। वह अपने खजाने में ज्यादा धन इकट्ठा नहीं होने देता था। ऐसे बहादुर राजा जहाँ हुए वहाँ यह बात नहीं होगी मैं नहीं मानता। हाँ एक बात है उन्होंने दान नहीं माँगा होगा पर ऐच्छिक कर करीब-करीब ऐसा ही रहा होगा। इसी सन्दर्भ में उन्होंने अहिल्याबाई के राज्य का उल्लेख करते हुए कहा कि उनका राज्य भी दान से चलता था। *यजुर्वेद* में कहा गया है कि सौ हाथों से लो और हजार हाथों से बाँटो। यही काम श्री हर्ष ने किया और यही किया अहिल्याबाई ने फिर भी जितना अच्छा राज्य उसका चला, उस जमाने में दूसरे का नहीं चला। ऐसा स्मरणीय दृश्य यहाँ दिखा है तो यहाँ की जनता क्या हार खाएगी? अगर इन्दौर के 80 हजार घरों में पात्र रख दिए जाएँ तो यह एक उदाहरण होगा—दान पर स्टेट चलाने का। अन्त में उन्होंने कहा कि सर्वोदय पात्र की बात ही ऐसी है कि लेने वाले को सोचना पड़ेगा। वह उनका दुरुपयोग नहीं कर सकता। पात्रों की तरह इसकी आय बर्बाद नहीं होगी—जनता को ऐसी सद्भावना अपने मन में रखनी चाहिए और अपनी दान वृत्ति पर विश्वास करना चाहिए।

(24 अगस्त, 1960)

अन्तिम दिन का वियोग

आज 24 जुलाई को बीते एक माह पूरा हो गया। आज से एक माह पहले ही सुबह बाबा ने इन्दौर की सीमा में प्रवेश किया था और आज की सुबह के बाद कल सुबह वे इन्दौर की सीमा से बाहर हो जाएँगे। इस पूरे माहभर उनकी पदयात्रा चलती रही। इन्दौर की सड़कों और गलियों को उनके युग वरण घूमने का सौभाग्य मिला। वहाँ की जनता को चलते-चलते उनकी वाणी सुनने का अवसर मिला। जिसकी जितनी क्षमता थी उसने उतना लिया। जो जागे उन्होंने पाया, जो सोए रहे उन्होंने क्या खोया, इसका पता उन्हें तब लगेगा, जब उनकी नींद खुलेगी। लेकिन नींद खुलने पर भी उन्हें पछताना नहीं पड़ेगा। बाबा ने अपने एक प्रात:कालीन प्रवचन में कहा था सूरज सेवक है। उसके उगते ही उजाला हो जाता है। अगर आप अपने दरवाजे बन्द रखेंगे तो वह आपको झकझोर कर जगाएगा नहीं। वह सेवक है। आपके दरवाजे के बाहर खड़ा रहेगा। कहीं किसी दरार किसी छेद से आपके कमरे में प्रवेश करने की कोशिश करेगा और जब आप उठकर खिड़की-दरवाजे खोल देंगे तो वह आपके कमरे में प्रकाश भर देगा। आपको नया जीवन देगा।

लेकिन वह सूरज जो सुबह पूर्व में उगता है और शाम को पश्चिम में ढल जाता है, दिनभर उजाला देकर रात को अँधेरा कर जाता है, उस सूरज से बड़ा एक और सूरज है—युग के विचारों का सूरज। वह सुबह उगकर शाम को ढलता नहीं। उसका उजाला तो दिन-रात रहता है। जरूरत है केवल हमारे उगने की। कहा भी तो गया है कि जब जागे तब सबेरा रे भाई। तो जो लोग सोए रहे, उन्हें कोई फिक्र की जरूरत नहीं, वे जब भी अपने दिल-दिमाग के कपाट की जंग लगी साँकल खोलेंगे तो युग के विचारों का सूरज उनके अन्दर प्रकाश भर देगा। आज कौन आदमी ऐसा है जो सबका उदय नहीं चाहता? काल ने अपने निरन्तर गतिवान चरणों से इस दुनिया को ढकेलकर एक ऐसे बिन्दु पर ला दिया है जहाँ केवल सामूहिकता और सहकारिता ही मानव जाति को बचा सकती है। आज एक-दो के उदय से काम नहीं चलेगा, सबको सबके उदय के बारे में विचार करना होगा और अपने निर्णय पर अमल करना होगा। क्या सर्वोदय यह नहीं कहता?

इन्दौर में बाबा की पदयात्रा का आज अन्तिम दिन था। मनुष्य के जीवन में सिर्फ दो दिन महत्त्वपूर्ण माने जा सकते हैं। पहला वह दिन जब वह मुट्ठियाँ बन्द किए इस दुनिया में आता है और दूसरा वह दिन जब वह मुट्ठियाँ खोले इस दुनिया से चला जाता है। पहला दिन आने का दूसरा दिन जाने का। आने के दिन जितनी चहल-पहल और उत्साह होता है, जाने के दिन भी चहल-पहल तो उतनी ही होती है, लेकिन उत्साह नहीं

होता, उसकी जगह होता है वियोग। आने के दिन गरमाई रहती है, जाने के दिन नरमाई रहती है, गीलापन रहता है। आज वहीं नरमाई और गीलापन उन भाई-बहनों के दिलों में होगा जो सुबह चार बजे सफेद कोठी पर बाबा के साथ प्रार्थना में सम्मिलित होने आए थे और दिनों की अपेक्षा आज बहनें अधिक आई थीं। आज उन्हें बाबा का अधिक समय लेने की अनुमति थी। बाबा के कमरे के उत्तरी बरामदे में वे भाई बैठे हुए थे जो कमरे में समा न सके थे और दक्षिणी बरामदे में वे बहनें बैठी थीं, जिनकी संख्या आज बढ़ गई थी। ठीक चार बजे प्रार्थना शुरू हुई और चार दस पर समाप्त हो गई। कल की भाँति ही लोग अन्दर के हॉल में एकत्रित हो गए। मगर आज फिर लाउड स्पीकर बिगड़ा हुआ था। भाई-बहनों को आगे खिसकना पड़ा। जब बैठक व्यवस्था ठीक से हो गई तो बाबा ने हॉल में प्रवेश किया। वे धोती पर रेशमी शॉल डाले हुए थे। उनके पीछे महादेवी ताई थीं। सोफे पर बैठकर बाबा ने प्रवचन शुरू किया। सफेद कोठी के इस हॉल में अपना अन्तिम प्रवचन देते हुए विनोबाजी ने कहा कल सुबह मैं कस्तूरबा ग्राम चला जाऊँगा। अपने साथ मैं वहाँ कार्यकर्ताओं की भीड़ नहीं इकट्ठी करना चाहता। लेकिन यह एक आखिरी प्रयत्न है मेरा। फिर मैं अज्ञात में पैठ जाऊँगा, अहिंसा की शक्ति की खोज के लिए। फिर उन्होंने कार्यकर्ताओं के लिए कहा कि वे अनिन्द्राव्रत रखें। किसी की भी निन्दा उसके पीठ पीछे नहीं करें। अगर किसी से कोई गलती हो भी जाए तो उसकी चर्चा उसी के सामने विनम्रता से करें। अक्षोभ चिन्तन करें। अपनी भी गलतियों और दोषों का ढिंढोरा नहीं पीटते फिरें। सामाजिक कार्य करने को आगे आएँ। लोगों से केवल प्रेम ही न करें, उनका आदर भी करें। विश्वास की शक्ति हम लोगों को पैदा करनी होगी और मूल बुनियादी विश्वास यह रखना होगा कि मनुष्य भीतर से अच्छा है। ऊपर जो कुछ बुराइयाँ दिखती हैं, वे सब ऊपरी उछल-कूद है उससे अन्तर की चिरन्तन आत्मा प्रभावित नहीं होती। फिर उन्होंने इन्दौर के काम के बारे में भी कुछ निर्देश दिए।

कार्यकर्ताओं के इस वर्ग के बाद बहनों की सभा थी। लोग बिखर रहे थे, मगर बाबा वहीं बैठे थे, इसलिए बहुतों की बाहर जाने की इच्छा नहीं हो रही थी। ऐसे लोगों से निर्मला बहन कह रही थीं कि यह सभा बहनों की है, आप लोग बाहर जाइए। बाबा ने बहनों को वक्त दिया। हॉल में बहनों की संख्या बढ़ रही थी, वे अगली पंक्तियों पर अपना स्वत्व जमाती जा रही थीं। आखिरकार भाइयों को बाहर जाना पड़ा। पचास-साठ बहनों में चार-पाँच भाई वहाँ बैठे रहे जिनमें एक-दो अखबार वाले लोग थे और दादा भाई नाईक थे। बाबा ने बहनों को कहा कि आप लोग दीवार सफाई के बारे में पूछती हैं तो एक समिति बनाइए, वानप्रस्थ मंडल की समिति भी है, सर्वोदय मंडल भी है, तीनों मिल-जुलकर यह कार्य करें। अनधिकृत और अधिकृत विज्ञापनों को मिटाने के लिए सम्बन्धित व्यक्तियों की लिखित अनुमति ले लीजिए। जो घर मिटाने को राजी न हों, वे जब कभी राजी हों उनसे लिखवा लीजिए। आगे बाबा ने अपनी इच्छा प्रकट की कि मैं यह चाहूँगा कि इन्दौर में स्त्रियों का राज्य हो। इन्दौर के सर्वोदय नगर के काम को 75 प्रतिशत स्त्रियाँ करें और 25 प्रतिशत पुरुष करें। अन्त में उन्होंने कहा कि पुरुष वर्ग शंकाशील होता है और संशयवाद ने ही स्त्रियों का जीवन दूभर किया। उन्होंने यह भी कहा कि देहात में स्त्रियाँ शहर से ज्यादा आजाद हैं। दो-तीन बहनों ने कार्य के सम्बन्ध

में बाबा से सवाल पूछे और फिर पदयात्रा पर जाने की तैयारियाँ होने लगीं। साढ़े पाँच बजकर कुछ मिनट और हो गए थे। भाई-बहन बाबा के कमरे के सामने एकत्रित हो गए थे। निर्मला बहन, बहनों को चार-चार की लाइन बनाने का निर्देश दे रही थीं और उनकी शान्ति सेना को देखकर कुछ भाइयों को शंका हो रही थी कि आज उन्हें बाबा के साथ चलने का अवसर मिलेगा या नहीं?

जय-विजय के हाथ पकड़े बाबा बाहर निकले। आज वे तीनों अपने कन्धों पर नीले मोटे गोल पट्टों में अपना सामान उठाए थे। कई दिनों के बाद फिर वही दृश्य देखने को मिल रहा था, जो 24 या 29 अगस्त को देखने को मिला था। जब ओवर ब्रिज पर बाबा का काफिला चढ़ने लगा, तब ठंडी तीखी हवा बह रही थी। ब्रिज और आसपास की बत्तियाँ जल रही थीं। बाबा आज कुछ तेजी से चल रहे थे। बहनों में बहुत उत्साह था और वे बाबा के बिलकुल साथ-साथ चलना चाहती थीं। भाइयों को पीछे हटा दिया गया था। केवल वे ही दो-तीन गुजराती भाई जो बाबा से चर्चा कर रहे थे आगे-आगे चल रहे थे। उन्हीं से सटे-सटे दो अन्य युवक भी चल रहे थे। म.तु. अस्पताल के पास उनकी चर्चाएँ समाप्त हुईं और वे पीछे हट गए। कुछ बहनों की आवाज पीछे से आ रही थी कि इन दो भाइयों को सामने से हटाया जाए। निर्मला बहन ने उन्हें पीछे जाने को कहा, तो धीरज भाई ने उन्हें समझाया कि ये बाबा से चर्चा करने वाले हैं। उन दो युवकों में से पहले जिसे बाबा से मिलाया गया, वह एक ऊँचा पूरा स्वस्थ नवयुवक था, उसने पैंट और कमीज पहन रखा था, और उसके कन्धे पर कैमरा लटक रहा था। बाबा को प्रणाम करके उसने कहा—मैं प्रभू घाटे हूँ। अब जा रहा हूँ। बाबा ने उससे एक-दो दूसरे सवाल किए और फिर पूछा इंग्लैंड कब जा रहे हो? घाटे ने बताया अक्टूबर में। किशनपुरे के पुल की समाप्ति पर वह युवक हाथ जोड़कर बाबा से कुछ हटकर चलने लगा। मगर निर्मला बहन ने उसे पीछे जाने को बाध्य किया। अब बाबा के साथ केवल जय-विजय थे, बाकी की सब बहनें थीं, जो एक-एक कर अपनी बातें बाबा के सामने रख रही थीं। वे बाबा से क्या बातें कर रही थीं, यह नहीं बताया जा सकता, क्योंकि वहाँ भाइयों को साथ नहीं चलने दिया जा रहा था। फल मार्केट से निकलकर बाबा, यशवन्त रोड पर गांधी भवन पहुँचे। यहाँ जिन कांग्रेसी कार्यकर्ताओं ने बाबा का स्वागत किया, उनमें तोतलाजी, खादीवालाजी, चौहानजी प्रमुख थे। यहाँ बाबा ने पाँच-सात मिनट का छोटा-सा प्रवचन दिया। उन्होंने कहा कि इन्दौर में मैंने जो कुछ देखा उसे मैं सब तरफ कहूँगा, अब आपकी यह जिम्मेदारी है कि आप मेरे कथन को ढोल में पोल सिद्ध न होने दें। प्रवचन के बाद खादीवालाजी बाबा को गांधी भवन दिखाने ले गए। जीना चढ़ते वक्त उन्होंने बाबा को बताया कि आप पहले भी 1949 में जब यह भवन बन रहा था, यहाँ आए थे। बाबा ने पूरे भवन का निरीक्षण किया, दफ्तरों के बारे में पूछा और फिर यशवन्त रोड से हरसिद्धी की तरफ बढ़े। इस बीच एक युवक रमाकान्त ने बाबा से अपनी निजी बातों पर प्रश्न किए। फिर मोती तबेला रोड पर दादाभाई नाईक ने उनसे चर्चा की।

अब बाबा मोती तबेला रोड से होते हुए कलेक्टरेट के पास बन रहे नए पंचायत भवन पर पहुँचे। द्वार पर श्री *भागवत* साबू और श्री बिश्नार के साथ अन्य कई पंचों ने उनका स्वागत किया। भवन की गच्ची पर सभा का आयोजन किया गया था। यहाँ कतारों

में बैठे इन्दौर जिले के पंचों के बीच बाबा ने लगभग 40 मिनट तक प्रवचन दिया। बाबा के प्रवचन के पहले इन्दौर मंडल पंचायत के सरपंच श्री साबू ने बाबा का स्वागत करते हुए इन्दौर जिले का परिचय दिया और सर्वोदय के काम के लिए मार्गदर्शन माँगा। गच्ची से उतरकर बाबा नीचे हॉल में पहुँचे जहाँ उन्होंने पंचों के प्रश्नों के उत्तर दिए और नौ बजकर पाँच मिनट पर वहाँ से निकलकर बिसर्जन आश्रम पहुँच गए।

यहाँ की चिनगारी बुझेगी नहीं, उसमें से ज्योति प्रगट होगी

स्थानीय कार्यकर्ताओं को बाबा का सम्बोधन

आज सुबह सफेद कोठी के हॉल में एकत्रित स्थानीय कार्यकर्ताओं को सम्बोधित करते हुए सन्त विनोबा भावे ने कहा मेरा विश्वास है यहाँ जो चिनगारी प्रकट हुई है वह बुझेगी नहीं, उसमें से ज्योति प्रकट होगी। इन्दौर में हमारे काम में होने में उतनी ही देर लगेगी जितनी कि हममें कुशलता आने में लगेगी। प्रात:कालीन प्रार्थना के बाद भीतरी हॉल में बाबा स्थानीय कार्यकर्ताओं के बीच यह अन्तिम प्रात:कालीन प्रवचन दे रहे थे। इन्दौर की जनता के नाम कल जो उन्होंने सहयोग देने की अपील की थी, उसे दुहराते हुए बाबा ने कहा कि हमने अपील बेकार लोगों से नहीं की है। जो घर, समाज, देश का काम कर रहे हैं, उनसे की है। मान लीजिए हमने किसी से समय माँगा और उसने दो घंटे रोज हमारे काम को दिए, पर वह बेईमानी से अपनी रोजी कमाता है, एक भाई ईमानदारी से अपनी रोजी कमाता है और उसके पास इतना समय ही नहीं कि वह सामाजिक काम कर सके तो उस भाई से जितने समय दिया, यह समय न देने वाला भाई ज्यादा सेवा करता है। ईमानदारी से रोजी कमाने वाले का तो जीवन ही सेवा है। सर्वोदय के काम में लोग मदद नहीं दे रहे हैं, ऐसा भान हमें नहीं होना चाहिए। जो व्यक्त होता है वह तो बहुत कम है। कुल का कुल काम तो अव्यक्त में ही बनता है। आसमान में जब पूर्व तैयारियाँ हो चुकती हैं तब बारिश होती है। तो कुल का कुल पोषण अव्यक्त से मिलता है। लाखों लोगों के बीच में हमने व्याख्यान दिया है, ऐसी सभा का अपना अलग महत्त्व है, पर चन्द लोगों के सामने हमारा दिल पूरी तरह खुल जाता है।

रामदास ने अपने शिष्यों को श्लोक लिखकर दिए थे और कहा था कि जाओ घर-घर माँगो। कोई कितना भी देने की कोशिश करे पर तुम एक मुट्ठी से ज्यादा मत लो। उनके श्लोकों में उपदेश नहीं, बोध था। उनमें ऐसा नहीं लिखा था कि ए लोगो शुद्ध हो जाओ, ए पापियो शुद्ध हो जाओ। उनमें लिखा था ए मन शुद्ध हो जाओ। दवाई कितने यंत्रों से बनाई जाती है, पर उसे ही दी जाती है, जो बीमार होता है। तो मैं ही पापी हूँ तो सबसे पहले मेरे ही पास क्षय हों। रामदास ने श्लोकों में तुम वाली भाषा नहीं थी। तो अपने पापों का संशोधन ही कम कर सकते हैं। बोध हम क्या देंगे, लोग अच्छे हैं, नम्रता से काम करते हैं। कार्यकर्ता अगर नम्र हो तो लोग उसका साथ देते हैं। बहनें आगे आ रही, वानप्रस्थी लोग आ रहे हैं, इन सबको काम देना है। रामानुज भिक्षा माँगने जाते तो बन्द दरवाजे के बाहर खड़े होकर गाते—हे लक्ष्मी, तेरा बच्चा तेरे द्वार पर खड़ा है। कहते हैं दरवाजे खुल जाते थे। ऐसे हमारे लिए दरवाजे खुलते हैं मगर हम पहचानते नहीं। अगर कोई दरवाजा नहीं भी खुले तो अगले दरवाजे पर आवाज लगानी चाहिए। मैं

लोकसम्पर्क को हरिसम्पर्क इसीलिए कहता हूँ। दरवाजा नहीं खुलता एक श्लोक गाकर आगे बढ़े। यों करते-करते एक दिन आएगा जब कुल दरवाजे खुल जाएँगे। गांधीजी ने हमें दरवाजे खोलने के कई उपाय बताए हैं, पर हम एकनाथ महाराज जैसा कोई हथकंडा नहीं अजमाएँगे। हम यहाँ आए हैं तो यहाँ की पकड़ हमें छोड़नी नहीं है। आपके काम को सहानुभूति मिली है। प्रजातंत्रीय सरकार ने आपको दान दिया है। लोगों ने अधम का स्वागत किया है। हजारों की तादाद में लोग प्रवचन सुनने आते हैं और भी बहुत उत्साह से हमें यहाँ सहयोग मिला है। कहने का सार यह है कि मुँह से ऐसा शब्द मत निकालो, ऐसा भाव मन में मत रखो कि लोग हमें मदद नहीं दे रहे हैं। बात इतनी-सी है कि हमसे यह ठीक से पकड़ी नहीं जा रही है।

फिर कुछ गलतफहमियों का निराकरण करते हुए बाबा ने कहा कि कांग्रेस वाले मुझसे नाराज हैं कि मैंने उन्हें गुलाम कह दिया। मैं कश्मीर से लौटा हूँ और यह शब्द मेरे मुँह में है, गुलाम का मतलब है—सेवक? इसी तरह एक बार उन्होंने एक व्याख्यान में गांधीजी को दगाबाज कह दिया था। अन्त में स्थानीय कार्यकर्ताओं को अपने अन्तिम प्रात:कालीन सम्बोधन में प्रेरणा देते हुए सन्त विनोबा ने कहा कि जो भी काम हम करें, प्रेम से करें, आस्तिकता से करें। मेरा विश्वास है कि इन्दौर में जो चिनगारी प्रकट हुई है वह बुझेगी नहीं, उसमें से ज्योति प्रकट होगी।

लगान की वसूली अनाज में की जाए
सर्वोदय से ग्राम स्वराज्य की स्थापना होगी बाबा पंचायत सम्मेलन में

आज प्रात: इन्दौर मंडल की पंचायतों के पंच व सरपंचों को सम्बोधित करते हुए बाबा ने कहा कि भूमि की समस्या भूदान से ही हल हो सकती है, एवं सर्वोदय के माध्यम से ग्राम स्वराज्य की स्थापना सहजभाव से हो सकेगी। पूछे गए विविध प्रश्नों का उत्तर देते हुए आपने बताया कि लगान की वसूली अगर अनाज के रूप में की जाए तो यह प्रणाली शासन व कृषक दोनों के लिए सुविधापूर्ण रहेगी। नवनिर्मित पंचायत भवन के हॉल में आचार्य विनोबा भावे आए तथा उपस्थित पंचगणों व अन्य व्यक्तियों के सम्मुख वे बैठे। इसके पश्चात इन्दौर मंडल पंचायत के सरपंच श्री *भागवत*जी साबू ने बाबा के सम्मुख निवेदन करते हुए कहा कि ग्राम स्वराज्य के लिए हमें आज मानस तैयार करना है। इस दृष्टि से इन्दौर मंडल पंचायत में कुछ कार्य भी हुआ है एवं वह एक नए आधार पर हुआ है। अन्त में आपने बाबा से अनुरोध भी किया कि वे इस सम्बन्ध में मार्गदर्शन दें। श्री साबूजी के बाद राज्य के उपमंत्री श्री सज्जनसिंह जी विश्नार ने बताया कि देश का जो आर्थिक ढाँचा है तथा उसमें ग्राम पंचायत का जो स्थान आता है उस दृष्टि से ग्राम सुधार का कार्य कैसे किया जाए। लगान वृद्धि के सम्बन्ध में विनोबाजी के जो विचार हैं वे कार्यान्वित कैसे किए जा सकते हैं? इसी तरह सर्वश्री शिवशंकरजी, बाबूलाल गोदिया, बारालाल आदि सज्जनों ने मौलिक प्रश्न पूछे।

प्रश्न पूछे जाने के पश्चात बाबा ने कहा कि लेखों में भी काफी प्रश्न पूछे गए हैं तथा उनके उत्तर मैं दे रहा हूँ। बहुत से प्रश्न तो ऐसे हैं कि पुस्तकें आदि पढ़ने के पश्चात उनका उत्तर मिल सकता है। पूछे गए विविध प्रश्नों का उत्तर देते हुए बाबा ने

कहा कि आजकल यह भावना है कि ग्राम पचायतें स्वायत्त संस्थाएँ हैं। अनेक सरकारी कानून बने हुए हैं जो कि पंचायतों को पालन करने पड़ते हैं। किन्तु सरकार ने माना है कि ग्राम पंचायतें स्वतंत्र होंगी तथा ग्राम का समस्त कारोबार उनके हाथ में आएगा। राजस्थान व आंध्र में इनका प्रयोग हुआ है वहाँ विकेन्द्रीकरण का कार्य सफल हुआ है। अब मध्य प्रदेश ने भी पंचायतों का कार्य हाथ में उठाया है इसलिए आज नहीं तो कल यहाँ पंचायतें स्वतंत्र होंगी।

जमीन समस्याओं का विश्लेषण करते हुए आपने कहा कि इसको हल करने के लिए तीन रास्ते सुझाए जाते हैं, वे हैं—कानून, सत्याग्रह तथा भूदान। आज कानून से सीलिंग का कार्य चलाया जा रहा है, किन्तु इससे सफलता कितनी मिलेगी इसका अनुमान सहज लगाया जाता है। लगभग 9 लाख एकड़ भूमि इससे मिलेगी उसमें से बहुत सी खराब मिलेगी, मुआवजा देना पड़ेगा तथा कोर्टों में झगड़े चलेंगे। ये सब मुसीबतें इसमें आएँगी। अब दूसरा रास्ता रहा सत्याग्रह का। आजकल सत्याग्रह की हवा नहीं है। जहाँ भी हिंसा हुई कि सत्याग्रही मारे जाएँगे। इसके साथ ही विरोधी पार्टी वाले इसमें आ जाएँगे एवं सियासत का वातावरण बन जाएगा। फलत: कार्य के बजाय द्वेषभाव बढ़ेगा। अब अन्तिम रास्ता भूदान का रहा। भूदान करुणा के आधार पर होगा। यह तो दान है इसमें मुआवजा दिया नहीं जाता। इस तरीके से अभी तक लगभग 40 लाख एकड़ भूमि एकत्रित की गई है जिसमें से 9 लाख एकड़ भूमि का वितरण हो गया है। अत: यही रास्ता श्रेष्ठ है और आखिर में सभी इसी रास्ते पर आएँगे।

लगान बढ़ाने सम्बन्धी प्रश्नों का उत्तर देते हुए आपने कहा कि मैंने लगान वृद्धि करने की बात नहीं की है—मैंने जो कहा है उसे आप समझे नहीं हैं। मैंने कहा था कि आज लगान रुपये में वसूल किया जाता है। इसके बजाय अनाज में लिया जाना चाहिए। आज लगान जो पूर्व में निर्धारित किया गया है उसी के अनुसार वसूल किया जा रहा है। अनाज के दाम उसके अनुपात में काफी बढ़ गए हैं। इसलिए लगान अनाज में लिया जाए तो मूल्यों के अनुरूप लगान मिलेगा एवं लगान देने में कृषकों को भी सहूलियत होगी। वह कर्मचारियों को अनाज सहूलियत से वितरित कर सकेगा। इसके पश्चात खादी आदि की चर्चा करते हुए उन्होंने कहा कि आज जो शासन का ध्यान अपनी ओर आकर्षित कर सकते हैं उन्हें शासन की मदद मिल जाती है। इस रूप में गरीब व दबे हुए व्यक्ति शासन का ध्यान अपनी ओर आकर्षित नहीं कर सकते हैं और वे शासकीय मदद प्राप्त नहीं कर पाते। आज परिस्थिति यह है कि शासन आपका सहयोग चाहता है जबकि होना यह चाहिए कि आप जाग्रत रहें एवं शासन का सहयोग माँगें। यह कार्य सर्वोदय अच्छी तरह कर सकता है। जब माँग का प्रत्येक व्यक्ति कार्य करने के लिए तत्पर हो जाएगा तभी ग्राम स्वराज्य की भावना बनेगी और ग्राम स्वराज्य की स्थापना होगी।

गाँव का झगड़ा गाँव से बाहर नहीं जाए
खादी और ग्रामोद्योग के बिना ग्रामोन्नति असम्भव

आज प्रात:काल इन्दौर मंडल पंचायत के आधे बने भवन की गच्ची पर एकत्रित इन्दौर जिले के पंचों को सम्बोधित करते हुए सन्त विनोबा भावे ने कहा कि जिस तरह राष्ट्र के

स्वराज्य की पहचान है कि राष्ट्र का झगड़ा बाहर नहीं जावे, उसी तरह ग्राम स्वराज्य की यह पहचान है कि ग्राम का झगड़ा ग्राम से बाहर नहीं जाए। गाँव में ही सर्वानुमति से उसका फैसला होना चाहिए। आचार्य विनोबा ने स्पष्ट कहा कि ग्रामोन्नति खादी और ग्रामोद्योग के बिना नहीं हो सकती। खादी सरकार के संरक्षण के बिना चल सके, इसलिए गाँव के लोगों ने यह संकल्प करना चाहिए कि वे खेती के बाद सबसे ज्यादा महत्त्व खादी को ही देंगे। अब ग्राम स्वराज्य के साथ खादी का सीधा सम्बन्ध स्थापित हो गया है। सन्त विनोबा ने खूब अच्छी तरह समझाकर कहा कि गाँव के झगड़े गाँव में ही निपटाए जाएँ। सभी महत्त्वपूर्ण फैसले सर्वानुमति से किए जाएँ जो एक बार में नहीं निपट सके उस पर दुबारा-तिबारा विचार किया जाए, पर गाँव का झगड़ा बाहर नहीं जाने दिया जाए। इस बात के लिए यह आवश्यक है कि गाँव में लोकमत का निर्माण किया जाए। ग्राम पंचायत ग्राम के गरीबों का समाधान हासिल करे और उनके मसले सुलझाए। इसी तरह बाबा ने कहा कि ग्रामीणों ने गाँव की तालीम का काम अपने ऊपर ले लेना चाहिए।

अपने प्रवचन के प्रारम्भ में सन्त प्रवर विनोबा ने कहा—इन्दौर के निवास का स्थूल रूप से आज आखिरी दिन है। यह छोटी-सी सभा जो यहाँ हो रही है, इसका उद्‌देश्य बड़े महत्त्व का है। स्वराज्य प्राप्ति के पहले कोई तीस साल मेरे ग्राम में काम करते बीते। छोटे-छोटे गाँवों में जाना, सम्पर्क साधना-विचार-प्रचार करना, मेरा धन्धा था। मैंने गाँव के काम का काफी अनुभव लिया है। तब कितने ही लोग चाहते थे कि यह शक्स बाहर निकला तो अच्छा रहेगा। पर मैं डिगा नहीं और अब जब मैं चल रहा हूँ तब कितने ही सज्जन चाहते हैं कि बाबा कहीं बैठ जाए और मूर्तिकार का कौशल दिखाए। पर मैं मानता हूँ कि बाबा को बिठाने में कोई सफल नहीं हो सकता। तो अभी तो मैं घूम रहा हूँ। विचार का दान दे सकता हूँ। जिसे विचार समझ में आते हैं वे काम करें, नहीं आते नहीं करें और अब तो बाबा अज्ञात में बैठ रहा है। तो किसी प्रकार का भार वह चित्त पर रखेगा यह नामुमकिन है।

स्वराज्य के पहले हम गांधी आश्रम में जाकर रहते थे, तब सोचते थे कि एक पूरक धन्धा खादी का हो जाए, फिर उसके बाद कई उद्योग निकल आएँगे। खादी का काम एक महान उद्योग है। खेती के बाद खादी का ही नम्बर आता है। कपड़े के लिए एक परिवार से एक साल में 20 रुपये बाहर जाते हैं। एक हजार की जनसंख्या वाले गाँव में 200 घर हैं तो बीस हजार रुपया सालाना उस गाँव से बाहर जाएँगे। तो बीस रुपये प्रति व्यक्ति टैक्स लग गया। कपड़े पर उस छोटे से गाँव में। एक भाई कहने लगे—सरकार को गरीब लोगों से लगान नहीं लेना चाहिए। हमने पूछा—कितनी लगान लेती है सरकार। बोले—दो रुपये प्रति एकड़। पहले कितनी लेती थी हमने पूछा तो उसने बताया पहले भी इतना ही लगान लेती थी। हमने कहा—बड़ी बेवकूफ है सरकार पहले भी दो रुपये लेती थी, अब दो रुपये लेती है। पहले के दो रुपये अब बारह रुपयों के बराबर है। फिर भी उतना ही लगान लेती है। जितना पहले लेती थी। अब फिर से लगान लगाया जाना चाहिए, ज्यादा लगाया जाना चाहिए और अनाज के रूप में लिया जाना चाहिए। लेकिन सरकार ऐसा कर नहीं सकती। करे तो चल नहीं सकती। फिर कुछ रुककर बोले सत्य

बोलने की सारी जिम्मेदारी मेरी ही हो गई है। जैसे गाँव के लोग खेती का धन्धा करते हैं, उसी तरह उन्होंने खादी का काम भी अपने हाथ में ले लेना चाहिए। इससे बीस हजार रुपये सालाना गाँव से बाहर जाना बन्द हो जाएँगे। समझ लो चार हजार रुपये कपास बेचकर गाँव में आ जाते ही होंगे—फिर भी 16 रुपये प्रति व्यक्ति टैक्स लग ही जाता है। जो समय बचता है, उसमें कोई काम न होने के कारण कोई उल्टा-सीधा कम करता है। गांधी की चीज बाहर जाए और उसके बदले आलस आए यह क्या ठीक है। तो खादी का काम गाँव में चलना चाहिए।

एक उदाहरण देते हुए बाबा ने बताया कि राष्ट्रीय आन्दोलन के जमाने में काफी प्रयत्नों के बावजूद एक हजार की बस्ती वाले गाँव में वे जैसे-तैसे सौ लोगों को खादी पर स्वावलम्बी बना पाए थे। उस समय ऐसा कोई गाँव नहीं था जहाँ पर खादी पर स्वावलम्बन हो। इसका कारण यह कि हमने जमीन पर ध्यान नहीं दिया था। ग्रामोन्नति खादी और ग्रामोद्योग के बिना हो ही नहीं सकती और खादी को भी अब सरकार के संरक्षण पर नहीं, गाँव की जनता के आधार पर खड़ा होना होगा। ग्राम स्वराज्य का खादी से सीधा सम्बन्ध है। मान लीजिए बम्बई और अहमदाबाद पर एक-एक बम लड़ाई की सूरत में गिरा दिया जाए। मिलें खाक हो जाएँगी। कपड़ा मिलना बन्द हो जाएगा। एक बात और। गाँव की तालीम ग्रामीणों को अपने हाथ में रखनी चाहिए। सरकार की किताबें, सरकार का शिक्षक निश्चित घंटों में नौकर के मुताबिक काम करते हैं। ऐसा नहीं होना चाहिए सरकार को केवल हिदायत देने का अधिकार होना चाहिए। शिक्षण अधिकार गाँव वालों के हाथ में ही रहे।

फिर न्याय की चर्चा करते हुए सन्त विनोबा ने कहा कि गाँव का झगड़ा गाँव से बाहर नहीं जाना चाहिए। हमारे देश के स्वराज्य का मतलब है झगड़ा दिल्ली में रुकेगा। राष्ट्र के स्वराज्य की पहचान यह है कि झगड़ा राष्ट्र के बाहर नहीं जाए उसी तरह ग्राम स्वराज्य की पहचान है गाँव का झगड़ा गाँव से बाहर नहीं जाए। जो भी फैसला हो वह एकमत से हो। अन्त में उन्होंने कहा गाँव के चुनाव भी नए तरीके से हों। हर पाँच साल में आग लगाने वाले आ जाएँगे। हम हमारी सहूलियत से उन्हें एक दिन मीटिंग करने के लिए देंगे। एक ही मंच से सारी पार्टियों को बोलना पड़ेगा। उन सब लोगों को विदा करके चुनाव के दिन पूरी तरह गाँव वोट दे देगा। जिस तरह होली की पूर्णिमा के दिन किया जाता है—वैसा ही हम करेंगे। इसके पूर्व इन्दौर मंडल पंचायत के सरपंच श्री *भागवत* साबू ने बाबा का स्वागत किया, उन्हें इन्दौर जिले की ग्रामीण गतिविधियों का परिचय दिया और सर्वोदय के काम में गाँव क्या करें इस दिशा में मार्गदर्शन माँगा।

विश्वास के बिना स्नेह, शक्तिहीन
शान्ति के लिए वेदान्त व विज्ञान जरूरी

आज सायंकाल नौलखा स्थित विसर्जन आश्रम के उद्यान में हुई प्रार्थना सभा में सन्त विनोबा ने इन्दौर में अपना प्रवचन देते हुए कहा कि अगर हम दुनिया में शान्ति और समृद्धि चाहते हैं तो हमें तीन बातों को स्थिर करना होगा—वेदान्त, विज्ञान और विश्वास। आप लोगों का प्रेम और स्नेह तो हमने खूब देखा, अब विश्वास भी बताइए। प्रेम मन

में हो, विश्वास नहीं हो तो, उसकी अनुभूति नहीं होती। परमात्मा करे आपमें विश्वास जगे। प्रेम और विश्वास की विवेचना करते हुए सन्त विनोबा ने कहा कि प्रेम बिजली के समान है। वह तो मन में रहता ही है। मगर जब तक आप विश्वास का बटन नहीं दबाएँगे तब तक आपको प्रकाश नहीं मिल सकता। विश्वास नहीं हो तो स्नेह और प्रेम की शक्ति भी कुंठित हो जाती है। आज प्रेम और स्नेह तो सब जगहों पर दिखाई देता है, पर विश्वास नहीं दिखता। हमें एक-दूसरे पर पूरा विश्वास होना चाहिए।

इन्दौर में अपने अन्तिम प्रवचन के प्रारम्भ में बाबा ने कहा इन्दौर से आज हम विदा ले रहे हैं। यह आखिरी प्रार्थना सभा यहाँ पर है। हमें आज यहाँ एक माह एक दिन हुआ। कल कस्तूरबा ग्राम चला जाऊँगा। आठ दिन वहाँ रहूँगा। इस प्रकार सवा माह से आधा समय मैंने यहाँ दिया। यहाँ मुझे बड़ी खुशी हुई। नाहक समय दिया, ऐसा नहीं लगा। यहाँ मुझे नया अनुभव मिला। आठ साल से मैं नगर में नहीं रहा था। अब इतने दिन यहाँ रहा और जैसा कि हमारा दिल और दिमाग खुला रहता है, हमें कुछ न कुछ सीखने की आदत है। कुछ बातें यहाँ मैंने आप लोगों के सामने रखीं। इस एक माह में, नागरिकों के बीच और अन्य संस्थाओं में हमने सब मिलाकर सौ सवा सौ व्याख्यान दिए हैं। कई बात हमने बार-बार दोहराई है। फिर भी कितने ही नए विचार हम आप लोगों के सामने रखते रहे हैं। जो आदमी सतत बोलता रहता है उसके मुँह से ऐसे शब्द निकल सकते हैं, जिनसे किसी को सदमा पहुँचे। मेरे शब्दों से जिनको सदमा पहुँचा हो, ठेस लगी हो, उनसे मैं क्षमा माँगता हूँ। मुझे माँगनी ही चाहिए। पर जो कुछ मैंने कहा है प्रेम से कहा है। मैं जानता हूँ। मुझे मेरे शब्दों पर काबू है। शब्दों के शास्त्र को मैं जानता हूँ। बहुत-बहुत सोच-समझ और सम्हलकर मैं शब्दों का उपयोग करता हूँ। इसके बावजूद किसी को ठेस पहुँच सकती है इसलिए क्षमा माँगता हूँ।

आज सुबह एक सभा में मैंने कहा था इन्दौर मेरे हृदय में अंकित रहेगा। इसके लिए मेरे मन में बड़ी भावना थी। हमें जो कुछ यहाँ से मिला उससे निराशा नहीं हुई। मैं कल जा रहा हूँ। पर आपके यहाँ की गतिविधियों की जानकारी मैं लेता रहूँगा। यह मैं पसन्द नहीं करूँगा कि मेरे जाने के बाद काम ढीला हो जाए। ऐसा अगर कहा जाए कि आपके आने से कार्यकर्ता आपकी सेवा में लगे रहें और इस बीच काम नहीं हुआ तो मुझे प्रसन्नता होगी। हुआ भी ऐसा ही है, मुझसे मिलने जुलने वालों का सतत प्रवाह आता रहा है। कल उधर कस्तूरबा ग्राम जाऊँगा तो यहाँ के लोग फौरन काम में लग जाएँगे। उनके काम की गति की सूचना मुझे मिलेगी। आज जिस जगह पर हम बैठे हैं—वह प्रजातंत्र का दान है, राजा का नहीं। एकान्त स्थान है शहर से दूर फिर भी पास है। पेड़ है। नहीं है। गांधीजी की अस्थियाँ यहाँ विसर्जित हुई हैं। लेकिन इसका नाम हमने विसर्जन रखा तो हम सबका अहंकार इसमें विसर्जित होना चाहिए। कोई भी काम करने के लिए अहंकार जरूरी है, यह एक मोटा विचार है। पर सूक्ष्म बात यह है कि हम अहंकार छोड़कर कार्य के साथ एकाकार हो जाएँ तो बीच-बीच में लगेगा कि अहंकार ने हमें काम में मदद दी है। पर सच में अहंकार कार्य को तोड़ता बहुत है, जोड़ता कम है। कार्य प्रवाह रूपेण शुरू होना चाहिए, अहंकार प्रेरित नहीं। एक माह तक हम यहाँ रहे। एक प्रवाह चला, तो अब इस प्रवाह से ही काम शुरू

होना चाहिए। तो हम सब अपना अहंकार त्यागकर काम करें तो इस आश्रम का नाम विसर्जन आश्रम सार्थक होगा।

यहाँ जो सहानुभूति आप लोगों में आई, इसका कारण क्या? एक शख्स ने यहाँ आकर आपसे अकारण प्यार किया है? इन्दौर का नाम पहले से ही रटता रहा हूँ। नक्शे में इसे देखता रहा हूँ। जिस तरह कवि ने कहा है—नशे में ग्यैर कर अपनी उसी तरह मैंने नक्शे में सैर कर अपनी—ऐसा करके इन्दौर को पकड़ लिया। मैंने आपको प्रेम किया, आप लोग सहज हो बँध गए। आपने स्नेह का जवाब स्नेह से दिया। स्नेह करने से स्नेह मिलता ही है। स्नेह एक शक्ति है। हमें इसी की शक्ति से अब सारे संसार को जीतना है। सारी समस्याएँ इसी से सुलझानी हैं। कुछ पुराने दिमाग वाले लोग समझते हैं कि स्नेह व्यक्तिगत क्षेत्र में भले ही चल जाए, पर अन्तर्राष्ट्रीय तंत्र में नहीं चल सकता। पर मैं कहता हूँ एक बार अगर व्यक्तिगत क्षेत्र में स्नेह कम भी हो तो चल सकता है, मगर अन्तर्राष्ट्रीय क्षेत्र में स्नेह कम होने से सर्वनाश हो सकता है। हमारी जबान में, दिल में बहुत ज्यादा स्नेह होना चाहिए। मुझे प्रेम और अनुराग तो दिखता है, पर विश्वास नहीं दिखता। प्रेम बिजली के समान है और विश्वास बटन के समान। जब तक आप विश्वास का बटन नहीं दबाएँगे, प्रकाश नहीं होगा। स्नेह और प्रेम की शक्ति भी कुंठित होती है, अगर विश्वास नहीं हो। हमने ऐसे कितने ही पति-पत्नी देखे हैं जो बरसों साथ रहते हैं, उनके बच्चे होते हैं, मगर उनमें पूरा विश्वास नहीं होता। प्रेम स्नेह ज्यादा गाढ़ा होता है, उसमें अनुराग ज्यादा रहता है एक कदम आगे ही आसक्ति रहती है। मैंने एक श्लोक बताया है—जिसमें कहा गया है दुनिया में अगर शान्ति और समृद्धि चाहते हैं तो तीन बातों को स्थिर करना होगा—वेदान्त, विज्ञान और विश्वास। आप लोगों ने हमें प्रेम और स्नेह तो खूब दिखाया, अब विश्वास भी दिखाइए। प्रेम तो मन में पड़ा रहता है, उसकी अनुभूति नहीं होती। परमात्मा करे आपको ऐसी अनुभूति हो।

उतावलेपन से अहिंसा बढ़ती नहीं। इसलिए उग्र कार्यक्रम मैं बनाना नहीं चाहता। साधन कार्य में धीरे-धीरे ऊपर चढ़ा जाता है। हम एक दिन यहाँ आश्रम में गए थे। वहाँ आसन करने वालों को निर्देश देने वाले निर्देशक बार-बार धीरे-धीरे कह रहे थे। उसका हम पर बड़ा असर पड़ा। *गीता* में भी यही लिखा है। सबकी सहानुभूति, सबका सहयोग हासिल करना यह सर्वोदय का महत्त्वपूर्ण कार्य है। इसके आगे बाबा ने नगर निगम को पक्ष मुक्त रखने सम्बन्धी चर्चाओं का जिक्र किया और कहा कि दूसरी पार्टी के लोगों ने अपनी सहमति प्रकट की थी पर कांग्रेस वाले ऊपर के ऑर्डर का रास्ता देख रहे थे, आज वह भी हो गया। (इससे सम्बन्धी विस्तृत रिपोर्ट प्रथम पृष्ठ पर पढ़िए)

कस्तूरबा ग्राम के लिए बस

मध्य भारत रोडवेज से प्राप्त एक सूचना के अनुसार कल दिनांक 25 अगस्त से रोज रोडवेज की एक बस स्टेशन से पौने पाँच बजे कस्तूरबा ग्राम के लिए चलेगी। जो भाई-बहन बाबा के सायंकालीन प्रवचन सुनना चाहते हैं, इसका लाभ उठाएँ।

(25 अगस्त, 1960)

जहाँ सारी संस्कृतियाँ एक हो गईं

एक मनोहारी दृश्य

जिसे किसी स्थल विशेष का मोह नहीं हो, जिसे किसी जगह, रुककर रहना अच्छा न लगता हो और जो मंजिल की पुकार पर राह के किसी भी आकर्षण में उलझता नहीं हो, वह राही है। उसे रोकना बेकार है। उसके जाने पर दुखी होना निरर्थक है। उसे जाना ही है और वह जाएगा ही, हम लाख रोकें, उदास हो जाएँ, उसके पाँव रुकेंगे नहीं। उसे जाने दो। नदी को बहने दो। पानी रुकेगा तो गदला होने लगेगा। यह राही का उसूल है कि वह चलता रहे। जहाँ ठहरना पड़ा है वहाँ ठहरे। जो भी काम करना अनिवार्य लगे, करे और फिर सारे मोह के बन्धन तोड़कर आगे बढ़ जाए। कोई स्थल छोड़ते वक्त उसे दुख न हो, उसकी आँखें गीली न हों, वह मुड़-मुड़कर पीछे नहीं देखे। उसकी आँखें सामने हों, सामने उसकी मंजिल हो और मंजिल में वह स्वयं हो। बाबा राही हैं। उन्होंने शपथ ली है कि जब तक भारत में ग्राम स्वराज्य की स्थापना नहीं हो जाती, वे सतत चलते रहेंगे। ग्राम स्वराज्य उनकी मंजिल है, लोक सम्पर्क उसका साधन है और भारत में लोक सम्पर्क का सर्वश्रेष्ठ साधन पैदल चलना है और जो चलता है वह राही है, जो सतत चलता है वह सच्चा राही है। आज सुबह चार बजे विसर्जन आश्रम की चहल-पहल विदा के गीलेपन से नरम हो रही थी। वे लोग जो पिछले एक माह से नियमित रूप से बाबा की प्रार्थना और पदयात्रा में आते रहे हैं, आज भी उपस्थित थे। उनके अतिरिक्त ऐसे भी बहुत से लोग थे जो आज बाबा को विदा देने को ही आए थे। प्राय: सभी स्थानीय कार्यकर्ता आज अपने उस बाबा को विदा देने आए थे, जिसे देखकर उनके जीवन में उत्साह, हाथों में बल, पाँवों में गति और दिलों में विश्वास आता है।

आज सुबह पानी नहीं गिर रहा था, मगर फिर भी विसर्जन आश्रम का वातावरण गीला था। आसमान साफ था और तारे छिटक रहे थे, फिर भी प्रार्थना में आए लोगों के दिल भरे हुए थे। ठीक समय पर विधिपूर्वक प्रार्थना हुई। अब इस तरह बाबा के साथ ईश्वर से एकात्म स्थापित करने का मौका नहीं मिलेगा। सवा चार बजे बाबा ने कार्यकर्ताओं के वर्ग में प्रवचन दिया। उन्होंने विसर्जन आश्रम के बारे में चर्चा करते हुए कहा कि आगे कभी मैं यहाँ आऊँ तो ऐसा नहीं होना चाहिए कि मुझे विसर्जन आश्रम में ठहराया जाए। प्रत्येक घर आश्रम बनना चाहिए। उन्होंने यह अपेक्षा की कि यह विसर्जन आश्रम कार्यकर्ताओं का आधार स्थान वरन। बाहर के कार्यकर्ताओं

का सत्संग लाभ भी यहाँ हो। कस्तूरबा ग्राम की सेविकाओं को नगर का काम अपना बनाना चाहिए। यहाँ की बहनों की सद्भावना मैंने उनकी आँखों में देखी है और समझी है। अगर एक नागरिक कन्या ने यहाँ मेरे सब व्याख्यान सुनने की जाग्रति रखी तो वह सेविका ही हुई। फिर इन्दौर के काम के लिए कार्यकर्ताओं का संग्रह करने के बारे में उन्होंने बताया कि एक से काम लेना शुरू करें तो आप देखेंगे कि बहुत से नाम मिल रहे हैं अपने इस अन्तिम प्रवचन में उन्होंने कार्यकर्ताओं को अध्ययन करने को विशेष सलाह दी। उन्होंने कहा पुराने वचनों को आज के जमाने के अनुरूप अध्ययन करना चाहिए। तीन पुस्तकों *स्थिर प्रदर्शन, मंगल प्रभात* और *जीवन शोधन* की सिफारिश करते हुए बाबा ने कहा इन पुस्तकों में खालिस अध्यात्म मिलेगा काल्पनिक उपासनाएँ, इनमें नहीं मिलेंगी। कुल आध्यात्मिक किताबों को याद करके लोगों के पास पहुँचानी चाहिए। सभी इन्दौर के लोगों ने उन्हें पढ़ना चाहिए और आश्रम में आध्यात्मिक विचारों का अध्ययन-अध्यापन चलना चाहिए। इसके बाद बाबा ने खादी ग्रामोद्योग पर विस्तार से प्रकाश डाला। वर्ग के बाद बाबा ने कुछ लोगों से चर्चा की। ठीक साढ़े पाँच बजे बाबा विसर्जन आश्रम से निकले। कुटिया से बम्बई-आगरा सड़क तक के रास्ते पर दोनों तरफ भाई-बहन खड़े थे। बाबा और उनके अंगरक्षक जय-विजय, अपने कन्धों पर अपना सामान लिये निकले। जय-विजय के हाथों में कैंडिल थे। आश्रम के बाहर भी लोग खड़े थे और एक लॉरी, एक ट्रैक्टर, एक जीप भी वहाँ खड़ी थी। इन सबके बीच से बाबा निर्मोही से अपनी सामान्य गति से निकल गए। कुछ लोग पहले ही मार्गदर्शक हाथ निकाल आगे-आगे चल रहे थे। बाकी के सब लोग बाबा के पीछे चल रहे थे। एक बड़ा सा काफिला आगे बढ़ रहा था। चौराहे के आगे शंकरलाल चौधरी बाबा से बातें करने लगे। बाबा ने पहले उनसे कुछ पारिवारिक और व्यक्तिगत प्रश्न पूछे। फिर आगे बात बढ़ने पर गुड़-शक्कर की खींचतान की बात निकली। बाबा ने बताया कि उत्तर प्रदेश में गुड़ की जगह शक्कर को महत्त्व दिए जाने की बात जब चली तो बाबा राघवदास ने कहा कि मैं उपवास करूँगा, ऐसा नहीं होना चाहिए और आगे चलने पर चौधरी जी ने बाबा से पूछा इन्दौर का काम कैसे चलेगा? बाबा ने बताया, युवकों और वृद्धों के सहयोग से बनेगा।

अब होल्कर कॉलेज के अहाते की शुरुआत हो गई थी। हल्का-हल्का उजाला फैलने लगा था। चौधरीजी और बाबा में बातें चल रही थीं कि ये लोग कांग्रेस भवन का नाम गांधी भवन रख देते हैं तो कांग्रेस गांधी के नाम पर नहीं गांधी का नाम कांग्रेस के नाम पर चलने लगेगा। वे गांधी भवन में गांधी विचारों का आवास और उनको अमली रूप देने के कार्य का संचालन वहाँ से देखना चाहते थे। फिर बात चली तो बाबा ने पूछा गांधी बीड़ी चलेगी तो आप उसका विरोध नहीं करेंगे। चौधरी ने हाँ भरी और कहा जवाहर बीड़ी तो चलती ही है। इस पर बाबा ने हँसकर कहा तो चलने दो-जवाहर तो बीड़ी पीते हैं? दूर से ही रामधुन की आवाज आ रही थी। होल्कर कॉलेज के सामने एक सफ़ेद कतार दिख रही थी। जब बाबा वहाँ पहुँचे तो एक युवक ने आगे बढ़कर बाबा के गले में फूलों का हार डाला। प्रो. कवीश्वर ने होल्कर कॉलेज के विद्यार्थियों के साथ बाबा को विदाई दी। बाबा ने हाथ जोड़कर सबसे जय-जगत की और आगे बढ़

चले। वही गति, वही मुद्रा कहीं कोई खिंचाव कोई रुकावट कुछ नहीं। अब बाबा के साथ क्रिश्चियन कॉलेज के प्रोफेसर पाटिल बाबा से मराठी में बातें कर रहे थे। धीरे-धीरे उजाला हो गया था और अँधेरे में छुपी चीजें स्पष्ट हो गई थीं।

नौलखा के चौराहे पर कस्तूरबा ग्राम की सड़क पर मुड़ते वक्त दादाभाई नाईक बाबा के सामने आए और हाथ जोड़कर बोले—अब मैं चलूँ और उन्होंने झुककर बाबा के पाँव छुए। उनके बाद एक-एक करके कई लोगों ने उनके पाँव छुए। अन्त में एक वृद्ध उन्हें साष्टांग नमस्कार सा किया और फफक-फफककर रोने लगे। उस चौराहे पर जितने लोग खड़े थे सबके दिल भर आए। रुलाई उमड़ने लगी। पर बाबा वैसे के वैसे ही स्थिर अप्रभावित खड़े रहे। इन्दौर के लोगों ने उन्हें कई बार सार्वजनिक सभाओं में रोते देखा है। कोई भावना प्रधान प्रसंग आते ही उनकी आँखों से आँसुओं की धारा बहने लगती है; मगर इस विदाई के वक्त वे बिलकुल सहज स खड़े थे, जैसे कुछ हो ही नहीं रहा हो। आखिर इन्दौर के बहुत से लोग पीछे रह गए और बाबा दक्षिण की तरफ बढ़ चले। एक शर्मा नामक उत्तर प्रदेश के सज्जन उनसे साहित्य बिक्री सम्बन्धी बातें कर रहे थे। शर्माजी ने पूछा कितने ही लोग व्यक्तिगत प्रभाव के कारण साहित्य खरीद तो लेते हैं, मगर उसे पढ़ते नहीं। उन्होंने एक प्रसंग सुनाया, जिसमें एक सज्जन ने उनसे 200 रुपये का साहित्य खरीदा था। मगर बाद में जब वे फिर उनके यहाँ पहुँचे तो पुस्तकों के बंडल वैसे के वैसे ही रखे थे। इस प्रश्न के उत्तर में बाबा ने कहा—जहाँ साहित्य बेचा जाए, वहाँ एक अध्ययन मंडल भी बनाते जाना चाहिए। उनके बाद एक-दूसरे भाई सर्वोदय में मुसलमानों का सहयोग न मिलने पर चर्चा करने लगे। बाबा ने कहा यहाँ के मुस्लिम कार्यकर्ता या बहन का यह कर्तव्य था कि वे मुस्लिम भाई-बहनों को मेरे पास लाते। फिर बाबा ने कहा कि मुसलमान लोग तो मुझे काफिर समझते हैं।

इस समय पूरब में मटमैले बादलों के पीछे सूरज की ललाई जगह-जगह पर फूट रही थी। राणा मंडल और देव गुराड़िया की पहाड़ियों के शिखर पर बादलों के दल झूम रहे थे। ऊपर आसमान में हल्के धौले मटमैले बादल तेजी से पश्चिम की तरफ से पूरब की तरफ भाग रहे थे। लग रहा था थोड़ी देर बाद सूरज के लिए आसमान साफ हो जाएगा। वे भाई अब भी बाबा से सिनेमा के पोस्टरों के बारे में बातें कर रहे थे। उनका कहना था कि यह काम सेंसर बोर्ड का है कि वह ऐसे सिनेमाओं और उनके पोस्टरों पर रोक लगाए। बाबा कह रहे थे कि यह काम जनता का है। सरकार लोक मानस का निर्माण नहीं कर सकती। इस प्रकार काफी देर तक चर्चाएँ चलती रहीं। शासकीय प्रायोगिक फार्म के अहाते की समाप्ति के बाद, निर्मला बहन बाबा से मराठी में बातें करने लगीं। इन्दौर नगर की सीमा जहाँ खत्म होती थी, वहाँ स्वागत द्वार बना हुआ था और उसके दोनों ओर लोग खड़े हुए थे, जिनमें बच्चों की संख्या ज्यादा थी। बाबा जब वहाँ पहुँचे तो शिक्षकों के आह्वान पर बच्चों ने जय जगत का मंत्र गुंजाया। एक वृद्ध महिला फूलों की थाली लिये आगे बढ़ी। बाबा ने उसकी थाली से चुटकी भर लेकर अपनी धोती पर रख लिये। एक दो महिलाओं ने उनकी आरती की। सूत की मालाएँ चढ़ाई और नारियल दिया। जब एक ओर बालिका बाबा को तिलक लगाने आई तो बाबा ने हँसकर कहा हो गया मैं मारुति नहीं कि बार-बार लगाओगे।

बाबा फिर आगे बढ़ चले। अब सूरज बादलों की गिरफ्त से निकलकर ऊपर आ गया था और हरे-हरे खेतों पर उसकी सुहानी धूप फैल गई थी। दाहिनी तरफ बिलावली तालाब हिलोरे मार रहा था और बाबा का काफिला इस प्रसन्न प्रकृति के सुहाने वातावरण में कस्तूरबा ग्राम की तरफ बढ़ रहा था। बीच-बीच में कस्तूरबा ग्राम के भाई-बहन आते जा रहे थे। बाबा को प्रणाम करके दल में मिल रहे थे। बिलावली तालाब के सामने जो एक बहुत ही खूबसूरत साँची के स्तूप की कला पर आधारित छोटी-सी काटेज बनी हुई है, उसके आगे बाबा ने नाश्ता किया। आगे बढ़ने पर गणेश कॉलोनी के और रामचन्द जगन्नाथ ने बाबा का भव्य स्वागत किया। यहाँ भी स्वागत द्वारा बनाया गया था और 'सुस्वागतम्' बिजली का लिखा प्रकाशित हो रहा था। आगे होटल के सामने भी एक छोटा स्वागत द्वारा बना हुआ था। अब दूर से गांधी निधि की गौशाला के सामने लगी अहाते में बहुत से गाय-बैल खड़े थे। कस्तूरबा ग्राम की बहनों में उत्साह उबल रहा था। वे अपनी पूरी तैयारी के साथ बाबा का स्वागत करने प्रथम स्वागत द्वार पर उपस्थित थीं। जैसे ही बाबा उनकी दो कतारों के बीच में गए शंख ध्वनि गूँजने लगी और कुछ बहनों ने जबान होंठों के दायरे पर लगाकर संगीत सी सी सी सी सी जैसे ध्वनि निकाली। वे बंगाल की बहनें थीं, जिन्होंने स्वागत करने के बंगाली ढंग से बाबा का स्वागत किया। महाराष्ट्रियन बहनों ने अपने रिवाज के अनुसार बाबा की आरती उतारी। गाँव की बहनों में विशेष ढंग के कुंभ और फूलों से बाबा का अभिवादन किया। केरल की बहनों ने खास उगाए हुए पात्र से बाबा की अगवानी की। बाबा ने अपने हाथों से गाय को लड्डू खिलाया। तरह-तरह के नारों से कस्तूरबा ग्राम गूँज रहा था।

कस्तूरबाग्राम-मातृस्थान है
यहाँ कन्या के नाते भी आया हूँ
कस्तूरबाग्राम में बाबा का मांगलिक प्रवचन

आज प्रात:काल साढ़े सात बजे मुख्य सेविका प्रशिक्षण केन्द्र के अहाते में उपस्थित भाई बहनों के बीच मांगलिक प्रचन करते हुए सन्त विनोबा ने कहा कि जिस स्थान पर हम आए हैं उसे मातृस्थान समझकर आए हैं। यहाँ कुछ आराम करेंगे, देखेंगे, सुनेंगे और बोलेंगे। फिर मातृ-प्रसाद लेकर आगे बढ़ जाएँगे। अविरल अश्रुपात के बीच बाबा ने अपने बापू और कस्तूरबा के संस्मरण सुनाए और उन स्मृतियों को अपने जीवन में महत्त्वपूर्ण बताया। अपनी जीवन निर्माण प्रक्रिया की तात्त्विक विवेचना करते हुए उन्होंने कहा—मेरा जो जीवन बना है उसमें पुरुषत्व से स्त्रीत्व कम नहीं है। यह मेरा अनुभव है। इसे ही मैं ब्रह्मचर्य कहता हूँ। इस व्याख्या में नहीं पड़ूँगा। सिर्फ इतना ही मुझे कहना है—यहाँ मैं पुत्र के नाते तो आया ही हूँ, कन्या के नाते भी आया हूँ।

बाबा के प्रवचन के पूर्व एक बहन ने बहुत ही मधुर और भाव-प्रधान स्वर में महाराष्ट्र के महाकवि नामदेव का भजन सुनाया। उसके उपरान्त बाबा ने अपना प्रवचन शुरू किया—अभी तो कोई खास बोलने का प्रसंग नहीं है। यह तो प्रथम दर्शन है आप लोगों का। सारा भारत यहाँ मेरे सामने अपने सर्वोत्तम रूप में बैठा है। यह उसके दर्शन का प्रसंग है। सात दिन यहाँ रहना भी है। मैं यहाँ बोलने नहीं सुनने, देखने और सोचने

आया हूँ। प्रसंग पड़ने पर बोलूँगा भी पर मेरा यह उद्देश्य यहाँ नहीं है। आगे बोलते हुए बाबा ने कस्तूरबा ग्राम को एक भारतीय तीर्थ बताया और कहा कि यहाँ आने पर उन्हें साबरमती आश्रम की याद आई, जहाँ वे दो साल पहले गए थे। उन्होंने गांधी ग्राम तमिलनाडु का भी उल्लेख किया। फिर कहा कि इस तीर्थ की अखिल भारतीय तीर्थों में अपनी विशेषता है। बाबा ने *गीता* में कृष्ण भगवान द्वारा स्त्रियों के लिए प्रयुक्त शब्दों का उल्लेख किया और कहा ऐसी महिलाएँ यहाँ एकत्रित हुई हैं। ये बहनें ऐसी जगहों पर काम करती हैं, जहाँ और लोगों का जाना भी मुश्किल है। इस यात्रा में हम उनके काम को देखने को गए हैं। कुछ हिस्से को छोड़कर सारा भारत हम घूम चुके हैं। अब जब हम दुबारा यात्रा में निकले हैं, तो चाहते हैं स्त्री शक्ति जाग्रत हो और इसका मध्यबिन्दु शायद इन्दौर है। यहाँ अहिल्याबाई और कस्तूरबा की स्मृति का डबल इंजन लगा है। अहिल्याबाई जैसी एक राजनीतिज्ञ, धर्मनिष्ठ, ईश्वरभक्त, अद्वितीय स्त्री का नाम इन्दौर के साथ जुड़ा हुआ है और यह मातृस्थान हमारी स्मृति में उसके साथ जुड़ गया है। इस तरह यह दुहरा स्थान हो गया है। इस मातृस्थान में एक माता का पुत्र पहुँचा है। यही हमारी भावना थी। वही भावना प्रकट करने वाला गीत हमें यहाँ सुनाया गया। महाराज नामदेव ने भगवान से कहा—तुम माता हो हम वत्स हैं। तुम्हारे दूध पर ही पला हूँ। इस भावना का गीत यहाँ हमें सुनाया गया।

यह बात सही है कि हमारे अपने विचार बने हैं। पर वे प्रस्तर के समान नहीं बने हैं। दिल-दिमाग हमने मुक्त रखा है। दृढ़ विचार हमारे बने हैं जिन्हें हम बेखटके ऊँचे से ऊँचे लोगों और साधारण जनता के सामने रखते हैं। उनसे हम निर्भय रहते हैं। कोई भी शक्ति हमें पराजित नहीं कर सकती। जिस स्थान पर हम आए हैं, उसे मातृस्थान समझकर आए हैं, यहाँ कुछ आराम करेंगे, देखेंगे, सुनेंगे, बोलेंगे। फिर मातृ प्रसाद लेकर आगे बढ़ेंगे। (कंठावरुध और अश्रुपात)। याद आते हैं हमको वे दिन (अश्रुपात) जब हम अपने बापू के साथ थे और कितने स्नेह से कस्तूरबा हमको खिलाती-पिलाती और संरक्षण देती थीं। मुझे तो जाति तौर पर यहा भी मौका मिला है कि बापू की आज्ञा पर कस्तूरबा को उनकी तीव्र इच्छा से मैंने *गीता* का उच्चारण सिखाया था। वह सब याद आता है और जो आज हम अपने में बल पाते हैं अपनी वाणी में, अपने चिन्तन में, अपने वर्तन में, वह सब हमें उस समय जो स्नेह, शिक्षण मिला, मुख्य उसी के हैं।

ज्ञान बटोरने का हमारा एक स्वभाव है। हम कह नहीं सकते किन-किन लोगों ने हमारे जीवन को बनाने में सहयोग दिया है। हजारों महापुरुषों के वचनों का हम पर असर गिरा है। पर ये जो स्मृतियाँ हमने आपके सामने रखीं, उनका मुख्य स्थान है। यहाँ हम खुद आए हैं। हमने इच्छा प्रकट की थी कि गांधी कन्याओं से मिलें। पर सवाल यह उठ खड़ा हुआ कि किसे गांधी कन्या कहें और किसे नहीं। पर फिर कस्तूरबा ग्राम की बहनों से मिलने का ही तय हुआ। मेरा जो जीवन बना है उसमें पुरुषत्व से स्त्रीत्व कम नहीं है, यह मेरा अनुभव है। इसे ही मैं ब्रह्मचर्य कहता हूँ। इसकी व्याख्या में नहीं पड़ूँगा। सिर्फ इतना ही मुझे कहना है यहाँ मैं एक पुत्र के नाते तो आया ही हूँ, पर कन्या के नाते भी आया हूँ।

(26 अगस्त, 1960)

विचारदान से श्रमदान तक

राजा मंडल की तलेहटी में सोए हुए कस्तूरबाग्राम की मीठी नींद को जागरण का सन्देश सुनाने वाली घंटी टनटना उठी। इस वक्त सुबह के साढ़े तीन बजे थे। बादलों से घिरे स्याह आसमान का अँधेरा क्वार्टरों पर छाया हुआ था। राजा मंडल की लकड़ी से घंटी की गूँज टकराकर लौट रही थी कि खिड़कियों से बिजली का उजाला निकलकर उद्यानों और खेतों के अँधेरे को हँकालने लगा। धीरे-धीरे वातावरण में जीवन को चहलकदमी गूँजने लगी। छात्रावासों से बहनों की मीठी उनींदी आवाजें आने लगीं। चार बजे के निवास पर प्रार्थना करने जाने के लिए, सब बहनें तैयार होने लगीं। जो अपने प्रात:कालीन कार्यक्रम से निवृत्त हो चुकी थीं वे अपने जिस्मों की शालों, धोतियों और स्वेटरों में गरमाती, मुख्य सेविका भवन के हॉल में एकत्रित होने लगीं। दक्षिण-पश्चिम से बहने वाली तीखी ठंडी हवा ताजगी देने के साथ ही अन्दर तक कँपा भी देती थी। भवन का हॉल जो कस्तूरबाग्राम की बहनों की कलात्मक अभिरुचि का परिचायक है, धीरे-धीरे भरता जा रहा था। महादेवी बाई, अच्युत भाई को बिजली जलाने-बुझाने के निर्देश दे रही थी। हॉल की खामोशी में बाबा के नाश्ते करने की अवर्णनीय आवाज आ रही थी। ठीक चार बजे बाबा अपनी डेस्क के सामने कमर सीधी करके बैठ गए। बाल भाई अपना आसन लिये आए और पहले मंच के पास एक दो मिनट बैठकर फिर बाबा के पास जा बैठे। इन्दौर में प्रार्थना के वक्त अधिक उपस्थिति भाइयों की होती थी, पर वहाँ बहनें ज्यादा थीं। भाइयों की केवल दो कतारें थीं जबकि बहनों की कोई आठ-दस कतारें होंगी। बाहर की एक बत्ती को छोड़कर हॉल की सभी बत्तियाँ बुझा दी गईं और प्रार्थना शुरू हुई। *ईशावपस्योपनिषद* के श्लोकों के गायन के समय तो बहनों की आवाज मन्दी रही लेकिन नाम स्मरण के समय हॉल गूँज उठा। कितनी मीठी और प्यारी लय है। उनके सिर पर उनकी प्यारी हरी टोपी ढँकी हुई थी। बदन पर धोती के ऊपर शाल थी। ठीक सवा चार बजे बाबा बोलना शुरू किए। कल अपने मांगलिक प्रवचन में बाबा ने *गीता* का एक श्लोक पढ़ा था, जिसमें स्त्री शक्तियों का उल्लेख था। आज बाबा ने वह श्लोक फिर दोहराया और उसका पहला शब्द "कीर्ति" उठाकर उसकी विस्तृत व्याख्या की। उन्होंने कहा कीर्ति एक स्त्री शक्ति है। किसी अच्छी कृति की गन्ध फैलती है—वह कीर्ति है इस अच्छी कृति की कीर्ति से दूसरों को कृति करने की प्रेरणा मिलती है, इस प्रकार कृति के क्रम को कीर्ति आगे बढ़ाती है। यानी कीर्ति परम्परा का निर्माण करती है और इसमें से संस्कृति बनती है। आगे बाबा ने कहा कि परम्परा चलाने की जिम्मेदारी तो सारी मानव जाति पर है, इसमें नर-नारी का

भेद नहीं किया जा सकता पर कीर्ति फैलाने में महिलाओं का अपना विशेष योगदान है और जिम्मेदारी है।

आज बाबा वर्ग में केवल तीस मिनट बोले पर उनका व्याख्यान बहनों के लिए विशेष महत्त्व का और प्रेरणा देने वाला था। धीरे-धीरे भाई-बहन हॉल से निकल कर बाहर अहाते में एकत्रित हो गए। बाबा हॉल में तेजी से घूमते हुए प्रसन्न चित्त कोई भजन गा रहे थे। जल्दी-जल्दी लालटेनें निकाली गईं, बाबा को जूते पहनाए गए और वे जय-विजय के हाथ पकड़ें तेजी से भाई-बहनों के बीच से निकलकर, सड़क पर आ गए। मुख्य सड़क पर आने के पहले बात चली कि कुमुद रंजन बाबा से बातें करेंगे। पर बाबा ने आगे मुख्य सड़क से चर्चा प्रारम्भ करने को कहा। जब बाबा का दल चढ़ाई चढ़कर इन्दौर की तरफ मुड़ा तो बाबा ने पूछा—यह क्या है बाबा का संकेत था कि बाबा आप जो कहते हो कि आकाश मनुष्य की सबसे बड़ी खुराक है तो यह किस दृष्टि से? बाबा ने इस प्रश्न का उत्तर विस्तारपूर्वक दिया जो संक्षेप में मैं यहाँ दे रहा हूँ।

बाबा ने बताया कि खुले आकाश के नीचे टहलने या बैठने पर हमारा दिल दिमाग खुल जाता है एक विराट अनुभूति हमारी आत्मा में फैलकर हमें अनन्त से मिलने को निमंत्रित करती है। गणित में शून्य और अनन्त दोनों ही हैं और ये दोनों ईश्वर के रूप हैं। आकाश अनन्त है—अब तक बनी बड़ी से बड़ी दूरबीन से भी कुछ तारे धुँधले दिखते हैं। आज तो स्पष्ट दिखते हैं वे पहले अस्पष्ट दिखते थे और आज जो अस्पष्ट दिखते हैं वे कल बड़ी दूरबीन बन जाने से स्पष्ट दिखेंगे मगर तब और भी तारे ऐसे निकल जाएँगे जो अस्पष्ट दिखेंगे और उन तारों के ऊपर भी आकाश होगा। इस आकाश के सेवन से मन, प्राण, शरीर और आत्मा सब पुष्ट होते हैं। जब बाबा का काफिला गौशाला के सामने से गुजर रहा था, तब हवा में गोबर और गोमूत्र की मिली-जुली गन्ध थी। पर ऊपर आसमान के बादलों को हवा ने छाँट दिया था और बादलों के बीच जगह-जगह तारे टिमटिमा रहे थे। जैसे निशा के काले फूलदार आँचल से ढँके दीप टिमटिमा रहे हों।

बाबा की गति आज और दिनों से काफी तेज थी। प्रकृति के संसर्ग में उनके बूढ़े ढीले शरीर (जो निश्चित ही मुझ जैसे कितने ही नवयुवकों के शरीरों से अधिक कसीला है) में बिजली-सी फूर्ती आ जाती है। इस आकाश वाले प्रश्न के बाद कुमद रंजन ने दो सवाल बाबा से और पूछे और समाधान पाकर पीछे हट गए। गणेश कॉलोनी के पास से उत्तर प्रदेश की प्रतिनिधि दमयन्ती बहन ने बाबा से चर्चा प्रारम्भ की। उन्होंने पहला प्रश्न पूछा कि सरकार की सहायता न मिलने पर ट्रस्ट का काम कुछ ढीला पड़ जाता है और मिलने पर निखर-सा जाता है—ऐसा अनुभव है आप कोई ऐसी योजना बताइए, जिससे हम स्वावलम्बी होकर अच्छा काम कर सकें। बाबा ने कहा कि तुमने सवाल अच्छा पूछा है, इसे लिखकर हमें देना। यह सबके काम का है, हम सबके सामने ही इसका उत्तर देंगे।

इसके बाद झाबुआ कोठी के सामने से गुजरते वक्त बाबा से उस बहन ने भारत के नैतिक पतन की चर्चा चलाई और कहा कि इन सिनेमा आदि का लोक मानस पर बुरा असर पड़ता है। बच्चों का चरित्र बचपन से ही विकृत हो जाता है। बाबा ने इस प्रश्न का उत्तर विस्तार से दिया। वे बोलते जा रहे थे, बढ़ते जा रहे थे और उनके दल के

सहयात्रियों के जिस्मों को कँपाती बिलावली तालाब की ठंडक वाली हवा तेजी से बह रही थी। बाबा बता रहे थे कि इलाहाबाद में जब वे गए थे तब वहाँ की नगरपालिका ने उन्हें अभिनन्दन पत्र दिया था, उस अभिनन्दन पत्र में यह लिखा था कि वे चाहते हैं कि सिनेमा का केवल एक शो चलाया जाए और दस बजे के बाद कोई भी सिनेमा नहीं चले। उन्होंने ऐसा प्रस्ताव अपने यहाँ पास किया होगा। मगर इसका अमल नहीं हो सका। राज्य सरकार ने शायद उसे मंजूर नहीं किया। अब अगर लोकमत इन दो शो के विरुद्ध होता तो सरकार को झुकना पड़ता। पर लोकमत बना नहीं। वह बनाया जाना चाहिए। इसी सन्दर्भ में बाबा ने इन्दौर के पोस्टर मिटाओ आन्दोलन का भी उल्लेख किया। दमयन्ती बहन ने अपना अन्तिम प्रश्न रखा जो पैसों के महत्त्व से सम्बन्धित था, बाबा ने इसका उत्तर नहीं दिया और कुछ देर मौन चलने का कहा। चुपचाप इस अँधेरे-उजाले के सन्धिकाल में बाबा का कारवाँ बढ़ रहा था। आसमान में बादल फिर छा गए थे और सामने इन्दौर की बत्तियों का डिपसूड प्रकाश मन्दा पड़ गया था। बाबा के दल को बीच-बीच में सड़क की एक पटरी पर उतर जाना पड़ता था, क्योंकि सँकरी सड़क के ठंडे जिस्म को दहलता हुआ कोई ट्रक पीछे से अपने हेड लाइटों का चकाचौंध प्रकाश फेंकता था। जब बाबा का दल नगर सीमा के ऊँघते नाकों के पास से गुजरा तो एक नवयुवक को बाबा से मिलाया गया। उसने अपना परिचय देते हुए बताया कि वह गांधी के सर्व धर्म समभाव पर शोध कर रहा है। वह बाबा से पूछने के लिए कुछ प्रश्न अपनी डायरी पर अंग्रेजी में लिखकर लाया था। उस भाई का हिन्दी बोलने का एसेंट कुछ ऐसा था कि सहज उसे अहिन्दी भाषा-भाषी माना जा सकता था। उसने अपना पहला प्रश्न जो बाबा के सामने रखा उसका मतलब यह था कि ये जो धर्म संस्थापक हो गए हैं ये अवतार थे या साधारण हम जैसे मनुष्य। इस पर बाबा ने धर्म की जगह उनसे मजहब शब्द उपयोग करने को कहा और बताया कि अगर हम इन धर्म संस्थापकों (जैसे बुद्ध, ईसा, मुहम्मद) को अवतार मानते हैं तो इसका मतलब यह कि हम उन्हें अपने से अलग करके बोध नहीं लेना चाहते। बाबा ने इसकी विस्तृत व्याख्या की और दृढ़ तथा स्पष्ट शब्दों में कहा कि यह भी सम्भव है कि उस जमाने के सर्व साधारण का बौद्धिक स्तर इतना ऊँचा नहीं रहा होगा, जितना कि हमारा है, तो कुछ एक ज्यादा बुद्धि वाले आदमी को ही उन्होंने पैगम्बर समझ लिया होगा। यह भी सम्भव है कि उनके माने हुए पैगम्बरों में इतनी समझ भी नहीं हो, जितनी कि हमारे जमाने के किसी साधारण मनुष्य में हो सकती है। आगे बाबा ने उस युवक को समझाया कि वह सब धर्म ग्रन्थों की मदद लें, उन्हें पढ़ें, परखें, मगर अपनी बुद्धि स्वतंत्र रखें और किसी को भी ब्रह्म वाक्यम् जनार्दनम् नहीं मानें।

जब काफी उजाला हो गया था और बाबा का दल यात्रीकृत कृषि फार्म से आगे निकल आया था, तब बाबा से उस युवक ने पूछा कि—मनुष्य ईश्वर के लिए है या ईश्वर के लिए मनुष्य है? इस पर बाबा ने अपनी पूर्ण बौद्धिक तीव्रता से उस युवक के इस प्रश्न की धज्जियाँ उड़ाईं और अन्त में कहा कि भगवान अगर गधा हो तो उसे कह सकेंगे कि यह हमारे लिए है, या हम उसके लिए पर वह है ही कहाँ। इस पर उस युवक ने कहा कि वह सब जगह है। तो बाबा ने दूध-दही का उदाहरण देते हुए कहा—हम

दूध-दही के लिए हैं क्योंकि उसे हमें बनाना पड़ता है और वह हमारे शरीर को पुष्टि देता है, इसलिए दही हमारे लिए है। आगे बाबा का चित्त काफी खुल गया और वे उस युवक से मजाकें करने लगे। हँसी की निर्मल फुहारों के बीच धर्मतत्त्व की चर्चा चल रही थी और बाबा का दल भँवर कुदा चौराहे से मुड़कर होल्कर कॉलेज के सामने से होता हुआ नौलक्खा के चौराहे पर पहुँचा। वे विसर्जन आश्रम जा रहे थे—आश्रम के दादाभाई, दीपचन्दजी आदि उनका स्वागत करने चले आ रहे थे। स्वागत करने वाले के अभिनन्दनों का उत्तर देने के बाद बाबा ने उस रिसर्च स्कॉलर (अनुसन्धानकर्ता) को कहा—बस आज इतना बहुत है, नहीं तो अजीर्ण हो जाएगा।

विसर्जन आश्रम पहुँचते-पहुँचते बाबा ने दौड़ ही लगा दी। फिर नीचे गीली जमीन पर ही धम्म से बैठकर बाबा ने अपने ही हाथों जूते निकाले। वे बड़े स्फूर्त और सात्विक उत्तेजना से प्रेरित से लग रहे थे। उन्होंने दादाभाई से कहा कि श्रमदान के लिए औजार रखा करो। इस पर बाबा से दादाभाई ने कहा कि श्रमदान तो ऐसे भी हो सकता है। बाबा झट काँछ बाँधकर तैयार हो गए और लगभग उछलते-कूदते से आश्रम में श्रमदान करने लगे। उनके साथ सौ हाथ काम कर रहे थे। देखते-देखते जंगली पौधों से भरा मैदान साफ हो गया। आधे घंटे श्रमदान हुआ। इस बीच बाबा के पाँवों पर चींटियाँ चढ़ीं, बाबा ने श्रमदान के बाद नाश्ता किया। बड़ी खुशी की बात है कि इस श्रमदान में इन्दौर ही नहीं, हमारे प्रदेश के प्रमुख चित्रकार श्री सक्सेना भी थे। सात बजने में पाँच मिनट की देरी पर बाबा का दल फिर से कस्तूरबा ग्राम की ओर चल पड़ा। इस बीच बाबा ने गुजरात की एक बहन को असम जाने के बारे में कहा और वहाँ की समस्या समझाई। फिर हिमाचल प्रदेश की एक बहन ने उनसे मन और विकारों पर चर्चा की और फिर इंग्लैंड के डोनाल्ड ग्रूम ने उनसे बड़ी ही दिलचस्प और सारगर्भित चर्चा की। उन्होंने बताया कि हिन्दुस्तान के बजाय सर्वोदय का काम इंग्लैंड में और भी अच्छी तरह हो सकता है क्योंकि वहाँ की परिस्थिति इस कार्य के अनुकूल है। बाबा ने उनकी बातें बड़े गौर से सुनीं और उनको सावधानी देते हुए कहा कि आपका वहाँ जाना मुझे अभी ठीक नहीं लगता। उन्होंने इसका कारण बताया कि पश्चिम राजनीति में सभी उलझा हुआ है, जबकि हिन्दुस्तान पार्टी पॉलिटिक्स से घबरा गया है। आगे जब चर्चा समाप्त हो गई तब बाबा ने सूरज की तरफ देखकर कहा आज तो सूर्य नारायण ने भी कृपा की। फिर उन्होंने बाल भाई से कहा क्यों कैसी रही आज की यात्रा? और फिर कहा यह अच्छी बात है। पहले यहाँ कस्तूरबा ग्राम में विचार दान और फिर आश्रम में श्रमदान। आठ बजकर बीस मिनट पर बाबा अपने निवास पर पहुँच गए।

ग्राम सेविकाओं के बीच निर्मला बहन का भाषण

कल सात साढ़े आठ बजे के बाद विद्यालय के हॉल में उपस्थित ग्राम सेविकाओं के सम्मुख अखिल भारतीय सर्व सेवा संघ की सहमंत्राणी निर्मला देशपांडे ने बाबा के साथ अपनी पदयात्रा और शान्ति सेना के काम के अनुभव सुनाते हुए काम सेविकाओं से अपील की कि वे अपना-अपना काम करते हुए अपने क्षेत्र की शान्ति रक्षा की जिम्मेदारी अपने ऊपर उठा लें। उन्होंने कहा कि यह काम बहनों द्वारा जितनी आसानी से हो सकता

है उतना भाइयों द्वारा नहीं हो सकता। अपनी बात के स्पष्टीकरण में उन्होंने एक सत्य घटना सुनाई और उसका निष्कर्ष यह निकाला कि बहनों के होने मात्र से शान्ति स्थापित होने लगती है। सत्य, प्रेम और अहिंसा की शक्ति का असर कितना गहरा और व्यापक होता है, इसकी सफाई में निर्मित बहन ने उस समय के अनुभव सुनाए जब वे बाबा के साथ कश्मीर की पदयात्रा पर थीं। निर्मला बहन ने अपने भाषण में बताया कि हिन्दुस्तान में अभी तक एक हजार तीन सौ शान्ति सैनिक हैं, उन्होंने अन्त में उर्दू के किसी शायर का यह शेर सुनाया—अपनी गर्दन पर हमें कुछ गम नहीं। गम न आ जाए तेरी तलवार में। इस शान्ति सेविका का आदर्श बनाया।

कीर्ति फैलाने की विशेष जिम्मेदारी स्त्रियों पर
संस्कृति बनाने में बहनों का विशेष योगदान

कस्तूरबा ग्राम में आज प्रात:काल मुख्य सेविका भवन के हॉल में प्रार्थना के बाद भारी संख्या में उपस्थित बहनों को सम्बोधित करते हुए सन्त विनोबा ने कहा कि परम्परा चलाने की, संस्कृति बनाने की सारी जिम्मेदारी मानव जाति पर है। उसमें नर-नारी का भेद नहीं है। मगर कीर्ति फैलाने की विशेष जिम्मेदारी स्त्रियों पर है। कृति तो सब कर देते हैं, मगर कीर्ति वे फैलाते हैं जिनके हाथों में शिक्षण देने का अधिकार है। यह अधिकार बहनों का है, वे बच्चों को दूध के साथ संस्कृति का सत्व पिला देती हैं। अपना प्रवचन प्रारम्भ करते हुए सन्त विनोबा ने कहा—कल के सुबह के व्याख्यान में मैंने *भगवद् गीता* का जिक्र किया था, जिसमें स्त्री की शक्तियों का उल्लेख किया गया है। स्त्री शक्ति पर सर्व सेवा संघ ने एक किताब प्रकाशित की है, जिसमें स्त्री शक्ति पर मेरे कुछ व्याख्यान और लेख संग्रहीत हैं। फिर बाबा ने *गीता* में वर्णित सात स्त्री शक्तियों का उल्लेख किया और बताया हिन्दुस्तान की भाषाओं में सप्तलोकों का वर्णन आता है। दूसरी जगह सात आसमानों की कल्पना की गई है। बहुत पुराने जमाने से ही इस सप्त शक्तियों का स्मरण होता आ रहा है। एक स्मरण *गीता* के इस श्लोक में है। कीर्ति श्री वाणी।

बाबा ने कीर्ति शब्द उठाया और इसे समझाते हुए कहा कि कीर्ति यहाँ एक शक्ति के तौर पर आई है। अच्छी कृति के परिणाम स्वरूप जो ख्याति पैदा होती है—उसे कीर्ति कहते हैं। कीर्तन शब्द भी कीर्ति से ही बना है। जहाँ मूल में अच्छी कृति नहीं होगी उसमें से सार्वत्रिक सद्भावना नहीं पैदा होगी। प्रथम शक्ति कृति ही है। जिसके कारण वातावरण में सुगन्धी रहती है, वह अच्छी कृति के प्रति अनुराग पैदा करती है और अनुराग से कीर्ति फैलती है। महापुरुषों के ये जो नाम चलते हैं यह इसी कारण कि उन्होंने जो कृति की है उसने समाज का सार दिया है। अभी तक उनकी जयन्तियाँ मनती हैं। अभी एक माह में इन्दौर में भगवान कृष्ण जन्मोत्सव, तुलसीदास जयन्ती और अहिल्याबाई की जयन्ती मनाई गई। इस तरह कीर्ति काम करती रहती है। अच्छी कृति जब की गई तो उससे जो फल मिलना था, मिल गया। फिर भी कीर्ति भविष्य में काम करती है। एक खेत में किसान अच्छी मेहनत करता है, उससे जो फसल पैदा होती है, उससे कृति सफल होती है, पर वह वहीं समाप्त भी होती है। फिर उस कृति की कीर्ति फैलती है। फिर वह दूसरों को प्रेरणा देती है। फिर और कृतियाँ होती हैं। इस तरह कृति की परम्परा

चलाने वाली कीर्ति है। मेरी या मेरे समाज की कृति की परम्परा कैसे चलेगी? वंश में पुत्र पैदा होता है तो वंश की परम्परा चलती है। गुरु के शिष्य उसके ज्ञान की परम्परा चलाते हैं। इसी तरह कीर्ति कृति की परम्परा चलाती है।

कीर्ति एक स्त्री शक्ति है। कीर्ति की परम्परा चलाने की जिम्मेदारी स्त्रियों पर विशेष रूप से है। कृति की सुगन्धी फैलाने में उनका विशेष योग है। वह दावा किया गया है कि दुनिया में अच्छी कृतियों की कीर्ति चलाने में स्त्रियों ने विशेष सहयोग दिया है। कीर्ति से स्तुति परम्परा जारी रहती है, उसमें से संस्कृति बनती है। हमारी संस्कृति क्या है। हमारे समाज में अच्छी कृतियाँ हुई हैं उनकी कीर्ति हमारी संस्कृति है। किसी ऋषि ने मांसाहार त्याग करने का प्रयोग किया होगा। उसकी कृति की गन्ध फैली होगी और दूसरों ने भी ऐसा ही किया उससे एक परम्परा चली होगी और फिर यह संस्कृति बन गई। गाय और बैल का समुचित उपयोग करने की कल्पना जब मनुष्य के दिमाग में आई होगी तो उसने गाय का दूध निकालना शुरू किया होगा। यह एक नया प्रयोग मनुष्य ने ही किया होगा। नहीं तो हिंसक प्राणियों में तो दूसरों को खाने की परम्परा है, दूध पीने की नहीं। हम माँ का दूध पीते हैं, पिता पोषण करते हैं, इसी तरह हम गाय का दूध पीते और बैल खेतों में काम कर हमारा पोषण करते हैं। हमारे समाजवाद में जो स्थान माँ-बाप को प्राप्त है। व्यापक समाजवाद में उसी तरह पशुओं का भी स्थान है। यह हमारी संस्कृति है। तो परम्परा चलाने की, संस्कृति बनाने की जिम्मेदारी पूरी मानव जाति पर ही है। इनमें नर-नारी का भेद नहीं। पर कीर्ति फैलाने की विशेष जिम्मेदारी स्त्रियों पर ही है। कृति तो सब कर देते हैं। मगर कीर्ति वे फैलाते हैं जिनके हाथों में शिक्षण देने का अधिकार होता है। अब तो यह अधिकार शिक्षकों को दिया गया है, जो जैसे-तैसे इसको थका रहे हैं, पर यह खास अधिकार बहनों को है। वे बच्चों को दूध के साथ संस्कृति का सत्य पिला देती हैं। 45 मिनट के इस वर्ग में बाबा केवल तीन मिनट बोले, उन्होंने सेविकाओं को आह्वान किया कि वे सहज रूप से प्रश्न पूछें, जो उनके रोजमर्रा जीवन में उठते होंगे।

बाबा की आन्ध्र और बंगाल की बहनों से भेंट

आज सुबह ग्यारह बजे आन्ध्र की प्रतिनिधि बहनों ने पूज्य बाबा से चर्चाएँ कीं। उन्होंने बाबा को अपने प्रदेश के शहद की कुछ बोतलें भेंट की और कस्तूरबा ट्रस्ट की गतिविधियों का परिचय दिया। आन्ध्र प्रदेश की बहनों के बाद बंगाल की बहनों ने बाबा से भेंट की। उन्होंने भी अपने प्रदेश में चल रही गतिविधियों का परिचय दिया और बाबा को बंगाल आने का निमंत्रण दिया।

श्री ढेबर विनोबाजी से मिले

आज दोपहर बारह बजे के बाद भूतपूर्व कांग्रेसाध्यक्ष श्री ढेबर जी ने विनोबाजी से उनके निवास पर कृषि गोसेवा और आध्यात्मिक विषयों पर चर्चा की। यह चर्चा खानगी थी और लगभग सवा घंटे तक चली।

भारत में सतत कार्य करने की आदत में कमी

इन्दौर के विसर्जन आश्रम में श्रम की निष्ठा का आरम्भ

कस्तूरबा ग्राम में बाबा का प्रवचन

आचार्य विनोबा भावे ने कहा कि *गीता* ने सिखाया है कि हम सतत कार्य करें किन्तु आज अपने देश में इसकी कमी है। इसी दृष्टिकोण से मैं इन्दौर के विसर्जन आश्रम में श्रम निष्ठा का आरम्भ करना चाहता हूँ। आपने अपील की कि इन्दौर वाले आश्रम को अपना समझें एवं उसे सजाने सँवारने का प्रयत्न करें। प्रवचन के समय बाबा ने कस्तूरबा ग्राम की महिलाओं को प्रेरित किया कि वे इन्दौर में कार्य कर आसपास के ग्रामों को प्रभावित करें। आज सायंकालीन प्रार्थना सभा कस्तूरबाग्राम में भूरी टेकड़ी पर हुई। उस समय साढ़े पाँच बजे थे, पश्चिम की ओर सूर्य ढल रहा था। टेकरी पर से चारों ओर का दृश्य बड़ा ही सुहावना दिखाई दे रहा था—दूर तक फैली हरियाली, स्वच्छ नील गगन तथा उसके नीचे निस्तब्ध सा लेटा हुआ बिलावली तालाब प्रवचन प्रारम्भ करने के पूर्व बाबा दो-तीन मिनट तक प्राकृतिक सौन्दर्य का निरीक्षण करते रहे। टेकरी पर बनाए गए ब्यास पीठ पर वे बैठे थे तथा नीचे स्तब्ध बिलावली तालाब के समान श्रोतागण बैठे थे।

गीता वर्ग

प्रवचन प्रारम्भ करते हुए बाबा ने कहा आज से यहाँ प्रात: 4 बजे प्रार्थना होती है, सवा चार से पौने पाँच बजे तक आधा घंटा वर्ग चलता है। जिसमें *गीता* के एक वचन के सम्बन्ध में समझाना शुरू किया है—यह वचन स्त्री शक्ति के सम्बन्ध में है। जैसे कि इन्दौर में हमने अप्पा साहब के सफाई कार्यक्रम के सिलसिले में पतंजलि के दो सूत्रों पर सात दिन तक प्रवचन किया था। वैसे ही स्त्री शक्ति के सम्बन्ध में *गीता* के वचन पर भी हम यहाँ सात दिन तक बोलेंगे। आज पहला प्रवचन हुआ। हर दिन यही सोच रहे हैं कि विचार पहुँचाया जाए। विचार पहुँचाते हैं—अब लोगों का काम है कि वे उस पर विचार करें। पुराने जमाने में हमारे यहाँ यही रिवाज था—ऋषि-मुनि लोगों से कार्य करवाते नहीं थे ये तो केवल प्रेरणा देते थे। समझाते, धेय बोध देते थे। उनकी प्रेरणा के अनुसार कार्य करना या नहीं करना यह तो आम लोगों पर ही निर्भर रहता है। अब मेरी अज्ञात यात्रा होगी उसमें हम यही करेंगे।

श्रम निष्ठा का आरम्भ

प्रवचन जारी रखते हुए बाबा ने कहा कि आधा घंटे का वर्ग लेकर हम घूमने निकले और विसर्जन आश्रम पहुँचे। साथ में जंगम विद्यापीठ तो चलता ही रहता है। यह आज भी चला। साथ में कस्तूरबा ग्राम की महिलाएँ भी थीं। विसर्जन आश्रम पहुँचने के उपरान्त वहाँ 25 मिनट तक श्रमदान किया। अन्य लोगों ने तो आधे घंटे तक श्रमदान किया। सोचा कि आश्रम के जीवन की प्रतिष्ठा जिस पर खड़ी होगी उस श्रम निष्ठा का आरम्भ यहाँ करें। हम चाहते हैं कि इन्दौर के सभी भाई यहाँ श्रमदान करें। औजार तो वहाँ उपयुक्त तादाद में मिलेंगे ही नहीं अत: भाइयों को चाहिए कि वे औजार भी अपने

साथ लेते आएँ। इस सम्बन्ध में अपना एक संस्मरण सुनाते हुए बाबा ने कहा कि जब हम वर्धा में आश्रम में थे तब एक फावड़ा कन्धे पर रखकर गाँव में चले जाते तथा भंगी का काम करके वापस आ जाते हैं। हम मैले को खेत में डाल देते और उस पर मिट्टी डाल देते थे। एक दिन जोरों से वर्षा हुई। वर्षा के बावजूद हम भंगी का काम करने के लिए फावड़ा लेकर निकल पड़े किन्तु गाँव के किनारे एक छोटी-सी नदी थी। वर्षा के कारण यह बड़ी बन गई थी तथा तेज प्रवाह के साथ बह रही थी। उसे पार करना मुश्किल हो गया। एक किनारे पर मैं खड़ा था दूसरे किनारे पर गाँव वाले। ग्राम के लोग जानते थे कि वर्षा के बावजूद मैं आऊँगा ही। मैंने गाँव वालों से किनारे पर खड़े रहकर कहा कि आप मन्दिर में जाकर भगवान से कहना कि गाँव का भंगी आया था तथा नदी की रुकावट के कारण गाँव में नहीं आ सका। गाँव वालों ने कहा कह देंगे कि बाबा आया था...मैंने कहा बाबा नहीं 'भंगी' कहो। खैर मैंने वह द्रष्टान्त इसलिए दिया कि हम जो भी काम उठाते हैं पूरे दिल से उठाते हैं, अधूरे दिल से नहीं। क्योंकि पूरे दिल से उठाने में सत्यनिष्ठा रहती है।

सतत कार्य करते रहें

गीता में भगवान ने सिखाया है कि हम सतत कार्य करते रहें। किन्तु हमारे देश में इसकी बड़ी कमी है। दूसरे गुण हैं किन्तु बगैर सतत कार्य के कम कुछ नहीं कर पाएँगे। सतत कर्म के पीछे यह भावना होनी चाहिए कि या तो कार्य का अन्त आएगा या हमारा ही अन्त हो जाएगा। मैं यह इसलिए कह रहा हूँ कि लोग अपने में श्रम की आदत डालें। विसर्जन आश्रम में श्रम करने तथा उसको सजाने सँवारने के कार्य पर बोलते हुए बाबा ने कहा कि इन्दौर वालों को यह समझना चाहिए कि आश्रम उन्हीं का है, इसलिए वे प्रतिदिन आश्रम में श्रमदान करें तथा उसके सजाएँ-सँवारें। इसकी एवज में आश्रम वाले समूचे इन्दौर को अपना आश्रम मानेंगे। इसके पूर्व जितने आश्रम खोले थे उसमें आश्रमवासी खेती करते हैं तथा साधना करते हैं। किन्तु इससे उनका लोक सम्पर्क टूट जाता है। इन्दौर के आश्रम में हमने लोक सम्पर्क को ही साधना माना है। बाबा ने कहा कि मैंने इन्दौर से पूरा प्रेम किया है। कल पुनः प्रातः इन्दौर जाऊँगा। इन्दौर को मैं भूला नहीं हूँ।

बहनें इन्दौर में कार्य करें

कस्तूरबा आश्रम की महिलाएँ देहातों में कार्य करती हैं यह बड़ी अच्छी बात है। देहातों में आप कार्य कर रही हैं। इसलिए सेवा बन भी रही है अगर आप शहर में कार्य करते तो उतना भी नहीं होता। किन्तु आपने जो स्थान चुना है वह इन्दौर के नजदीक चुना है। चार लाख की जनसंख्या वाले इन्दौर के आसपास ढाई लाख की जनसंख्या वाले ग्राम हैं। सभी ग्राम इन्दौर से प्रभावित हैं। इसलिए गाँवों में परिवर्तन लाने के लिए यह जरूरी है कि आप इन्दौर में कार्य करें। वहाँ के वातावरण में प्रभाव डालकर ग्रामों में असर डालें। यह मैं इसलिए नहीं कह रहा हूँ कि मैंने इन्दौर चुना है। इन्दौर को तो आपने चुना है। अभी उसके नजदीक के ग्राम में आप कार्य कर रहे हैं। इस दृष्टिकोण से सेवा के क्षेत्र में आपको चाहिए कि अपवाद रूप इन्दौर में सेवा का कार्य करें।

फावड़ेराम की आवश्यकता

कस्तूरबा ग्राम में बाबा ने कहा कि जिस तरह अपने साथ हल रखने से बलरामजी हलधर तथा फरसा रखने से परशुराम कहलाए उसी तरह मैं गाँवों में फावड़ा लेकर सफाई कार्य करने जाता था। फावड़ा अपने साथ रखता था इसलिए लोग मुझे 'फावड़ेराम' करते थे। इसी सन्दर्भ में बाबा ने कहा कि मैं चाहता हूँ कि इन्दौर में भी 'फावड़ेराम' निकलें एवं विसर्जन आश्रम में खेती का कार्य स्वेच्छा से कर श्रम की प्रतिष्ठा करें।

कस्तूरबा ग्राम में बाबा की पदयात्रा

आज सायंकाल पाँच बजे बाबा ने कस्तूरबा आश्रम की पदयात्रा की। आधे घंटे की इस पदयात्रा में आपने विविध क्वार्टरस्, बालवाड़ी, चित्रशाला, भोजनालय, अतिथि गृह आदि का निरीक्षण किया। बाबा के साथ कस्तूरबा ट्रस्ट की अध्यक्ष लेडी प्रेमलीला ठकरसी, ट्रस्टी श्रीमती जानकी देवी बजाज, कार्यालय मंत्री श्यामलालजी कस्तूरबा ट्रस्ट की सेक्रेटरी बी. राजलक्ष्मी एवं माणकलालजी कटारिया थे। चित्रशाला का निरीक्षण करने के उपरान्त बाबा ने एक आश्रम गृह देखा, तत्पश्चात रसोड़ा भोजन कक्ष, भंडार गृह देखा एवं यहाँ की व्यवस्था की सराहना की। इसके बाद बाबा ने कस्तूरबा ट्रस्ट की सेक्रेटरी बी. राजलक्ष्मी के आवास गृह पर गए। दरवाजे बन्द थे, खोलने के लिए आवाज लगाई गई। बाबा ने भी आवाज लगाई। (सूर्य की किरणों ने दरवाजा थपथपाया एवं प्रकाश की किरणों ने अन्दर प्रवेश किया)। कक्ष छोटा था। किन्तु फर्नीचर अच्छा था। एक टेबल पर 'स्त्री शक्ति' की पुस्तक रखी हुई थी। टेबल के नीचे हिन्दी-अंग्रेजी शब्दकोष देखकर बाबा ने कहा 'हिन्दी सीख रहे हैं' कमरे की सजावट आदि को देखकर बाबा ने कहा यहाँ तमिलनाडु (राजलक्ष्मी जी तमिलनाडु की हैं) दिखता ही नहीं है। समय हो गया था अत: बाबा प्रार्थना सभा के स्थल की ओर चल पड़े।

कस्तूरबा ग्राम की सेविकाएँ इन्दौर में लगन से कार्य करें ग्रामों को प्रभावित करने के लिए शहर में कार्य करना आवश्यक

देश के भिन्न-भिन्न प्रान्तों से आई कस्तूरबा ट्रस्ट की मुख्य सेविकाओं व अन्य प्रतिनिधियों के सम्मुख बोलते हुए बाबा ने कहा कि छोटे-छोटे ग्रामों में महिलाएँ सेवा करें यह कस्तूरबा ट्रस्ट का अभिनन्दनीय कार्यक्रम है। बाबा ने आगे यह भी कहा कि कार्य करने वाली महिलाओं में चाहे भौतिक विद्या न हो किन्तु उनमें आध्यात्मिक, चारित्रिक एवं शान्ति की रक्षा करने की शक्ति हो। इस सम्बन्ध में बोलते हुए बाबा ने कहा कि नियमानुसार कस्तूरबा ट्रस्ट का क्षेत्र छोटे-छोटे गाँवों में है। वे गाँव भी दो हजार से अधिक जनसंख्या वाले नहीं रहते। बाबा ने कहा कि कहीं-कहीं तो इस संस्था ने अच्छा कार्य किया है। अगर समान उद्देश्य वाली विभिन्न संस्थाएँ एक साथ मिलकर किसी एक चुने हुए क्षेत्र में कार्य करें तो उसका अच्छा प्रभाव जनता पर गिर सकता है। इसलिए मैं हमेशा कहता रहता हूँ कि हरिजन सेवक संघ, भूदान, गांधी निधि, ग्रामोद्योग आदि संस्था किसी एक क्षेत्र में मिलकर कार्य करें।

शासकीय मदद न लेने तथा स्वावलम्बी बनने के पहलुओं पर प्रकाश डालते हुए बाबा ने कहा कि कस्तूरबा ट्रस्ट को चाहिए कि वह आध्यात्मिक व शान्ति की रक्षा करने वाली संस्था हो। प्रवचन जारी रखते हुए बाबा ने कहा कि आपने इस ग्राम को इसलिए चुना है कि शहर के निकट होने के कारण इसमें शहर की अच्छाइयाँ आ जाएँ और उसकी हानियाँ न मिलें। बाबा ने कहा कि कस्तूरबा ग्राम का महत्त्व इसी में है कि वह ग्राम की सेवा करे। किन्तु इन्दौर के आसपास बसे ग्राम इन्दौर की रचना से प्रभावित है अत: ग्रामों को प्रभावित करने के लिए इन्दौर में कार्य करना आवश्यक है।

(27 अगस्त, 1960)

उजाला क्षितिज अँधेरा गगन

आज शायद बाबा की घड़ी और कस्तूरबा ग्राम की घड़ी में पन्द्रह मिनट का अन्तर रह गया था। साढ़े तीन बजे बजने वाली घंटी, आज सवा तीन बजे ही बज गई। जब बहनें तैयार होकर चर्चा के दल विनोबा जी हॉल में पहुँचने लगीं तब बाबा वहाँ नहीं थे। बहनें चुपचाप बैठने लगीं। भाइयों की दो कतारें और बहनों की कतारों के बीच थोड़ा रास्ता छोड़ दिया गया। धीरे-धीरे समय बीतता जा रहा था और बहनों की उपस्थिति बढ़ती जा रही थी। एक थाली में नाश्ते का सामान लेकर महादेवी ताई आईं। आज उनकी आँखों पर उनका नीचे खिसकता चश्मा नहीं था। उनकी आँखें कुछ उनींदी-सी लग रही थीं। वे एक गहरे चाकलेटी रंग की शाल ओढ़े हुए थी। उन्होंने अपने हाथ की थाली मंच पर रखकर मंच को व्यवस्थित किया। फिर एक कोने में रखी बाबा की डेस्क उठाकर मंच पर रख दी। उस पर बिछे रंगीन कपड़े को व्यवस्थित कर, ताई ने नाश्ते की थाली उस पर रख दी। थोड़ी देर बाद बाबा आए। वे धोती ओढ़े हुए थे और उनका सिर उघड़ा हुआ था वे आकर मंच पर बैठे और ताई ने उनकी डेस्क उनके सामने रख दी। उत्तर की तरफ मुँह करके बाबा नाश्ता करने लगे। हॉल में खामोशी थी। आलथी-पालथी मार कर बैठे हुए भाई-बहनों में अधिकतर भाई-बहन अपने शरीर पर कुछ न कुछ खादी का पहने थे। हॉल के बीचो बीच लगी एक मात्र बत्ती जल रही थी। सन्नाटे में बर्तन की खनखनाहट और बाबा के मुँह में दही की कुलकुलाहट ही आवाज आ रही थी। नाश्ता कर चुकने के बाद बाबा ने कुल्ला-उल्ला किया और मुँह धोए और लोगों की तरफ मुँह करके बैठ गए। ताई ने उनकी डेस्क मंच से उतारकर, उन्हें ओढ़ने के लिए शाल दी। बाबा ने सिर से पाँव तक शाल को ओढ़ा और अपनी टोपी माँगी। बालभाई बैठे और दाहिनी तरफ ताई और जयदेव भाई थे। ठीक चार बजे बालभाई ने बत्ती बुझा दी और प्रार्थना शुरू हो गई। प्रार्थना के गायन में वही कल वाला क्रम रहा। *ईशावास्योपनिषद्* के श्लोक-गायन के समय, बालभाई, जयभाई और बाबा का स्वर ही स्पष्ट सुनाई देता था। लेकिन नाम स्मरण के समय समवेत स्वर का 'पिच' काफी ऊँचा था। यही हॉल व्रत-स्मरण के समय भी रहा। एकाध मिनट के मौन के बाद बाबा ने गला ठीक करके बोलना शुरू किया। उनका स्वर सामान्य था और वे बड़ी सहजता से बोल रहे थे। उज्जैन में गत माह एक सभा में उन्होंने कहा था कि उनके वक्तृत्व कला नहीं है। पर जिन लोगों ने उनके प्रवचन सुने हैं अगर उनसे यह पूछा जाए कि बाबा में वक्तृत्व कला है कि नहीं! तो वह आपकी तरफ यों देखेगा जैसे आपने उससे पूछा हो कि क्यों भाई चन्द्र की किरणें होती हैं या नहीं। तीन-तीन लाख लोगों की सभा में गहरे मौन के बीच

बोलना और फिर पाँच मिनट मौन प्रार्थना का आह्वान करना, यह स्पष्ट बताता है कि उन्हें अपनी वाणी पर कितना विश्वास और अधिकार है। पर खैर छोड़िए इसे और बाबा ने जो आज प्रवचन दिया उसका संक्षेप सुनिए।

कल उन्होंने *गीता* के श्लोक में वर्णित शक्तियों में से पहली शक्ति कीर्ति की विवेचना की थी, आज उन्होंने इसी श्लोक के दूसरे शब्द 'श्री' को उठाया। इस द्वितीय स्त्री शक्ति की विवेचना करते हुए बाबा ने कहा कि शक्ति, क्रान्ति और लक्ष्मी में सब श्री में समा जाते। भगवान ने यह ऐसा परम व्यापक खंड स्त्रियों को दिया है। श्री और शोभा कम न हो इसकी विशेष जिम्मेदारी स्त्रियों पर है। अन्त में उन्होंने कहा कि नारी मानव की शक्ति है। कल बाबा महाशक्तियों में से तीसरी शक्ति की व्याख्या करेंगे। यह व्याख्यान माला अभी पाँच दिन और चलेगी। प्रवचन के बाद भाई-बहन बाहर निकल गए। लेकिन फिर भी सौ दो सौ भाई बहन हॉल में खड़े बाबा को चक्कर लगाते और कोई मराठी का भजन गाते देख रहे थे। पौने पाँच बजे बाबा बाहर निकले। बाबा के दल में कस्तूरबा ट्रस्ट के अन्तर्गत कार्य करने वाली कुछ बहनें आ मिली थीं। उन्हें बाबा से चर्चा करनी थी। पर बाबा आज मौन बढ़े जा रहे थे। डामर की काली ठंडी, पक्की सड़क पर पदयात्रियों के चलने की आवाज एक लयबद्ध क्रम से आ रही थी। जैसे मौन के संगीत में ताल मिला रही हो।

इन्दौर के क्षितिज का 'डिपसुड' प्रकाश आज कल की अपेक्षा कुछ कम चमकीला था और इसका कारण यह था कि आज आसमान साफ था। कल काले बादलों के घने बैक ग्राउंड में उसे चमकीला बना दिया था। गौशाला के सामने से जब बाबा का दल निकला तब वही गोबर और गोमूत्र की मिली-जुली बास आई। अगर यह बास ही यहाँ न हो तो कस्तूरबा ग्राम को ग्राम कहना भी मुश्किल हो जाएगा। हमारे देश में परम्परावादी गाँवों जैसी कोई बात यहाँ नहीं दिखती। अच्छे लम्बे-चौड़े भवन हैं। पक्की सड़कें हैं। फूल वाले उद्यान हैं। बिजली है, नल है, रेडियो हैं। यानी आधुनिक जीवन की सभी विशेषताएँ और आवश्यकताएँ वहाँ हैं। बाबा ने इन्दौर में एक बार सर्वोदय मित्रों को सम्बोधित करते हुए कहा था कि जब सूरज हजारों डिग्री की गर्मी रखता है, तब हममें 98 डिग्री की गर्मी रहती है। अगर वह भी 98 डिग्री गर्मी पर उतर आए तो हमारा क्या हो? इसी तरह जब कार्यकर्ता में हजारों डिग्री उत्साह होगा तब कहीं लोगों में नॉर्मल उत्साह पैदा होगा। बाबा की इस मिसाल को अगर गाँव के जीवन स्तर और कस्तूरबा ग्राम के जीवन स्तर पर लागू की जाए तो यह माना जा सकता है कि कस्तूरबा ग्राम का जीवन निश्चित ही कुछ ऐसे स्तर का होना चाहिए जो उसमें शिक्षित ग्राम सेविकाओं को साधारण ग्राम जीवन के स्तर से समझौता करने न उबाए बल्कि सतत संघर्ष करके उसे उठाने की प्रेरणा दे। पर प्रश्न यह है कि क्या व्यक्ति का विस्तार समूह ये हो सकेगा। क्या कस्तूरबा ग्राम का जीवन स्तर गाँवों के जीवन स्तर को उठा सकेगा? इस प्रश्न का उत्तर हम नहीं दे सकते? केवल वे बहनें दे सकती हैं जो वहाँ शिक्षण पा रही हैं।

देखिए, ये गोबर की बास कितनी देर तक हमारे दिमाग पर छाई रही। अब बाबा का दल चुपचाप चलता हुआ बिलावली तालाब के पास पहुँच रहा था। आगे-आगे चल रहे मनोरंजन में अच्युत भाई को कहा कि अब चर्चाएँ शुरू हो जानी चाहिए। अच्युत भाई

ने कुमुद भाई को बाल भाई से मिलाया और बाल भाई ने कुसुम भाई से कहा कि आप कल चर्चा कर चुके हैं, इसलिए उन बहनों को बातें कर लेने दीजिए, जो चर्चा के बाद काम होने के कारण वापस लौट जाना चाहती हैं। राँची के स्तूप की कला पर बनी उस छोटी-सी काटेज के पास से जब यात्रा का दल गुजर रहा था, तब घड़ी में पाँच बजकर बीस मिनट हो गए थे। बाबा के साथ एक बहस चलने लगी जो निवाली से आदिवासी लड़कियों का एक आश्रम चला रही है, उन्होंने अपना नाम कान्ता बहन बताया। अपने आश्रम का परिचय देने के बाद कान्ता ने बाबा से पूछा कि आश्रम में शिक्षा पाने वाली आदिवासी कन्याओं के भविष्य के बारे में हमें कुछ बताइए। इस पर बाबा ने उनसे कुछ प्रश्न पूछे, जिनका सार यह निकला कि इस शिक्षित आदिवासी कन्याओं के भविष्य को लेकर उनके माता-पिता चिन्तित हैं। क्या इन शिक्षित कन्याओं को फिर से उस आदिम आदिवासी वातावरण में लौट जाना होगा? इन कन्याओं को न आदिवासी परिवारों में वधू बनकर जाना होगा, जो कि आदिम अवस्था में हैं?

बाबा ने इन सारे प्रश्नों का एक ही उत्तर यह दिया कि इन शिक्षित आदिवासी कन्याओं के भविष्य का भार कान्ता बहन सँभालें और अगर लड़कियाँ शीलवान, चरित्रवान निकलेंगी तो उनके बारे में फिक्र करने की जरूरत ही नहीं पड़ेगी। शोर मचाते हुए विलावली की ठंडक समेटे हवा तेजी से चल रही थी और पूरब में राला मंडल और देवगुराड़िया के बीच सुबह की प्रक्रियाएँ शुरू हो गई थीं। बादलों के बीच धुँधला उजाला फूटने लगा था। अब राजस्थान के भाई केशरीजी बाबा से चर्चा करने लगे। उन्होंने पहले राजस्थान में कस्तूरबा ट्रस्ट द्वारा चलाए जा रहे केन्द्रों का परिचय दिया और फिर एक-एक कर कार्यकर्त्री बहनों से उन्हें मिलाया। पहली राजस्थान की बहन जिसने बाबा से बातें करना शुरू की, उनका नाम पुष्पा बहन भाटिया था, वे ठिगने कद की स्थूलकाय महिला थीं। उनका हिन्दी बोलने का ढंग यह साफ बताता था कि वे पंजाबी हैं। उन्होंने बाबा को अपने क्षेत्र का संक्षिप्त परिचय दिया और कहा कि वहाँ एक केन्द्र में जो बहनें सूत कातती हैं, उन्हें खादी पर श्रद्धा नहीं है, तो क्या किया जाए। इस पर बाबा ने पूछा कि क्या वे खादी नहीं पहनतीं? बहन ने बताया कि उन्हें कुछ खादी वेतन के रूप में दी जाती है। अगर वह नहीं दी जाए और पैसे दे दिए जाएँ तो वे बहनें खादी नहीं पहनें। इस पर बाबा ने कहा कि आजकल खादी के अजीब हॉल हैं। कांग्रेस ने अपने नम्बरों के लिए खादी पहनना अनिवार्य कर दिया है, आपने अपनी कीत्तिनों को इस तरह खादी पहनने पर विवश किया है, वह तो खादी हुई विवशता की, जबरिया खादी। दूसरी है रिवेट की खादी। एक रुपये पर तीन आना चार आना रिवेट देकर लोगों को खादी पर ललचाना। यानी यह खादी हुई लालच की। तो खादी आजकल विवशता और लालच की प्रतीक हो गई है। पहले हम समझते थे कि वह अहिंसा की प्रतीक है, मगर अब ऐसा नहीं रहा।

प्रभा बहन के बाद जयन्ती बहन ने बाबा से चर्चाएँ शुरू कीं। अब इतना उजाला हो गया था कि कैंडिल बुझा दिए गए थे। जयन्ती बहन ने बाबा को बताया कि जिस गाँव में वे काम कर रही हैं उसकी आबादी लगभग एक हजार एक सौ है। बाबा ने कहा काफी बड़ा गाँव है। आगे बहन ने बताया कि वे वहाँ आरोग्य भवन का काम करती हैं।

उन्होंने दवा देने का रेट रखा है—बच्चों से दो पैसे बहनों से एक आना और पुरुषों से दो आने मगर वे लोग पैसे देकर दवा लेने को राजी नहीं होतीं, कहते हैं हमें दवा नहीं चाहिए उन बहन ने आगे बताया कि उन्होंने रात को एक प्रौढ़ शिक्षा का वर्ग भी खोला है, मगर पढ़ने की तरफ महिलाओं की रुचि नहीं है। जितनी देर भजन कीर्तन चलता है, बहनें रस लेती हैं और फिर पढ़ाई का काम, नाम सुनते ही ऊब जाती हैं। उस पर बाबा ने कहा कि क्या जरूरत है उन्हें पढ़ाने की, उन्हें केवल सुनाओ इस पर केशरीजी ने पूछा कि फिर साक्षरता आन्दोलन का क्या होगा?

बाबा ने कहा कि उन्हें जबर्दस्ती साक्षर बनाने से कोई फायदा नहीं। उनके ऊपर साक्षरता लादी नहीं जा सकती और जब उन्हें साक्षरता में रुचि नहीं तो इसके भी कुछ कारण होंगे, वे जानते हैं कि साक्षर बनना यानी बेकारी मोल लेना है और फिर वे साक्षर को क्या समझते हैं—ठग। आगे बाबा ने बताया कि आजकल तो विद्यालयों में विद्या का लय ही हो गया है। फिर बाबा ने अपनी बात साफ करते हुए कहा—हिन्दुस्तान में पठन का नहीं, कहा गया है श्रवण कीर्तन और स्मरण के साथ उन्हें शिक्षा देना चाहती है। यानी उनकी भक्ति का शोषण करना चाहती, यह ठीक नहीं है। उन्हें भक्ति के वक्त भक्ति ही करने दीजिए। उनके साथ आप भी करिए। कीर्तन और श्रवण का बड़ा महत्त्व है। दिनभर काम करने वाली औरतें रात को जबर्दस्ती क, ख, ग पढ़ने क्यों बैठती हैं वे मूरख नहीं हैं।

फिर इन्हीं बहन ने तीसरा प्रश्न किया कि आदिवासी बहनें पहुँचों से लेकर कोहनी के ऊपर तक चूड़ियाँ पहनती हैं। वे गन्दी रहती हैं। बाबा ने इस प्रश्न को पहले तो हास्य में लिया। कहा कि वे दिल्ली में जाती हैं। विदेशियों के सामने उनके नृत्य होते हैं और हम उन लोगों को बताते हैं कि देखो हम कैसे मूर्ख हैं। फिर बाबा ने कहा कि ये चूड़ियाँ स्त्रियों के लिए बेड़ियाँ हैं। नाक में जो नथ पहनाई जाती है, सो वह औरतों की नाक नकेल लगाने के मतलब से है। पाँव में घुंघरू पहनाए जाते हैं, तो इसका मतलब यही कि लोग जान सकें कि नई वधू क्या कर रही है। औरतों की बड़ी-बड़ी चोटियाँ रखी गई, क्योंकि कभी पकड़ कर खींची जा सकें। पुरानी बाइबिल में तो कहा भी गया कि आदमी बाल नहीं रखाए तो कोई बात नहीं क्योंकि उसका ईश्वर से सीधा सम्बन्ध है पर औरतों ने बाल रखवाने चाहिए क्योंकि उनके माथे पर आदमी होता है। बाबा ने डोनाल्ड ग्रूम से अपनी माता की ताकीद भी करवाई। जयन्ती बहन के बाद राजस्थान की और बहनों ने बाबा से बातें कीं। भँवरपुरा का चौराहा पीछे छूट गया था। होल्कर कॉलेज के रास्ते पर विद्यार्थियों ने बाबा का स्वागत किया। आगे चलने पर होल्कर महाविद्यालय के प्राचार्य ने बाबा से कॉलेज की तरफ से विसर्जन आश्रम में एक उद्यान बनवाने के बारे में चर्चा की। सवा छह बजे बाबा आश्रम में पहुँचे, उन्होंने दादा भाई को आवाज दी और फिर श्रमदान में सब जुट गए। कल की अपेक्षा आज ज्यादा लोग आए थे। आधे घंटे तक श्रमदान हुआ। फिर बाबा ने नाश्ता किया और जब वे जाने लगे तो सभी श्रमदानियों को सेठ शान्तिलाल साकलचन्द की तरफ से केले बाँटे गए।

सात बजे बाबा विसर्जन आश्रम से कस्तूरबा ग्राम की तरफ चल पड़े। सूरज बादलों में छुपा हुआ था। राला मंडल और देवगुराड़िया की टेकड़ी के शिखरों बादल धुँधलाए

हुए थे। रास्ते में पहले क्रिश्चियन कॉलेज के प्रोफेसर पाटिल ने बाबा से चर्चा की। फिर सफाई विशेषज्ञ अप्पा साहब पटवर्धन ने उनसे बातें करनी शुरू कीं। दोनों पुराने दोस्त हैं और आप जानते ही हैं कि पुराने दोस्तों की बातें जल्दी से खत्म नहीं होतीं। आज अप्पा साहब ने बाबा से सेठ बद्री भोला के पीछे के सामने से जो बातें करनी शुरू की तो सेठ कस्तूरबा ग्राम तक उनकी बातें चलती रहीं। ये चर्चाएँ काफी दिलचस्प और तात्विक थीं और कार्यकर्ताओं के लिए इनका विशेष महत्त्व है पर इस पदयात्रा की पूँछ कहीं हनुमान की पूँछ न हो जाए, इसलिए बीच-बीच की कुछ झलकियाँ आपके सामने रख रहा हूँ।

एक जगह जब सामूहिक शक्ति की बात चल रही थी तब बाबा ने कहा कि यों तो मुझे रोज ही एक दो-पत्र मिलते हैं कि हमने अपने घर में सर्वोदय पात्र रखा है। अगर उन सबको इकट्‌ठा किया जाए तो उनकी संख्या काफी बड़ी हो सकती है, मगर इससे कुछ होगा नहीं। हमें तो यह चाहिए कि हिन्दुस्तान के सात कोटि घरों में सर्वोदय पात्रों की स्थापना हो गई है, तब कहीं काम बनेगा। अप्पा साहब की यह मंशा थी कि वे महाराष्ट्र को अपने काम का मोर्चा बनाएँ क्योंकि उनकी समझ में महाराष्ट्र के लोग इस काम के लिए तैयार हैं और वे काफी स्वाभिमानी हैं। इस तरह बाबा ने कहा—जहाँ-जहाँ सज्जनता है, वहाँ सज्जन लोग हैं और जहाँ सज्जन हैं, वहाँ कोई भी अच्छा काम हो सकता है फिर उन्होंने यह बताया कि महाराष्ट्र में भी विषमताएँ हैं। वहाँ भी वही जातिवाद है, जो भारत में और जगह है। रालामंडल की तरफ मुड़ने वाली सड़क पर गंगवाल जी ने बाबा से बातें कीं। बाबा ने गंगवालजी से कहा—आप जैसे अध्यात्म में रुचि रखने वाले लोगों ने राजनीति जवानों के लिए छोड़कर हमारे साथ काम करना चाहिए। उक्त के बारे में गंगवाल जी ने बताया कि अभी वे प्रथम श्रेणी में नहीं पहुँचे हैं, क्योंकि साठ से कम हैं। अब बाबा का निवास आ गया था। 8 बजकर 35 मिनट हो रहे थे और चारों ओर मीठी धूप फैली हुई थी।

हमारी 'श्री' और 'शोभा' की जिम्मेदारी स्त्रियों पर ज्यादा

गीता में वर्णित सात शक्तियों में से 'श्री' शक्ति की बाबा द्वारा विवेचना

कस्तूरबा ग्राम में आज प्रात:काल सवा चार बजे के बाद बहनों के वर्ग में बाबा ने *गीता* में भगवान कृष्ण द्वारा वर्णित सप्त शक्तियों में से दूसरी शक्ति 'श्री' की विस्तृत विवेचना की। उन्होंने कहा कि 'श्री' अनेक विध सावधानी का परिणाम है। सावधानी कर्म में, चिन्तन में, सबमें चाहिए। किस समय क्या बोलना यह भी 'श्री' में आता है। इस तरह यह परम व्यापक शब्द भगवान ने स्त्री को दिया है। हमारी श्री शोभा कभी कम न पड़े इसकी जिम्मेदारी स्त्रियों पर ज्यादा है। सप्त शक्तियों पर व्याख्यान का आज दूसरा दिन था। कल बाबा ने प्रथम स्त्री शक्ति 'कीर्ति' की व्याख्या की थी। आज उन्होंने *गीता* के उस श्लोक का अगला शब्द 'श्री' उठाया और उसकी तीन मिनट तक व्याख्या की। अपने प्रवचन के प्रारम्भ में बाबा ने कहा—भगवान इस श्लोक में समाज की शक्तियों का वर्णन कर रहे हैं। सुकृति से जो निर्माण होती है सद्‌भावना की गन्ध उसे कीर्ति कहते हैं। हम कल उसका विवरण कर चुके हैं।

दूसरी शक्ति है श्री-शक्ति। यह शब्द बहुत पुराना है। भगवान या आदरणीय पुरुषों के नाम के साथ जुड़ा रहता है। राम-कृष्ण के आगे यह लगाया जाता है। राजाओं को राजश्री और पंडितों को ब्रह्मश्री कहा जाता है। श्रीमान् शब्द जो आजकल प्रचलित है यह *यजुर्वेद* में है। अग्नि का वर्णन करते हुए उसकी श्री का वर्णन किया गया है। कहा गया है जिसकी कान्ति दर्शनीय है, उसकी श्री दर्शनीय है। वह घर-घर में प्रचलित है। अतिथियों की सेवा करता है। इसमें उत्पादन को श्री के रूप में देखा है और लक्ष्मी के रूप में देखा है। क्योंकि लक्ष्मी श्री अग्नि से पैदा होती है। तो श्री, लक्ष्मी, कान्ति और शोभा सब मेहनत से पैदा होती है, जहाँ मेहनत नहीं होती वहाँ लक्ष्मी, श्री, कान्ति, शोभा कुछ भी पैदा नहीं होती। संस्कृत में हाथ के लिए बहुत से शब्द प्रयुक्त किए गए हैं। एक शब्द है हाथ के लिए हस्त—इससे हाथों से हास्य प्रकट होता है। जब मनुष्य मेहनत करता है तो उसे प्रसन्नता मिलती है।

आश्रय शब्द भी श्री से बना है। कान्ति बुद्धि की प्रभा बताता है। श्री उत्पादन दिखाता है। शोभा औचित्य दिखाता है। जो चीज जहाँ की हो वह वहीं रहे तो उसकी शोभा रहती है। हम देखते हैं कि यहाँ लोग, फाउंटेन पेन की स्याही झाड़ा करते हैं। उनके हाथ भी गन्दे होते हैं, और दरी भी गन्दी होती है। यह अनुचित है इसमें शोभा नहीं। स्वच्छता, पावित्र्य ये सब श्री में आते हैं। शोभा, कान्ति ये श्री से निकलते हैं। फिर असमानता किस प्रकार श्री को नष्ट करती है इसका उदाहरण देते हुए बाबा ने कहा गाँव में बहुत से आलीशान मकान होते हैं और कहीं टूटी झोंपड़ियाँ भी नहीं। कल ही हम आ रहे थे। इन्दौर नगर से कस्तूरबा ग्राम की तरफ। एक जगह हमने जले हुए टीन के टप्परों की झोंपड़ियाँ देखीं। पूछा यह क्या है? हमें कहा गया कि सरकार ने बनवाई है। वह दृश्य वातावरण को गन्दा करता है, उसमें श्री नहीं। श्री को एक स्त्री शक्ति कहा गया है। इसलिए यह जिम्मेदारी स्त्रियों पर आ गई है कि वे उत्पादन करने की, श्रम करने की प्रेरणा दें। अपने पावित्र्य और घर की शोभा की रक्षा करें। एक श्लोक पढ़कर उसका अर्थ करते हुए बाबा ने कहा कि गृहिणी घर की शोभा है। लेकिन मुझे तो इस देश में शोभा का खयाल ही नहीं दिखाई देता। दूसरे देशों में हो भी सकता है। जहाँ विषमता है वहाँ शोभा हो ही नहीं सकती। हमारे शरीर के अवयव अगर अपना-अपना काम करते रहें तो शरीर में शोभा रहेगी, कान्ति रहेगी। पतंजलि ने उसे गँवार बताया है जिसके चरणों में धूल भरी है और कीचड़ लगा है। पाँव और नाखून स्वच्छ रखने की जरूरत हम महसूस ही नहीं करते। शरीर के सब अवयवों को साफ रखने की जरूरत जो महसूस करता है, वह योगी है। इस तरह कुल का कुल स्वच्छता विभाग श्री में आ गया है। शोभा और कान्ति जो प्रचारक शक्ति है, वह भी श्री में निहित है। सूर्य में आभा और प्रभा दोनों होती है। अन्दर जो प्रकाश है और बाहर वह फैले तो वह प्रभा है, श्री है।

फिर उन्होंने शहर में जहाँ-तहाँ लगाए जाने वाले पोस्टरों को श्री विहीन बताया और कहा कि औचित्य विचार हमें सब जगह करना चाहिए। इसके लिए ज्ञान की जरूरत है। श्री अनेक विषय में सावधानी का परिणाम है। सावधानी कर्म में, चिन्तन में, सबमें चाहिए। किस समय क्या बोलना यह भी श्री में आता है। इस तरह यह परम व्यापक शब्द भगवान में स्त्री के लिए दिया है, वे अर्जित हैं। यहाँ श्री को ऊर्ज के साथ रख दिया

है। ऊर्ज होता है आन्तरिक बल और श्री वह जो बाहर प्रभा चमकाती है। कुछ विभूति ऐसी होती हैं जिनमें श्री प्रकट होती है और कुछ में ऊर्ज भरी रहती है। ऐसी तो दो तरह की विभूतियाँ पाई जाती हैं। उदाहरण के लिए भगवान विष्णु में श्री और शंकर में ऊर्ज प्रकट हुई है। इस श्लोक द्वारा भगवान यह बताना चाहते हैं कि हमारी श्री शोभा कभी कम न पड़े इसकी जिम्मेदारी स्त्रियों पर ज्यादा है। तो श्री एक स्त्री शक्ति है। वैसे तो मानवमात्र की ही शक्ति स्त्री है। यह बात सारे समाज पर लागू होती है। स्त्री के साथ विश्व भी जुड़ा हुआ है।

कस्तूरबा सेविकाओं से चर्चा

कस्तूरबा ग्राम में आज दिन के 3 बजे से कस्बूरबा ट्रस्ट के अन्तर्गत ग्राम सेवा में सभी मुख्य सेविकाएँ आचार्य भावे से मिलीं। सर्वप्रथम देश की विभिन्न प्रान्तों से आई सेविकाओं का परिचय कराया गया, इसके अतिरिक्त महिलाओं ने अपने क्षेत्र की कार्य प्रणालियाँ एवं उनके कार्य में आने वाली कठिनाइयों पर प्रकाश डाला चर्चाएँ साढ़े चार बजे तक चलती रहीं।

गुणों का विकास करने के लिए गृहस्थाश्रम की स्थापना हो
कुल की प्रतिष्ठा प्रेरणादायी
सायंकालीन प्रार्थना सभा में बाबा का प्रवचन

आचार्य विनोबा भावे ने सायंकालीन प्रवचन में कहा कि हमें गृहस्थाश्रम की प्रतिष्ठा बढ़ानी है क्योंकि इसके द्वारा ही कुल के गुणों का विकास किया जा सकता है। अपने प्रवचन में आर्थिक पहलुओं का विवेचन करते हुए कहा कि आजकल सेवा का मूल्यांकन ही गलत किया जा रहा है एवं नैतिक का मूल्य भौतिक में चुकाया जा रहा है। आज प्रवचन स्थल भूरी टेकड़ी पर बाबा 7 मिनट जल्दी आ गए थे, अत: चबुतरे पर खड़े होकर आपने आसपास के सुहावने दृश्यों को दो मिनट तक निहारते रहे। पाँच बजकर पच्चीस मिनट हो गए थे, प्रवचन के लिए पाँच मिनट शेष थे, अतएव बाबा ने कहा कि भजन होना चाहिए। इस पर एक महिला ने भजन गाया—'सुन रे मन निर्बल के बल राम'। भजन समाप्त हो जाने के उपरान्त बाबा ने प्रवचन आरम्भ करते हुए कहा कि आज हम भाइयों से बात कर रहे थे कि बुद्ध जन जो सेवा का कार्य कर रहे हैं उसे जारी रखने के लिए या तो ओरस सन्तान आगे आनी चाहिए या मानस पुत्र बनाने चाहिए। अगर ऐसा नहीं हुआ तो नाहक ही बुद्ध बने। जब मैंने यह बात उनसे कही तो उनके पास कोई उत्तर नहीं था।

कुल की प्रतिष्ठा प्रेरणादायी

आज सन्तति तो होती है लेकिन कुल में जितने गुणों का विकास हुआ है वे गुण आगे नहीं आते। अगर कुल के गुणों का आगे विकास नहीं हुआ तो मैं कहूँगा आप निस्सन्तान हैं। इस सम्बन्ध में उपनिषद् में भी एक कहानी आई है जिसमें एक ब्राह्मण के लड़के को विद्याध्ययन की इच्छा नहीं थी इस वजह से बारह वर्ष तक उसने अध्ययन नहीं

किया। तब एक दिन उसके पिता ने कहा कि हमारे कुल में आज तक केवल नामधारी ब्राह्मण नहीं हुआ। जितने हुए हैं वे सभी पठन-पाठन करने वाले थे। कुल के सम्बन्ध में इतनी सी बात से उसे प्रेरणा प्राप्त हो गई एवं वह अध्ययन में लग गया। अगर कुल की प्रतिष्ठा से प्रेरणा नहीं मिलती तो गृहस्थाश्रम का प्रसार व्यर्थ है।

गृहस्थाश्रम की प्रतिष्ठा आवश्यक

प्रवचन जारी रखते हुए बाबा ने कहा उपनिषद् में कहा गया है कि शिष्य से ज्येष्ठ पुत्र उत्तम है। गृहस्थाश्रम में रहते हुए अगर पुत्र उत्तम नहीं हुआ तो शिष्य भी उत्तम नहीं होगा फिर गुणों का विकास कैसे होगा। आज गृहस्थाश्रम की प्रतिष्ठा नहीं होने के कारण ही यह बात है। गृहस्थाश्रम की प्रतिष्ठा तो होनी ही चाहिए—वह राष्ट्र की पूर्ति करता है। गृहस्थाश्रम ही अन्य आश्रमों के लिए मातृरूप है क्योंकि ब्रह्मचर्य आश्रम, वानप्रस्थ आश्रम एवं संन्यासाश्रम की पूर्ति करता है व उनको पोषता है। आज शहरों व गाँवों में सिनेमा के गन्दे पोस्टर लगे रहते हैं, इससे गृहस्थाश्रम की प्रतिष्ठा गिर गई है तथा दिन ब दिन टूटती जा रही है।

समाज में व्यवस्था कायम हो

बाबा ने कहा कि आज गृहस्थाश्रम की प्रतिष्ठा तो टूट रही है, साथ ही, अब वर्ण व्यवस्था जो है वह भी नहीं रही। यानी अब कोई व्यवस्था ही नहीं रही—अव्यवस्था हो गई। आज सन्तानें माता-पिता से ताल्लुक नहीं रखतीं, वे समझते हैं संयोग से हम पैदा हो गए हैं तथा वे परस्पर की जिम्मेदारी भी नहीं समझते। आजकल एक विचार चल रहा है कि सबको अभिरुचि के अनुसार कार्य देना चाहिए। प्रदत्त शक्ति जिसके लिए उपयुक्त हो वही कार्य देना चाहिए। आचार्य भावे ने कहा कि यह हम मानते हैं कि प्रदत्त शक्ति के अनुसार कार्य मिलना चाहिए, किन्तु इसके साथ यह शर्त हो कि जीवन यापन के अनुरूप सबको समान वेतन भी मिले। प्रधानमंत्री हो, इंजीनियर हो या कुम्हार हो सबको समान वेतन मिलना चाहिए क्योंकि सभी प्रदत्त शक्ति एवं अपनी-अपनी अभिरुचि के अनुसार कार्य करेंगे। आज दलील यह दी जाती है कि विभिन्न कार्यों के लिए वेतन इसलिए ज्यादा दिया जाता है कि उससे कार्य करने वाले को प्रेरणा मिलती है। किन्तु मेरी राय में पैसे से प्रेरणा मिले इससे बदतर बात और कोई नहीं है।

सार्थव्यवस्था की स्थापना

सन्त प्रवर ने कहा कि आज कुम्हार का लड़का कुम्हार का कार्य नहीं करता, क्योंकि उस धन्धे से उसका उदर पोषण नहीं होता इसलिए वह दूसरे धन्धे की तलाश करता है। पढ़ाई की योजना भी इसी तरह होती है कि जिसमें अधिक पैसे मिले वह पढ़ाई करे। आज किसी कार्य के लिए ज्यादा पैसे किसी कार्य के लिए कम पैसे दिए जाते हैं। अगर हर एक धन्धे के लिए समान रूप से वेतन दिया जाए तो कुम्हार का लड़का अपना धन्धा करेगा तथा वह कुल के गुणों का विकास भी करेगा। किन्तु आज यह व्यवस्था नहीं। पढ़-लिखकर सरकार उन्हें विदेश भेजेगी पढ़ाई पर भारी खर्च कर उसका वेतन भी भारी

देगी। यह मेरी समझ में नहीं आता। यह तो एक जुल्म है। विद्वान को तो अपरिग्रही होना चाहिए। आजकल के अर्थशास्त्र को तो मैं व्यर्थशास्त्र मानता हूँ क्योंकि मेरे मतानुसार प्रत्येक को उतना मिलना चाहिए जितने की आवश्यकता है। राष्ट्र की सेवा के लिए सभी कार्य समान हैं। यही एक व्यवस्था है जिसे सार्थव्यवस्था कहेंगे। बाबा ने आगे कहा कि सेवा का नैतिक मूल्य है, पैसा चाहिए क्योंकि पेट का सवाल है किन्तु आजकल नैतिक का मूल्य भौतिक में चुकाया जा रहा है। इस तरह भुगतान का पैमाना ही गलत है।

विसर्जन आश्रम के निर्माण में होल्कर कॉलेज का अपूर्व योग

आज प्रात:काल विनोबाजी जब अपनी पदयात्रा के दौरान होल्कर कॉलेज के सामने से गुजर रहे थे, तब होलकर कॉलेज के प्राचार्य श्री *भागवत* ने उनसे भेंट की और बताया कि वे कॉलेज के विद्यार्थियों और प्राध्यापकों के श्रमदान से विसर्जन आश्रम में बगीचा बनाना चाहते हैं। इस सम्बन्ध में जो भी साधन आवश्यक होंगे वे सब कॉलेज की तरफ से ही लगाए जाएँगे। बाबा ने *भागवत* साहब के इस प्रस्ताव का हार्दिक स्वागत किया और कहा कि श्रमदान लेने को कौन नहीं राजी होगा। होल्कर कॉलेज के इस अपूर्व दान से इन्दौर के सर्वोदयी क्षेत्र में बड़ी प्रसन्नता व्यक्त की जा रही है।

बाबा ने संस्कृत सीखी

विनोबा भावे ने अपना एक संस्मरण सुनाते हुए कहा कि माँ की प्रेरणा से मैंने संस्कृत सीखी। ईश्वर की कृपा से मैं दस-बीस भाषा जानता हूँ किन्तु मातृभाषा व संस्कृत पर मेरा जितना अधिकार है उतना अन्य किसी भी भाषा पर नहीं है। बाबा ने कहा कि पिताजी ने मुझे फ्रेंच भाषा सीखने के लिए कहा। मैंने फ्रेंच ले ली। एक दिन जब माँ मुझे नाश्ता दे रही थी तब मुझसे पूछा 'तू कौन सी भाषा सीख रहा है? मैंने उत्तर दिया 'फ्रेंच'। इस पर माँ ने कहा 'ब्राह्मण का लड़का संस्कृत नहीं जानेगा।' इसका मुझ पर गहरा प्रभाव पड़ा और मैंने संस्कृत भाषा तन्मयता से सीखी। आज मुझे जितना संस्कृत भाषा का ज्ञान है उतना ज्ञान किसी अन्य भाषा का नहीं। भारत कला मन्दिर के श्री प्रेम शर्मा ने अपने कला मन्दिर में दाँत व हाथों से गुँथे हुए धागे से बने चश्मे का केस, घड़ी की चैन बाबा को सप्रेम भेंट की। इसके पूर्व आप अप्पा साहब सहस्त्र बुद्धे, दादा धर्माधिकारी व जयप्रकाश नारायण को भी यही वस्तुएँ भेंट कर चुके हैं।

कार्यकर्तागण मेरे हाथ-पाँव हैं
कस्तूरबा ट्रस्ट के कार्यकर्ताओं के सम्मुख आचार्य भावे का सम्बोधन

आज सफेद कोठी में दिन के तीन बजे कस्तूरबा ट्रस्ट के प्रान्तीय प्रतिनिधि ट्रस्ट की कार्यकारिणी के सदस्य एवं ट्रस्टियों की एक बैठक में बाबा ने सम्बोधित करते हुए कहा कि आपको ही मैं अपने हाथ-पैर मानता हूँ। मैंने जो विचार व्यक्त किए हैं उसको आप कार्यान्वित करें। बाबा ने यह भी आशा व्यक्त की कि ग्राम सेविकाएँ व मुख्य सेविकाएँ शान्ति सैनिक बनें तथा शील रक्षा का कार्य बहनें ही करें। कार्यकर्तागण बाबा के सम्मुख मार्गदर्शन हेतु एकत्रित हुए थे एवं उन्होंने कार्यप्रणाली पर चर्चा करते हुए

अनुरोध किया कि ऐसा मार्ग बनाया जाए जिससे कि कार्य करते हुए निर्दिष्ट उद्देश्यों की प्राप्ति हो सके। चर्चाओं के दरम्यान बाबा ने कहा कि इसमें शक नहीं कि कहीं-कहीं इसने अच्छा कार्य किया है किन्तु कार्यक्षेत्र विस्तृत एव कार्यकर्ताओं की कमी के कारण कार्य में तेजस्विता नहीं आती। अन्त में ग्राम सेविकाओं को किस तरह प्रशिक्षित किया जाए तथा आध्यात्मिक शिक्षा किस तरह दी जाए इस पर विस्तृत चर्चाएँ हुईं। यह बैठक लगभग एक घंटे तक चलती रही।

बाबा सनावजिया ग्राम जाएँगे

सन्त प्रवर विनोबा ने 29 तारीख को प्रातःकाल 5 बजे क्रिश्चियन कॉलेज के सोशल वेलफेयर वर्क्स एसोसिएशन द्वारा संचालित ग्राम सुधार कार्य देखने के लिए सनावजिया ग्राम जाने की स्वीकृति दी है। इस सम्बन्ध में शिक्षक एवं विद्यार्थी भी 4 बजे सुबह तक गाँव पहुँचने का प्रयास करेंगे।

बाबा की सायंकालीन पदयात्रा

आज बाबा ने सायं 4 बजे से कस्तूरबा ग्राम में स्थित गांधी निधि द्वारा संचालित गौशाला देखी तथा खेती के कार्यक्रमों के बारे में जानकारी प्राप्त की। बाबा जैसे ही अपने निवास स्थान से निकले कि श्री यात्गीजी उनके साथ हो गए। श्री यात्गीजी मराठी में गांधी निधि के खेती के कार्यक्रम एवं भावी व्यवस्था पर बाबा से चर्चा करने लगे। बाबा यात्गीजी की बातों को ध्यानपूर्वक सुनते जा रहे थे। बाबा के साथ महादेवी ताई और जयदेव भाई भी थे। कस्तूरबा ग्राम आश्रम के श्री माणकचन्दजी कटारिया भी बीच-बीच में बाबा का ध्यान आकर्षित करते रहे। गौशाला में पहुँचने के उपरान्त बाबा को ऊपर गच्ची पर ले जाया गया जहाँ से निधि की भूमि के सम्बन्ध में जानकारी दी गई। तत्पश्चात गौशाला में गिर व काँकरेज नस्ल की गायों व साडों का अवलोकन किया। इसके पश्चात बाबा प्रार्थना स्थल की ओर रवाना हो गए।

(28 अगस्त, 1960)

वाणी तत्काल फलदायिनीसिद्धि

विनोबाजी द्वारा तीसरी स्त्री शक्ति 'वाणी' की विवेचना

कस्तूरबाग्राम में सप्त शक्तियों की व्याख्यानमाला के तीसरे दिन आज सन्त विनोबा भावे ने स्त्री की तीसरी शक्ति 'वाणी' की विवेचना की। उन्होंने कहा कि वाणी एक सिद्धि है और यह सिद्धि तत्काल फलदायिनी हो सकती है। आपने बोला और वैसा ही दुनिया में हो जाए। इसी को आशीर्वाद शक्ति कहते हैं। मगर यह सिद्धि उसे मिल सकती है जो वाणी का ठीक से उपयोग करता है। इस सिद्धि को प्राप्त करने के साधन भी बाबा ने बताया, उनमें पहला है—सत्य भाषण, दूसरा मित्र भाषण और तीसरा परनिन्दा न करना, न मन में लाना, चौथा है मितभाषण...और पाँचवाँ भाषा। आज सवा चार बजे प्रार्थना के बाद बाबा ने अपना प्रवचन शुरू किया। उन्होंने *गीता* का उल्लेख करते हुए कहा—भगवान हमारे समाज की मान्य शक्तियों का विवेचन कर रहे हैं। 'कीर्ति' और 'श्री' दो शक्तियाँ हमने देखीं। अब हमें तीसरी शक्ति के दर्शन होंगे। यह तीसरी शक्ति है 'वाणी'। भगवान ने मनुष्य को अन्य प्राणियों से भिन्न एक वाणी दी है, वाणी तो और भी प्राणियों में है पर उनकी वाणी से मनुष्य की वाणी अधिक स्पष्ट है। सम्भव है मक्खी, मच्छर की भी एक वाणी हो जिसे हम समझ नहीं सकते हैं, पर जहाँ तक हम समझते हैं मनुष्य की वाणी ही स्पष्ट है।

वह एक बहुत बड़ी शक्ति है। उसका ठीक ढंग से उपयोग करें तो मनुष्य बहुत उन्नति कर सकता है। यह समझने की बात है कि वाणी अलग है और भाषा अलग है। भगवान ने दुनिया में कुल मनुष्यों को आँखें दी हैं, उसी प्रकार वाणी भी दी है। उसी का रूपान्तर भाषा में होता है और उसी का साहित्य बनता है। हम वाणी को कल्याणकारी कर्तव्य के रूप में परिणत कर सकते हैं। ऐसा भी अनुभव में आया है कि मनुष्य जो बोलता है वैसा ही वह बन जाता है। वाणी की सिद्धि तत्काल फलदायिनी हो सकती है, शब्द बोला और दुनिया में वह हो जाए इसी को आशीर्वाद शक्ति कहते हैं। तो वाणी एक सिद्धि है। जो ठीक प्रकार से वाणी का उपयोग करता है, उसे वह मिलती है। वाणी की मर्यादा में एक बात और है जिसे इस सिद्धि को साधना हो उसे हमेशा सत्य बोलना चाहिए। इसके अनुसार सत्य का रूप बदलता जाएगा। आज का सत्य अगर कल बदल गया तो वाणी का रूप भी बदल जाएगा। उसे सत्य के इसी रूप में प्रकट करना चाहिए दूसरे रूप में नहीं। बाबा ने वाणी की सिद्धि का दूसरा साधन बताया भाषण। उन्होंने कहा नपा-तुला शब्द मुँह से निकलना सत्य बोलने में मदद करता है।

सत्य के लिए मित भाषण एक पथ्य है। यह जरूरी नहीं कि जो लोग कम बोलते हैं, वे सत्य भाषी ही हैं। कई बार असत्य को छुपाने के लिए भी लोग कम बोलते हैं। मित भाषण सम्यक् विस्तार के लिए आवश्यक है। भक्ति के सिलसिले में आता है कि वाणी से निन्दा वचन नहीं बोले जाएँ। निन्दा चाहे वह किसी की भी हो उससे वाणी की हित शक्ति नष्ट होती है। तो निन्दा वचन नहीं बोलना और खासकर किसी की निन्दा उसकी पीठ पीछे किसी के सामने तो करनी ही नहीं चाहिए। किसी के गुण-दोषों की चिकित्सा भी नहीं की जानी चाहिए। वाणी सिर्फ वही नहीं है जो बाहर निकलती है, वाणी अन्दर भी है। उसे गूढ़ वाणी कहते हैं। उसमें भी हित चिन्तन ही होना चाहिए। दोष किसी का भी नहीं देखना चाहिए। यह एक बहुत बड़ी चीज है। वाणी से अगर दोषों का उच्चारण होगा तो वे दोष जो दुनिया में होते हैं वाणी में आ जाते हैं। हम दोषों का उच्चारण और मनन करेंगे तो बाहर के दोष हमारी वाणी में आएँगे। इन दोषों को बाहर से ही ढकेला जा सकता है। मगर हम उन्हें बाहर से उठाकर ले आते हैं और मन में प्रतिष्ठित कर लेते हैं। इसका सीधा मतलब यह हुआ कि बाहर का कूड़ा-कचरा उठाकर मन में रख लिया। इसलिए दूसरे के दोष देखने, उनका चिन्तन करने और दूसरे की निन्दा करने से बहुत बड़ा भ्रष्टाचार होता है।

अब सवाल यह उठता है कि हमें अक्सर काम के सिलसिले में दूसरों की चर्चा करनी पड़ती है। उस चर्चा में भी हित चिन्तन की दृष्टि से दोषों की चर्चा की जा सकती है। पर उसमें भी हित चिन्तन की भावना ही गहरी होनी चाहिए। जिसके दोषों की हम चर्चा करें, उसे और हमें दोनों को ही यह महसूस होना चाहिए कि दोषों की चर्चा हित के लिए ही की जा रही है। इस प्रकार दोष प्रकाशन किया जाएगा तो वह चुभेगा नहीं। हित बुद्धि वह है जो उभय मान्य हो। यानी दोनों पक्ष उसे स्वीकार करते हों। जैसे ऑपरेशन करना हो तो जिसका ऑपरेशन हो रहा हो उसे यह भान होना चाहिए कि ऑपरेशन मेरे हित में है और ऑपरेशन करने वाले के ध्यान में यह बात स्पष्ट होनी चाहिए कि वह हित के लिए ऑपरेशन कर रहा है। इस प्रकार से जो चर्चा की जाएगी उसमें वे दोष नहीं आएँगे जो निन्दा वचन में आते हैं। इस प्रकार दोष प्रकाशन में हित चिन्तन यह एक व्यावहारिक पहलू है। दोष प्रकाशन बाद में हो, पहले हित बुद्धि से हित चिन्तन हो।

मित भाषण जिस प्रकार वाणी की सिद्धि के लिए एक साधन है उसी प्रकार मौन भी है। मौन भी वाणी की ताकत बढ़ाने वाला है। यह मानसिक क्षेत्र के लिए आवश्यक है। मौन मन के साथ जुड़ा हुआ है। मौन रखा जाए और मन में मनन नहीं किया जाए तो हमारा मौन जानवर के मौन के समान होगा। उसके मौन में मनन नहीं होता, इसलिए वे इतने आरोग्यवान रहते हैं पर मानव मन बिना मनन के रह ही नहीं सकता। वह मौन सिर्फ वाणी के अभाव के कारण है। पर यह मौन मननपूर्वक है। अब सवाल यह है कि मौन में मनन किस बात का किया जाए? तो गुण जो भी हैं वे आत्मा के हैं और दोष जितने भी हैं वे देह के हैं। हमें किसी के दोष दिखे तो यह सोचकर कि दोष देह के हैं और देह नश्वर है उन पर ध्यान ही नहीं देना चाहिए। हमेशा आत्मा के गुणों को देखना चाहिए, वह स्थिर है। यह बात बहुत बार समझाने पर भी लोगों की समझ में नहीं आती? गुण-दोष दोनों मनुष्य के पास होते हैं, पर यह समझना चाहिए गुण आत्मा के (जैसे सत्य,

प्रेम आदि) हैं और दोष देह के हैं। मौन में मनन करें तो गुण चिन्तन करें और कभी वाणी से किसी की दोष चिकित्सा करने का मौका आया तो उसका हित चिन्तन करें।

भाषा शिक्षण का एक बाह्य साधन है, एक बाह्य प्रकार है। वाणी अन्दर की चीज है और भाषा ऊपर की। अक्सर इसका दुरुपयोग भी किया जाता है। शिक्षण में अच्छी भाषा लिखने-पढ़ने को कहा जाता है पर अच्छी भाषा का मतलब क्या? अच्छी भाषा वह जो सम्यक् वाणी का प्रकाशन कर सके। सूक्ष्म से सूक्ष्म भावों का प्रकाशन कर सके। बहुतों को यह खयाल भी नहीं आता कि मन में जो खयाल आते हैं वे बिना प्रकट हुए भी अपना असर डालते हैं। लेकिन यह होता है। इसलिए अन्दर मन में संकल्प भी ठीक उठे ऐसा अंकुश मन पर होना चाहिए। हमेशा सत्य बोलने का मतलब यह नहीं कि गलत संकल्प आया तो भी बोल बताया। यह तो मल विसर्जन करने के समान है, जहाँ-तहाँ नहीं किया जाता। वह आदमी जो मन में उठी अच्छी बुरी बातें कह डालता है। खुला हुआ आदमी कहा जाता है। पर ऐसा खुलापन किसी काम का नहीं। मन का दुर्भाव गुरु के सामने ही प्रकट किया जाए ताकि वे उन दोषों से हमें बचा सकें। हर किसी के सामने अगर हम हमारे मन के दुर्भाव प्रकट करते फिरें तो यह मूर्खता का लक्षण होगा। हमें ऐसा नहीं करना चाहिए। अपने इस तीस मिनट के सारवान प्रवचन के अन्त में सन्त विनोबा ने कहा कि हमने जो ऊपर साधन बताए हैं, अगर इनसे वाणी का उपयोग किया जाए तो वह एक बहुत बड़ी शक्ति हो सकती है।

विकृति, प्रकृति और संस्कृति

कल अगर जागरण की घंटी जल्दी लग गई थी तो आज दस मिनट देर से लगी। चार बजे जब भाई-बहन प्रार्थना के लिए तैयार होकर बाबा के निवास पर पहुँचे तब बाबा मंच पर शॉल ओढ़े आलथी-पालथी मारे बैठे थे। धीरे-धीरे भाई-बहन आते जा रहे थे और चुपचाप अपनी-अपनी जगहों पर बैठते जा रहे थे। ठीक चार बजकर तीन मिनट पर प्रार्थना शुरू हुई। प्रार्थना का वही क्रम रहा। उसी प्रकार श्लोक गाए गए, नाम स्मरण हुआ और फिर व्रत स्मरण। थोड़ी देर के मौन के बाद बाबा ने गला साफ किया। उनके सामने अब माइक्रोफोन लाकर रख दिया गया था। आज जिस विषय पर वे बोलने वाले थे वह प्राय: सभी को मालूम था। *गीता* में वर्णित तीसरी शक्ति 'वाणी' पर आज बाबा बोलने वाले थे। इकतीस जुलाई से छह अगस्त तक बाबा ने पतंजलि के *योग सूत्र* पर सात दिनों तक प्रवचन दिए थे व सात प्रवचन इन्दौर के वैचारिक जगत में ऐतिहासिक महत्त्व के हैं। स्वच्छता पर इतनी गहराई से और इतनी क्रान्तिकारी बातें शायद ही किसी ने बताई होगी। महत्त्व के इन सात प्रवचनों के बाद में पंजाबी कार्यकर्ताओं के वर्ग में बाबा ने अपनी स्थितप्रज्ञ दर्शन नामक पुस्तक की विवेचना करते हुए तीन-चार बड़े तात्विक प्रवचन दिए थे। फिर तीन दिन सायंकालीन प्रार्थना सभा में विनोबाजी ने *विष्णु सहस्र नाम* के तीन नामों की व्याख्या की थी और अब कस्तूरबा ग्राम में *गीता* में वर्णित सप्त शक्तियों पर सात दिन तक प्रवचन करने वाले हैं।

यह बात तो सर्वमान्य है कि जो ताकत तलवार में नहीं वह शब्दों में होती है। जितना बड़ा धमाका एक तोप के गोले से नहीं होता, उतना बड़ा धमाका एक नए विचार से

होता है। संसार में दिनोदिन बौद्धिकता बढ़ती जा रही है। एक देश का विचार दूसरे देश में तत्काल पहुँच जाता है और वैचारिक स्वतंत्रता की सभी जगह दुहाई दी जा रही है। जब कार्य विचारों से होने लगता है तो एक वातावरण बन जाता है और वह वातावरण जन साधारण को बिना किसी बाध्यता के कार्य करने की प्रेरणा देता है। बाबा इस बात को भलीभाँति समझते हैं। जब सफाई सप्ताह में कार्यकर्ताओं के नाम लिखने की बात चली तो बाबा ने कहा था कि नाम लिखने की क्या जरूरत है। जो लोग यह समझ गए हैं कि सफाई करना हमारा अनिवार्य कर्तव्य है वे बिना नाम लिखाए भी अपना काम पूरा कर देंगे। ऐसी ही बात उन्होंने इन्दौर के अपने अन्तिम दिनों के निवास में कही थी, जबकि उनके साथियों ने उनसे यह कहा था कि सर्वोदय नगर के काम के लिए वे लोगों से नाम लिखाने का आह्वान करें। उनका तो जीवन दर्शन यही है कि विचारों को समझाया जाए, वाणी द्वारा लोगों में प्राण फूँके जाएँ और उन्हें प्यार की डोर में बाँधा जाए।

बाबा इन्दौर में रहे और एक माह उन्होंने वातावरण बनाने के लिए कोई बात उठा नहीं रखी। लगभग सवा सौ व्याख्यान उन्होंने दिए और हम सभी जानते हैं कि बाबा बेकार एक शब्द नहीं बोलते तो इतने विचारों से क्या वातावरण नहीं बना होगा। कस्तूरबा ग्राम में भी बाबा यही कर रहे हैं। बहनें जब उनसे अपनी ग्राम सेवा सम्बन्धी कोई प्रश्न पूछती हैं तो वे कोई स्थूल विचार समझा देते हैं। रास्ता बता देते हैं कि वह है तुम्हारी मंजिल और इस तरह वहाँ जा सकती हो। *गीता* में वर्णित स्त्री शक्तियों की विवेचना के पीछे भी उनका यही उद्देश्य है। पहले दिन कीर्ति, फिर श्री और आज वाणी इस तरह उन्होंने तीन स्त्री शक्तियाँ, ग्राम सेविका बहनों को बताईं। आज के प्रवचन में वाणी की व्याख्या करते हुए बाबा ने कहा कि यह एक सिद्धि है जो तत्काल फल देती है। यह सत्य भाषण, मित भाषण, अनिन्दा व्रत, मौन और भाषा से सध सकती है। अगर यह एक बार सध जाए तो जो मुँह से निकल जाए वही सत्य हो जाता है। सत्य बोलते-बोलते ऐसी सिद्धि मिल जाती है कि जो बोल दिया जाता है, वही सत्य हो जाता है। कस्तूरबा ग्राम की बहनें इस सप्त शक्तियों की व्याख्या अगर ध्यान लगाकर सुनेंगी और तदनुसार अमल करने की कोशिश करेंगी तो निश्चित ही एकाध शक्ति उनमें जाग जाएगी।

बराबर तीस मिनट प्रवचन देने के बाद बाबा पदयात्रा को निकल आए। आज आसमान कल के बजाय और अधिक साफ था। तारों में ज्यादा चमक थी। मगर आज हवा तेज नहीं थी। हाँ ठंड कल की अपेक्षा कुछ अधिक थी। बाबा शॉल ओढ़े हुए थे और लगभग सभी पदयात्री कोई न कोई अतिरिक्त वस्त्र अपने शरीर पर लपेटे थे। आज उत्तर के आसमान का क्षितिज धवल बादलों से आवृत्त था। बाकी सारा आसमान साफ था। कस्तूरबा ग्राम के मुख्य द्वार तक पहुँचने के पहले ही आज चर्चाओं का दौर शुरू हो गया। पहली बहन जो बाबा से बातें करने आईं उनका नाम सरला त्रिवेदी था और वे कस्तूरबा ग्राम की ही एक कार्यकर्त्री बहन थी। उन्होंने बाबा से पूछा कि एक स्त्री जिसे घर का सारा काम करना पड़ता है, अपने सभी आवश्यक नारी सुलभ कर्तव्यों की पूर्ति करनी पड़ती है और फिर समाज सेवा का काम भी करना पड़ता है, ऐसी स्थिति में उससे कोई भी व्यवस्थित और पूरा नहीं हो पाता तो उसे क्या करना चाहिए?

इस प्रश्न का उत्तर बाबा ने बड़ी स्पष्टता से दिया। उन्होंने कहा जितनी शक्ति हो उतने ही काम उठाए जाएँ। नाहक आठ-दस कामों में अपनी शक्ति को बाँटा नहीं जाए। घर का सारा काम करना हो तो घर का काम किया जाए और बाहर का, समाज सेवा का काम करना हो तो नहीं किया जाए। एक काम में पूरी ताकत लगाने से ही वह काम पूरा होगा। इस सिलसिले में जो अपना अनिवार्य कर्तव्य समझकर जिस काम को करना पड़े, बस उसे ही उठाया जाए, बाकी के काम छोड़ दिए जाएँ। इस पर सरला बहन ने फिर प्रश्न किया कि इस तरह तो महत्त्वाकांक्षाओं की कोई जगह ही नहीं रह जाएगी। बाबा ने कहा कि महत्त्वाकांक्षा का मतलब है महत्त्व की आकांक्षा और जो आकांक्षा महत्त्व की होगी उसी पर सारा जोर लगाना पड़ेगा। अगर अलग-अलग शक्ति बाँटी जाएगी तो वह महत्त्व की आकांक्षा के बजाय अल्पत्वाकांक्षा को जन्म देगी। आप महत्त्व का काम करना चाहती हैं या अल्पत्व का।

बाबा—दूसरा प्रश्न है कि सरला बहन फिर बोली—समाज में ज्ञान के बजाय डिग्री की कीमत होती है। कोई कितना ही ज्ञानवान हो, अगर उसके पास डिग्री नहीं है तो उसकी इतनी कीमत नहीं होती, नौकरी में भी उसे डिग्री वाले से नीचा ही पद दिया जाता है। तो इस कारण क्या ज्ञान वाले को डिग्री पाना चाहिए? बाबा ने इस प्रश्न का संक्षिप्त, पर बहुत ही पैना उत्तर दिया। उन्होंने कहा कि जिसके पास ज्ञान है, उसे इस बात का फिक्र ही नहीं करनी चाहिए कि लोग उसकी क्या कीमत करते हैं, अगर मैंने रोटी खा ली है और मेरा पेट भरा है तो कोई कुछ भी कहे मेरा पेट तो भरा ही रहेगा ना। इसी प्रकार मैं भूखा हूँ और कोई मुझसे कहे कि इसने खाना खा लिया है तो क्या इससे मेरा पेट भर जाएगा। अन्त में उन्होंने कहा कि ज्ञान कभी छुप ही नहीं सकता, वह अपनी प्रतिष्ठा स्थापित कर लेता है।

सरला बहन के तीसरे प्रश्न ने सबको हँसा दिया और तो और बाबा भी हँस पड़े। उन्होंने पूछा था क्यों बाबा आप इतने लोकप्रिय हो गए, इसका क्या कारण है? पहले तो बाबा ने अपनी लोकप्रियता को ही मानने से इनकार किया और फिर बड़े प्रेम से बताया कि बाबा अपनी नहीं हमेशा दूसरों की चिन्ता करता है। दूसरों की सेवा करने के लिए अगर कुछ सीखना पड़ता है, तो सीखता है। गुणों का विकास करना होता है तो वह भी करता—बस यही उसकी लोकप्रियता का राज है। सरला बहन के बाद बैजनाथजी महोदय की सुपुत्री सुनीति ने बाबा से पूजा पाठ आदि रूढ़ियों को कैसे मिटाया जाए इस पर चर्चा की। उनके बाद गुजरात की एक बहन ने बाबा के सामने यह प्रश्न रखा कि गाँवों का सारा दूध शहरों को चला जाता है। गाँवों में कुछ नहीं बचता। स्थानीय उपयोग के लिए भी दूध मुश्किल से मिलता है तो इसका क्या किया जाए। इस पर बाबा ने ढेबर भाई से हुई अपनी गौ सेवा सम्बन्धी चर्चाओं का जिक्र किया और फिर कहा कि यह सब ग्राम स्वराज्य से हो सकेगा। यह बहन चाय की विरोधिनी लगती थी और उसका आग्रह था कि चाय के प्रचलन के विरुद्ध कुछ किया जाए। इस पर बाबा ने कहा कि चाय तो हिन्दुस्तान में ही होती है और इस कारण कुछ दूध और शक्कर भी वहाँ के लोग ले लेते हैं। चाय के बजाय मिठाई बनाने का विरोध किया जाना चाहिए। जब उस बहन ने विदा ली तो बाबा ने व्यंग्य से कहा वाह—बड़े अच्छे प्रश्न पूछे बहन ने। इस बहन के बाद

एक भाई आए जिन्होंने अपना परिचय देते हुए बताया कि वे शिक्षा पर कोई ग्रन्थ लिखना चाहते हैं। इस पर बाबा ने पूछा कि आप पढ़ते हो या पढ़ाते हो या दोनों नहीं करते और केवल शिक्षण पर विचार करते हो और बाबा का यह कहना सही ही था। उन्होंने एक प्रश्न बाबा से किया कि आपके कल्पना के समाज में विद्यालयीन शिक्षा होगी या नहीं।

इस पर बाबा ने कहा कि होगी। प्राथमिक शिक्षण अपनी माँ से पाकर विद्यार्थी, ब्रह्मचारी के रूप में वानप्रस्थों से शिक्षा लेगा और फिर गृहस्थाश्रम में लौटेगा या सीधा संन्यास ले लेगा। इन्हीं प्रश्नों के सिलसिले में उन भाई ने पूछा—बाबा ये लोग ड्रामा-व्रामा करते हैं और उसे सांस्कृतिक कार्यक्रम का नाम दे देते हैं। आपकी कल्पना के समाज में संस्कृति का क्या रूप होगा। इस प्रश्न के उत्तर में बाबा ने संस्कृति का बहुत ही अभिनव और ग्राह्य विश्लेषण किया। उन्होंने कहा जब हम अपनी प्रकृति से ऊपर उठते हैं तो संस्कृति का निर्माण होता है। हमारी प्रकृति है कि हमें भूख लगती है तो हम खाते हैं, अब अगर भूख लगने पर भी हम अपना खाना किसी दूसरे भूख से मरते आदमी को देकर फाका करते हैं तो हम अपनी प्रकृति से ऊपर उठते हैं—संस्कृति का निर्माण करते हैं, प्रकृति से संस्कृति बनती है। भगवान ने अंगूर बनाए हम अगर उन्हें फलाहार के नाते खाते हैं तो यह हमारी प्रकृति है और उनकी शराब बनाकर पीते हैं तो यह विकृति है। संस्कृति प्रकृति से ऊपर उठने का नाम है।

इस इतनी वजनी बात के बाद उन भाई ने फिर एक अनुशासन सम्बन्धी प्रश्न बाबा से किया। बाबा ने कहा विद्यार्थियों के अनुशासन के बारे में बहुत बार और बहुत कुछ कह चुका हूँ और अब अगर और कुछ कहूँगा तो यह आपका अपमान होगा। आप जैसे पढ़े-लिखे लोग इतना कम जानें, यह अपमान करने लायक ही बात है। उनके बाद प्रमुख कलाकार सन्देश सक्सेना ने बाबा से कला-शिक्षा सम्बन्धी बातें की। कला की कसौटी बताते हुए बाबा ने कहा कि कला को चन्द्रोदय के समान मानता हूँ। जब चन्द्र उगता है तो सबको आनन्द आता है, इसी तरह कला के किसी नमूने से सबको आनन्द आना चाहिए। एक प्रश्न के उत्तर में बाबा ने कहा कि हमें पाश्चात्य प्रभाव से डरना नहीं चाहिए। अगर हमारी कला में कुछ अपनापन होगा तो वह प्रभावित नहीं होगी, बल्कि दूसरों को प्रभावित करेगी।

एक प्रश्न के उत्तर में बाबा ने कहा आप लोग (यानी अर्थशास्त्री) सेवा की कीमत करते हो। जबकि उसका कोई सम्बन्ध नहीं। सेवा नैतिक है और कीमत आर्थिक। फिर उन्होंने कहा कि मैं अर्थशास्त्र को परामर्श शास्त्र मानता हूँ। फिर खान खोदे जाने के एक प्रश्न के उत्तर में बाबा ने कहा कि सोना निकालकर उस पर चलने के बजाय, वह गड़ा रहे उस स्थिति में उस पर से गुजरना क्या खराब है। फिर एक बात के उत्तर में बाबा ने कहा कि आगे ऐसा जमाना आने वाला है कि ये बड़ी-बड़ी चौड़ी सड़कें नहीं रहेंगी, सारे खेत बना दिए जाएँगे, चलने की केवल पगडंडी रहेगी और ऊपर हवाई जहाज उड़ेंगे। ऐसा होने वाला है। इस पर जाने क्यों उन भाई ने पूछा कि क्या आप जनसंख्या बढ़ाना चाहते हो? उसका उत्तर बाबा ने झटके से दिया—ये तो आपके तय करने के ऊपर है? आप जो तय करोगे कि जनसंख्या बढ़े तो बढ़ेगी। इस समय काफी उजाला हो गया था। छह बज गए थे और बाबा का दल भँवरपुरा पार कर होल्कर कॉलेज के सामने

से जा रहा था और बाबा से वे ही भाई बातें कर रहे थे। छह बजकर सत्ताईस मिनट पर बाबा आश्रम में पहुँचे। उन्होंने दादा भाई को कहा आज हमारा यहाँ अन्तिम दिन है। हम थोड़ी देर श्रमदान करके फिर कुछ देर बोलेंगे आज भी श्रमदान करने काफी नागरिक सपत्नीक आए थे। लगभग पन्द्रह मिनट तक श्रमदान चला फिर बाबा ने नाश्ता किया और कुएँ पर चढ़स की जगह बैठकर पन्द्रह मिनट प्रवचन दिया। उन्होंने कहा कि श्रम की एक परम्परा चले इसलिए तीन दिन वे वहाँ से यहाँ आते रहे हैं। हिन्दुस्तान में जमात बहुत जल्दी बनती है तो हमें अपनी कोई जमात नहीं बनानी है। आश्रम को एक संस्था के रूप में नहीं चलाना है। जिस दिन वह बन्धन कारक लगे उसे तोड़ देना चाहिए। मूल सिद्धान्त तो केन्द्र बनाकर उसके आसपास आने वाले लोगों का संग्रह करना चाहिए। तभी सर्वोदय होगा। ठीक सात बजे बाबा आश्रम से चल दिए। जब वे अपने निवास पर पहुँचे तब नौ बजने में दस मिनट की देरी थी।

भारत की विभिन्न भाषाओं का अध्ययन आवश्यक
कस्तूरबा ट्रस्ट के कार्यकर्ताओं के सम्मुख बाबा का प्रवचन

आज वहाँ कस्तूरबा ट्रस्ट के कार्यकर्ताओं के सम्मुख प्रवचन करते हुए बाबा ने कहा कि हमें भारत की विभिन्न भाषाओं का अध्ययन करना चाहिए। भाषा के द्वारा तो हम एकता स्थापित कर सकते हैं तथा एक-दूसरे के प्रति स्नेह बढ़ा सकते हैं। आपने आगे कहा कि महिलाओं को चाहिए कि वे उनके लिए मानी गई अक्षमताओं को अपने आचरण से सुधारें। अपना प्रवचन प्रारम्भ करते हुए आचार्य विनोबा भावे ने कहा कि बड़ा आनन्द का विषय है कि इस भारतव्यापी संस्था (कस्तूरबा ट्रस्ट) में आने का अवसर तथा कुछ समय यहाँ बिताना है। बहनों ने भी चर्चा कर कुछ निर्णय किए हैं एवं अब आगे का रास्ता मालूम पड़ रहा है। शान्ति सेना का निर्णय भी कर लिया है। देश के विभिन्न भाषा-भाषियों से मिलने तथा भाषाओं का अध्ययन करने के लिए मौका मिलेगा।

भाषाओं का अध्ययन जरूरी

देश की विभिन्न भाषाओं के अध्ययन की आवश्यकता पर बोलते हुए बाबा ने कहा कि 1940 की बात है गांधीजी ने मुझे एकाएक बुलाया तथा कहा कि व्यक्तिगत सत्याग्रह के लिए तैयार रह सकता है? उनके कहने से मैंने हाँ भर ली। गांधीजी कभी आदेश नहीं देते थे किन्तु उस क्रम में उन्हें आदेश देने की जरूरत महसूस हुई, हालाँकि वे बोले प्रश्नवाचक वाक्य में थे। फिर व्यक्तिगत सत्याग्रह में भाग लिया एवं यथाक्रम जेल में गए। लगभग 3-4 साल जेल में रहे। अखिल भारत के प्रतिनिधि के नाते सत्याग्रह मैंने किया था इसलिए मैंने सोचा कि अखिल भारत का दर्शन अपने जीवन में हो जाना चाहिए। यही सोचकर भारत की विभिन्न भाषाएँ सीखना प्रारम्भ कर दिया। इस तरह जेल के जीवन में मैंने भारत की कुल भाषा सीखी। अभी पैदल यात्रा के समय मैंने जर्मन भाषा भी सीख ली। एक जर्मन बहन पदयात्रा में साथ थीं, जर्मन व इंग्लिश भाषा की लिपि एक होने के कारण पन्द्रह दिनों में मैंने जर्मन भाषा सीख ली। इस तरह भारत की विभिन्न भाषाओं की लिपि अगर एक होती तो एक भाषा पन्द्रह दिनों में सीखी जा

सकती है। अगर भारत की सभी भाषाएँ नागरी लिपि में होतीं तो काफी अच्छा होता। इस ओर मैंने प्रयास भी किया है। *गीता दर्शन* की किताब विविध भाषाओं में छपी है और वे नागरिक लिपि में हैं।

बाबा ने फिर कहा कि मैंने जब विभिन्न भारतीय भाषाएँ सीखी तो उसमें मुझे भारतीय एकता व आध्यात्मिक एकता के दर्शन हुए। इन दिनों विभिन्न भाषाओं का ज्ञान होना आवश्यक है। असल में जो दंगे हुए तो भाषा के नाम से यह शोभनीय नहीं है। हमें समूचे राष्ट्र को ध्यान में रखकर ही कोई कार्य करना चाहिए। बाबा ने कहा कि जब मैं पंजाब में था, तब वहाँ एक प्रश्न किया गया कि पूर्व में लाला लाजपतराय केवल पंजाब के ही नहीं भारत के नेता थे। स्वामी रामतीर्थ को समूचा देश जानता था तथा वे भारतव्यापी बन गए थे। इसी तरह हंसराज व श्रद्धानन्दजी का नाम लिया जाता है। किन्तु आज है कोई पंजाब का ऐसा व्यक्ति जो भारतव्यापी बन गया हो। आज ऐसे व्यक्ति क्यों नहीं हैं। इसलिए भारतव्यापी बनने की खास जरूरत है। दक्षिण के तीन महान व्यक्ति शंकराचार्य, रामानुजाचार्य एवं वल्लभाचार्य सारे भारत में प्रसिद्ध हैं। श्री शंकर मलयालम भाषा, श्री रामानुज तमिल तथा वल्लभाचार्य तेलुगु भाषा बोलते थे। श्री शंकर के ज्ञानदेव व तुकाराम शिष्य बने, रामानुजाचार्य का तुलसी व कबीर पर प्रभाव रहा एवं वल्लभाचार्य ने अपना पन्थ गुजरात, मारवाड़ व राजस्थान में फैलाया। इन तीनों व्यक्तियों ने समूचे देश की परिक्रमा की और भारत में व्याप्त हो गए। इसका खास कारण क्या? इसका एक मात्र कारण यह है कि इन्होंने भारत की विभिन्न भाषाएँ सीखीं और उसी में उपदेश दिया। इसलिए आवश्यक है कि हमें देश की विभिन्न भाषाओं को सीखना चाहिए। भाषा द्वारा ही आपस में स्नेह बढ़ा सकते हैं।

बाबा ने कहा कि मैं गौरव मानता हूँ कि भाषा वाले प्रान्त की माँग कर रहे हैं। अलग राष्ट्र की नहीं। यूरोप के देशों में रूस को छोड़कर सभी के धर्म व संस्कृति समान हैं किन्तु फिर भी वे अलग-अलग हैं। उनका अलग-अलग राष्ट्र बनने का कारण केवल भाषा है। फ्रांस राष्ट्र इसलिए बना कि यहाँ की भाषा फ्रांसीसी है, इंग्लैंड की भाषा अंग्रेजी है वहाँ राष्ट्रों को विभाजित करने के लिए कोई प्राकृतिक सीमा रेखा नहीं है। केवल भाषा के आधार पर ही अलग-अलग राष्ट्र हैं। किन्तु हिन्दुस्तान में भाषा के आधार पर प्रान्त बने हैं, राष्ट्र नहीं। भारत के आपसी प्रान्तों में कभी लड़ाई भी हुई तो इतिहासकारों ने उसे आपसी युद्ध कहा है। महाराष्ट्र के राजाओं ने दिल्ली पर आक्रमण किया तो वह आपसी युद्ध किन्तु अगर यूरोप में एक भाषा बोलने वाले ने दूसरी भाषा बोलने वाले पर युद्ध किया तो वह राष्ट्रीय युद्ध बन गया था। इतिहास भी यही कहता है, इसलिए यह गौरव की बात है कि हम भाषा के आधार पर अलग-अलग राष्ट्र की माँग नहीं करते, प्रान्त की माँग करते हैं। बाबा ने आगे कहा कि यूरोप वालों को एक-दूसरे की भाषा सीखने में भी कोई कठिनाई नहीं आती, क्योंकि लिपि एक ही है।

महिलाएँ सक्षम बनें

अपना प्रवचन जारी रखते हुए बाबा ने कहा कि हिन्दू धर्म में महिलाएँ कई क्षेत्रों में लिए मानी गई हैं। इन अक्षमताओं को मैं डिसएबिलिटी कहता हूँ। महिलाओं को वेद ध्वनि

का अधिकार नहीं है। यह बात मैं आपको 1960 में घटित एक घटना के अनुसार कह रहा हूँ। महिलाएँ ब्रह्मचर्य नहीं रख सकतीं, संन्यास नहीं ले सकतीं। उनको स्वयं का अधिकार तभी मिलेगा जबकि वे इस जन्म में पति की सेवा कर पुण्य प्राप्त करें, फिर उन्हें पुरुष का जन्म मिलेगा तभी वे स्वर्ग में जा सकेंगी। ये सब बातें मध्ययुग की हैं जिनका पालन आज हो रहा है। बाबा ने कहा कि इन अक्षमताओं को दूर कानून से नहीं वरन् बहनें अपने आचरण से करें। यह सिद्ध करें कि जो अक्षमताएँ उनके लिए मानी गई हैं वे नहीं हैं।

गृहस्थाश्रमी ही अच्छे शिक्षक बन सकते हैं आजकल के प्रोफेसर विद्या देने वाले अच्छे नौकर

आचार्य विनोबा भावे ने आज यहाँ कहा कि गृहस्थाश्रमी ही नए व पुराने विचार के मध्य पुल का कार्य कर सकते हैं तथा वही सच्चे शिक्षक हैं। वास्तविक अर्थ में न तो मां-बाप (पुरानी पीढ़ी) एवं न जवान (नई पीढ़ी) शिक्षक बन सकते हैं। वर्तमान शिक्षक व्यवस्था के प्रति असन्तोष व्यक्त करते हुए आपने कहा कि आज के प्रोफेसर तो विद्या देने वाले अच्छे नौकर हैं। आचार्य विनोबा भावे ने आज के सायंकालीन प्रवचन में कहा कि इन्दौर एक सौम्य शहर है। यहाँ संस्कृति का अच्छा रूप है तथा यह एक अच्छा शहर बन सकता है। इसके लिए मुख्य कार्य यही है कि अच्छे कार्य करना तथा जनता को समझाना ताकि अच्छे विचार नागरिकों के चिह्न पर स्थिर रहें तथा बुरे संस्कारों को मिटाया जाए। बाबा ने कहा कि यह कार्य अच्छे शिक्षक व प्रोफेसर ही कर सकते हैं। शिक्षक व प्रोफेसर एक पुल के समान रहते हैं। क्योंकि वे पुराने विचार व नए के मध्य सामन्जस्य बैठाते हैं। पुरानी पीढ़ी के माता-पिता एवं नए ज़माने के जवान। जवानों की ओर से उच्छृंखलता होती है, वे पुरानी पीढ़ी का अनादर भी करते हैं। तुलसीदासजी की *रामायण* में भी चित्र आया है, मुझे वह ठीक नहीं लगा—आज भी नहीं लगता है क्योंकि वाल्मीकिजी ने उसका वर्णन भी नहीं किया है। तुलसीदासजी ने नई पीढ़ी व पुरानी पीढ़ी का संकेत दिया है तथा बताया है कि नए व पुराने की मत भिन्नता हमेशा से चलती आई है। वह चित्र है लक्ष्मण परशुराम का संवाद। लक्ष्मणजी परशुरामजी को अपमानित करते हैं—कटु वाक्य कहते हैं, रामचन्द्रजी की उपस्थिति में। रामचन्द्रजी भी उस समय मौन रहकर स्वीकृति देते हैं। आखिर में रामचन्द्रजी परशुरामजी को शान्त करते हैं। इसमें लक्ष्मण नई पीढ़ी के तथा परशुराम पुरानी पीढ़ी के। लक्ष्मण को पुरानी बातें जँचती नहीं।

यहाँ एक बात और आखिर रामचन्द्रजी कौन थे? वे विष्णु के अवतार थे। परशुरामजी भी विष्णु के अवतार थे। परशुरामजी छठे अवतार और रामचन्द्रजी सातवें अवतार थे। फिर भी एक ने दूसरे को पहचाना क्यों नहीं? कारण यही था कि कार्य के पूर्ण हो जाने के पश्चात परशुरामजी के पीछे अवतार का जो संकल्प था वह हटा लिया था और उनको इसका भान नहीं था कि वे अब अवतारी नहीं रहे, केवल साधारण मनुष्य ही रह गए हैं। जब रामचन्द्रजी का तेजो दर्शन हुआ तब उन्हें इसका खयाल आया। वही पुरानी व नई पीढ़ी के मध्य कशमकश की चीज हमको मिलती है। आचार्य भावे ने कहा कि *ऋग्वेद* में भी जवानों के लिए एक मंत्र का चिन्तन पहले (पुरानी पीढ़ी) में नहीं किया गया है।

पुरानी पीढ़ी के पास पुराने अनुभव का इकट्ठा ज्ञान होता है वह ज्ञान बनी बनाई भूमि है तथा जवानों के नए विचार बीज। जब पुरानी विचारों की भूमि में नए बीज डाले जाएँगे तो वे पुल्लवित-पुष्पित होंगे। किन्तु आज नए व पुराने के बीच जो फासला रहता है, जो खाई रहती है उसे पास-पास कैसे लाया जाए। माँ-बाप पुराने विचारों पर किए जाने वाले प्रहार सहन नहीं कर सकते। अत: पुराने विचारों के संस्कारों के साथ नए विचारों को जोड़ने के लिए पुल का कार्य शिक्षक ही करेंगे। शिक्षक नए विचारों को कुंठित नहीं होने देंगे व पुराने का आदर करेंगे वह विशेष कार्य हो जो माता-पिता नहीं कर सकते। यही धर्म शिक्षकों का होना चाहिए। उन्हें भूतकाल का (पुरानी पीढ़ी) ज्ञान रहेगा और वर्तमान (नए विचार) का भान। भूत और भविष्य को जोड़ने वाले रहेंगे—पुराने विचारों का आदर और नए विचारों का बचाव होना।

इस दृष्टिकोण से न तो माँ-बाप शिक्षक हो सकते हैं और न जवान यानी न तो गृहस्थाश्रम वाला शिक्षक बन सकता है, न ब्रह्मचर्य आश्रम वाला। जो वानप्रस्थ की हैसियत में होगा वही शिक्षक बन सकेगा। अच्छा शिक्षक बन सकेगा। लेकिन आजकल के जो शिक्षक प्रोफेसर हैं वे तो नौकर हैं। स्वीकृति प्रणाली के आधार पर स्वीकृति पाठ्यक्रम पढ़ाने का काम है उनका। पढ़ाने के समय निश्चित हैं—इसलिए उन्हें विद्या देने वाले अच्छे नौकर ही कहेंगे, अगर वे अच्छा पढ़ाते हैं तो। आज शिक्षक विद्यार्थियों का नहीं वह इस विषय का शिक्षक रह गया है—जैसे व्याकरण के अध्यापक, गणित के अध्यापक आदि। इसी तरह वात्सल्य भाव की भी कमी है। आज कोई भी विद्यार्थी अपने गुरु से लगाव नहीं रखता।

(29 अगस्त, 1960)

पहाड़ियों की गोद और इन्द्रधनुष की छाँव

अगर आप पहाड़ियों की गोद में इन्द्रधनुष की छाँव में, भादो की मीठी सिहरन पैदा करने वाली बौछारों से भीगते, बाबा के साथ नहीं चले तो मैं कहूँगा आप अभागे हैं और मुझे विश्वास है कि आप अपने आपको अभागा मानेंगे। आज फिर कस्तूरबाग्राम की जागरण घंटी देर से बजी। पर उससे प्रार्थना की उपस्थिति में कोई कमी नहीं हुई। बाबा अपने नाश्ते से निपटकर मंच पर जब आलथी-पालथी मारे प्रार्थना के लिए प्रस्तुत बैठे थे, जब हॉल लगभग तीन-चौथाई भर चुका था और भाई बहन देरी न हो जाए इस हड़बड़ी में तेजी से चलते हुए सभा भवन में पहुँच रहे थे। भाई-बहन चुपचाप अपनी जगह पर आकर बैठ रहे थे और बाबा मंच पर बैठ चशमा निकाले कोई पुस्तक देख रहे थे। ठीक चार बजे बत्ती बुझा दी गई। प्रार्थना शुरू हो गई। *ईशावास्योपनिषद्* के श्लोकों के बाद जब नाम स्मरण गाए जाने लगे तो नर नारी का समवेत स्वर हॉल में कुछ इस तरह गूँजने लगा कि किसी भी कंठ को मौन तोड़ने के लिए स्वयंभव बाध्य होना पड़ जाए। स्वतंत्रता की प्राप्ति के संघर्ष के दिनों में लोग बड़े उत्साह से गाया करते थे—वन्दना के इन स्वरों में एक स्वर मेरा मिला लो। चढ़ रहे हैं शीश अगणित एक सिर मेरा चढ़ा लो। मगर अब शीश चढ़ाने के दिन गए, मेहनत करने के दिन आए हैं। वन्दना में जब हम अपने स्वरों को अपने कंठों की दीवारों से मुक्त करके मुक्त आकाश में मिलाते हैं, तो वह जो अनजाना है, वह जो रहस्यमय है और वह जो एक साथ व्यक्त और अव्यक्त है, अपने आशीष बरसाता है। प्रार्थना के उन सचिदानन्द क्षणों में अनजाने ही जीवन का अमृत हमारे प्राणों में उतर आता है। मगर आवश्यकता बस इस बात की रहती है कि प्रार्थना के वक्त की अनुभूति हम कब तक अपने प्राणों में सँजोए रख सकते हैं? जितनी देर हम प्रार्थना में अपने को खोएँगे वह अलौकिक अनुभूति उतनी ही हमारे प्राणों में गहराती जाएगी।

अद्वितीय तू, अकाल निर्भय आत्मलिंग सिख तू...नाम स्मरण खत्म हुआ और एक क्षण का मौन, हॉल में गरमाया। फिर व्रत स्मरण ने हॉल को गुंजा दिया और फिर एक क्षण का मौन हो गया जब बाबा के सामने माइक लगाया जा रहा था, तब उत्सुक भाई-बहन दैनिक रस की प्रतीक्षा कर रहे थे, जिसे बाबा अपनी वाणी से सबको पिलाने वाले थे। आज बाबा स्मृति पर बोले। बाबा का प्रवचन समाप्त हुआ। ठीक पौने पाँच बज रहे थे। भाई-बहन हॉल से निकलकर बाहर अहाते में बतिया रहे थे और बाबा जब तक पदयात्रा की पूर्ण तैयारी हो रही थी, श्रीमती जमना लाल बजाज और उनके साथ की एक बहन और एक बालक से चर्चा कर रहे थे। ठीक समय पर बाबा पदयात्रा के लिए

निकल पड़े। उन्हें लेने के लिए प्रो. पाटिल और सनावदिया गाँव के चार-पाँच ग्रामीण आए थे। बाबा का दल आज पश्चिम की ओर न चढ़कर पूरब की तरफ उतरने लगा। आगे-आगे प्रो. पाटिल और गाँव के लोग हाथों में कैंडिल लिये चल रहे थे और उनके पीछे आपस में कन्धे टकराता (क्योंकि रास्ता आज सँकरा था) बाबा का दल बढ़ रहा था। सामने अँधेरे के कारण काला दिखने वाला रालामंडल था और ऊपर आसमान में बादलों के बीच इक्के-दुक्के तारे झाँक रहे थे। आज हवा बिलकुल नहीं के समान बह रही थी, ठंड भी बहुत ही हल्की गुलाबी थी। वे लोग जो अपने शरीर को अतिरिक्त वस्त्रों में लिपटाए थे, अपने शरीर के आवरण हटा रहे थे। इन्दौर का उजाला देखकर बाबा ने आज फिर पूछा, वह इन्दौर है ना! बाबा इन्दौर को भूल नहीं सकते। क्या यह इन्दौर का सौभाग्य नहीं है? सँकरे अँधेरे उबड़-खाबड़ रास्ते पर आज बातें करने की सुविधाएँ कम थीं। बार-बार अच्युत भाई आगे निकल आने वाले भाई-बहनों को पीछे हटाते थे, और रास्ता अपने सँकरेपन से उन्हें फिर आगे ढकेल देता था। लगभग दो-तीन फर्लांग चल लेने के बाद गुजरात की यही बहन आज फिर बातें करने आई, जो कल दूध-चाय पर चर्चा कर चुकी थी। आज उसने गौ रक्षा से प्रारम्भ करके हे राम और जय-जगत के आध्यात्मिक तत्त्व तक चर्चा कर ली। जब वे बहन पीछे हटीं तब रालामंडल गाँव की घनी अमराइयों में से पूरब के कोने में बादल न होने के कारण वह उजाला दिख रहा था—बाबा ने फिर अपने अंगरक्षकों से पूछा क्या वह इन्दौर है? उन्हें बताया गया कि इन्दौर का उजाला उधर पीछे छूट गया है।

रालामंडल गाँव के प्रवेश द्वार पर एक स्वागत द्वार केले और आम के पत्तों का बनाया गया था। दोनों तरफ दो कैंडिल लटक रहे थे और बीच में भी एक बत्ती थी। सड़क के दोनों तरफ ग्रामीण भाई हाथ जोड़े खड़े थे। उन्होंने बाबा से जय जगत किया। आगे बढ़ने पर एक गली के मोड़ पर एक गाड़ी पर एक बोर्ड रखा था, जिस पर लिखा था सर्वोदय पात्र विश्व शान्ति का प्रतीक है। बाबा ने उसे पढ़कर आगे हाथ जोड़ दिया, तब कि जब एक मुट्ठी अनाज रोज डाला जाए। यहाँ एक भाई ने बाबा को माला पहनाकर स्वागत किया। आगे बढ़ने पर एक-दो सादे स्वागत द्वार और मिले। रालामंडल गाँव खत्म हुआ अब सामने से अमराइयों का झुरमुट हट गया था और सामने रालामंडल की पहाड़ी दिख रही थी। अब वह काली नहीं थी, कुछ उजाला हो जाने के कारण अब उसके पेड़ दिख रहे थे। वातावरण में कई गन्धों की मिली-जुली गन्ध थी और बाबा का दल आपस में बातें करता बढ़ता जा रहा था। अब बाबा से एक भाई चर्चा कर रहे थे। सड़क अब कुछ चौड़ी और उजाले में उसकी हरी फुटपाथों पर भी चला जा सकता था। चढ़ाई चढ़कर रालामंडल के सामने से बाबा का दल दक्षिण की तरफ गाड़ी गडार के रास्ते पर मुड़ा। एक माह और पाँच दिन बाद बाबा को इस ग्रामीण वातावरण में गडार पर चलने का अवसर आया था।

अब बाबा का दल पहाड़ी नालों को लाँघता, उबड़-खाबड़ रास्ते से निकलकर गुड़वा गाँव की सख्त सड़क पार कर गया। सामने एकता गाँव था, जिसे कस्तूरबाग्राम और इन्दौर के असभ्यग्रस्त लोग सनावदिया समझ बैठे थे, मगर बाबा का दल गाँव बाहर की फूँस की झोंपड़ियों के बगल से निकल पूर्व की तरफ मुड़ गया। सामने अभूतपूर्व

दृश्य था। दाहिने हाथ पर रालामंडल की पहाड़ी और बाएँ हाथ पर देव गुराड़िया के सामने एक छोटी अनामी पहाड़ी थी, जिसके सिर पर घास थी और उसके नीचे बड़े-बड़े झाड़। बीच में से गाड़ी गहार का रास्ता था। दोनों तरफ हरियाली थी और पास में नहाए ज्वार, कपास और मक्का के खेत थे। प्रातःकाल की ठंडी-ठंडी हवा मन्द गति से बह रही थी और बाबा का दल सुबह के सिपाहियों-सा पूरब की तरफ कूच कर रहा था। बाबा ऐसे युक्त और रम्य वातावरण में मुक्त हास्य बिखेरते अपने दल से हँसी-मजाक करते हुए आगे बढ़ रहे थे। गाँव का एक आदमी फावड़े से जगह-जगह रास्ता सुधार रहा था। लगभग साढ़े छह बजे पहाड़ियों की गोद में बना सनावजिया गाँव अमराइयों और वन वृक्षों की झुरमुटों में दिख रहा था। बाबा इस गाँव में क्रिश्चियन कॉलेज के प्रो. पाटिल के आग्रह से आए थे। क्रिश्चियन कॉलेज के विद्यार्थियों ने गत दो वर्षों से इस गाँव को बचाने में अपना पसीना बहाया है, उत्साह बोया है। इस गाँव की आबादी लगभग एक हजार है और तीन-चार जातियों जैसे ब्राह्मण, राजपूत, भाकव, गारी आदि की मिली-जुली बस्ती यहाँ है। प्रो. पाटिल और विद्यार्थियों की सामूहिक प्रेरणा से इस गाँव के लोग जागे हैं। श्रमदान से ढोरों के पानी पीने की ढेल, रास्ता और एक स्कूल वहाँ बनाया गया है। एक युवक सभा है यहाँ। महिलाओं की एक संस्था है, एक बहुउद्देशीय सहकारी समिति है और एक सौ दस घरों में से पचास घरों में सर्वोदय पात्र रखे गए हैं।

बाबा का दल जब गाँव के सामने पहुँचा तो पूरब में पहाड़ियों के बीच सुबह की लालिमा फैल रही थी। बीन बज रहा था और दो कतारों में बाबा का स्वागत करने के लिए लोग खड़े थे। क्रिश्चियन कॉलेज के प्राचार्य डेविड साहब प्रो. गोलेस होल्कर कॉलेज के प्रो. कवीश्वर क्रिश्चियन कॉलेज के बीस-बाईस छात्र कुछ सरकारी अफसर और ग्रामीण भाइयों ने बाबा का स्वागत किया। गाँव के किले सरीखे द्वार पर बहनें मंगल कलश लिये खड़ी थीं। वे जय जगत और विनोबा की जय बोल रही थीं। एक बच्ची बाबा को तिलक लगाने आगे बढ़ी। बाबा ने उसकी कठिनाई समझकर, उसकी थाली से अक्षत (चावल) उठाकर अपने सिर पर चढ़ा लिये। फिर उन्होंने गाँव में प्रवेश किया। गाँव की गलियाँ साफ थीं और दीवार पर शुभाषित लिखे हुए थे। जगह-जगह स्वागत द्वार बनाए गए थे। गलियों से होते हुए बाबा गाँव के बीचोबीच विद्यालय के प्रांगण में मंच पर जा बैठे। वहाँ उपस्थित नर-नारियों के बीच बाबा ने दस-पन्द्रह मिनट प्रवचन दिया। उन्होंने विद्यार्थियों के इस कर्जा चुकाने के काम की प्रशंसा की और ग्रामीणों को उनके प्यार का उत्तर प्यार से देने की सलाह दी। सर्वोदय पात्रों की स्थापना और सफाई पर भी बाबा ने जोर दिया। बाबा को वहाँ के एक कारीगर द्वारा बनाई गई लकड़ी की वस्तुएँ भेंट की गईं। नाश्ता करने के बाद सात बजे बाबा गाँव से रवाना हो गए। इस समय हल्की-हल्की फुहारें गिर रही थीं। गाँव में आने वाले अतिथियों को गाँव वालों की तरफ से केले बाँटे गए। बाबा जब फिर से खुले आसमान के नीचे आए तब एक अजीब दृश्य वहाँ दिख रहा था। बादल रालामंडल और देवगुराड़िया के शिखरों पर एकचित्त होकर अपना प्यार लुटा रहे थे। हल्की-हल्की बौछारें पदयात्रियों के तन-मन में सुखद सुहावनी सिहरन पैदा कर रही थी। पहाड़ियों के बीच से बाबा

का दल गडार पर बढ़ता जा रहा था। चारों तरफ हरियाली, हल्की धुँध और ऊँचे उठे शिखरों को चूमते बादल, बड़े अनजाने से अलौकिक लग रहे थे। बाबा बातें करते, हँसते-मुस्कराते बढ़ते जा रहे थे। मुंडला नामता गाँव के पास बादलों को हटाकर पूरब के एक कोने से सूरज निकल आया और फिर तो प्रकृति ने सचमुच गजब ही ढा दिया। घास पर बिखरी पानी की बूँदे भीती बन गयीं और एक पूरा इन्द्रधनुष पश्चिम में निकल आया। एक वृत के पास वह धरती को छू रहा था। जरा कल्पना कीजिए तीन पहाड़ियों से घिरा हरा भरा मैदान उस पर पानी की बूँदें। पानी की बूँदों में सूरज की किरण और सतरंग एक इन्द्रधनुष इतना साफ इतना साफ की उसका धरती को छूना तक स्पष्ट दिख रहा था। इच्छा होती थी कि लपककर उस सतरंगे इन्द्रधनुष को पकड़ लिया जाए। उन बादलों को शिविरों पर चढ़कर बाँहों में भर लिया जाए। उन बादलों को आँचल में बाँध लिया जाए। इस अभूतपूर्व वातावरण में बाबा का दल कस्तूरबाग्राम की तरफ बढ़ रहा था।

कस्तूरबा ट्रस्ट काशी में शान्ति सेना प्रशिक्षण केन्द्र चलाएगा
बाबा की अपेक्षाओं को साकार करने के लिए महत्त्वपूर्ण निर्णय

कस्तूरबा गांधी राष्ट्रीय स्मारक ट्रस्ट की कार्यकारिणी समिति ने अपनी और अपने प्रतिनिधियों की बैठकों में यह महत्त्वपूर्ण निर्णय किया है कि काशी में शान्ति सेना के प्रशिक्षण का एक अखिल भारतीय विद्यालय ट्रस्ट द्वारा चलाया जाए। ऐसा विश्वास किया जाता है कि समय-समय पर उक्त विद्यालय का मार्गदर्शन विनोबाजी किया करेंगे। हमारे विशेष प्रतिनिधि द्वारा प्राप्त समाचारों के अनुसार विनोबाजी के कस्तूरबा ग्राम आगमन पर कस्तूरबा गांधी राष्ट्रीय स्मारक ट्रस्ट ने अपनी कार्यकारिणी समिति और प्रान्तीय प्रतिनिधि बहनों की बैठकें बुलाई थीं। इन बैठकों में विनोबाजी द्वारा सुझाए गए कार्यक्रमों की अमली रूप देने के लिए कुछ महत्त्वपूर्ण निर्णय लिये गए हैं, जिनके द्वारा विनोबाजी को कस्तूरबा ट्रस्ट की बहनों से जो अपेक्षाएँ हैं, उन्हें पूरी करने का हर सम्भव प्रयत्न किया जाएगा। काशी में शान्ति सेना के प्रशिक्षण विद्यालय खोलने के अतिरिक्त ट्रस्ट ने इस योजना पर भी अपनी सहमति प्रकट की है कि देश के छह राज्यों में सघन रूप में कस्तूरबा सेवा केन्द्र चलाए जाएँ, जहाँ गहराई से सर्वोदय की दिशा में काम हो। अनुमान है कि इन सघन क्षेत्रों में लगभग 40 कस्तूरबा सेवा केन्द्र चलेंगे। ट्रस्ट के अन्य 250 वर्तमान केन्द्रों में और इन 40 केन्द्रों में विशेष दृष्टि बिन्दु से काम होगा। इन केन्द्रों को विनोबाजी समय-समय पर मार्गदर्शन देते रहेंगे। बैठकों में यह निर्णय भी लिया गया है कि असम की स्थिति में सुधार करने के लिए और वहाँ के लोगों में शान्ति, सुरक्षा और विश्वास की भावना जगाने के लिए शान्ति का मिशन लेकर कार्य करने वाले ट्रस्ट की कुछ सेविकाएँ भिन्न-भिन्न प्रान्तों से वहाँ भेजी जाएँगी। विनोबाजी ने इन्दौर को सर्वोदय नगर बनाने के काम में कस्तूरबा ग्राम की बहनों को कई बार आह्वान किया है। आह्वान से प्रेरित होकर यह निर्णय किया गया है कि इन्दौर के काम के लिए कुछ सेविकाएँ दी जाएँगी।

वानप्रस्थाश्रमी अच्छे शिक्षक

29 अगस्त के परिशिष्ट पृष्ठ दो पर गृहस्थाश्रमी ही अच्छे शिक्षक शीर्षक से समाचार छपा था। पाठकगण 'गृहस्थाश्रमी' की जगह 'वानप्रस्थाश्रमी' पढ़ें।

सुस्मृतियों के लिए वीर्य, विवेक, आत्मज्ञान जरूरी
सारा दारोमदार स्मृतियों पर बाबा द्वारा स्मृति की विवेचना

आज प्रात:काल सवा चार बजे बाद, मुख्य सेविका भवन के हॉल में उपस्थित भाई-बहनों के बीच चौथी स्त्री शक्ति 'स्मृति' पर बोलते हुए बाबा ने कहा कि स्मृति एक बहुत ही सूक्ष्म शक्ति है। सारा दारोमदार इसी पर है। शुभ स्मृतियाँ प्रेरणादायिनी होती हैं और अशुभ स्मृतियाँ भूतकाल में उलझा देती हैं। इसलिए अशुभ स्मृतियों से मुक्ति पाने और शुभ स्मृतियाँ का पोषण करने के लिए यह जरूरी है कि हम वीर्य की रक्षा करें, विवेक को जाग्रत रखें और आत्मज्ञान की प्राप्ति करें। *गीता* में वर्णित सप्त-शक्तियों की चर्चा का आज चौथा दिन था। इसके पूर्व कीर्ति, श्री और वाणी पर बाबा क्रमानुसार तीस-तीस मिनट बोल चुके हैं। आज भी ठीक समय पर प्रवचन प्रारम्भ करते हुए उन्होंने कहा—भगवान इन शक्तियों का वर्णन कर रहे हैं। इनसे व्यक्ति का धारण और पोषण होता है। तीन शक्तियाँ तो हम देख चुके हैं। आज चौथी शक्ति देखेंगे जिसका नाम है स्मृति।

यह एक बहुत ही सूक्ष्म शक्ति है। दुनिया में ये जो बहुत से कार्य चलते हैं इनके मूल में कामनाएँ होती हैं। कामनाएँ अच्छी-बुरी दोनों प्रकार की होती हैं। लेकिन जिनकी कामनाएँ बुरी हैं, उनको भी उनका करने वाला बुरी नहीं समझता। कामनाओं के मूल में संकल्प होता है। संकल्प करने वाला मन है। उसी से ये कर्म आदि सारे होते हैं और जीवन का ढाँचा बनता है। कर्म शुभ-अशुभ दोनों होते हैं। उनका मन में जो रिकॉर्ड रहता है वह स्मृति कहलाता है। ये स्मृतियाँ बरसों बाद भी जाग्रत होती हैं। कुछ स्मृतियाँ तो चली जाती हैं और कुछ रह जाती हैं। इसको शेष स्मृति कहेंगे यही स्मृति मनुष्य को भूतकाल की तरफ खींचती हैं। यह स्मृति अगर अच्छी हो तो मनुष्य को आगे बढ़ने की प्रेरणा देती हैं, बुरी हों तो अपने में उलझा लेती हैं। साधक इन स्मृतियों से मुक्ति कैसे पाए? होता यह है कि कुछ स्मृतियाँ तो याद रह जाती हैं और कुछ याद नहीं रहतीं। अगर ऐसा हो कि जीवन की शुभ स्मृतियाँ रह जाएँ और अशुभ सब चली जाएँ या इससे उल्टे शुभ स्मृतियाँ सब चली जाएँ और अशुभ स्मृतियाँ रह जाएँ। पर ऐसा नहीं होता। इन स्मृतियों पर ही सारा दारोमदार है। साधक भूतकाल से प्रेरणा लेता है। भूतकाल अगर उसे अपने में बाँध लेता है तो वह रास्ते पर चल पड़ेगा।

पर ऐसा कैसे हो कि अशुभ स्मृतियों को रोक दिया जाए। इन्हें नष्ट करने के इरादे से तो इनका पुनः स्मरण ही होगा। वे और याद हो जाएँगी। तो इन्हें मिटाया कैसे जाए, अब यह समस्या पेश आती है, क्योंकि यह रिकॉर्ड है। हिन्दुस्तान ने स्वतंत्रता हासिल कर ली, मगर गुलामी का इतिहास मिटाया तो नहीं जा सकता। रिकॉर्ड में दोनों रहेंगी तो स्मृति में वह जो बुरी चीज है उसे हटाया कैसे जाए? तो इसके लिए हरि कृपा का आह्वान किया जाए। जब साधक अपने को पूरी तरह हरि-स्मरण में डुबो देगा तब वह

स्मृतियों में मुक्ति पा सकता है। मैं कर्म करते हुए बहुत सी बातें सुनता हूँ। मैंने उन्हें भूल जाने की भी आदत डाल रखी है। मैं सारी बातें सुनूँगा तो वो तीन बातें मुझे साररूपेण याद रहेंगी। रिपोर्टिंग मुझसे नहीं बनेगी। मेरी इस आदत से चित्त पर कोई बोझ नहीं रहता और अच्छी स्मृतियाँ बिलकुल ताजा रहती हैं। बहुतों को बड़ा आश्चर्य होता है कि यह शख्स बीस-पच्चीस भाषाएँ जानता है और इसे इतना भी याद नहीं रहता। हमने बहुत याद किया है और करते हैं। मगर याद रखने लायक बातें रखते हैं, बाकी का भार छोड़ देते हैं। मैं अगर अपना चरित्र लिखूँ तो बीस-पच्चीस पृष्ठ से ज्यादा नहीं लिखाएँ मुझसे।

जिस तरह हम खाता-बही रखते हैं और नए साल का हिसाब लिखते वक्त, पिछले साल का कुल हिसाब नहीं लिखते बल्कि शेष लिख लेते हैं। बाकी सब क्षेत्र में आ जाता है, तो इस तरह आदमी अपने जीवन में कुछ न कुछ तो भूल ही जाता है पर मूर्ख मन चुनाव में गलती करता है। क्या याद रखें और क्या भूल जाएँ इसका ठीक से चुनाव उससे नहीं बनता। ऐसा उससे नहीं बनता कि अच्छी स्मृतियाँ याद रखें और बुरी छोड़ दें। लेकिन अच्छाई के लिए अगर मन में आकर्षण हो तो बुरी स्मृतियाँ अपने आप खत्म हो जाती हैं। मेरी दादी बूढ़ी हो गई थीं और बुढ़ापे में उनकी स्मृति क्षीण हो गई थी। मगर यह उसे याद था कि शादी में गहना देने का वादा किया था और नहीं दिया था। यही बात वह बार-बार दुहराती थी। *गीता प्रवचन* में उक्त स्मरण के बारे में मैंने लिखा है।

तो अब सवाल यह है कि अच्छी स्मृतियों की रक्षा कैसे की जाए और बुरी स्मृतियों को मिटाया कैसे जाए। तो स्मृति रक्षा तो वीर्य-रक्षा से की जा सकती है। स्मृति शक्ति वीर्य पर आधारित रहती है। अगर वीर्य रक्षा की गई तो स्मृति रक्षा अपने आप हो जाएगी। अब तो ये दिन आ गए हैं, पर पहले कहा जाता था कि वीर्य-दीप में स्नेह के समान होता है, बुद्धि दीप की ज्योति के समान होती है और उसकी प्रभ-स्मृति के समान होती है। तो पहली बात है वीर्य रक्षा और दूसरी बात है विवेक। विवेक से चयन शक्ति पैदा होती है। इससे बुरी स्मृति जाएगी और अच्छी रहेगी। वीर्य रक्षा से तो स्मृति रक्षा होगी। विवेक से बुरी अच्छी स्मृतियों में चयन किया जा सकेगा, बुरी स्मृतियाँ छोड़ी जा सकेंगी अच्छी ली जा सकेंगी। अगर विवेक हो और वीर्य रक्षा से स्मृति रक्षा नहीं की गई हो तो अच्छी-बुरी की चयन शक्ति बेकार पड़ी रहेगी और अगर वीर्य रक्षा से स्मृति की रक्षा की गई पर विवेक नहीं है तो अच्छी-बुरी स्मृतियों में आदमी उलझा रहेगा।

मनुष्य इतना उदार होता है, अपने प्रति कि स्मृतियों में से जो सबसे बुरी है, उन्हें वह अपनी मानता ही नहीं और भूल जाता है। अगर ऐसा नहीं होता तो वह आत्महत्या कर लेता। उसके दिल में अपने प्रति आदर रहता है। लेकिन वह दूसरों के दोष याद रखता है। यह अनात्मभाव आत्मज्ञान के अभाव के कारण रहता है। जब आत्म ज्ञान जागता है तो अपने-पराए का भेद मिट जाता है। जैसे किसी रईस का कोई बहुत बड़ा मकान हो, सैकड़ों हजारों कोठरियाँ हों उसमें। लेकिन वह तो उनमें से किसी एक में ही रहेगा। पर सारा मकान तो उसी का कहलाएगा। मानिए कि एक मकान में मैं किराए में रहता हूँ उस मकान में लाखों-करोड़ों कोठरियाँ हैं। मैं तो एक ही कोठरी में रहता हूँ और उसका मेरा जिम्मा है। दूसरी कोठरियों में दूर पड़ोसी रहते हैं। मेरी तो एक ही कोठरी है, पर कुल मिलाकर घर तो मेरा ही है। उस कोठरी में रहने वाले सब लोगों का है। जिसने यह

पहचाना, वह स्मृतियों के मामले में जितनी उदारता अपने प्रति बरतेगा। उतनी ही दूसरों के प्रति बरतेगा। अपनी स्मृतियों के समान ही दूसरों की स्मृतियाँ छोड़ेगा। यह आत्मज्ञान से ही हो सकता है। पर ऐसा आत्म ज्ञान जागता नहीं। एक माँ के पाँच बच्चे हैं। वह जिस प्रकार अपनी स्मृतियों को भुला देती है, उसी प्रकार बच्चों को भी भुला देती है।

अहिंसा के लिए निर्भयता अति आवश्यक
काम, क्रोध व लोभ का नियमन जरूरी

आज वहाँ भूरी टेकड़ी पर सायंकालीन प्रवचन में बाबा ने कहा कि अहिंसा के फैलाव के लिए निर्भयता के वातावरण की आवश्यकता है। आपने आगे कहा कि द्वेष व भय को मिटाने से ही निर्भयता आ सकती है। बाबा अहिंसा के बारे में बोल रहे थे। आपने कहा कि अहिंसा के लिए काम, क्रोध व लोभ को मिटाने व हटाने की जरूरत नहीं है। आवश्यकता है उन पर नियंत्रण करने की। अपना प्रवचन प्रारम्भ करते हुए बाबा ने कहा कि आज यहाँ मेरा पाँचवाँ दिन है और दो दिन बाकी है। कल का पूरा दिन माचला में चला जाएगा, वे यहाँ रहेंगे। कस्तूरबा ग्राम के लिए सात दिन दिए थे, उसमें एक दिन यहाँ की महिलाओं ने उदारतापूर्वक माचला के लिए दे दिया। फिर यहाँ से हमारी यात्रा महेश्वर की तरफ चलेगी। इतने दिनों तक यहाँ अच्छी चर्चाएँ हुईं तथा फैसले भी अच्छे हुए हैं। अपने प्रवचन में अहिंसा की चर्चा करते हुए बाबा ने कहा कि हमें हिंसा का मुकाबला अहिंसा से, बुराई का मुकाबला अच्छाई से करना है। अहिंसा पर ही निष्ठा रखकर कार्य करना है।

ऐसी हालत में फिर जेल, पुलिस व दंड की जरूरत नहीं रहेगी। प्रेम, करुणा व दया से सभी मसले हल करें। अगर किसी ने ऐसी हालत में हम पर हमला भी कर दिया तो उसका मुकाबला करने के लिए अपने-अपने घरों से सभी बच्चे, महिला, बूढ़े, जवान निकल पड़ें। इस तरह निकलें जैसे क्रिकेट मैच देखने जाना हो। चेहरे पर भी किसी प्रकार के भय के भाव न हों। ऐसी हालत में जब हमलावर बच्चों, बूढ़ों व स्त्रियों को देखेगा तो वह भी शर्मिन्दा हो जाएगा। अगर नहीं भी हुआ तो मर मिटने की शक्ति हममें रहेगी। उपरोक्त दृष्टिकोण हमारा मुख्य योगदान विश्व के लिए रहेगा व हम विश्व को एक नई चीज दे सकेंगे। अपने भाषण को जारी रखते हुए बाबा ने कहा कि आज एक बहन ने मुझसे प्रश्न पूछा था कि अहिंसा अपनाने के लिए काम, क्रोध, लोभ, मोह को खत्म करना पड़ेगा। यह घर-घर निर्मूल करने पड़ेंगे। अगर यह करना पड़ा तो अहिंसा एक लम्बी चीज बन जाएगी। बाबा ने कहा कि इसी प्रश्न का उत्तर मैं आज अपने प्रवचन में देना चाहता हूँ। अहिंसा में काम व क्रोध के नियमन की बात है, मिटाने की नहीं। आज काम के कारण गृहस्थाश्रम की प्रतिष्ठा ही गिर गई है। मैं इसके नियमन पर इसलिए जोर देता हूँ कि गृहस्थाश्रम की पुन: स्थापना हो सके। अब दूसरी बात रही क्रोध की। क्रोध के सम्बन्ध में तो यह है कि अगर मन में द्वेष न हो तो क्रोध से कुछ बनता-बिगड़ता नहीं है। क्रोध तो मैं भी करता हूँ किन्तु अत्यन्त प्रेमपूर्वक। माँ भी बच्चों पर क्रोध करती है किन्तु उसके हृदय में बच्चे के प्रति प्रेम रहता है। इसलिए क्रोध को मैं अधिक महत्त्व नहीं देता हूँ। महत्त्व तो द्वेष-वैर को देता हूँ। द्वेष तो निर्मूल होना ही चाहिए। द्वेष जन्म-जन्म एवं पुश्त-दर-पुश्त तक चलता रहता है। द्वेष के कारण हिंसा भी होती है।

लोभ पर नियंत्रण आवश्यक

बाबा ने आगे कहा कि पुरातन काल से काम व क्रोध चलते आ रहे हैं किन्तु वर्तमान काल में लोभ की मात्रा बहुत बढ़ गई है। इसलिए काम व क्रोध से अधिक नियंत्रण लोभ पर करना पड़ेगा। आजकल की अर्थ व्यवस्था के कारण लोभजन्य अपराध में काफी वृद्धि हो रही है। आज कहा जाता है कि लोभ से प्रेरणा मिलती है ठीक है माना, किन्तु आर्थिक लोभजन्य प्रेरणा तो खराब है।

निर्भयता में ही अहिंसा

जब द्वेष व क्रोध खत्म हो जाता है तो भय भी खत्म हो जाना चाहिए और निर्भयता आनी चाहिए, क्योंकि मनुष्य में जब तक निर्भयता नहीं आती तब तक वह हिंसा नहीं करेगा। इसी वजह से हमारे यहाँ कानून व व्यवस्था को उतना महत्त्व नहीं देते जितना निर्भयता को देते हैं। पं. जवाहरलाल ने भी यही बात कही है—आत्मकथा में कही है या और कहीं कही है यह मुझे नहीं मालूम। निर्भयता के सम्बन्ध में कौटिल्य ने, मनु ने तथा हमारे पुराणों में भी कहा गया है। राज्य में निर्भयता तो होनी ही चाहिए। आजकल बड़े-बड़े राष्ट्र विशाल हिंसक अस्त्र-शस्त्र बनाते हैं फिर भी उनमें फीयर काम्पलेक्स-एक-दूसरे से भय रखने की भावना है। अत: आज अद्वेष की निर्भयता की अत्यधिक जरूरत है। इस विवेचना से स्पष्ट हो गया कि हमें काम-क्रोध व लोभ का नियमन करना पड़ेगा एवं द्वेष व भय रहा तो विश्व के कोई भी मसले हल नहीं होंगे। द्वेष से द्वेष बढ़ेगा, घटेगा नहीं। आज आणविक युग में यह बात समझना कठिन नहीं है। कोई भी राष्ट्र कितना भी पराक्रम दिखाए उससे समस्या हल नहीं हो सकती।

भय व द्वेष को हटाने का तरीका

मेरी राय में द्वेष व भय को हटाने का एक मात्र उपाय बोध ही है। बोध के लिए आध्यात्मिक साधनों की जरूरत नहीं। अगर किसी को यह बोध हो जाए कि जहर जो मीठा लगता है उसके पीने से मृत्यु हो जाती है तो कोई भी जहर पिएगा नहीं। इस तरह विज्ञान का लाभ लेंगे और समझाएँगे कि इस समय द्वेष व भय खतरनाक हैं और उन्हें बोध देंगे। आज सन्त वाणी का प्रभाव भारत के गाँव-गाँव में है—उसका लाभ लेंगे और लोगों को निर्भयता के बारे में समझाएँगे।

हॉट पीस

आज बाबा ने सायंकालीन प्रवचन के समय कहा कि स्वतंत्रता के युग के समय गांधीजी अहिंसा लाए थे। किन्तु उस समय विभिन्न उद्देश्य थे इसलिए यह अहिंसा वीरों की नहीं थी। तब कांग्रेस के कतिपय बड़े-बड़े नेता एक प्रस्ताव लाए थे जिसमें उन्होंने कांग्रेस की नीति पीसफुल एंड लेजिटिमेट (उचित व शान्ततामय) की बनाई। किन्तु गांधीजी ने इसे सुधारा और कहा कि इसकी जगह अहिंसा व सत्यमय रखा जाए। उस समय गांधीजी की यह बात नहीं मानी गई। शब्दों का जाल मेरी भी समझ में नहीं आया क्योंकि उचित

व शान्ततामय का मतलब एक-सा ही समझता था। अब मैं इसका अर्थ और ठीक से समझाता हूँ इसी सन्दर्भ में आपने कहा कि जैसे आजकल शीतयुद्ध है उसी तरह मर्म शान्ति भी हो सकती है।

गाते जाएँगे...ताली बजाएँगे

आज गोलमाल व मिश्रित बैठक में बाबा का विनोदी स्वभाव व बच्चों के प्रति प्रेम का वास्तविक स्वरूप प्रगट हुआ। इस बैठक को बाबा ने गोलमाल व मिश्रित बैठक कहा क्योंकि बैठक में ग्राम सेविकाएँ, अध्यापिकाएँ एवं विद्यार्थी-बालक उपस्थित थे। बाबा ने बालकों को सम्बोधित करते हुए कहा कि मिश्रण सब जगह है। प्रार्थना करते हैं तब भी आप उपस्थित रहते हैं। भोजन करने बैठते हैं तो इकट्ठा बैठते हैं तो ज्ञान भी इकट्ठा पाते हैं। (इस बैठक में बाबा बच्चों को ही सम्बोधित करते रहे) *रामायण* की चौपाइयाँ गाते हैं तो सब गाते हैं। बच्चे-बूढ़े सब अपने ढंग से अर्थ समझते हैं। सूरज सब को अच्छा लगता है तब बच्चे धूप में बैठते हैं—क्यों बैठते हैं न? सम्मिलित आवाज में उत्तर मिला हाँ। फिर बाबा ने पूछा बड़े भी धूप में बैठते हैं कि नहीं। इसका पहले उत्तर मिला नहीं। फिर मिला हाँ। फिर पूछा गया आप लड्डू खाते हैं—हाँ, तुमुल ध्वनि हुई। बूढ़े खाते हैं, पुनः पूछा गया तो उसी स्वर में जोरों से उत्तर मिला हाँ। अब बच्चों में उत्साह आ गया था वे हर बात का हाँ में उत्तर देते जा रहे थे और बाबा समझाते जा रहे थे कि बच्चे, बूढ़े सभी एक साथ तो काम करना पसन्द करते हैं।

जब सभी मीठी आवाज में बाबा के प्रश्न पूछने पर उसी लय की आवाज में बच्चों की तरह उत्तर मिलने लगे एवं बच्चों का उत्साह बढ़ता दिखाई दिया तब बाबा एकाएक पूछ बैठे किसी को गाना आता है? (तब मन्द मन्द स्वर में प्रस्फुटित सी हाँ-ना की आवाज आती रही तथा एक बालिका दूसरी बालिका की ओर इशारा करने लगी) फिर बाबा ने एक लड़की की ओर इशारा करके कहा गाना गाओ? उत्तर मिला सब मिलकर गाएँगे। अच्छा सब मिलकर गाओ। गाना आरम्भ हुआ—हँसते जाएँगे-बढ़ते जाएँगे... गाना चलता रहा बाबा ताली बजाते रहे—गाना चल रहा था) हम हँसते जाएँगे—हम... (बाबा की आवाज में नई गढ़ी हुई पंक्ति) ताली बजाएँगे। बाबा ने यह पंक्ति गाई कि उपस्थित सभी बच्चे, पुरुष, महिलाओं की जोरों हँसी फूट पड़ी। कुछ मिनट बाद वातावरण शान्त हो गया।

फिर बाबा ने वातावरण बनाना प्रारम्भ किया। सबको गाते रहना चाहिए और चलते रहना चाहिए। संस्कृत में एक श्लोक है—जो आता है वह कलियुग में गया, जो उठ बैठता है वह व्यापार में आया, जो खड़ा हुआ वह चेत्ता में एवं जो मनुष्य दौड़ने लगा वह सतयुग में आ गया। इसलिए हमें दौड़ना चाहिए। क्यों-उत्तर में आवाज आई 'हाँ'। फिर प्रश्न हुआ—तुममें से कौन कितने मील चला है—जो पाँच मील चला हो वह हाथ उठा दे—बहुत सारे हाथ उठ गए—फिर जो दस मील चला हो वह हाथ उठाए। इसी तरह पन्द्रह एवं बाद में बीस मील चलने वालों ने हाथ उठाया। बाबा पुनः विनोदी वातावरण बनाना चाह रहे थे, बोले अपना देश बहुत लम्बा है दो हजार मील लम्बा है। वो प्रकार कितने होते हैं—दस-बीस, तीस-पचास-अस्सी-सौ। फिर एक सौ...तीन

सौ...पाँच सौ...सात सौ...एक हजार। एक हजार के बाद दो हजार। इस तरह गिनती बोलते हुए बाबा ने दो हजार की कल्पना बच्चों की बताई। (बीच में हँसी फूटती रही और बाबा भी हँस रहे थे)।

फिर बाबा ने पूछा अच्छा बताओ बुड्ढे कहा चलेंगे?—'मैदान में'। और जवान? 'पहाड़ी पर'। तुम कहाँ चलोगे? 'पहाड़ी पर'। अच्छा तुम ऊपर चढ़ोगे तो दूर तक देखोगे। इसलिए जिसे दूर तक देखना हो उसे ऊँचा चढ़ना चाहिए। आज लोग ऊँचा नहीं जाना चाहते और दूर तक देखने (दूरदर्शी) की इच्छा रखते हैं। उन्हें चाहिए कि आचरण ऊँचे रखें और दूर तक देखें। क्यों ठीक है न? 'हाँ' बच्चे चिल्लाए। फिर बाबा ने कहा अच्छा तुम्हें भजन सिखाऊँगा। पहले बच्चे बोले फिर पुरुष और अन्त में बहनें। बाबा ने गाया 'पर हित बस' आवाजें आईं 'पर हित बस' फिर बाबा बोले 'जिनके मन माही' आवाजें 'जिनके मन माही'। पुनः तिन कहुँ जग—बच्चों ने गाया तिन कहुँ जग। बाबा ने कहा दुर्लभ कछु नाहीं—दुर्लभ कछु नाहीं। फिर यही भजन सम्मिलित रूप से गाया गया। बाबा उठ खड़े हुए—ठुमकने लगे—ताली बजाने लगे और जोर-जोर से भजन गाने लगे। बहनें-बच्चे-पुरुष सभी खड़े हो गए—ताली बजाने लगे और भजन गाने लगे।

(30 अगस्त, 1960)

मेधा का मूल अर्थ

बाबा द्वारा पाँचवीं शक्ति मेधा की व्याख्या

आज प्रात:काल कार्यकर्ता बहनों के बीच में बाबा ने पाँचवीं स्त्री शक्ति मेधा का विश्लेषण किया। उन्होंने कहा कि वैसे तो मेधा शब्द भिन्न-भिन्न स्थलों पर भिन्न-भिन्न अर्थों में व्यक्त किया गया है। पर उसका मूल अर्थ है, आकलन शक्ति। यह आकलन शक्ति विश्लेषण और संश्लेषण दोनों के मिलने से बनती है और जहाँ स्त्री को मेधा शक्ति प्राप्त हुई कि वह संशय मुक्त हो जाता है। आकलन शक्ति के साथ गौण रूप से आहार शुद्धि भी जुड़ी हुई है। जो मनुष्य के सब गुणों को पा लेता है, वह द्रष्टा बन जाता है। *गीता* में वर्णित स्त्री शक्ति व्याख्यान माला का आज पाँचवाँ दिन था। इसके पहले बाबा, कीर्ति, श्री, वाणी, स्मृति की व्याख्या कर चुके हैं। आज उन्हें मेधा शक्ति की व्याख्या करनी थी। ठीक समय पर प्रार्थना के बाद बाबा ने अपना प्रवचन शुरू किया। उन्होंने कहा हर एक भाषा में कुछ ऐसे शब्द होते हैं कि जिनका सब पर्याय दूसरी किसी भाषा में नहीं मिलता और तो और अपनी ही भाषा में भी ऐसा शब्द नहीं मिलता जैसे इस्लाम शब्द है—जिसका पहला अर्थ है समर्पण और दूसरा है शान्ति। पर दोनों अर्थ इकट्ठे बनाने वाला दूसरा शब्द नहीं है। इसी तरह धर्म का तजुर्मा तो किसी एक शब्द में नहीं हो सकता। इस एक शब्द के अलग-अलग जगहों पर अलग-अलग अर्थ होते हैं और वह भिन्न अर्थों में भिन्न स्थलों पर प्रयुक्त किया जाता है। ऐसे ही शब्दों में एक शब्द है मेधा। *गीता* में त्यागी पुरुष के वर्णन में मेधा शब्द आया है। वर्णन तो वह त्यागी पुरुष का है, पर उसके दो लक्षण और बताए गए हैं, मेधावान और शून्यसंशया यानी उसका संशय समाप्त हो चुका है।

मेधा शब्द के मूल अर्थ में एक अर्थ है—त्याग, बलिदान। संशय मेधा थोड़े के लिए अपना बलिदान करने वाला। मन ने समझाया है विमेध त्यागी मनुष्यों के लिए अपना त्याग करने वाला। तो मेधा का एक अर्थ त्याग बुद्धि अवश्य है, पर मेधा शक्ति मूल में आकलन शक्ति का नाम है। अरबी में इसे आक्लन कहते हैं। मेधा में वस्तु, समय का आकलन करने की शक्ति होती है। एक चीज हमारे सामने खड़ी है, उसका सांगोपांग विश्लेषण करके उसे फिर से बनाना यह मेधा शक्ति का काम है। जैसे एक घड़ी है, उसका एक-एक पुर्जा खोलकर अलग कर दिया जाए, इसमें एक किस्म का ज्ञान लगता है और उसे फिर से जोड़ कर घड़ी बना दिया जाए, इससे दूसरे किस्म के ज्ञान की आवश्यकता होती है वे दोनों ज्ञान मिलकर मेधा बनते हैं। इस तरह मेधा में

विश्लेषण और संश्लेषण दोनों होते हैं। *ईशावास्योपनिषद्* में परमेश्वर की विभूति का अलग-अलग दो शब्दों में आकलन किया गया है। संश्लेषण और विश्लेषण को व्यास समासकी कहते हैं। तो आकलनशक्ति को मेधा कहते हैं और जिसके पास यह है, उसे मेधावी कहते हैं। जहाँ-जहाँ ऐसी मेधा होती है वह संशययुक्त हो जाता है तो मेधा शब्द का मूल अर्थ आकलन शक्ति होता है। त्याग और बलिदान भी इसमें जुड़ा हुआ है। यह एक समझने की बात है। जहाँ मनुष्य भोग में डूबता जाता है, उसकी आंकलन शक्ति नष्ट होती जाती है। यह आकलन शक्ति द्रष्टा को मिलती है और वह भोग में लिप्त नहीं रहता है। भोग में पदार्थ को अपने से जोड़ना पड़ता है। त्याग में पदार्थ से अपने को अलग रखना पड़ता है।

भोग के बिना शरीर चल नहीं सकता, कुछ न कुछ तो भोग करना ही पड़ता है। यह शरीर की लाचारी है। लेकिन जो तटस्थ द्रष्टा है वह आकलन कर सकता है। जब वह भोक्ता बनता है तब वह वस्तु भोग्य हो जाती है। जो आम का रस खाता है, उसमें अपने आपको आपके साथ जोड़ लिया, पर आपका सांगोपांग ज्ञान उसे नहीं मिल सकता, वह तो द्रष्टा को ही मिलेगा। वस्तु का सम्पूर्ण आकलन करने के लिए उससे अपने को अलग रखना पड़ता है। अगर किसी वस्तु का इन्द्रियों द्वारा गुण ग्रहण करना हो जैसे जिह्वा से किसी का रस चखना हो तो यह भोग नहीं होगा, इन्द्रियों द्वारा आकलन जहाँ हो वहाँ अपने को उस वस्तु से एक साथ जोड़ना और तोड़ना पड़ता है। भोग में हम उस वस्तु में खुद दाखिल होते हैं, त्याग में हम द्रष्टा बनते हैं। भोग और त्याग जीवन के लिए ये दोनों बहुत जरूरी हैं। जीवन में भोग को भी स्थान देना पड़ता है। एक समीकरण भी मैंने इसका बनाया है संयम। जीवन के लिए कुछ भोग की आवश्यकता है तो करें। पर द्रष्टा बनने के लिए त्याग की सम्भावना है। मेधा में एक अंश त्याग, बुद्धि, एक अंश आंकलन शक्ति और एक अंश संयम मुक्ति यानी जुड़े हुए हैं।

मेधा का तीसरा अर्थ निर्मलता है जिसे संशयसूक्ति भी कह सकते हैं। जहाँ बुद्धि निर्मल नहीं, स्वच्छ नहीं वहाँ प्रतिबिम्ब साफ उठता नहीं। आँख में अगर खराबी हो तो उससे सृष्टि का दर्शन ठीक नहीं होता। सृष्टि मलिन दिखती है। निर्मलता को *गीता* में सत्य शुद्धि कहा गया है। त्याग से जिसकी परिपूर्ण आकलन शक्ति तेज हो गई है, ऐसे पुरुष के सब संशय भिन्न होते हैं। भगवान ने तीन शक्तियों के जरिये त्यागी का वर्णन किया है। इन तीन शक्तियों वाले मेधावी को कोई भी विद्या हासिल हो सकती है। ऐसा कहा गया है कि अगर विचार बताना है तो मेधावी पुरुष को बताना चाहिए, जिससे वह उनका आकलन कर सके। भगवान के दशम स्कंध में उद्धव और माधव का संवाद आया है। उसमें उद्धव को हरिमेधा कहा गया है। इसका मतलब यह कि उद्धव ने अपनी ये तीनों शक्तियाँ (त्यागबुद्धि, आकलन शक्ति और निर्मलता) हरि के चरणों में अर्पित की है।

लेकिन इस मेधा शक्ति को प्राप्त करने के लिए आहार शुद्धि की भी आवश्यकता है, नहीं तो आकलन पूर्ण नहीं होता। जहाँ आहार शुद्धि नहीं होती वहाँ सूक्ष्म आकलन शक्ति भी नहीं होती। बुद्धि जड़ हो जाती है। इसलिए हिन्दुस्तान में आहार शुद्धि पर ज्यादा जोर डाला गया है और उसका ही परिणाम यह सूत्र है आहार शुद्धिः सत्य शुद्धि। मेधा उस मनुष्य में होगी जिसकी चित्त शुद्धि होगी और चित्त शुद्धि उसी की होगी, जिसकी आहार

शुद्धि हो चुकी होगी। चित्त शुद्धि से मेधा शक्ति मिलती है और मेधा शक्ति आ जाने से मनुष्य द्रष्टा बन जाता है। मेधा से आकलन शक्ति को अद्वितीय ज्ञान आदमी को मिलता है। विज्ञान यह सब बता रहा है। वह आकलन शक्ति दे रहा है। इतना कुछ विज्ञान द्वारा आकलन किया गया है फिर भी इस असल सृष्टि का कुछ ही भाग हम देख पाए हैं।

इसके बाद बाबा ने कहा कि इस मेधा यानी आकलन शक्ति को स्त्रीशक्ति क्यों कहा गया? इसका उत्तर देते हुए उन्होंने कहा कि मेधा शक्ति बढ़ने पर समाज का विकास होता है। लेकिन इसमें नर-नारी का भेद नहीं किया जा सकता। पर भगवान ने यह किया है तो इसका मतलब नहीं होगा कि स्त्रियाँ अधिक आहार शुद्धि करें अधिक त्याग करें और तत्जन्य आकलन शक्ति का सदुपयोग करें। गांधीजी ने स्त्री को त्याग मूर्ति कहा है। यह बात ठीक है कि स्त्री को खूब त्याग करना पड़ता है। पर यह त्याग लाचारी का त्याग है। ऐसे त्याग से आकलन शक्ति नहीं बढ़ती। यह त्याग भोग-वृत्ति से प्रेरित है। यह त्याग द्रष्टा बनने के लिए नहीं, भोगी बनने के लिए होता है। स्त्रियाँ जड़ और बहुत भोली होती हैं। त्याग के बावजूद वे ऐसी क्यों होती हैं क्योंकि उनका त्याग भोग प्रेरित है, त्याग प्रेरित नहीं। त्याग प्रेरित ज्ञान ही मेधा शक्ति को बढ़ाएगा।

सुबह के तारे के साथी

'शान्ति के सिपाही, चले, चले'। पहाड़ियों और खेतों के बीच से गुजरने वाली डामर की पतली बलशाली सड़क से कितने ही कंठों से शान्ति सेना के प्रयाण-गीत की यह पंक्ति एक स्वर होकर निकल रही थीं। शान्ति के सिपाही चले, चले—सुबह पाँच बजे के ठंडे, क्षितिज पर मटमैले बादलों से घिरे, तारों जड़ित गीले आसमान में शान्ति सेना के प्रयाण गीत की यह पंक्ति गूँज रही थी। शान्ति के सिपाही चले, चले ओस से नहाई, तेज ठंडी हवा में स्थिर खड़ी काली-काली पहाड़ियों से शान्ति सेना के प्रयाण गीत की यह पंक्ति प्रतिध्वनित होकर लगभग छह सौ कानों से टकरा रही थी। शान्ति सेना की बहनों की रैली इन्दौर ईदगाह रोड पर प्रयाण गीत गाती बढ़ती जा रही थी, उसके आगे बाबा थे। बाबा के अगल-बगल जय-विजय कैंडिल लिये चल रहे थे और कई दिनों के बाद महादेवी ताई भी आज बाबा के साथ थीं और बार-बार आवश्यक रूप से अपनी बैट्री के उजाले से सड़क का निरीक्षण कर रही थीं। आगे आ जाने वाले भाइयों को अपने विशिष्ट स्वर में पीछे जाने की ताकीद कर रही थीं।

आज पहली बार कस्तूरबा ग्राम की समस्त बहनों और देश के विभिन्न राज्यों से आई हुई प्रतिनिधि बहनें बाबा के साथ पदयात्रा में विशिष्ट रूप से सम्मिलित थीं। ठीक चार बजे प्रार्थना शुरू हुई थी और उसके बाद बाबा ने लगभग तीस मिनट तक *गीता* में वर्णित स्त्री शक्तियों में से पाँचवीं शक्ति मेधा पर प्रवचन दिया था। बाबा ने आज बताया कि मेधा आकलन शक्ति का नाम है। यह संश्लेषण और विश्लेषण दोनों से बनती है। इसका एक अर्थ त्याग बुद्धि, आकलन शक्ति और निर्मलता किसी आदमी में प्रकट होती है, तो वह द्रष्टा बन जाता है। मेधावी हो जाता है। मेधावी को संसार का कोई भी ज्ञान हासिल हो सकता है और ज्ञान भी केवल ज्ञान नहीं सांगोपांग ज्ञान। यह सांगोपांग ज्ञान मिलता है तटस्थ द्रष्टा को। इस प्रवचन के बाद बहनें रोज भी भाँति हॉल से निकलकर

अपने-अपने क्वार्टरों पर न जाकर बाहर अहाते में एकत्रित हो गईं। निर्मला बहन ने उन्हें चार-चार लाइन बनाने को कहा और देखते-देखते लाइन बन गई। आज बाबा रोज के समान पदयात्रा पर जाकर लौटने वाले नहीं थे। वे एक दिन के लिए माचला जाने वाले थे। पर जाने क्यों आज उनके कन्धों पर उनका सामान नहीं था।

बने बनाए रास्ते पर चलने के बजाय आज बाबा का दल सीधा रास्ता बनाकर सड़क पर पहुँच गया। आज हवा में बहुत ठंडक थी और वह तेजी से बह रही थी। पिछले पाँच दिनों की पदयात्रा में आज सबसे ज्यादा ठंड थी। कुछ देर चुपचाप चलने वाली शान्ति सेना की रैली के बीच से रामधुन की आवाज उठी। एक दल पहले रामधुन गाता था और दूसरा दल उसे जोरों से दुहराता था। यह रामधुन लगभग दो फर्लांग तक चलती रही। फिर शान्ति के सिपाही चले, चले, वाला प्रयाण गीत चला। इस गीत की धुन, इसके शब्द और इसकी ताल इतनी तत्सम थी कि पाँव उठते थे और एक लय उठती थी। पाँव गिरते थे और एक लय टूटती थी। प्रात:काल की बेला में बहनों की यह रैली, यह उनका प्रयाण गीत और यह उनका स्फूर्तिवान स्वर अजीब-सा लगता था। सेनाएँ हमने देखी हैं। सशस्त्र सेनाएँ सिपाही हमने देखे हैं, वर्दी में गए हुए इनसान जो भेड़ियों का काम करने जाते हैं, उनके नारे और उनके गीत भी हमने सुने हैं जो शरीर में बल तो जगाते हैं, मगर वह बल प्राणविक होता है और एक यह सेना-बहनों की सेना। सेना जिसका काम है शान्ति की स्थापना करना, मारकर नहीं, मर कर। इस सेना का सिपाही अपने को मारने वाले को भी प्रेम करता है। उसे अपने मरने का कोई गम नहीं होता। उसे फिक्र इस बात की होती है कि कहीं मारने वाले की तलवार में खम नहीं पड़ जाए।

आज से इन बहनों का शिविर लगने वाला है, कस्तूरबा ग्राम में। ये बहनें बाबा के साथ माचला तक जाने वाली थीं और फिर वहाँ से लौट आने वाली थीं। शान्ति सेना के इस प्रयाण गीत के बाद गुजराती का एक भजन गाया गया जो निश्चित ही उतनी तन्मयता और एक स्वर से नहीं दुहराया गया। धीरे-धीरे उजाला होता जा रहा था। राला मंडल के पीछे से सुबह के पहले की ललाई झाँकने लगी थी और सामने सुबह का तारा चमक रहा था। ऊँची नीची सड़क पार कर, बाबा का लम्बा दल, पश्चिम की तरफ कच्चे रास्ते पर मुड़ा। अब काफी उजाला हो गया था। सामने वाली दोनों छोटी पहाड़ियाँ अपनी हरीतिमा बिखेर रही थीं। बाबा जय और विजय के हाथ पकड़े चुपचाप बढ़ते जा रहे थे। रास्ते का कीचड़ सूख जाने के कारण चलने में पदयात्रियों को तकलीफ हो रही थी। एक-दो फर्लांग चल चुकने के बाद बाबा ने चारों तरफ नजर फेरकर बैठने लायक एक खुला स्थान देखा और वहाँ पूरब की तरफ मुँह करके बैठ गए उनके आसपास बहनें और पीछे भाई लोग बैठ गए। पहले तो बाबा तीन-चार मिनट तक मौन बैठे रहे। यह मौन बड़ा रहस्यमय लग रहा था। इतने खुले में, उजाले और अँधेरे के संधिकाल में यह मौन मन को अजीब सी प्रेरणाएँ देता था। एक अलौकिक शान्ति भरी दुनिया भीतरी आँख के सामने खुलती थी।

इस समय पूरब की किरण और गहरी हो गई थी। रालामंडल के पीछे से सूरज की किरणें बादलों को सुनहरे रंग से रँग रही थीं। पक्षियों के दल ओस भींगे आसमान में उड़ते चले जा रहे थे। पश्चिम से तेजी से हवा के झकोरे आ रहे थे। बाबा ने मौन के

बाद मधुर स्वर में एक मंत्र गाया और फिर बोलना शुरू किया। उन्होंने बताया कि इस तरह खुली जगहों में यात्रा के बीच बैठने का प्रारम्भ उन्होंने ओड़िशा से किया। वहाँ इसी प्रकार बैठते थे और फिर ओड़िया *भागवत* का अध्यापन करते थे। यही सिलसिला फिर उन्होंने दूसरे प्रान्तों में भी चलाया। मगर यह बारिश और दूरी के कारण टूट जाता है। फिर उन्होंने बताया कि सुबह जल्दी उठकर ऐसे किसी एकान्त स्थान में ध्यान करने से कितने लाभ होते हैं। कवि के समान वातावरण का कवितामय वर्णन करने के बाद बाबा ने बताया कि ऐसे समय में बुद्धि ज्ञान ग्रहण करने के लायक होती है। उन्होंने फिर कहा कि आजकल तो रात को देर तक पढ़ाई करने का रिवाज ही चल गया है। विद्यार्थीगण रात को देर तक पढ़ते हैं और फिर सुबह देर से उठते हैं। प्रात:काल का समय कितना महत्त्वपूर्ण होता है। इसकी विवेचना करते हुए बाबा ने बताया कि *ऋग्वेद* में उषा को अमृत की पताका कहा गया है। सुबह उठकर गीत गाना या सोने वालों को जगाने के गीत गाना, हमारे साहित्य की एक विशिट परम्परा है। उन गीतों को प्रभाती कहते हैं। इस प्रभाती का साहित्य यूरोप की किसी भाषा में नहीं मिलता। अन्त में बाबा ने कहा कि नई सभ्यता ने हमारे देश का अतिक्रमण किया है। पर मैं अपने मन में हारा नहीं हूँ। हिन्दुस्तान गर्म मुल्क है और यहाँ के लोगों को आज नहीं तो कल सुबह जल्दी उठने की आदत डालनी होगी। अगर सुबह जल्दी नहीं उठा गया तो मेधा नहीं बढ़ेगी। सूक्ष्म आकलन शक्ति नहीं जागेगी। फिर उन्होंने कहार कि मेरी पदयात्रा में जो बीमार नहीं पड़ता उसे मैं योगी ही कहता हूँ।

जब बाबा ने बोलना समाप्त किया तब पूरब की ओर सूरज चढ़ आया था। उसकी सोने की किरणें हरियाली को रम्य बना रही थीं। सँकरे रास्ते पर बाबा का दल फिर पश्चिम की ओर चल पड़ा। अब एक बहन बाबा के साथ मराठी में बातें कर रही थी कि उन्होंने किसी और क्षेत्र में शराबबन्दी को चलाया। वे बच्चों को बढ़ाती थीं और उनसे शराब के अड्डों का ज्ञान प्राप्त करती थीं। बाद में जब वे सब जान गईं तो उन्होंने अड्डों पर धरना देना शुरू किया। शराब में धुत अस्त-व्यस्त लोगों की सेवा करके उन्हें अपने पर लज्जित होने को बाध्य किया। इस प्रकार शराबबन्दी का काम करने के कारण वे अपने क्षेत्र में बड़ी लोकप्रिय हो गईं और गाँव के लोग चाहने लगे कि उनकी हड्डियाँ भी यहीं रखी जाएँ। जब वे अपनी बातों से खाली हो गईं तो बाबा ने उनसे उनका नाम पूछा और उत्तर में उन बहन ने अपना ही नहीं अपने बच्चों तक के नाम बताए। अब एक छिछली-सी पहाड़ी लाँघकर बाबा का दल दक्षिण पश्चिम की दिशा में मुड़ गया था। दूर से जाग्रति का गीत—'दिला दी हमें आजादी बिना खड्ग बिना ढाल'। हवा के पंखों पर तैरता हुआ आ रहा था और पास ही कहीं से झाँझ पर रामधुन की आवाज आ रही थी। अब बाबा से कस्तूरबा ग्राम में मुख्य सेविका की ट्रेनिंग लेने वाली एक बहन बात कर रही थी।

(31 अगस्त, 1960)

अन्तिम परस रस धार का

आखिरी दिन। इन्दौर के इन सवा माह के पड़ाव में इन्दौर की सीमा में आज बाबा की अन्तिम पदयात्रा थी। वह गंगा जो पाट बदलकर हमसे दूर बहने लगी थी आज फिर हमारे प्यार के मौन निमंत्रण को स्वीकार कर, एक बार फिर अपनी रसवती धार का परस हमारे कगारों को दे गई। पहाड़ियों की गोद में, अमराइयों के बीच बसे माचला ग्राम के खादी ग्रामोद्योग विद्यालय में जागरण की घंटी गूँज उठी। इस वक्त साढ़े तीन बजे थे। बाबा तो अपने नियमित कार्यक्रमानुसार तीन बजे ही उठ गए थे, पर यह घंटी उनके दल के लोगों को जगाने के लिए थी। विद्यालय के उत्साही कार्यकर्ता और विद्यार्थी जल्दी-जल्दी कैंडिल लगाकर कमरों में पहुँचने लगे। बाबा के दल के लोग भी उठ आए थे। कुएँ पर हलचल थी। बाल्टी का कुएँ से खींचा जाना, उसके पानी की छलकन और लोटों की खनखनाहट वातावरण की चुप्पी को तोड़ रही थी। नित्यकर्मों से निबटकर बाबा के दल के लोग अपने-अपने समान बाँध रहे थे। माचला का 1 दिवसीय पड़ाव समाप्त होने वाला था। चार बजे वहाँ से निकलकर बीजलपुर होते हुए कस्तूरबा ग्राम जाना था। बीजलपुर से बाबा को लिवाने के लिए दो-तीन ग्रामीण भाई एक पेट्रोमेक्स लेकर आ गए थे, जो बाहर प्रांगण में अपना प्रकाश फैला रहा था। जिस रास्ते होकर आज बाबा जाने वाले थे वह कच्चा था, गाड़ी गड़ार का रास्ता जो कीचड़ सूख जाने पर और खराब हो जाता है। इसलिए दल के लोगों ने अपने बिस्तर और सामान एक तरफ रख दिए थे, जिसे गाड़ी से कस्तूरबा ग्राम पहुँचाया जाने वाला था। चार बजने में पाँच-छह मिनट की देर थी और दल के लोग विद्यालय के प्रांगण में देवेन्द्र भाई के आसपास खड़े बातें कर रहे थे।

इस समय आसमान में भारी-भारी बादल थे। हवा तेजी से चल रही थी और वातावरण में हल्की गुलाबी ठंड थी। ठीक चार बजे बाबा अपने निवास से निकले। उन्होंने धोती को सिर से ओढ़ रखा था और उस पर टोपी लगा रखी थी, धोती के ऊपर वे शाल लपेटे हुए थे। उनके जैसे ही शॉल जय भाई ओढ़ हुए थे जो बायाँ हाथ पकड़े हुए थे। दाहिनी तरफ बालभाई थे। दोनों के हाथ में कैंडिल थे। आगे-आगे दो मार्गदर्शक चल रहे थे। अँधेरे में उनके कैंडिलों का उजाला टिमटिमा रहा था। बाबा के पीछे उनका दल चल रहा था, जिसकी संख्या आज और दिनों की अपेक्षा कम थी। सूखे कीचड़ के तंग ग्रामीण रास्ते पर बाबा का दल बढ़ चला। विद्यालय के पीछे से प्रार्थना शुरू हुई। आज लगभग एक माह बाद बाबा रास्ते पर प्रार्थना कर रहे थे। उनके साथ जयभाई और बालभाई बोल रहे थे। पदयात्रियों में से कोई इक्का-दुक्का कंठ उनके स्वर में स्वर

मिला रहा था। पश्चिम की तरफ गाँव के सिरे तक चलकर बाबा का दल उत्तर-पश्चिम की दिशा में मुड़ा। रास्ते पर बिलकुल अँधेरा था। दोनों तरफ से ऊँची उठ जाने वाली घनी बागड़ों ने खराब रास्ते को और अधिक खराब कर दिया था। उजाला केवल सामने दिख पड़ता था जहाँ एक छोटी पहाड़ी के पीछे से इन्दौर की बिजलियों का डिफ्यूस्ट प्रकाश फैला हुआ था। प्रार्थना विधिवत चल रही थी। रास्ते की खराबी के कारण कहीं कोई रुकावट, स्वर में कोई अन्तर लय के उतार-चढ़ाव में अवरोध ऐसा कुछ नहीं था। नाम स्मरण के वक्त समवेत स्वर काफी ऊपर चढ़ा। प्रार्थना की समाप्ति के बाद बाबा का दल उत्तर-पश्चिम की दिशा में न जाकर पश्चिम की तरफ मुड़ गया। अब दाहिने हाथ पर रालामंडल और देव गुराड़िया की पहाड़ियाँ खड़ी थीं और बाईं तरफ एक दो छोटी-छोटी अनामी पहाड़ियाँ थीं।

बाबा भी जय-विजय के हाथ पकड़े नीचा सिर किए बाह्य दुनिया से बेबाग कदम बढ़ाते जा रहे थे। रास्ते की खराबी के कारण कभी जयभाई को और कभी बाल भाई को गड़ार के ऊपर चढ़ जाना पड़ता था। प्राय: सभी पदयात्रियों के पाँव ऊँचे-नीचे पड़ रहे थे। बार-बार वे लड़खड़ा जाते थे। दो-तीन बहनें जो नंगे पाँवों चल रही थीं, पदयात्री भाइयों से टकराती गिरती-पड़ती आगे बढ़ रही थीं। किसी के पाँव में काँटा चुभ रहा था, किसी का आँचल रास्ते की झरबेरियों से उलझ रहा था। मगर एक फायदा वे अवश्य ही लूट रही थीं। घास पर गिरी हुई ओस का सुखद स्पर्श उनके पाँवों को बीच-बीच में नहला देता था। अब बाईं तरफ राऊ के ट्रान्समिशन स्टेशन की तीन लालबत्तियाँ जल रही थीं। इनमें बीच की बत्ती स्थिर थी और ऊपर की बत्तियाँ झपझप कर रही थीं। दाहिनी तरफ इन्दौर की भी इक्की-दुक्की बत्तियाँ दिख रही थीं। राऊ की बिजलियों की झालर दीवाली की याद दिला रही थी। पर सामने अन्धकार था, जो घने वृक्षों से और अधिक गहरा हो गया था। एक सूखे तालाब की पाल से चढ़ और अधिक चढ़ और उतरकर बाबा का दल बिजलपुर गाँव की सीमा के धर्म वृक्षों के बीच से पतली सी पगडंडी पर होता हुआ आगे बढ़ रहा था। गाँव को घेरनेवाले ताल को पार करने के बाद शंख और घंटे-घड़ियाल का स्वर सुनाई दिया। कुछ बच्चों के साथ ग्रामीण भाई बाबा को सीमा पर रिसीव करने आए थे। पतली सी झाड़ों से घिरी अँधेरी पगडंडी को पार कर बाबा स्वागत द्वार पर पहुँचे।

बिजलपुर में भव्य स्वागत

आम और केलों के पत्तों से बना स्वागत द्वार खूब सजाया गया था। द्वार के पास ग्रामीणों के अतिरिक्त बुनियादी प्रशिक्षण विद्यालय के छात्राध्यापक, अध्यापक और आचार्य भी वहाँ उपस्थित थे। भारतीय परम्परा के अनुसार कुँवारी कन्याओं ने माथे पर मंगल कलश लिये बाबा का स्वागत किया। विद्यालय के छात्राध्यापकों ने तरह-तरह के नारे लगाए, जिनमें बुनियादी तालीम अमर हो, एक खोखला नारा था, जो हाथ फेंककर बड़े जोश से लगाया जा रहा था। बाबा ने गाँव में प्रवेश किया और स्वागत द्वार पर उपस्थित सभी लोग उनके पीछे हो लिये। साढ़े पाँच बजे बाबा का स्वागत करने के लिए सारा गाँव जाग गया था। चारों ओर उल्लास और उत्साह का वातावरण था। घरों को सामने

सर्वोदय पात्रों के आसपास देहरियों पर दीये लगाए गए थे। जगह-जगह ग्रामीण बाबा का स्वागत कर रहे थे, गलियों से होकर बाबा सभास्थल पर पहुँचे। वहाँ लगभग सारा गाँव उपस्थित था। बहनें, बच्चे, बड़े, जवान सबके सब वहाँ एकत्रित हुए थे और जिसको जहाँ जगह मिली थी, बैठे थे।

बाबा सभा की उपस्थिति और स्वागत के उल्लास से काफी प्रभावित हुए थे। उनके मंच पर बैठने के बाद वहाँ के कार्यकर्ता ने माइक पर कहा कि सन्त मुनीमजी के बाद में बाबा पधारे यह हमारा बड़ा भारी सौभाग्य है। यहाँ मैं आपको याद दिला दूँ कि मध्य प्रदेश के प्रमुख सर्वोदयी कार्यकर्ता स्व. श्री मुनीम बिजलपुर के ही थे। उनकी अल्प समय में ही सर्वोदय का काम करते हुए मृत्यु हो गई। बाबा ने अपने प्रवचन में उन्हें शहीद की उपाधि दी और कहा कि यह ठीक नहीं है कि उनके चले जाने के बाद इस गाँव से एक भी कार्यकर्ता नहीं निकले। बाबा ने सर्वोदय पात्र और सफाई की बात भी कही। प्रवचन के बाद बाबा को गाँव की तरफ से ऐसा आश्वासन दिया गया कि वे लोग बाबा की अपेक्षाएँ पूरी करेंगे। मंच से उतरकर बाबा मुनीमजी के घर गए। वहाँ उन्हें मुनीमजी की बहन, पत्नी और बच्चों से मिलाया गया। सबसे बड़े लड़के के कन्धे पर हाथ रखकर बाबा ने कहा—तू करेगा ना? हमारा काम। फिर बाबा ने मुनीमजी के बच्चों के सिर पर हाथ फेरा और पीठ थपथपाई। उनका बाप अगर उठ गया तो क्या हुआ? देशभर के बाप ने उनके सिर पर हाथ फेर दिया। बाबा मुनीमजी के घर से निकलकर पूरब की तरफ बढ़े ही थे कि कुछ कार्यकर्ताओं की राय मानकर उन्होंने कच्चे रास्ते के बजाय पक्के पर (यानी बॉम्बे-आगरा सड़क पर) से जाना मंजूर कर लिया। वे पलटकर पश्चिम की दिशा में चलने लगे। गाँव की सीमा तक मुनीमजी की बहन और गाँव के कार्यकर्ता बाबा को मुनीमजी के संस्मरण सुनाते रहे। बुनियादी प्रशिक्षण विद्यालय के सामने छात्राध्यापक थे वो कतारें बनाकर नारे लगा रहे थे। बॉम्बे-आगरा सड़क पर आते ही विद्यालय के प्राचार्य जौहरी ने बाबा को सूत की माला अर्पित की। यहाँ उनका स्वागत करने उपसंचालक श्री जोशी भी खड़े थे। उनके छात्र एक युवक गोलाटी से बाबा ने अच्छी चर्चा की। उसने रवीन्द्रनाथ, ज्ञानदेव, गोरखनाथ आदि के बारे में सात्विक प्रश्न पूछे और फिर अध्ययन के बारे में चर्चा की।

सर्वोदय की बुनियाद गहरी
इन्दौर के 39 दिवसीय पड़ाव का अन्तिम प्रवचन

आज सायंकाल कस्तूरबा ग्राम के सामने की भूरी टेकरी पर हुई प्रार्थना सभा में अपना अन्तिम प्रवचन देते हुए सन्त विनोबा भावे ने कहा कि सर्वोदय विचार की बुनियाद गहरी है। यह नैतिक और आध्यात्मिक मूल्यों की स्थापना का विषय है। अब हम जरा गहराई में आना चाहेंगे और मूल संशोधन करना चाहेंगे। हमारी कोशिश होगी कि हम हृदय में प्रवेश करें। इस प्रक्रिया का ज्ञान हमें है। पर यह कितनी सधेगी कह नहीं सकते। इसके पूर्व बाबा ने अपना जीवन दर्शन स्पष्ट करते हुए कहा कि हम संगठन कभी नहीं बनाएँगे, हम विचारों की जितनी कीमत करते हैं उतनी और किसी की नहीं करते। इन्दौर की पहुँच में इस पड़ाव का यह बाबा का अन्तिम प्रवचन था। उसे सुनने के लिए आज

पिछले सात दिनों की अपेक्षा सबसे ज्यादा नर-नारी उपस्थित थे। टेकरी के नीचे कारों की लम्बी कतारें लगी थीं। टेकरी पर मंच के सामने दूर-दूर तक लोग बैठे थे। ठीक समय पर बाबा ने अपना प्रवचन शुरू किया। पहले उन्होंने अपने इन्दौर के पड़ाव का सिंहावलोकन करते हुए कहा कि हमने इतने दिन बिताए और कल भगवान की कृपा से हम आगे बढ़ रहे हैं। वैसे एकाध दिन को छोड़कर इन्दौर में भी हमारी पदयात्रा का क्रम जारी रहा है। इन्दौर के बहुत से वार्डों में हम घूमे हैं। हम नहीं जानते इतना समय हमने किसी शहर को दिया है। बड़ौदा की हमें काफी जानकारी है पर वहाँ हमारा विद्याध्ययन काल बीता है। इसके अलावा अहमदाबाद और काशी में भी हमने समय दिया है, लेकिन कुल मिलाकर इन्दौर में जितना समय, चिन्तन और साहित्य हमने दिया, उतना शायद ही किसी शहर में दिया होगा। इन्दौर को सर्वोदय नगर बनाने की दृष्टि से जितने व्याख्यान हमने यहाँ दिए, उनमें जीवन के सब विभागों की चर्चा हुई है। कस्तूरबा ग्राम के व्याख्यान भी मैं उन्हीं में मानता हूँ। सब मिलाकर देखता हूँ तो मुझे यह भगवत *गीता* का एक श्लोक याद आता है जिसमें कहा गया है कि इतने व्यापक विचार रखे गए हैं, इनमें से एक बन्द ही पर्याप्त है।

अब हमने आने के लिए एक क्षेत्र चुन लिया है। जिस तरह इन्दौर के सर्वोदय नगर का कार्यक्रम था, उसी तरह हमारे साथियों में महेश्वर तहसील का सघन क्षेत्र का कार्यक्रम बनाया है। हमारा पहले भी वहाँ जाने का विचार था। फिर विनोबाजी ने हिन्दुस्तान में ग्राम स्वराज्य न हो जाने तक सतत पदयात्रा करने की प्रतिज्ञा का जिक्र किया और ग्राम स्वराज्य के विचार की बात चलाते हुए कहा कि वो विचार तो अब हवा में फैल गया है। ग्राम स्वराज्य की दिशा में हिन्दुस्तान को जाना ही है। अब इस दिशा में प्रयत्न भी किए जा रहे हैं और गाँवों को अधिकार दिए जा रहे हैं। लोग विचार को समझ रहे हैं। सब स्थितियाँ सुधरेंगी तो हवा बन जाएगी और सर्वोदय का विचार गाँव-गाँव पहुँचेगा। अब हमसे जितना अधिक पुरुषार्थ हो सके हमने करना चाहिए तो काम जल्दी होगा।

फिर सर्वोदय दर्शन की तात्विक विवेचना करते हुए बाबा ने यह स्पष्ट किया कि सर्वोदय विचार की बुनियाद गहरी है। यह नैतिक और आध्यात्मिक मूल्यों की स्थापना का विषय है। अब हम जरा गहराई में जाना चाहेंगे। हमारी कोशिश होगी कि हृदय-प्रवेश की। इस प्रक्रिया का ज्ञान हमें है पर वह कितनी स्वदेशी यह कह नहीं सकते। निज देह का बन्धन जितना कम पड़े, उतना करना चाहेंगे। यही कोशिश हमारी रहेगी। ये कोशिश करते रहेंगे तो बाहरी चीजें हम छोड़ देंगे और मूलभूत विचार हम लोगों के सामने रख देंगे उन्हें समझा देंगे। इसी से देश में ताकत बनेगी। हम देखते हैं कि देश में हर तरफ लोग मार्गदर्शन की तलाश में रहते हैं, हर जमात को यही फिक्र है कि हमारा संगठन मजबूत हो। पर यह संगठन लगाने का कार्य हमें जँचता नहीं। हमने इस प्रकार के संगठन को कभी माना नहीं। बहुतों का यह आक्षेप है कि हम कहीं कोई संगठन नहीं बनाते। वे कहते हैं-यह शख्स केवल हवा पैदा करता है, संगठन नहीं करता। लेकिन हमको विचारों की जितनी कीमत है, उतनी किसी की नहीं। विचारों की शक्ति ही हम मानते हैं। हम जानते हैं कि संगठन गिरने वाले हैं। यह विज्ञान का जमाना है और स्वतंत्र मानव और विश्व के बीच कोई कड़ी विज्ञान नहीं मंजूर करेगा। धर्म वालों ने, किताब

वालों ने दुनिया में फिकरेबन्दी चलाकर बहुत सी गलतफहमियाँ फैला दी हैं। इन सब कारणों से दुनिया में बड़ी कशमकश है।

अध्यात्म तो पहले ही इन छोटे-छोटे संगठनों और वाद-विवादों के खिलाफ था अब विज्ञान भी इसके खिलाफ हो गया है। अध्यात्म कहता था, तेरा-मेरा छोड़ो। पर तब भी आम जनता अध्यात्म को नहीं अपनाई थी, केवल विचारों की श्रेष्ठता स्वीकार करती थी। कुछ लोग जो समझते-बूझते थे, वे अपनाते थे। अब जाति पन्थ सम्प्रदायों को तोड़ने की बात विज्ञान कह रहा है। एक तरफ से अध्यात्म है और एक तरफ से विज्ञान है तो समझ लीजिए कि मजहब वालों की यह आखिरी साँस है। यह बात मैंने कई बार कही है। हमारे देश के नेताओं ने उसूलन इसे मान्य भी किया है। अभी अगर उसूलन मानी है तो आगे एक दिन पूरी तरह इसे माननी पड़ेगी। जो लोग अहिंसा की बहुत बड़ी बातें करते हैं, उनकी बातों के मूल में हिंसा ही है। ये लोग शस्त्रों का विरोध करने वाले हैं। इनके विरोध को देखकर यह भ्रम होता है कि ये लोग अहिंसा के विचार के हैं। पर उन्हें तो अहंकार है कि अगर नए अस्त्र आए तो पुराने अस्त्र नहीं चलेंगे और पुराने अस्त्र नहीं चले तो उनका राज्य नहीं चल सकेगा। वर्ल्ड वार से हम कभी नहीं डरते।...के आखिरी हिस्से नजदीक होते हैं, तो एक सिरे पर तो विश्व युद्ध है और दूसरे पर अहिंसा। विश्व युद्ध के समाप्त होते ही अहिंसा आएगी। इसलिए ये लोग विश्व युद्ध को आगे ढकेलते हैं, ताकि इनका राज्य मजे में चलता रहे। ये लोग आणविक अस्त्रों का विरोध तो करते हैं, मगर फाँसी बनी रहे यह चाहत है। वैसे वे जानते हैं कि अब उनकी बातें नहीं चलने वाली हैं। पर वे अपने तक, अपनी मिनिस्ट्री तक देखते हैं। बहुत तंग नजरिया इन लोगा का है। शास्त्रकारों ने कहा है कि दूर देखो। ये पास देखेंगे। इसलिए हमने कहा आखिर में ये सब गिरने वाले हैं। आखिर यानी कब? ये लोग दुनिया भर की राजनीति की बातें करते हैं। अन्दर की बातें तो जानते नहीं बाहर की बातें करते हैं।

विनोबा के नाम बापू के पत्र

तुम्हारे लिए कौन सा विशेषण काम में लाऊँ यह मुझे नहीं सूझता। तुम्हारा प्रेम और तुम्हारा चरित्र मुझे मोह में डुबा देता है। तुम्हारी परीक्षा करने में मैं असमर्थ हूँ। तुमने जो अपनी परीक्षा की है उसे मैं स्वीकार करता हूँ और तुम्हारे लिए पिता का पद ग्रहण करता हूँ। मेरे लोभ को तो तुमने लगभग पूरा ही किया है। मेरी मान्यता है कि सच्चा पिता अपने में विशेष चरित्रवान पुत्र पैदा करता है। सच्चा पुत्र वह है जो पिता ने जो कुछ किया हो उसमें वृद्धि करे। पिता सत्यवादी, दृढ़, दयामय हो तो पुत्र अपने में ये गुण विशेषता से धारण करें। यह तुमने किया है, ऐसा दिखता है। तुमने यह मेरे प्रयत्नों से किया है, ऐसा मुझे नहीं मालूम होता। इस कारण तुमने मुझे जो पिता का पद दिया है, उसे मैं तुम्हारे प्रेम को भेंट के रूप में स्वीकार करता हूँ। उस पद योग्य बनने का प्रयत्न करूँगा और जब मैं हिरण्यकश्यप साबित होऊँ तो प्रहलाद भक्त के समान मेरा निरादर करना।

तुम्हारी यह बात सच्ची है कि तुमने बाहर रहकर आश्रम के नियमों का बहुत अच्छी तरह पालन किया है। तुम्हारे आश्रम में आने के बारे में मुझे शंका थी ही नहीं। तुम्हारे सन्देश मामा (फड़के) ने मुझे पढ़कर सुनाए थे। ईश्वर तुम्हें दीर्घायु करे और तुम्हारा

उपयोग हिन्दी की उन्नति के लिए हो, यही मेरी कामना है। तुम्हारे आहार में किसी प्रकार का परिवर्तन करने का अभी तो मुझे कुछ नहीं लगता। दूध का त्याग अभी तो मत करना इतना ही नहीं आवश्यकता हो तो दूध की मात्रा बढ़ाओ। रेल विषयक सत्याग्रह की आवश्यकता अभी नहीं है। पर उसके लिए ज्ञान प्रचारकों की आवश्यकता है। यह सम्भव है कि शायद खेड़ा जिले में सत्याग्रह करना पड़ जाए। अभी तो मैं रमताराम हूँ। दो एक दिन में दिल्ली जाऊँगा। विशेष तो जब आओगे तब। सब तुमसे मिलने को उत्सुक हैं।—बापू के आशीर्वाद!

चि. विनोबा,

"तुम्हारी भक्ति और श्रद्धा आँखों में हर्ष के आँसू लाती है। मैं इसके योग्य होऊँ या न होऊँ, परन्तु तुम्हें तो यह फल फलेगा ही। तुम बड़ी सेवा के निमित्त बनोगे। नालवाड़ी चले गए, यह ठीक ही है।

भविष्य की सूचना अभी तो इतनी ही है। दूध त्याग का आग्रह न रखते हुए शरीर की रक्षा करना। अभी स्वधर्म है। अस्पृश्यता निवारणादि। मैं जो लिखता रहा हूँ, उसे पढ़ने के लिए समय निकाल लेना। बहुत नहीं होता। मुझे पत्र लिखते रहना। सप्ताह में एक भी लिखें तो काफी है।

(विनोबा के जिस पत्र के उत्तर में बापू ने उपर्युक्त पहला पत्र लिखा, वह यह है।)

पिता के नाम पुत्र का पत्र

परम पूज्य बापू जी,

एक साल पहले अस्वस्थता के कारण आश्रम से बाहर गया था। यह तय हुआ था कि दो-तीन मास वहाँ रहकर आश्रम लौट आऊँगा। एक साल बीत गया, फिर भी मेरा कोई ठिकाना नहीं। इस कारण मैं आश्रम में आऊँगा या नहीं, अथवा जीवित भी हूँ या नहीं, यह शंका वहाँ हुई होगी। पर मुझे कबूल करना चाहिए कि इस बारे में सारा दोष मेरा ही है। वैसे मामा (फड़के) को ऐसे एक-दो पत्र लिखे थे। उसमें लिखा था कि 'सत्याग्रह' शुरू होने की बात आती हो तो मुझे जरूर लिखिएगा। मैं सब कुछ छोड़कर तुरन्त ही आ पहुँचूँगा नहीं तो जिस लोभ के कारण से आश्रम के बाहर रह रहा हूँ वह पूरा होने पर ही आश्रम में प्रवेश करूँगा। आश्रम छोड़कर मैं चला गया हूँ ऐसा भी शक किसी को हुआ हो तो उसमें भी दोष मेरा ही है क्योंकि पत्र न लिखने की मेरी आदत है। पर इतना तो लिखना ही चाहता हूँ कि आश्रम ने मेरे हृदय में खास स्थान प्राप्त कर लिया है, इतना ही नहीं अपितु मेरा जन्म ही आश्रम के लिए है, ऐसी मेरी श्रद्धा बन गई है। तो फिर प्रश्न उठता है कि मैं एक वर्ष बाहर क्यों रहा।

जब मैं दस वर्ष का था तभी मैंने ब्रह्मचर्य का पालन करते हुए देश सेवा करने का व्रत लिया था। उसके बाद मैं हाईस्कूल में दाखिल हुआ। उस समय मुझे *गीताजी* का शौक लगा। पर मेरे पिताजी ने दूसरी भाषा के तौर पर फ्रेंच लेने की आज्ञा दी। तो भी *गीता* पर का मेरा प्रेम कम नहीं हुआ था और तभी से मैंने घर पर ही खुद ब खुद संस्कृत का अभ्यास शुरू कर दिया था। मेरा निश्चय था कि वेदान्त और तत्त्वज्ञान का

भी अभ्यास करूँ। मैं आपकी आज्ञा लेकर आश्रम में दाखिल हुआ। पर उसी समय वेदान्त का अभ्यास करने का अच्छा मौका हाथ लगा। बम्बई में नारायण शास्त्री मराठे नामक एक आजन्म ब्रह्मचारी विद्वान विद्यार्थियों को वेदान्त तथा दूसरे शास्त्र सिखाने का काम करते थे। उनके पास उपनिषदों का अध्ययन करने का लोभ मुझे हुआ। इस लोभ के कारण बम्बई में मैं ज्यादा समय रह गया। इतने से समय में मैंने क्या-क्या किया, यह लिखता हूँ—

1. *उपनिषद्* 2. *गीता*, 3. *ब्रह्मसूत्र* और...4. *मनुस्मृति*, 5. *पातंजलि योग दर्शन* इन सबका मैंने अभ्यास किया। इसके अलावा...अब मुझे अधिक सीखने का मोह नहीं है। अपने आप ही जो पढ़ना होगा, वह पढ़ लूँगा। दूसरा काम था स्वास्थ्य सुधार, जिसके लिए मैं बम्बई गया था, उस बारे में स्वास्थ्य सुधार के निमित्त पहले मैंने 10-12 मील घूमना शुरू किया। बाद में छह से आठ सेर अनाज पीसना चालू किया। आज 300 सूर्य नमस्कार और घूमना यह मेरा व्यायाम है। इससे मेरा स्वास्थ्य ठीक हो गया।

आहार के विषय में पहले छह महीने तक तो नमक खाया। बाद में उसे छोड़ दिया। मसाले वगैरा बिलकुल नहीं खाए और आजन्म नमक और मसाले न खाने का व्रत लिया। दूध शुरू किया। बहुत प्रयोग करने के बाद यह सिद्ध हुआ कि दूध बिना बराबर चल नहीं सकता। फिर भी अगर इसे छोड़ा जा सकता हो तो छोड़ देने की मेरी इच्छा है। एक महीना केवल केले, दूध और नीबू पर बिताया। इससे ताकत कम हुई, आज मेरी खुराक नीचे लिखे अनुसार है—दूध 1 सेर (60 तोला), भाखरी 2 (20 तोला ज्वार की) केले 4-5, नींबू 1 मिल जाए तो)। पर आश्रम पहुँचने पर अपना भोजन आपकी सलाह लेकर तय करने का विचार है। स्वाद के लिए अन्य कोई पदार्थ खाने की इच्छा ही नहीं होती। फिर भी ऊपर लिखा मेरा आहार, बहुत अमीरी है, ऐसा महसूस करता हूँ। रोज का खर्च लगभग 111 रुपये है। इसमें मुझे क्या फेरबदल करना चाहिए वह आपसे मुझे जानना है। जो आप मुझे पत्र द्वारा लिखिएगा।

कार्य

1. *गीताजी* का वर्ग चलाया। इसमें के विद्यार्थियों को अर्थ सहित सारी *गीता* सिखाई बिना पारिश्रमिक के।
2. *ज्ञानेश्वरी* का स्वाध्याय। इस वर्ग में चार विद्यार्थी थे।
3. *उपनिषद्*। इस वर्ग में दो विद्यार्थी रहे।
4. हिन्दी प्रचार में स्वयं अच्छी हिन्दी नहीं जानता। फिर भी विद्यार्थियों को हिन्दी के समाचार पत्र पढ़ने-पढ़ाने का क्रम रखा।
5. अंग्रेजी दो विद्यार्थियों को सिखाई।
6. यात्रा लगभग 400 मील पैदल। राजगढ़, सिंहगढ़, तोरणगढ़ आदि इतिहास प्रसिद्ध किले देखे।
7. प्रवास करते समय *गीताजी* पर प्रवचन करने का क्रम भी रखा था। आज तक ऐसे कोई 50 प्रवचन किए। अब यहाँ से आश्रम आते हुए पहले पैदल बम्बई जाऊँगा और वहाँ से रेल में आश्रम पहुँचूँगा। मेरे साथ 25 वर्ष का

एक विद्यार्थी प्रवास कर रहा है। मुझसे *गीता* सीखने का उसका विचार है। मैं अधिक से अधिक चैत्र शुक्ल 1 को आश्रम पहुँचूँगा।

8. बम्बइ से विद्यार्थी मंडल नाम की एक संस्था की स्थापना की। उसमें एक वाचनालय खोला और उसकी सहायता के लिए चक्की पीसने वालों का एक वर्ग शुरू किया। उसमें और दूसरे 15 विद्यार्थी चक्की पर पिसवाने ले जाते उनका काम हम (एक पैसे में दो सेर के हिसाब से) करते और ये पैसे वाचनालय को देते। पैसे वालों के लड़के भी इस वर्ग में शामिल हुए थे। बम्बई, पुराने विचार वालों का स्थान होने से और इस वर्ग में हम सब हाईस्कूलों में पढ़ने वाले ब्राह्मणों के लड़के होने के कारण सब हमें मूर्ख ही समझते। इतने पर भी यह वर्ग कोई दो मास चला और वाचनालय में 400 पुस्तकें इकट्ठी हो गईं।
9. सत्याग्रहाश्रम के तत्त्वों का प्रचार करने का मैंने काफी प्रयत्न किया।
10. बड़ौदा में 10-15 मिल हैं। इन सबको लोक सेवा करने की इच्छा है। इस कारण वहाँ तीन वर्ष पहले हमने मातृभाषा के प्रसार के लिए एक संस्था स्थापित की थी। इस संस्था के वार्षिकोत्सव में गया था (उत्सव यानी संस्था के सभागार में इकट्ठे होकर क्या काम किया और क्या आगे करना है इसकी चर्चा)। उसमें मैंने वहाँ हिन्दी प्रचार करने का विचार रखा। मेरी श्रद्धा है कि वह संस्था यह काम जरूर करेगी। आपने हिन्दी प्रचार का जो उत्सव शुरू किया है उसमें बड़ौदा की यह संस्था काम करने को तैयार रहेगी।

गतिविधियों का संक्षिप्त विवरण

इन्दौर में बाबा

39 दिन बाबा हमारे बीच रहे। वैसे इन्दौर का अपना पड़ाव तो उन्होंने सात दिन पूर्व ही छोड़ दिया था। किन्तु कस्तूरबा ग्राम हमसे इतना दूर नहीं और विनोबा जो हमारे इतने निकट आ चुके थे कि वे केवल नगर सीमा की समाप्ति हमें उनसे दूर हो जाने का आभास नहीं करा सकी। फिर रोज सुबह यह इन्दौर में स्थापित नए बिजलीघर-विसर्जन आश्रम आते भी तो थे। इन्दौर आने के पूर्व बार-बार बाबा के सामने यह प्रश्न उठा कि सर्वोदय नगर के लिए आपने इन्दौर को ही क्यों चुना। हर बार उन्होंने यही उत्तर दिया कि मुझे इलहाम हुआ है यह मेरी आत्म प्रेरणा है। यह भी पूछा गया कि सर्वोदय नगर बनाने से आपका मतलब क्या है? क्या कार्यक्रम वहाँ आपका होगा पर हर बार उन्होंने यही कहा कि मैं पहले से कोई कार्यक्रम लेकर नहीं जा रहा हूँ। यहाँ जाकर काम चलेगा और जैसे-जैसे शक्ति एक होती जाएगी, मुझे इन्दौर की स्थिति का अन्दाज होता जाएगा। भाषण होगा और एक ही निष्कर्ष निकलेगा कि इन 39 दिनों में बाबा ने विचारों की गंगा बहाई और इन्दौर में एक विशिष्ट प्रकार का वातावरण बनाने का प्रयास उन्होंने किया। वे कहते भी हैं कि एक पेड़ पर अगर अनेक केरी लगी हो और कोई प्रश्न पूछे कि दो केरी पकने में दस दिन लगते हैं तो सारी पकने में कितने दिन लगेंगे तो उसका एक ही उत्तर होगा कि सारी केरी पकने में भी उतने ही दिन लगेंगे।

सर्वोदय के विचारों के अनुकूल वातावरण पकाने के इन 39 दिन में बाबा ने क्या नहीं किया। उनकी बातों को कितने लोगों ने सुना इस प्रश्न को एक फाड़े में रख इसका न ही उत्तर दूसरे फाड़े में रखना न केवल मुश्किल बल्कि असम्भव भी है। फिर भी जो नियमित रूप से बाबा के कार्यक्रमों में सम्मिलित होते रहे हैं वो मोटे रूप से अन्दाज लगाकर यह कह सकते हैं कि दो लाख से अधिक लोगों ने कम से कम एक बार उनकी सभा में प्रत्यक्ष उपस्थित होकर बाबा की जादुई वाणी से फूट पड़ने वाले ज्ञान के शोले में स्नान किया है। वैसे ऐसे हजारों लोग इस शहर में हैं जिन्हें चस्का लग गया था इस सरिता में डुबकी लगाने को, समय हुआ नहीं कि व्यस्त होते हुए भी बाबा की वाणी बिना डोर के उन्हें खींच लाती थी। दिन भर में कम से कम बाबा के दो प्रवचन सार्वजनिक रूप से होते थे। इसके अलावा कार्यकर्ताओं का वर्ग, प्रार्थना और विभान लोगों से मुलाकातें उनके कार्यक्रम का मुख्य अंग था। सही आँकड़े को अभी घोषित नहीं हुए किन्तु एक अन्दाज यह है कि 39 दिनों में लगभग दो सौ से अधिक ऐसी सभाओं में विनोबाजी ने अपने विचारों का ओज परोसा जिनमें अधिकांश सार्वजनिक थीं और कुछ अर्थ सार्वजनिक। इन दिनों में बाबा नगर की विभिन्न संस्थाओं के प्रतिनिधियों से मिले। कई जमातों ने उनका स्वागत किया और अलग-अलग धर्म के लोगों को उन्होंने सन्देश दिया।

सभी के समक्ष सर्वोदय के सन्त ने 'सर्वोदय पात्र' की स्थापना के महत्त्व को समझाया और सर्वोदय पात्र रखने की इच्छा प्रकट की। इन्दौर में ही उन्होंने कहा...'आपने इन्दौर में दस हजार सर्वोदय पात्र रख दिए हैं। इसकी खुशी है और आप लोगों को धन्यवाद देना चाहता हूँ। गोवर्धन पर्वत में सबके हाथ लगे थे, भगवान की तो केवल एक उँगली थी। मैं चाहता हूँ अस्सी हजार सर्वोदय पात्र एक दिन में ही रख दिए जाएँ। अहिंसा में इशारे से काम होता है।' इसी सभा में बाबा ने इन्दौर के लोगों के सामने दूसरी माँग यह रखी कि 'काम करने वाले सवेग आगे आएँ।' बाबा ने कहा 80 हजार पात्र रखने से सारा इन्दौर एक विचार में बँध जाएगा। यह करुणा का समाज स्थापित होगा। इन्दौर आने के पूर्व ही बाबा ने कहा था कि सबसे पहले इन्दौर वासी एक काम उठा लें सारे नगर की सफाई का। उनके यहाँ पहुँचते ही एक कार्यक्रम बना सफाई सप्ताह मनाने का और 1 अगस्त शिक्षक पुण्यतिथि से बाबा ने इस सप्ताह का कार्य शुरू किया। वे स्वयं भी सफाई करने लगे। उन्होंने कहा था, गन्दगी मिटाना सबसे पहला कार्य है। जब तक बाहर जो गन्दगी दिखाई देती है दूर नहीं होती तब तक अन्य गन्दगियाँ भी दूर नहीं होतीं। इस प्रकार बाबा के कार्यक्रम के दो दिनों में ही इन्दौर के लोगों को मालूम हो गया कि बाबा क्या चाहते हैं—केवल दो कार्यक्रम उन्होंने दिए—पहला स्वच्छता और दूसरा हर घर में सर्वोदय पात्र। आचार्य भावे स्त्री शक्ति के विशेष महत्त्व को मानते हैं विशेषकर शान्ति स्थापना और करुणा के व्यापक फैलाव के लिए। इन्दौर में उन्होंने महिलाओं की तीन विशेष सभाओं में भाषण दिया और कहा इन्दौर के साथ अहिल्याबाई का नाम जुड़ा हुआ है। किन्तु अब इन्दौर के महिला क्षेत्र में ऐसे नाम भी आएँगे जिनके कार्यों की प्रशंसा सर्वत्र की जाएगी। बाबा ने कहा महिलाएँ सर्वोदय मित्र बनें तथा साप्ताहिक रूप से सभी महिलाएँ एक जगह एकत्रित हों और सत्संग करें। *गीता* व अन्य ग्रन्थ पढ़ें तथा आपस में चर्चाएँ करें।

अहिल्योत्सव पर बोलते हुए बाबा ने कहा—आज उनकी स्मृति में इन्दौर की महिलाओं ने शान्ति रक्षा और शील रक्षा की प्रतिज्ञा लेनी चाहिए। इन्दौर में मैं जिस आशा से आया था वह स्त्री शक्ति यहाँ जागेगी या नहीं? बहनें सर्वोदय के काम में हिस्सा नहीं लेंगी ऐसा मानना नामुमकिन है। महिलाओं के लिए हमने खासकर शान्ति सेना का काम सीखा है। व्यापारियों के बीच बोलते हुए बाबा ने कहा—व्यापारी अपने स्वयं का दसवाँ भाग सर्वोदय को दें। प्रत्येक व्यापारिक संस्था में जहाँ दो या तीन भाई काम करते हों उनमें से एक भाई को सर्वोदय का कार्य सौंपा जाए। इन्दौर आगमन के छठे दिन सुबह सर्वोदय मित्रों की सभा में बाबा ने बिलकुल स्पष्ट कहा—मैं देख रहा हूँ कि अभी काम की दृष्टि लोगों में नहीं आई है। कुछ हो पर हमारी मैत्री में फर्क नहीं आना चाहिए। हम हिन्दुस्तानियों के जीवन में नियमितता नहीं है। अभी यहाँ काम हो रहा है, मैं गया कि हवा चली जाएगी। सार्वजनिक जीवन में भी अनियमितता है। कार्यकर्तागण कोई काम उठाते हैं और फिर कोई सांसारिक कार्य में उलझकर काम बन्द कर देते हैं। ऐसा नहीं होना चाहिए। कार्यकर्ताओं ने कसम खानी चाहिए कि वे बराबर काम करते रहेंगे। अगले ही दिन उन्होंने कहा आज हमें इन्दौर आए 6 दिन हो गए। अलग-अलग जगह हम गए। हमने देखा लोगों में उत्साह है। लेकिन इस उत्साह का उपयोग नहीं हो रहा है। इससे स्पष्ट है कि बाबा को किसी प्रकार की निराशा नहीं थी बल्कि इन्दौर के लोगों का जोश देख उनका भी जोश बढ़ रहा था।

सेवानिवृत्त कर्मचारियों को काम में जुटना चाहिए। यह विशेष मार्गदर्शन भी बाबा ने दिया और कहा—इन्दौर में सैनिक तथा नागरिक विभाग के लगभग दो हजार सेवानिवृत्त शासकीय सेवक हैं। इस संख्या में से लगभग 500 व्यक्ति भी तैयार हो गए तो इन्दौर में सर्वोदय का महान कार्य हो सकेगा। नगर की सार्वजनिक संस्थाओं के समक्ष अपनी अपेक्षा रखते हुए बाबा ने कहा कि इन्दौर में सर्वोदय के लिए वे छठा हिस्सा दें। संस्थाएँ छठे हिस्से के रूप में अपनी सदस्य संख्या के छठे हिस्से के बराबर कार्यकर्ता इसमें दे सकते हैं। विनोबा जी अपने इन 39 दिनों में अलग-अलग मतावलम्बियों में भी गए—सिख समाज को उन्होंने सम्बोधित किया, दक्षिणी लोगों में बोले, सिन्धी समुदाय के बीच उनका प्रवचन हुआ, गुजराती समाज और जैन समुदाय ने भी बाबा को अपने यहाँ बुलाया। प्रथम बार रोटरी क्लब में बाबा का भाषण हुआ। दो मर्तबा आप मजदूर क्षेत्र में गए जहाँ अपने प्रवचन किए और महिलाओं को सम्बोधित किया। इन्दौर नगर में स्वस्थ वातावरण बनाने के लिए उन्होंने अश्लील पोस्टरों को हटाने की मुहीम चलाई और दीवालों पर विज्ञापन पोतने का विरोध किया और सलाह दी कि इसके स्थान पर सन्तवाणी और शुभ वाक्य लगाए जाएँ। नगर के बच्चे उसे पढ़ेंगे और सुधरेंगे। सारा शहर एक शाला बन जाएगा। नगर के कुछ सेवानिवृत्त कर्मचारियों के उत्साह से यहाँ एक वानप्रस्थ मंडली बनाई गई। जो सर्वोदय के उद्देश्यों को मूर्त रूप देने का प्रयत्न करेगी।

इन्दौर में आगे कार्य कैसे चलेगा और कौन चलाएगा? बाबा के विभिन्न प्रवचनों में इसका उत्तर मिलता है—10 अगस्त के प्रवचन में उन्होंने कहा, "मुझे यहाँ अठारह दिन हो गए हैं अब हमारी जिन्दगीभर की मित्रता हो गई है। इस मित्रता से मेरी उम्मीद बढ़ी है। इन्दौर में जो भी कार्य हुआ है वह एक विश्वव्यापक विचार से हुआ है। यहाँ

हमारी कई जमातों से बातें हुईं, सबमें हमने सहानुभूति पाई। अब हमें उम्मीद है कि इन्दौर से ज्योति प्रगट होगी। काम जितना सूक्ष्म होगा वह उतना ही असरकारक और ताकतवर होगा। इन्दौर में सब जमातें हैं पर कम झमेले हैं। यहाँ का प्रयोग बुनियादी है। दिन भर के काम पर रोज यहाँ चर्चा होती है। गुण-दोषों पर विचार किया जाता है यह एक तरह से सर्वोदय विचार की पाठशाला हो गई है। यहाँ काम का असर कितनी जल्दी और कितनी दूर तक हुआ है—पंजाब के भाइयों की प्रेरणा उनको एक मिशाल है। छोटा काम भी दुनिया में अगर कारक होता है। उसी तरह एक छोटी भूल भी अपना प्रमाण दिखा सकती है। इसलिए हम चाहते हैं कि इन्दौर में जो भी काम हो निखारित हो।

बाबा ने अपनी योजना बताई 'इन्दौर में पैंसीस वार्ड हैं—पैंतीस व्यक्ति आन्तरिक काम के लिए और सैंतीस बाह्य के लिए इस तरह 75 भाई मुझे चाहिए। चार-पाँच व्यवस्था में लग सकते हैं। पर मुझे मनुष्यों की संख्या नहीं, आदमी चाहिए। 70-80 सज्जन चाहिए। हमारा ध्यान संख्या वृद्धि पर नहीं, शुद्धि पर है।' यहाँ एक आलम खुल रहा है। विसर्जन आश्रम जो अब खुल गया। पर उसे कार्यकर्ताओं ने अपने रहने, खाने का स्थल नहीं बनाना चाहिए। सर्वोदय के कार्यकर्ता में ब्राह्मण के लक्षण प्रगट होने चाहिए। इन्दौर नगर में बत्तीस दिन के कुल मुकाम में तीस दिन तक काम करने के बाद बाबा किस निष्कर्ष पर पहुँचे इसका उत्तर उनके 21 व 22 अगस्त के प्रवचनों के दो वाक्यों से मिलता है—एक जगह उन्होंने कहा—'इन्दौर में काफी जाग्रति फैल गई है। दूसरे प्रवचन में उन्होंने प्रगट किया—इन्दौर से मुझे जो आकांक्षाएँ थीं वे उसी रूप में मुझे मिली है।' 23 अगस्त को सफेद कोठी के लॉन में अपने इस पड़ाव के सायंकालीन अन्तिम प्रवचन में बाबा ने कहा 'एक विचार मैंने हवा में छोड़ दिया और मुझे विश्वास है कि वह घर पर फैलेगा लोग काम करने के लिए आएँगे।'

कुछ लोगों को शायद लगेगा कि बहुत आवाज की पर बाबा ने क्या हुआ पता नहीं चला—उनके लिए इतना ही उत्तर काफी होगा कि बाबा तो एक साथ मानो दूध को मथकर मक्खन निकालने में विश्वास नहीं रखते वे तो इसके लिए कुछ दही, तैयार कर रहे हैं थोड़े से कार्यकर्ताओं का और साधारण जनता रूपी दूध को विचारों के ताप से इतना गरम करना चाहते हैं जिसने इस दही का जामन काम कर सके। (यह है बाबा की संक्षिप्त इन्दौर यात्रा)

प्रवास की रूपरेखा

विनोबा ने 24 जुलाई को सुबह पौने छह बजे इन्दौर में प्रवेश किया और 25 अगस्त की सुबह कस्तूरबा ग्राम के लिए रवाना हो गए। आज 1 सितम्बर को वे कस्तूरबा ग्राम से महेश्वर की ओर प्रस्थान कर रहे हैं। इस प्रकार वे इन्दौर में 32 दिन, कस्तूरबा ग्राम में छह दिन तथा माचला में एक दिन रहे। विनोबा जी का एक दिन सुबह तीन बजे से रात आठ बजे तक चलता है। चार बजे के पूर्व के कुछ समय वे स्वाध्याय करते थे और चार बजे के करीब प्रार्थना होती। प्रार्थना के बाद एक प्रवचन होता कार्यकर्ताओं के वर्ग में। फिर शुरू होती पदयात्रा जो लगभग साढ़े आठ बजे तक चलती। पदयात्रा में वे मिलने-जुलने वालों को समय देते और उनसे चर्चा करते। यात्रा के गन्तव्य पर

पहुँच कर उनका एक प्रवचन और होता। दोपहर को मुलाकातों का और अन्य कामों का सिलसिला चलता और कार्यकर्ताओं के वर्ग में वे भाषण करते। फिर सायंकालीन प्रार्थना सभा होती। प्रार्थना रात को सोने के पूर्व भी की जाती, जिसमें सुबह की तरह मंत्र और भजन का उच्चारण होता।

बाबा ने इन 39 दिनों में कोई डेढ़ सौ सभाओं में भाषण दिया होगा। कुछ स्थलों पर उनकी भाषण मालाएँ भी चलीं। सफाई सप्ताह के दौरान उन्होंने पतंजलि के सूत्रों का एक-एक करके सात दिन तक विवेचन किया। कस्तूरबा ग्राम में उन्होंने सात दिनों तक स्त्री शक्तियों का भाष्य किया। उनके प्रवास के दौरान में गुजरात और पंजाब के कार्यकर्ताओं का नगर में शिविर लगा। सर्वश्री ढेबरभाई, संजीदा रेड्डी, डॉ. काटजू, प्रदेश के अन्य मंत्रीगण, जयप्रकाश नारायण राज्यपाल श्री पाटरकर तथा अन्य अनेक व्यक्ति उनसे मिलने आए। उनके पड़ाव के दौरान इन्दौर में तिलक पुण्यतिथि, तुलसी जयन्ती, स्वाधीनता दिवस, जन्माष्टमी तथा अहिल्योत्सव के पर्व मनाए गए और हर अवसर पर बाबा ने अपना अलग अनूठा भाषण दिया।

बाबा के तीन मंत्र—सत्य, प्रेम और करुणा। नमस्कार के रूप में वे जय जगत कहते हैं। अपने प्रवास के प्रथम सप्ताह में उन्होंने दो बातों पर जोर दिया—एक तो घर घर में सर्वोदय पात्र रखा जाए, दूसरे इन्दौर साफ रहे। फिर समय-समय पर हर तबके को उन्होंने अपना सुझाव दिया। नगर निगम से राजनीतिक, पार्टीबाजी साथ करने का और टेबल के बजाय दान लेकर सार्वजनिक काम करने का उन्होंने सुझाव दिया। गन्दे पोस्टर हटाने की बात उन्होंने बार-बार दोहराई। नौलखा के पास उन्होंने विसर्जन आश्रम का प्रारम्भ किया जो शान्ति सैनिकों का केन्द्र बना होगा।

उत्साह बनाए रखने के लिए धृति शक्ति जरूरी

आज कार्यकर्ता वर्ग में प्रवचन करते हुए बाबा ने श्रुति शक्ति के विविध अर्थ बताए तथा कहा कि महिलाओं में धृति शक्ति की आवश्यकता है एवं भगवान ने भी इस सम्बन्ध में अपेक्षा की है। आपने कहा कि धृति शक्ति का एक अर्थ होता है—सतत उत्साह तथा दूसरा अर्थ अन्त:करण की वह शक्ति जो बुद्धि की पूर्ति करती है व अमल के लिए अनिवार्य है। जब समाज में यह शक्ति रहेगी तभी समाज में उत्साह बढ़ा रहेगा। बाबा ने आज कार्यकर्ता वर्ग में *गीता* में वर्णित छठी स्त्री शक्ति का विवेचन किया। कार्यकर्ता वर्ग बाबा पदयात्रा प्रारम्भ करने के पूर्व लेते हैं किन्तु आज आने के उपरान्त ग्यारह बजे लिया। प्रवचन प्रारम्भ करते हुए आपने कहा कि मुझे यहाँ सात दिन ठहरना था इसलिए मैंने विचार किया कि सात दिन तक स्त्री शक्ति पर बोलूँ। मैं जो कहता हूँ वह शास्त्रों के आधार पर ही कहता हूँ क्योंकि मेरा जीवन बनाने में शास्त्रों ने जितनी मदद की है उतनी मदद किसी ने नहीं की है। बाबा ने आगे कहा कि शास्त्र के जो वाक्य मेरे अनुभव की कसौटी पर खरे उतरे हैं उन पर मैं बोलता हूँ। *गीता* के इस स्त्री शक्ति का वाक्य मेरे दिल में जम गया। एक बात और भी है कि *गीता* में जो भी कुछ कहा गया है वह मुख्य व स्थित योजनापूर्वक कहा गया है ऐसी बात नहीं। वह तो एक जंगल है जिसमें विभिन्न वृक्ष उगे हुए हैं। सुव्यवस्थित ढंग से बनाया गया छोटा सा बगीचा नहीं है। लेकिन इस

वाक्य में मैंने एक व्यवस्था देखी है। नारियों का जो स्वरूप एवं उनकी शक्तियों का जो विवेचन भगवान ने किया है उसमें मैंने एक योजना देखी है।

इसके उपरान्त स्त्री शक्ति पर बोलते हुए बाबा ने कहा कि मनु ने जो दससिद्धि धर्म बताया है उसमें धृति भी है। दसविध धर्म कैसे बताया—यह हो सकता है कि मनुष्य के दोनों हाथों की उँगलियाँ दस होती हैं एवं उँगलियों के सहारे...होता है। प्रारम्भ में बच्चों को उँगली के सहारे ही गणना बताई जाती है। इसी तरह *ओल्ड टेस्टामेंट* में...ने भी दसविध धर्म बताए हैं। *कुरान* में भी...पर सौंप देते हैं। शिक्षा भी सरकार देती है। इस तरह हमारे बच्चे को हम सरकार को सौंप देते हैं शिक्षक के हाथ में सौंप देते हैं जिन्हें हमसे कम वेतन मिलता है। बाबा ने कहा कि शिक्षा की जितनी अवहेलना पिछले सौ सवा सौ वर्षों से हो रही है उतनी कभी नहीं हुई। आजकल स्मरण शक्ति एवं तर्कशक्ति बढ़ाने की शिक्षा दी जाती है। इसके अलावा अन्य कितने ही प्रकार की शक्तियाँ हैं उन्हें विकसित करने की ओर ध्यान नहीं दिया जाता है। आज के समाज में धृति के विकास के लिए कोई कार्य नहीं किया जा रहा है। धृति का पहला मतलब हुआ उत्साह को कायम रखने वाली शक्ति। धृति के दूसरे अर्थ के अनुसार अन्त:करण वह शक्ति जो बुद्धि की पूर्ति करने वाली एवं अमल के लिए अनिवार्य है। बाबा ने कहा कि जैसे अन्त:करण एक इन्द्रिय है वैसे ही धृति भी इन्द्रिय है जिसे अंग्रेजी में हम विल पावर कहते हैं उसे ही हिन्दी में एक दृष्टि से धृति कह सकते हैं। धृति-संकल्प है, हिम्मत है एवं घोड़े की लगाम के समान है जो नियंत्रण करती है। बाबा ने कहा शान्ति सेना कार्य के लिए बहनों को धृति की शिक्षा देनी चाहिए। भगवान ने भी इस सम्बन्ध में महिलाओं से अपेक्षा की है।

देश में अशान्ति के 6 कारण
मुकाबले के लिए शान्ति सेना चाहिए

मुख्य सेविका भवन के हॉल में आज दोपहर ग्राम सेविका बहनों के बीच में शान्ति सेना पर बोलते हुए सन्त विनोबा ने देश में अशान्ति के छह कारण बताए पहला जातिजाद, दूसरा भाषाभिमान, तीसरा बेकारी, चौथा दरिद्रता, पाँचवाँ भूमि का मसला और छठा तालीम का ढाँचा। इन कारणों से उपस्थित स्थिति का सामना करने के लिए उन्होंने शान्ति सेना की अनिवार्यता बताई और कहा कि हम रचनात्मक ढंग से क्रान्तिकारी कार्य करना चाहते हैं। उन्होंने शान्ति सैनिक में सत्य और अहिंसा की निष्ठा आवश्यक बताई। कस्तूरबा ग्राम में चल रहे बहनों की शान्ति सेना के शिविर में भाग लेने वाली बहनों के लिए यह प्रवचन विशेष रूप से दिया गया था। बाबा ने अपने इस प्रिय विषय की चर्चा काफी विस्तार से की और अशान्ति के कारणों का लम्बा विश्लेषण किया। शान्ति सेना का आदि सम्बन्ध महात्मा गांधी से जोड़ते हुए उन्होंने कहा कि शान्ति सेना की कल्पना नहीं है। यह गांधीजी की थी और वे ही इसके प्रथम सैनिक थे। उस समय उन्होंने काफी शान्ति सैनिकों की माँग की थी, पर उन्हें मिले नहीं थे। आखिर उन्होंने अपना ही जीवन इसको अर्पित किया। उनके जाने के बाद हम रहे और हमारे मसले रहे। थोड़े दिनों यह लगा कि उनके बलिदान का यह असर होगा कि देश से जातिवाद चला जाएगा। उनका बलिदान सचमुच ही इतना महान था कि यह जातिवाद देश से

जाता था, मगर वह नहीं गया। इस जातिवाद को संजीवनी दी हमारे चुनावों ने। यह पुराना जातिवाद चुनावों में नए ढंग से उभरा।

हमने योजना बनाई थी और इस योजना के साथ ही बेकारी घटनी थी पर वह घटी नहीं। अब प्रश्न किए जाते हैं तो कह दिया जाता है कि जनसंख्या बढ़ गई है। तो यह बात तो हम पहले भी जानते थे। इस बेकारी की समस्या में दोष खास प्लानिंग का ही है। इसे हमने ठीक से सोचा नहीं। हमने कहा है कि छोटे-मोटे उद्योग-धन्धे गाँव के हाथ से नहीं जाएँ। चाहे आखिर में इसे हटाना पड़े तो हटाओ। गाँव में उद्योग-धन्धों को स्थान न मिल सकने के कारण बेकारी बढ़ी ही है। चौथा कारण बाबा ने यह बताया कि हमें सबसे दुखी तबके को मदद पहुँचाना था। शरीर के किसी हिस्से में फोड़ा हो जाता है तो उस पर ज्यादा ध्यान देना पड़ता है। हमें गरीबों की तरफ ज्यादा ध्यान देना चाहिए था। हमें जल्द से जल्द शान्ति सेना बनानी चाहिए। एक तरफ से शान्ति सेना और दूसरी तरफ से क्रान्ति सेना, ऐसा दुहरा काम हमें करना होगा। पाँचवाँ कारण बाबा ने बताया भूमि के मसले का। हमने जमींदारों से जमीन लेकर मान लिया कि काम हो गया। पर हुआ धरा कुछ नहीं। छठा कारण यह है कि हमारी तालीम का ढाँचा बदला नहीं। उसे बदलना होगा।

(1 सितम्बर, 1960)